古典文献说赤城

王金富题

第一辑

王金富 辑点校注

中国文史出版社

图书在版编目（CIP）数据

古典文献说赤城/王金富辑点校注 . - -北京：中
国文史出版社，2020.10
ISBN 978 - 7 - 5205 - 2368 - 4

Ⅰ.①古…　Ⅱ.①王…　Ⅲ.①赤城县—地方史—史料
—古代　Ⅳ.①K292.24

中国版本图书馆 CIP 数据核字（2020）第 193201 号

责任编辑：徐玉霞

出版发行：中国文史出版社
社　　址：北京市海淀区西八里庄路 69 号院　邮编：100142
电　　话：010 - 81136606　81136602　81136603（发行部）
传　　真：010 - 81136655
印　　装：三河市华东印刷有限公司
经　　销：全国新华书店
开　　本：710 × 1000mm　1/16
印　　张：178
字　　数：2230 千字
版　　次：2021 年 1 月第 1 版
印　　次：2021 年 1 月第 1 次印刷
定　　价：1280.00 元（全五册）

作者简介

　　王金富，河北省赤城县人，1972年1月出生，1990年毕业于宣化师范。先后任教师、赤城县档案史志局副局长、赤城县人大常委会主任科员等职。曾参与编纂《赤城历代行政区划》《赤城县地名志》《赤城县大事记（公元前279～公元2010年)》《赤城年鉴》《赤城县机构设置汇编》《赤城人事任免汇编》等地方史志书籍。现为赤城县第十六届人大常委会委员。

序一

　　王金富先生积数年心血编撰的《古典文献说赤城》一书，即将与读者见面了，这是赤城历史文化研究的一件好事，我作为张家口历史文化的爱好者，向辛勤笔耕不辍的王金富先生表示深深的敬意，感谢他为赤城县和张家口市历史文化研究和宣传所做的努力与贡献。

　　《古典文献说赤城》是一部卷轶繁多的历代文献集成，作者广征博采，收集了纪传体类、编年体类、政书类、地理类、别集类、总集类、诏令奏议类等10类140多部文献中有关赤城的记载。这些宝贵的历史文献是对赤城历史文化的全方位、广角度的展示，本身就是一次对赤城历史文化的认真梳理与研究，也必将有力地促进赤城历史文化研究的进一步深入。

　　文献资料是开展学术研究的基础，严谨的研究，离不开大量准确的文献资料。在社科学术界广泛流传的几句话，就是人们对学术研究与文献资料关系的概括与总结。第一句话："有一分资料，说一分话。"强调的是学术研究的结论必须要有相应的文献资料作为基础，文献资料与研究结论之间要相辅相成，不能没有相应的资料就想当然地下结论。对于喜欢赤城历史文化而缺乏文献资料的人们来说，《古典文献说赤城》一书可谓是雪中送炭，为读者送去一分又一分准确的历史资料，这也就为大家提供了"说话"即出成果的基础。第二句话：写文章、做学问要努力做到"到人之未到，道人之未道"。强调的是，研究成果不能人云亦云，随波逐流，而应当说别人没有说过的话，要有创新的观点。而要做到这些，关键还是要有坚实的文献资料基础，即要掌握别人没有掌握的文献资料。《古典文献说赤城》一书的资料门类齐全，数量巨大，这就为像我这样不掌握更多资料的人，提供了"到人之未到"的绝好机会，也为"道人之未道"提供了可能性。第三句话流传就更为广泛："大胆设想，小心求证。"学术研究离不开创新思维，不能墨守陈规，大胆的设想是非常必要的，但大胆设想不能漫无边际，海阔天空。设想能不能成立，还必须依靠文献资料小心地加以求证。张家口与赤城的历史文化研究亟需创新，亟待有新观点、新见解的出现，《古典文献说赤城》一书可以帮助我们以严谨治学态度，求证各自的学术观点，推进学术创新。

愿《古典文献说赤城》一书，成为读者的好朋友、好帮手、好老师！再次感谢王金富先生的努力！

韩祥瑞
2020 年 4 月于张家口

序二

一部记述古代赤城谱系的大书

　　我和金富兄都是赤城人，志趣相投，爱好相同，都钟情地方文史，便在乡情友谊之上又多一层惺惺相惜和文化情缘。2018年一个秋雨绵绵的日子，金富兄专程驱车给我送来一部书稿，让我提提意见，并请我做序。他来去匆匆，我们晤谈不及半点，他从我办公室离开的时候，雨雾蒙蒙，槐花满径。他送来的书稿，就是他耗费数年心力辑录而成的《古典文献说赤城》！

　　赤城县是一个有历史有文化有底蕴的地方。史载，西汉在境内设女祁县后，二千多年来县级设置一直延续至今。1958年赤城县和龙关县合并，1960年县治迁至赤城镇改用赤城县名，是张家口市唯一合并至今没有分开的县域。发生在赤城境内的大事史不绝书，有的大事件还把赤城县与中国大历史联系在了一起。如：元朝两京巡幸，明朝永乐北征、独石马营一线失守酿成土木之变，清朝康熙征噶尔丹、奉孝庄皇太后驾临温泉，民国抗日同盟军余续抗日讨贼军抗日反蒋，等等。赤城山水雄奇江山胜迹，历史名人南来北往或驻足或经过，留下的诗词、题刻、章奏，为这方水土留下了诸多吟咏浩歌惊鸿一瞥。赤城山水人文交相辉映，历史文化遗产日益丰厚，风骨风度浸润斯土。但是，长期以来囿于地域闭塞、战事频仍、经济欠兴、文教稍逊等诸多因素，大家更多关注的是元明以降的历史辉煌期闪光点，参阅的是为数不多方志史籍中的所载所记。在中国特色社会主义进入新时代，在县域经济崛起县域文化蓬勃发展之际，在研究关注赤城历史文化亟需深耕广述旁征博引之时，金富兄编纂的《古典文献说赤城》一书出版面世，恰逢其势恰逢其时，不可以一般意义视之。

翻检《古典文献说赤城》书稿，内心不由升腾起由衷的感佩！这部大书有2700多页，收录迄今所见140多部古代典籍中对赤城山川地貌人物事件风物的记述，可谓蔚然大观。以一己之力担当众手成书之任，非有对生于斯长于斯工作于斯的家乡热土挚爱不能为，非有深沉的历史使命文化责任不能为，非有对赤城腾飞渴望助力的自觉意识不能为！这部大书所收史料，纵贯两千春秋，遍及史乘别集，记录了赤城地域的史踪流韵，绘出了古代赤城的基因精神谱系。读这部书，在赤城为政者可以看到这里的历史变迁，鉴往知来；研究关注赤城者，可以免去史料搜剔之烦劳和重复劳动，多出成果提升层次；宣传普及赤城文化者，可以从中发现新视角新观点和新史料，将赤城宣传的更加丰富多彩。这部大书，是当代赤城文化人对古代赤城历史文化的历史交代，是对先贤俊哲驻足凝视赤城的锦绣礼赞！这部大书启示我们：爱党爱国要从爱家乡做起，读中国立魂魄要从寻根脉做起！

《古典文献说赤城》诞生问世，离不开金富兄青灯黄卷刻苦为学的学者精神；离不开赤城历代先人筚路蓝缕的玉汝于成；更离不开在中国共产党的英明领导之下，赤城县政通人和文教昌明经济发展科技进步为其提供的大背景和好条件。所以，这部大书的意义还在于，它是中国特色社会主义进入新时代，赤城县文化自信结出的硕果，赤城人传承弘扬优秀传统地域文化的律动。我相信，《古典文献说赤城》传承文脉服务时代的价值在将来会更加凸显。

陈韶旭
2020年8月18日

序三

一部值得推荐的区域文献汇编

——读《古典文献说赤城》

　　中华文明有着五千年的历史,在这五千年的历史进程中留下的历史记载可谓汗牛充栋,这些记载不仅包括官方正史,还包括数量繁多,体裁各异的官方实录、地方史志、野史笔记、私人文集和碑帖篆刻。数量繁多的史料记载在丰富了我们资料来源的同时也提高了我们搜集资料的时间与经济成本。相反,若是有一部内容完备的资料汇编则会为我们的研究提供极大的便利,本书可以说是这方面的优秀代表,其搜集资料之丰富,用力之勤,是较为少见的。

　　赤城县隶属于河北省张家口市,这里东邻承德,北靠坝上,南与北京山水相依,在历史上是中原农耕文明与北方游牧文明的重要交汇点之一。正因为如此,赤城县的历史研究不仅仅是张家口市乃至河北省区域史研究的一部分,还是几千年来中原文化与少数民族文化交流碰撞的缩影,有着非同一般的学术意义。在本书中作者尽可能全面地搜集了与赤城县有关的古典文献资料,无疑对于相关领域的研究有着重要的推动作用。

　　在我看来,《古典文献说赤城》的价值至少包括以下几个方面:

　　首先是在文献整理方面的价值。虽然我们有着丰富的历史记载,但这些历史资料对于我们来说并非触手可及。有许多史料在历史的长河中散佚，并未流传至今，只有部分内容散落在浩如烟海的记载之中，等待着后人去挖掘探索；流传至今的史料中有相当一部分并未广泛流传，而是仅有少数几套保存，想要近距离地接触它们需要耗费大量的时间与精力；而能够为我们所接触到的资料，由于会受到历史环境和作者认知的限制，并不能完全采信，而是需要进行筛选和甄别。而在本书中，无论是资料的搜集与整理，还是对相关内容的筛选辨析，都进行了大量的工作，这无疑为后来的研究者提供了方便。

其次是在学术知识普及方面的价值。在本书中，作者搜罗了古典文献史料 140 多种，将其归为 10 类，并对每一种文献的作者、成书年代、背景和所依据的版本都进行了简要介绍。因此，读者在阅读过程中既可以学习到文献学方面的常识，又可以对地方性历史研究需要搜集的古典文献类别有初步了解，这对于初学者来说是大有裨益的，对于其他学者来说也有一定的借鉴作用。除此之外，本书也对赤城县的建制沿革和古今地名进行了简要介绍，这些内容在丰富本书的内涵的同时，也使得读者对于赤城的基本情况有了更深的了解。

再次是本书在学术研究方面的价值。虽然本书的作者谦逊自称"本书是古典文献中有关赤城历史记述的汇编，并不属于历史文化研究的范畴"，而只相当于一道菜中食材的作用。但文献资料的搜集整理过程，也相当于是学术研究的过程。在这一过程中为了选出合适的史料记载，本身就需要对史料的真伪进行鉴别，同时还需要对这一地区的建制沿革、地名变迁进行深入考证，有时还需了解作者所处的时代和背景知识，所需知识涉及到历史文献学、版本目录学、历史地理学和训诂学等方面。因此，文献搜集的过程本身就是学术研究的过程，它的价值不仅仅局限于简单的文献汇编，在某种程度上也是作者学术观点的体现，对于赤城历史乃至相关领域的研究都起着积极的推动作用。

　　总之，《古典文献说赤城》是一部值得推荐的区域文献汇编，以上对于本书价值的评价，仅仅是笔者个人的体会，其本身的价值必大于此。赤城历史悠久，地理位置优越，无论在古代还是现代都有着极其重要的地位，因此在这一方面的研究潜力当是相当巨大的。在此，谨祝愿赤城历史研究乃至相关学术领域取得更大成就。

王亚楠

2020 年 4 月

前　言

　　中国的文化博大精深，留下了很多古典文献。这些文献在中国文学史的发展上占据着很重要的地位。文献这个词的起源很早，在《论语·八佾》中就被提出了，即："子曰：夏礼吾能言之，杞不足征也；殷礼吾能言之，宋不足征也。文献不足故也，足则吾能征之矣。"在朱熹的《四书章句集注》中也提到了这个词，即："征，证也；文，典籍也；献，贤也。"通过这几句话我们知道，文就是文字资料，就是历史典籍的意思。而献就是从长者的口头得到的材料和知识。经过长时间的发展，文献的含义变成由文字记录的书面材料，一直使用到现在。我国在1983年颁布了《中华人民共和国国家标准·文献著录总则》，在这部书中对文献下了明确的定义："文献，是记录有知识的一切载体。"而古典文献的概念是从时间上划分的。

　　古典文献是研究历史的重要依据，是其赖以保存并传承、发展的唯一途径，是文化传承与发展的重要基础，是构筑文化丰碑不可缺少的基石。为此，搜集整理了这套《古典文献说赤城》一书。其做法是将古典文献中记载有关赤城的史事，按古典文献体裁分类汇编成册。其目的就是为赤城历史文化研究提供可靠依据，进一步提高地方历史文化的研究水平。

（一）

赤城县隶属河北省张家口市，位于河北省西北部，东接承德市丰宁满族自治县，南界北京市怀柔区、延庆区和张家口市怀来县，西邻张家口市宣化区、崇礼区，北靠坝上高原沽源县。地理坐标为北纬40°30′37″~41°23′26″，东经115°25′18″~116°27′33″。县域南北长95公里，东西宽88.75公里，边界周长420公里，总面积5287平方公里，列河北省第四位。赤城县地处燕北山地，境内群山起伏，约占全境的84.71%，耕地占11.21%，故素有"八山一水一分田"之称。境内最高峰东猴顶海拔2292.6米。2019年末全县森林覆盖率为57.57%。全县地势西北高东南低，西北部的独石口镇马厂村海拔1540米，东南部的东卯镇四道甸村海拔为500米。赤城县属海河流域潮白河水系，境内主河流有白、红、黑河。白河，《山海经》称湖灌水，《水经》称沽水，今称白河；红河，《水经注》称阳乐水；黑河，清《口北三厅志》称里遂黑河。2019年末全县辖18个乡镇，440个行政村，1318年自然村，户籍总人口29.3万人。

境内自西汉起置女祁县、祁县、广边军、御夷镇、龙门县、望云县、云州、开平卫、龙门卫、龙门守御千户所、云州守御千户所、独石口直隶厅等。清康熙三十二年（1693年），置龙门县、赤城县，隶属直隶宣化府。民国初龙门县改称龙关县。中华人民共和国成立后，仍置龙关县、赤城县，隶属察哈尔省。1958年，赤城县与龙关县合并，县治龙关镇，称龙关县。1960年，县治迁赤城镇，县名改称赤城县至今。本书所搜集史料指今赤城县范围内历史上发生的史事，个别与赤城有历史渊源的，也适当扩大搜集范围，如长安岭，今属怀来县，但历史上一直隶龙关县，乃至新中国成立后仍隶赤城，为今赤城与怀来两县交界处，故亦选入今赤城范围内。

（二）

谈到历史文化，人们总喜欢把本地历史尽可能地说得久一些。"历史悠久，文化厚重"就像一个万能公式，成为各地史志书籍的开篇语。推介家乡历史文化心情之迫切固可理解，但失之毫厘，会谬之千里。对待我们的家乡，既不妄自菲薄，也不妄自尊大。发掘家乡文化内涵，弘扬家乡文化亮点，体现家乡人文价值，彰显家乡人文精神，大可以扎扎实实，言之有据，这样才能行之千里，传以万世。一个地方究竟有多"悠久"？"厚重"又体现在哪？不能凭空而来，必须以严谨的科学态度，秉承尊重历史、正确诠释的原则，站在古典文献记载和文物考古的客观角度进行宣传，使广大受众能接收较为准确的历史信息，建立正确的家乡历史观。

赤城位于长城脚下，境内有燕、北魏、唐、明等不同时期长城350多公里。长城不仅是中国古代若干王朝的北部军事防线，也是中华文化圈内农耕与游牧这两大部类文明形态的分界线，它不仅仅具有军事上的防御意义，也护卫着先进的农耕文明，使其不致在游牧人无止境的袭击中归于毁灭。显然这里是农耕文明与游牧文明的结合部和临界面，是中原文化与草原文化相互冲撞、较量、沟通、融合地，决定了赤城一带是战乱频仍，也注定保存下来的古典文献相对较少。这种先天不足的状况，决定了搜集整理赤城地方文献的艰难，且县内图书馆、档案馆藏书更是寥寥无几，分布在县境以外各种图书馆，查找起来极不方便。赤城地方文献的大量缺藏，使我们对自己家乡的历史文化还不大了解，已知的内容亦粗浅片面，甚至还存在着不少研究盲点和薄弱领域，直接影响了本地历史文化的挖掘和研究。为此，本书主要对浩如烟海的古典文献，紧盯"赤城"，抽丝剥茧，筛选辨析，使其系统化，使深藏殿阁的古典文献让普通百姓触手可及，更好地为赤城地方历史文化的研究提供方便。

（三）

　　本书收录有关赤城的古典文献，主要包括民国以前的官修史书、私人史料笔记、个人文集、诏令奏议和地方志书等文献资料，不包括本县出版的地方志书，即清康熙《龙门县志》、乾隆《赤城县志》、同治《赤城县续志》等，做到应录尽录。本书目前辑录的古典文献138种，将其分为"纪传体类""编年体类""杂史类""政书类""地理类""别集类""总集类""诏令奏议类"八类，一些篇幅单一且不易分类的统归于"其他"，共九类。另外辑录民国史料4种，不属古典文献范畴，特设为"附录"。每一类古籍的排列，一般按成书时间先后顺序排列，成书具体时间无从查找的，大致按朝代顺序排列。每一种古典文献史料标题下均设"题解"，主要介绍该史料的作者、成书年代及背景、史料的版本及价值以及本书所依据的版本等，其目的就在于让读者对史料背景及作者有一个大致的了解，能站在更高的角度全面了解"赤城"。如"别集类"中，对诗词的理解有时仅靠诗词本身是远远不够的，只有了解作者当时的处境及心情，才能更准确地把握诗词的内涵。

　　所辑录的史料在版本选择上，基本遵循"从早不从晚"的原则，选取成书较早的一手史料。版本较多的古籍，不同版本间进行了互校，个别也参考了现代出版的点校本。正文除标点、校改脱讹字、标题后的括号所注史料卷数页码以及页下笺注为笔者所加外，其余即为文献原貌。

　　本书所搜集古典文献史料虽说价值珍贵，但具体到内容上，其中不乏受封建思想的影响，一些唯心和形而上学的糟粕，甚至站在反动的地主阶级立场上，着意宣扬了封建伦理、天人合一、迷信神鬼等观点。我们应当批判性的对待古典文化，去其糟粕，取其精华，要坚持古为今用、推陈出新，有鉴别地加以对待，有扬弃地予以继承。也相信，读者会做正确的分析批判。而那些极具价值的内容，应当作为我们工作的借鉴。因此，笔者搜集整理过程中，未做文字和内容的任何取舍。

本书是古典文献中有关赤城史料的辑录，并不属于历史文化研究范畴，只是为赤城历史文化研究提供了基本素材。好比一道菜，仅具备了食材，是否能做得丰盛可口，就要看厨师的技艺了。希望广大赤城文史爱好者，成为一名高级"厨师"，以此为"食材"，挖掘其内涵，"烹饪"更多可口的文化"大餐"，为赤城历史文化研究更上一个层次。

由于水平限于，错误之处一定不少，尚祈读者予以指正。

编者

2020 年 3 月

凡　例

1. 本书所录古典文献在选择版本时，以刻本为主，兼及抄本、稿本，一些难寻版本则选录当代点校版本。选用古代版本，一般配以该原著的书影。

2. 全书按史料特征分类，每类基本以成书先后为序。每种史料所选内容，皆以"条目体"形式，独立成文。每条目前加符号"◎"，条目之间空一行。条目下又设分目的，分目条前加符号"○"，分目下又分类别的，一般以黑体字标目。条目与分目之间，分目与分目之间不空行。

3. 古典文献原著均以繁体文言竖排，从右往左，本书以现代书籍样式，简体横排，新式标点。正文采用 12 磅书宋体，原著中双行夹注或单行小字注文，均改为 10 磅仿宋体单行排印。

4. 为保持古籍原貌，对所录内容一般只作断句、标点，文章适当分段。正文条目标题后或内容末尾的圆括号内标卷数、页码等内容，字体为楷体，如（卷××，第××页），均为编者加注。括号内所标页码一般指影印古籍重新编排的页码；有些影印古籍（或原古籍）没有重新编排页码，则采用古籍中缝处所标页码，一般在"题解"最后特作说明；古籍中缝处所标页码辩认不清者，则忽略不标。校勘、注释等一律排于正文本页之下。注释采用的工具书以《汉语大字典》（崇文书局、四川辞书出版社，2010 年版，9 卷本）《汉语大词典》（上海辞书出版社，12 卷本）《中华字海》（中华书局，1994 年版）《辞海》（上海辞书出版社，2010 年版）《现代汉语词典》等为主。

5.（ ）除标注史料所属卷数、页码外，原文有错讹字也用（ ），后紧跟方括号［ ］，则（ ）中的字表示需要改正的字，字体用楷体，方括号［ ］中的字表示改正的字，字体用仿宋体。有的在正文径改，有的页下出校记。如"麻（哈）［峪］口"，表示此词原古籍为"麻哈口"，现校勘为"麻峪口"。

6. 历史干支纪年，依据"汉典万年历"转换成公元纪年，并作页下注。同一年号，邻近页码内只标一个。如邻近页码内同时出现康熙三十年、康熙十二年两个或多个康熙干支纪年，只标注最前一个，其余不再标注。如果间隔页码较多时，为方便阅读，又重新加注。

7. 除标目外，所有人名、地名、年号皆标专名号，以便阅读。

8. 漫漶不清的字以方框"□"表示。古籍中繁体字和异体字，一般改以现行通用字。个别现行字库无法排印的，仍用其原字。现行字、原字均无法排印的，不做造字处理，一般标注"上×下×"或"左×右×"，外加标圆括号（ ），字体为楷体。如"章"字，标注为（上立下早）。

9. 史料中所涉及的赤城古地名，便于古今对照，现列表如下：

古今地名对照表

古地名	今名	地理位置（治所）
造阳		独石口附近
湖灌水	白河	
沽河、沽水	白河	
阳乐水	红河	
女祁县		雕鹗镇小雕鹗村
赤城镇、赤城、赤城道	赤城	赤城镇

续表

古地名	今名	地理位置（治所）
御夷镇		云州乡猫儿峪村
云州	云州	云州乡北沙沟村
广边军		雕鹗镇康庄村
云州守御千户所	云州	云州乡云州村
独石、开平卫、独石口厅	独石口	独石口村
柳营	马营	马营村
望云县		云州乡北沙沟村
望云县		龙关镇
龙门县、龙门卫	龙关	龙关镇
龙门、独固门、舍身崖	舍身崖	云州乡云州村
外十三家	长伸地	长伸地村
滴水崖	滴水崖	后城村
枪竿岭、将干岭、枪杆岭、长安岭	长安岭	赤城与怀来交界处
李老峪、李老谷		长安岭北
合门岭	浩门岭	浩门岭村
雕鹗、雕窠、雕窝	雕鹗	雕鹗镇雕鹗村
宁远堡	上堡	后城镇上堡村
龙门守御千户所、李家庄、东庄	龙门所	龙门所镇
君字堡	君子堡	马营乡君子堡村
伴壁店堡	半壁店	独石镇伴壁店村
青泉堡	清泉堡	云州村青泉堡村
猫儿峪堡	猫儿峪	云州乡猫儿峪村
金墉堡	炮梁	炮梁乡炮梁村
宁疆堡	下堡	后城镇下堡村

目　录
CONTENTS

第一辑

纪传体类

1. 《史记》 ………………………………… 司马迁/汉/3

2. 《汉书》 ………………………………… 班固/东汉/7

3. 《魏书》 ………………………………… 魏收/北齐/12

4. 《北史》 ………………………………… 李延寿/唐/22

5. 《隋书》 ………………………………… 魏徵/唐/27

6. 《新唐书》 ……………………… 欧阳修、宋祁/北宋/30

7. 《辽史》 ………………………………… 脱脱/元/33

8. 《金史》 ………………………………… 脱脱/元/37

9. 《元史》 ………………………………… 宋濂等/明/44

10. 《明史》 ………………………………… 万斯同/清/54

11. 《明史》 ………………………………… 张廷玉/清/67

12.《新元史》 …………………………………… 柯劭忞/民国/90

13.《清史稿》 …………………………………… 赵尔巽/民国/101

别集类

1.《道园学古录》 …………………………………… 虞集/元/117

2.《贡文靖公云林诗集》 …………………………… 贡奎/元/126

3.《玩斋集》 ………………………………………… 贡师泰/元/129

4.《金台集》 ………………………………………… 乃贤/元/133

5.《黄文献公集》 …………………………………… 黄溍/元/140

6.《西云集》 ………………………………………… 祁志诚/元/146

7.《清容居士集》 …………………………………… 袁桷/元/155

8.《近光集》《扈从集》 …………………………… 周伯琦/元/171

9.《马石田文集》 …………………………………… 马祖常/元/179

10.《柳待制文集》 ………………………………… 柳贯/元/187

11.《滦京杂咏》 …………………………………… 杨允孚/元/193

12.《张蜕庵诗集》 ………………………………… 张翥/元/197

13.《淮阳集》 ……………………………………… 张弘范/元/201

14.《陈刚中诗集》 ………………………………… 陈孚/元/204

15.《揭傒斯全集》 ………………………………… 揭傒斯/元/208

16.《至正集》 ……………………………………… 许有壬/元/212

17.《安雅堂集》 …………………………………… 陈旅/元/224

18.《伊滨集》 ……………………………………… 王沂/元/229

19.《燕石集》 ……………………………………… 宋褧/元/239

20.《归田类稿》 …………………………………… 张养浩/元/243

21.《纯白斋类稿》 ………………………………… 胡助/元/247

22.《中庵先生刘文简公文集》 …………………… 刘敏中/元/260

23.《双溪醉隐集》 ………………………………… 耶律铸/元/264

24.《紫山大全集》………………………………… 胡祗遹/元/268

25.《金文靖集》…………………………………… 金幼孜/明/271

26.《杨文敏公集》………………………………… 杨荣/明/275

27.《商文毅公集》………………………………… 商辂/明/279

28.《菉竹堂稿》《泾东小稿》……………………… 叶盛/明/284

29.《东田漫稿》…………………………………… 马中锡/明/317

30.《翁东涯集》…………………………………… 翁万达/明/321

31.《四溟集》……………………………………… 谢榛/明/361

32.《豹陵集》……………………………………… 梁云构/明/364

33.《由庚堂集》…………………………………… 郑汝璧/明/370

34.《居来山房集》………………………………… 张佳胤/明/378

35.《徐文长文集》《徐文长遗稿》………………… 徐渭/明/383

36.《大隐楼集》…………………………………… 方逢时/明/389

37.《灵蘐阁集》…………………………………… 汤兆京/明/409

38.《存家诗稿》…………………………………… 杨巍/明/416

39.《存研楼文集》………………………………… 储大文/清/419

40.《圣祖仁皇帝御制文集》………… 爱新觉罗·玄烨/清/442

41.《述本堂诗续集》……………………………… 方观承/清/445

42.《敬业堂诗》…………………………………… 查慎行/清/449

43.《翁山诗外》…………………………………… 屈大均/清/451

总集类

1.《元风雅》………………… 傅习、孙存吾，蒋易/元/457

2.《明经世文编》………… 陈子龙、徐孚远、宋征璧等/明/461

3.《列朝诗集》…………………………………… 钱谦益/清/540

4.《元诗选》……………………………………… 顾嗣立/清/546

5.《晚晴簃诗汇》………………………………… 徐世昌/清/554

第二辑

编年体类

一、《资治通鉴》 ······························· 司马光/北宋/563

二、《明实录》 ································· 明/574

  1.《明太宗实录》 ········· 张辅等监修，杨士奇等总裁/580

  2.《明仁宗实录》 ···················· 杨士奇等总裁/592

  3.《明宣宗实录》 ··········· 张辅等监修，杨士奇总裁/595

  4.《明英宗实录》 ········· 孙继宗等监修，陈文等总裁/632

  5.《明宪宗实录》 ··········· 张懋监修，刘吉等总裁/740

  6.《明孝宗实录》 ········· 张懋监修，李东阳等总裁/776

  7.《明武宗实录》 ········· 徐光祚监修，杨廷和等总裁/795

  8.《明世宗实录》 ········· 朱希忠监修，张居正等总裁/817

  9.《明穆宗实录》 ···················· 张居正等纂修/869

  10.《明神宗实录》 ······· 张惟贤监修，叶向高等总裁/876

  11.《明光宗实录》 ······· 张惟贤监修，黄立极等总裁/898

  12.《明熹宗实录》 ······· 朱纯臣监修，温体仁等总裁/901

三、《清实录》 ································· 清/908

  1.《世祖章皇帝实录》 ················ 巴泰监修/913

  2.《圣祖仁皇帝实录》 ······· 马齐监修，隆科多等纂修/922

  3.《世宗宪皇帝实录》 ······· 鄂尔泰监修，张廷玉等总裁/943

  4.《高宗纯皇帝实录》 ················ 王杰等总裁/950

  5.《仁宗睿皇帝实录》 ······· 托津监修，戴均元等总裁/997

  6.《宣宗成皇帝实录》 ········ 穆彰阿监修，祁寯藻等总裁/1002

  7.《文宗显皇帝实录》 ········· 桂良监修，贾桢等总裁/1010

8.《穆宗毅皇帝实录》 ………… 宝鋆监修，英桂等总裁/1018

9.《德宗景皇帝实录》 ……… 世续监修，张之洞等总裁/1023

四、《国榷》 ……………………………………… 谈迁/清/1030

五、《康熙起居注册》 ………………………………… 清/1070

六、《东华录》 ………………………………… 蒋良骐/清/1102

七、《续资治通鉴》 ……………………………… 毕沅/清/1105

八、《明通鉴》 ………………………………… 夏燮/清/1109

第三辑

杂史类

1.《中堂事记》 ……………………………… 王恽/元/1125

2.《北征记》 ……………………………… 杨荣/明/1132

3.《北使录》 ……………………………… 李实/明/1142

4.《续藏书》 ……………………………… 李贽/明/1147

5.《西园闻见录》 ……………………………… 张萱/明/1150

6.《名山藏》 ……………………………… 何远乔/明/1167

地理类一

1.《山海经》 ………………………………………………… /1181

2.《水经》 ………………………………………………… /1184

3.《水经注》 ……………………………… 郦道元/北魏/1186

4.《太平寰宇记》 ……………………………… 乐史/北宋/1192

5.《元一统志》 ……………………………… 孛兰肸等/元/1198

6.《圣朝混一方舆地胜览》 …… 刘应李原编，詹友谅改编/元/1200

7.《寰宇通志》 ……………………………… 陈循等/明/1204

8.《大明一统志》 …………………………………… 李贤等/明/1212

9. 正德《宣府镇志》 ………………………………… 王崇献/明/1222

10. 嘉靖《宣府镇志》 ………………………………… 孙世芳/明/1296

11.《九边图说》 …………………………………………… 霍冀/明/1419

12.《殊域周咨录》 ………………………………… 严从简/明/1428

13.《宣大山西三镇图说》 …………………………… 杨时宁/明/1451

14.《长安客话》 ………………………………………… 蒋一葵/明/1497

15.《全边略记》 ………………………………………… 方孔炤/明/1506

16.《北游录》 ………………………………………… 谈迁/清/1545

17.《读史方舆纪要》 ………………………………… 顾祖禹/清/1547

18. 康熙《畿辅通志》 …………………………………………

…………………… 于成龙、格尔古德等监修，郭棻总纂/清/1564

19.《增订广舆记》 …………………………………… 蔡方炳/清/1584

20. 雍正《畿辅通志》 …………………………………………

……… 唐执玉、刘于义、李卫监修，田易、陈仪等纂/清/1589

21. 乾隆《口北三厅志》 ……… 金志章原修，黄可润增修/清/1626

第四辑

地理类二

22. 乾隆《宣化府志》 ……… 王者辅、金志章、王介园等/清/1687

23. 光绪《畿辅通志》 ………………… 李鸿章监修，黄彭年纂/清/1922

24.《嘉庆重修一统志》 ……………………… 廖鸿荃等/清/2112

25.《水经注要删》 …………………………………… 杨守敬/清/2138

26.《水经注图》 …………………………… 汪士铎，杨守敬/清/2141

27.《水经注疏》 …………………………… 杨守敬、熊会贞/民国/2150

政书类

1.《大明会典》 …………………………………………… 申时行/明/2161

2.《皇明九边考》 ………………………………………… 魏焕/明/2177

3.《五边典则》 …………………………………………… 徐日久/明/2191

4.《清朝通典》 ……………………………… 嵇璜、刘墉等/清/2221

第五辑

诏令奏议类

1.《叶文庄公边奏存稿》 ………………………………… 叶盛/明/2233

2.《叶文庄公上谷奏草》 ………………………………… 叶盛/明/2309

3.《皇明经济文录》 ……………………………………… 万表/明/2341

4.《少保于公奏议》 ……………………………………… 于谦/明/2352

其他

1.《武经总要》 ……………………………… 曾公亮、丁度等/宋/2387

2.《永乐大典》 …………………………………………… 解缙等/明/2391

3.《水东日记》 …………………………………………… 叶盛/明/2407

4.《万历武功录》 ………………………………………… 瞿九思/明/2419

5.《国朝献征录》 ………………………………………… 焦竑/明/2427

6.《明史纪事本末》 ……………………………………… 谷应泰/清/2459

7.《古圣贤像传略》 ……………………………………… 顾沅/清/2468

8.《宜兴倪氏族谱》 ……………………………… 文节、金吾/清/2471

9.《道家金石略》 ………… 陈垣编纂，陈智超、曾庆瑛校补/当代/2494

附录

1. 民国《察哈尔省通志》　… 宋哲元监修，梁建章等纂/民国/2505

2. 《中国长城沿革考》……………………………… 王国良/民国/2720

3. 《察哈尔经济调查录》………………… 李延墀、杨实/民国/2731

4. 《察哈尔省各县实况调查报告》…………………………………

　　　　…………………………… 察南政厅官方资料科/民国/2750

后　记 ………………………………………………………… /2785

紀傳體類

1.《史记》

【题解】　《史记》最初没有固定书名，或称"太史公书"，或称"太史公记"，也省称"太史公"。"史记"本来是古代史书的通称，从东汉开始，"史记"由通称逐渐成为"太史公书"的专名。

作者司马迁，字子长，左冯翊夏阳（今陕西韩城）人。生于汉景帝中元五年（前145年），大约卒于汉武帝征和三年（前90年）。司马迁的父亲司马谈是汉武帝的太史令，深谙历史，通晓天文地理，诸子百家，在这种家学环境熏陶下，司马迁十岁时就能诵读《左传》《国语》《世本》等古籍。后来他又向古文大师孔安国学习《尚书》，向今文大师董仲舒学习《公羊春秋》，积累了丰富的历史知识，掌握了先秦诸子的思想精髓。20岁以后，司马迁到全国各地游历考察，寻访文化遗迹，了解民情风俗，增加了丰富的知识积累。数年后回长安，仕为郎中。元封三年（前108年）袭其父职任太史令。有条件看到大量的图书文献和国家档案，这对司马迁编写《史记》打下基础。

汉武帝太初元年（前104年），司马迁开始编写《史记》。天汉二年（前99年），李陵率兵随李广利出击匈奴，兵败投降。汉武帝向司马迁询问对李陵的看法，于是，司马迁说，李陵投降，是因为众寡不敌，又没有救兵，责任不全在李陵身上。汉武帝认为司马迁有意替李陵回护开脱，贬责汉武帝的爱姬李夫人的哥哥李广利。于是，把司马迁投进监狱，处以腐刑。3年后他被赦出狱，更加发奋写作《史记》。大约在征和二年，终于完成了这部千古绝唱的《史记》。司马迁死后许多年，他的外孙杨恽才把这部52万多字的不朽名著公之于世。

白银
阴山 索隐曰徐广云西安阳县北有阴山阴山在河
反 南阳山北也。○正义曰括地志云阴山在朔州

北塞外 徐广曰临戎县北有连山险于长
其山中断两峯俱 云朔方。○正义曰地理志云朔方
城 突峻界 临戎县北有连山险于长

峻土俗名为窎阙也

下至高阙为塞 而置云中雁门代郡其后燕

有贤将秦开为质于胡胡甚信之归而袭破走

东胡东胡却千余里与荆轲刺秦秦舞阳者

开之孙也燕亦筑长城自造阳 韦昭曰地名在上谷
○正义曰按上谷郡

至襄平 索隐曰韦昭云
今辽东所理也

置上谷渔阳右北平

辽西辽东郡以拒胡当是之时冠带战国七而

三国边于匈奴 索隐曰案三
国燕赵秦也

奴不敢入赵边后秦灭六国而始皇帝使蒙恬

其后赵将李牧时匈

《史记》书影

4

　　《史记》是一部贯穿古今的通史，从传说中的黄帝开始，一直写到汉武帝元狩元年（前122年），叙述了我国3000年左右的历史。据司马迁说，全书有本纪12篇，表10篇，书8篇，世家30篇，列传70篇，共130篇。但后来有散佚。今本《史记》也是130篇，有少数篇章显然不是司马迁的手笔，汉元帝、成帝时的博士褚少孙补写过《史记》，今本《史记》中"褚先生曰"就是他的补作。

　　本辑据张元济《四部丛刊》史部《百衲本二十四史》之《史记》辑录有关赤城内容。

　　◎秦昭王时，义渠戎王与宣太后昭王母也。乱，有二子。宣太后诈而杀义渠戎王于甘泉，遂起兵伐残义渠。于是秦有陇西、北地、上郡，筑长城以拒胡。而赵武灵王亦变俗胡服，习骑射，北破林胡、楼烦。筑长城，正义①曰：《括地志》云赵武灵王长城在朔州善阳县北。案长城，《水经》云百道长城北山上有长垣，若颓毁焉，沿溪亘岭，东西无极，盖赵武灵王所筑也。自代并音傍，白浪反。阴山索隐②曰：徐广云西安阳县北有阴山。阴山在河南，阳山〔在河〕北。正义曰：《括地志》云阴山在朔州北塞外突厥界。下，至高阙为塞。徐广曰：在朔方。正义曰：《地理志》云朔方临戎县北有连山，险于长城，其山中断，两峰俱峻，土俗名为高阙也。而置云中、雁门、代郡。其后燕有贤将秦开，为质于胡，胡甚信之。归而袭破走东胡，东胡郤千余里。与荆轲刺秦王秦舞阳者，开之孙也。燕亦筑长城，自造阳韦昭曰："地名，在上谷。正义曰：按上谷郡，今妫州。至襄平。索隐曰：韦昭云今辽东所理也。置上谷、渔阳、右北平、辽西、辽东郡以拒胡。当是之时，冠带③战国七，而三国边于匈奴。索隐曰：案三国燕、赵、秦也。其后赵将李牧时，匈奴不敢入赵边。（《史记》第26

---

①　正义，旧时指经史的注疏。如唐代孔颖达等有《五经正义》，张守节有《史记正义》)

②　索隐，对古籍的注释考证。

③　冠带，本指服制，引申为礼仪、教化。

册，卷110《匈奴列传第五十》）

◎自马邑军后五年之秋，汉使四将军各万骑击胡关市下。将军卫青出上谷，至茏城，得胡首虏七百人。公孙贺出云中，无所得。公孙敖出代郡，为胡所败七千余人。李广出雁门，为胡所败，而匈奴生得广，广后得亡归。汉囚敖、广，敖、广赎为庶人。其冬，匈奴数入盗边，渔阳尤甚。汉使将军韩安国屯渔阳备胡。其明年秋，匈奴二万骑入汉，杀辽西太守，略二千余人。胡又入败渔阳太守军千余人，围汉将军安国，安国时千余骑亦且尽，会燕救至，匈奴乃去。匈奴又入雁门，杀略千余人。于是汉使将军卫青将三万骑出雁门，李息出代郡，击胡。得首虏数千人。其明年，卫青复出云中以西至陇西，击胡之楼烦、白羊王于河南，得胡首虏数千，牛羊百余万。于是汉遂取河南地，筑朔方，复缮故秦时蒙恬所为塞，因河为固。汉亦弃上谷之什音斗。辟县造阳地以予胡。《汉书音义》曰："言县斗辟，（西）［曲］近胡。"索隐曰：辟音僻。造阳即斗辟县中地。正义曰：曲幽辟县入匈奴界者造阳地弃与胡也。是岁，汉之元朔二年①也。（《史记》第9册，卷110《匈奴列传第五十》）

---

① 元朔二年，前127年。

2.《汉书》

【题解】 《汉书》又称《前汉书》，是我国第一部纪传体的断代史书，120卷，班固著。班固，字孟坚，扶风安陵（今陕西咸阳东）人，生于东汉光武帝建武八年（32年）。父亲班彪是史学家，曾作《后传》数十篇续补《史记》。班固撰写《汉书》，即以《后传》为基础。班固觉得班彪《后传》中记述的前代史实并不详尽，便潜心研究，予以修订。于此之际，有人告发他"私改国史"，班固遂被逮捕收押在京兆大狱，并抄没全部书稿。在其弟班超和一些官吏的帮助下，班固得以出狱。明帝永平五年（62年），班固任兰台令史。兰台是皇家藏书之地，图籍甚富。班固在这里任职，给他写作《汉书》提供了极为有利的条件。后来他升迁为郎，典校秘书，明帝命他把《汉书》写完。此后20多年时间都在撰写《汉书》。班固在政治上追随外戚窦宪。窦宪在政争中失败自杀，班固也受到牵连，被捕入狱。和帝永元四年（92年），死在狱中。当时《汉书》还有八表和《天文志》没有写成，和帝叫班固的妹妹班昭补作，马续协助班昭撰写了《天文志》。至此，《汉书》始成完书。《汉书》记载了从汉高祖刘邦元年（前206年）到王莽地皇四年（24年），西汉一代230年间所发生的重大历史事件和重要历史人物的生平事迹。

《汉书》袭用了司马迁开创的纪传体，体例与《史记》大体相同，但也略有调整。《汉书》把《史记》的"本纪"省称"纪"，"列传"省称"传"，又改"书"为"志"，取消"世家"，汉代勋臣世家一律编入传。

本辑据张元济《四部丛刊》史部《百衲本二十四史》之《汉书》辑录有关赤城内容。

昌平，莽曰長昌。
廣寧，莽曰廣康。
涿鹿，莽曰抪陸。應劭曰：黃帝與蚩尤戰于涿鹿之野。
且居，陽樂水出東，東入海。莽曰夂居。
茹，莽曰穀武。
女祁，東部都尉治。莽曰祁。
下落，莽曰下忠。

漁陽郡，秦置。莽曰通路。屬幽州。戶六萬八千八百二，口二十六萬四千一百二十六。縣十二：
漁陽，沽水出塞外，東南至泉州入海，行七百五十里。有鐵官。莽曰得漁。
狐奴，莽曰舉符。
路，莽曰通路亭。
雍奴。
泉州，有鹽官。莽曰泉調。
平谷。
安樂。
厗奚，莽曰敦德。孟康曰：厗音題，字或作騠。
獷平，莽曰平獷。獷音九永反，又音穫。師古曰：獷服虔音呼。
要陽，都尉治。莽曰要術。師古曰：一妙反。
白檀，洫水出北蠻夷。師古曰：洫音呼。
滑鹽，莽曰匽德。應劭曰：明帝更名鴇。……反。

右北平郡，秦置。莽曰北順。屬幽州。戶六萬……縣十六：
平剛。
無終，故無終子國。浭水西至雍奴入海，過郡三，行六百五十里。師古曰：浭音庚。余見……

《汉书》书影

◎上谷郡，秦置。莽曰朔调。属幽州。户三万六千八，口十一万七千七百六十二。县十五：沮阳，莽曰沮阴。孟康曰："音俎。"。泉上，莽曰塞泉。潘，莽曰树武。师古曰："音普半反。"。军都，温余水东至路，南入沽。居庸，有关。雊瞀孟康曰："音句无。"师古曰："雊音工豆反。瞀音莫豆反。"，夷舆，莽曰朔调亭。宁，西部都尉治。莽曰博康。昌平，莽曰长昌。广宁，莽曰广康。涿鹿，莽曰抪陆。应劭曰："黄帝与蚩尤战于涿鹿之野。"。且居，（乐阳）[阳乐]水出东，（东）[南]入（海）[沽]。莽曰久居。茹，莽曰谷武。女祁，东部都尉治。莽曰祁。下落。莽曰下忠。（《汉书》第11册，卷28下《地理志第八下》）

◎渔阳郡，秦置。莽曰通路。属幽州。户六万八千八百二，口二十六万四千一百一十六。县十二：渔阳，沽水出塞外，东南至泉州入海，行七百五十里。有铁官。莽曰得渔。狐奴，莽曰举符。……（《汉书》第11册，卷28下《地理志第八下》）

◎自是之后百有余年……秦昭王时，义渠戎王与宣太后乱，有二子。师古曰："即昭王母也。"宣太后诈而杀义渠戎王于甘泉，遂起兵伐灭义渠。于是秦有陇西、北地、上郡，筑长城以距胡。而赵武灵王亦变俗胡服，习骑射，北破林胡、楼烦，自代并阴山下至高阙为塞，师古曰："并音步浪反。高阙，解在《卫青霍去病传》。"而置云中、雁门、代郡。其后燕有贤将秦开，为质于胡，胡甚信之。归而袭破东胡，[东胡]却千余里。师古曰："却，退也，音丘略反。"与荆轲刺秦王秦舞阳者，开之孙也。燕亦筑长城，自造阳至襄平，师古曰："造阳，地名，在上谷界。襄平即辽东所治也。"置上谷、渔阳、右北平、辽西、辽东郡以距胡。（《汉书》第28册，卷94上《匈奴传第六十四上》）

◎自马邑军后五岁之秋，汉使四将各万骑击胡关市下。将军卫青出上谷，至龙城，得胡首虏七百人。公孙贺出云中，无所得。公孙敖出代郡，为胡所败七千。李广出雁门，为胡所败，匈奴生得广，广道亡归。师古曰："于道上亡还。"汉囚敖、广，敖、广赎为庶人。其冬，匈奴数千人盗边，渔阳尤甚。汉使将军韩安国屯渔阳备胡。其明年秋，匈奴二万骑入汉，杀辽西太守，略二千余人。又败渔阳太守军千余人，围将军安国。师古曰："即韩安国也。"安国时千余骑亦且尽，会燕救之，至，匈奴乃去，又入雁门杀略千余人。于是汉使将军卫青将三万骑出雁门，李息出代郡，击胡，得首虏数千。其明年，卫青复出云中以西至陇西，击胡之楼烦、白羊王于河南，得胡首虏数千，羊百余万。于是汉遂取河南地，筑朔方，复缮故秦时蒙恬所为塞，因河而为固。汉亦弃上谷之斗辟县造阳地以予胡。孟康曰："县斗辟曲近胡。"师古曰："斗，绝也。县之斗曲入匈奴界者，其中造阳地也。辟读曰僻。"是岁，元朔二年也。（《汉书》第28册，卷94上《匈奴传第六十四上》）

◎仲舒亲见四世之事，犹复欲守旧文，颇增其约。以为："义动君子，利动贪人。如匈奴者，非可以仁义说也，师古曰："此说谓劝谕。"独可说以厚利，结之于天耳。师古曰："此说读曰悦。"故与之厚利以没其意，师古曰："没，溺也。"与盟于天以坚其约，质其爱子以累其心，师古曰："累音力瑞反。"匈奴虽欲展转，奈失重利何，奈欺上天何，奈杀爱子何。师古曰："展转，为移动其心。"夫赋敛行赂不足以当三军之费，城郭之固无以异于贞士之约，晋灼曰："坚城固守，不胜遗贞士为和亲之约也。"而使边城守境之民父兄缓带，稚子咽哺，师古曰："咽，吞也。哺谓所食在口者也。咽音宴。哺音捕。"胡马不窥于长城，而羽檄不行于中国，不亦便于天下乎！"察仲舒之论，考诸行事，乃知其未合于当时，而有阙于后世也。当孝武时，虽征伐克获，而士马物故亦略相当；虽开河南之野，建朔方之郡，亦弃造阳之北九百余里。

匈奴人民每来降汉，单于亦辄拘留汉使以相报复，师古曰："复音扶目反。"其桀骜尚如斯，师古曰："骜与傲同。"安肯以爱子而为质乎？此不合当时之言也。若不置质，空约和亲，是袭孝文既往之悔，而长匈奴无已之诈也。师古曰："袭，重也，重叠为其事。"夫边城不选守境武略之臣，修障隧备塞之具，厉长戟劲弩之械，恃吾所以待边寇。而务赋敛于民，远行货赂，割剥百姓，以奉寇雠。信甘言，守空约，而几胡马之不窥，不已过乎！师古曰："几读曰冀。"（《汉书》第28册，卷94下《匈奴传第六十四下》）

3.《魏书》

【题解】　《魏书》114 卷，记载了鲜卑拓跋部早期至公元 550 年东魏被北齐取代这一阶段的历史，北齐魏收撰。魏收（505～572 年），字伯起，钜鹿郡下曲阳（治所今河北晋州市西）人。幼年时聪明好学，年仅 15 便擅写文章。进入仕途后，擢为太子博士。历任司徒记室参军、北主客郎中、散骑常侍，随即敕典起居注，并修国史，兼中书侍郎，时年仅 26 岁。魏收少年得志，自恃才高，颇自骄矜。后来他奉命出使南朝，得到了在南朝大显文才的机会，与温子升、邢子才号称三才子。而他在南朝期间却行为放荡、品行不端，人称"惊蛱蝶"。因此，人们称其才而鄙其行，以致在后来的东魏时期一直得不到重用。最后，魏收只得请求修国史之职。以这样一个多文才而无人品的人修《魏书》就难免给《魏书》带来一些骂名。

《魏史》在魏收以前曾多次进行修撰。北魏道武帝时，邓渊撰《国记》10 卷。太武帝时，崔浩等撰《国书》30 卷。宣武帝时，邢峦撰《孝文起居注》，止于太和十四年（490 年）。其后，崔鸿，王遵业补续，以迄于孝明帝，即完成世宗和肃宗起居注。温子升撰《孝庄帝纪》，元晖业撰《辩宗室录》，这些著作为魏收撰史提供了良好的素材。

北齐天保二年（551 年），魏收受诏修史。魏收于是与房延祐、辛元植、刁柔、裴昂之、高孝干"博总斟酌"，于天保五年《魏书》的纪传和志先后问世，遭到了很多人的反对，由于朝廷大官杨愔、高德正等人的袒护，讼史者皆获重罚，但群愤并未由此平息，齐文宣帝只好下令暂勿颁行。孝昭帝令魏收重新研讨，加以修改。武成

稱皇帝於長安自號大秦慕容沖為部下所殺

慕容永僭立

二年春正月班賜功臣長孫嵩等七十三人各

有差三月帝幸牛川夏五月遣行人安同徵兵

於慕容垂垂使子賀驎率衆來會六月帝親征

劉顯於馬邑南追至彌澤大破之顯南奔慕容

永盡收其部落秋八月帝至自伐顯冬十月癸

卯幸濡源遣外朝大人王建使於慕容垂十一

月遂幸赤城十有二月巡松漠還幸牛川

《魏书》书影

帝敕令魏收更易刊正，并对某些人的传记做了修改。魏收成书之后，在20年内，前后进行多次修改，直至齐后主时，仍下令史馆改撰魏书。是书所以招致众多的反对，在于魏收借修史以发泄个人恩怨，他公开扬言："何物小子，敢共魏收作色，举之可使上天，按之当使入地。"① 因此，人又称之为"秽史"。魏收《魏书》缺点固多，但也有不少可取之处。

本辑据张元济《四部丛刊》史部《百衲本二十四史》之《魏书》辑录有关赤城内容。

◎冬十月癸卯②，幸濡源，遣外朝大人王建使于慕容垂③。十一月，遂幸赤城。十有二月，巡松漠，还幸牛川。（《魏书》第2册，卷2《太祖纪第二》）

◎夏四月④，幸东赤城。五月癸亥⑤，北征库莫奚。六月，大破之，获其四部杂畜十余万，渡弱落水。班赏将士各有差。（《魏书》第2册，卷2《太祖纪第二》）

◎秋七月庚申⑥，库莫部帅鸠集遗散⑦，夜犯行宫。纵骑扑讨，

---

① 《北史》卷56《魏收传》。

② 该条为登国二年，387年。检登国二年冬十月无癸卯日，月或日必有一误。

③ 慕容垂（326~396年），字道明，慕容皝子。慕容俊时，封吴王。慕容暐时，领军大破桓温的北伐军于枋头，威名大振。因被慕容暐所忌恨，携子投降苻秦，授冠军将军，封侯。淝水战后，率部众返回关东。晋孝武帝太元九年（384年），自称燕王，史称后燕，后定都中山。太元十一年，称帝。先后平定西燕、翟氏魏及苻秦在关东的势力。后出兵伐拓跋魏，被拓跋氏击败，元气大伤。太元二十一年，又率军攻魏，途中病死，谥成武皇帝，庙号世祖。

④ 登国三年夏四月，388年。

⑤ 登国三年五月癸亥，388年6月24日。

⑥ 登国三年秋七月庚申，388年8月20日。

⑦ 库莫部帅鸠集遗散，《北史》卷1"库莫"下有"奚"字。按库莫奚或单称"奚"，不当单称"库莫"，这里当脱"奚"字。

尽杀之。其月，帝还赤城。八月使九原公元仪使于慕容垂。(《魏书》第2册，卷2《太祖纪第二》)

◎夏四月①，行还赤城。(《魏书》第2册，卷2《太祖纪第二》)

◎夏四月②，祠天。六月，慕容贺驎破贺讷于赤城。帝引兵救之，驎退走。(《魏书》第2册，卷2《太祖纪第二》)

◎夏四月③，诏将军公孙表等五将讨之。河南流民二千余家内属。众废栗斯而立刘虎，号率善王。司马德宗遣使朝贡。己卯④，车驾北巡。五月丁亥，次于参合东，幸大宁。丁未，田于四岬山。六月戊午，幸去畿陂，观渔。辛酉，次于濡源，筑立蜂台⑤。射白熊于颓牛山，获之。丁卯⑥，幸赤城，亲见长老，问民疾苦，复租一年。南次石亭，幸上谷，问百年，访贤俊，复田租之半。壬申⑦，幸涿鹿，登桥山，观温泉，使使者以太牢祠黄帝庙。至广宁，登历山，祭舜庙。(《魏书》第2册，卷3《太宗纪第三》)

---

① 登国四年夏四月，389年。
② 登国六年夏四月，391年。
③ 神瑞二年夏四月，415年。
④ 神瑞二年夏四月己卯，415年6月19日。
⑤ 筑立蜂台，《北史》卷1无"筑"字。按《御览》卷102第486页引《后魏书》亦无"筑"字，此《纪》为后人所补，"筑"字疑衍。
⑥ 神瑞二年六月丁卯，415年8月6日。
⑦ 神瑞二年六月壬申，415年8月11日。

◎八年正月丙辰①，行幸邺，存恤民俗。司空②奚斤既平兖豫，还围虎牢，刘义符守将毛德祖距守不下。河东蜀薛定、薛辅率五千余家内属。蠕蠕犯塞。二月戊辰③，筑长城于长川之南，起自赤城，西至五原，延袤二千余里，备置戍卫。（《魏书》第2册，卷3《太宗纪第三》）

◎八月癸卯④，皇太子朝于行宫。甲辰，行幸阴山，观云川。丁未，幸阅武台，临观讲武。癸丑，幸怀朔镇。己未，幸武川镇。辛酉，幸抚冥镇。甲子，幸柔玄镇。乙丑，南还。所过皆亲见高年，问民疾苦，贫窭孤老赐以粟帛。丙寅⑤，诏六镇及御夷城人，年八十以上而无子孙兄弟，终身给其廪粟；七十以上家贫者，各赐粟十斛。又诏诸北城人，年满七十以上及废疾之徒，校其元犯，以准新律，事当从坐者，听一身还乡，又令一子扶养，终命之后，乃遣归边；自余之处，如此之犯，年八十以上，皆听还。（《魏书》第4册，卷7下《高祖纪第七下》）

◎张衮，字洪龙，上谷沮阳人也。祖翼，辽东太守。父卓，昌

---

① 泰常八年正月丙辰，423年2月14日。
② 司空，三公之一。西汉成帝绥和元年（前8年）改御史大夫为大司空，东汉光武帝建武二十七年（51年）改名司空，与太尉、司徒并为三公，分掌宰相职能，秩万石。开府辟僚属，有长史、诸曹掾属、令史等属官。本职掌水土工程，名义上分部宗正、少府、大司农三卿，并参议大政，实际上权归尚书，三公上下行文，受成而已。历代沿置，名列三公之末。魏晋南北朝为名誉宰相，多为大臣加官（本职之外兼任别的官职），位居一品，无实际职掌。隋朝名义上参议大政，其位多旷，遇有典礼，以他官摄行其事，如置，则坐于尚书都省，正一品。唐朝亦为大臣加官，正一品。晚唐五代用为藩镇加官，遂至冗滥。北宋初用为宰相、亲王、使相的加官，其特拜者亦不预政事，徽宗政和二年（1112年）罢。辽朝为南面朝官，无实职，多用作加官、赠官。金朝亦置，正一品。元朝或授僧人，后罢。
③ 泰常八年二月戊辰，423年2月26日。
④ 太和十八年八月癸卯，494年9月16日。
⑤ 太和十八年八月丙寅，494年10月9日。

黎太守。衮初为郡五官掾①，纯厚笃实，好学，有文才。太祖为代王，选为左长史……

子陵，袭爵②。后为赤城典作都将。卒。（《魏书》第11册，卷24《列传第十二·张衮》）

◎慕容白曜，慕容元真之玄孙。父琚，历官以廉清著称，赐爵高都侯。……白曜弟子契③，轻薄无检。太和初，以名家子擢④为中散⑤，迁⑥宰官。南安王桢有贪暴之响，遣中散闾文祖诣长安察之。文祖受桢金宝之赂，为桢隐而不言。事发，坐⑦之。文明太后引见群臣，谓之曰："前论贪清，皆云克修，文祖时亦在中，后竟犯法。以此言之，人心信不可知。"高祖曰："古有待放之臣，亦有离俗之士，卿等自审不胜贪心者，听辞位归第。"契进曰："臣卑微小人，闻识不远，过蒙曲照，虚忝令职。小人之心无定，帝王之法有常。以无恒之心，奉有常之法，非所克堪。乞垂退免。"高祖曰："昔郑相嗜鱼，人有献鱼者，相曰'若取此鱼，恐削名禄'，遂不肯受。契若知心不可常，即知贪之恶矣，何为求退？"迁宰官令⑧，微好碎事，颇

① 五官掾，官名，汉置，为郡国属官，掌管功曹及诸曹事，主祠祀，其监属县，有五部督邮，曹掾一人。在郡国，称五官掾，在县，称廷掾，监乡五部，春夏为劝农掾，秋冬为制度掾。
② 袭爵，子孙承继前辈受封的爵位。
③ 契，指慕容契，慕容白曜弟子。
④ 擢，音 zhuó。提拔，提升。
⑤ 中散，官名。北魏初置。为内廷官，直宿禁中，隶属幢将，无员限，无具体职掌，在皇帝左右参预机密，经常奉使出巡州镇，考察地方官政绩。皇帝出征时随从左右，管理御用兵器。兼用文武，亦任用以医、卜等专门技能侍奉皇帝者。中期以后，分设主文中散、奏事中散、侍御中散等。如长期派驻在某一机构，则冠其名，如秘书中散、外都曹奏事中散等。或作为起家官。设中散庶长，位在其上。孝文帝太和十七年（493年）定为五品中，二十三年复次职令，未见。
⑥ 迁，古代称调动官职，一般指升职。
⑦ 坐，定罪。
⑧ 宰官令，官名。北魏置，掌供御膳。

晓工作，主司厨宰，稍以见知。及营洛阳基构，征新野、南阳起诸攻具，契皆参典。太和末，以功迁太中大夫、光禄少卿、营州大中正，赐爵定陶男。正始初，除①征虏将军、营州刺史。徙都督沃野、薄骨律二镇诸军事、沃野镇将，转都督御夷、怀荒二镇诸军事、平城镇将，将军并如故。转都督朔州、沃野怀朔武川三镇三道诸军事，后将军，朔州刺史。熙平元年②卒，赠镇北将军、并州刺史，谥曰克。（《魏书》第 20 册，卷 50《列传第三十八·白曜》）

◎赵逸，字思群，天水人也。十世祖融，汉光禄大夫。父昌，石勒黄门郎。逸好学夙成，仕③姚兴，历中书侍郎。为兴将齐难军司④，征赫连屈丐。难败，为屈丐所虏，拜⑤著作郎。世祖平统万，见逸所著，曰："此竖无道，安得为此言乎！作者谁也？其速推之。"司徒崔浩进曰："彼之谬述，亦犹子云之美新，皇王之道，固宜容之。"世祖乃止。拜中书侍郎。神麚三年三月上巳⑥，帝幸白虎殿，命百僚赋诗，逸制诗序，时称为善。久之，拜宁朔将军、赤城镇将，绥和荒服⑦，十有余年，百姓安之。频表乞免，久乃见许。性好坟素⑧，白首弥勤，年逾七十，手不释卷。凡所著述，诗、赋、铭、颂，五十余篇。（《魏书》第 21 册，卷 52《列传第四十·赵逸》）

---

① 除，任命官职。

② 熙平元年，516 年。

③ 仕，做官。

④ 军司，官名。西晋因避讳改军师置，东晋、南朝、北魏、北齐沿置。为诸军府主要僚属，佐主帅统带军队，负有匡正监察主帅之责，地位很高，常继任主帅。

⑤ 拜，授与官职；任命。

⑥ 上巳，旧时节日名。汉以前以农历三月上旬巳日为"上巳"。魏晋以后，定为三月三日，不必取巳日。神麚三年三月上巳，430 年 4 月 11 日。

⑦ 荒服，古"五服"之一。称离京师二千到二千五百里的边远地方。亦泛指边远地区。

⑧ 坟素，泛指古代典籍。

◎常景，字永昌，河内人也。父文通，天水太守。……杜洛周反于燕州，仍以景兼尚书为行台，与幽州都督、平北将军元谭以御之。景表求勒幽州诸县悉入古城，山路有通贼之处，权发兵夫，随宜置戍，以为防遏①。又以顷来差斗，不尽强壮，今之三长，皆是豪门多丁为之，今求权发为兵。肃宗皆从之。进号平北将军。别敕谭西至军都关，北从卢龙塞，据此二崄②，以杜贼出入之路。又诏景山中险路之处，悉令捍塞。景遣府录事参军裴智成发范阳三长之兵以守白（左山右闰，音 rùn），都督元谭据居庸下口。俄③而安州石离、冗城、斛盐三戍兵反④，结洛周，有众二万余落，自松岍赴贼。⑤谭勒别将崔仲哲等截军都关以待之。仲哲战没，洛周又自外应之，腹背受敌，谭遂大败，诸军夜散。诏以景所部别将李琚为都督，代谭征下口，降景为后将军，解州任，仍诏景为幽安玄□四州行台。贼既南出，钞掠蓟城，景命统军梁仲礼率兵士邀击，破之，获贼将御夷镇军主孙念恒。都督李琚为贼所攻，蓟城之北军败而死。率属城人御之⑥，贼不敢逼。洛周还据上谷。授景平北将军、光禄大夫，行台如故。洛周遣其都督王曹纥真、马叱斤等率众蓟南，以掠人谷，

---

① 防遏，防备遏止。

② 崄，音 xiǎn。古同"险"。

③ 俄，短暂的时间，一会儿。

④ 俄而安州石离冗城斛盐三戍兵反，《册府》卷354第4199页"冗城"作"宛城"。《通鉴》卷151第4710页作"穴城"，胡注以见于《水经注》卷14《鲍丘水篇》的"孔山"当之。按《水经注》称孔山"上有洞穴开明"，其地与斛盐戍邻接。百衲本"冗"字末笔稍直，疑实是"穴"字缺上点，《册府》作"宛"虽误，上也作"宀"可证。

⑤ 自松岍赴贼，《通鉴》卷151第4710页胡注："或曰：'岍'，'（左山右刑）'字之误也，读作'陉'。《唐志》（《唐书》卷43下《地理志》下载入四夷道路）营州西北有松陉岭。"

⑥ 率属城人御之，《通志》卷150上《常景传》"率"上有"景"字。按此字不宜省，当是脱文。

乃遇连雨，贼众疲劳。景与都督于荣、刺史王延年置兵粟（国）[园]① 邀其走路。大败之，斩曹纥真。洛周率众南趋范阳，景与延年及荣复破之。又遣别将重破之于州西虎眼泉，擒斩及溺死者甚众。后洛周南围范阳，城人翻降，执刺史延年及景送于洛周。洛周寻为葛荣所吞，景又入荣。荣破，景得还朝。（《魏书》第32册，卷82《列传第七十·常景》）

◎贺讷，代人，太祖之元舅，献明后之兄也。……及太祖讨吐突邻部，讷兄弟遂怀异图，率诸部救之。帝击之，大溃，讷西遁。卫辰遣子直力鞮征讷。讷告急请降，太祖简精骑二十万救之。遂徙讷部落及诸弟处之东界。讷又通于慕容垂，垂以讷为归善王。染干谋杀讷而代立，讷遂与染干相攻。垂遣子麟讨之，败染干于牛都，破讷于赤城。太祖遣师救讷，麟乃引退。讷从太祖平中原，拜安远将军。其后离散诸部，分土定居，不听迁徙，其君长大人皆同编户。讷以元舅，甚见尊重，然无统领。以寿终于家。（《魏书》第33册，卷83上《列传第七十一上·贺讷》）

◎郦道元，字善长，范阳人也。青州刺史范之子。太和中，为尚书主客郎②。御史中尉李彪以道元秉法清勤，引为治书侍御史。累迁辅国将军、东荆州刺史。威猛为治，蛮民诣阙③讼其刻峻④，坐免

---

① 景与都督于荣刺史王延年置兵粟园，诸本"粟园"作"粟国"，卷九《肃宗纪》孝昌二年七月作"粟园"，《通鉴》卷151第4714页作"粟园"。按"国"字必讹，今据改。"粟"疑亦当作"栗"，但诸本及《纪》皆同，今仍之。参卷九校记粟园条。

② 尚书主客郎，官名。尚书省主客曹长官通称。三国魏置南主客郎，西晋有南、北、左、右主客郎，东晋省并，唯置一主客郎，亦称主客郎中，六品。后省。南北朝复置，宋六品，梁五班，陈四品、六百石。北魏孝文帝太和十七年（493年）定郎中为五品上，郎从五品中，二十三年皆称郎中，六品，仍可通称为郎；北齐六品上。隋初改名主客侍郎，炀帝大业三年（607年）复旧，从五品；大业五年改名司蕃郎。

③ 诣阙，谓赴朝堂。

④ 刻峻，苛刻严酷。

官。久之，行河南尹，寻即真。肃宗以沃野、怀朔、薄骨律、武川、抚冥、柔玄、怀荒、御夷诸镇并改为州，其郡县戍名令准古城邑。诏道元持节兼黄门侍郎，与都督李崇筹宜置立，裁减去留，储兵积粟，以为边备。未几，除安南将军、御史中尉。(《魏书》第 34 册，卷 89《列传第七十七·郦道元》)

◎蔚州 永安中改怀荒、御夷二镇置，寄治并州邬县界。

领郡三　县七 (《魏书》第 43 册，卷 106 上《地形志上》)

4.《北史》

【题解】　《北史》100 卷，记述北朝从公元 386 年到 618 年，魏、齐（包括东魏）、周（包括西魏）、隋四个封建政权共 233 年的历史。记载这段历史的史书除了南朝四史和北朝四史（所谓"八书"）之外，还有《南史》和《北史》。南朝各史和北朝各史以朝代为单元，是所谓断代史；《南史》和《北史》则打通朝代，以历史时期为断限，融汇贯通叙事，是所谓通史。两史的作者同是唐初人李延寿。李延寿，唐初相州（今河南安阳）人，曾任史官，参与修撰《隋书》《晋书》，并另外著有《南史》。

《北史》主要在魏、齐、周、隋四书基础上删订改编而成，但也参考了当时所见各种杂史，增补了不少材料。

总的来看，《北史》虽有内容偶呈芜杂之弊，但毕竟体例完整、材料充实、文字简练，在后代颇受重视，以致魏、齐、周三书唐以后皆残缺不完，后人又多取《北史》加以补足。作为研究北朝历史的资料，《北史》与魏、齐、周、隋四书有互相补充的作用，不可偏废。

本辑据张元济《四部丛刊》史部《百衲本二十四史》之《北史》辑录有关赤城内容。

甲辰立宣武廟于白登西三月丁丑詔以刺史守宰率多

通情公年齒質調縣逹者謫出家財以充不聽徵發於人夏

四月晉人來聘已卯比巡五月丁亥次於參合東幸大審

丁未田于四岫山六月戊午臨去畿陵觀漁辛酉次于濡

源立蟝臺遂射白熊於頹牛山獲之丁卯幸赤城親見長

老問人疾苦復租一年南次石亭幸上谷問百年訪賢雋

復田租之半壬申幸涿鹿登橋山觀溫泉使以太牢祠黃

帝唐堯廟癸酉幸廣審事如上谷已卯登廣審之歷山以

太牢祠舜廟帝親加禮焉庚辰幸代秋七月癸未車駕還

宮復所過田租之半八月庚辰晦日有蝕之九月京師人

《北史》书影

◎夏四月①，晋人来聘。已卯，北巡。五月丁亥，次于参合，东幸大宁。丁未，田于四岬山。六月戊午，临去畿陂观渔。辛酉，次于濡源，立蜯台。遂射白熊于颓牛山，获之。丁卯②，幸赤城，亲见长老，问人疾苦，复租一年。南次石亭，幸上谷，问百年，访贤俊，复田租之半。壬申③，幸涿鹿，登峤山，观温泉，使以太牢祠黄帝、唐尧庙。癸酉，幸广宁，事如上谷。已卯，登广宁之历山，以太牢祠舜庙，帝亲加礼焉。庚辰，幸代。（《北史》第1册，卷1《魏本纪第一》）

◎八年春正月（景）［丙］辰④，行幸邺，存问⑤人俗⑥。司空奚斤既平兖、豫，还围武牢，宋守将毛德祖距守不下。蠕蠕犯塞。二月戊辰⑦，筑长城于长川之南，起自赤城，西至五原，延袤二千余里，备置戍卫。（《北史》第1册，卷1《魏本纪第一》）

◎八月癸（亥）［卯］⑧，皇太子朝于行宫。甲辰，行幸阴山，观云川。丁未，幸阅武台，临观讲武。因幸怀朔、武川、抚冥、柔玄等四镇。乙丑，南还。所过皆亲见高年，问人疾苦，贫窘孤老者，赐以粟帛。丙（景）［丙］寅⑨，诏六镇及御夷城人年老孤贫废疾者，赐粟宥罪各有差。（《北史》第2册，卷3《魏本纪第三》）

---

① 神瑞二年夏四月，415年5月。
② 神瑞二年六月丁卯，415年8月6日。
③ 神瑞二年六月壬申，415年8月11日。
④ 泰常八年春正月丙辰，423年2月14日。
⑤ 存问，慰问；慰劳。多指尊对卑，上对下。
⑥ 人俗，民间习俗；社会风气。
⑦ 泰常八年二月戊辰，423年2月26日。
⑧ 八月癸卯，诸本"卯"作"亥"，《魏书》作"卯"。按是年八月癸卯朔，下文甲辰是二日，丁未是五日。癸亥是二十一日，不得在甲辰、丁未之前。作"亥"误，今据改。太和十八年八月癸卯，494年9月16日。
⑨ 太和十八年八月丙寅，494年10月9日。

◎道元字善长。初袭爵永宁侯，例降为伯。御史中尉李彪以道元执法清刻，自太傅掾引为书侍御史。彪为仆射李冲所奏，道元以属官坐免。景明中，为冀州镇东府长史。刺史于劲，顺皇后父也，西讨关中，亦不至州，道元行事三年。为政严酷，吏人畏之，奸盗逃于他境。后试守鲁阳郡，道元表立黉序①，崇劝学教。诏曰："鲁阳本以蛮人，不立大学②。今可听之，以成良守文翁③之化。"道元在郡，山蛮伏其威名，不敢为寇。延昌中，为东荆州刺史，威猛为政，如在冀州。蛮人诣阙讼其刻峻④，请前刺史寇祖礼。及以遣戍兵七十人送道元还京⑤，二人并坐免官。

后为河南尹。明帝以沃野、怀朔、薄骨律、武川、抚冥、柔玄、怀荒、御夷诸镇并改为州，其郡、县、戍名，令准古城邑。诏道元持节兼黄门侍郎，驰驲⑥与大都督李崇筹宜等立，裁减法留。会诸镇叛，不果而还。（《北史》第9册，卷27《列传第十五·郦道元》）

◎赵逸，字思群，天水人也。父昌，石勒黄门郎。逸好学夙成⑦，仕姚兴，历中书侍郎。后为赫连屈丐所虏，拜著作郎。太武平统万，见逸所著，曰："此竖无道，安得为此言乎！作者谁也？速推之。"司徒崔浩进曰："彼之谬述，亦子云《美新》，固宜容之。"帝乃止。历中书侍郎、赤城镇将，频表乞免，久乃见许。性好坟典⑧，白首弥勤，年逾七十，手不释卷，凡所著述，诗赋铭颂五十余篇。

---

① 黉序，古代的乡学。

② 大学，古学校名，即国学。

③ 文翁，名党，字仲翁，庐江郡舒县（今安徽庐江西南）人。汉景帝末年为蜀郡守，兴教育、兴贤能、修水利，政绩卓著。

④ 刻峻，苛刻严酷。

⑤ 及以遣戍兵七十人送道元还京，按《魏书》卷42《寇赞传》，谓寇祖礼坐遣戍兵送道元，免官。则此"及"字当是"乃"字之讹。

⑥ 驰驲，驾乘驿马疾行。

⑦ 夙成，早成，早熟。

⑧ 坟典，三坟、五典的并称，后转为古代典籍的通称。

（《北史》第12册，卷34《列传第二十二·赵逸》）

◎景字永昌，少聪敏，初读《论语》《毛诗》，一受便览。……贼既南出，钞略蓟城，景命统军梁仲礼率兵士邀击，破之，获贼将御夷镇军主孙念恒。都督李琚为贼所攻蓟城之北，军败而死。景率属城人御之①，贼不敢逼。洛周还据上谷。授景平北将军、光禄大夫，行台如故。洛周遣其都督王曹纥真、马叱斤等率众蓟南，以掠人谷，乃遇连雨，贼众疲劳。景与都督于荣、制史王延年置兵栗园②，邀其走路，大败之，斩曹纥真。洛周率众南趋范阳，景与延年及荣破之，又遣别将重破之于州西彪眼泉③，禽斩之及溺死者甚众。（《北史》第15册，卷42《列传第三十·常景》）

◎贺讷，代人，魏道武皇帝之舅，献明后之兄也。……及帝讨吐突邻部，讷兄弟遂怀异图，率诸部救之。帝击之，大溃，讷西遁。卫辰遣子直力鞮征讷，［讷］告急请降④。道武简精骑二十万救之，遂徙讷部落及诸弟，处之东界。讷又通于慕容垂，垂以讷为归善王。染干谋杀讷而代立，讷遂与染干相攻。垂遣子麟讨之，败染干于牛都，破讷于赤城。道武遣师救讷，麟乃引退。讷从道武平中原，拜安远将军。（《北史》第26册，卷80《列传第六十八外戚·贺讷》）

---

① 景率属城人御之，诸本脱"景"字，据《通志》卷150上《常景传》补。

② 景与都督于荣、刺史王延年置兵栗园，诸本"于"作"干"，汲本及《魏书》作"于"。按《通志》《通鉴》卷151第4714页并作"于"，今从之。又诸本"栗园"作"粟国"，《魏书·常景传》及卷九《肃宗纪》孝昌二年七月作"粟园"。按《通鉴》卷151第4714页作"粟园"。胡注云"粟园当在范阳固安县分。固安之粟，天下称之。"今从《通鉴》改。

③ 彪眼泉，《魏书》卷82"彪"作"虎"。按虎眼泉见《水经注》卷11易水注，又见卷14湿余水注。《北史》避唐讳改。

④ 卫辰遣子直力鞮征讷，讷告急请降。"讷"字，据《魏书》《通志》补。

5. 《隋书》

【题解】 《隋书》85卷，是唐代官修的纪传体断代史，它完整地记载了隋王朝38年的历史，并且追述了许多人在北周、北齐、梁、陈的事迹，是唐朝所修八史中最杰出的一部。

唐高祖武德四年（621年）十一月，起居舍人令狐德棻上疏奏请修撰前朝各史。武德五年，高祖下诏，令修魏、梁、齐、陈、周、隋六朝史书，任命了修撰各朝史书的官员。其中隋史由兼中书令封德彝、中书舍人颜师古主修。历经数年，没有修成。唐太宗贞观三年（629年），再次诏令修撰前朝各史。改由秘书监魏徵主修隋史。《隋书》除魏徵主修外，参加修撰的还有孔颖达、颜师古、许敬宗等人。历经七年修成进献，唐太宗诏藏于秘阁，并对撰修者分别进阶颁赐。

《隋书》的作者都是饱学之士，具有很高的修史水平。首先，唐太宗明确提出"以古为镜，可以见兴替"的看法，汲取历史教训，以史为鉴就成了修隋史的指导思想。其次，《隋书》弘扬秉笔直书的优良史学传统，品评人物较少阿附隐讳。主编魏徵刚正不阿，他主持编写的纪传，较少曲笔，不为尊者讳。再次，《隋书》保存了大量政治、经济以及科技文化资料。其中十志记载梁、陈、北齐、北周和隋五朝的典章制度，有些部分甚至追溯到汉魏。

本辑据张元济《四部丛刊》史部《百衲本二十四史》之《隋书》辑录有关赤城内容。

後齊廢開皇中置永
寧縣大業初廢入焉　博野舊曰博
陸後魏改為博野後齊省樊與比
斬城改為清苑樂苑入永寧改名焉開皇十
八年改為清

漳河郡郡尋廢開皇初
置景州大業初州廢
陽蔓二縣大業初分置安
陽開皇十六年分置安平燕
十六年省入焉

平舒舊置章武郡開皇初廢
魯城開皇六年置並
長蘆開皇初置並
饒陽

涿郡舊置幽州後齊置總管府大業初府廢　統縣九戶八萬四
千五十九
薊舊置燕郡開皇初郡廢大業初置涿郡
固安舊曰故安開皇六年改為
郡開皇初郡廢後又置平昌郡開皇初郡廢又
省後又置平昌郡開皇初郡廢有關官有長
雍奴
昌平舊置東燕州及平昌郡後周並廢領
懷戎後齊置北燕州後周省入焉舊置長寧二
良鄉
安次
涿范陽舊置

歷陽山大小翩山有潮水慈水涿水阪泉水涞
周去北字開皇初郡廢大業初州廢有喬山漁陽
省入焉舊置王初廢

○上谷郡置易州開皇元年　統縣六戶三萬八千七百
易初置皇

《隋书》书影

◎**涿郡**旧置幽州，后齐置东北道行台。后周平齐，改置总管府。大业初府废。统县九，户八万四千五十九。

〇**怀戎**后齐置北燕州，领长宁、永丰二郡。后周去"北"字。开皇初郡废，大业初州废。有乔山，历阳山，大、小翩山。有漯水、（左氵右上夫夫右下心）水、涿水、阪泉水。（《隋书》第 10 册，卷 30《志第二十五·地理中》）

6. 《新唐书》

【题解】　在《唐书》完成（后晋帝开运二年，945 年）后的一个世纪，北宋史学家欧阳修、宋祁等人前后经过 17 个年头，在宋仁宗嘉祐五年（1060 年），又修成另一部唐史，史称《新唐书》，以五代后晋刘昫等人所编的《唐书》更为《旧唐书》。《新唐书》225 卷，记述唐武德元年（618 年）至唐天祐四年（907 年）290 年的历史。

宋仁宗认为的《唐书》浅陋，下诏重修。前后参预其事的有欧阳修、宋祁、范镇、吕夏卿、王畴、宋敏求、刘羲叟等人。其中列传主要由宋祁负责，本纪、志、表主要由欧阳修负责，所以《新唐书》署"欧阳修、宋祁撰"。宋祁有文名，曾任知制诰、翰林学士等职。他历时十余年完成列传，于嘉祐三年交齐全部列传的稿子。欧阳修是北宋著名的文学家，擅长古文，他因参加推行"庆历新政"的活动，被贬为地方官，至至和元年（1054 年）才调到朝廷任翰林学士，主持修史工作，等到他写定本纪、志、表，已是嘉祐五年的事了。列传与本纪、志、表合在一起时，并没有经过严格的整齐划一。

《新唐书》与《旧唐书》相比，增加了以前各史所没有的《仪卫志》《兵志》等，其他方面也增补了新资料，质量多在《旧唐书》之上。

本辑据张元济《四部丛刊》史部《百衲本二十四史》之《新唐书》辑录有关赤城内容。

僑治蘩時八年僑治秀容故北恒州城貞觀五年破突厥復故地

還治靈丘開元初徙治安邊至德二載更郡名復故治土貢熊鞹

豹尾松實戶五千五十二口二萬九百五十八縣三乾元元年徙天

成軍合之而廢橫野軍西有清塞守捉城貞元十五年置之遂城遙隷蔚州貞觀五年復故地有三河銅冶有錢官

靈丘 中本安邊開元十二年徙 中有直谷關其北有大安鎮

興唐 治橫野軍至德二載更名 中有橫野軍 中初僑

飛狐 治易州 中初僑

武州關領縣一文德

新州關領縣四永興 礬山 龍門 懷安

潞州上黨郡大都督府土貢賞紵布人葠石蜜墨戶六萬八千三百九十一口三十八萬八千六百六十一縣十 日戰黎 上黨 望有廳聖

上黨 望有三廳聖宮本飛龍宮

壺關 析上黨置 長子 緊 屯留 上有三嵕山

潞城 上 天祐二年更 黎城 上

襄垣 上武德元年以襄垣黎城涉銅鞮置韓州貞觀十七年州廢縣皆來屬東有井谷故關韓州九年來屬

涉 中有銅 武鄉 本鄉縣武德三年曰甲水縣隷韓州九年來屬省承緩六年隷沁州顯慶四年來屬

武鄉 東有黎亭有銅又有壺口故關鄉武后更名武鄉神龍元年復故名尋又曰武鄉北有昂車關

澤州高平郡上本長平郡治濩澤武德八年徙治端氏貞觀元年

《新唐书》书影

◎新州。阙。领县四。永兴，矾山，龙门，怀安。（《新唐书》第7册，卷39《志第二十九·地理三》）

◎妫州妫川郡，上。本北燕州，武德七年①平高开道，以幽州之怀戎置。贞观八年②更名。土贡：桦皮、胡禄、甲榆、髇矢、麝香。户二千二百六十三，口万一千五百八十四。县一。有府二，曰密云、白檀。有清夷军，垂拱中置。有淮北、白阳度、云治、广边四镇兵。有横河、柴城二戍。有阳门城。有永定、窑子二关。又有怀柔军，在妫、蔚二州之境。怀戎。上。天宝中析置妫川县，寻省。妫水贯中。北九十里有长城，开元中张说筑。东南五十里有居庸塞，东连卢龙、碣石，西属太行、常山，实天下之险。有铁门关。西有宁武军。又北有广边军③，故白云城也。（《新唐书》第7册，卷39《志第二十九·地理三》）

---

① 武德七年，624年。

② 贞观八年，634年。

③ 关于广边军，2008年北京大学历史地理与古地图研究中心组织了对张家口地区十余处古代城址的踏勘和考察，在此基础上撰成《张家口地区古城旧堡踏勘报告》（作者孙靖国，《考古学研究》2014年第2期）载："李孝聪教授在雕鹗堡西1000米，今赤城县康庄村所在地以东200米处，353省道北侧，发现一唐代城址。此次考察确认此城址为一长方形，略向西北倾斜，东西宽约100、南北长约80米、周长约为360米。城址为两重结构，城中西南角有小城。外城西南角夯层厚分别为25、30、20厘米，残高292厘米；郭城北墙完整，夯层23~24厘米，北墙外有壕沟……《新唐书·地理志》记载：'怀戎……北九十里有长城，开元中张说筑……又北有广边军，故白云城也。'（《新唐书》卷39《地理志三》，中华书局，1975年，第1022页）唐长孺因为《新唐书·兵志》未收广边军目，所以推测该军'当是肃宗以后增置'（唐长孺：《唐书兵志笺正》，中华书局，1962年，第38页）……该城址很可能就是唐广边军城。"

7.《辽史》

【题解】 《辽史》160 卷,成书于元至正年间（1341～1368 年）。《辽史》记载了古代契丹族建立的辽朝二百多年的历史,并兼载辽立国以前契丹的状况,以及辽灭亡后耶律大石所建西辽的概况。

辽太祖耶律阿保机建国之初,依仿汉人制度,设立监修国史官,并且仿照中原的做法,撰修《起居注》《日历》《实录》等。

金朝建立后,很注意总结前朝的兴衰得失,着力修撰《辽史》,前后撰成两部《辽史》。第一次是在金熙宗皇统年间（1141～1149 年）,耶律固主持修纂,最后由萧永祺完成,但未曾刊行。第二次撰修《辽史》是在章宗即位初开始,由党怀英、郝俣、移剌益、陈大任等,到泰和七年（1207 年）十二月完成,历时 17 年,后人称为"陈大任《辽史》"。此书也未经金朝正式刊行。

元朝建立后,不断有人向政府建议修辽、宋、金史,但因正统问题争论不休,迟迟未能进行。直到元朝最后一个皇帝——元顺帝的至正三年,才正式开局纂修。以中书右丞相脱脱为都总裁,铁木儿塔识、太平、张起岩、欧阳玄、揭傒斯、吕思诚为《辽史》总裁官,主要执笔为廉惠山海牙、王沂、陈绎等人,于至正三年（1343 年）四月开始撰写,四年三月即告脱稿,是三史中最先成书的一部,仅仅用了 11 个月的时间。这是因为前人所撰《辽史》和实录提供了良好的基础。

一般人认为,元修《辽史》失之简略,但不应否定它特有的长处。《辽史》的志、表多有特色,其中一些志、表是其他正史所没有的。

本辑据张元济《四部丛刊》史部《百衲本二十四史》之《辽史》辑录有关赤城内容。

辰詔河東節度使劉知遠送叛臣烏古指揮使由燕京赴
關癸酉遣天城軍節度使蕭拜石弗祭于晉九月壬辰遣
使賀晉帝嗣位冬十月巳巳徵諸道立遣將軍密胄德伐
党項十一月乙未武定軍奏松生棄秉十二月癸亥晉遣使
來謝是冬駐蹕赤城
六年春二月乙卯晉遣使進先帝遺物辛酉晉遣使請居
汴從之三月巳卯朔吳越王遣使來貢甲申梅里喘引來
歸戊子南唐遣使奉蠟九書丁未晉至汴遣使來謝四
月戊申朔日有食之五月巳亥遣使如晉致生辰禮六月
丁未朔鐵驪來貢巳未奚鉏骨里部進白麆蔚辛酉莫州進

《辽史》书影

◎是冬①，驻跸赤城。（《辽史》第2册，卷4《太宗下》）

◎奉圣州，武定军，上，节度。本唐新州。后唐置团练使，总山后八军，庄宗以弟存矩为之。军乱，杀存矩于祁州②，拥大将卢文进亡归。太祖克新州，庄宗遣李嗣源复取之。同光二年③升威塞军④。石晋高祖割献，太宗改升。有两河会、温泉、龙门山、涿鹿山。东南至南京三百里，西北至西京四百四十里。兵事属西京都部署司。统州三、县四：

永兴县。本汉涿鹿县地。黄帝与蚩尤战于此。户八（十）[千]。

矾山县。本汉军都县。山出白绿矾，故名。有矾山、桑干河。在州南六十里。户三千。

龙门县。有龙门山，石壁对峙，高数百尺，望之若门。徼外诸河及沙漠潦水⑤，皆于此趣海。雨则俄顷⑥水逾十仞，晴则清浅可涉，实塞北控扼之冲要也。在州东北二百八十里。户四千。

望云县。本望云川地。景宗于此建潜邸，因而成井肆。穆宗崩，景宗入绍国统，号御庄。后置望云县，直隶彰愍宫，附庸于此。在州东北二百六十里。户一千。

归化州，雄武军，上，刺史。本汉下洛县。元魏改文德县。唐升武州，僖宗改毅州。后唐太祖复武州，明宗又为毅州，潞王仍为武州。晋高祖割献于辽，改今名。有桑干河、会河川、爱阳川、炭山，又谓之陉头，有凉殿，承天皇后纳凉于此，山东北三十里有新

---

① 会同五年，942 年。
② 祁州，《新五代史》卷48 及《通鉴》并作祁沟关。
③ 同光二年，924 年。
④ 升威塞军，《通考》卷316 作威胜军。
⑤ 潦水，雨后的积水。
⑥ 俄顷，片刻；一会儿。

凉殿，景宗纳凉于此，唯松棚数陉而已；断云岭，极高峻，故名。州西北至西京四百五十里。统县一：文德县。本汉女祁县地。元魏置。户一万。

可汗州，清平军，下，刺史。本汉潘县，元魏废。北齐置北燕郡①，改怀戎县。隋废郡，属涿郡。唐武德中复置北燕州，县仍旧。贞观八年改妫州。五代时，奚王去诸以数千帐（欲）［徙］妫州②，自别为西奚，号可汗州；太祖因之。有妫泉在城中，相传舜嫔二女于此。又有温泉、版泉、磨笄山、鸡鸣山、乔山、历山。统县一：怀来县。本怀戎县，太祖改。户三千。

儒州，缙阳军，中，刺史。唐置。后唐同光二年隶新州。太宗改奉圣州，仍属。有南溪河、沽河、宋王峪、桃峪口。统县一：缙山县。本（县）［汉］广宁县地。唐天宝中割妫川县置。户五千。（《辽史》第 6 册，卷 41《志第十一·地理志五》）

◎六年③，观鹿于炭山。幸黎园、温汤。射鹿于近山。驻跸赤城南。（《辽史》第 11 册，卷 68《表第六·游幸表》）

◎高模翰，一名松，渤海人。有膂力④，善骑射，好谈兵。……及晋叛盟，出师南伐。模翰为统军副使，与僧遏前驱，拔赤城，破德、贝诸寨。（《辽史》第 13 册，卷 76《列传第六·高模翰》）

---

① 北齐置北燕郡，《索隐》："郡，当作州。《隋志》，后齐置北燕州，领长宁、永丰二郡。"
② 徙，原误"欲"。据《新五代史·附录》改。
③ 辽圣宗统和六年，988 年。
④ 膂力，体力。膂音 lǚ，脊梁骨。

8.《金史》

【题解】　《金史》135 卷，元脱脱等奉敕撰。是记载金朝始末的一部纪传体断代史，记载金朝人物传记、典章制度、地理建置等史实。

《金史》是元修三史之一，最早议修于元世祖中统二年（1261年），以后在至元元年、十六年，以及仁宗朝、文宗朝都分别议论过修史的事，都因义例难定未付诸实行，直到元顺帝至正三年（1343年），才决定"各与正统"，《辽史》《金史》《宋史》三史分别撰修。翌年十一月，《金史》告成，历时 1 年零 8 个月。修三史的都总裁官是右丞相脱脱，分撰《金史》的是沙剌班、王理、伯颜、费著、赵时敏、商企翁等 6 人。历来的评论，都认为三史之中，以《金史》的质量较好。

本辑据张元济《四部丛刊》史部《百衲本二十四史》之《金史》辑录有关赤城内容。

◎四月丁亥①，遣斡鲁、宗望袭辽主于阴山。壬辰②，复书于宋。师初入燕，辽兵复犯奉圣州，林牙③大石壁龙门东二十五里。都统斡鲁闻之，遣照立、娄室、马和尚等率兵讨之，生获大石，悉降其众。（《金史》第 1 册，卷 2《本纪第二·太祖》）

---

① 天辅七年四月丁亥，1123 年 5 月 1 日。
② 天辅七年四月壬辰，1123 年 5 月 6 日。
③ 林牙，辽官名。辽置大林牙院，掌文翰之事，设有北面都林牙、北面林牙承旨、北面林牙、左林牙、右林牙等职。

剌道爲橫賜高麗使宿直將軍斜卯撾剌爲橫賜夏國使

辛丑太白晝見五月戊申華嚴寺觀故遼諸帝銅像詔

主僧謹視之壬子詔雲中大同縣及警巡院給復一年壬

戌詔將華銀山諸庶從軍士賜錢五萬貫有敢損苗稼者

並償之六月辛巳太白晝見經天丙戌發自西京庚子獵

于銀山七月辛酉次三义口八月辛未朔次㴸陘庚辰獵

于垔雲之南山九月辛丑朔至自西京丁未以戶部尚書

魏子平爲賀宋生日使辛亥以翰林待制移剌熙載爲夏

國生日使澤州剌史劉德裕等以盜用官錢伏誅壬子太

白晝見癸丑尚書右丞相宗憲薨丙辰太白晝見經天十

本紀六

《金史》书影

38

◎八月辛未朔①，次凉陉。庚辰②，猎于望云之南山。（《金史》第 2 册，卷 6《本纪第六·世宗上》）

◎十一月戊子③，左丞相夹谷清臣罢，右丞相襄代领行省事。……甲辰④，报败敌于望云。（《金史》第 3 册，卷 10《本纪第十·章宗二》）

◎西京路，府二，领节镇七，刺郡八，县三十九⑤，镇九。大定五年建宫室，名其殿曰保安，其门南曰奉天，东曰宣仁，西曰阜成。天会三年建太祖原庙。

〇德兴府，晋新州，辽奉圣州武定军节度，国初因之。大安元年⑥升为府，名德兴。户八万八百六十八。县六、有漫天坞，泰和二年⑦更名拂云，平恶崖更名垒翠岩。镇一：

德兴倚。旧名永兴县，大安元年更名。有涿鹿定、方水镇。有鸡鸣山。

妫川辽可汗州清平军，本晋妫州，会同元年辽太祖尝名可汗州，县旧日怀戎，更名怀来，明昌六年⑧更今名。西北有合河龟头馆石桥，明昌四年建。

缙山辽儒州缙阳军县故名，皇统元年⑨废州来属，崇庆元年⑩升为镇州。镇一永安。

望云本望云川地，辽帝尝居，号曰御庄，后更为县，金因之。

矾山晋故县，国初隶弘州，明昌三年来属。

---

① 大定六年八月辛未朔，1166 年 8 月 27 日。
② 大定六年八月庚辰，1166 年 9 月 5 日。
③ 明昌六年十一月戊子，1195 年 12 月 10 日。
④ 明昌六年十一月甲辰，1195 年 12 月 26 日。
⑤ 县三十九，按殿本作"县四十"。
⑥ 大安元年，1209 年。
⑦ 泰和二年，1202 年。
⑧ 明昌六年，1195 年。
⑨ 皇统元年，1141 年。
⑩ 崇庆元年，1212 年。

龙门晋县，国初隶弘州，后来属。明昌三年割隶宣德州。有庆宁宫，行官也，泰和五年以提举兼龙门令。

昌州，天辅七年①降为建昌县，隶桓州。明昌七年以狗泺复置，隶抚州，后来属。户一千二百四十一。县一：

宝山有狗泺，国言曰押恩尼要。其北五百余里有日月山，大定二十年②更曰抹白山。国言涅里塞一山。

〇宣德州，下，刺史。辽改晋武州为归化州雄武军，大定七年更为宣化州，八年复更为宣德。户三万二千一百四十七。县二：

宣德旧文德县，大定二十九年更名。

宣平承安二年③以大新镇置，以北边用兵尝驻此地也。（《金史》第 7 册，卷 24《志第五·地理上》）

◎庆宁宫提举司。提举④，正七品，兼龙门县令。同提举，正八品，兼仪鸾监。右属尚书刑部⑤。（《金史》第 14 册，卷 56《志第三十七·百官二》）

◎辽都统大石犯奉圣州，壁龙门东二十五里，娄室、照里、马和尚等以兵取之，生获大石，其众遂降。辽辟里剌守奉圣州，弃城遁去。后与宗望追辽帝，娄室、蒲察以二十骑候敌，败其军三千人于三山，有千人将趋奉圣州，蒲察复败之，擒其主帅而还。夏人屯

---

① 天辅七年，1123 年。

② 大定二十，1180 年。

③ 承安二年，1197 年。

④ 提举，官名。宋朝始置，提举常平官简称，亦为差遣名目，如提举保甲、提举弓箭手等。元朝置为诸提举司长官，如提举左八作、提举都城所等均置。并多置同提举、副提举等。明沿元制，如盐课提举司、宝钞提举司等均置。清除沿置为盐课提举司长官外，文渊阁亦置。又，道官亦设提举，分掌道教事务。道光元年（1821 年）定为从六品，依例升迁提点、缺出由副理、赞教升补。

⑤ 右属，古籍竖排版，从右向左，今横排，依上而下，即"上属"之意。

兵于可敦馆，宗翰遣娄室戍朔州，筑城于霸德山西南二十里，遂破朔州西山兵二万，擒其帅赵公直。其后复袭辽帝于余都谷，获之。赐铁券①，惟死罪乃笞②之，余罪不问。（《金史》第 18 册，卷 72《列传第十·娄室》）

◎翟永固，字仲坚，中都良乡人。太祖与宋约攻辽，事成以燕归宋。宋人以经义兼策取士，永固中第一，授开德府仪曹参军③。金破宋，永固北归。中天会六年词赋科，授怀安丞，迁望云令，补枢密院令史，辟左副元帅宗翰府掾。永固家贫，求外补，宗翰爱其能，不许，以钱三千贯周之，荐于朝，摄左司郎中④。除定武军节度副使，历同知清州防御使，入为工部员外郎。以母忧⑤去官，起复礼部郎中，迁翰林直学士⑥。（《金史》第 22 册，卷 89《列传第二十七·翟永固》）

---

① 铁券，古代皇帝颁赐功臣授以世代享受某种特权的凭证。为汉高祖所创。铁制的契券上用丹砂书写誓词，从中剖开，朝廷和受赐者各保存一半。唐以后不用丹书，而是嵌金，并在券文上刻有免死等特权的文字。

② 笞，古代用竹板或荆条打人脊背或臀腿的刑罚。

③ 仪曹参军，官名。宋徽宗崇宁三年（1104 年）开封府置，大观二年（1108 年）诸州府皆置。掌礼乐、学校、贡举等事务，正八品。

④ 左司郎中，官名。唐太宗贞观二年（628 年）置，员一人，从五品上，为尚书左丞副贰，协掌尚书都省事务，监管吏、户、礼部诸司政务，举稽违、署符目、知直宿，位在诸司郎中上；高宗龙朔二年（662 年）改名左承务，咸亨元年（670 年）复。北宋初为寄禄官，神宗元丰（1078～1085 年）改制，置一员，正六品，领吏、户、礼部、奏钞、班簿房事。辽朝沿置。金朝尚书省左司置一员，正五品，掌本司奏事，总察吏、户、礼三部受事付事，兼带修注官。元朝中书省左司置二员，正五品，掌吏礼房九科、知除房五科、户杂房七科、科粮房六科、银钞房二科、应办房二科。元末朱元璋中书省置为属官，正五品，明洪武十三年（1380）罢。

⑤ 母忧，母亲的丧事。

⑥ 直学士，官名。唐朝弘文馆、集贤殿书院置，以六品以下官为之，掌详正图籍，教授生徒。金朝翰林学士院置，从四品，无定员。元朝翰林兼国史院、蒙古翰林院、集贤院皆置，员各二人，从三品。朱元璋吴元年（1367 年）于翰林院置，正五品。明洪武十四年废。清宣统三年（1911 年）典礼院置，员八人，掌讨论典礼。清亡遂废。

◎刘仲洙，字师鲁，大兴宛平人。大定三年，登进士第。历龙门主簿、香河酒税使，再调深泽令。县近滹沱河，时秋成，水忽暴溢，仲洙极力护塞，竟无害。有盗夜发，居民震惊，仲洙率县卒生执其一，余众遂溃，旦日掩捕皆获。寻以廉能进官一阶，升河北西路转运司支度判官，入为刑部主事，六迁右司员外郎①，俄转吏部。世宗谓宰臣曰："人有言语敏辩而庸常不正者，有语言拙讷而才智通达、存心向正者，如刘仲洙颇以才行见称，然而口语甚讷也。"右丞张汝霖曰："人之若是者多矣，愿陛下深察之。"二十九年，出为祁州刺史，以六善为教，民化之。（《金史》第24册，卷97《列传第三十五·刘仲洙》）

◎纥石烈桓端，西南路忽论宋割猛安人，袭兄银术可谋可。泰和伐宋，充行军万户，破宋兵二千于蔡州，加宣武将军。……贞祐二年②，为宣差副提控，同知婆速路兵马都总管，行府事。贞祐三年，蒲鲜万奴取咸平、东京沈、澄诸州，及猛安谋克人亦多从之者。三月，万奴步骑九千侵婆速近境，桓端遣都统温迪罕怕哥辇击却之。四月，复掠上（古）［京］城③，遣都统兀颜钵辖拒战。万奴别遣五千人攻望云驿，都统奥屯马和尚击之。都统夹谷合打破其众数千于三义里。五月，都统温迪罕福寿攻万奴之众于大宁镇，拔其垒，其众歼焉。（《金史》第26册，卷103《列传第四十一·纥石烈桓端》）

---

① 右司员外郎，官名。唐武则天永昌元年（689年）始置，隶尚书都省，一人，从六品上，与右司郎中同为尚书右丞副贰，监管兵、刑、工部诸司政务，举稽违、署符目、知直宿，位在诸司员外郎上；中宗神龙元年（705年）省，次年复置。北宋初为寄禄官，神宗元丰（1078～1085年）改制置一员，从六品，与右司郎中兼管兵、刑、工部、案钞房。辽朝沿置。金朝尚书省右司置一员，正六品，佐郎中掌本司奏事及总察兵、刑、工三部受事付事。元朝中书省右司置二员，正六品，佐郎中掌兵房五科、刑房六科、工房六科。元末朱元璋中书省置为属官，正六品，明洪武十三年（1380年）罢。

② 贞祐二年，1214年。

③ 复掠上京城，"京"原作"古"。按《温迪罕老儿传》，"蒲鲜万奴攻上京"。又卷128《纥石烈德传》，"蒲鲜万奴逼上京"。今据改。

◎粘割韩奴，以护卫从宗弼征伐，赐铠甲弓矢战马。初，太祖入居庸关，辽林牙耶律大石自古北口亡去，以其众来袭奉圣州，壁于龙门东二十五里，娄室往取之，获大石并降其众。（《金史》第30册，卷121《列传第五十九·忠义一·粘割韩奴》）

9.《元史》

【题解】 《元史》210卷，宋濂等撰。是明代初期官修、记载自元太祖成吉思汗统一漠北，建立大蒙古国至元朝灭亡这100多年史事的纪传体史书。

元顺帝二十八年（1368年），朱元璋称帝，建立明朝，年号洪武。同年明军攻克大都，元朝灭亡。这一年的冬天，朱元璋就下令编修《元史》。此时，元顺帝北逃，国号尚存，纂修一代之史显然为时过早，但明朝君臣还是以"九州攸同"为由，宣布召集儒臣，纂修《元史》。朱元璋修史的目的，在于网罗前代遗臣，给予高官厚禄，使其为新王朝服务。这样不仅偃武修文，还可粉饰太平，把前代遗臣纳入彀中，为新朝效力，一举两得。第二年二月，以中书左丞李善长为监修，以翰林学士宋濂、待制王祎为总裁，从各地征起"山林遗逸之士"汪克宽等16人为纂修，正式在南京天界寺开史局，以元13朝《实录》和《经世大典》等书为参考开始编写。从洪武二年二月到八月，用188天的时间，修成顺帝以前各朝的历史，共159卷。顺帝一朝史事，因为缺少《实录》和其他资料，当时并未着手。宋濂等将已修成部分上进于朝，史局工作暂告一段落，同时明朝政府派欧阳佑持等12人到全国各地征集顺帝一朝的资料。洪武三年二月重开史局，仍由宋濂、王祎任总裁，但纂修人员作了大幅度的调整，这一次纂修共15人，只有赵埙曾参与第一次工作，其余都是新人。八月书成，共53卷，历时143天。前后两次修成的文稿经过统一加工，共210卷，两次开局共历时331天。

興州　下唐爲奚地金初爲興化郡隸北京後爲

興州元中統三年屬上都路領二縣興安〔下至元二〕

置年宜興〔中至元置〕

松州　下本松林南境遼置松山州金爲松山縣

隸北京大定府路元中統三年升爲松州仍存

縣至元二年省縣入州桓州〔下本上谷郡地金〕

置桓州元初廢至元二年復置

雲州　下古望雲川地契丹置望雲縣金因之元

中統四年升縣爲雲州治望雲縣至元二年州

存縣慶二十八年復升宣德之龍門鎮爲望雲

《元史》书影

《元史》成书仓促，纰漏甚多，历来受到学者们的讥议。清代史学家钱大昕讥讽说："古今史成之速，未有如《元史》者；而文之陋劣，亦无如《元史》者。"《元史》问世后，很多学者对它表示了不满，钱大昕则是不满者中持激烈否定态度的一个。对于《元史》的批评，主要认为它的编纂工作过于草率，没有认真的融合贯通，基本上都是利用已有的文献资料，略加删削修改而成。但是，尽管存在这样那样的问题，《元史》仍是我们今天了解、研究元代历史的极其珍贵的文献。它是最早的全面、系统记述元代历史的著作。

本辑据张元济《四部丛刊》史部《百衲本二十四史》之《元史》辑录有关赤城内容。

◎五月①……立望云驿，非军事毋得辄入。（《元史》第2册，卷4《本纪第四·世祖一》）

◎庚戌②，赐诸王合必赤金银海青符③各二。免松州、兴州、望云州新旧差赋。以望云、松山、兴州课程隶开平府。壬子，敕非军情毋行望云驿。（《元史》第2册，卷5《本纪第五·世祖二》）

◎丙子④，（晋）［缙］山至望云立海青驿⑤。……甲申⑥，真定

---

① 中统元年五月，1260年。

② 中统三年四月庚戌，1262年5月14日。

③ 符、节是春秋战国时期产生的通信信物，后来各代沿用了这一制度。元代牌符，有金银字圆牌、海青牌及铺马圣旨等数种。海青牌是元初使用的一种特殊牌符，海东青牌的简称，牌为圆形，有金、银、铁三种，牌上刻海东青图样。专为传递"军情急速公事"使用。佩戴海青牌可不经由正站（驿站）而由望云站，取捷径往返。铺马有缺，可向百姓或旅客征用，粮食及其他必需品也可自由征用。

④ 中统三年五月丙子，1262年6月9日。

⑤ 据《元史》卷58《地理志》、卷99《兵志》改）。海青驿，元代驿站名，取雕飞迅速之意。

⑥ 中统三年五月甲申，1262年6月17日。

路不眼里海牙擅杀造伪钞者三人，诏诘其违制之罪。西京、宣德、（咸）［威］宁①、龙门霜，（天顺）［顺天］②、平阳、河南、真定雨雹，东平、滨棣旱。（《元史》第 2 册，卷 5《本纪第五·世祖二》）

◎丙寅③，赐夔州路行省杨大渊金符十、银符十九④，赏麾下⑤将士；别给海青符二，事有急速，驰以上闻。立枪杆岭驿，以便转输。（《元史》第 2 册，卷 5《本纪第五·世祖二》）

◎庚子⑥，河南路总管刘克兴矫制括户，罢其职，籍家资之半。升上都路望云县为云州，松山县为松州。（《元史》第 2 册，卷 5《本纪第五·世祖二》）

◎戊戌⑦，改宣德府龙门镇复为县。（《元史》第 4 册，卷 10《本纪第十·世祖七》）

◎己未⑧……发云州民夫凿银洞。（《元史》第 6 册，卷 16《本纪第十六·世祖十三》）

◎辛酉⑨，升宣德龙门镇为望云县，割隶云州。置望云银冶。（《元史》第 6 册，卷 16《本纪第十六·世祖十三》）

---

① 按威宁金置，属抚州。《元史》卷 149《刘伯林传》、卷 166《石抹狗狗传》皆作"威宁"。元代陕西行省奉元路与湖广行省武昌路均有咸宁县，与此非一地。
② 据《元史》卷 50《五行志》改正。按元无"天顺"建置。
③ 中统三年七月丙寅，1262 年 7 月 29 日。
④ 此处"州"当作"府"。
⑤ 麾下，即部下。麾音 huī，古代指挥军队的旗子。
⑥ 中统四年五月庚子，1266 年 6 月 28 日。
⑦ 至元十六年六月戊戌，1279 年 8 月 1 日。
⑧ 至元二十七年三月己未，1290 年 4 月 26 日。
⑨ 至元二十八年十一月辛酉，1291 年 12 月 19 日。

◎壬子①，桓州至赤城站户告饥，给钞计口赈之。(《元史》第6册，卷17《本纪第十七·世祖十四》)

◎癸卯②……立云州银场都提举司，秩③四品。(《元史》第6册，卷18《本纪第十八·成宗一》)

◎庚申④，命札剌而忽都虎所部户居于奉圣、云州者，与民均供徭役。(《元史》第7册，卷19《本纪第十九·成宗二》)

◎己酉⑤，立上都、中都等处银冶提举司，秩正四品。尚书省臣言："别都鲁思云云州（朝）[潮]河等处产银⑥，令往试之，得银六百五十两。"诏立提举司，以别都（忽）[鲁]思⑦为达鲁花赤⑧。(《元史》第8册，卷23《本纪第二十三·武宗二》)

---

① 至元二十九年壬子，1292年2月8日。
② 元贞元年二月癸卯，1295年3月15日。
③ 秩，官吏的职位或品级。《玉篇·禾部》："秩，品也。"《增韵·质韵》："秩，职也，官也。"
④ 元贞二年二月庚申，1296年3月26日。
⑤ 至大三年六月己酉，1310年6月30日。
⑥ 按《元一统志》作"潮河"。据改。
⑦ 据本条上文及下文十一月辛巳条改。
⑧ 达鲁花赤，蒙语的音译。元职官名。指镇压者、制裁者、盖印者。转而有监临官、总辖官之意。元代汉人不能任正职，朝廷各部及各路、府州县均设达鲁花赤，由蒙古或色目人充任，以掌实权。

◎癸亥①……复云州银场提举司，置仪鸾局②，秩皆五品。（《元史》第9册，卷24《本纪第二十四·仁宗一》）

◎壬寅③……罢上都、云州、兴和、宣德、蔚州、奉圣州及鸡鸣山、房山、黄芦、三叉诸金银冶，听民采炼，以十分之三输官④。（《元史》第10册，卷28《本纪第二十八·英宗二》）

◎是月⑤，籍田蝗。云州黑河水溢。（《元史》第10册，卷30《本纪第三十·泰定帝二》）

◎壬午⑥，伯颜以病在告，居赤城，遣使召赴阙⑦。（《元史》第11册，卷33《本纪第三十三·文宗二》）

◎是月⑧，诏修砌北巡所经色泽岭、黑石头河西沿山道路，创建龙门等处石桥。（《元史》第13册，卷43《本纪第四十三·顺帝六》）

---

① 至大四年六月癸亥，1311年7月9日。

② 仪鸾局，官署名。金朝置，属宣徽院。掌殿庭铺设、帐幕、香烛等事。设提点、使、副使、直长、收支都监、同监诸职，并设司吏二员。提点正五品，使从五品，副使从六品，各一员。直长四员，正八品。收支都监正九品，设于世宗大定七年（1167年），章宗明昌二年（1191年）增设一员，一员掌受铺陈诸物，一员掌万宁宫收支库。元朝于世祖至元十一年（1274年）亦设，隶大都留守司，秩正五品。置轮直怯薛大使四员，副使二员。辖烛剌赤、水手、针工、蜡烛四提领所。

③ 至治三年正月壬寅，1323年2月15日。

④ 输官，向官府缴纳。

⑤ 泰定四年七月，1327年。

⑥ 天历二年九月壬午，1329年10月21日。

⑦ 赴阙，入朝。指陛见皇帝。

⑧ 至正十四年五月，1354年。

◎七月①，上都云州大雨。北山黑水河溢。（《元史》第16册，卷50《志第三上·五行一》）

◎大德元年②，云州聚阳山等冶言，矿石煽炼银货不出，诏减其课额。（《元史》第16册，卷50《志第三上·五行一》，第1069页）

◎上都路，唐为奚、契丹地。金平契丹，置（恒）［桓］州③。元初为札剌儿部、兀鲁郡王营幕地。宪宗五年④，命世祖居其地，为巨镇。明年，世祖命刘秉忠相宅于桓州东、滦水北之龙冈。中统元年⑤，为开平府。五年，以阙庭⑥所在，加号上都，岁一幸焉。至元二年⑦，置留守司。五年，升上都路总管府。十八年，升上都留守司，兼行本路总管府事。户四万一千六十二，口一十一万八千一百九十一。领院一、县一、府一、州四。州领三县。府领三县、二州，州领六县。

巡警院。

县一：开平。上。

府一：顺宁府，唐为武州。辽为德州⑧。金为宣德州。元初为宣宁府。太宗七年⑨，改山［西］东路总管府⑩。中统四年，改宣德

---

① 泰定四年七月，1327年。

② 大德元年，1297年。

③ 按《金史》卷24《地理志》，西京路领桓州。

④ 宪宗五年，1255年。

⑤ 中统元年，1260年。

⑥ 阙庭，亦作"阙廷"。朝廷。亦借指京城。

⑦ 至元二年，1265年。

⑧ 辽为德州，按《金史》卷24《地理志》，宣德州，下，刺史。辽改晋武州为归化州雄武军。《辽史》卷41《地理志》，归化州雄武军，唐武州，晋高祖割献于辽，改今名。此处"德州"当为"归化州"之误。

⑨ 太宗七年，1235年。

⑩ 据《元史》卷81《选举志》及《至正集》卷44《上都孔子庙碑》所见"山西东路"补。

府，隶上都路。仍至元三年①，以地震改顺宁府。领三县、二州。

三县：宣德，下。倚郭。至元二年，省本府之录事司并龙门县并入焉。廿八年，又割龙门去属云州。宣平，下。顺圣，下。本隶弘州，今来属。

二州

保安州，下。唐新州。辽改奉圣州。金为（兴德）　[德兴]府②。元初因之。旧领永兴、缙山、怀来、矾山四县。至元二年，省矾山入永兴。三年，省缙山入怀来，改为奉圣州，隶宣德府。五年，复置缙山。延祐三年，以缙山、怀来隶大都。仍至元三年，以地震改保安州。领一县：

永兴。下。倚郭。

蔚州，下。唐改为安边郡，又改为兴唐县③，又仍为蔚州。辽为忠顺军。金仍为蔚州。元至元二年，省州为灵仙县，隶弘州。其年，复改为蔚州，隶宣德府。领五县：灵仙，下。灵丘，下。飞狐，下。定安，下。广灵，下。

州四

兴州……。松州……。

桓州，下。本上谷郡地，金置桓州。元初废，至元二年复置。

云州，下。古望云川地，契丹置望云县。金因之。元中统四年，升县为云州，治望云县。至元二年，州存县废。二十八年，复升宣德之龙门镇为望云县，隶云州。领一县：望云。（《元史》第 19 册，卷 58《志第十·地理一》）

---

① 仍至元三年，《中国行政区划通史元代卷》（李治安等著，复旦大学出版社，2009 年 4 月）第 21 页页下注："'仍'疑为'后'之讹"。至元三年，1337 年。

② 《元史》卷 6《世祖纪》至元三年十月庚申条及《金史》卷 24《地理志》均作"德兴"。

③ 又改为兴唐县，按《旧唐书》卷 39《地理志》，蔚州，至德二年九月改为兴唐郡。此处"县"当作"郡"。

◎产银之所，在腹里曰大都、真定、保定、云州、般阳、晋宁、怀孟、济南、宁海……（《元史》第 31 册，卷 94《志第四十三·食货二》）

◎银在大都者，至元十一年，听王庭璧于檀州奉先等洞采之。十五年，令关世显等于蓟州丰山采之。在云州者，至元二十七年，拨民户于望云煽炼，设从七品官掌之。二十八年，又开聚阳山银场。二十九年，遂立云州等处银场提举司。……此银课之兴革可考者然也。（《元史》第 31 册，卷 94《志第四十三·食货二》）

◎五月[①]，云州设站户，取迤南州城站户籍内，选堪中上户应当。马站户，马一匹，牛站户，牛二只，于各户选堪当站役之人，不问亲躯，每户取二丁，及家属于立站去处安置。（《元史》第 34 册，卷 101《志第四十九·兵四》）

◎也速，蒙古人。……拜中书平章政事，改行省淮南。雄州、蔚州贼继起，也速悉平之。知枢密院事刘哈剌不花所部卒掠怀来、云州，欲为乱，也速以轻骑击灭其首祸者，降其众隶麾下。贼陷大宁，诏也速往讨之。（《元史》第 43 册，卷 142《列传第二十九·也速》）

◎帝师八思巴者，土番萨斯迦人，族款氏也。……八思巴时，又有国师胆巴者，一名功嘉葛剌思，西番突甘斯旦麻人。……元贞间，海都犯西番界，成宗命祷于摩诃葛剌神，已而捷书果至；又为成宗祷疾[②]，遄愈，赐与甚厚，且诏分御前校尉十人为之导从。成宗

---

① 中统四年五月，1263 年。
② 祷疾，祈祷，除灾疾。

北巡，命胆巴以象舆前导。过云州，语诸弟子曰："此地有灵怪，恐惊乘舆，当密持神咒以厌之。"未几，风雨大至，众咸震惧，惟幄殿①无虞，复赐碧钿杯一。……（《元史》第 58 册，卷 202《列传第八十九·释老·八思巴》）

◎丘处机，登州栖霞人，自号长春子。……处机之四传有曰（祈）［祁］志诚者②，居云州金阁山，道誉甚著。丞相安童尝过而问之，志诚告以修身治世之要。安童感其言，故其相世祖也，以清静忠厚为主。及罢还第，退然若无与于世者，人以为有得于志诚之言。其后安童复被召入相，辞，不可，遂往决于志诚。志诚曰："昔与子同列者何人？今同列者何人？"安童悟，入见世祖，辞曰："臣昔为宰相，年尚少，幸不失陛下事者，丞佐皆臣所师友。今事臣者，皆进与臣俱，则臣之为政能有加于前乎！"世祖曰："谁为卿言是？"对曰："（祈）［祁］真人。"世祖叹异者久之。（《元史》第 58 册，卷 202《列传第八十九·释老·丘处机》）

---

① 幄殿，即帐殿。
② 据《元文类》卷 22 姚燧《长春宫碑铭》改。下同。

10. 《明史》

【题解】　《明史》336 卷，清张廷玉等奉敕撰。记载了自朱元璋洪武元年（1368 年）至朱由检崇祯十七年（1644 年）200 多年的历史。是世人所称二十四史中的最后一部纪传体通史，它是清朝设馆编修的一部官修史书。

清朝入关后，即提出修《明史》。顺治二年（1645 年），清政府急忙开馆筹办编修《明史》，这是效法汉族历朝易代修史的传统，以求达到消除民族意识，笼络汉族知识分子，缓和民族矛盾的目的。因为当时政局还很不稳定，各地抗清运动尚未停息，紧接着又有"三藩之乱"，清朝统治者为了强调改朝换代后新王朝的统一局面，藉修明史笼络明朝的一批降臣和知识分子，并宣扬理学，以达到巩固其统治的目的。另外，顺治一朝，虽然文化事业还未能昌盛，但世祖崇尚文治，一开始就十分重视对图书的编纂和访求。因此，清朝廷按照历代为前朝修史的惯例，于顺治二年三月开始讨论编纂《明史》。

清朝顺治二年五月设立明史馆，准备纂修明史，因国家初创，诸事丛杂，未能全面开展。康熙四年（1665 年），重开明史馆，因纂修《清世祖实录》而停止。康熙十八年，开博学鸿词科时，又诏开史馆，任命学士徐元文为监修，叶方蔼、庶子张玉书为总裁官，纂修明史。康熙二十三年，徐文元延揽大史学家万斯同任删改工作。三十年，徐文元去世。三十三年，王鸿绪任总裁，继续聘用万斯同核定列传，万氏任此事直至去世。六十一年，总裁王鸿绪在万斯同所定史稿的基础上稍加改动进呈，这就是世传的《横云山人明史稿》，也就是王鸿绪《明史稿》。《明史》基本完成。雍正元年（1723 年），龍門守禦千戶所，宣德六年七月置於李家莊。西有高山，東有白河，北有牧馬堡，東有寧遠堡，東南有樣田、長伸地、滴水涯等堡。西南距都司二百四十里。

長安嶺堡，永樂九年置，弘治二年置守禦千戶所於此。有長安嶺，名槍桿嶺，西北有鷹窩山泉。西南距都司一百四十里。

鵰鶚堡，宣德五年六月置。嶺南有南河，下流入於白河。西南距都司一百七十里。

赤城堡，宣德五年六月置。白河之上源也。又有西河，西北有赤城山。又有東河，即通河，合為西河，西北有鎮寧堡，弘治十一年置。西南距都司二百里。

雲州堡，元雲州，屬上都路。洪武三年七月屬北平府，五年六月廢。宣德五年六月置堡。景泰五年置新

《明史》书影

清廷重新开设史馆续修《明史》，以隆科多、王顼龄为监修官，张廷玉、徐元梦、朱轼、觉罗逢泰等为总裁官，孙嘉淦、汪由敦、杨椿等25人为纂修官，以王鸿绪《明史稿》为据，增删修改。于雍正十三年定稿。乾隆四年（1739年），武英殿刻版刊行，大学士张廷玉领衔奏上，《明史》终于诞生。先后历时95年，是官修史书历时最长的一部。在二十四史中，《明史》以编纂得体、材料翔实、叙事稳妥、行文简洁为史家所称道，是一部水平较高的史书。这反映出编者对史料的考订、史料的运用、对史事的贯通、对语言的驾驭能力都达到较高的水平。虽然它的篇幅在二十四史中仅次于《宋史》，但读者并不感到冗长而生厌。

本辑据张元济《四部丛刊》史部《百衲本二十四史》之《明史》辑录有关赤城内容。

◎己未①，敕边将自长安岭迤西迄洗马林筑石垣，深濠堑。（《明史》第2册，卷6《本纪第六·成祖二》）

◎夏四月乙卯②，次云州，大阅③。五月乙丑④，猎于偏岭。丁卯，大阅。辛未，次西凉亭。壬申，大阅。乙酉，次开平。六月壬辰，令军行出应昌，结方阵以进。癸巳，谍报阿鲁台兵攻万全，诸将请分兵还击，帝曰："诈也。彼虑大军捣其巢穴，欲以牵制我师，敢攻城哉。"甲午，次阳和谷，寇攻万全者果遁去。（《明史》第2册，卷7《本纪第七·成祖三》）

---

① 永乐十年八月己未，1412年9月12日。
② 永乐二十年夏四月乙卯，1422年5月19日。
③ 大阅，大规模地检阅军队。
④ 永乐二十年五月乙丑，1422年5月29日。

◎秋七月戊戌①，复亲征阿鲁台……壬寅，发京师。戊申，次宣府，敕居庸关守将止诸司进奉。八月己酉，大阅。庚申②，塞黑峪、长安岭诸边险要。（《明史》第2册，卷7《本纪第七·成祖三》）

◎辛卯③，崩，年六十有五。太监马云密与大学士杨荣、金幼孜谋，以六军在外，秘不发丧，熔锡为椑以敛，载以龙轝，所至朝夕上膳如常仪。壬辰，杨荣偕御马监少监海寿驰讣皇太子。壬寅，次武平镇，郑亨步军来会。八月甲辰，杨荣等至京师，皇太子即日遣太孙奉迎于开平。己酉④，次雕鹗谷，皇太孙至军中发丧。壬子，及郊，皇太子迎入仁智殿，加殓纳梓宫。九月壬午，上尊谥曰体天弘道高明广运圣武神功纯仁至孝文皇帝，庙号⑤太宗，葬长陵。嘉靖十七年⑥九月，改上尊谥曰启天弘道高明肇运圣武神功纯仁至孝文皇帝，庙号成祖。（《明史》第2册，卷7《本纪第七·成祖三》）

◎夏四月戊寅⑦，薛禄帅师筑赤城、雕鹗、云州、独石、团山城堡。（《明史》第3册，卷9《本纪第九·宣宗》）

◎甲午⑧，瓦剌⑨寇宣府马营，敕游击将军石彪等巡边。（《明史》第3册，卷11《本纪第十一·景帝》）

---

① 永乐二十一年秋七月戊戌，1423年8月25日。
② 永乐二十一年八月庚申，1423年9月16日。
③ 永乐二十二年七月辛卯，1424年8月12日。
④ 永乐二十二年七月己酉，1424年8月30日。
⑤ 庙号，皇帝死后，在太庙立室奉祀时特起的名号。
⑥ 嘉靖十七年，1538年。
⑦ 宣德五年夏四月戊寅，1430年4月30日。
⑧ 景泰二年四月甲午，1451年5月26日。
⑨ 瓦剌，明代对西部蒙古各族的总称。元代称斡亦剌，清代称卫拉特或额鲁特。居住在巴尔喀什湖东南面，包括现新疆北部及今蒙古人民共和国西部的广大地区。

◎八月乙巳，小王子①犯山丹、永昌。辛亥②，犯独石、马营。（《明史》第3册，卷15《本纪第十五·孝宗》）

◎闰六月己丑③，罢浙江、湖广、福建、两广及独石、万全、永宁镇守中官。（《明史》第4册，卷17《本纪第十七·世宗一》）

◎二十三年春正月丙寅④，俺答⑤犯黄崖口。二月戊寅，犯大水谷。三月癸丑⑥，犯龙门所。（《明史》第4册，卷18《本纪第十八·世宗二》）

◎八月丙子⑦，小王子犯赤城。（《明史》第4册，卷18《本纪第十八·世宗二》）

◎正德元年六月戊辰⑧，宣府马营堡大雨雹，深二尺，禾稼尽伤。（《明史》第6册，卷28《志第四·五行一》）

◎五月癸丑⑨，延绥口北马营堡雨雹，杀稼七十里。四年四月辛

---

① 小王子，明景泰二年，也先杀鞑靼可汗脱脱不花而自立为可汗，不久，也先被杀，脱脱不花子麻儿可儿立，号小王子。后遂以"小王子"为鞑靼首长称号。至嘉靖中期尚沿用。

② 弘治元年八月辛亥，1488年9月25日。

③ 嘉靖十年闰六月己丑，1531年7月20日。

④ 嘉靖二十三年春正月丙寅，1544年2月19日。

⑤ 俺答汗（1507~1582年），蒙文史籍作阿勒坦汗，汉文又译安滩、谙达、俺答阿不孩等，尊称索多汗、格根汗。明代蒙古右翼土默特部首领。字儿只斤氏。达延汗孙，巴尔斯博罗特次子。

⑥ 嘉靖二十三年三月癸丑，1544年4月6日。

⑦ 嘉靖三十二年八月丙子，1553年9月9日。

⑧ 正德元年六月戊辰，1506年7月10日。

⑨ 隆庆三年五月癸丑，1569年5月25日。

酉①，宣府、大同雨雹，厚三尺余，大如卵，禾苗尽伤。（《明史》第 6 册，卷 28《志第四·五行一》）

◎十一年七月②，长安岭暴风雨，坏城及庐舍。（《明史》第 6 册，卷 29《志第五·五行二》）

◎计明初封略，东起朝鲜，西据吐番，南包安南，北距大碛③，东西一万一千七百五十里，南北一万零九百四里。自成祖弃大宁，徙东胜，宣宗迁开平于独石，世宗时复弃哈密、河套，则东起辽海，西至嘉峪，南至琼、崖，北抵云、朔，东西万余里，南北万里。其声教所讫，岁时纳赞，而非命吏置籍，侯尉羁属者，不在此数。呜呼盛矣！（《明史》第 10 册，卷 40《志第十六·地理一》）

◎京师，《禹贡》冀、兖、豫三州之域。元直隶中书省。洪武元年④四月分属河南、山东两行中书省。二年三月置北平等处行中书省，治北平府。先属山东、河南者皆复其旧。领府八，州三十七，县一百三十六。八月置燕山都卫。与行中书省同治。八年十月改都卫为北平都指挥使司。九年六月改行中书省为承宣布政使司。永乐元年正月建北京于顺天府，称为"行在"。二月罢北平布政使司，以所领直隶北京行部；罢北平都指挥使司，以所领直隶北京留守行后军都督府。十九年正月改北京为京师。罢北京留守行后军都督府，直隶后军都督府。卫所有实土者⑤附见，无实土者不载。罢北京行部，直隶六

---

① 隆庆四年四月辛酉，1570 年 5 月 28 日。
② 弘治十一年七月，1498 年。
③ 大碛，大碛是指岭北沙漠。
④ 洪武元年，1368 年。
⑤ 卫所设在府州县境内，军户及屯田错杂于民间，不能自成区域者，为无实土卫所；卫所置于不设府州县的地区，辖民户兼理民政，能自成区域者，为实土卫所。

部。［洪熙初，仍称行在。］正统六年（八）［十一］月罢称行在①，定为京师。府八，直隶州二，属州十七，县一百一十六。为里三千二百三十有奇。府州县建置沿革，俱自元始。其沿革年月已见《元史·志》者，不载。其未见《元史·志》及明改元旧，并新增、新废者，悉书。北至宣府，外为边地。东至辽海，与山东界。南至东明，与山东、河南界。西至阜平。与山西界。洪武二十六年编户三十三万四千七百九十二，口一百九十二万六千五百九十五。（《明史》第10册，卷40《志第十六·地理一》）

◎万全都指挥使司，元顺宁府，属上都路。洪武四年三月，府废。宣德五年②六月置司于此。领卫十五，蔚州、延庆左、永宁、保安五卫俱设于本州县③。守御千户所三，广昌、美峪二所，亦设于本处。堡五。东南距京师三百五十里。

〇开平卫。本独石堡，宣德五年筑。六月自开平故城移卫，置于此。东有东山，韭菜川出焉，经城南，与毡帽山水合。又南有独石水，下流合于龙门川。南有半壁店、猫儿峪等堡。东北有清泉堡。西南距都司三百里。

〇龙门卫。宣德六年七月置于故龙门县。东有红石山，红石水出焉，下流合于龙门川。西有大松山。北有洗马岭。西北有金家庄堡。东有三岔口堡。西距都司百二十里。

〇龙门守御千户所。宣德六年七月置于李家庄。西有西高山。东有

① 十一月，原作"八月"，据《英宗实录》卷85正统六年十一月甲午条改。原脱"洪熙初仍称行在"，据《明史稿》志18《地理志》补。按永乐十九年改北京为京师，即去行在之称，见《太宗实录》卷117永乐十八年九月丁亥条、《国榷》卷17页1173。洪熙元年三月戊戌要"复都南京"，改北京为行在，见《仁宗实录》卷八下。正统六年，仍以北京为京师，罢称行在。本志记永乐十九年改北京为京师，而脱去洪熙元年这一过程的记载，则"正统六年十月罢称行在"即不可解。

② 宣德五年，1430年。

③ 蔚州延庆左永宁保安五卫俱设于本州县，按此疑脱"卫"字，或"五"字为"四"字之讹。

白河。北有<u>牧马堡</u>。东有<u>宁远堡</u>。东北有<u>长（仲）〔伸〕地</u>①、<u>滴水涯</u>等堡。东南有<u>祥田堡</u>。**西南距都司二百四十里。**

○**长安岭堡**<u>永乐九年</u>②置。<u>弘治二年</u>③置守御千户所于此。有<u>长安岭</u>，名<u>枪杆岭</u>。西北有<u>鹰窝山泉</u>。**西南距都司一百四十里。**

○**雕鹗堡**宣德五年六月置。北有<u>浩门岭</u>。南有<u>南河</u>，下流入于<u>白河</u>。**西南距都司一百七十里。**

○**赤城堡**宣德五年六月置。东有<u>赤城山</u>。又有<u>东河</u>，即<u>通州白河</u>之上源也，又有<u>西河</u>，合焉。西北有<u>镇宁堡</u>，<u>弘治十一年</u>置。**西南距都司二百里。**

○**云州堡**<u>元云州</u>，属<u>上都路</u>。<u>洪武</u>三年七月属<u>北平府</u>。五年七月废。<u>宣德</u>五年六月置堡。<u>景泰</u>五年置<u>新军千户所</u>于此。东北有<u>龙门山</u>，亦曰<u>龙门峡</u>，下为<u>龙门川</u>。又北有<u>滦河</u>。东北有<u>金莲川</u>。西北有<u>鸳鸯泊</u>。又<u>金莲川</u>东有<u>镇安堡</u>，<u>成化八年</u>④置。**西南距都司二百十里。**

○**马营堡**宣德七年置。西北有<u>冠帽山</u>。南有<u>滦河</u>⑤。又西北有<u>君子堡</u>。西有<u>松树堡</u>。东南有<u>仓上堡</u>。**西南距都司二百里。**（《明史》第 10 册，卷 40《志第十六·地理一》）

◎**北平**行都指挥使司。本<u>大宁</u>都指挥使司，<u>洪武</u>二十年九月置。……

○**开平卫**<u>元上都路</u>，直隶<u>中书省</u>。<u>洪武</u>二年为府，属<u>北平</u>行省，寻废府置卫，属<u>北平</u>都司。<u>永乐</u>元年二月徙卫治<u>京师</u>，直隶<u>后军都督府</u>。四年二月还旧治。<u>宣德</u>五年迁治<u>独石堡</u>，改属<u>万全</u>都司，而令兵分班哨备于此，后废。西北有<u>卧龙山</u>。南有<u>南屏山</u>，又有<u>滦河</u>。东北有<u>香河</u>，又有<u>簸箕河</u>、<u>间河</u>，西南有<u>兔儿河</u>，下流俱合于<u>滦河</u>。又东有<u>凉亭</u>、<u>沈阿</u>、

---

① 据《明史稿》志18《地理志》、《读史方舆纪要》卷18 改。
② 永乐九年，1411 年。
③ 弘治二年，1489 年。
④ 成化八年，1472 年。
⑤ 南有滦河，滦河在今马营堡东北向，"南"疑为"北"之误。

赛峰、黄崖四驿，路接大宁、古北口；西有桓州、威虏、明安、隰宁四驿，路接独石。俱洪武中置，宣德后废。又西北有宁昌路，东北有应昌路，北有泰宁路，又有德宁路，元俱直隶中书省。西有桓州，元属上都路。洪武中皆废。距北平都司　里。（《明史》第 10 册，卷 40《志第十六·地理一》）

◎十三司各掌其分省及兼领所分京府、直隶之刑名。……

江西司带管淮、益……及直隶庐州府，庐州、六安、九江、武清、宣府前、龙门各卫。……

山东司带管鲁、德……直隶凤阳府，滁州、凤阳、皇陵、长淮、泗州、寿州、滁州、沂州、德州、德州左、保定后各卫，安东中护卫，潮河、龙门、宁靖各千户所。（《明史》第 18 册，卷 72《志第四十八·职官一》）

◎十三道各协管两京、直隶衙门；而都察院衙门分属河南道，独专诸内外考察。

江西道协管前军都督府，在京府军……及直隶淮安府，淮安、大河、邳州、九江、武清、龙门各卫。

贵州道协管吏部，太仆寺，上林苑监，内官、印绶二监，在京旗手卫，及长芦盐运司，大宁都司，万全都司，直隶苏州、河间、顺德三府，保安州、苏州、太仓、镇海、蓟州、遵化、镇朔、兴州五屯，忠义中、河间、天津、天津左、天津右、宣府前、宣府左、宣府右、开平、保安右、蔚州、永宁各卫，嘉兴、吴淞江、梁城、沧州、兴和、长安、龙门各千户所。（《明史》第 19 册，卷 73《志第四十九·职官二》）

◎镇守宣府总兵官一人，旧设，驻宣府镇城。协守副总兵一人，副总兵旧亦驻镇城，嘉靖二十八年①移驻永宁城。分守参将七人，曰北路独石马营参将，曰东路怀来永宁参将，曰上西路万全右卫参将，曰南路顺圣蔚广参将，曰中路葛峪堡参将，曰下西路柴沟堡参将，曰南山参将。游击将军三人，

---

① 嘉靖二十八年，1549 年。

坐营中军官二人，守备三十一人，领班备御二人。<u>万历</u>八年①革。（《明史》第 20 册，卷 76《志第五十二·职官五》）

◎<u>仁宗</u>立，以钞法②不通，议所以敛之之道。户部尚书<u>夏原吉</u>请令有钞之家中盐，遂定各盐司中盐则例，<u>沧州</u>引三百贯，<u>河（南）[东]</u>、<u>山（西）[东]</u>半之③，<u>福建</u>、<u>广东</u>百贯。<u>宣德</u>元年④停中钞例。三年，<u>原吉</u>以<u>北京</u>官吏、军、匠粮饷不支，条上预备策，言："中盐旧则太重，商贾少至，请更定之。"乃定每引自二斗五升至一斗五升有差，召商纳米<u>北京</u>。户部尚书<u>郭敦</u>言："中盐则例已减，而商来者少，请以十分为率，六分支与纳米京仓者，四分支与<u>辽东</u>、<u>永平</u>、<u>山海</u>、<u>甘肃</u>、<u>大同</u>、<u>宣府</u>、<u>万全</u>已纳米者。他处中纳悉停之。"又言："<u>洪武</u>中，中盐客商年久物故，代支者多虚冒，请按引给钞十锭。"帝皆从之，而命倍给其钞。<u>甘肃</u>、<u>宁夏</u>、<u>大同</u>、<u>宣府</u>、<u>独石</u>、<u>永平</u>道险远，趋中者少，许寓居官员及军余有粮之家纳米豆中盐。（《明史》第 21 册，卷 80《志第五十六·食货四》）

◎后军都督府
○在外
<u>万全都司</u>宣德五年，分直隶及<u>山西</u>等处卫所添改。<u>万全左卫</u>。<u>万全右卫</u>。<u>宣府前卫</u>。<u>宣府左卫</u>。<u>宣府右卫</u>。<u>怀安卫</u>。<u>开平卫</u>。<u>延庆左卫</u>。旧属<u>北平</u>行都司，后改。<u>延庆右卫</u>。旧属<u>北平</u>都司，后改。<u>龙门卫</u>。<u>保安卫</u>。旧属前府，后改。<u>保安右卫</u>。旧属前府，后改。<u>蔚州卫</u>。<u>永宁卫</u>。<u>怀来卫</u>。兴和千户所。美峪千户所。<u>广昌</u>千户所。旧属<u>山西</u>都司，后改。四海冶千户所。长安千户所。<u>云川</u>千户所⑤。

---

① 万历八年，1580 年。
② 钞法，中国古代关于纸币发行、流通、兑换的法令。
③ 按《明会典》卷 32 所载的盐司，无论是都司或分司，都没有河南、山西。《明书》卷 81 叙此作河东、山东，据改。
④ 宣德元年，1426 年。
⑤ 云川千户所，当为"云州千户所"。

龙门千户所。(《明史》第24册，卷90《志第六十六·兵二》)

◎边防

元人北归，屡谋兴复。永乐迁都北平，三面近塞，正统以后，敌患日多。故终明之世，边防甚重。东起鸭绿，西抵嘉峪，绵亘万里，分地守御。初设辽东、宣府、大同、延绥四镇，继设宁夏、甘肃、蓟州三镇，而太原总兵治偏头，三边制府驻固原，亦称二镇，是为九边。

初，洪武(二)[六]年①，命大将军徐达等备山西、北平边，谕令各上方略②。……先是，李文忠等取元上都，设开平卫及兴和等千户所，东西各四驿，东接大宁，西接独石。二十五年又筑东胜城于河州东受降城之东，设十六卫，与大同相望。自辽以西，数千里声势联络。

建文元年③，文帝起兵，袭陷大宁，以宁王权及诸军归。及即位，封宁王于江西。而改北平行都司为大宁都司，徙之保定。调营州五屯卫于顺义、蓟州、平谷、香河、三河，以大宁地界兀良哈。自是，辽东与宣、大声援阻绝，又以东胜孤远难守，调左卫于永平，右卫于遵化，而墟其地。先是兴和亦废，开平徙于独石，宣府遂称重镇。……

正统元年④，给事中朱纯请修塞垣。总兵官谭广言："自龙门至独石及黑峪口五百五十余里，工作甚难，不若益墩台瞭守。"乃增赤城等堡烟墩二十二。……

蓟之称镇，自二十七年始。时镇兵未练，因诏各边入卫兵往戍。既而兵部言："大同之三边，陕西之固原，宣府之长安岭，延绥之夹

---

① 洪武六年，1373年。
② 据《明史稿》志68《兵志》、《太祖实录》卷80洪武六年三月壬子条改。
③ 建文元年，1399年。
④ 正统元年，1436年。

墙，皆据重险，惟蓟独无。渤海所南，山陵东，有苏家口，至寨篱村七十里，地形平漫，宜筑墙建台，设兵守，与京军相夹制。"报可。（《明史》第24册，卷91《志第六十七·兵三》）

◎宣德五年敕宣府总兵官谭广："神铳，国家所重，在边墩堡，量给以壮军威，勿轻给。"正统六年，边将黄真、杨洪立神铳局于宣府独石。帝以火器外造，恐传习漏泄，敕止之。（《明史》第24册，卷92《志第六十八·兵四》）

◎李远，怀远人。袭父职为蔚州卫指挥佥事。……子安，嗣伯爵。洪熙元年[1]为交阯参将，失律，谪为事官。已，从王通弃交阯还，下狱夺券，谪赤城立功。英宗即位，起都督佥事。征阿台朵儿只伯。迁都督同知，充总兵官，镇松潘。正统六年副定西伯蒋贵征麓川。贵令安驻军潞江护饷，而自帅大军进。贼破。安耻无功，闻有余贼屯高黎贡山，径往击之。为所败，失士卒千余人，都指挥赵斌等皆死。逮下狱，谪戍独石。卒，诏授子清都指挥同知。（《明史》第39册，卷145《列传第三十三·李远》）

◎陈志，巴人。洪武中，为燕山中护卫指挥佥事。……孙瑛嗣。屡从出塞，镇永平、山海、蓟州，城云州、独石。爽闿[2]有将材。然贪残，人多怨者。卒，子埙嗣。殁于土木，谥荣怀。弟韶嗣。卒，孙鏸嗣。总蓟州兵。朵颜入寇，御却之。嘉靖初，叙奉迎功，加太子太保，进少保，委寄亚武定侯郭勋。嗣伯六十余年卒。又五传而明亡。（《明史》第39册，卷146《列传第三十四·陈志》）

---

① 洪熙元年，1425年。
② 爽闿，音 shuǎng kǎi。豪爽开朗。

◎薛禄，胶人。行六，军中呼曰"薛六"。既贵，乃更名"禄"。……宣宗即位，召还，陈备边五事。寻复遣巡边。宣德元年从征乐安，为前锋。高煦就禽，留禄与尚书张本镇抚之。明年春，奉诏巡视畿南诸府城池，严戒军士毋扰民，违者以军法论。是夏复佩大将军印，北巡开平，还驻宣府。敌犯开平，无所得而退，去城三百余里。禄帅精兵昼伏夜行，三夕至。纵轻骑蹂敌营，破之，大获人畜。师还，敌蹑其后，复奋击败之，敌由是远遁。召还。三年从北征，破敌于宽河，留镇蓟州、永平。复数佩镇朔印，巡边护饷，出开平、宣府间。五年遇敌于凤凰岭，斩获多，加太保。上言永宁卫团山及雕鹗、赤城、云州、独石宜筑城堡，便守御。诏发军民三万六千赴工，精骑一千五百护之，皆听禄节制。临行赐诗，以山甫、南仲为比。禄武人不知书，以问杨士奇。士奇曰："上以古贤人待君也。"禄拊心曰："禄安敢望前贤，然敢不勉图报上恩万一。"其年六月有疾，召还。逾月卒。赠鄞国公，谥忠武。（《明史》第41册，卷155《列传第四十三·薛禄》）

11.《明史》

【题解】　万斯同《明史》，也就是通常所说的《明史稿》。

《明史》纂修时间很长，如果从清顺治二年（1645 年）下诏修《明史》算起，至雍正十三年（1735 年）成书，共达 91 年，刻版在乾隆四年（1739 年），从编书到最后与读者见面计 95 年。纂修《明史》经过三年阶段。

第一阶段，从顺治二年到康熙十七年。顺治二年，即清入关的第二年，始下诏纂修《明史》，当时史料缺乏，实录不全，更主要是政局不稳，农民军和南明小朝廷的一些人仍在抗清，又有三藩之叛，修史条件不成熟，故牵延时日，无成绩可言。

第二阶段，从康熙十八年至康熙六十一年。这时清朝对三藩的平定已操胜算，统治日渐巩固。康熙十八年开博学鸿儒科，延揽名士和遗民，着编纂《明史》。最初，史局初开，以翰林院掌学士徐元文为监修，叶方霭等为总裁，继任监修有李霨、熊赐履等，总裁有徐乾学、陈廷敬、王鸿绪等。徐元文曾奏准陆续征聘人才，延聘万斯同住其家中，作为《明史》一书的总审稿人。该节所辑的内容即是万氏在该阶段成书的《明史稿》。至于第三阶段，也就是今之通行本正史《明史》，该处不再赘述。

万斯同，字季野，浙江鄞县人，是黄宗羲的学生。他以"布衣"参加审定《明史》，不署衔，不受俸。万斯同是史学专家，是明史专家和实录家。他之能摒弃时文，专攻考史，在当时是难可贵的。万氏先馆于徐元文家，后又受聘于王鸿绪，先后审定《明史稿》两种，一为 313 卷本，另一种是 416 卷本，并称为万氏《明史稿》。

續修四庫全書　史部　別史類　　一二六

山雲奏禽賊首譚圍等及斬獲數乙巳除羣臣過是
年朝鮮琉球暹羅瓜哇占城烏思藏碯等番國來
貢
四年春正月庚戌南京地震甲寅再震丁巳北京地
震己未祀于南郊癸亥增築獨石等成丁卯賚從征將
士己免宣府各衛歲辦薪炭召學士楊溥諭曰今
天下初安朕恒自喜然禍亂生于不慮古君臣更相
儆戒卿宜勉輔朕于善有過其直言無隱辛未南京
地震二月丁丑湖階高邑饑癸未敕英國公輔赴府
西軍伍己丑襄城伯李隆獻鴟廣二胡濙請貢不許
庚寅免天下逋賦丁酉詔曰致治人倫爲先刑三
千不幸莫大諸敗倫傷化者有司毋擅央恣送京師
鞫治著爲令論夢卜求賢數日高宗恭默思道蓋有
得於天矣然有高宗之心斯得傳說之相若漢文以
夢得鄧通光武以讖用王梁豈不誤哉戊戌北京地
震壬寅除即墨通賦三月戊申承顏諸衛入貢詔以
所俘還之倭寇鎮海壬子聽選官歐陽齊請開永康
銅礦斥之丁卯以兀良哈朝貢敕隨征軍士還衛甲

戌復遣李琦等諭黎利訪陳氏後夏四月戊寅賑延
安徽庚辰停陝西運茶辛巳都督山雲討柳澤牧蠻
平之丁亥吏部侍郎郭璡爲尚書戊子命工部尚書
黃福經理漕運辛卯禱雨丁酉召大學士楊士奇楊
榮金幼孜嘗鰣賜御製詩庚子南京地震驍丁未震五
月己酉捕永清堭壬子應四丙辰道官經理邊軍屯
田乙丑詔修皮池堰癸酉作典謨詩示羣臣六月
戊寅增雲南科舉額壬辰召致仕太子太師郭資至
仍掌戶部事甲午罷文職贖罪犯贓科斷如律己亥
冠掠獨石鎮撫張信等戰死癸卯遣御史捕近畿蝗
秋七月壬子上戶口數帝曰人主恭儉則國家無事
生齒日繁財賦自充隋煬不縱其奢欲文帝富庶之
業豈得遽至敗亡哉丙辰廣東進白烏二胡濙請賀
不許己未帝御文淵閣論經史政務賜楊士奇楊榮
及翰林官鈔庚午宥劉觀居之遼東辛未加賜五
王祿米至萬石八月丙子命侍郎羅汝敬等分督蘇
松浙江江西運糧丁亥諭六科曰給事中職司封駁凡
朝政得失庶官賢否民情休戚皆得以专朕嗣大統
期於庶政修和爾等授官有年尚思委畀之重其懋
勉之辛卯有獻兵書者帝曰方略存乎人世稱孫武

万斯同《明史》书影

上海古籍出版社《续修四库全书》收入万斯同416卷本《明史稿》的抄本，但书名仍写作《明史》。此书的成果被大量吸收入官修的《明史》，但后者依然不能取代他自身的独具的价值。本辑据《续修四库全书》收录的万氏《明史》抄本，辑录有关赤城内容。

◎庚辰[1]，遣中官山寿等率兵出云州，与武城侯王聪会师觇寇。（卷6《本纪六·成祖上》，第324册，第98页）

◎七月丁卯[2]，帝次开平。帝在军，念士卒艰苦，多蔬食，是日宴将士，颁所获牛马，始复常膳。甲戌[3]，次龙门。皇太子遣官来迎，并进袍服。帝曰：将士衣裘尽敝，朕何忍独易衣？待入关，同将士易之，未晚也。（卷7《本纪七·成祖下》，第324册，第103页）

◎乙卯[4]，次云州，大阅。五月己未，广州诸府飓风海溢，溺人民，皇太子遣使抚恤。乙丑，猎于偏岭。（卷7《本纪七·成祖下》，第324册，第111页）

◎八月甲辰[5]，杨荣等致遗诏于皇太子，皇太子哭拜受命，即日遣皇太孙奉迎于开平。己酉[6]，辇次雕鹗谷，皇太孙至，发丧，六军皆哭。（卷7《本纪七·成祖下》，第324册，第113页）

---

① 永乐三年六月庚辰，1405年7月12日。
② 永乐八年七月丁卯，1410年8月2日。
③ 永乐八年七月甲戌，1410年8月9日。
④ 永乐二十年四月乙卯，1422年5月19日。
⑤ 永乐二十二年八月甲辰，1424年8月25日。
⑥ 永乐二十二年八月己酉，1424年8月30日。

◎丁卯①，移开平卫于独石。（卷9《本纪九·宣宗》，第324册，第123页）

◎癸亥②，增独石等戍。（卷9《本纪九·宣宗》，第324册，第126页）

◎己亥③，寇掠独石，镇抚张信等战死。（卷9《本纪九·宣宗》，第324册，第126页）

◎戊寅④，命薛禄等筑赤城诸堡，赐之诗。（卷9《本纪九·宣宗》，第324册，第128页）

◎丁亥⑤，敕谭广筑龙门诸城堡。（卷9《本纪九·宣宗》，第324册，第129页）

◎庚申⑥，命李贤等帅师运粮独石诸处。（卷9《本纪九·宣宗》，第324册，第130页）

◎是日⑦，瓦剌兵围马营城，西宁侯宋瑛、武进伯朱冕与也先战于阳和，败没。（卷10《本纪十·英宗前纪》，第324册，第144页）

---

① 宣德二年六月丁卯，1427年7月4日。
② 宣德四年正月癸亥，1429年2月19日。
③ 宣德四年六月己亥，1429年7月25日。
④ 宣德五年四月戊寅，1430年4月30日。
⑤ 宣德六年七月丁亥，1431年9月1日。
⑥ 宣德六年八月庚辰，1431年10月4日。
⑦ 正统十四年七月癸巳，1449年8月3日。

◎甲午①，寇犯<u>宣府</u><u>马营</u>。（卷 11《本纪十一·景帝》，第 324 册，第 148 页）

◎辛亥②，犯<u>独石</u><u>马营</u>。（卷 14《本纪十四·孝宗》，第 324 册，第 173 页）

◎夏四月丙戌③，寇犯<u>宣府</u><u>独石</u>。（卷 14《本纪十四·孝宗》，第 324 册，第 174 页）

◎闰六月己丑④，罢<u>浙江</u>、<u>湖广</u>、<u>福建</u>、<u>两广</u>及<u>独石</u>、<u>万全</u>、<u>永宁</u>镇守中官。（卷 16《本纪十六·世宗上》，第 324 册，第 196 页）

◎是月⑤，寇犯<u>龙门所</u>。（卷 17《本纪十七·世宗下》，第 324 册，第 202 页）

◎三月甲申⑥，筑<u>宣府</u><u>北路</u>边墙。（卷 19《本纪十九·神宗上》，第 324 册，第 218 页）

◎五月丙寅⑦，免<u>丛化</u>、<u>增城</u>、<u>龙门</u>水灾税粮。（卷 19《本纪十九·神宗上》，第 324 册，第 221 页）

---

① 景泰二年四月甲午，1451 年 5 月 26 日。
② 弘治元年八月辛亥，1488 年 9 月 25 日。
③ 弘治三年四月丙戌，1490 年 4 月 23 日。
④ 嘉靖十年闰六月己丑，1531 年 7 月 20 日。
⑤ 嘉靖二十三年三月，1544 年。
⑥ 万历元年三月甲申，1573 年 4 月 3 日。
⑦ 万历九年五月丙寅，1581 年 6 月 4 日。

◎戊子①，山西、开平、龙门二卫地震。（卷22《本纪二十二·熹宗》，第324册，第242页）

◎是年②，蓟辽总督阎鸣泰，顺天巡抚刘诏、巡按御史倪文焕、梁梦环请建魏忠贤祠于西协，赐名崇功。工部商人建于京师，曰崇仁……大同巡抚张翼明建于赤城，曰崇功。……（卷22《本纪二十二·熹宗》，第324册，第259页）

◎辛卯③……我大清兵入宣府张家口，又入膳房堡，焚龙门关。（卷24《本纪二十四·庄烈皇帝二》，第324册，第278页）

◎乙巳④，京师戒严，命中官李国辅守紫荆关，许进忠守倒马关，张元亨守龙门关，崔良用守固关。（卷24《本纪二十四·庄烈皇帝二》，第324册，第286页）

◎六月⑤，凤阳、扬州水，独石、马营等关山水暴出，高二丈。（卷38《志十二·五行一·水》，第324册，第516页）

◎九年五月⑥，从化、增城、龙门大雨水害稼。（卷38《志十二·五行一·水》，第324册，第518页）

◎六月辛酉，万全卫雨雹。甲子亦如之。戊辰⑦，宣府马营堡雨

---

① 天启元年四月戊子，1621年5月27日。
② 天启七年，1627年。
③ 崇祯七年七月辛卯，1634年7月31日。
④ 崇祯九年七月乙巳，1636年8月3日。
⑤ 成化六年六月，1470年。
⑥ 万历九年五月，1581年。
⑦ 正德元年六月戊辰，1506年7月10日。

雹，深二尺，禾稼尽伤。（卷38《志十二·五行一·水》，第324册，第524页）

◎五月癸丑①，马营堡雨雹大作，杀稼七十里。（卷38《志十二·五行一·水》，第324册，第526页）

◎五年四月戊午，京师大雨雹。五月②，马营、常宁等堡及宣府独石等卫并大雨雹。（卷38《志十二·五行一·水》，第324册，第526页）

◎十一年七月己未③，宣府长安岭暴风雨，坏城及庐舍。（卷40《志十四·五行三·木》，第324册，第566页）

◎五月壬寅④，万全永宁卫、隆庆卫、龙门守御所俱地震有声，夜京师再震。（卷41《志十五·五行四·金》，第324册，第590页）

◎十月庚子，平阳地震有声。十一月丁未⑤，直隶龙门所震，亦如之。（卷41《志十五·五行四·金》，第324册，第590页）

◎九月甲寅⑥，宣府龙门卫地震，万全都司亦震有声。十月丁卯，顺圣川地震有声。（卷41《志十五·五行四·金》，第324册，

---

① 隆庆三年五月癸丑，1569年5月25日。
② 隆庆五年五月，1571年。
③ 弘治十一年七月己未，1498年8月12日。
④ 成化二十一年五月壬寅，成化二十一年五月未有壬寅日。检《明宪宗实录》卷266作"五月壬戌"，是也。五月壬戌，1485年6月24日。
⑤ 成化二十二年十一月丁未，1486年12月1日。
⑥ 成化二十三年九月甲寅，1487年10月4日。

第 590 页）

◎八年三月辛卯①，<u>龙门卫</u>地震有声。（卷 41《志十五·五行四·金》，第 324 册，第 591 页）

◎十一月丙申②，<u>龙门卫</u>地震。（卷 41《志十五·五行四·金》，第 324 册，第 593 页）

◎二月己卯③，<u>龙门卫</u>地震。（卷 41《志十五·五行四·金》，第 324 册，第 594 页）

◎九月丙午④，顺天<u>昌平州</u>、宣府<u>开平卫</u>俱地震。（卷 41《志十五·五行四·金》，第 324 册，第 596 页）

◎戊午⑤，<u>龙门卫</u>地震。（卷 41《志十五·五行四·金》，第 324 册，第 598 页）

◎壬午⑥，<u>阳和城</u>、<u>浑源州</u>、<u>龙门卫</u>等处同日震。（卷 41《志十五·五行四·金》，第 324 册，第 601 页）

◎三十一年四月己酉⑦，<u>宣府</u>镇城及下、中、北三路地一时大震，有声如雷，房屋动摇。（卷 41《志十五·五行四·金》，第 324

---

① 弘治八年三月辛卯，1495 年 4 月 2 日。
② 弘治十四年十一月丙申，1501 年 12 月 31 日。
③ 正德四年二月己卯，1509 年 3 月 7 日。
④ 正德十四年九月丙午，1519 年 10 月 8 日。
⑤ 嘉靖二十四年八月戊午，1545 年 10 月 3 日。
⑥ 万历五年八月壬午，1577 年 9 月 9 日。
⑦ 万历三十一年四月己酉，1603 年 6 月 2 日。

册，第 603 页）

◎<u>万全都指挥使司</u>。<u>唐</u>末置<u>武州</u>，<u>契丹</u>曰<u>德州</u>，<u>金</u>曰<u>宣德州</u>，<u>元</u>曰<u>顺宁府</u>。<u>洪武</u>四年府废，二十六年改置今司，领卫十五，其<u>蔚州</u>、<u>延庆左</u>、<u>永宁</u>、<u>保安</u>俱设于本处。守御千户所三，<u>广昌</u>、<u>美峪</u>二所亦设于本处。堡五，自司至都城三百五十里。……○<u>开平卫</u>，洪武初置于故<u>元</u>之<u>上都</u>，<u>宣德</u>五年移置于故<u>元云州</u>之<u>独石</u>地。东有<u>东山</u>，东北有<u>白庙儿山</u>，北有<u>偏岭</u>，又南有<u>伴壁店堡</u>及<u>猫儿峪堡</u>，东北有<u>清泉堡</u>，俱<u>景泰</u>以后所增筑。又<u>凉亭驿</u>亦在东北也。<u>卫距司城三百里</u>。○<u>龙门卫</u>，<u>唐新州</u>之<u>龙门县</u>，<u>辽</u>属<u>奉圣州</u>，<u>金</u>属<u>宣德州</u>，<u>元</u>为<u>云州</u>之<u>望云县</u>。<u>洪武</u>初州县俱废，<u>宣德</u>六年置今卫。西有<u>大松山</u>，北有<u>洗马岭</u>，西北有<u>金家庄堡</u>，东有<u>三岔口堡</u>，俱<u>成化</u>以后置。<u>卫距司城百二十里</u>。○<u>龙门守御千户所</u>，<u>元云州东庄</u>地，<u>宣德</u>六年置。东有<u>白河</u>，北有<u>牧马堡</u>，东有<u>滴水崖堡</u>、<u>宁远堡</u>及<u>长伸地</u>、<u>样田</u>等堡，皆<u>景泰</u>以后置。所距司城二百四十里。○<u>长安岭堡</u>。<u>洪武</u>初置<u>丰峪驿</u>，<u>永乐</u>九年改置今堡，<u>弘治</u>五年增置守御千户所于此。有<u>长安岭</u>，一名<u>枪杆岭</u>。○<u>雕鹗堡</u>。<u>元云州</u>之<u>雕窠站</u>，<u>洪武</u>四年置<u>浩岭驿</u>，<u>宣德</u>六年改置今堡，北有<u>浩门岭</u>。○<u>赤城堡</u>。<u>元云州赤城站</u>，<u>洪武</u>四年置<u>云门驿</u>，<u>宣德</u>五年改置今堡。东有<u>赤城山</u>，西北有<u>镇宁堡</u>，<u>弘治</u>十一年置。○<u>云州堡</u>。<u>辽奉圣州</u>之<u>望云县</u>，<u>元</u>为<u>云州</u>治，寻省县入州。<u>洪武</u>四年置<u>云州驿</u>，<u>宣德</u>五年改置今堡，<u>景泰</u>五年增置<u>新军千户所</u>于此。北有<u>古长城</u>，东北有<u>龙门山</u>，亦曰<u>龙门峡</u>，下为<u>龙门川</u>。又北有<u>滦河</u>，东北有<u>金莲川</u>，西北有<u>鸳鸯泊</u>。又<u>金莲川</u>东有<u>镇安堡</u>，<u>成化</u>八年置。又<u>牙头塞</u>在北，<u>元</u>所置也。○<u>马营堡</u>。<u>元云州</u>之<u>大猫儿峪</u>，<u>宣德</u>七年筑堡。西北有<u>冠帽山</u>，南有<u>滦河</u>。又西北有<u>君子堡</u>，西北有<u>松树堡</u>，东南有<u>仓上堡</u>，俱<u>宣德</u>以后置。○旧<u>开平卫</u>，<u>元上都路开平府</u>。<u>洪武</u>初改置卫，<u>宣德</u>五年废。○<u>大宁卫</u>，<u>辽中京大定府</u>，<u>金</u>曰<u>北京路</u>，<u>元</u>曰<u>大宁路</u>。<u>洪武</u>十三年收复，二十年置<u>大宁卫</u>，又设<u>北平行都司</u>于此，<u>永乐</u>初废。（卷79《志五十三·地理一》，第 325 册，第 351~352 页）

◎宣德四年，仍令<u>江西</u>、<u>湖广</u>、<u>浙江</u>民运粮一百五十万石于<u>淮安仓</u>……<u>开平</u>军粮四万石，今自京师至独石五十一堡，堡屯军千人，具运车一日半毕一运，六十日竣事。<u>开平</u>备御官军分番于<u>独石</u>仓搬运。（卷99《志七十三·食货五》，第325册，第622~623页）

◎<u>万全都司</u>。<u>宣德</u>五年分<u>直隶</u>及<u>山西</u>等处卫所添设。<u>万全左卫</u>、<u>万全右卫</u>、<u>宣府前卫</u>、<u>宣府左卫</u>、<u>宣府右卫</u>、<u>怀安卫</u>、<u>开平卫</u>、<u>延庆左卫</u>、<u>延庆右卫</u>、<u>保安卫</u>、<u>龙门卫</u>、<u>保安右卫</u>、<u>蔚州卫</u>、<u>永宁卫</u>、<u>怀来卫</u>、<u>兴和千户所</u>、<u>美峪千户所</u>、<u>广昌千户所</u>、<u>四海冶千户所</u>、<u>长安千户所</u>、<u>云(川)〔州〕千户所</u>、<u>龙门千户所</u>。（卷112《志八十六·兵卫七》，第326册，第60页）

◎<u>明</u>幅员绵邈[1]，东起<u>鸭绿</u>，西抵<u>嘉峪</u>，为边者九千余里。<u>成祖</u>即<u>北平</u>建都……而<u>宣府</u>、<u>大同</u>宿重兵镇马。<u>宣府</u>、<u>大同</u>，<u>汉上谷</u>、<u>云中</u>也。<u>宣府</u>设卫<u>开平</u>，东接<u>大宁</u>，西联<u>独石</u>，而<u>开平</u>、<u>兴和</u>、<u>万全</u>为要地，自<u>大宁</u>弃，<u>兴和</u>废，<u>开平</u>孤立，徙镇<u>独石</u>，<u>宣府</u>遂称重镇。（卷113《志八十七·兵卫八》，第326册，第63页）

◎<u>宣大</u>。总督<u>宣大</u>、<u>山西</u>等处军务兼理粮饷都御史一员。巡抚<u>宣府</u>地方赞理军务都御史一员。道臣三员，分巡<u>口北道</u>一员，_{驻马营、赤城}。分守<u>口北道</u>一员，_{驻宣府}。<u>怀隆</u>兵备一员。镇守<u>宣府</u>镇朔将军、总兵官一员。协守副总兵一员。_{驻永宁城}。分守参将七员，北路<u>独石</u>、<u>马营</u>一员，东路<u>怀来</u>、<u>永宁</u>一员，_{驻四海冶}。上西路<u>万全右卫</u>一员，南路<u>顺圣</u>、<u>蔚</u>、<u>广</u>一员，中路<u>葛峪堡</u>一员，下西路<u>柴沟堡</u>一员，提调<u>南山</u>一员。_{统募兵三千防守}。游击将军三员，旧游兵游击一员，新游兵游击一员，_{二员每年轮番入卫蓟镇，回驻镇城}。东路游击一

① 绵邈，辽远。《文选·左思〈吴都赋〉》："岛屿绵邈，洲渚冯隆。"刘逵注："绵邈，广远貌。"

员。<small>驻怀来。</small>坐营中军官二员，巡抚下一员，总兵下一员。守备三十一员，巡抚下一员，独石城一员，马营堡一员，赤城堡一员，蔚州堡一员，龙门卫一员，龙门所一员，云州堡一员，长安岭堡一员，滴水崖一员，万全左卫一员，万全右卫一员……（卷113《志八十七·兵卫八》，第326册，第67页）

◎安平侯李远。① 怀远人，以蔚州指挥佥事叛降燕，克京城，后论功封食禄千石，世袭。永乐七年北征战殁，赠莒国公，谥忠壮。

安，远子，永乐　年袭，宣德二年征交趾，失律，革爵下狱，后积功至都督同知。正统七年征麓川，失律下狱，谪独石立功，卒，爵除。（卷143《表六·功臣世表中》，第327册，第55页）

◎景帝朝，侯一人、伯四人。

昌平侯杨洪。六合人，由开平世百户，历官左都督。景帝即位，录屡战功，封伯，寻以败也。先进封食禄②千一百石，世袭，景泰二年③卒，赠颍国公，谥武襄。

杰，洪子，景泰二年袭，四年卒，无嗣④。

俊，杰弟，景泰四年袭，七年坐罪削爵。

珍，俊子，景泰七年袭，天顺元年⑤俊为石亨所诬，被杀。珍，戍边，八年赦为龙虎卫指挥使。（卷144《表七·功臣世表下》，第327册，第66页）

◎杨洪，字宗道，六合人。嗣祖职为汉中百户，调开平，勇敢

---

① 原古籍为表格，现删表格仅录内容。下条同。
② 食禄，享受俸禄。《史记·循吏列传》：“食禄者，不得与下民争利。”
③ 景泰二年，1451年。
④ 无嗣，没有继承的人；没有后代。
⑤ 天顺元年，1457年。

善骑射，抚士卒有恩，遇敌辄身先突陷。尝从成祖北征，至斡难河，获人马还。帝曰："将才。"令识其名，后进千户。宣德四年①命以精骑二百，专巡徼②塞上。降玺书奖谕，由是名渐著。继命城西猫儿（谷）［峪］，留兵成之。八年，巡徼至红山，遇敌搏战，敌引却且战且行，至礼拜寺纵击，败之。

英宗立，累功至指挥使，充游击将军，再以功进都指挥佥事。时先朝宿将已尽，洪后起，敢战，遂知名于时。为人机变敏捷，善出奇捣虚或夜劫营垒，未尝小挫。虽为偏校，中朝大臣知其能，深倚之，有毁之者，辄曲加将护，洪由是得展其才。

正统初，中官韩政、阮鸾疏洪短。帝知其诬，切责政、鸾，而命洪副都督佥事李谦守备赤城、独石。谦老而怯，与洪不相能。洪每调军，谦辄扬言曰："非吾毒，若皆洪也。"洪尝励将士杀贼，谦笑曰："徒杀吾人耳，贼可尽乎？"于是，边备日弛。御史张鹏劾罢谦，遂命洪代。其后指挥杜衡、部卒李全皆讦奏洪罪。帝从尚书魏源言，谪衡广西，又执李全赴洪自治。洪既感知遇，益自奋。而朝廷亦益厚之，每奏捷，功虽微必叙。

洪初败兀良哈兵，执其部长朵栾帖木儿。既代谦任，复败其兵于西凉亭。帝降敕嘉奖。又敕宣大总兵谭广、陈怀曰："杨洪破贼西凉亭，即前寇延绥，为指挥王祯所败者，此贼常越东胜而西去，若军甚迩，顾不能扑灭，视洪等愧否？"

三年，洪击贼于伯颜山。马蹶伤足，战益力，败之。禽③其部长也陵台等四人。追至宝昌州，又禽阿台答剌花等五人。寇大败，遁去。玺书慰劳，遣医视疾，进都指挥同知，赏赉甚厚。寻以谭广老，

---

① 宣德四年，1429 年。

② 巡徼，巡行视察。《资治通鉴·后唐明宗天成元年》："公善巡徼，以待魏王。"胡三省注："言善巡徼宫阙及皇城内外坊市，以待魏王继岌。"

③ 禽，"擒"的古字。俘获；被俘；制伏。《左传·哀公二十三年》："战必不胜，不胜必禽。"

命充右参将佐之。洪建议加筑开平城，拓龙门所，自独石至潮河川，增置墩台六十，形势相接。进都指挥使。四年，与兀良哈兵战三岔口。八年，追敌至亦把脱河，皆有功，再迁都督同知。明年，兀良哈兵寇延绥，洪率所部出大同境，至黑山迤北，邀其归，骑破之于克列苏。进左都督。

十二年充总兵官，代郭玹镇宣府。自宣德以来，迤北与中国和好，未尝大举入寇。其扰边者，多不过数百骑，少或数十骑。然他将率巽懦①，而洪独以敢力战被宠遇至大将。迤北亦惮之，称为"杨王"。瓦剌使者至可汗脱脱不花、太师也先皆致书于洪，并遗之马。洪闻于朝，敕令受之而报以礼。嗣后往来辄有赠遗，帝方信任洪，不责也。及帝既北狩，道宣府，也先传帝命趋开门。城上人对曰："所守者主上城池也。天已暮，门不敢开。且洪已他往。"也先乃拥驾去。

景帝监国，封洪昌平伯。也先复令帝为书遗洪，洪封上之。时景帝已即位，驰使报洪："上皇书，伪也。自今虽真书，悉拒毋受。"于是洪一意坚守。也先逼京师，诏洪急将兵二万入卫。比至，寇已退。敕洪与孙镗、范广等追击余寇，破之霸州，还所掠人畜万计。及关，寇返斗，杀官军数百人，洪子俊几为所歼。既退，犹以功加进侯，命率所部留京师，且督京营训练，兼掌左府事。朝廷以洪夙将，所言莫不纳。尝陈御寇三策，又奏三千诸营将校，率纵军士富且壮者，徒以贫弱充伍，请一一简汰，帝皆从之。

景泰元年，于谦以边警未息，请敕洪与石亨条上方略。洪于是列上四事，且请重谦将权。帝曰：谦总督军务，即将权也，余令兵部议行。都督宫聚、王喜、张斌先坐罪系狱，洪与石亨、柳溥、张轨荐三人曾经战阵，请释令立功。诏许之，言官劾洪等党邪挠政不

---

① 巽懦，卑顺；怯懦。

听。其秋，予世券。

明年，命佩镇朔大将军印，还镇宣府。从子①能、信充左右参将。洪奏曰："臣既佩印充总兵官，而兄子能都督同知，信都督佥事，俱参将。子俊右都督，管三千营。一门父子官至极品，手握重兵，盛满难居，分宜知止，乞赐臣休致，终余年或分调俊等他镇。"帝不许。居数月，以疾召还京，卒。帝震，悼赐祭葬，赠颍国公，谥武襄。

洪久居宣府，御军严肃，士马精强，为一时边将冠。颇好文学，亲儒者，尝请建学宣府，教诸将子弟，识者多之。

子杰嗣，杰上言："臣家一侯三都督，苍头②得官者十六人，臣大惧不足报称。乞停苍头杨钊等职。"诏许之，仍令给俸。杰卒，无子，庶兄俊嗣。

俊，初以舍人从军。累官指挥佥事，守独石，父洪奏其战功，进署都指挥佥事，移守马营。久之，命总督独石、永宁诸处边务。景帝即位，给事中金达奉使独石，劾俊贪侈，无勇略，乃召还。也先犯京师，俊败其别部于居庸，进都督佥事，与副都御史罗通等修治沿边关隘。未几，充右参将，佐朱谦镇宣府。初太监喜宁降贼，数诱敌入犯，中朝患之，购能禽斩宁者赏黄金千两，白金二万两，爵封侯。至是为都指挥江福所获，俊冒其功。言官及兵部请如诏。帝不允。加右都督，赐金币。既而事露，兵部请下俊狱，夺所加官。帝宥俊罪，别赏福等。

俊恃父势横恣，以私憾杖都指挥佥事陶忠至死。洪惧，奏俊轻躁，必误边，乞令来京，随臣操练。许之。既至，言官交劾，下狱论斩。诏宥之，令随洪立功。寻充游击将军，巡徼京西诸府，还督

---

① 从子，侄儿。《左传·襄公二十八年》："卫人立其从子圃，以守石氏之祀，礼也。"杨伯峻注："从子，兄弟之子也。亦谓之犹子。"

② 苍头，指奴仆。《汉书·鲍宣传》："使奴从宾客浆酒霍肉，苍头庐儿皆用致富。"颜师古注引孟康曰："汉名奴为苍头，非纯黑，以别于良人也。"

三千营训练。

景泰三年，也先弑可汗脱脱不花。俊上疏曰："也先既弑其主，并其众，东西万里皆受约束，此其包藏祸心，窥伺边境，直须时动耳。闻其妻孥辎重，去宣府才数百里。壮健士马屯沙窝，去边尤近，我缘边宿兵不下数十万，宜分兵为奇正。以正兵列营大同、宣府，而奇兵伏独石、偏头关诸处，诱使来侵。正兵坚壁清野，坐观其变，奇兵昼夜倍道捣其巢穴。彼必还兵自救，我乘其奔溃，奇正夹击破之必矣。"疏下廷议，于谦等以计非万全，遂寝。团营初设，命俊分督四营。

四年，再充游击将军，送瓦剌使归。至永宁，被酒，执都指挥姚贵杖之八十，且缚出军门，令斩之。曰："朝廷赐我令旗得专杀，我尝杖死陶都指挥，独不能杀汝耶。"诸将力解而止。贵诉于朝，宣府参政叶盛亦论俊罪。以俊尝溃于独石，斥为败军之将。俊上疏自理，悉封还所赐敕书，以明己功。于是，言官劾其跋扈，廷鞫[1]论斩，锢之狱。会杰卒，杰母魏氏请暂释俊营杰葬事。乃宥死，降都督佥事。旋袭父爵，并辞杨钊等俸。会家人告俊盗军储，再下狱论死，输赎还爵。久之，又告俊。丞庶母未成，免死夺爵，命其子珍袭。

俊初守永宁、怀来，闻也先欲奉上皇还，密戒将士毋轻纳。既还，又言是将为祸本。及上皇复位，张軏与俊不协，言于朝。遂征下诏狱，坐诛。夺珍爵，戍广西。宪宗立，授龙虎卫指挥使。

能，字文敬。沉毅善骑射。从洪屡立遗功，为开平卫指挥使。正统末，再以功进都指挥佥事。景泰元年进同知，充游击将军，沿边巡徼。三月，贼犯蔚州，能与俊所将兵万人，畏贼不进，复与纪广御贼野狐岭，遇伏兵败，能伤右膝，为巡按御史张昊所劾。于谦

---

① 廷鞫，在朝廷上审讯。

等言，能实鏖战，乃宥其罪。寻命与石彪各统精兵三千，训练备调遣。再加都督佥事。明年进同知，充左参将，随洪守宣府。三年冬，改充左副总兵。巡抚李秉劾能贪惰，诏弗问。五年，召还总神机营，劾都督张通私役士卒，诏夺通职。天顺初，以左都督为宣府总兵官，与石彪破贼磨儿山，封武强伯。是时，也先已死，孛来继兴，能欲约兀良哈与共劫贼，垒以信炮与之。兵部劾其非计。帝以能志在灭贼，置不问。四年，贼二百骑犯宣府，能御之，失利，士卒多伤，复为兵部所劾，帝亦宥之。是年卒。无子，伦袭羽林指挥使。

信，字文实。幼从洪击贼兴州。贼将跃马出阵前，信直前搏战禽之，以是知名。累功至指挥佥事。正统末，进都指挥佥事，守柴沟堡。也先犯京师，信率兵入卫，进都指挥同知。

景泰改元，守怀来，贼三十余人入寇，信与都督范广竟不能御。及护饷永宁，行十余里，闻炮即奔，皆被劾。朝议以时方用兵，置不问。明年，进都督佥事，充右参将，仍守怀来、永宁。寻转左参将。五年，进都督佥事，代能为左副总兵，镇宣府。上言：“鹿角之制，临阵可捍敌马，结营可卫士卒，每队宜置十具。继以团牌，又继以神铳弓矢，遇敌团牌拒前，鹿角列后，神铳弓矢相继迭发，则守无不固，战无不克。”从之。

天顺初，移镇延绥，进都督同知。明年破寇于青阳沟，大获。封彰武伯，佩副将军印，充总兵官，镇守如故。延绥之设总兵佩印，自信始也。顷之，破贼高家堡。三年与石彪大破贼于野马涧。明年，贼二万骑寇榆林，信击却之。追奔至金鸡峪，斩平章阿孙帖木儿，还所掠人畜万计。其冬，代李文镇大同。

宪宗即位，信自陈前后战功，予世券①。成化元年冬，贼犯延

---

① 世券，犹铁券。明代赐予功臣，使其世代享有特权的凭证。形制如瓦，其大小依官爵高低分为九等，外刻其功，中镌其过。每副各分左右，左存功臣，右藏内府。若子孙犯罪，取券勘合，折其功过予以赦减。

绥，信御之，无功还，督三千营。毛里孩据河套，命佩将军印，总诸镇兵御之。贼既渡河北去，已，复还据套，且分兵掠水泉营及朔州，信等屡却之。贼遂东入大同寇掠。因诏信还镇大同。六年，信与副将徐恕、参将张瑛分道出塞，适遇敌南侵，与战于胡柴沟，败之。贼且战且却，我军转战益力，复败之。获马五百余匹。玺书奖励。

信在边三十年，镇以安静，人乐为用。而性好营利。代王尝奏其违法事，诏停一岁禄。十三年冬，卒于镇，赠侯，谥武毅。

洪父子兄弟皆佩将印，一门三侯伯。威名震边陲，一时言名将，皆推杨氏。昌平侯既废，能以流爵弗世。而信独传其子瑾，弘治初领将军宿卫。三传至曾孙炳。隆庆时，协守南京，诏掌京营戎政，屡加少师。卒，谥恭襄。传子至孙崇猷。李自成陷京师，被杀。福王立，赠彰武侯。（卷217《列传六十八·杨洪子俊、从子能 信》，第328册，第8~12页）

◎叶盛，字与中，昆山人。正统十年进士。授兵科给事中。十四年土木师覆，诸将多遁还，盛率同列请先正崀从失律者罪，然后选将练兵，为复仇计。郕王即位，例有赏赉，盛以君父蒙尘辞。不许。

也先迫都城，请罢内府军匠悉遣征操。又请令有司熟粮料以给战士，遣散卒迎取军器于天津，以张外援。三日间，章七八上，多中机宜。寇退，进都给事中。言："贼以送驾为名，志在索赂，总我士气，误我军谋，不可不察。昔金兵南下，宋人纽和议，遂成靖康之祸，可为烔鉴。"又言"劝惩之道，在明赏罚。敢战如孙镗，死事如谢泽、韩青，当赏。其他守御不严，赴难不力者，皆当罚。"大臣陈循等议召还镇守居庸都御史罗通，并留宣府都督杨洪掌京营。盛言："今日之事，边关为急。往者独石、马营不弃，则六师何以陷土木？紫荆、白羊不破，则塞马何以薄都城？"是知边关不固，则塞马立薄都城，纵守京师不过保九门而已，如陵寝郊坛圻甸生□何臣谓宜固守。宣府、居庸便时不能从，出安集陈州流民。

景泰元年还朝，言："流民幸成编户，然人杂五方，其情不一。斗争仇杀时时有之，宜专官绥抚。"又言："畿辅八府旱蝗相仍，请加宽恤。"帝多采纳。四月，盛以京师多灾异，率同官□，天方降灾，咎由人事文武大臣及臣等台谏之官，并乞降秩，停俸，俾各修省，而陛下亦侧身修德于上，庶天意可回。于是大臣俱请罪，帝慰谕马。京卫武臣及其子弟多骄堕不习兵。盛请简拔精壮，备操守京城。市廛悉勋戚所置，月征其税。盛以国用不给，请籍之于官，以其税佐军饷。皆从之。明年，上弭灾防患八事。帝以兵革稍息，颇事宴游。盛请复午朝故事，立报可。当是时，帝虚怀纳谏，凡六科联署建请，率盛与林聪为之倡。廷臣议事，盛每先发言，往复论难。与议大臣或不悦曰："彼岂少保耶？"而若是因呼为"叶少保"。然一时物论皆推盛以才。

擢右参政，督饷宣府。寻以李秉荐，协赞都督金事孙安军务。初，安尝领独石、马营、龙门卫所四城备御，英宗既蒙尘，安以四城孤悬塞外，势难得全，奏弃之内徙。至是廷议修复，仍以命安。遂与盛辟草莱，葺庐舍，庀战具，招流移，为行旅置暖铺，请帑金买牛千头以赋屯卒，立社学，置义冢①，疗疾扶伤。两岁间，四城及赤城、雕鹗诸堡次第修复，皆为完城，安遂进副总兵。而守备中官弓胜不相能，奏安疾宜代。帝以问盛，盛言："安为胜所持，故病。今诸将无逾安者。"帝乃遣医视安疾。已而盛又劾胜，帝虽宥不□，然卒调之他镇。盖见信如此。

七年，遭父忧，诏奔丧。即起复，英宗素知盛名。天顺二年召

---

① 义冢，旧时收埋无主尸骨的坟场。

为右佥都御史，巡抚两广。盛乞终制，不许。明年，泷水瑶贼凤弟吉纠党肆掠，盛督诸将分道进兵，生擒弟吉，俘斩三百五十人。时两广寇盗蜂起，所至破城杀将，州邑为墟。诸将素怯懦不敢战，甚者杀平民冒功，民相率从贼，贼益张。盛乃与镇守中官朱详言：蛮贼出没不常，有司辄□圣听，自今请攻劫城池者始以闻，余止类奏。疏至为兵部，所驳不行。明年，海康民唐子汪作乱，讨斩之。寻与总兵官颜彪破贼砦，而彪亦滥杀冒功，盛不能□禁也。六年，命吴祯抚广西，而盛专抚广东。

宪宗立，议事入都，给事张宁等欲荐之入阁。以御史吕洪言而止。初，编修邱濬与盛有却，既而大学士李贤入濬言，颇不悦盛，及韩雍代盛，贤草雍敕曰："毋若叶盛之杀降也。"稍迁左佥都御史，巡抚宣府。复举官牛官田之法，垦田四千余顷。以其余积市战马千八百匹，修屯堡七百余所，边塞益宁。独石镇守内官进保贪暴，偕御史展毓劾之，保遂被责。

成化三年秋，入为礼部右侍郎。明年，偕给事中毛弘按事南京。还改吏部。出赈真定、保定饥，议清庄田，分养民间种马，置仓涿州、天津，积粟备荒，皆切时计。

满都鲁李罗出乩加思兰驻牧河套肆侵掠，兵部尚书白圭议以十万众大举逐之，沿河筑城抵东胜，徙民耕守。帝壮其议。八年春，敕盛往会总督王越，巡抚马文升、余子俊、徐廷璋详议其事。初，盛为谏官①，喜言兵，尝多论建。既往来三边，知时无良将，边备久虚，转运复艰，搜河套复东胜未可轻议。乃会诸臣上疏，言："守为长策。如必决计用战，亦宜坚壁清野，伺其惰归击之，令一遭创，庶可遏其再来。又或乘彼入掠，分遣精卒捣其巢，彼将反顾，内外夹击，足以有功。然必守固，而后战可议也。"帝善其言，而兵部犹

---

① 谏官，掌谏诤的官员。

主复套议。师出，竟无功。人以是服盛之先见。寻转左侍郎。十年卒，年五十五。谥文庄。

盛清修积学，尚名检，薄嗜好，家居出入常徒步。巡抚某来谒留之，饭盘飨菜肉各一。某出叹曰："叶公一清至此。"我生平慕范仲淹为人，堂寝皆设其像。志在君民，不为身计，有古大臣风。（卷227《列传七十八·叶盛》，第 328 册，第 121~123 页）

◎方逢时，字行之，嘉鱼人。嘉靖二十年①进士。授宜兴知县，再徙宁津、曲周。皆以廉干闻。三十二年，擢户部主事，历工部郎中，出为宁国知府。广东、江西盗起，四十一年诏于兴宁、程乡、安远、武平间筑伸威镇，擢逢时广东兵备副使，与参将俞大猷镇之。明年，程乡贼温鉴、梁道辉等皆平，移巡惠州。

隆庆二年②，改宣府口北道。明年冬，加右参政，旋擢右佥都御史，巡抚辽东。四年正月，移大同。俺答犯威远堡，别部千余骑攻靖虏，且引而南，逢时预伏兵待之，寇引去。其冬，俺答孙把汉那吉来降，逢时告总督王崇古曰："机不可失也。"遣中军康纶率骑五百往受之。与崇古定计，挟把汉以索叛人赵全等。遣百户鲍崇德出云石堡语俺答部下五奴柱曰："欲还那吉则速纳款，若以兵来，是趣之死矣。"五奴柱白俺答，邀之入营，说以执赵全而易把汉。俺答心动，遣火力赤致书逢时。而是时赵全方力劝用兵，俺答又惑之，令其子辛爱将二万骑入弘赐堡，兄子永邵卜趋威远堡，而自率众犯平虏城。逢时曰："此必赵全谋也。"先是，全常投书逢时，具言悔祸思汉，欲复归中国。逢时藏之，至是以示俺答，且诘失约，俺答大惊，遂有执全意。及战，兵又不利，乃引退。辛爱犹未知，奄至大同。逢时使人持把汉箭示之曰："吾已与而父约，以报汝。"辛爱执

---

① 嘉靖二十年，1541 年。
② 隆庆二年，1568 年。

箭泣曰："此吾弟铁背台吉故物也，我来为求把汉，把汉既授官，又有成约，当更计之。"乃遣部下哑都善入见。逢时晓以大义，犒而遣之。辛爱喜，因使求币，逢时笑曰："台吉，豪杰也，若同心纳款，朝廷方重加爵赏，何爱此区区，损盛名。"辛爱大惭，复遣哑都善来谢曰："边人不知书，蒙太师教，幸甚。"俺答使者至故将田世威所，世威亦让之曰："尔来求和，此兵何为者？"使者还报俺答，召辛爱还。辛爱东行，宣府总兵官赵岢遏之，复由大同北去。于是巡按御史姚继可劾逢时辄通寇使，屏人语，导之东行，嫁祸邻镇。大学士高拱曰："抚臣临机设策，何可泄也。但当观其后效，不宜先事辄易。"帝然之。俺答乃遣使来定约，夜召全等计事，即帐中缚之送大同。逢时受之，崇古亦送把汉归。逢时以功进兵部右侍郎兼右佥都御史。甫拜命，遂以忧归。后崇古入理京营，神宗问谁可代者，大学士张居正以逢时对。

万历初，起故官，总督宣、大、山西军务。始逢时与崇古共决大计，而贡市之议崇古独成之。至是逢时复代崇古，申明约信。两人首尾共济，边境遂安。

逢时分巡口北，时亲行塞外，自龙门盘道墩以东至靖胡堡山梁一百余里，形势联络，周视叹曰："此山高峻，诚为天险。若加修凿，北可以达独石，南可以援南山，诚陵京一藩篱也。"及赴阳和，道居庸，出关见边务修举，欲并遂前计。上疏曰："独石在宣府之北，三面邻敌，势极孤悬。而怀、永与陵寝止限一山，所系尤重。其间地本相属，而经行之路尚在塞外，以故声援不便。若设盘道之险，舍迂就径，自龙门黑峪以达宁远，经行三十里，南山、独石皆可朝发夕至，不惟拓地百里，亦可渐资屯牧，于战守皆利。"遂与巡抚吴兑经营修筑，设兵戍守。累进兵部尚书兼右副都御史，总督如故。

四年冬①，加太子少保。明年，召理戎政。时议者争言贡市利害，逢时临赴阙上疏曰：

陛下特恩起臣草土中代崇古之任，臣智浅力屡，惟区区之诚不敢自负，宣布仁威恢张国体，赖陛下神武，元臣忠良，克终愚志，不堕前人之美。八年以来，九边生齿日繁，守备日固，田野日辟，商贾日通，边民始知有生之乐。北部自顺义以下，心倾志縻，输诚效贡，久而益笃，莫敢渝期叛约，岁时请求，随宜与之，即欣然知感乞取食物，得一果饼之赐，辄稽首欢笑。即有无状掠人要赏，如打喇明安兔者，告俺答罚治，即委首听命。夫今日边事，如彼敌情。如此而中外异议者或曰"夷使充斥为害"，或曰"日益费耗，彼欲终不可足"，或曰"与寇益狎，隐忧叵测"。此言心则忠矣，事机或未睹也。

夫夷使之入，多者八九人，少者二三人，朝至夕去，守贡之使，赏至即归，何有充斥。财货之费，有市本，有抚赏，计三镇岁费二十七万，较之乡时户部客饷七十余万，太仆马价亦十数万，什才二三耳。而民间耕获之入，市贾之利不与焉。所省甚多，何有耗费。乃若所忧则有之，然非隐也。方庚午以前，三军暴骨满野，万姓流离载道，城郭丘墟，刍粮耗竭，边臣首领不保，朝廷为之旰食②。七八年来，幸无此事矣。若使臣等处置乖方，吝小费而亏大信，使一旦肆行侵掠，则前日之忧立见，何隐之有哉？

其所不可知者，俺答老矣，诚恐数年之后，此酋既死，诸部无所统一，其中狡黠互相争构，假托异辞，遂行侵扰。此则时变之或然，而不可预料者。在我处之，亦惟罢贡绝市，闭关固垒以待之。仍禁边将毋得轻举，使曲常在彼，而直常在我。夷性贪鄙，彼思我之饵，怀我之利，势必有变，因机处置，顾后人方略何如耳。夫封

---

① 万历四年，1576 年。
② 旰食，晚食。指事务繁忙不能按时吃饭。泛指勤于政事。

疆之事，无定形亦无定机，惟朝廷任用得人，处置适宜，何必拘拘焉贡市之非而战守之是哉？

臣又闻之，御戎无上策；征战祸也，和亲①辱也，赂遗②耻也。今曰贡，则非和亲矣；曰市，则非赂遗矣；臣职任封疆，仰藉威灵，制伏强梗，得免斧钺之诛。今受命还朝，不复与闻阃外之事，诚恐义者谓贡市非计，辄有敷陈，国是摇惑。内则边臣畏缩，外则部落携贰，事机乖迕，后悔无及。臣虽得去，而犬马之心实有不能一日忘者，谨列上五事。

逢时遂就道既至，奏上款贡图。诏留览。

冬十月代<u>崇古</u>为尚书，寻署吏部事，加太子太保。以平<u>两广</u>功，进少保。九年，累疏致仕，御书"尽忠"字赐之。二十四年卒。

<u>逢时</u>才略明练。在兵部时，处置边事，皆协机宜。以与<u>张居正</u>同乡，署吏部考察，黜<u>蔡文范</u>、<u>习孔教</u>，人以此议之。其居边功名与<u>崇古</u>相亚，称"<u>方</u>、<u>王</u>"云。（卷313《列传一百六十四·方逢时》，第329册，第438～440页）

---

① 和亲，指封建王朝利用婚姻关系与边疆各族统治者结亲和好。

② 赂遗，以财物赠送或买通他人。《史记·匈奴列传》："汉遣中郎将苏武厚币赂遗单于。单于益骄，礼甚倨，非汉所望也。"

12. 《新元史》

【题解】　　《新元史》257 卷，柯劭忞撰。柯劭忞（1850～1933年），字仲勉，又作凤荪（或凤孙）、奉生（或凤笙）等，晚年自取号为蓼园，室名自取为岁寒阁，其籍贯为山东省胶州市胶城镇，是我国近代著名的学者和史学大家。柯劭忞出身于书香门第，自幼受家庭浓厚文化的熏陶，勤奋好学。清同治四年（1865 年）劭忞考中秀才，九年又考中举人，光绪十二年（1886 年），在会试中考取进士及第，遂入翰林院任职，不久便升任编修，从此开始从事学术研究和著述的活动。虽为文人，但面对帝国主义列强的入侵，在朝居官的柯劭忞，敢于直言，一贯主张同帝国主义和清廷投降派进行坚决的斗争。辛亥革命后，柯劭忞于 1914 年，任职故宫博物院理事，同年政府设立清史馆，最初由赵尔巽担任馆长，在赵氏病逝以后，劭忞遂代理馆长一职，并同时兼任东方文化事业总委员会委员长。柯劭忞呕心编纂，终成《清史稿》。1927 年 12 月，"北京人文科学研究所"聘用柯劭忞任总裁，纂修《续修四库全书总目提要》，完成拟定书目 27000 余种。其著作还有《新元史考证》58 卷、《译史补》6 卷、《国史时宪志》9 卷、《蓼园诗钞》3 卷等。

《元史》在编纂上仓促速成，全部编纂工作，总计历时仅 331天，显得过于草率。清代著名学者钱大昕言："古今史成之速，未有如《元史》者；而文之陋劣，亦无如《元史》者"，所以《元史》存在不少失真和谬误。例如：有一些列传重复，甚至误把不同皇帝的后妃领取岁赐的名单，统统作为同一个皇帝的后妃，以至于在《后妃表》中将儿媳、曾孙媳、玄孙媳妇当成平辈的妻妾等。因此《元史》成为二十四史中较差的一部。一直为后人所诟病，后世对

二十五史　新元史志

新元史卷之七十

食貨志三

洞冶課附珠玉珊瑚竹木課

《新元史》书影

《元史》的考证、补编等方面，涌现出一大批研究成果。加上中国自鸦片战争以来，开始受到西方资本主义国家势力的入侵和瓜分，给中国带来的屈辱和危机，中国士大夫及史学家开始注重研究中国历史上的少数民族和少数民族建立的王朝，试图以此来寻找民族危亡的原因，从历史上寻求民族的自尊心。基于种种原因，柯劭忞花费近30年精力整理资料，考证史实，订正《元史》的舛误，删其烦冗，校异订考，补其缺遗，以旧证新。使元朝一代百年史迹，史实分明，条理清楚。最终脱稿定著于《新元史》。

《新元史》于1921年脱稿，即进呈北洋政府大总统徐世昌。徐为之作序，还以大总统的名义，命令"仿照《新唐书》《新五代史》前例，一并列入正史"，增二十四史为二十五史。并出资刊印，初刻为铅印活字本，不久又镂刻行世，称退耕本，又称"庚午重订本"。1935年，开明书店据以缩印，称为开明廿五史影印本。

本辑据1935年开明书店影印本《新元史》辑录有关赤城内容。

◎四年①正月，<u>盐官州</u>潮水大溢，捍海堤崩二千余步。三月，<u>浑河</u>决。五月，<u>睢州</u>河溢。六月，大都<u>东安</u>、<u>固安</u>、<u>通</u>、<u>顺</u>、<u>蓟</u>、<u>檀</u>、<u>漷</u>七州，<u>永清</u>、<u>良乡</u>等县雨水。七月，<u>上都</u><u>云州</u>大雨。北山<u>黑水河</u>溢。<u>云安县</u>水。<u>衢州</u>大水。（卷43《志第十·五行上》，第108页）

◎<u>上都路</u>。<u>金桓州</u>地。元初为<u>札剌儿</u>、<u>兀鲁特</u>两部分地。宪宗六年②，世祖命刘秉忠建城于<u>桓州</u>东、<u>滦水</u>北之<u>龙冈</u>。中统元年③，赐名<u>开平府</u>。五年，建为<u>上都</u>。有重城。外城周十六里三百三十四步，南、北各有一门。东、西各二门。内城周六里三百三十步，东、西、南各一门。正南

---

① 泰定四年，1327年。
② 宪宗六年，1256年。
③ 中统元年，1260年。

门曰明德门，内有大明殿，门左曰星拱，右曰云从。有仪天殿，门左门曰精，右曰月华。宝云殿，侧有东西暖阁。宸丽殿，侧有东西香殿。玉德殿，后有寿昌堂、慈福殿。有紫檀阁。连香阁、延春阁。其前拱辰堂，为百官议政之所。后御膳房、凝晖楼，侧有绿珠、瀛州二亭。有金露台。世祖又迁宋汴京之熙春阁于上都，为大安阁。阁后为鸿禧、睿思二殿。城东南又有东、西凉亭，为驻跸之处。至元二年①，置留守司。五年，置上都路总管府。十八年，升上都留守司，兼行本路总管府事。户四万一千六十二，口十一万八千一百九十一。领院一：

警巡院。

县一：

开平上。金清塞县，中统元年改今名。

府一：

顺宁府。金宣德州，属西京路。元初为宣宁府，太宗七年②改山东路总管府③。中统四年改宣德府，仍隶上都路。延祐五年，改隶大都路。泰定元年，复隶上都留守司。后至元三年④，以地震改顺宁府。旧领录事司，宣德、宣平二县。元初以宏州⑤之顺圣县来属。至元二年，省录事司入宣德县。领县三：宣德，下。倚郭。至元二年，省德兴府之龙门县入之。二十八年，又割龙门县地属云州。宣平，下。金置县于大新镇。元初移治辛南庄。顺圣。下。

府领州二：

保安州，下。金德兴府，属西京路。至元三年，改奉圣州，后至元二年以地震改保安州。旧领德兴、妫川、缙山、望云、矾山、龙门六县。中统四年升望云县为云州，至元二年省矾山县入永兴、

---

① 至元二年，1265 年。
② 太宗七年，1235 年。
③ 山东路，中华书局本《元史》校勘记补作"山西东路"。
④ 后至元三年，1337 年。
⑤ 宏州，本作"弘州"，疑为引用清代典籍，因清代避讳"弘"字，以"宏"代"弘"。

元初改金德兴为永兴县。**龙门县入宣德府之宣德，三年省缙山县入怀来**，元初改金妫川为怀来县。**五年复置缙山县，改隶宣德府，延祐三年**①徙怀来隶龙庆州。领县一：**永兴**。下。倚郭。至元六年省入本州。未几复置。延祐六年并入奉圣州。

　　蔚州。下。金故州，属西京路。至元二年，省州入灵仙县，隶弘州。是年复为蔚州。至大元年②升蔚昌府。后复为蔚州，隶宣德府。领县五：**灵仙**，下。**灵邱**，下。**飞狐**，下。**定安**，下。**广灵**。下。

　　州五：

　　兴州，下。金故州，属北京路。至元三年改属上都路。旧领兴安、宜兴二县。天历元年③，升宜兴为州。后至元五年，省兴安县入本州。

　　宜兴州，中。金宜兴县，属兴州。元初省入兴州。至元二年，复置。天历元年，升为州。俗称小兴州，以兴州为大兴州。

　　松州，下。金松山县，属大定府。中统三年，升为松州，仍存县。至元二年，省县入州。

　　桓州，上。金故州，属西京路。元初省。至元二年，复置。

　　云州。下。金望云县，属德兴府。中统四年，升为云州，仍存县，改属宣德府。至元二年，省县入州。二十八年，复析宣德之龙门镇置望云县，隶本州。领县一：**望云**。下。金龙门县。属德兴府。至元二年，废为镇。二十八年，置县。（卷46《志第十三·地理一》，第115页）

　　◎**檀景**等处采金铁冶都提举司。秩正四品。……**大德五年，并为檀景等处都提举司**。大德元年，罢顺德、彰德、广平等路五提举司，立都提

---

① 延祐三年，1316年。
② 至大元年，1308年。
③ 天历元年，1328年。

举司二，升正四品，设官四员，直隶中书户部。卫辉路提举司隶于广平、彰德都提举司，真定铁冶隶于顺德都提举司。事见本纪，旧志遗之。河东、山西、济南、莱芜等处铁冶提举司及益都淘金总管府，其设置省并均不可考。又至元十九年立铁冶总管府，罢提举司，是否由总管府改都提举司，简册无征，不能臆断矣。《元典章》宣德、云州等处银冶等场都提举正四品，檀州采金都提举司达鲁花赤正五品，棋阳、彰德、济南、高山、汴梁等处，太原、大同、徐、邳州、景州、溧阳等处，顺德等处，檀州等处，泰安州、莱芜等处，广平等处，卫辉、仓谷、辽阳、路安、平山等处，易州、紫荆关十七铁冶提举司提举，俱从五品；以上同提举，俱从六品。宣德、云州等处银冶提举司，从六品。……

晋宁路织染提举司。秩正六品。提举一员，正六品。照略案牍一员，其属：提领所一，系官织染人匠局一，云内人匠东西局二，本路人匠局一。河中府、襄陵、翼城、潞州、隰州、泽州、云州等局七。每局设提领，从七品。副提领从八品。各一员。云州、泽州止设提领一员……

云州织染提举司。提举一员，同提举、副提举各一员，照略案牍一员。（卷55《志第二十二·百官志一》，第139～140页）

◎龙庆栽种提举司，秩从五品。管缙山岁输粱米，及易州、龙门、净边官园瓜果等物，以奉上供。达鲁花赤一员，从五品。提举一员，从五品。同提举一员，从六品。副提举一员，从七品。至元十七年，置提举司。《元典章》：缙山栽种副提举从七品。延祐七年改缙山为龙庆州，因以名之。（卷58《志第二十五·百官志四》，第145页）

◎云州管纳色提领所。提领一员。掌纳色人户。至元七年置。（卷60《志第二十七·百官志六》，第149页）

◎凡产银之所：

在腹里曰大都、真定、保定、云州、般阳、晋宁、怀孟。至元十一年，听王庭璧于檀州奉天等洞采之。十五年，令关世显等于蓟州丰山采之。二十七年，拨民户于望云煽冶，设从七品官掌之。二十八年，又开聚阳山银场。二十九年，立云州等处银场提举司。（卷70《志第三十七·食货志三》，第169页）

◎至大元年，以大都难食，粜米十万石减其价以赈之。诏开宁路及宣德、云州工役浩繁，除赋税已免二年外，更免一年。（卷79《志第四十六·食货志十二·赈恤上》，第185页）

◎皇庆二年，顺德、冀宁路饥，辰州水，赈以米钞。上都民饥，出米五千石，减价赈粜。保定、真定、河间民流不止，命有司给粮两月，仍免今年差税，云州蒙古军饥，户给米一石。兴国属县蝗，发米赈之。（卷80《志第四十七·食货志十三·赈恤下》，第186页）

◎上都诸仓：曰体源仓，曰广济仓，曰云州仓。（卷80《志第四十七·食货志十三·赈恤下》，第188页）

◎中统元年，云州置站户，取迤南诸州站户籍内选中、上户应当。马站户，马一匹；牛站户，牛二只。不论亲、驱，每户取二丁，及家属安置于立站处。（卷101《志第六十八·兵志四》，第233页）

◎安童。中统初，世祖召入长宿卫，年方十三，位在百僚上。母宏吉剌氏，通籍禁中。世祖一日见之，问及安童，对曰："安童虽幼，公辅器也。"世祖曰："何以知之？"对曰："每退朝必与老成人语，未尝接一年少，是以知之。"世祖悦。……初，安童过云州，闻道士祁志诚名，屏骑从见之。志诚语以修身治世之要。及复拜右丞相，力辞，帝不允，乃往决于志诚。志诚曰："昔与公同相者何人，今同列何人?"安童悟，见帝辞曰："臣前为相，年尚少，幸不偾陛下事者，以执政皆臣师友。今事臣者，序进与臣同列，臣为政能加于昔乎?"帝曰："谁为卿言此?"安童以志诚对。帝称叹久之。故安童再相，屡求去，其声誉亦逊于前云。子兀都带。（卷119《列传第十六·安童》，第264～265页）

◎蒲鲜万奴，女真人。初仕金为尚厩局使。金泰和六年①，以其翼副统与阿鲁带、完颜达吉不，从都统完颜赛不败宋将皇甫斌于溱水上，万奴别将断真阳路，与诸军追击至陈泽，斩获有功。金宣宗立，万奴累擢咸平招讨使。……

十年正月，遂据东京叛，自称天王，国号大真，建元天泰，以兵北取咸平，走耶律留哥，东京诸猛安谋克多从之。高丽畏万奴势强，因其乞粮，给以八千石。四月，万奴掠上古城，别将攻望云骚三义里。五月，据大宁镇。先后为金同知婆速路兵马都总管纥石烈桓端部将温迪罕怕哥辇等所败。九月，万奴自帅所部，出宜风及易池，与桓端战，众溃。是时，耶待留哥谍知万奴兵东出，国内空虚，乘间与可特哥以兵袭破东京。……（卷134《列传第三十一·蒲鲜万奴》，第284～285页）

◎阔里吉思，蒙古按赤歹氏。曾祖八思不花，从太祖平乃蛮诸部，常为先锋，佩虎符。以谕降丰州、云州，擢宣抚使。……（卷154《列传第五十一·阔里吉思》，第318页）

◎唐仁祖，字寿卿，本畏兀人。祖曰唐古直，其后遂为唐氏。

---

① 泰和六年，1206 年。

唐古直，年十七给事太祖。……二十五年，拜参议尚书省事。仁祖侃侃持正，屡忤丞相桑哥，人皆危之，仁祖自若也。桑哥欲以繁剧困之，迁为工部尚书。寻奉使云州，桑哥考工部织课缓，怒曰："误国家岁用，罪不赦。"遣驿骑追仁祖还，就见桑哥于私第，命直吏拘仁祖，即往督工，且促其期日，逾期必致汝于法。仁祖退召诸署长，谕之曰："丞相怒在我，不在汝等，宜勉为之。"众感激，昼夜倍其功，未及期而办。已而桑哥系狱，命仁祖往籍其家。明日，桑哥以左右之援得释，众骇然，目仁祖曰："乳虎之威可再犯耶？"皆逾垣以遁，仁祖独不为之动。桑哥竟败。（卷192《列传第八十九·唐仁祖》，第383页）

◎黄肯播，字允藝，利州人。……明年春，诏御史长哥偕肯播巡行上都。先是，太府丞监造云州佛寺，盗上所赐军匠金帛，军匠诉之。肯播鞫其狱，词连平章政事乌列赤；乃入言于上，以沮格修造佛寺为肯播罪。帝召至京师，传旨责之。寻授云州知州。州当南北之冲，车驾岁幸上都，供张悉赋于民，肯播取之有制，民不以为扰。仁宗崩，铁木迭儿再相，诬肯播诽谤先朝，械至上都，免肯播官，籍其家。泰定元年①，起为辽阳行省左司郎中。三年卒，年五十八，子谦，秘书监管勾②。（卷195《列传第九十二·黄肯播》，第389页）

◎脱脱，字大用，蔑儿吉台氏。……三年③，诏修辽、金、宋三史，命脱脱为都总裁官。又请修《至正条格》颁天下。脱脱欲帝亲儒臣，讲学问，左右多沮挠④者，一日，帝御宣文阁。脱脱取裕宗当

---

① 泰定元年，1324年。
② 管勾，亦作"管句"。管理。
③ 至正三年，1343年。
④ 沮挠，阻挠。

日所授书以进曰："设使经史不足观，世祖岂以是教裕皇乎。"帝嘉纳之。皇太子爱猷识理达腊尝育于脱脱家，每有疾饮药，必尝之而后进。帝驻跸云州，遇暴风雨，山水猝至，车马皆漂没。脱脱抱皇太子单骑登山，乃免。皇太子至六岁始还宫。脱脱复以私钱造大寿元忠国寺，为皇太子祈福。（卷209《列传第一百六·脱脱》，第408~409页）

◎也速，蒙古人。父月阔察儿，为惠宗宿卫。惠宗讨伯颜，使月阔察儿夜至柳林，负燕帖古思太子归，遂见亲任。……拜中书平章政事，改行省淮南。雄州、蔚州贼继起，也速悉平之。知枢密院事刘哈剌不花所部卒掠怀来、云州，欲为乱，也速以轻骑抚之，降其众，隶麾下。……（卷215《列传第一百十一·也速》，第62页）

◎时又有国师胆巴者，一名功嘉葛剌思，西番突甘斯旦麻人。幼从西天竺古达麻失利传习梵秘①，得其法要。中统间，帝师八思巴荐之。时怀孟大旱，世祖命祷之，立雨。又咒食投龙湫，顷之奇花异果上尊涌出波面，取以上进，世祖大悦。至元末，以不容于时相桑哥，力请西归。既复召还。谪之潮州。时枢密副使月的迷失镇潮州，妻得奇疾，胆巴以所持数珠加其身，即愈。又尝为月的迷失言异梦已还朝期，皆验。元贞间，海都犯西番界，成宗命祷于摩诃葛剌神，已而捷书果至。又为成宗祷疾，遄愈，赐与甚厚。且诏分御前校尉十人为之导从。成宗北巡，命胆巴以象舆前导。过云州，语诸弟子曰："此地有灵性，恐惊乘舆，当密持神咒以厌之。"未几，风雨大至，众咸震惧，惟幄殿无虞，复赐碧钿怀一。德寿太子之薨也，不鲁罕皇后遣使部于师曰："我夫妇以师事汝至矣。止有一子，

① 梵秘，指梵咒（指陀罗尼中的"咒陀罗尼"，义为总持。即佛菩萨从禅定所发之秘密言辞，有不测之神验）。

何不能保护耶?"对曰:"佛法如灯笼,风雨至,可蔽之。若尔烛尽,灯笼亦无如之何也。"大德七年夏卒。皇庆间,追号大觉普惠广照无上胆巴帝师。(卷243《列传第一百四十·释老》,第462页)

　　◎邱处机,字通密,登州栖霞人,自号长春子。幼有人相之曰:"神仙宗伯也。"年十九,学全真道①于宁海之昆仑山,与马钰、谭处端、刘处元、王处一、郝大通、孙不二,同师重阳王真人。……处机第四传曰祁志诚,居云州金阁山,誉问甚著。丞相安童尝过而问之。志诚告以修身治世之要。安童感其言,故相世祖,以清静为本。及罢相,退然若无与于世者,人谓有得于志诚之言。(卷243《列传第一百四十·释老》,第462页)

---

　　① 全真道,也称"全真教""全真派"。与正一道同为道教两大教派。1167年,王重阳在山东宁海(今牟平)全真庵讲道时创立。主张道、释、儒三教合一,以"澄心定意、抱元守一、存神固气"为"真功","济贫拔苦、先人后己、与物无私"为"真行";功行俱全,故名全真。不尚符?不事烧炼。道士须出家居于宫观,不结婚并禁荤腥。

13.《清史稿》

【题解】　　《清史稿》536 卷，近人赵尔巽主编。记录自后金天命元年（1616 年）清太祖努尔哈赤在赫图阿拉建国称汗，至清宣统三年（1911 年）清朝灭亡，共296 年的历史。

辛亥革命推翻清王朝，结束帝制，建立共和。民国之初，沿袭易代修史的传统，编修清史之议就被提出来了。1914 年初，国务院根据各方要求，呈请设立清史馆，经国务会议议决，上报袁世凯。3月9 日，袁世凯发布大总统令批准纂修清史。亲笔函请东三省总督赵尔巽，出任馆长，于9 月 1 日在故宫东华门内原清朝国史馆旧址正式设立清史馆。

开馆之初，赵尔巽陆续延聘当时社会名望之士 130 余人，组成修史队伍。这些人中，以前清正途出身的官宦居多，带着"修故国之史，即以恩故国"的感情加入，往往修史并非专长，加上赵尔巽秉承袁世凯羁縻"遗贤"的旨意，组织管理较松散、混乱，以致"全无条例，人自在为战，如一盘散沙"。编纂人员水平不一，勤惰不同，成稿亦多寡不等，有些撰稿人，将史馆作为消遣之所，以致有些人在馆数年而不见成稿，更有甚者，请人代撰。针对上述情况，清史馆特聘邵章为提调，专司其事，负责与撰稿成员联系接洽。并于1922 年专门召开会议，在体例、稿件分工、抄缮等作了详细规定。此时编撰虽有了条理章法，但北洋政府随后出现了派系之争，财政困难，清史馆经费时有拖欠扣减，以至再后经费全无，馆员工作基本全属义务性质。因编纂人员的薪金已不足以养人，所以纷纷离去，为将工作进行下去，馆长只得向当时的军阀们如吴佩孚、张宗昌、张作霖等募捐，赵尔巽自己垫款2 万元，向张作霖一人借款

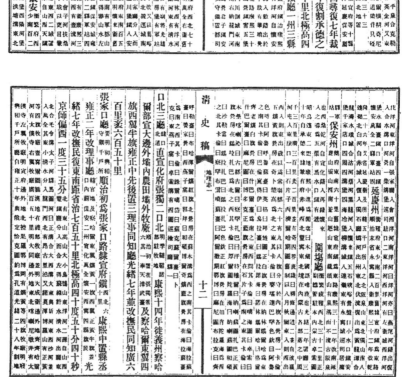

《清史稿》书影

高达 7 万余元。编纂工作并不顺利。1926 年秋，全稿初具，赵尔巽经袁金铠居中联系向军阀张作霖、吴俊升等筹措到一笔款项，即计划尽早结束编写工作，定为两年时间完成最后修改任务。然而，刚过半年，1927 年春，赵尔巽突然提出"刊稿待正"，将全稿立即付印。当时馆中经费枯竭，在事之人也希望及早刊印，以稿费补发欠薪，故多有赞同者，但是夏孙桐等人则极力反对。强调史稿错误疏漏太多，断不可冒昧行之，遭人嘲笑，建议"依前议，实事求是，逐加修正，务延总阅，全体讨论，以期详审，期以三年集事"。但是，未能说动赵尔巽。1927 年夏，赵尔巽病倒，再次致函张作霖，要求再续经费，以完成遗业。并提出要柯劭忞接其遗职，袁金铠负责刊刻。9 月 3 日，赵尔巽病逝。9 月 15 日，时任北洋军政府陆海军大元帅的张作霖续聘柯劭忞为代馆长，负责全馆事务，出版计划再次提前，定为 10 个月。当时馆中各人所担负的稿件修正审定工作根本来不及完成，只能仓促付印。袁金铠负责管理经费及刊印史稿。后来，袁金铠因工作忙，招金梁代为办理，开始了史稿的刊刻。1927 年 12 月印出列朝本纪及部分志、表传等共 50 册。1928 年 5 月，印出其余部分 81 册，当时共印 1100 部。6 月，故宫接收，清史馆工作乃告结束。

《清史稿》纂修者故国遗老情结很深，政治立场错误，经费不继的困扰，又始终无总阅之人把关，仓促付梓，错漏杂乱，致使该书难称信史。故赵尔巽在发刊词中称"此稿乃大辂椎轮之先导，并非视为成书也"，故曰《清史稿》。《清史稿》作为一部未定稿的史书刊印，在中国的历史中绝无仅有。但《清史稿》具有丰富的史料价值，它的史学价值自不用多言。

新中国成立以后，董必武向中央曾提出修清史的建议。新中国初期百废待兴，国家忙于经济建设，无暇顾及。建国十年，1958 年，周恩来总理委托吴晗考虑如何来修清史，并做了初步的计划，但由于三年自然灾害，这个方案被搁浅。1965 年秋，"文革"开始之前，中宣部周扬召开会议，专门讨论清史的撰修问题。随后中央正式要求中宣部编修清史，会议决定成立清史编纂委员会。不久，"文革"开始，这个计划夭折了。1977 年由中华书局点校的《清史稿》正式出版，1978 年人民大学复校后，正式成立清史研究所。1991 年台湾国史馆《清史稿校注》（共 16 册）陆续出齐，佟佳江《清史稿订误》由吉林大学出版社出版等，清史研究成果不断涌现。

本辑据上海古籍出版社《续修四库全书》第 295 册至 296 册史部正史类《清史稿》辑录有关赤城内容。

◎甲戌①，次喀喇拖落木，命贝勒德格类②率兵入独石口，侦居庸关，期会师于朔州。（第 295 册，卷 2《本纪二·太宗本纪一》，第 65 页）

◎秋七月己丑③，命贝勒阿济格、多尔衮、多铎等入龙门，会宣府，上亲统大军自宣府趋朔州，期四路兵克期并进。辛卯，毁边墙。壬辰，入上方堡，至宣府右卫，以书责明守臣负盟之罪，仍谕其遣使议和。癸巳，驻城东南。时阿济格攻龙门，未下，令略保安④。丁酉，营东城，遗明代王书，复约其遣使议和。代善攻得胜堡，克之。明参将李全自缢死。进攻怀仁、井坪，皆不克，遂驻朔州。丙午，上围应州，令代善等趣马邑。土鲁什至归化城，察哈尔林丹之妻率

---

① 天聪八年六月甲戌，1634 年 7 月 14 日。
② 爱新觉罗·德格类（1592 ~ 1635 年），清朝宗室，清太祖努尔哈赤第十子，生母是富察大福晋。
③ 天聪八年秋七月己丑，1634 年 7 月 29 日。
④ 《太宗实录》攻龙门未下在初八日壬辰，命略保安在十一日乙未。

其八寨桑以一千二百户来降。庚戌，<u>阿济格</u>等攻<u>保安州</u>，克之。壬子^①，<u>德格类</u>入<u>独石口</u>，取<u>长安岭</u>，攻<u>赤城</u>，不克，俱会师于<u>应州</u>。（第295册，卷2《本纪二·太宗本纪一》，第65页）

◎夏四月庚戌^②，诏行幸所过，有司不得进献。遣官祭岳镇海渎、帝王陵寝、先师<u>孔子</u>阙里。土贼<u>罗荣</u>等犯<u>虔州</u>，副将<u>杨遇明</u>讨擒之。乙卯，幸<u>沙河</u>。辛酉^③，次<u>赤城</u>。（第295册，卷5《本纪五·世祖本纪二》，第78页）

◎十一年壬子春正月辛未^④，上奉太皇太后幸<u>赤城</u><u>汤泉</u>，过<u>八达岭</u>，亲扶慈辇，步行下山^⑤。（第295册，卷6《本纪六·圣祖本纪一》，第102页）

◎二月戊寅^⑥，奉太皇太后至<u>汤泉</u>^⑦。辛卯，上回<u>京</u>。丙申^⑧，亲耕耤田^⑨。丁酉，朝日于东郊。戊戌^⑩，上诣^⑪<u>赤城</u>。（第295册，卷6《本纪六·圣祖本纪一》，第102页）

---

① 天聪八年七月壬子，1634年8月21日。

② 顺治八年夏四月庚戌，1651年5月22日。

③ 顺治八年四月辛酉，1651年6月2日。

④ 康熙十一年壬子春正月辛未，1672年2月22日。

⑤ 《圣祖实录》过八达岭在二十六日癸酉。

⑥ 康熙十一年二月戊寅，1672年2月29日。

⑦ 《圣祖实录》，太皇太后至汤泉宫在初三日己卯。

⑧ 康熙十一年二月丙申，1672年3月18日。

⑨ 耤田，耤音jí，帝王亲自耕种（田地）。"耤"通"藉"，《史记》中又作"藉田"，《汉书》《旧唐书》等作"藉田"，明清以后多写作"耤田"。指古代天子、诸侯征用民力耕种之田。

⑩ 康熙十一年二月戊戌，1672年3月20日。

⑪ 诣，音yì。前往，去，到。

◎夏四月庚寅朔①，准噶尔贡使吹纳木喀等入觐。裁八沟、独石口副都统各一，增天津副都统一。以古北口提督管独石口外台站②。（第295册，卷10《本纪十·高宗本纪一》，第150页）

◎九月③，龙门大雪；西乡陨霜杀稼。（第295册，卷40《志十五·灾异一》，第434页）

◎康熙元年三月二十一，海宁大雨雹；河间雨雹，大如斗。五月，怀安大雨雹，人畜有伤；龙门大雨雹；榆社大雨雹，人畜多伤。（第295册，卷40《志十五·灾异一》，第435页）

◎七月④……元城、龙门、武邑蝗。（第295册，卷40《志十五·灾异一》，第439页）

◎顺治元年，怀来大疫；龙门大疫；宣化大疫。（第295册，卷40《志十五·灾异一》，第444页）

◎七月⑤……东赤城水灾。（第295册，卷40《志十五·灾异一》，第450页）

◎十八年冬⑥，龙门无雪。（第295册，卷41《志十五·灾异二》，第453页）

---

① 乾隆七年夏四月庚寅朔，1742年5月5日。
② 案《高宗实录》，裁八沟、独石口副都统，增天津副都统，以古北口提督管独石口外台站俱在初四日癸巳。
③ 康熙三十六年九月，1697年。
④ 康熙九年七月，1670年。
⑤ 乾隆十二年七月，1747年。
⑥ 顺治十八年冬，1661年。

◎六月①，龙门大雨七日；武强霪雨；井陉大雨如注。（第 295 册，卷 42《志十五·灾异三》，第 458 页）

◎七月②，龙门大雨，平地水深尺许。（第 295 册，卷 42《志十五·灾异三》，第 458 页）

◎八月③，昌乐、曲江、湖州、衢州、龙门、开化、江山大旱，禾尽枯。（第 295 册，卷 43《志十五·灾异四》，第 463 页）

◎七年六月④，黄安、罗田、怀安、西宁、龙门旱。（第 295 册，卷 43《志十五·灾异四》，第 463 页）

◎二十七年四月朔⑤，西宁、龙门、延安、文县同日昼晦⑥。（第 295 册，卷 44《志十九·灾异五》，第 471 页）

◎三十七年四月⑦，龙门昼晦。（第 295 册，卷 44《志十九·灾异五》，第 471 页）

◎康熙元年正月二十五日，伏羌地震。三月初四日⑧，西宁、龙门、宣化、赤城、保安州等处地大震，人皆眩仆。……三年三月初

---

① 康熙七年六月，1668 年。
② 康熙十九年七月，1680 年。
③ 顺治十二年八月，1655 年。
④ 康熙七年六月，1668 年。
⑤ 康熙二十七年四月朔，1688 年 4 月 30 日。
⑥ 昼晦，白日光线昏暗。
⑦ 康熙三十七年四月，1698 年。
⑧ 康熙元年三月初四日，1662 年 4 月 21 日。

二日①，保安州、龙门地震。初三日，怀来、滦州地震。五月，开平地震。……五年二月二十二日②，开平地震，次日又震。（第295册，卷44《志十九·灾异五》，第473页）

◎七月二十三日③，宝坻、霸州、万全地震。九月初九日④，怀安、赤城、西宁、天镇、绍□、德阳地震。（第295册，卷44《志十九·灾异五》，第474页）

◎二十二年五月十五日⑤，龙门地震。（第295册，卷44《志十九·灾异五》，第474页）

◎五年三月⑥，万全地震。八月，赤城、怀安地震。（第295册，卷44《志十九·灾异五》，第475页）

◎秋⑦，龙门饥。（第295册，卷44《志十九·灾异五》，第478页）

◎三十七年四月⑧，龙门雨黄沙。（第295册，卷44《志十九·灾异五》，第480页）

---

① 康熙三年三月初二日，1664年3月28日。
② 康熙五年二月二十二日，1666年3月27日。
③ 康熙十二年七月二十三日，1673年9月3日。
④ 康熙十二年九月初九日，1673年10月18日。
⑤ 康熙二十二年五月十五日，1683年6月19日。
⑥ 乾隆五年三月，1666年。
⑦ 康熙二十八年秋，1689年。
⑧ 康熙三十七年四月，1698年。

◎直隶：《禹贡》冀、兖二州之域。明为北京[1]，置北平布政使司[2]、万全都指挥使司[3]。清顺治初，定鼎京师，为直隶省。置总督一，曰宣大。驻山西大同，辖宣府。顺治十三年[4]裁[5]。巡抚三[6]：曰顺天，驻遵化，辖顺天、永平二府。康熙初裁[7]。曰保定，驻真定，辖保定、正定、顺德、广平、大名、河间六府。顺治十六年裁[8]。曰宣府。驻宣府镇，辖延庆、保安二州。顺治八年裁[9]。五年，置直隶、山东、河南三省总

---

① 明为北京。《明史》卷40《地理志》："（洪武）二年三月，置北平等处行中书省。…九年六月，改行中书省为承宣布政使司。永乐元年正月，建北京于顺天府，称为行在。二月，罢北平政使司。…十九年六月，改北京为京师。…洪熙初仍称行在。正统六年十一月，罢称行在，定为京师。"则直隶在明初为北平布政使司，永乐元年正月设北京，十九年改为京师，后虽一度又称"行在"，正统后已将京师定为常制。所谓"北京"，系一时之制，不可概括一代。此处仍以称"京师"为宜。

② 案《明史》卷40《地理志》："（洪武）九年六月，改行中书省为承宣布政使司。永乐元年正月，建北京于顺天府。…二月，罢北平政使司。"则北京与北平政使司之并存，俱为一时之制。

③ 案《明史》卷40《地理志》："洪武初，建都江表，革元中书省，以京畿应天诸府直隶京师。后乃尽革行中书省，置十三布政使司，分领天下府州县及羁縻诸司。又置十五都指挥使司，以领卫所番汉诸军。其边境海疆，则增置行都指挥使司，而于京师建五军都督府。"当时直隶所辖除万全都指挥使司外，另有北平行都指挥使司，侨治于保定府。

④ 顺治十三年，1656年。

⑤ 《清史稿·疆臣年表一》，顺治元年七月初七日壬辰，设宣大山西总督，十三年五月，改称宣大总督，至十五年七月初四日己亥裁，《世祖实录》同。

⑥ 《清史稿·疆臣年表五》，顺治元年十月十一日乙丑，置天津巡抚，至六年五月二十五日癸未裁，《世祖实录》同。是则顺治初，直隶所置巡抚有四。此当据改，并增列天津巡抚。

⑦ 案康熙帝于顺治十八年正月初九日己未即位，定明年为康熙元年。又案《清史稿·疆臣年表五》，顺治作十月十五日辛酉，裁顺天巡抚，《圣祖实录》同。此"康熙初裁"当作"顺治末裁"

⑧ 《清史稿·疆臣年表五》，保定巡抚，至康熙五年十二月十四日庚申，巡抚王登联罢后，始不见记载，圣祖实录同。此谓裁于顺治十六年，误。

⑨ 《世祖实录》，宣府巡抚于顺治九年四月初六日丁未。

督①。驻大名。十六年，改为直隶巡抚②。明年移驻真定。康熙八年，复移驻保定。雍正二年，复改总督。而府尹旧治顺天，为定制。先是顺治十八年增置直隶总督，亦驻大名。康熙五年改三省总督③，八年裁。康熙三十二年，改宣府镇为宣化府。降延庆、保安二州隶之④。雍正元年，置热河厅，改真定为正定。二年，增置定、冀、晋、赵、深五直隶州、张家口厅。三年，升天津卫为直隶州，九年为府。十年，置多伦诺尔厅。十一年，热河厅、易州并为直隶州⑤。十二年，置独石口厅。降晋州隶正定。乾隆七年，承德仍为热河厅。八年，遵化升直隶州。四十三年，复升热河厅为承德府⑥。光绪二年，置围场厅。隶承德。三十年，置朝阳府。明年置建平隶之。三十三年，升赤峰县为直隶州。置开鲁等二县隶之⑦。今京尹而外，领府十一，直隶州七，直隶厅三，

---

① 《清史稿·疆臣年表一》，顺治六年八月二十四日辛亥，以张存仁总督直隶、山东、河南，巡抚保定，世祖实录同。置直隶、山东、河南三省总督始于此。

② 《世祖实录》，顺治十五年五月二十九日乙丑，裁直隶总督，设顺天、保定二巡抚。又案《圣祖实录》，至康熙六年，始置直隶巡抚；《清史稿·疆臣年表五》，康熙六年正月十一日丙戌，以甘文焜为直隶巡抚。

③ 《清史稿·疆臣年表一》，改直隶总督为三省总督在康熙四年五月二十二日丁未，圣祖实录同。

④ 本卷宣化府条，顺治十年，延庆、保安二州已降隶宣府镇，此'降'字当删。"

⑤ 本卷承德府条："康熙四十二年，建避暑山庄于热河，岁巡幸焉。五十二年，城之。雍正元年，置厅。十一年，置承德直隶州。"易州直隶州条："雍正十一年，升直隶州"。"此热河厅、易州并为直隶州"当作"热河厅为承德直隶州，易州为直隶州"。又《嘉庆重修一统志》卷5可参见。

⑥ 本卷承德府条："（雍正）十一年，置承德直隶州。乾隆七年，仍为厅。四十三年为府。"清国史馆皇朝地理志承德府条："升热河厅为承德府"。则承德前未尝为府，此"复"字衍。

⑦ 《清朝续文献·舆地考》，赤峰直隶州仅有林西、经棚、开鲁三属县。

散州九①，散厅一，县百有四②。北至内蒙古阿巴噶右翼旗界；一千二百里。东至奉天宁远州界；六百八十里。南至河南兰封县界；一千四百三十里。西至山西广宁县界。五百五十里。广一千二百三十里，袤二千六百三十里。宣统三年，编户共四百九十九万五千四百九十五，口二千三百六十一万三千一百七十一。其山：恒山、太行。其川：桑干即永定、滹沱即子牙、卫、易、漳、白、滦。其重险：井陉、山海、居庸、紫荆、倒马诸关，喜峰、古北、独石、张家诸口。交通则航路：自天津东南通之罘、上海，东北营口，东朝鲜仁川、日本长崎。铁路：京津、津榆、京汉、正太、京张。邮道：东出山海关达盛京绥中，西出紫荆关达山西灵丘，南涉平原达山东德州，北出古北口达热河。电线：西北通库伦，西南通太原；由天津东北通奉天；海线自大沽东通之罘。（第296册，卷54《志二十九·地理一》，第1页）

◎宣化府：冲，繁，难。隶口北道。明，宣府镇。顺治八年，裁宣府巡抚。十年，并卫所官。领宣府等十县。降延庆、保安属之。康熙三年，改怀隆道为口北道，与总兵并驻此。四年，隶山西，寻复。七年，裁万全都司。三十二年为府。巡抚郭世隆疏改，置县八。后割山西蔚州来隶。光绪三十年，复割承德之围场厅来隶。东南距省治七百里。广四百四十里，袤三百二十里。北极高四十度三十七分十秒。京师偏西一度二十一分三十秒。厅不与。领厅一，州三，县七。宣化冲，繁，难。倚。明，宣府前卫。顺治中，省左右卫入之，为宣府镇治。康熙三十二年，改置为府治。北有东望山，西西望山。西有洋河自怀安入，左纳清水河、柳河川、泥河，东南入怀来。其南桑干河自西宁入，数错出，于怀来合洋河，复入，迳府

___

① 本卷所录散州，除顺天府属五州外，计宣化府三，保定府二，正定、大名、广平、天津、河间、承德、永平府各一，合之共十二州。

② 本卷所录县，除顺天府十九县外，计保定府十四，正定府十三，河间府十，顺德、广平府各九，宣化府七，大名、天津、永平府各六，冀州五，赵州直隶州四，承德府、深州直隶州各三，遵化、易州、定州直隶州各二，朝阳府、赤峰直隶州各一；其中朝阳府漏绥东、阜新、建平三县，赤峰直隶州漏经棚、开鲁二县，赵州直隶州漏临城一县，则合之共一百有九县。又清朝《文献通考·舆地考》可参见。

境。镇二：鸡鸣堡、深井堡。有守备，康熙中裁。有华稍营巡检司。宣化、鸡鸣二驿。又递二。军站五。**赤城**简。府东北七十里。明，赤城堡。旧为上北路。康熙三十二年改置。又以滴水崖、云州、镇安、马营、镇宁五堡入之。赤城山城。东北：白河自独石入，南流出龙河峡①，一曰龙门川，侧城东南，合大石门水，亦曰赤城河。又得萆子岭东、浩门岭西水，屈东南，右纳龙门河，左得红沙梁水，入延庆。营二：独石左、独石右。口七：镇宁、松树、马营、君子、镇安五堡，龙门所、滴水崖。顺治中，改参将置守备滴水崖。雍正中，改守备置都司。镇十一：新镇楼、云州堡，及北栅、东栅②、西栅、盘道、塘子、清平镇岭、四望、砖墩、野鸡九口。驿二：云州、赤城。**万全……龙门**简。府东北百里。明，龙门卫。旧为下北路。康熙三十二年改。又以葛峪、赵川、雕鹗、长安岭四堡入之。西有龙门山，龙门河出其北麓，迳城南而东，左得萆子岭西、浩门岭南水，入赤城。西有小清水河，自张家口分入而合，曰柳河川。又有泥河，并入宣化。营一：龙门路。口二：葛峪堡、赵川堡。镇八：安边、静楼、墩镇、冲台、盘道、宣台六口，常峪镇、雕鹗堡。长安岭堡并有驿，雍正中，岭置都司，后裁。有军站二。**怀来……蔚州……西宁……怀安……延庆州……保安州……围场厅……**（第 296 册，卷 54《志二十九·地理一》，第 6 页）

◎**口北三厅**：隶口北道。直宣化府，张、独二口北。明季，鞑靼诸部驻牧地。康熙十四年，徙义州察哈尔部宣、大边外，坝内农田，坝外牧厂，顺治初置，在张、独者六，其一奉天彰武台。及察哈尔东翼四旗、西翼半旗。雍正中，先后置三理事同知厅。光绪七年③，并改抚民同知。广六百里，袤六百五十里。

张家口厅：要。明初，兴和守御千户所。顺治初，为张家口路，隶宣府镇。西北六十里。康熙中，置县丞。雍正二年，改理事厅。辖官地，及察哈尔东翼镶黄一旗、西翼正黄半旗，并口内蔚、保安二州，宣化、万全、

---

① 案清国史馆皇朝地理志作"龙门峡"，同治《畿辅通志》卷 65 同。"
② 案清国史馆皇朝地理志无"东栅"二字。疑衍。
③ 光绪七年，1881 年。

怀安、西宁四县旗民。光绪七年改抚民，复。东南距省治七百五十里。北极高四十度五十分四十秒。京师偏西一度三十五分。北有东山、高山、大小乌鸦山。东洋河二源，自山西丰镇厅分入而合，左得苏禄计水。清水河出厅东北，合毛令沟、太子河、驿马图河，曰正沟，合大西沟、大东与新河、东西沙河，并入万全。其东小清水分入龙门。西北有昂古里泊。又诺莫浑博罗山有正黄等四旗牧厂，查喜尔图插汉地有礼部牧厂，并明天成卫边外地。齐齐哈尔河有太仆寺右翼牧厂，广百五十里，明大同边外地。东北喀喇尼墩井有太仆寺左翼牧厂，明，宣府边外地。北控果罗鄂博冈，有镶黄等四旗牧厂，明废兴和千户所。厅自雍正十年与俄定《恰克图约》为孔道。光绪二十八年，划地五百万方尺为租界。三镇：兴和城、太平庄、乌里雅苏台。有站。

独石口厅：要。明初为开平卫。顺治初为上北路，隶宣府镇。东北二百五十里。康熙中置县丞，曰独石路，并卫入赤城。雍正十二年置理事厅。辖官地，及察哈尔东翼正蓝、镶白、正白、镶黄四旗，并口内延庆一州，赤城、龙门、怀来三县旗民。光绪七年改抚民。副将防守尉。驻。南距省治七百九十里。北极高四十度五十四分四十秒。京师偏西四十分。东南有大小石门山、太保山。白河，古沽水，正源堤头河，出厅西北狗牙山，合东西栅口水，与别源独石泉会，南入赤城。复自延庆州入，与黑河并入滦平，下流会潮、榆诸水，为北运河。上都河，古濡水，出厅东北巴颜屯图固尔山，合三道河，西北入多伦厅，下流为滦河，至乐亭入海，行二千一百里有奇。有金莲川、伊克勒泊。东北：博罗城，有御马厂，隶上驷院。四镇：丁庄湾、黑河川、东卯镇、千家店。有站。（第296册，卷54《志二十九·地理一》，第6~7页）

◎鄂尔多斯右翼前末旗，顺治六年授二等台吉。康熙十四年晋一等。乾隆元年，以族繁增旗一，授札萨克，世袭，掌右翼前末旗，附右翼前旗游牧。札萨克驻所，距绥远城七百二十里。内蒙古驿凡五道：曰喜峰口，古北口，独石口，张家口，杀虎口。自喜峰口至札赉特为一路，计千六百余里，设十六驿。自古北口至乌珠穆沁为一路，计九百余里，设九驿。自独石口至浩齐特为一路，计六百余里，设六驿。自张家口至四子部落为一路，计五百余里，设五驿。自杀虎口至乌喇特为一路，计九百余里，设九驿。自归化城至鄂尔多斯计八百余里，设八驿，仍为杀虎口一路。各驿站均设水泉佳胜处。以上自为一盟于伊克昭，与上五盟同列内札萨克。（第 296 册，卷 77《志五十二·地理二十四》，第 127 页）

◎文武官印信关防条记

巡视五城御史、管理古北口驿务，管理独石口驿务铜关防，长二寸八分，阔一寸九分。（第 296 册，卷 104《志七十九·舆服三》，第 306 页）

◎宣化镇总兵统辖镇标三营，兼辖独石口、多伦诺尔二协，蔚州等营。镇标中营、左营、右营，独石口协左营、右营，镇安营，龙门所营，云州堡，马云堡①，镇宁堡，松树堡，滴水堡②，赤城堡，君子堡，靖安堡，多伦诺尔协中营、左营、右营，蔚州营，东城营，宣化城守营，怀来营，怀来城守营，岔道营，龙门路营，怀安营，左卫营，柴沟营，西阳河堡营，张家口营，万全营，膳房堡营，新河口堡营，洗马林堡营。（第 296 册，卷 131《志一百六·兵二》，第 548 页）

---

① 光绪《会典事例》卷 590 作"马营堡"。
② 光绪《会典事例》卷 590 作"滴水崖堡"。

別集類

1.《道园学古录》

【题解】　　《道园学古录》50 卷，元虞集撰。虞集（1272 ~ 1348 年），字伯生，号道园，又号邵庵。抚州崇仁（今属江西）人。南宋丞相虞允文五世孙。早年以契家子身份师从吴澄。历任大都路儒学教授、国子助教、国子博士、太常博士、集贤修撰、国子司业、秘书少监、翰林直学士兼经筵、国子祭酒等职。至顺元年诏修《经世大典》，集为总裁官。书成，以目疾请求解职归里，未许。元文宗崩，称病辞还临川。晚年几近失明。元顺帝至正八年五月病故于家，谥文靖，追封仁寿郡公。虞集诗文讲究文辞，以博洽精微为特色。其文风上承南北两宋。论者曾把虞集对元代文坛的影响，比之欧阳修于宋代文坛。还执笔撰写了大量朝廷典册、公卿碑铭等，还以奖掖后进，倡导古学，影响一代文风。与杨载、范梈、揭傒斯并称"元诗四大家"。一生著述繁富，《道园学古录》50 卷、《道园类稿》50 卷、《道园遗稿》50 卷、《翰林珠玉》6 卷、《虞伯生诗续编》3 卷等多部专集，今均有传本。

　　本辑据《道园学古录》（《四部丛刊》本，上海涵芬楼景印明景泰七年郑达、黄江翻元刻本）标点，以《道园类稿》（新文丰出版《元人文集珍本丛刊》影印本）参校，辑录有关赤城的诗，这些诗当为虞集扈从元帝两都（大都、上都）巡幸途中所作。标题后所标页码为古籍中缝处所标页码。

三十過從今六旬故人唯我兩吟身心華作賦相為壽豈復

升堂五拜親送別轉令嗟影徊思歸從此上心頻南湖春□還

鷗波綠定艤秉槎往問津

次韻吳成李宗師赤城阻雨

人間伏日當番休道上馬車如水流神仙不愁風雨夕父老

巳知禾黍秋誰憐司馬父多病惟有杜康能解憂北渡之鵙

六月息我八極歌遠遊

次韻伯庸尚書春遊七祖真人庵兼簡吳宗師

賞心不作二春過高興都為百事牽頗解蘭舟溪水泛思攜

藜杖野雲穿真人館在無塵界太尉詩如絕行仙花下共海

仍獨徑不辭泥醉晚朝天

石渠承雨作流泉中有參差荇花近飛鸊鵜駛柳低

步障燕隨穿紅醒朝路常柒吏清書齋居幾劫仙但乞會稽

虞集《道园学古录》书影

◎李老谷（第1册，卷1，第5页，五言古诗）

十转山崦①交，九度沙碛溜。始辞平漠旷，稍接山木秀。老病畏行役②，慰藉③得良靓。秋岭晚更妍，寒花④昼如绣。故园夫如何，朝阳眩霜柚。

◎赤城馆（第1册，卷1，第6页，五言古诗）

雷起龙门山⑤，雨洒赤城观。萧骚⑥山木高，浩荡尘路⑦断。鱼龙喜新波，燕雀集虚幔⑧。开户⑨微风兴，倚杖⑩众云散。

◎题滦阳胡氏雪溪卷（第1册，卷2，第5~6页，七言古诗）

去年，予与侍御史马公同被召。出居庸，未尽，东折入马家瓮，望缙山，度龙门百折之水，登色泽岭，过黑谷，至于沙岭乃还。道中奇峰秀石，杂以嘉木香草，辇道行其中，予二人按辔徐行，相谓颇似越中，但非扁舟耳。适雨过，流潦如奔泉，则亦不甚相远。郭熙《画记》言：画山水，数百里间必有精神聚处乃足记，散地不足书。此曲折有可观，恨不令郭生见之。滦阳胡太祝乃以"雪溪"自

---

① 山崦，山坳；山曲。唐许浑《岁暮自广江至新兴往复中题峡山寺》诗之一："树随山崦合，泉到石棱分。"崦音yān。

② 行役，旧指因服兵役、劳役或公务而出外跋涉。泛称行旅，出行。《周礼·地官·州长》："若国作民而师田行役之事，则帅而致之。"贾公彦疏："行谓巡狩，役谓役作。"

③ 慰藉，抚慰；安慰。

④ 寒花，亦作"寒华"。寒冷时节开放的花。多指菊花。

⑤ 龙门山，位于今赤城县云州村北，今名舍身崖。清顾祖禹《读史方舆纪要》："龙门山，堡东北五里。两山石壁对峙，高数百尺，望之若门，塞外诸水，皆出于此。亦曰龙门峡。《辽志》：龙门县有龙门山，徼外诸河及沙漠潦水，皆经其下。雨则俄顷水逾十仞，晴则清浅可涉，塞北控扼之冲也。"

⑥ 萧骚，形容风吹树木的声音。

⑦ 尘路，布满尘土的道路。亦以喻尘俗。

⑧ 虚幔，薄而透光的帘幕。

⑨ 开户，开门。

⑩ 倚杖，依赖。

号，岂所见与予二人同乎？然<u>滦水</u>未秋冰已坚，寻常已不可舟，况雪时耶？当具溪意云尔。因为赋诗云：

积雪平沙阴山道，射虎残年不知老。岂识船如天上坐，翠竹为帷树为葆。昔乞镜湖苦不早，白发如丝照清潦。它年此地若相逢，应著渔蓑脱貂帽。

◎雪谷早行①（第1册，卷2，第8页，五言律诗）

积雪拥柴门②，行人稍出村。溪头或遇虎，木末③不闻猿。接栈回山阁，支桥就树根。驱车上重坂④，回首见朝暾⑤。

◎次韵吴成季宗师赤城阻雨⑥（第2册，卷3，第7页，七言律诗）

人间伏日当蚤休⑦，道上马车如水流。神仙⑧不愁风雨夕，父老已知禾黍秋。谁怜司马⑨久多病，惟有<u>杜康</u>⑩能解忧。北溟⑪之鹍六

---

① 诗题，《道园类稿》卷5作"重过李老谷"。

② 柴门，代指贫寒之家；陋室。

③ 木末，树梢。

④ 坂，音 bǎn，山坡，斜坡。

⑤ 朝暾，初升的太阳。亦指早晨的阳光。暾音 tūn，刚升起的太阳。

⑥ 次韵，依次用所和诗中的韵作诗。也称步韵。世传次韵始于白居易、元稹，称"元和体"。吴成季宗师，指吴全节（1239～1321年），字成季，饶州安仁（今属江西）人。年十三学道于龙虎山。至元二十四年（1287年）从张留孙见忽必烈。三十一年为元成宗召见，敕每年侍从巡行各地。大德十一年，为玄教嗣师。诗题，《道园类稿》（卷6）作"赤城阻雨"。

⑦ 伏日，三伏的总称，一年中最热的时候。古代亦指三伏中祭祀的一天。《汉书·东方朔传》："伏日，诏赐从官肉。"颜师古注："三伏之日也。"蚤，古同"早"。

⑧ 神仙：神话传说中指一些具有特殊能力、并且可以长生不老的人；道家指修炼得道而获神通的人。

⑨ 司马：指的是官职，诗中是作者虞集自指。

⑩ 杜康：特指酒祖杜康始酿之秫酒。

⑪ 北冥，亦作"北溟"。古人意识中北方最远的大海。《庄子·逍遥游》："北冥有鱼，其名为鲲，鲲之大不知其几千里也。"陆德明释文："北冥，本亦作'溟'，北海也。"

月息，载我八极①歌远游。

◎云州道中数闻异香（第 2 册，卷 3，第 8 页，七言律诗）

云中楼阁翠岩峣②，载道③飞香远见招。非有芝兰④从地出，略无烟雾只风飘。玉皇案侧当霄立，王母池边向日朝。却袖余薰⑤散人世，九天⑥清露⑦海尘飘。

◎浮丘公⑧吟寄赤城陈道士入山有遇为溪山寿（第 2 册，卷 27，第 5 页，五言古诗）

浮丘生上古⑨，形神盖不泯⑩。说诗秦汉间，安知非斯人。世俗苦浅迫，无能信真淳⑪。雨云不待族，飞光越窗尘。岂知有道者，千岁⑫一息匀。金精⑬历可链，色重无磨磷。苍苍紫玄峰，咫尺天北辰⑭。神明寂已定，尊高此依因。握机禀元化⑮，同流溥无垠。所以

---

①　八极，八方极远之地。《淮南子·原道训》："夫道者，覆天载地，廓四方，柝八极，高不可际，深不可测。"高诱注："八极，八方之极也，言其远。"

②　岩峣，音 tiáo yáo。高峻；高耸。岩，高峻的样子。峣，高的样子。

③　载道，满路。

④　芝兰，芷和兰。皆香草。芝，通"芷"。

⑤　余薰，犹余香。薰，同"熏"。

⑥　九天，谓天空最高处。《孙子·形篇》："善攻者，动于九天之上。"梅尧臣注："九天，言高不可测。"

⑦　清露，洁净的露水。

⑧　浮丘公，古代传说中的仙人。《文选·谢灵运〈登临海峤与从弟惠连〉诗》："傥遇浮丘公，长绝子徽音。"李善注引《列仙传》："王子晋好吹笙，道人浮丘公接以上嵩山。"

⑨　上古，较早的古代。我国史学界在中国历史分期上，多称商、周、秦、汉时代为上古。有时亦兼指史前时代。

⑩　不泯，不灭。

⑪　真淳，真率淳朴。

⑫　千岁，千年，年代久远。

⑬　金精，指太白星。

⑭　北辰，指北极星。《论语·为政》："子曰：'为政以德，譬如北辰，居其所而众星共之。'"《尔雅·释天》："北极谓之北辰。"

⑮　元化，造化；天地。

赤城子，从师践荆榛①。三周日却中，志确神乃亲。庐间玉雪相，旭阳射光新。稽首②受余啜，骨换非昔民。不远恒在兹，眷然愿知津③。先生旦有闻，为恭若逡巡④。贱子⑤请执御⑥，端輗⑦驾飞麟。

◎缙山⑧张君荣字仲华，来丞抚之崇仁，历两政⑨六年，心平气顺，上下相安如一日。虽有远役重劳，亦无阙事⑩，甚可称也。予之闲居，相爱如故旧。每怀扈从东道往来缙山道中，见其风土之胜，民俗之美，未尝不谈道以为乐。于其受代⑪调官京师，因记之以诗，而与之别。明年进秩，南来观旧治，父老儿童相迎于东门之外，又当歌此，以为一笑之欢也。⑫（第8册，卷29，第10～11页，七言律诗）

昔从时巡⑬出缙山，翠畦绿树画图间。驱车百折龙门险，载笔⑭千峰虎帐⑮闲。麦粉劝尝银镂熟，粱炊持献玉浆还。道傍父老应常

---

① 荆榛，亦作"荆蓁"。泛指丛生灌木，多用以形容荒芜情景。

② 稽首，古时一种跪拜礼，叩头至地，是九拜中最恭敬者。

③ 知津，认识渡口。犹言识途。

④ 逡巡，却行，恭顺貌。

⑤ 贱子，谦称自己。

⑥ 执御，驾车。

⑦ 輗，音 ní。古代大车车辕前端与车衡相衔接的部分。

⑧ 缙山，古地名，今北京市延庆县。唐末改妫川县置缙山县，为儒州治。治所即今北京市延庆县。金属德兴府。元至元三年（1266年）废。五年复置，属奉圣州。延祐三年（1316年）升为龙庆州。

⑨ 两政，宠臣擅朝政，权力不统一。清王引之《经义述闻·春秋左传上》："两政者，宠臣之权与正卿相敌也。"

⑩ 阙事，失事，误事。

⑪ 受代，旧时谓官吏任满由新官代替为受代。

⑫ 诗题，《道园类稿》（卷7）作"送张仲华县丞调官京师"。

⑬ 时巡，指帝王按时巡狩。

⑭ 载笔，携带文具以记录王事。《礼记·曲礼上》："史载笔，士载言。"郑玄注："笔，谓书具之属。"孔颖达疏："史，谓国史，书录王事者。王若举动，史必书之；王若行往，则史载书具而从之也。"

⑮ 虎帐，旧时指将军的营帐。

好，为说乡风一破颜。

马公同涉龙门道，叹似山阴及<u>武夷</u>。尽有千崖如罨画①，但无一棹②弄清漪③。知君久有乡关④梦，老我能无木石思。抱瓮⑤青粱供玉食⑥，馈浆道左野人⑦谁。

太平县道喜年丰，每出城南访野翁⑧。粗有轩窗⑨闲草木，谩留车马翳蒿蓬。心宽易醉毋多酌，事简无私亦屡空。好得公田多稼地，长年歌咏圣恩中。

◎<u>白云观记</u>（第 12 册，卷 46，第 9～10 页）

<u>云州</u>之西，有山曰<u>金阁</u>，洞明<u>祁真人</u>⑩择胜修真⑪得地于山之谷中，谷口在州南十余里官道傍，宛转深入，乃得至其处。<u>真人</u>之道，其宗曰全真，道行孚⑫于州里，远迩⑬向从。

---

① 罨画，色彩鲜明的绘画。罨音 yǎn。

② 一棹，一桨。借指一舟。

③ 清漪，《诗·魏风·伐檀》："河水清且涟猗。"后以"清漪"谓水清澈而有波纹。

④ 乡关，犹故乡。

⑤ 抱瓮，抱瓮灌园亦省作"抱瓮"。传说孔子的学生子贡，在游楚返晋过汉阴时，见一位老人一次又一次地抱着瓮去浇菜，"搰搰然用力甚多而见功寡"，就建议他用机械汲水。老人不愿意，并且说：这样做，为人就会有机心，"吾非不知，羞而不为也。"见《庄子·天地》。后以"抱瓮灌园"喻安于拙陋的淳朴生活。

⑥ 玉食，美食。《书·洪范》："惟辟作福，惟辟作威，惟辟玉食。"孔传："言惟君得专威福，为美食。"孙星衍疏："玉食，犹言好食。"

⑦ 道左，道路旁边。野人，上古谓居国城之郊野的人。与"国人"相对。泛指村野之人；农夫。

⑧ 野翁，犹野老（村野老人）。唐白居易《偶吟》："人生变改故无穷，昔是朝官今野翁。"

⑨ 轩窗，窗户。唐孟浩然《同王九题就师山房》诗："轩窗避炎暑，翰墨动新文。"

⑩ 真人，道家称存养本性或修真得道的人。亦泛称"成仙"之人。

⑪ 修真，道教谓学道修行为修真。

⑫ 孚，为人所信服。

⑬ 远迩，犹远近。《书·盘庚上》："乃不畏戎毒于远迩。"孔传："不畏大毒于远近。"

至元六年①，故丞相忠宪王安图过云州，问州之父老曰："此有高道之士乎？"众以真人对，丞相屏骑从②见之，问以修身治世之事，丞相感焉，故其相世祖皇帝，以清静忠厚为主，既而罢相，退然若无与于世者，人以为由真人之说云尔。后复召拜丞相，丞相固辞命益笃，将不敢怫上意，往决于真人。真人曰："昔与子同为相者何人，今同列何人？"丞相悟，见上辞曰："昔为相，年尚少，幸不失陛下事者，丞佐皆臣师友。今事臣者，循进与臣俱，臣为政能加于前乎？"上曰："谁为卿为是？"言丞相曰："祁真人。"上叹异之。故丞相亦不久在相位，而真人由丞相得封号矣。

既得封，当居京师。时大都新城成，真人买地以筑屋，在今宜民坊白云楼之南，才六亩耳。其后沈某主之，始作正殿，方丈买地二十亩，半以种蔬，其后惠某嗣居之，塑老君与其门人四子象于殿中，作东云堂以待学者，继惠而居者韩德灵。泰定元年③，真人苗公被召，遇兹庵，乃改称观。韩又彩饰象，设大作供器钟磬之属。三年，奉敕作钵堂，钵堂者其徒列坐于堂，堂中设盎，满注水有盂焉，盂大容数升，窍其底作蚁漏，始坐时置盂水中，上水满盂乃得起，盖几弥日矣。

全真之教，群居以修其道者，如此施财者，某人为钱总若干缗今。夫道宫之盛，在京师者，以国家之力，为之宏丽者，甚众。而白云之观萧然数亩之宫，成于攻苦食淡者之手，与财者多信善之家，是以可久而足记也。

泰定元年五月，予驿过云州，道中闻异香，数十里不绝，心甚异之，而莫知其说。后四年之过也，适与玄教夏真人偕，偶及之，夏真人曰："祁真人居此山，素有道术，或者其有没而不亡者耶。"

① 至元六年，1269年。
② 骑从，骑马跟从。
③ 泰定元年，1324年。

六月，自上都还，舍驿骑步入谷，观祁真人隐处，风雨之声，与山木涧泉并作，凛①不可久留，遂去之。天历二年六月②，被召上都，又过之，为僚吏从者言昔事，言未既，香大至，数十人共闻，咸用嗟叹。欲书其事于金阁，未可，并识诸此，使观者知洞明之所以能神灵者，其论道盖有足传者云。

① 凛，严肃；庄严。
② 天历二年，1329 年。

2.《贡文靖公云林诗集》

【题解】　《贡文靖公云林诗集》10 卷，贡奎撰。贡奎（1269~1329 年），字仲章，号云林。宣城（今属安徽）人。十岁能属文，及冠博贯群史。大德六年（1302 年）谒选赴京师，授太常奉礼郎。九年十一月除翰林国史院编修官。至大元年（1308 年）转翰林应奉。延祐元年（1314 年）授江西等处儒学提举，曾在公署屏风上大书"读书之中日有其益，饮水之外他无所求"。延祐五年迁翰林待制，至治元年（1321 年）辞归故里，奉养老母。至治三年复出，主持江浙贡举。泰定四年（1327 年）拜集贤直学士。天历二年（1329 年），以疾归卧于家，卒，谥文靖，追封广陵郡侯。贡氏是宣城世家大族，其子贡师泰、侄贡师道等，均有文名。贡奎所作曾结为《云林小稿》《听雪齐纪》《青山谩吟》《倦游集》《豫章稿》《上元新录》《南州纪行》等，共 120 卷。明永乐年间征入秘府，家无副本，均失传。只有诗集《云林小稿》在明弘治年间由贡氏后裔重编为《云林集》10 卷，刊行于世，清乾隆时收入《四库全书》。

本辑据《贡文靖公云林诗集》（书目文献出版社《北京图书馆古籍珍本丛刊》第 96 册《集部·别集类》）标点、辑录有关赤城的诗，这些诗为贡奎扈从元帝两都（大都、上都）巡幸途中所作。

◎雕窝（卷 3，第 38 页，七言古风）

雕窝道间少井泉，得泉一勺宁论钱。黄尘万斛①推不去，安得冰雪置我前。夜闻官夫哀欲泣，驱车饮马行方急。西峰月下辘轳鸣，

---

　　①　万斛，极言容量之多。古代以十斗为一斛，南宋末年改为五斗。

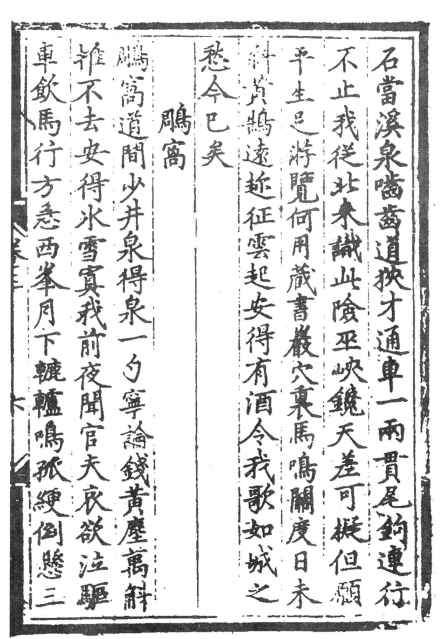

石當溪泉嚙齒道狹才通車一兩貫尾鉤連行
不止我從北未識此險巫峽鏡天差可概但願
平生足游覽何用藏書巖穴裹馬鳴關度日未
料資鶀遠迹征雲起安得有酒令我歌如城之
愁今巳矣

鶀窩

鶀窩道間少井泉得泉一夕寧論錢黃塵萬斛
誰不去安得冰雪實我前夜聞官夫衣欲泣驅
車欽馬行方悉西峯月下轆轤鳴孤綆倒懸三

三八

贡奎《贡文靖公云林诗集》书影

孤绠①倒悬三百尺。君不见，古来法，八家一井②为乡田③。耕田凿井八家乐，祇今④此俗何由传。

◎枪竿岭（卷4，第57页，五言律诗）

薄宦⑤辞家远，经秋未得归。直随山北去，却背雁南飞。川净白云起，郊平红树微。忆曾留宿处，立马⑥认还非。

◎枪竿岭（卷6，第69页，七言绝句）

百折回冈⑦势欲迷，举头山市⑧与云齐。经行⑨绝似江南路，落日青林杜宇啼。

---

① 绠，音 gěng。汲水用的绳子。

② 一井，古代井田制的一种单位。以九百亩为一井。《韩诗外传》卷四："古者八家而井田，方里为一井。广三百步长三百步为一里，其田九百亩。"

③ 乡田，古谓共井田的各家。

④ 祇今，祇音 zhī，同"祇"。如今。祇音 zhǐ，只是祇的简化字。

⑤ 薄宦，卑微的官职。有时用为谦辞。晋陶潜《尚长禽庆赞》："尚子昔薄宦，妻孥共早晚。"逯钦立注："薄宦，作下吏。"

⑥ 立马，驻马。唐朱庆余《过旧宅》诗："荣华事歇皆如此，立马踟蹰到日斜。"

⑦ 回冈，曲折的山冈。

⑧ 山市，山中蜃景。元赵显宏《昼夜乐·春》曲："游赏园林酒半酣，停骖；停骖看山市晴岚。"

⑨ 经行，行程中经过。宋张炎《月下笛》词："寒窗梦里，犹记经行旧时路。"

3.《玩斋集》

【题解】　《玩斋集》10 卷，元贡师泰撰。贡师泰（1298～1362 年），字泰甫，宣城（今属安徽）人，贡奎之子。贡师泰少承家学，受业于吴澄。早年为国子学诸生，泰定四年进士，授太和州判官，改歙县丞，朝臣荐为应奉翰林文字，擢绍兴路总管府推官，以治狱廉明见称，吏治行为诸郡第一。秩满，入朝为翰林应奉，累迁翰林待制，国子司业，擢礼部郎中，拜监察御史，除吏部侍郎，授户部尚书。自元世祖朝以后，省台之职不用南人，南人复居省台，始于贡师泰。至正二十二年，召为秘书卿，行至海宁，得疾卒。贡师泰以诗文知名，最后的十年间成为维系元朝国运的支柱之一。曾与虞集、揭傒斯、袁桷、马祖常、吴澄并称元代六大文章家（沈性《玩斋集》序）。所作曾数次结集，后由门人谢萧等类编为一部，题名《玩斋集》。

本辑据《玩斋集》（世界书局印行《景印摛藻堂四库全书荟要》影印本，总第 407 册集部第 60 册别集类）进行标点、辑录有关赤城的诗，这些诗当为贡师泰扈从元帝两都（大都、上都）巡幸途中所作。

◎次赤城驿（卷 2，第 278 页，七言古诗）

老夫辞家今一月，马上行行过冬节。山空野旷风栗烈①，木皮三尺吹欲裂。貂帽狐裘冷如铁，痴云②作雪还未雪。自是天公念弩劣③，

---

① 栗烈，凛冽。形容严寒。《诗·豳风·七月》："一之日觱发，二之日栗烈，无衣无褐，何以卒岁？"朱熹集传："觱发，风寒也；栗烈，气寒也。"
② 痴云，停滞不动的云。语本唐李商隐《房中曲》："娇郎痴若云，抱日西帘晓。"
③ 弩劣，低劣的才能。

居庸關觀新寺

渡水復渡水上山重上山黄金鑄菩薩白玉凍潺湲數
騎朝還驛千夫夜守關帝城行欲近喜色動衰顔

將干嶺

絕頂低高斗重關壯北門隴雲浮地白谷水帶泥渾宇
宙神功大山河帝業尊小臣叨載筆華髮感深恩

赤城

山近雲連驛沙虛雪擁村瓠壺縣穀種土銼爨柴根凍

贡师泰《玩斋集》书影

上高下高随小骥①。裹毶哦诗亦清绝，人生何苦事羁绁②。候吏来迎稍罗列，入门登堂火微爇③，须臾④冻解通身热。

◎将干岭⑤（卷3，第285页，五言律诗）

绝顶低高斗⑥，重关壮北门。陇云浮地白，谷水带泥浑。宇宙神功大，山河帝业尊。小臣叨载笔⑦，华发⑧感深恩。

◎赤城（卷3，第285～286页，五言律诗）

山近云连驿，沙虚雪拥村。瓠壶⑨县谷种，土铫⑩爨⑪柴根。冻雀⑫来依幔，晨鸡立傍门。客中甘澹泊，不必问盘飧⑬。

◎雕窝驿（卷3，第288页，五言律诗）

雕鹗入云去，空岩遗旧窝。冷烟迎日少，晴雪背阴多。扰扰群乌集，萧萧数骑过。此时孤馆客，归思竟何如。

---

① 骥，音 tiě。赤黑色的马。元虞集《金人出塞图》诗："阏支出迎骑小骥，琵琶两姬红颧颊。"

② 羁绁，马络头和马缰绳。亦泛指驭马或缚系禽兽的绳索。《左传·僖公二十四年》："臣负羁绁从君巡于天下。"杜预注："羁，马羁；绁，马缰。"陆德明释文："羁，马络头也；绁，系。"绁音 xiè，绳索，系牲口的缰绳。系，拴。

③ 爇，音 ruò，烧。

④ 须臾，片刻，短时间。

⑤ 将干岭，今名长安岭，又名枪竿岭。

⑥ 高斗，指北斗星。唐高适《信安王幕府诗》："夜壁冲高斗，寒空驻彩旃。"

⑦ 叨，谦辞。忝。表示非分的承受。载笔，携带文具以记录王事。

⑧ 华发，花白头发。指年老；老年人。《后汉书·文苑传下·边让》："伏维幕府初开，博选清英，华发旧德，并为元龟。"李贤注："华发，白首也。"

⑨ 瓠壶，一种盛液体的大腹容器。

⑩ 土铫，炊具，犹今之砂锅。

⑪ 爨，音 cuàn，烧火做饭。

⑫ 冻雀，寒天受冻的鸟雀。元陈孚《居庸关》诗："欲叩往事云漠漠，平沙风起鸣冻雀。"

⑬ 飧，音 sūn。晚饭，亦泛指熟食，饭食。

◎洪栈驿（卷3，第288页，五言律诗）

万壑从东下，群峰向北围。牛车絙①水去，驴驮负薪②归。隙日③斜窥户，尖风④直透衣。羁怀⑤正无赖⑥，一鹗向南飞。

◎将干岭（卷4，第296页，七言律诗）

病体朝来正苦寒，驿程又报度将干。出门莫怪山溪险，到岭不知天地宽。鹤背⑦旋风欺客帽，马头飞雪点征鞍⑧。此中自是神仙境，何用吹笙驾玉鸾⑨。

---

① 絙，音 huán，缓。《说文·系部》："絙，缓也。"段玉裁注："缓当作绶，《玉篇》'絙'下曰：'絙，绶也。'此亦绶之类也。"又音 gēng，同"縆"。《集韵·登韵》："絙，《说文》：'大索也。一曰急也。'或省。"

② 负薪，背负柴草。谓从事樵采之事。指贫困的生活处境。

③ 隙日，过隙的阳光。喻易逝的时光。

④ 尖风，刺人的寒风。

⑤ 羁怀，亦作"羇怀"。寄旅的情怀。

⑥ 无赖，无所倚靠；无可奈何。

⑦ 鹤背，鹤的脊背。传说为修道成仙者骑坐处。

⑧ 征鞍，犹征马。指旅行者所乘的马。

⑨ 玉鸾，玉銮。车铃的美称。《楚辞·离骚》："扬云霓之晻蔼兮，鸣玉鸾之啾啾。"朱熹集注："鸾，铃之着于衡者。"

4.《金台集》

【题解】　《金台集》2 卷，元迺贤撰。迺贤（1309～1368 年），字易之，号河朔外史、紫云山人，又名纳新，西域葛逻禄人，入中原家族先居住南阳（今属河南），后迁居庆元（浙江宁波）。汉姓马，一名马易之，或以族属相称，叫葛逻禄易之、合鲁易之，简称葛易之。早年受教于乡贤郑觉民（字以道），后至元年间北上大都，后至元六年回到庆元。至正五年，重赴大都访学，十年后再次回到家乡，已是战乱频仍。至正二十二年，朝廷任命迺贤为翰林学士。二十八年，明北伐军逼近大都，迺贤出参枢密院同知桑哥实里军，驻东蓟州。在军中得到翰林著作的任命，已病在垂危。生前诗名甚著，五言短篇，流丽而妥适，七言长句，宽畅而条达，近体五七言，精缜而华润；又善以长篇述时事，故亦有"诗史"之称。著述有《金台集》《海云清啸集》《铙歌集》等诗集，仅《金台集》2 卷流传至今。

本辑据《金台集》（世界书局印行《景印摛藻堂四库全书荟要》影印本，总第 407 册集部第 60 册别集类）进行标点、辑录有关赤城的诗，这些诗均为迺贤扈从元帝两都（大都、上都）巡幸途中所作。

◎上京纪行（卷 2）

○枪竿岭_{山腰长城遗迹尚存。}（第 26 页）

饮马长城下，水寒风萧萧。游子①在绝漠，仰望浮云飘。前登枪

---

①　游子，离家远游的人。

褐薄悒悒愁前途雞鳴山窓曙去矣毋躊躇

槍竿嶺　山腰長城遺跡尚存

飲馬長城下水寒風蕭蕭遊子在絕漠仰望浮雲飄前

登槍竿嶺岡岑鬱呂嶢崩崖斷車轍曾梯入雲霄幽龕

構絕壁微徑紆山椒人行在木末日落聞鳴蜩履險刀

疲苶憑高思飄飄何當脫羈鞅歸種南山苗

李老谷　谷中多杜鵑

高秋遠行邁入谷雲氣暝稍稍微雨來漸怯衣裳冷縈

金臺集

三一

迺賢《金台集》书影

竿岭，冈岑①郁岩嶤。崩崖断车辙，曾梯入云霄。幽龛构绝壁，微径②纤山椒③。人行在木末，日落闻鸣蜩。履险力疲薾④，凭高思飘飘⑤。何当脱羁鞅⑥，归种南山苗。

〇李老谷谷中多杜鹃。（第26页）

高秋远行迈，入谷云气暝。稍稍微雨来，渐怯衣裳冷。萦纡⑦青崦⑧窄，杳窱⑨烟林回。峰回稍开豁，夕阳散微影。霜叶落清涧，寒花媚秋岭。途穷⑩见土屋，人烟杂虚井。平生爱山癖⑪，憩⑫此惬幽静。月落闻子规⑬，怀归⑭心耿耿⑮。

〇赤城金阁山在赤城，西郊洞明真人修炼之所。山中盛产青李、来禽⑯诸果。（第26页）

休驾⑰赤城馆，凭轩望前山。飞雨西北来，乱洒石壁间。风寒树

---

① 冈岑，山峦。

② 微径，小路。

③ 山椒，山顶。《文选·谢庄〈月赋〉》："洞庭始波，木叶微脱；菊散芳于山椒，雁流哀于江濑。"李善注："山椒，山顶也。"

④ 疲薾，亦作"疲苶"。困惫。薾音ěr，疲困的样子。苶音nié，疲倦，精神不振。

⑤ 飘飘，形容驰思高远。

⑥ 羁鞅，亦作"羁鞅"。羁，马络头。鞅，牛缰绳。泛指驾驭牲口的用具。喻束缚。

⑦ 萦纡，盘旋环绕。

⑧ 青崦，山崦，山曲。

⑨ 杳窱，幽深貌。窱音tiǎo。

⑩ 途穷，喻走投无路或处境困窘。

⑪ 山癖，爱山的癖好。

⑫ 憩，音qì。古同"憩"，休息。又音kài，荒废。

⑬ 子规，杜鹃鸟的别名。传说为蜀帝杜宇的魂魄所化。常夜鸣，声音凄切，故藉以抒悲苦哀怨之情。《埤雅·释鸟》："杜鹃，一名子规。"

⑭ 怀归，思归故里。

⑮ 耿耿，烦躁不安，心事重重。《楚辞·远游》："夜耿耿而不寐兮，魂茕茕而至曙。"洪兴祖补注："耿耿，不安也。"

⑯ 来禽，果名。即沙果。也称花红、林檎、文林果。或谓此果味甘，果林能招众禽，故名。

⑰ 休驾，谓使车马停歇。

摄摄①，水落沙斑斑。牛羊尽归栅，微镫②掩松关③。野老颇留客，及此农事闲。顷筐④出山果，浊酒聊慰颜。移尊对金阁，灵宫⑤郁屠顽。安得吹箫人，乘鸾月中还。

〇龙门元统间，知枢密院事都喇特穆尔过峡中，见二羊斗山椒。顷刻大雨水溢，姬妾、辎重皆为漂溺。（第26页）

峥嵘⑥龙门峡，旷古⑦称险绝。疏凿非禹功⑧，开辟自天设。联冈疑路断，峭壁忽中裂。云蒸雨气暝，石触水声咽。羸骖⑨涉沟涧，执辔⑩屡愁蹶。忆昔两羝⑪羊，忿斗蛟龙穴。暴雨忽倾注，淫潦⑫怒奔决。人马多漂流，车轴尽摧折。我行愁阴霾⑬，惨惨⑭情不悦。日落樵唱⑮来，三叹肠内热。

〇独石国朝诸后、太子陵，皆在独石北毡帽山。（第26页）

---

① 摄摄，音shè。象声词。《文选·卢谌＜时兴＞诗》："摄摄芳草零，蕊蕊芬华落。"吕延济注："摄摄，叶落声也。"

② 镫，油灯。也作"燈"。《正字通·金部》："镫，亦作燈，俗作灯。"

③ 松关，犹柴门（贫寒之家；陋室）。

④ 顷筐，亦作"顷匡"。斜口的竹筐。

⑤ 灵宫，用以供奉神灵的宫阙楼观。

⑥ 峥嵘，高峻貌。《文选·孙绰＜游天台山赋＞》："披荒榛之蒙茏，陟峭崿之峥嵘。"李善注引《字林》："峥嵘，山高貌。"

⑦ 旷古，远古；往昔。

⑧ 禹功，指夏禹治水的功绩。

⑨ 羸骖，瘦弱的马。

⑩ 执辔，谓手持马缰驾车。

⑪ 羝，音dī。公羊。

⑫ 淫潦，久雨积水为灾。

⑬ 阴霾，比喻人的心灵上的阴影和不快的气氛。

⑭ 惨惨，忧闷；忧愁。《诗·小雅·正月》："忧心惨惨，念国之为虐。"郑玄笺："惨惨，犹戚戚也。"

⑮ 樵唱，犹樵歌（樵夫唱的歌）。

停骖①眺青林②，独石当广路。峨峨③龙君祠，殿屋阴朝雾。前山过微雨，暝色④起高树。溪湾夕溜清，岩窦寒云⑤聚。东园有陵寝，龙虎⑥蔚盘据。行人下马过，敛衽⑦夙惊愳⑧。凉风吹华发，感激岁年莫。怅望⑨南天云，徘徊不能去。

〇行路难⑩至正己丑⑪夏，右相多尔济公拜国王，就国辽东，是日左相贺公亦左迁，因感而作。（第 28 页）

行路难，难行路，黄榆萧萧⑫白杨莫。枪竿岭上积雪高，龙门峡里秋涛怒。嵯峨虎豹当大关，苍崖壁立登天难。千车朝从赤日发，万马夜向西风还。鉴湖酒船⑬苦不畣，辽东白鹤归华表⑭。夜雨空阶

---

① 停骖，停马不前。唐李白《北上行》："叹此北上苦，停骖为之伤。"

② 青林，①寺庙的别称。②清静的山林。青，通"清"。《文选·潘岳＜射雉赋＞》："涉青林以游览兮，乐羽族之群飞。"李善注引薛君《韩诗章句》："青，静也。"刘良注："清林，清静之林。"

③ 峨峨，①高貌。《文选·＜楚辞·招魂＞》："增冰峨峨，飞雪千里些。"吕向注："峨峨，高貌。"②盛壮，盛美。《诗·大雅·棫朴》："济济辟王，左右奉璋。奉璋峨峨，髦士攸宜。"毛传："峨峨，盛壮也。"

④ 暝色，暮色；夜色。

⑤ 岩窦，即岩穴。寒云，寒天的云。晋陶潜《岁暮和张常侍》诗："向夕长风起，寒云没西山。"

⑥ 龙虎，堪舆家语。指墓左右两边的土堆。左为青龙，右为白虎。

⑦ 敛衽，整饬衣襟，表示恭敬。

⑧ 惊愳，惊慌害怕。愳，音 jù。同"懼"。《说文·心部》："懼，恐也。愳，古文。"《集韵·遇韵》："懼，古作愳。"惧是"懼"的简化字。

⑨ 怅望，惆怅地看望或想望。

⑩ 行路难，乐府杂曲歌辞名。内容多写世路艰难和离情别意。原为民间歌谣，后经文人拟作，采入乐府。

⑪ 至正己丑，至正九年，1349 年。

⑫ 萧萧，象声词。常形容马叫声、风雨声、流水声、草木摇落声、乐器声等。这时当指草木摇落声。

⑬ 鉴湖，湖名。即镜湖。又称长湖、庆湖。在浙江绍兴城西南二公里。为绍兴名胜之一。酒船，供客人饮酒游乐的船。

⑭ 辽东白鹤，指辽东丁令威得仙化鹤归里事。晋陶潜《搜神后记》卷一："丁令威，本辽东人，学道于灵虚山。后化鹤归辽，集城门华表柱。时有少年，举弓欲射之。鹤乃飞，徘徊空中而言曰：'有鸟有鸟丁令威，去家千年今始归。城郭如故人民非，何不学仙冢垒垒。'遂高上冲天。"南唐陈陶《钱塘对酒曲》："炎荒翡翠九门去，辽东白鹤无归期。"

碧草深，落花满院行人少。世情翻覆如秋云，誓天歃血①徒纷纷。洛阳争迎苏季子②，淮阴谁识韩将军③。行路难，难行路，白头总被功名误。南楼昨夜歌舞人，丹旌④晓出东门去。子午谷，终南山⑤，青松草屋相对闲。拂衣高歌上绝顶，请看人间行路难。

○归途过金阁山怀虞侍讲⑥（第28～29页）

羸骖八月过云州，殿阁嵯峨叠嶂⑦稠。空谷无人黄叶落，白云如雪满溪流。独登金阁寻仙迹，还忆青城⑧觅旧游。日落长歌⑨下山去，西风十里异香浮。虞公过山下，尝闻异香十余里⑩。

○还京道中（第29页）

客游倦缁尘⑪眺⑫，梦寐想山水。停骖眺远岑⑬，悠然心自喜。晨霞发暝林，夕溜泂清沚。出峡凉风驰，入谷寒云起。霜清卉木疏，

---

① 歃血，古代盟会中的一种仪式。盟约宣读后，参加者用口微吸所杀牲之血，以示诚意。一说，以指蘸血，涂于口旁。歃音 shà。

② 苏季子，指苏秦，字季子，师鬼谷子。战国时东周洛阳（今河南洛阳东）人，著名的纵横家、外交家和谋略家。

③ 韩将军，指韩信，秦末汉初淮阴（今属江苏）人。西汉开国功臣，中国历史上杰出的军事家，与萧何、张良并列为汉初三杰。

④ 丹旌，旧时出丧所用的红色铭旌。

⑤ 子午谷，亦省称"子午"。谷名。在今陕西省秦岭山中，为川陕交通要道。《史记·樊郦滕灌列传》"赐食邑杜之樊乡"司马贞索隐引《三秦记》："长安正南，山名秦岭，谷名子午，一名樊川，一名御宿。"终南山，山名。秦岭主峰之一。在陕西省西安市南。一称南山，即狭义的秦岭。古名太一山、地肺山、中南山、周南山。

⑥ 虞侍讲，指虞集。侍讲，官名，始见于汉，为皇帝的侍讲官，掌讲经书。泰定初，虞集为秘书少监，随从泰定帝去上都，用蒙语、汉语讲解经书，后升为翰林直学士兼国子祭酒，文宗时为奎章阁侍书学士。

⑦ 叠嶂，亦作"叠障"。重叠的山峰。

⑧ 青城，当指青城山。在四川省都江堰市城西南。山形如城，故名。北接岷山，连峰不绝，以青城为第一峰。山中有八大洞、七十二小洞，风景秀丽。相传东汉张道陵修道于此。道教称为"第五洞天"。

⑨ 长歌，放声高歌。汉张衡《西京赋》："女娥坐而长歌，声清畅而蝼蛇。"

⑩ 虞集扈从元帝赴上都经过云州曾写《云州道中数闻异香》诗。

⑪ 缁尘，黑色灰尘。常喻世俗污垢。南朝齐谢

⑫ 《酬王晋安》诗："谁能久京洛，缁尘染素衣。"缁音 zī。

⑬ 远岑，远处的山。

日落峰峦紫。迢递^①越河关，参差望宫雉^②。家僮指归路，居人念游子。久嗟行路难，深乖摄生^③理。终期返南山，高揖^④谢城市。

---

① 迢递，亦作"迢遰"。①遥远貌。②高峻貌。

② 宫雉，皇宫的围墙。雉，古代计算城墙面积的单位。亦指皇宫。

③ 摄生，养生；保养身体。唐白居易《病中作》诗："久为劳生事，不学摄生道。"

④ 高揖，双手抱拳高举过头作揖。古代作为辞别时的礼节。

5.《黄文献公集》

【题解】　　《黄文献公集》10 卷，元黄溍撰。黄溍（1277 ~ 1357 年），字晋卿，义乌（今属浙江）人，早年即以文名见知于时。延祐二年中进士，授台州宁海县丞，为官清廉正直，曾私访得实情，为县民平反冤狱。在诸暨州判官任上，打击酷吏豪强，颇有声望。入朝授翰林应奉，转国子博士，视弟子如朋友，未始以师道自尊，学生当中有许多人成为日后闻名的文士。六七十岁时，出为江浙等处儒学提举。以秘书少监致仕，不久又授翰林直学士兼经筵官。又上书告老，不等批复就起程还家，为朝廷遣使追回，仍任直学士。至正十年（1350 年）始得致仕还乡。优游乡里七年，卒于绣湖私邸。追封江夏郡公，谥文献。黄溍号称"博极天下之书，而约之于至精，剖析经史疑难及古今因革制度名物之属，旁引曲证，多先儒所未发"（《元史》本传）。当时的典史诏令，铭述功德，多出于其手，求文者盈门，时人比作宋代欧阳修。著述有《金华黄先生文集》43 卷、《日损斋笔记》1 卷、《黄文献公文集》10 卷。

本辑据《黄文献公集》（国家图书馆网站中华古籍资源库数字古籍，馆藏书号：10336）进行标点、辑录有关赤城的诗，这些诗均为黄溍扈从元帝两都（大都、上都）巡幸途中所作。标题后页码为古籍中缝处所标页码。

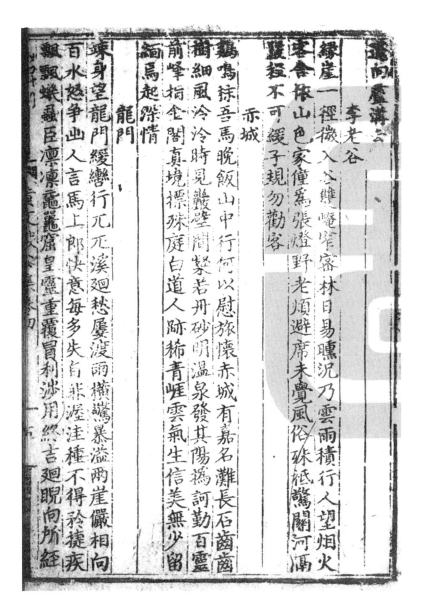

黄溍《黄文献公集》书影

◎上京道中杂诗十二首（卷4，第4~5页，选其五，五言古诗）

○枪竿岭

忆昔赐第①归，吾母适初度②。蹉跎岁月晚，今辰乃中路。居人夸具庆③，游子惭叱驭④。兹山称最高，扬鞭入烟雾。矗矗⑤多峭峰，蒙蒙⑥饶杂树。崎岖共攀援，踯躅⑦频返顾。陈情未成表，登高讵能赋。独怜山下水，远向卢沟去。

○李老谷

缘崖一径微，入谷双崦⑧窄。密林日易曛⑨，况乃云雨积。行人望烟火，客舍依山色。家僮为张灯，野老烦避席⑩。未觉风俗殊，祇⑪惊关河隔。严程不可缓，子规勿劝客。

○赤城

鸡鸣秣⑫吾马，晚饭山中行。何以慰旅怀，<u>赤城</u>有嘉名。滩长石

---

① 赐第，谓赐及第。

② 初度，谓始生之年时。《楚辞·离骚》："皇览揆余初度兮，肇锡余以嘉名。"后因称生日为"初度"。

③ 具庆，《诗·小雅·楚茨》："尔殽既将，莫怨具庆。"郑玄笺："同姓之臣，无有怨者，而皆庆君，是其欢也。"后以"具庆"称君臣同欢。②谓父母俱存。

④ 叱驭，汉琅邪王阳为益州刺史，行至邛郲九折阪，叹曰："奉先人遗体，奈何数乘此险！"因折返。及王尊为刺史，"至其阪……尊叱其驭曰：'驱之！王阳为孝子，王尊为忠臣。'"见《汉书·王尊传》。后因以"叱驭"为报效国家，不畏艰险之典。

⑤ 矗矗，高峻貌。

⑥ 蒙蒙，茂盛貌。《诗·大雅·生民》："禾役穟穟，麻麦蒙蒙。"毛传："蒙蒙然，茂盛也。"

⑦ 踯躅，音 zhí zhú。①以足击地，顿足。②徘徊不进貌。

⑧ 崦，音 yān。泛指山或山曲。

⑨ 曛，音 xūn。暮，昏暗。

⑩ 烦，劳苦；疲劳。避席，古人席地而坐，离席起立，以示敬意。指让席，以示敬意。

⑪ 祇，音 dī。古同"祇"。副词。相当于"适""只"。祇音 zhǐ，今用"只"。

⑫ 秣，喂养；饲养。《汉书·元帝纪》："乘舆秣马，无乏正事而已。"颜师古注："秣，养也，以粟秣食之也。"

齿齿①，树细风泠泠②。时见岩壁间，粲③若丹砂明。温泉发其阳，摛诃④勤百灵。前峰指金阁，真境⑤标殊庭⑥。白道⑦人迹稀，青崖云气生。信美无少留，缅焉起深情。

○龙门

竦身⑧望龙门，缓辔行兀兀⑨。溪回愁屡渡，雨横惊暴溢。两崖俨相向，百水怒争出。人言马上郎，快意每多失。自非渥洼⑩种，不得矜⑪捷疾。飘飘虮虱⑫臣，凛凛鼋鼍⑬窟。皇灵重覆冒⑭，利涉⑮用终吉。回睇⑯向所经，千嶂隐朝日。青林外盘纡⑰，黄流中荡潏⑱。后来未渠央⑲，君子宜战栗⑳。

○独石

---

① 齿齿，①比喻一个接一个，连续不断。②排列如齿状。

② 泠泠，音 líng。形容清凉。

③ 粲，音 càn。鲜明；美好。

④ 摛诃，摛呵亦作"摛诃"。挥斥。引申为卫护。

⑤ 真境，道教之地。亦指仙境。

⑥ 殊庭，异域。指仙人的居处。《史记·孝武本纪》："上亲禅高里，祠后土。临渤海，将以望祠蓬莱之属，冀至殊庭焉。"司马贞索隐引服虔曰："殊庭者，异也，言入仙人异域也。"

⑦ 白道，大路。唐李白《洗脚亭》诗："白道向姑熟，洪亭临道旁。"王琦注："白道，大路也。人行迹多，草不能生，遥望白色，故曰白道，唐诗多用之。"

⑧ 竦身，耸身，纵身向上跳。竦，通"耸"。

⑨ 缓辔，谓放松缰绳，骑马缓行。兀兀，静止貌。

⑩ 渥洼，水名。在今甘肃省安西县境，传说产神马之处。

⑪ 矜，惜；惋惜。

⑫ 飘飘，漂泊貌。形容行止无定。虮虱，虱及其卵。比喻卑贱或微小。

⑬ 凛凛，威严而使人敬畏的样子。惊恐畏惧貌。鼋鼍，音 yuán tuó。大鳖和猪婆龙。

⑭ 覆冒，①蒙盖；掩蔽。②诬陷。

⑮ 利涉，顺利渡河。

⑯ 回睇，回头看。

⑰ 盘纡，回绕曲折。《淮南子·本经训》："木巧之饰，盘纡刻俨，赢镂雕琢，诡文回波。"高诱注："盘，盘龙也；纡，曲屈。"

⑱ 荡潏，水动荡涌出貌。潏音 yù，水涌出。

⑲ 渠央，匆遽完结。渠，通"遽"。

⑳ 战栗，因恐惧、寒冷或激动而颤抖。《论语·八佾》："使民战栗。"朱熹集注："战栗，恐惧貌。"

解鞍及亭午①，稍欣烟雾收。苍然众山出，历历如雕镂②。前瞻一石独，灵宫③居上头。颇闻去年夏，水激龙腾湫。走避登屋山，夜半齐呀咻④。幸兹溪涧中，今作清浅流。宴安⑤不可怀，变化诚难求。翠华⑥渺在望，行矣毋淹留⑦。

◎同王章甫待制⑧校文上京八月十五夜宿龙门驿（卷4，第7页，五言古诗）

凉风堕黄榆，万马皆南驰。而我方北首，度关及鸣鸡。石路更幽阻，仆夫惨不怡⑨。徐驱待明发，泱漭⑩穷烟霏⑪。貂裘⑫者谁子，怪我逢掖⑬衣。为言霜露多，遑遑⑭独安之。我非不自爱，简书⑮今有期。忆昔州县间，折腰⑯向小儿。荏苒二十年，白首初登畿。同袍

---

① 解鞍，解下马鞍。表示停驻。亭午，正午。

② 历历，清晰貌。雕镂，雕刻，刻镂。《文选·左思<魏都赋>》："匪朴匪斫，去泰去甚，木无雕镂，土无绨锦。"张铣注："镂，镂也。"

③ 灵宫，用以供奉神灵的宫阙楼观。

④ 呀咻，喧嚣。

⑤ 宴安，谓逸乐。

⑥ 翠华，天子仪仗中以翠羽为饰的旗帜或车盖。《文选·司马相如<上林赋>》："建翠华之旗，树灵鼍之鼓。"李善注："翠华，以翠羽为葆也。"亦为御车或帝王的代称。

⑦ 淹留，羁留；逗留。

⑧ 待制，官名。即待制之官。唐始置，隶集贤殿书院。金朝置为翰林学士院属官，分掌词命文字，分判院事，无定员，正五品。元朝沿置翰林院兼国史馆五人、蒙古翰林院四人、集贤院一人。明太祖洪武二年（1369年）沿置，为翰林院属官，从五品。十四年革。

⑨ 仆夫，驾驭车马之人。《诗·小雅·出车》："召彼仆夫，谓之载矣。"毛传："仆夫，御夫也。"泛指供役使的人，犹言仆人。不怡，不乐。

⑩ 泱漭，弥漫貌。昏暗不明貌。

⑪ 烟霏，云烟弥漫。

⑫ 貂裘，貂皮制成的衣裘。

⑬ 逢掖，宽大的衣袖。指儒生。

⑭ 遑遑，惊恐匆忙，心神不定。

⑮ 简书，用于告诫、策命、盟誓、征召等事的文书。亦指一般文牍。《诗·小雅·出车》："岂不怀归，畏此简书。"朱熹集传："简书，戒命也。"

⑯ 折腰，亦作"折要"。谓弯着腰。借指鞠躬礼。

如燕鸿①，去住恒相违。悠然慨平生，与世何参差。暝投龙门驿，高馆临回溪②。青崖拱白月，水木含余辉。秋色故潇洒，我行殊未迟。相从况魁彦③，炯若珊瑚枝。衰暮④奚足云，一觞聊共持⑤。

---

　　①　同袍，泛指朋友、同年、同僚、同学等。燕鸿，燕为夏候鸟，鸿为冬候鸟。因多以喻相距之远，相见之难。

　　②　回溪，回曲的溪流。

　　③　魁彦，杰出人才。

　　④　衰暮，亦作"衰莫"。迟暮。比喻晚年。

　　⑤　共持，共同拿着。唐白居易《代书诗一百韵寄微之》："有月多同赏，无杯不共持。"

6. 《西云集》

【题解】 《西云集》3卷，祁志诚撰。祁志诚（1219～1293年），字信甫，号洞明子，金元时钧州阳翟（今河南禹县）人。是全真教第十代掌教，宋德方的弟子，刘处玄的再传弟子，他继承了全真教性命双修、三教合一的基本宗旨，在全真教发展史上具有重要地位。祁志诚著《西云集》3卷传于世，保存于《正统道藏》[①]太平部同字号，其中包括诗词230多首。

本辑据1988年文物出版社、上海书店和天津古籍出版社影印《正统道藏》第25册标点，辑录祁志诚在云州金阁山修行期间所作诗。

◎山居十三首（卷上，第532页，七言绝句）

摆脱名缰利锁[②]囚，归来晦迹[③]老林丘[④]。困时坐卧长松下，拂拭莎茵枕石头。

---

① 明成祖朱棣即位之初，就敕命第四十三代天师张宇初编修《道藏》，张宇初去世后，诏令第四十四代天师张宇清继续修《道藏》，直到英宗朱祁镇正统九年（1444年）才开始刊版，到正统十年才刊刻完竣，名曰《正统道藏》，全藏5305卷。明万历三十五年（1607年）第五十代天师张国祥奉神宗朱翊钧命，校刻《续道藏》，补充正统《道藏》，凡32函，共180卷。涉及政治、经济、哲学、文学、艺术、音乐、绘画、历史学、地理学等，可谓一部百科全书。

② 名缰利锁，谓功名利禄如束缚人的缰绳和锁链。宋柳永《夏云峰》词："向此免名缰利锁，虚费光阴。"

③ 晦迹，谓隐居匿迹。唐杜甫《岳麓山道林二寺行》诗："昔遭衰世皆晦迹，今幸乐国养微躯。"

④ 林丘，亦作"林邱"。树木与土丘。泛指山林。指隐居的地方。

题阳泉

山势迴环涌泉洞门高辟出云烟挽回世
态纷华境占得人间一洞天

自述

渴饮醍醐天地髓饥餐精凿虎龙肌道此受
用闲人事不是闲人未易知

余旧甚爱河中永乐纯阳宫之西
地势极佳拟改薛先师披云真人
未决忽一日静中见先师过门急从
之已失所在遂得一绝云

不觉不知可便归明白自白也宜时两端
理从君用逆近无为无不为

答人问修行二首

略将管见对君陈师授玄言悟本真虽是未
能合了达无心弄作养家人

心生种种尘缘起意滅头头合圣机若是人
能知此理不移一步到瑶池

长春宫方壶迷怀二首

曲栏幽圃月非常松桧森森下夕阳琼液酿
来和月饮玉瓷风送满庭香

拟将沧海为佳酿旋解葫芦作巨杯尊老敬
邀连夜饮松风竹月自相陪

逢人上庵四首

十载山居远世情年来似觉尘踪轻夜深无
寐欣然坐对月满堂风更清

三面色峯列翠屏岩深树老瑞云横我来意
欲忘归计争奈功行未成

院内黄花四季开云山水竹连楼臺体言好
景无八到风月不教时日来

侍山瞰水建菴门对青松影裏开尽尺洞
天人不到白云幽处去还来

题中嶽蒿山

翠屏玉柱与金臺歷遍诸峯總不如芝草慧
闈者满院水兑山包達芽鴈

孝子

忠顺坚持忘世虑居长谨守素浮华人间孝
于知多少似此精诚肖义家

题峯山燕臺见一亭二首

燕臺见一眺清溪篩树屏山四面围一段烟
霞入跡静劳弟独步看云飞

黄精苍术为佳酿瓦鉢磁瓯代玉杯特下蕪
臺邀故友茶何不果独归来

示衆

南北东西總一天其中理趣得真传萬态
向心頭挂一段靈明屬自然

至元癸巳夏四月秘書監丞張君玉
被旨論出祠事以老拙免病不
果故作是詩以謝

喜遇知音話本因閙門風散不盡心陳自慚濟
世无才略只與青山作主人

题白云庵

重阳佳節人爭賞黍杖長拖與兼遊仙館門
云居甚處白云庵近白云横

歸金閒山舊隱

老來林下度残年憶得先人詩一聯寬著吉
心消白日静閒道眼看青天

贈瓦匠

青白打磨四角平伙长開厚两无事如生破
壞歸元主故作荒詩爲准憑

遗世二首

祁志诚《西云集》书影

和气氤氲满洞天①，孕成灵质②行功圆。醉眠青幛闻禽语，唤出长生久视③篇。

兀兀忘机④出世笼，飘飘云水任西东。醉来欹⑤枕松阴下，谁奏笙簧⑥满太空。

一片孤云到处闲，两轮日月任循还⑦。道人手段能如是，归去埋名碧嶂⑧间。

一溪绿水绕柴篱⑨，四面青山列翠微⑩。门外无他⑪车马客，洞中时复野云归。

山堂终日没来人，静夜时经虎撞门。心性湛然居一阙，化成和气上昆仑。

碧嶂岩前与友期，忻然谈笑夜忘归。眼前不见红尘⑫境，顶上白云映月辉。

---

① 和气，古人认为天地间阴气与阳气交合而成之气。万物由此"和气"而生。氤氲，古代指阴阳二气交会和合之状。洞天，道教称神仙的居处，意谓洞中别有天地。后常泛指风景胜地。

② 灵质，美好的姿质。

③ 长生久视，长久地活着。《老子》："是谓深根固柢，长生久视之道。"《吕氏春秋·重己》："世之人主贵人，无贤不肖，莫不欲长生久视。"高诱注："视，活也。"

④ 兀兀，浑沌无知貌。《古尊宿语录》卷二三："兀兀随缘任浮沉，不拘春夏及秋冬。"忘机，消除机巧之心。常用以指甘于淡泊，与世无争。

⑤ 欹，音 qī。歪斜；倾斜。通"倚"。斜倚，斜靠。

⑥ 笙簧，指笙。簧，笙中之簧片。《礼记·明堂位》："垂之和钟，叔之离磬，女娲之笙簧。"郑玄注："笙簧，笙中之簧也……女娲作笙簧。"

⑦ 循还，犹反覆。

⑧ 碧嶂，青绿色如屏障的山峰。

⑨ 柴篱，木栅栏，藩篱。《说文·木部》"柴"。宋徐铉等注："师行野次，竖散木为区落，名曰柴篱。后人语讹，转入去声，又别作寨字，非是。"

⑩ 翠微，形容山光水色青翠缥缈。

⑪ 无他，亦作"无它""无佗"。没有别的。

⑫ 红尘，佛教、道教等称人世为"红尘"。

林泉养拙①人情远，方寸无尘②仙趣佳。信步③闲游山与水，归来高枕卧烟霞④。

静夜兴游山色里，腾空撒手紫云中。妙高峰上猿啼月，清浅溪边虎啸风。

十载身潜碧嶂间，五云⑤堆里自由闲。闲人物外⑥无人识，南北东西自往还。

厌居尘世⑦乐天真，物外逍遥散诞⑧身。深隐碧霞无伴侣，高山流水作比邻。

行少玄门未出群⑨，得潜身⑩处且潜身。不求世上功名贵，愿作林泉守拙⑪人。

洞天风月水和云，芝秀莲开玉液⑫醇。昨夜青衣⑬传圣语⑭，都教分付与闲人。

---

① 养拙，谓才能低下而闲居度日。常用为退隐不仕的自谦之辞。

② 方寸，指心。脑海。无尘，不着尘埃。常表示超尘脱俗。

③ 信步，漫步，随意行走。

④ 烟霞，烟雾；云霞。泛指山水、山林。指红尘俗世。

⑤ 五云，青、白、赤、黑、黄五种云色。古人视云色占吉凶丰歉。《周礼·春官·保章氏》："以五云之物，辨吉凶、水旱降、丰荒之祲象。"郑玄注引郑司农云："以二至二分观云色，青为虫，白为丧，赤为兵荒，黑为水，黄为丰。"

⑥ 物外，世外。谓超脱于尘世之外。

⑦ 尘世，犹言人间；俗世。

⑧ 散诞，放诞不羁；逍遥自在。

⑨ 玄门，《老子》："玄之又玄，众妙之门。"后因以"玄门"指道教。亦指高深的境界。出群，犹言出众。

⑩ 潜身，藏身隐居。

⑪ 守拙，安于愚拙，不学巧伪，不争名利。晋陶潜《归园田居》诗之一："开荒南野际，守拙归园田。"

⑫ 玉液，道家炼成的所谓仙液。喻美酒。

⑬ 青衣，指穿青衣或黑衣的人。

⑭ 圣语，皇帝或圣人的言语。

◎述怀五十首（卷上，第533页，选其九）

岂倦人来到我斋，恐人带入是非来。不争谈是谈非理，误却①真闲真乐哉。

方寸无尘出世笼，忘言②得意本来空。青山有石平如枕，甘作人间打睡翁。

尘缘③顿舍慕修仙，性命圆融得自然。触境心灰无事客，洞中高枕卧云眠。

隐居青嶂畅情怀，高卧云烟乐快哉。心意忽然尘世去，神机④猛省便回来。

绿水青山绝点埃，更于得处觅蓬莱。茆庵草舍虽云陋，无福谁人得到来。

不趋富贵守贫闲，为甚教人冷眼⑤看。拂袖⑥便归青嶂里，腾身高卧白云端。

功名富贵都抛却，世务人情总弃他。直入云山深处隐，茆斋细细考玄科⑦。

十分拙讷⑧十分静，一味⑨清贫一味闲。金阁山深无客至，一炉香火掩柴关⑩。

自入玄门二十年，收心不放马猿颠。归来拍手岩前笑，乾汉元

---

①　误却，耽误掉；失掉。

②　忘言，谓心中领会其意，不须用言语来说明。语本《庄子·外物》："言者所以在意，得意而忘言。"

③　尘缘，佛教、道教谓与尘世的因缘。

④　神机，谓心神。

⑤　冷眼，冷漠的眼光；轻蔑的眼光。

⑥　拂袖，甩动衣袖。表示愤怒、不悦。借指引退、归隐。

⑦　玄科，道教的规章。

⑧　拙讷，亦作"拙呐"。谓才疏口拙，不善应对。多用作谦词。

⑨　一味，单纯；一直。

⑩　柴关，柴门。唐刘长卿《送郑十二还庐山别业》诗："浔阳数亩宅，归卧掩柴关。"

来①果是乾。

◎偶作七首（卷上，第 534 页）

勘破②人情世务③虚，飘蓬④云水寄天隅⑤。乱山深处藏茆⑥屋，更不人前美幻躯。

饱谙⑦世务不牢坚，遁迹⑧林泉养浩然。直待神丹成九转⑨，倒骑玄鹤⑩上三天⑪。

不论天机⑫与世机，松间卧看白云飞。有人来问修行事，笑指西峰冷翠微。

临头境灭自心空，和气周流⑬满行功。兴即纵吟青嶂里，倦时高卧白云中。

四围山色锁残阳，一派泉声绕草堂。可笑世人心太浊，却于海上觅蓬庄。

云山四面插穹苍⑭，中有洞明道士堂。好是暮春三月里，落花狼

---

① 元来，当初；本来。

② 勘破，犹看破。宋文天祥《七月二日大雨歌》："死生已勘破，身世如遗忘。"

③ 世务，佛道、隐士谓尘世间的事务。

④ 飘蓬，比喻飘泊无定。

⑤ 天隅，指极远的地方。

⑥ 茆，同"茅"。

⑦ 饱谙，犹熟知。元房皞《戊子》诗："万事人间已饱谙，一身犹自客天南。"

⑧ 遁迹，犹隐居；隐迹。

⑨ 九转，九次提炼。道教谓丹的炼制有一至九转之别，而以九转为贵。

⑩ 玄鹤，黑鹤。晋崔豹《古今注·鸟兽》："鹤千岁则变苍，又二千岁变黑，所谓玄鹤也。"

⑪ 三天，道教称清微天、禹余天、大赤天为三天。《云笈七签》卷八："三天者，清微天、禹余天、大赤天是也。"

⑫ 天机，谓天之机密，犹天意。

⑬ 周流，周游；到处漂泊。

⑭ 穹苍，苍天。《诗·大雅·桑柔》："靡有旅力，以念穹苍。"孔颖达疏："穹苍，苍天，《释天》云。李巡曰：'古时人质仰视天形，穹隆而高，色苍苍然，故曰穹苍。'是也。"

藉水流香。

金阁山藏一洞天，古来招隐出尘贤。一溪云水环青嶂，万顷烟霞锁翠巅。

◎次李参议韵四首（卷下，第538~539页）

吾斋琼液①满壶杯，盈眼碧桃花正开。特下山堂邀胜友②，奈何不果独归来。

云州胜概③追寻遍，金阁山中景最多。流水一溪清浩荡，危峰四面碧嵯峨。

幼稚离家远世尘，烟霞堆里乐天真。虽然未得神仙去，且与青山作主人。

归隐林泉考太玄④，收心⑤不放马猿颠⑥。纷纷俗事浑无著，浩浩神光⑦满洞天。

◎闻杜鹃（卷下，第539页）

金阁山前杜宇⑧啼，一声声道不如归。游人谁识真归趣，始悟寰中⑨达者稀。

---

① 琼液，道教所谓的玉液。服之长生。

② 胜友，犹良友。

③ 胜概，美景；美好的境界。

④ 归隐，回家隐居。林泉，指隐居之地。太玄，深奥玄妙的道理。

⑤ 收心，谓约束意念，使不旁骛。

⑥ 马猿颠，即心猿意马，比喻人的心思流荡散乱，如猿马之难以控制。亦指这种流荡散乱难以控制的心神。《敦煌变文集·维摩诘经讲经文》："卓定深沉莫测量，心猿意马罢颠狂。"

⑦ 神光，神异的灵光。《楚辞·王逸〈九思·哀岁〉》："神光兮颖颖，鬼火兮荧荧。"原注："神光，山川之精能为光者也。"

⑧ 杜宇，即杜鹃鸟。传说中的古代蜀国国王杜宇之魂所化。据《成都记》载：杜宇又曰杜主，自天而降，称望帝，好稼穑，治郫城。后望帝死，其魂化为鸟，名曰杜鹃。宋王安石《杂咏绝句》之十五："月明闻杜宇，南北总关心。"

⑨ 寰中，宇内，天下。

◎壬子岁①，居云州乐全庵。夏至后五日②，急雪满空，离地丈余，化而成雨。二首（卷下，第 539 页）

半随烟霭③半随风，天上飞来地上融。如似云溪闲道士，养成元气④满虚中⑤。

暑气醺⑥人午睡浓，觉来六出⑦满空凝。阴阳造化⑧知颠倒，一片灵台⑨冷似冰。

◎题聚阳山明真观⑩（卷下，第 539 页）

明真观后聚阳山，翠耸草峰碧汉⑪间。内隐许多无事客，白云堆里自由闲。

---

① 壬子，蒙古宪宗孛儿只斤蒙哥二年，南宋淳祐十二年，1252 年。

② 夏至为 1252 年 6 月 14 日，后五日即为 6 月 19 日。

③ 烟霭，云雾。

④ 元气，指人的精神，精气。

⑤ 虚中，没有杂念，心神专注。《礼记·祭义》："孝子将祭，虑事不可以不豫，比时，具物不可以不备，虚中以治之。"郑玄注："虚中，言不兼念余事。"

⑥ 醺，古同"熏"，熏染。

⑦ 六出，花分瓣叫出，雪花六角，因以为雪的别名。《太平御览》卷十二引《韩诗外传》："凡草木花多五出，雪花独六出。雪花曰霙（yīng）。"

⑧ 造化，自然界的创造者。亦指自然。

⑨ 灵台，道教语。指头。《黄庭外景经·上部经》："灵台通天临中野。"务成子注："头为高台，肠为广野。"指心。《庄子·庚桑楚》："不可内于灵台。"郭象注："灵台者，心也。"

⑩ 按明嘉靖《宣府镇志》载："聚阳山，在龙门千户所城东南三十里，相传曾有仙人修炼于此，亦元人开冶处也。"顾祖禹《读史方舆纪要》卷 18《北直九》西高山条载："又聚阳山，在所东南三十里。"《口北三厅志·山川志》载："聚阳山，龙门所塘子口东二十里，有炼丹台，元时置银冶于此。"卷 3《古迹》载："炼丹台，《北中三路志》：在龙门所口外东南聚阳山，相传曾有仙人修炼于此，盖即元人开冶处也。"

⑪ 碧汉，银河。亦指青天。

◎龙门（卷下，第540页）

秋来两度过<u>龙门</u>，顶踵①无非荷圣恩。足蹑黄云②归故国③，手提沧海上昆仑。

◎归金阁山旧隐（卷下，第541页）

老来林下度残年④，忆得先人诗一联。宽著吉心消白日⑤，静开道眼⑥看青天。

◎遗世二首（卷下，第542页）

万事从今总不干⑦，十年潇洒隐林峦⑧。三千功满朝元⑨去，半夜骑龙到广寒⑩。

和气周流正性⑪开，炼神合道⑫出尘埃⑬。腾空撒手乘风去，回首人间不再来。

---

① 顶踵，《孟子·尽心上》："墨子兼爱，摩顶放踵利天下，为之。"后因以"顶踵"谓不顾身体，不畏劳苦，尽力报效。

② 黄云，边塞之云。塞外沙漠地区黄沙飞扬，天空常呈黄色，故称。

③ 故国，故乡；家乡。

④ 残年，一生将尽的年月。多指人的晚年。

⑤ 白日，时间；光阴。人世；阳间。

⑥ 道眼，佛教语。指能洞察一切，辨别真妄的眼力。

⑦ 不干，无能，不称职。

⑧ 林峦，树林与峰峦。泛指山林。指隐居的地方。唐李白《赠参寥子》诗："长揖不受官，拂衣归林峦。"

⑨ 朝元，道教徒朝拜老子。唐初，追号老子李耳为太上玄元皇帝。唐白居易《寻郭道士不遇》诗："郡中乞假来相访，洞里朝元去不逢。"

⑩ 广寒，道家所谓北方仙宫。又为山名，亦称"广霞"。《黄庭内景经·口为》："审能修之登广寒。"梁丘子注："广寒，北方仙宫之名。又云，山名，亦曰广霞。《洞真经》云：冬至之日，月伏于广寒之宫，其时育养月魄于广寒之池，天人采青华之林条，以拂日月光也。"

⑪ 正性，自然的禀性；纯正的禀性。佛教语，离断烦恼谓正性。

⑫ 合道，谓合于自然或人事的道理。

⑬ 尘埃，犹尘俗。《史记·屈原贾生列传》："濯淖污泥之中，蝉蜕于浊秽，以浮游尘埃之外。"

7. 《清容居士集》

【题解】 《清容居士集》50 卷，元袁桷撰。袁桷（1266～1327 年），字伯长，号清容居士。鄞县（今浙江宁波）人。袁桷承继家学渊源，早年师事戴表元，又受知宋代遗老王应麟、舒岳祥等。从入仕途，主要任职于翰林、集贤两院，为翰林国史院检阅官、翰林应奉文字兼国史院编修官、翰林待制、集贤直学士、翰林侍讲学士等职，朝廷建册、勋臣碑铭多出其手。入翰林院后亲见中原文献，被认为学问最有所本。与贡奎并称为仅次于邓文原的江南士子。泰定初，辞官归老于家。泰定四年卒，追封陈留郡公，谥文清。在延祐、泰定间，与马祖常、王士熙等唱和翰苑，为一时之盛。文章长于考据，是比较典型的馆臣之笔。诗一般工稳平实，造语准确，不失文臣本色。著述有《清容居士集》50 卷、《延祐四明志》17 卷、《澄怀录》1 卷，以及《易说》《春秋说》等。

本辑据《四部丛刊》集部民国上海涵芬楼影印元刊本《清容居士集》标点、辑录有关赤城的诗，这些诗当为袁桷扈从元帝两都（大都、上都）巡幸途中所作。

◎枪竿岭伯生、伯长、伯庸① （卷 8）

---

① 伯生，指虞集，字伯生；伯长，指袁桷，字伯长；伯庸，指马祖常，字伯庸。按马祖常《石田文集》载该诗诗题作"至治癸亥八月望，同袁伯长、虞伯生过枪竿岭马上联句"。至治癸亥八月望，元至治三年八月十五，1323 年 9 月 15 日。联句是作诗方式之一。由两人或多人各成一句或几句，合而成篇。旧传始于汉武帝和诸臣合作的《柏梁诗》。该诗即由虞集、马祖常、袁桷三人过枪竿岭时作的联句诗。

運神武開皇謨信矣經啓功聿超神禹圖

桑乾嶺

蒸山西北来旋轉十二雷昔人望鄉慶生
别何崔嵬我来坐絕頂雲漠森眺回出日
騰金釘積露流銀臺長空不受暑雪華散
皚皚氈車引繩過屈曲腸九迴徼踪愧三
至南望心低徊長風馬耳迅何當賦歸来

李老谷

層巒積明秀深崦罘罳圍千松受新雨一
一流珠璣少憩倚厓宀清湍激林霏睡醒

袁桷《清容居士集》书影

有岭名枪竿，其上若栈阁①。白云乱石齿②，青峰转帘脚。积冰③太古④阴，出矿无底壑。马饮沆瀣⑤泉，鹰荡扶摇⑥幕。辙迹委垂绅⑦，人声发虚橐⑧。舄⑨飞接鸟背，羽没疑虎鞟⑩。雾松秋发长，霜果春颊薄。升樵不知疲，独往端有愕。兢兢⑪矛头淅⑫，扐扐⑬井口索。凝睇⑭见日观，引手探月廓。南下眇尘海⑮，北广络沙漠。金桥

----

① 栈阁，栈道。《后汉书·隗嚣传》："白水险阻，栈阁绝败。"李贤注："栈阁者，山路悬险，栈木为阁道。"

② 石齿，齿状的石头。亦指山石间的水流。

③ 积冰，指历久不融的冰。

④ 太古，远古，上古。

⑤ 沆瀣，音 hàng xiè。夜间的水气，露水。旧谓仙人所饮。《楚辞·远游》："餐六气而饮沆瀣兮，漱正阳而含朝霞。"王逸注："《凌阳子明经》言：春食朝霞……冬饮沆瀣。沆瀣者，北方夜半气也。"《文选·嵇康〈琴赋〉》："餐沆瀣兮带朝霞。"张铣注："沆瀣，清露也。"

⑥ 扶摇，盘旋而上；腾飞。《淮南子·览冥训》："〔赤螭青虬〕若乃至于玄云之素朝，阴阳交争，降扶风，杂冻雨，扶摇而登之，威动天地，声震海内。"高诱注："扶摇，发动也。"

⑦ 垂绅，大带下垂。《礼记·玉藻》："凡侍于君，绅垂。"孔颖达疏："绅，大带也。身直则带倚，磬折则带垂。"言臣下侍君必恭。后借指在朝为臣。

⑧ 虚橐，《老子》："天地之间，其犹橐蘥（yuè）。虚而不屈，动而俞出。"橐蘥，古代吹火的风箱，其中虽空，而风却不会穷竭。后因以"虚橐"喻天道之周遍无穷。

⑨ 舄，音 què。鸟名。后作"（左昔右隹）（鹊）"。《说文·鸟部》："舄，（左昔右隹）也。"朱骏声通训定声："今谓之喜鹊。字亦作（左昔右隹）"《广韵·药韵》引《篆文》："舄，古鹊字。"又音 xì。

⑩ 鞟，音 kuò。去毛的皮；皮革。

⑪ 兢兢，恐惧貌。《诗·大雅·云汉》："兢兢业业，如霆如雷。"毛传："兢兢，恐也。"

⑫ 矛头淅，矛头淅米省作"矛头淅"。形容处境极其危险。语出南朝宋刘义庆《世说新语·排调》："桓南郡与殷荆州语次，因共作了语……次复作危语。桓曰：'矛头淅米剑头炊。'殷曰：'百岁老翁攀枯枝。'"余嘉锡笺疏："此不过言于战场中造饭，死生呼吸，所以为危也。"

⑬ 扐，动，摇动。

⑭ 凝睇，注视；注目斜视。

⑮ 尘海，谓茫茫尘世。

群仙迎，玉幢①百神凿。禽鸣蜀帝魂②，铁铸石郎错③。钩钤④挂阑干⑤，搀抢⑥敛锋锷⑦。属车建前旄⑧，驰道⑨徇严柝⑩。载笔⑪三人行，弭节⑫半途却。

◎送王继学修撰马伯庸应奉分院上都二首（卷10，七言律诗）

玉京⑬高处雪流脂⑭，连插鸡翘⑮绿鬓⑯垂。蹀躞⑰有泥歌独漉⑱，

---

①　玉幢，经幢的美称。刻着佛号或经咒的石柱。

②　蜀帝魂，相传蜀帝杜宇死，其魂化为杜鹃。后用以借指杜鹃。唐李群玉《乌夜啼》诗："既非蜀帝魂，恐是恒山禽。"

③　错，①琢玉用的粗磨石。②用锉子锉物。③磨，琢磨。

④　钩钤，星座名。属房宿的辅官，共两星。《汉书·天文志》："其后荧惑守房之钩钤。钩钤，天子之御也。"

⑤　阑干，横斜貌。三国魏曹植《善哉行》："月没参横，北斗阑干。"

⑥　搀抢，彗星名。即天搀，天抢。明梅鼎祚《昆仑奴》第一折："真个是戈挥太白，剑扫搀抢。"古人以搀抢为妖星，主兵祸。故引申指凶渠。《文选·谢瞻<张子房诗>》："鸿门消薄蚀，垓下殒搀抢。"李善注："薄蚀、搀抢，皆指项羽。"

⑦　锋锷，剑锋和刀刃。喻显露出来的才干和气势。

⑧　旄，古代用牦牛尾装饰的旗子。也泛指旌旗。

⑨　驰道，古代供君王行驶车马的道路。泛指供车马行的大道。《史记·秦始皇本纪》："二十七年……治驰道。"裴骃集解引应劭曰："驰道，天子道也。道若今之中道然。"

⑩　严柝，戒夜的更柝。柝，打更用的梆子。宋梅尧臣《周仲章通判润州》诗："况逢休明时，秋堞罢严柝。"

⑪　载笔，携带文具以记录王事。

⑫　弭节，①驻节，停车。节，车行的节度。《楚辞·离骚》："吾令羲和弭节兮，望崦嵫而勿迫。"洪兴祖补注："弭，止也。"马茂元注："弭节，犹言停车不进。"②驾驭车子。

⑬　玉京，指帝都。

⑭　流脂，形容平滑。

⑮　鸡翘，鸾旗。帝王仪仗之一。唐李商隐《茂陵》诗："内苑只知含凤嘴，属车无复插鸡翘。"

⑯　绿鬓，乌黑而有光泽的鬓发。形容年轻美貌。南朝梁吴均《和萧洗马子显古意诗》之三："绿鬓愁中改，红颜啼里灭。"

⑰　蹀躞，音 dié xiè。行进艰难貌。

⑱　独漉，亦作"独禄"。古乐府中晋和南朝齐拂舞歌辞名。

琵琶无梦说相思。黑河旧乐催填谱，白海名花拟进词。羽猎①上林②俱罢赋，卿云③何以报明时④。

浅坡平叠碛漫漫，拂岭青帘⑤罨画⑥看。毡屋起营⑦羊胛熟⑧，土房催顿马通乾。挏官⑨走驿传金椀，冰正分奁贮玉盘。莫上乡台望南北，白云微处是枪竿。

◎往岁南归，商隐长老远惠佳句，不获承贶⑩，次韵叙怀（卷13，七言绝句）

席帽⑪京尘⑫廿载强，风前数发白于霜。芸编⑬不检蛛丝幕，斑马专门万古香。

桑干岭上是天心，万树松花积翠⑭深。两度滦阳三伏节，片云飞雪是晴阴。

---

① 羽猎，帝王出猎，士卒负羽箭随从，故称"羽猎"。《汉书·扬雄传上》："其十二月羽猎，雄从。"颜师古注引服虔曰："士负羽。"

② 上林，泛指帝王的园囿。

③ 卿云，汉代辞赋家司马相如（字长卿）、扬雄（字子云）的并称。南朝陈徐陵《报尹义尚书》："才冠卿云，智同荀郭。"

④ 明时，指政治清明的时代。古时常用以称颂本朝。

⑤ 青帘，旧时酒店门口挂的幌子。多用青布制成。借指酒家。

⑥ 罨画，色彩鲜明的绘画。明杨慎《丹铅总录·订讹·罨画》："画家有罨画，杂彩色画也。"多用以形容自然景物或建筑物等的艳丽多姿。

⑦ 起营，拔除营帐。表示部队开始转移或行军。

⑧ 羊胛熟，《新唐书·回鹘传下·骨利干》："骨利干，处瀚海北……又北度海，则昼长夜短。日入烹羊胛，熟，东方已明，盖近日出处也。"后用"羊胛熟"形容时间短促。

⑨ 挏官，官名，名挏马官。属太仆，掌取马乳制酪，一令五丞一尉。

⑩ 贶，音kuàng。赠，赐。

⑪ 席帽，古帽名。以藤席为骨架，形似毡笠，四缘垂下，可蔽日遮颜。

⑫ 京尘，京洛尘亦省作"京尘"。晋陆机《为顾彦先赠妇》诗之一："京洛多风尘，素衣化为缁。"后以"京洛尘"比喻功名利禄等尘俗之事。

⑬ 芸编，指书籍。芸，香草，置书页内可以辟蠹，故称。

⑭ 积翠，翠色重叠。形容草木繁茂。

乌纱承笠霏霏①土，短袖持鞭窄窄②风。冬尽不知梅蕊白，春来深愧杏花红。

◎开平第一集^{甲寅}③（卷15）

延祐改元五月三日④分院，十五日始达开平，得诗数篇，录示儿曹⑤。

○桑干岭

漠漠清都⑥近，天梯尔许⑦长。青帘矗山影，乌帽⑧拂云光。行客穿珠曲，居人缀蜜房⑨。端穷万里目，那惜九回肠⑩。

---

① 霏霏，飘洒，飞扬。

② 窄窄，狭小；狭窄。

③ 甲寅，即延祐元年，1314 年。

④ 延祐改元五月三日，改元，君主改用新年号纪年。年号以一为元，故称"改元"。改元之制始于战国秦惠王，历代相承，体制各异：有新君即位于次年改用新年号，如汉武帝于即位次年改元建元；有一帝在位屡次更换年号，如汉宣帝曾改元本始、地节、元康、神爵、五凤、甘露、黄龙诸名；有一年之中改元多次，如汉中平六年献帝即位改元光熹，张让段珪诛后改元昭宁，董卓又改元永汉；有新君即位后立即改元，如三国蜀后主继位未逾月即改元建兴，有新君即位后多年才改元；如五代后梁末帝公元九一三年即位，至九一五年始改元；有实行一帝一元制，中途皆不改元，如明清两代。延祐改元五月三日，1314 年 6 月 16 日。

⑤ 儿曹，犹儿辈。韩愈《示儿》诗："诗以示儿曹，其无迷厥初。"

⑥ 清都，帝王居住的都城。

⑦ 尔许，犹言如许、如此。

⑧ 乌帽，黑帽。古代贵者常服。隋唐后多为庶民、隐者之帽。

⑨ 蜜房，蜜蜂的巢。

⑩ 九回肠，愁肠反覆翻转。比喻忧思郁结难解。语出汉司马迁《报任少卿书》："是以肠一日而九回。"南朝梁简文帝《应令》诗："望邦畿兮千里旷，悲遥夜兮九回肠。"

○龙门

瀚海①双龙铁鳞甲,卷鳌挐云②蹲冀阙③。千泉百道凑东南,急雨翻空迸晴雪。古言神禹④功最多,导山凿石疏九河。幽都⑤之地不复顾,乃使双龙下地成盘涡⑥。阴风何飕飗⑦,磅礴太古秋。崩崖落车炮,怪木森戈矛⑧。碎沙晴日铺金麸⑨,云是昔日当关挽劲之仆姑⑩。寒泉组练结九曲⑪,亭午赫日⑫光模糊。车声何辚辚⑬,昨宵急

① 瀚海,地名。其含义随时代而变。或曰即今呼伦湖、贝尔湖,或曰即今贝加尔湖,或曰为杭爱山之音译。唐代是蒙古高原大沙漠以北及其迤西今准噶尔盆地一带广大地区的泛称。亦多用为征战、武功等典故。《史记·卫将军骠骑列传》:"(霍去病)封狼居胥山,禅于姑衍,登临瀚海。"又指沙漠。

② 挐云,犹凌云。唐僧鸾《赠李粲秀才》诗:"骏如健鹘鹞与雕,挐云猎野翻重霄。"亦喻志向高远。

③ 冀阙,古时宫庭外的门阙。《史记·商君列传》:"居三年,作为筑冀阙宫庭于咸阳。"司马贞索隐:"冀阙,即魏阙也。冀,记也。出列教令,当记于此门阙。"

④ 神禹,夏禹的尊称。《庄子·齐物论》:"无有为有,虽有神禹且不能知,吾独且奈何哉。"成玄英疏:"迷执日久,惑心已成,虽有大禹神人,亦不令其解悟。"

⑤ 幽都,北方之地。《书·尧典》:"申命和叔宅朔方,曰幽都。"孔传:"北称幽,则南称明,从可知也。都,谓所聚也。"《汉书·扬雄传下》:"夫天兵四临,幽都先加,回戈邪指,南越相夷。"颜师古注:"幽都,北方,谓匈奴。"

⑥ 盘涡,水旋流形成的深涡。

⑦ 飕飗,音 sōu liú。象声词。风雨声。风凛冽貌。

⑧ 戈矛,戈和矛。亦泛指兵器。

⑨ 金麸,麸金(碎薄如麸子的金子);沙金。

⑩ 仆姑,即金仆姑。箭名。泛指良箭。

⑪ 寒泉,《诗·邶风·凯风》:"爰有寒泉,在浚之下。有子七人,母氏劳苦。"诗序谓"美七子能尽其孝道,以慰其母心"。后世遂以"寒泉"为子女孝敬母亲的典故。组练,《左传·襄公三年》:"(楚子重)使邓廖帅组甲三百,被练三千以侵吴。"孔颖达疏引贾逵曰:"组甲,以组缀甲,车士服之;被练,帛也,以帛缀甲,步卒服之。"组甲、被练皆指将士的衣甲服装。后因以"组练"借指精锐的部队或军士的武装军容。九曲,迂回曲折。亦指黄河,因其河道曲折,故称。

⑫ 赫日,红日。宋苏舜钦《吴越大旱》诗:"二年春及夏,不雨但赫日。"

⑬ 辚辚,象声词。车行声。

水迷无津①。垂堂②之言犹在耳，游子商人行不已③。子规彻天呼我归，翠华④北幸那得⑤辞。<u>龙门</u>之石高不磨，沘笔⑥书我龙门歌。

〇云州

天阔<u>云中郡</u>，刚风⑦起泬寥⑧。毡房⑨联涧曲，土屋覆山椒⑩。橦布⑪朝朝⑫市，通薪户户烧。遥看尘起处，深羡霍嫖姚⑬。

◎开平第三集^{辛酉}⑭（卷15）

<u>至治元年二月庚戌</u>⑮至京城，壬子，入礼闱⑯考进士。三月甲戌

---

①　无津，喻无进身之路。《晋书·陶侃传》："及遂去，侃追送百余里。遂曰：'卿欲仕郡乎？'侃曰：'欲之，困于无津耳。'"

②　垂堂，靠近堂屋檐下。因檐瓦坠落可能伤人，故以喻危险的境地。《汉书·爰盎传》："千金之子不垂堂，百金之子不骑衡。"颜师古注："垂堂，谓坐堂外边，恐坠堕也。"

③　不已，不止，继续不停。《诗·周颂·维天之命》："维天之命，于穆不已。"孔颖达疏："言天道转运无极止时也。"

④　翠华，天子仪仗中以翠羽为饰的旗帜或车盖。为御车或帝王的代称。唐陈鸿《长恨歌传》："潼关不守，翠华南幸。"

⑤　那得，怎得；怎会；怎能。

⑥　沘笔，以笔蘸墨。沘音 cǐ。

⑦　刚风，罡风。高天强劲的风。

⑧　泬寥，音 jué liáo。清朗空旷貌。《楚辞·九辩》："泬寥兮天高而气清。"王逸注："泬寥，旷荡空虚也。或曰，泬寥犹萧条。萧条，无云貌。"

⑨　毡房，即毡帐。

⑩　山椒，山顶。《文选·谢庄〈月赋〉》："洞庭始波，木叶微脱；菊散芳于山椒，雁流哀于江濑。"李善注："山椒，山顶也。"

⑪　橦布，橦花织成的布。唐王维《送李员外贤郎》诗："鱼笺请诗赋，橦布作衣裳。"

⑫　朝朝，天天；每天。《列子·仲尼》："子列子亦徽焉，朝朝相与辩。"

⑬　霍嫖姚，指西汉抗击匈奴名将霍去病。以其受封嫖姚校尉，故名。后亦借指守边立功的武将。唐杜甫《陪柏中丞观宴将士》诗之二："汉朝频选将，应拜霍嫖姚。"

⑭　至治元年，1321 年。

⑮　至治元年二月庚戌，1321 年 3 月 5 日。

⑯　礼闱，指古代科举考试之会试，因其为礼部主办，故称礼闱。

朔，入集贤院①供职。四月甲子②，扈跸③开平。与东平王继学待制、陈景仁都事同行。不任④鞍马，八日始达。留开平一百有五日，继学同邸⑤。八月甲寅⑥，还大都。得诗凡六十二首。道途良劳，心思凋落，姑录以记出处耳。是岁八月袁桷序。

○次韵继学途中竹枝词⑦（十首选其一）

云州山如五朵云，老松积铁⑧霾青春⑨。遂令古雪⑩不肯化，万杵千炉煎贡银。

○望云州

望云州里松花白，金阁山前木叶⑪丹。驻马摇鞭游不到，还家写作画图看。

○次韵李伯宗学士途中述怀（六首选其一）

山巍碛瘦马逶迟⑫，尽日⑬云阴变四时。晓度桑乾雪新作，倚松

---

① 集贤院，官署名。元置。掌提调学校，征求隐逸，及道教、阴阳、祭祀、占卜等事，设大学士等官。

② 至治元年四月甲子，1321 年 5 月 18 日。

③ 扈跸，随侍皇帝出行至某处。跸，指帝王的车驾或行幸之处。

④ 不任，不能忍受；不能胜任。

⑤ 邸，通"抵"。清朱骏声《说文通训定声·履部》："邸，叚借为抵。"

⑥ 至治元年八月甲寅，1321 年 9 月 5 日。

⑦ 竹枝词，是乐府《近代曲》之一。本为巴渝（今四川东部）一带民歌，唐诗人刘禹锡据以改作新词，歌咏三峡风光和男女恋情，盛行于世。后人所作也多咏当地风土或儿女柔情。其形式为七言绝句，语言通俗，音调轻快。

⑧ 积铁，堆积的铁。形容陡峭深黑。唐杜甫《铁堂峡》诗："峡形藏堂隍，壁色立积铁。"

⑨ 青春，指春天。春季草木茂盛，其色青绿，故称。《楚辞·大招》："青春受谢，白日昭只。"王逸注："青，东方春位，其色青也。"

⑩ 古雪，经久未化的积雪。唐李白《寻高凤石门山中元丹丘》诗："溪深古雪在，石断寒泉流。"

⑪ 木叶，树叶。《楚辞·九歌·湘夫人》："袅袅兮秋风，洞庭波兮木叶下。"

⑫ 逶迟，徐行貌；徘徊貌。《文选·谢庄〈宋孝武宣贵妃诔〉》："旌委郁于飞飞，龙逶迟于步步。"张铣注："逶迟，徐行貌。"

⑬ 尽日，犹终日，整天。

参坐[①]斗题诗。

○桑干岭

兹山西北来，旋转十二雷。昔人望乡处，生别何崔嵬[②]。我来坐绝顶，云汉[③]森昭回[④]。出日腾金钲[⑤]，积露流银台[⑥]。长空[⑦]不受暑，雪华散皑皑。毡车引绳过，屈曲肠九回。微踪愧三至[⑧]，南望心低徊[⑨]。长风[⑩]马耳迅，何当[⑪]赋归来。

○李老谷

层峦积明秀，深崦罘罳[⑫]围。千松受新雨，一一流珠玑[⑬]。少憩

---

① 参坐，三人同坐。《战国策·齐策二》："卫君为告仪、仪许诺，因与之参坐于卫君之前，犀首跪行，为仪千秋之祝。"高诱注："参，三人并也。"

② 崔嵬，本指有石的土山。后泛指高山。《诗·周南·卷耳》："陟彼崔嵬，我马虺隤。"毛传："崔嵬，土山之戴石者。"

③ 云汉，银河，天河。《诗·大雅·棫朴》："倬彼云汉，为章于天。"毛传："云汉，天河也。"

④ 昭回，谓星辰光耀回转。《诗·大雅·云汉》："倬彼云汉，昭回于天。"朱熹集传："昭，光也。回，转也。言其光随天而转也。"

⑤ 金钲，古乐器。比喻太阳。

⑥ 银台，传说中王母所居处。

⑦ 长空，指天空。天空辽阔无垠，故称。南朝梁萧统《弓矢赞》："杨叶命中，猿堕长空。"

⑧ 三至，三条原则；三项法则。《大戴礼记·主言》："曾子问：'敢问何谓三至？'孔子曰：'至礼不让而天下治，至赏不费而天下之士说，至乐无声而天下之民和。'"

⑨ 低徊，低回；留恋地回顾。徘徊，流连。

⑩ 长风，暴风；大风。

⑪ 何当，犹何日，何时。

⑫ 罘罳，音 fú sī。古代设在门外或城角上的网状建筑，用以守望和防御。《汉书·文帝纪》："未央宫东阙罘罳灾。"颜师古注："罘罳，谓连阙曲阁也，以覆重刻垣墉之处，其形罘罳然，一曰屏也。"按，《五行志上》作"罘思"。

⑬ 珠玑，诗文中常以比喻晶莹似珠玉之物。

倚崖广①，清湍②激林霏③。睡醒日亭午，隔溪啼秭归④。昔有山水癖，黾勉⑤登王畿⑥。欣此涧谷幽，亭亭白云飞。素心⑦傥自喻，出处谅无违⑧。

〇龙门

苍崖出双阙⑨，群山俯首⑩尊。阴风起晴雷，摩荡⑪昼日昏。铁峡拥逼仄⑫，百川为之奔。疑下有龙湫⑬，逞怪⑭蹲天门。潏兮出肤寸⑮，顷刻黄流浑。侧径出石壁，巨浸⑯存遗痕。缅昔设天险，事久难穷论。征衣⑰袭轻雨，神君⑱俨云根⑱。

---

① 广，音 yǎn，依山崖建造的房屋。又音 ān，同"庵"。草屋。

② 清湍，清激的急流。

③ 林霏，树林中的云气。宋欧阳修《醉翁亭记》："夫日出而林霏开，云归而岩穴暝。"

④ 秭鹃（guī），鸟名，即子规，今通称杜鹃。《史记·历书》："昔自在古，历建正作于孟春。于时冰泮发蛰，百草奋兴，秭鹃先滜（音 hào，古通嗥，鸣，叫）。"裴骃集解引徐广曰："秭音姊，鹃音规，子鹃鸟也。"笔者注，秭归与秭鹃当同。

⑤ 黾勉，亦作"黾俛"。勉励，尽力。《诗·邶风·谷风》："黾勉同心，不宜有怒。"毛传："言黾勉者，思与君子同心也。"

⑥ 王畿，古指王城周围千里的地域。泛指帝京。

⑦ 素心，本心；素愿。纯洁的心地。

⑧ 无违，没有违背；不要违背。特指不要违反礼法、天道。《论语·为政》："孟懿子问孝，子曰：'无违。'"杨伯峻注引黄式三《〈论语〉后案》："古人凡背礼者谓之违。"

⑨ 双阙，古代宫殿、祠庙、陵墓前两边高台上的楼观。

⑩ 俯首，低头。比喻屈服。

⑪ 摩荡，谓相切摩而变化。语本《易·系辞上》："是故刚柔相摩，八卦相荡。"孔颖达疏："阳刚而阴柔，故刚柔共相切摩更递变化也。"

⑫ 铁峡，泛指长江三峡一带。逼仄，亦作"逼侧"。狭窄。

⑬ 龙湫，上有悬瀑下有深潭谓之龙湫。

⑭ 逞怪，显示怪异。

⑮ 潏，音 yǔ。云兴起的样子。肤寸，借指下雨前逐渐集合的云气。唐王昌龄《悲哉行》："长云数千里，倏忽还肤寸。"

⑯ 巨浸，大水。指大河流。指洪水。

⑰ 征衣，旅人之衣。

⑱ 神君，神灵；神仙。旧时对贤明官吏的敬称。云根，深山云起之处。

○独石

乱石各参布，兹山以独称。磅礴太素①初，星陨②遗其形。磊落绝众③附，昂昂耿④晶荧。此土积阴冱⑤，草木无光精。疑有华表⑥人，宴坐陈废兴。前车何绳绳⑦，去马何腾腾⑧。问之了不应，油然白云升。

○晓发⑨

蓐食⑩慎王事⑪，晓星当前户。跨马官道行，细草泣寒露。乱石鸣琮琤⑫，啼鸟守荒树。行行未十里，问堠⑬坐当路。年衰胫力拘，望远弥窘步⑭。天风卷飞蓬，白日互吞吐。深知非世才，归耕誓

---

① 太素，古代谓最原始的物质。《列子·天瑞》："太素者，质之始也。"引申为天地。

② 星陨，天星坠落。

③ 磊落，壮伟貌；俊伟貌。绝众，超群出众。

④ 昂昂，耿介貌（高耸突兀貌。正直不阿，廉洁自持）。耿，光明。有骨气，刚正不阿。

⑤ 阴冱，阴沉而凝聚不散。

⑥ 华表，古代用以表示王者纳谏或指示道路的木柱。晋崔豹《古今注·问答释义》："程雅问曰：'尧设诽谤之木，何也？'答曰：'今之华表木也。以横木交柱头，状若花也，形似桔槔，大路交衢悉施焉。或谓之表木，以表王者纳谏也。亦以表识衢路也。'"

⑦ 绳绳，众多貌；绵绵不绝貌。《诗·周南·螽斯》："螽斯羽，薨薨兮。宜尔子孙，绳绳兮。"朱熹集传："绳绳，不绝貌。"

⑧ 腾腾，形容某种情状达到厉害的程度。

⑨ 该诗描写扈从途中早晨出发情景，据诗前一首为《独石》，后一首为《合门岭》，推测当为在独石至合门岭之间驿站所作，应为赤城境内，故选入本辑。

⑩ 蓐食，早晨未起身，在床席上进餐。谓早餐时间很早。《史记·淮阴侯列传》："亭长妻患之，乃晨炊蓐食。"裴骃集解引张晏曰："未起而床蓐中食。"

⑪ 王事，王命差遣的公事。

⑫ 琮琤，象声词，琤，音 chēng。象声词，玉器相击声，琴声或水流声。

⑬ 堠，①古代瞭望敌情的土堡。本作"候"。《字汇·土部》："堠，斥堠。斥，度也；堠，望也，以望烽火也。"②古代记里程的土堆。《玉篇·土部》："堠，牌堠，五里一堠。"《正字通·土部》："堠，封土为台，以记里也。十里双堠，五里双堠。"

⑭ 窘步，步履艰难。

先墓①。

○合门岭②

寒沙高冈聚，积溜③开土门。地媪④神功奇，兹焉奉帝尊。先皇⑤岁巡幸，属车烂华轩⑥。令严植前茅⑦，高下相攀援。鱼贯⑧别后殿⑨，蚁行定前屯。飞丸落千尺，瞥裂⑩惊危辕。履险深自持，人情戒居安。寒云蔽出日，去去逾前村。

○赤城

兹山浴晓日，墙壁流丹砂⑪。昔闻天台峰⑫，云受珠宫霞。地气有南北，变化无殊差。埴坟⑬登禹书，赪壤⑭劳民⑮嗟。感彼山上松，

---

①　归耕，回家耕田。谓辞官回乡。誓先墓，《晋书·王羲之传》："时骠骑将军王述少有名誉，与羲之齐名，而羲之甚轻之，由是情好不协……述后检察会稽郡，辩其刑政，主者疲于简对。羲之深耻之，遂称病去郡，于父母墓前自誓。"后因以"誓墓"称去官归隐。

②　合门岭，今名浩门岭。

③　积溜，亦作"积霤"。滞积的水流。元袁桷《李成古木》诗："层阴舞玄蛟，积溜落银茧。"

④　地媪，地神。《汉书·礼乐志》："惟泰元尊，媪神蕃厘。"颜师古注："言天神至尊，而地神多福也。"

⑤　先皇，指仁宗李儿只斤爱育黎拔力八达。

⑥　华轩，指富贵者所乘的华美的车子。

⑦　前茅，古代行军时的前哨斥候。遇敌情则举旌向后军示警。引申为先头部队、先行者。

⑧　鱼贯，游鱼先后接续。比喻一个挨一个地依序进行。

⑨　后殿，行军时居于尾部者。

⑩　瞥裂，瞥列亦作"瞥裂"。迅疾貌。

⑪　丹砂，亦作"丹沙"。即朱砂。矿物名。色深红，古代道教徒用以化汞炼丹，中医作药用，也可制作颜料。指古赤城山的颜色。明正德《宣府镇志》：赤山，赤城东五里，山石多赤。

⑫　天台峰，山名。在浙江天台县北。

⑬　埴坟，《书·禹贡》："厥土赤埴坟。"孔传："土黏曰埴。"后以"埴坟"指轻粘土和壤土。

⑭　赪壤，红土。古代用以涂饰墙壁。赪音chēng，红色。

⑮　劳民，使人民劳苦。

黑铁留槎牙①。形色有正性②，染入徒增夸。至今温泉下，金鼎烹灵芽。

◎开平第四集壬戌③（卷16）

至治二年三月甲戌④，改除翰林直学士。四月乙丑⑤，出健德门，买小车卧行。八日，至开平，舍于崇真宫。有旨：道士免扈从，宫中阒⑥无人声。车驾五月中旬始至。书诏简绝⑦，仅为祝文⑧十三道已入内制。悲愉感发一寓于诗，而同院亦寡倡和⑨，率意为题得一百篇。闰五月，上幸五台山，以实录未毕，趣史院官属咸还京。是月丁巳发，癸亥还寓舍。五月，滦阳大寒。闰月，道中大暑。观是诗者，亦足知夫驰驱之为劳，隐逸之为可慕也。六月丁卯朔⑩，桷叙。

○李老峪山水深类先公墓田左右悠然白云之思（卷16）

积翠⑪发层峦，恍然家山⑫图。阴窦水屈曲，古树云扶疏⑬。是时月新出，归雁飞踌躇。疑我久离乡，问我今何如。云昔所种松，

---

① 槎牙，亦作"槎丫""槎岈"。树木枝杈歧出貌。宋王安石《虎图》诗："槎牙死树鸣老乌，向之俯喝如哺雏。"

② 正性，自然的禀性；纯正的禀性。

③ 壬戌，至治二年，1322年。

④ 至治二年三月甲戌，1322年3月24日。

⑤ 四月乙丑，1322年5月14日。

⑥ 阒，音qù，形容寂静。

⑦ 简绝，简单明确。

⑧ 祝文，古代祭祀神鬼或祖先的文辞。

⑨ 倡和，一人首唱，他人相和，互相应答。语出《诗·郑风·萚兮》："叔兮伯兮，倡予和女。"《礼记·乐记》："倡和清浊。"孔颖达疏："先发声者为倡，后应声者为和。"

⑩ 六月丁卯朔，1322年7月15日。

⑪ 积翠，翠色重叠。形容草木繁茂。指青山。

⑫ 家山，谓故乡。唐钱起《送李栖桐道举擢第还乡省侍》诗："莲舟同宿浦，柳岸向家山。"

⑬ 扶疏，枝叶繁茂分披貌。

灵籁①吹笙竽。总角②守庭训③,六籍师鸿儒④。幸以铅椠⑤勤,三入承明庐⑥。风景果有似,举目谅不殊。信美非我土,誓言敢终渝。

○行路难五首(选其一)

桑干岭上十八盘,赫日⑦东出红团团。回头平田树如发,北去沙石河弥漫。青帘高低知客倦,劝汝一杯下前坂。马蹄护铁声琤琤,帖石朱栏⑧列危栈⑨。度岭林昏泊官驿,冰涌虚泥逾五尺。马行犹知泥浅深,重车没踝路莫寻。

○龙门

君恩八度过龙门⑩,眼见蜿蜒守黑云。漠漠沙田荒砾满,空将霖雨⑪一溪分。

巨灵⑫何日擘⑬双门,千古英雄底死⑭论。落日碎金寒涧里,销

---

① 灵籁,优美动听的乐音。

② 总角,古时儿童束发为两结,向上分开,形状如角,故称总角。《诗·齐风·甫田》:"婉兮娈兮,总角丱(guàn,古代儿童束的上翘的两只角辫)兮。"郑玄笺:"总角,聚两髦也。"孔颖达疏:"总角聚两髦,言总聚其髦以为两角也。"借指童年。

③ 庭训,《论语·季氏》记孔子在庭,其子伯鱼趋而过之,孔子教以学《诗》《礼》。后因称父教为庭训。泛指家教。

④ 六籍,即六经。鸿儒,大儒。泛指博学之士。

⑤ 铅椠,古人书写文字的工具。铅,铅粉笔;椠,木板片。语出《西京杂记》卷三:"扬子云好事,常怀铅提椠,从诸计吏,访殊方绝域四方之语。"亦指写作,校勘。

⑥ 承明庐,汉承明殿旁屋,侍臣值宿所居,称承明庐。又三国魏文帝以建始殿朝群臣,门曰承明,其朝臣止息之所亦称承明庐。后以入承明庐为入朝或在朝为官的典故。

⑦ 赫日,红日。前蜀韦庄《上春词》:"瞳眬赫日东方来,禁城烟暖蒸青苔。"

⑧ 朱栏,朱红色的围栏。

⑨ 危栈,高而险的栈道。

⑩ 按,作者袁桷曾四次扈从元帝巡幸上都,将每次诗文整理为一集,作开平四集,恰往返龙门八次,即"八度过龙门"。每次过龙门的年度在诗题后均标注,惟开平第二集无有关赤城诗,在此注明第二集为"己未",即延祐六年,1319 年。

⑪ 霖雨,连绵大雨。

⑫ 巨灵,神话传说中劈开华山的河神。泛指神灵。谓巨大而强有力。

⑬ 擘,音 bò。分开;剖裂。《说文·手部》:"擘,撝(huī)也。"段玉裁注:"今俗语谓裂之曰擘开。"又音 bāi,同"掰"。

⑭ 底死,竭力,拼命。底,通"抵"。

磨犹是仆姑①痕。

◎戏题开平四集

开平四集诗百首，不是故歌行路难。竹簟②暑风茅屋下，它年拟作画图看。

---

① 仆姑，即金仆姑。箭名。泛指良箭。

② 竹簟，竹席。簟音diàn，竹席。

8. 《近光集》《扈从集》

【题解】　《近光集》3 卷、《扈从集》1 卷，元周伯琦撰。周伯琦（1298～1369 年），字伯温，号玉雪坡真逸，晚号坚白老人。鄱阳（今属江西）人。其父周应极至大年间为翰林待制。周伯琦自幼随父游京师，入国学。以荫授海南县主簿，三转为翰林修撰。至正元年（1341 年），任宣文阁授经郎。此后屡次转官，皆在宣文、崇文之间。顺帝尝呼其字伯温而不名。特命为广东廉访司佥事。至正八年召入为翰林待制，累升直学士。至正十二年，与贡师泰同擢监察御史，两人皆为南士之望。后因劾御史刘希曾，受时论非议。在江东肃政廉访使任上，因失陷宁国，为南台御史余观纠劾。至正十七年，奉命招谕张士诚，张士诚降元。周伯琦留在张士诚占据的平江，十余年不得离境。张士诚被朱元璋攻破，才还归鄱阳，不久就去世于故里。周伯琦工书法，曾撰《六书正讹》5 卷、《说文字原》1 卷，今均存。有诗文稿若干卷，今存《周翰林近光集》3 卷，是作于后至元六年到至正五年之间的诗；《扈从集》1 卷，是作于至正十二年扈从上都之作。

本辑据《近光集》《扈从集》（台湾商务印书馆发行《景印文渊阁四库全书》影印本，总第 1214 册集部第 153 册）标点，辑录有关赤城的诗，这些诗为周伯琦扈从元帝两都（大都、上都）巡幸途中所作。

《近光集》

◎龙门（《近光集》卷 1，第 509 页）

龍門

兩山屹立地望尊天作上京之南門雷雨低垂銀漢近

蛟龍出没碧濤翻曾崖雲合泉聲冷陰壑冰森晝影昏

自是職方形勢大祝融太白播籬藩

次韻王師魯待制史院題壁二首

大安御閣執岩亭華闕中天壯上京虹繞金隄晴浪細

龍蟠粉堞翠岡平眾星拱北乾坤大萬國朝元日月明

分署玉堂清似水簫韶時聽鳳凰聲

近光集　二

周伯琦《近光集》书影

两山屹立地望尊，天作上京^①之南门。雷雨低垂银汉^②近，蛟龙出没碧涛翻。曾崖^③云合泉声冷，阴壑^④冰森昼影昏。自是职方^⑤形势^⑥大，祝融太白^⑦播^⑧篱藩。

◎过枪竿岭二首（《近光集》卷1，第511页）

风雨过枪竿，升高不惮难^⑨。黑云侵帽湿，碧树拂衣寒。孤庙依危壁^⑩，飞泉走激湍。茅檐梦初熟，笑我据征鞍^⑪。

高岭薄青天，晨光晻蔼^⑫间。云中数十里，马上万重山。金井^⑬

---

① 上京，古代对国都的通称。这时应指上都。元初于滦河北岸建开平府，世祖中统五年（1264年）加号上都，岁常巡幸，终元一代与大都并称两都。故址在今内蒙古多伦西北上都河北岸。《元典章·诏令·建国都诏》："中统五年八月日钦奉圣旨中书省奏：开平府阙庭所在，加号上都，外燕京修营宫室，分立省部，四方会同，乞亦正名事。准奏。"

② 银汉，天河，银河。

③ 曾崖，重叠的山崖。南朝齐谢朓《答张齐兴》诗："曾崖寂且寥，归轸逝言陟。"

④ 阴壑，幽深的山谷，背阳的山谷。

⑤ 职方，犹版图。泛指国家疆土。

⑥ 形势，亦作"形埶（埶音 shì，古通'势'）"。地理状况；地势。指地形险要。宋秦观《鲜于子骏行状》："公以剑门形势之地，当分权以制内外。"《全元诗》（中华书局本，据日本静嘉堂文库藏明刊本《周翰林近光集》，下同）作"形埶"。

⑦ 祝融，神名。帝喾时的火官，后尊为火神，命曰祝融。亦以为火或火灾的代称。太白，星名，即金星。又名启明、长庚。《史记·天官书》："察日行以处位太白。"司马贞索隐："太白晨出东方，曰启明。"

⑧ 播，《全元诗》作"总"。

⑨ 惮难，畏难。

⑩ 危壁，陡峭的山崖。

⑪ 征鞍，犹征马。指旅行者所乘的马。唐杜审言《经行岚州》诗："自惊牵远役，艰险促征鞍。"

⑫ 晻蔼，阴暗。《楚辞·离骚》："扬云霓之晻蔼兮，鸣玉鸾之啾啾。"洪兴祖补注："晻蔼，暗也，冥也。晻，乌感切。"

⑬ 金井，井栏上有雕饰的井。一般用以指宫庭园林里的井。

龙嘘雾，青林①豹隐斑②。西风征被③冷，俯视隘人寰④。

◎九月一日还自上京途中纪事十首（《近光集》卷1，第515页。选其四）

侵晨⑤度偏岭，凛凛气何偏。独石出平地，青山半似燕。近郊初见树，夹道更流泉。向午⑥衣频减，羁怀⑦始豁然⑧。

龙门天下壮，只尺异寒暄⑨。云气东西接，泉声日夜喧。柳榆环岸堑，瓜瓞⑩拥篱樊⑪。颇似燕南道，农家各有村。

高岭号枪竿，危亭⑫揭岭颠。四山皆培塿⑬，万里尽平川。草树秋犹秀，冰霜石半坚。全燕归眼底，佳气郁中天。

---

①　青林，清静的山林。青，通"清"。

②　豹隐，汉刘向《列女传·陶答子妻》："妾闻南山有玄豹，雾雨七日而不下食者，何也？欲以泽其毛而成文章也，故藏而远害。"后因以"豹隐"比喻洁身自好，隐居不仕。斑，《全元诗》作"班"。

③　被，《全元诗》作"袂"。

④　人寰，人间；人世。南朝宋鲍照《舞鹤赋》："去帝乡之岑寂，归人寰之喧卑。"

⑤　侵晨，天快亮时，拂晓。

⑥　午，《全元诗》作"晚"。向午，临近中午。

⑦　羁怀，羁怀亦作"羁怀"。寄旅的情怀。羁，音jī，古同"羁"。《全元诗》作"羁怀"。

⑧　豁然，开阔貌；开朗貌。

⑨　寒暄，冷暖。犹冬夏。指岁月。

⑩　瓜瓞，喻子孙蕃衍，相继不绝。《诗·大雅·绵》："绵绵瓜瓞，民之初生，自土沮漆。"朱熹集传："大曰瓜，小曰瓞。瓜之近本初生常小，其蔓不绝，至末而后大也。"

⑪　篱樊，篱笆。比喻限制范围。瓞音dié，小瓜。

⑫　危亭，耸立于高处的亭子。唐白居易《春日题干元寺上方最高峰亭》诗："危亭绝顶四无邻，见尽三千世界春。"

⑬　培塿，本作"部娄"。小土丘。《左传·襄公二十四年》："部娄无松柏。"杜预注："部娄，小阜。"汉应劭《风俗通·山泽·培》引《左传》作"培塿"。塿音lǒu。

洪赞地何高，居人汲井^①劳。二钱博^②斗水，百文曳修绹^③。石乱山余骨，沙深溪不毛。岂知江海上，终日厌波涛。

◎题李谷老^④观音壁（《近光集》卷1，第515页）

青山如波涛，汹涌无涯涘^⑤。危标会其交，拔地相对峙。何年凿空^⑥翠，潇洒见佛寺。云烟护重阛，蛟龙固灵址^⑦。松风振檐铃^⑧，柳露洒窗纸。雨花古岩空，漱石飞泉驶。孰知居庸关^⑨，有境乃如此。境幽物色奇，心豁眼无滓。俯视征途中，车马尘靡靡。陟^⑩高重盘桓^⑪，虚轩屡徙倚^⑫。悠然悟真幻，上马复少止。

◎题云州老人刘寿云诗卷（《近光集》卷2，第530页）

云州州在万山间，万骑年年来往喧。独向白云深处住，不知人世有高轩^⑬。

---

① 汲井，汲取井水。唐．柳宗元《晨诣超师院读禅经》诗："汲井漱寒齿，清心拂尘服。"

② 博，贸易，换取。《古今韵会举要·药韵》："博，贸易也。"张相《诗词曲语辞汇释》："博，犹换也。"

③ 曳，音 yè。拖、牵引。绹，绳索。

④ 李谷老，《全元诗》作"李老谷"，是也。

⑤ 涯涘，水边；岸、边际；界限。涘音 sì，水边。

⑥ 凿空，开通道路。《史记·大宛列传》："然张骞凿空，其后使往者皆称博望侯。"裴骃集解引苏林曰："凿，开；空，通也。骞开通西域道。"

⑦ 灵址，对坛基的美称。《文选·潘岳〈藉田赋〉》："结崇基之灵址兮，启四涂之广阼。"刘良注："址，坛之基也。"

⑧ 檐铃，即檐马（也称风铃、铁马。挂在檐下，用以占风的金属小片，风起则丁东作声）。

⑨ 居庸关，《全元诗》作"居庸北"。

⑩ 陟，音 zhì。登，由低处向上走，与"降"相对。《尔雅·释诂》："陟，升也。"《说文·阜部》："陟，登也。"

⑪ 盘桓，盘旋；曲折回绕。

⑫ 徙倚，犹徘徊；逡巡。《楚辞·远游》："步徙倚而遥思兮，怊惝恍而乖怀。"王逸注："彷徨东西，意愁愤也。"

⑬ 高轩，①堂左右有窗的高敞的长廊。②高车。贵显者所乘。亦借指贵显者。

东阡①种粟西畦菜，凿石得泉如蜜甜。土酥②瀹③羹可供客，绕膝孙曾挽白髯。

《扈从集》

◎前序（第 542～543 页）

至正十二年岁次壬辰四月④，予由翰林直学士、兵部侍郎拜监察御史。视事之第三日，实四月二十六日⑤，大驾北巡上京，例当扈从。是日启行，至大口留信宿⑥。历皇后店、皂角，至龙虎台，皆巴纳也。国语曰：巴纳者，犹汉言宿顿⑦所也。龙虎台在昌平县境，又名新店，距京师仅百里。五月一日，过居庸关而北，遂自东路至瓮山。明日，至鸡坊，在缙山县之东。缙山轩辕缙云氏山，山下地沃衍宜粟，粒甚大，岁供内膳⑧。今名龙庆州者，仁庙降诞其地故也。州前有涧，名芧水，风物可爱。又明日，入黑谷，过色珍岭，其山高峻曲折而上，凡十八盘，而即平地。遂历龙门及黑石头，过黄土岭至程子头。又过穆尔岭至颉家营，历拜达勒至沙岭。自车坊黑谷至此，凡三百一十里，皆山路崎岖，两岸悬崖陟壁，深林复谷，中则乱石荦确⑨，涧水合流，淙淙终日，关有桥浅处，马涉颇囏⑩，人

---

① 阡，田野。

② 土酥，①本地出产的酥酪。唐杜甫《病后过王倚饮赠歌》："长安冬菹酸且绿，金城土酥净如练。"仇兆鳌注："赵曰：'土酥者，土产之酥。'梦弼曰：'酥，牛羊乳所为，色白如练也。'"②芦菔，即萝卜。宋陈达叟《本心斋蔬食谱》："土酥，芦菔也。一名地酥。作玉糁羹。"

③ 瀹，音 yuè。煮。浸渍。

④ 至正十二年，1352 年。

⑤ 四月二十六日，1352 年 6 月 8 日。

⑥ 信宿，连宿两夜。《诗·豳风·九罭》："公归不复，于女信宿。"毛传："再宿曰信；宿，犹处也。"

⑦ 宿顿，临时寄宿。

⑧ 内膳，旧称皇后的膳食。

⑨ 荦确，亦作"荦碻""荦埆""荦峃"。怪石嶙峋貌。荦音 luò。

⑩ 囏，音 jiān。古同"艰"。

烟并村坞，僻处二三十家，各成聚落，种蓺①自养。山路将尽，两山尤奇耸，高出云表，如洞门，然林木茂郁，多巨材，近沙岭则土山连亘，堆阜连络，惟青草而已，地皆白沙，深没马足，故岭以是名。过此则朔漠平川如掌，天气陡凉，风物大不同矣。遂历哈扎尔，至什巴尔台，其地多泥淖，以国语名，又名牛群头。其地有驿，有邮亭，有巡检司，阛阓②甚盛，居者三千余家，驿路至此相合而。北皆刍牧之地，无树木，遍生地椒、野苬、香葱、韭，芳气袭人。草多异花五色，有名金莲者，绝似荷花而黄尤异。至察罕诺尔，云然者犹汉言白海也，其地有水泼汪洋，而深不可测，下有灵物，气皆白雾，其地有行在宫，曰亨嘉殿，阙廷③如上京而杀焉。置云需总管府，秩三品，以掌之。沙井水甚甘洁，酿酒以供上用。居人可二百余家，又作土屋养鹰，名鹰房，云需府宫多鹰人也，驻跸于是秋必猎校焉。此去巴纳，曰郑谷店，曰明安驿、泥河儿，曰李陵台驿、双庙儿，遂至桓州，曰六十里店，桓州即乌丸地也。前至南坡店去上京止一舍④耳，以是月十九日抵上京，历巴纳凡十有八，为里七百五十有奇，为日二十四。大抵两都相望，不满千里。往来者有四道焉，曰驿路，曰中路二，曰西路。东路二者，一由黑谷，一由古北口，古北口路，东道御史按行处也。予往年职馆阁⑤，虽屡分署上

---

① 蓺，音 yì。古同"艺"。种艺，犹种植。旧题唐柳宗元《龙城录·宋单父种牡丹》："洛人宋单父字仲孺，善吟诗，亦能种艺术。"

② 阛阓，音 huán huì。街市；街道。《文选·左思<魏都赋>》："班列肆以兼罗，设阛阓以襟带。"吕向注："阛阓，市中巷绕市，如衣之襟带然。"借指店铺；商业。

③ 阙廷，亦作"阙庭"。朝廷。亦借指京城。

④ 一舍，古以三十里为一舍。《左传·僖公二十八年》"退三舍辟之。"晋杜预注："一舍三十里。"亦泛指较远的距离。

⑤ 馆阁，北宋有昭文馆、史馆、集贤院三馆和秘阁、龙图阁等阁，分掌图书经籍和编修国史等事务，通称"馆阁"。

京，但由驿路而已，黑谷辇路未之前行也。因忝法曹①，肃清毂下②，遂得乘驿，行所未行，见所未见，每岁扈从皆国族大臣，及环卫有执事者，若文臣仕至白首，或终身不能至其地也，实为旷遇。所至赋诗以纪风物得二十四首，惜笔力拙弱，不能尽述也，虽然观此亦大略可知矣。鄱阳周伯琦自叙。

◎纪行诗（二十四首选其一，《扈从集》，第543页）

○龙门

逾险梦频悸，循夷气始愉。千岩奇互献，万壑势③争趋。峭壁剑门壮，重梁星渚④纡。凡鳞期变化，雷雨在斯须⑤。

---

① 法曹，汉代掌管邮递驿传的官署。

② 毂下，辇毂之下。旧指京城。《文选·任昉〈齐竟陵文宣王行状〉》："神皋载穆，毂下以清。"李善注引胡广《汉官解故》注："毂下，喻在辇毂之下，京城之中也。"

③ 势，《全元诗》作"埶"。

④ 星渚，银河中的小洲。亦指银河。

⑤ 斯须，斯臾；片刻。《礼记·祭义》："礼乐不可斯须去身。"郑玄注："斯须，犹须臾也。"

9.《马石田文集》

【题解】　《马石田文集》15 卷，元马祖常撰。马祖常（1279～1338 年），字伯庸，号石田。色目雍古氏，也里可温，占籍光州（河南潢川）人。以浚仪（河南开封）为郡望。元史名臣马润之子。延祐二年首科进士，授翰林应奉，擢监察御史。元英宗至治年间，历翰林待制。泰定元年除典宝少监，累迁翰林直学士、礼部尚书，至顺元年，参议中书省事，拜南御史台中丞。元顺帝即位，仕至御史中丞。享年六十，谥文贞。在朝野有广泛知名度，长期与王士熙、袁桷等唱和于馆阁，对馆阁诗人群体开成，影响颇大。有诗文集《马石田文集》15 卷。

本辑据《马石田文集》（国家图书馆网站中华古籍资源库数字古籍，馆藏书号：07105，出版发行项：明弘治六年）标点、辑录有关赤城的诗，这些诗为马祖常扈从上都途经赤城所作。标题后页码为古籍中缝处所标页码。

◎六月七日至昌平赋养马户（卷1，第15页，五言古诗）

马足与石斗，石齿啮马足。足跋背生疮，突兀瘦见骨。官家日有事，陆续使者出。使者贵臣子，骑驰①日逐毂。驿吏②报马毙，鞭挞寡妇哭。寡妇养马户，前年夫死役。占籍③广川郡，有田种菽粟。

---

① 骑驰，骑马奔驰。
② 驿吏，驿站的胥吏。
③ 占籍，上报户口，入籍定居。

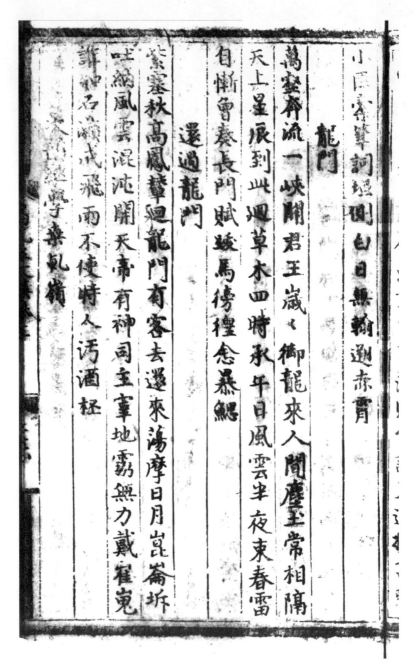

小臣奉韶倒側白日無翰遍赤霄

龍門

萬壑奔流一峽開君王歲歲御龍來人間塵土常相隔
天上星辰到此迴草木四時承午日風雲半夜東春雷
自慚曾奏長門賦蜻蜓馬傍徑念慕鯤

遷過龍門

紫塞秋高鳳輦廻龍門有客去遷來湯摩日月崑崙坼
吐納風雲混沌開天帝有神司主軍地霸無力戴崔嵬
許神石瀨成飛雨不使特人污酒杯

马祖常《马石田文集》书影

翁姑①昔时在②，城邑复有屋。连岁水兼旱，洊饥③罹不淑④。夫死翁姑亡，田屋尽质鬻⑤。寡妇自养马，远适雕窝谷。绩纺无麻丝，头葆⑥胫肤黑。塞下藜苋⑦小，空釜煮水泣。驿吏鞭买马，磨笄⑧向山石。安得天雨金，马壮口有食。

◎奉和王仪伯参议龙门（第1册，卷1，第20页，五言古诗）

众镇列方国⑨，兹山入丛霄。隐雷郁夜壑⑩，奔淙⑪剧春潮。跛鳖不可升，负鳌讵能超。娲炼⑫役万神，禹凿劳百僚⑬。我行当晨兴，鸡鸣马萧萧。岿⑭焉⑮见阊阖⑯，烟云限纷嚣。所乐镐京⑰从，敢

---

① 翁姑，公婆。

② 昔时在，《全元诗》作"昔在时"。

③ 洊饥，连年饥荒。宋陆游《思蜀》诗："白首躬耕遇洊饥，江南自笑欲畴依。"洊音jiàn，古同"荐"，再；屡次，接连。

④ 不淑，吊问之词。犹言不幸。

⑤ 质鬻，典押出卖。

⑥ 葆，草丛生。亦指丛生的草。《汉书·燕刺王刘旦传》："当此之时，头如蓬葆，勤苦至矣，然其赏不过封侯"颜师古注："草丛生曰葆。"

⑦ 藜苋，藜和苋。泛指贫者所食之粗劣菜蔬。

⑧ 磨笄，即摩笄山，古山名。即今河北张家口市东南鸡鸣山。《史记·赵世家》：襄子杀代王，其姊代夫人闻之，"泣而呼天，摩笄自杀。代人怜之，所死地名之为摩笄之山"。即此。相传每夜有野鸡群鸣于祠屋上，张望亦名鸡鸣山。

⑨ 方国，四方诸侯之国；四邻之国。泛指天下，国家。

⑩ 夜壑，谓幽深的山谷。

⑪ 淙，音cóng。小水流入大水。也指水流会合处。

⑫ 娲炼，中国神话传说中人类的始祖女娲氏，传说她与伏羲由兄妹而结为夫妇，产生人类。又传说她曾用黄土造人，炼五色石补天，断鳌足支撑四极，平治洪水，驱杀猛兽，使人民得以安居。并继伏羲而为帝。

⑬ 百僚，亦作"百寮"。百官。《书·皋陶谟》："百僚师师，百工惟时。"孔传："僚、工，皆官也。"

⑭ 岿，高峻独立貌。

⑮ 焉，《全元诗》作"马"。

⑯ 阊阖，音chāng hé。传说中的天门。《楚辞·离骚》："吾令帝阍开关兮，倚阊阖而望予。"王逸注："阊阖，天门也。"

⑰ 镐京，古都名。西周国都。故址在今陕西省西安市西南沣水东岸。借指京都。

赋淮南招。摛辞①造鹓行②，藻思③芳年雕。饮酒辄亦醉，泛泛风鸥飘。日畿④夫容衢，玉辀九天遥。高咏青云篇，翘首扶桑朝⑤。

◎题惠崇画（第2册，卷2，第1页，七言古诗）

龙门千尺梧桐树，多在石崖悬绝处。上有古巢生凤凰，凤凰台高山水长。吴蚕⑥八茧白云丝，画史⑦落笔光陆离⑧。江天万里莫射雁，春草年年出湖岸。

◎石田山居八首（第2册，卷2，第27页，选其一，五言律诗）

甲子人愁雨，河田麦已丹。岁凶捐瘠⑨众，天远祷祠⑩难。贾客⑪还沽酒⑫，王孙⑬自饱餐。更怜鏖面黑，征戍出桑乾。

◎次韵王参议寄上京胡安常诸公四首（第2册，卷3，第9页，

---

① 摛辞，亦作"摛词"。铺陈文辞。摛音 chī。

② 鹓行，指朝官的行列。鹓音 yuān。

③ 藻思，做文章的才思。

④ 日畿，亦称"日圻"。京畿。国都及其附近的地方。

⑤ 扶桑，①神话中的树名。《山海经·海外东经》："汤谷上有扶桑，十日所浴，在黑齿北。"郭璞注："扶桑，木也。"②传说日出于扶桑之下，拂其树杪而升，因谓为日出处。亦代指太阳。朝，《全元诗》作"摇"。

⑥ 吴蚕，吴地之蚕。吴地盛养蚕，故称良蚕为吴蚕。

⑦ 画史，犹画师。

⑧ 陆离，①光彩绚丽貌。《淮南子·本经训》："五采争胜，流漫陆离。"高诱注："陆离，美好貌。"②参差错综貌。《文选·扬雄〈甘泉赋〉》："声骈隐以陆离兮，轻先疾雷而驱遗风。"李善注："《广雅》曰：陆离，参差也。"

⑨ 捐瘠，饥饿而死。《汉书·食货志上》："尧禹有九年之水，汤有七年之旱，而国亡捐瘠者，以畜积多而备先具也。"颜师古注："孟康曰：'肉腐为瘠。捐，骨不埋也。'瘠，瘦病也。言无相弃捐而瘦病者耳。"

⑩ 祷祠，谓向神求福及得福而后报赛以祭。《周礼·春官·丧祝》："掌胜国邑之社稷之祝号，以祭祀祷祠焉。"贾公彦疏："祷祠，谓国有故祈请，求福曰祷，得福报赛曰祠。"

⑪ 贾客，商人。

⑫ 沽酒，从市上买来的酒；买酒。

⑬ 王孙，王的子孙。后泛指贵族子弟。

选其一,七言律诗)

省中①温树昼阴阴,郎署②熏衣尽麝沉③。星近紫垣明上界④,日行黄道⑤对天心。和鸾⑥秋驾车尘静,佩玉朝鸣漏水深。好乞龙门滩上石,种桐千尺断⑦为琴。

◎龙门(第2册,卷3,第26页,七言律诗)

万壑奔流一峡开,君王岁岁御龙⑧来。人间尘土常相隔,天上星辰到此回。草木四时承午日,风云半夜束春雷。自惭曾奏《长门赋》⑨,跋马⑩彷徨念暴腮⑪。

◎还过龙门(第2册,卷3,第26页,七言律诗)

① 省中,宫禁之中。

② 郎署,汉唐时宿卫侍从官的公署。代称皇帝的宿卫、侍从官。

③ 麝沉,浓郁的香味。

④ 紫垣,星座名。常借指皇宫。上界,天界。指仙佛所居之地。

⑤ 黄道,地球一年绕太阳转一周,我们从地球上看成太阳一年在天空中移动一圈,太阳这样移动的路线叫作黄道。

⑥ 和鸾,古代车上的铃铛。挂在车前横木上称"和",挂在轭首或车架上称"鸾"。《诗·小雅·蓼萧》:"和鸾雝雝,万福攸同。"毛传:"在轼曰和,在镳曰鸾。"

⑦ 断,世界书局印行《景印摛藻堂四库全书》作"斫"。

⑧ 御龙,帝王近卫官卒。

⑨ 长门赋,赋篇名。题西汉司马相如作。赋写武帝陈皇后失宠,细腻地刻画了宫廷女子的心理及其孤独悲哀的境遇,抒情委婉曲折。开宫怨文学的先河。

⑩ 跋马,勒马使回转。《资治通鉴·唐高祖武德九年》:"建成、元吉至临湖殿,觉变,即跋马东归宫府。"胡三省注:"跋马者,摇驶马衔,偏促一辔,又以两足摇鼓马腹,使之回走。"

⑪ 曝鳃亦作"曝腮"。喻挫折、困顿。腮,《全元诗》作"鳃"。

紫塞①秋高凤辇②回，龙门有客去还来。荡摩③日月昆仑坼④，吐纳风云混沌⑤开。天帝有神司主宰，地灵无力戴崔嵬⑥。谁知石濑⑦成飞雨，不使时人污酒杯。

◎次韵继学桑乾岭（第2册，卷3，第26页，七言律诗）

云间酒旆⑧揭高竿，苍翠烟霞⑨屋下看。一径似肠萦鸟道⑩，几人如艇泛松澜。龙门有路天津湿⑪，剑阁无铭石骨⑫寒。便欲乘风凌倒景，八公⑬先到我刘安⑭。

◎次韵李行斋集贤二首（第2册，卷3，第27页，七言律诗，

---

① 紫塞，北方边塞。晋崔豹《古今注·都邑》："秦筑长城，土色皆紫，汉塞亦然，故称紫塞焉。"

② 凤辇，晋王嘉《拾遗记·周穆王》："西王母乘翠凤之辇而来。"后用"凤辇"称仙人的车乘。这里指皇帝的车驾。

③ 荡摩，亦作"荡磨"。谓相切摩而变化。语本《易·系辞上》："是故刚柔相摩，八卦相荡。"孔颖达疏："阳刚而阴柔，故刚柔共相切摩更递变化也。"

④ 坼，音 chè。裂开。

⑤ 混沌，古代传说中指世界开辟前元气未分、模糊一团的状态。比喻自然淳朴的状态。

⑥ 崔嵬，①本指有石的土山。后泛指高山。《诗·周南·卷耳》："陟彼崔嵬，我马虺隤。"毛传："崔嵬，土山之戴石者。"②高耸貌；高大貌。《楚辞·九章·涉江》："带长铗之陆离兮，冠切云之崔嵬。"王逸注："崔嵬，高貌。"

⑦ 石濑，水为石激形成的急流。《楚辞·九歌·湘君》："石濑兮浅浅，飞龙兮翩翩。"王逸补注："濑，湍也。"

⑧ 酒旆，即酒旗。①星座名。在轩辕星南。②即酒帘。酒店的标帜。

⑨ 烟霞，烟雾；云霞。泛指山水、山林。

⑩ 鸟道，险峻狭窄的山路。

⑪ 天津，①银河。《楚辞·离骚》："朝发轫于天津兮，夕余至乎西极。"王逸注："天津，东极箕斗之闲，汉津也。"②星名。位于北方七宿中的女宿之北，凡九星。在银河分支处，故称。③指天津桥。

⑫ 石骨，坚硬的岩石。

⑬ 八公，汉淮南王刘安门客，有苏非、李尚、左吴、田由、雷被、毛被、伍被、晋昌八人，称"八公"。他们奉刘安之招，和诸儒大山、小山相与论说，着《淮南子》。

⑭ 刘安（前179～前122年），西汉思想家、文学家。沛郡丰（今江苏丰县）人。汉高祖之孙，袭父封为淮南王。

选其一）

英声①藉甚著天门②，诗句年来与我论。沙碛黫云③歌北塞，稻畦分水梦东屯。秋风八月欺茅屋，夜雨三更注酒盆。明日桑乾须系马，翠华④过处看承恩⑤。

◎独石（第 3 册，卷 4，第 5 页，五言绝句）

秋濑喧石梁，临流不肯渡。与客坐忘归，山寒日将暮。

◎道士弹琴图（第 3 册，卷 4，第 25 页，七言绝句）

龙门千尺高桐树，天上移来石上栽。斫得春雷鸣玉涧，青鸾黄鹄⑥一时回。

◎李老峪（第 3 册，卷 4，第 30 页，七言绝句）

李老峪中山绕屋，半空岚翠⑦扑人衣。倚窗不睡夜将静，欲倩⑧松风送我归。

◎雕窝（第 3 册，卷 4，第 30 页，七言绝句）

山中骑马又连朝，秋雨初收署尚骄。谁借星桥⑨横两顶，天风吹

---

① 英声，美好的名声。

② 天门，天机之门。指心。《庄子·天运》："故曰，正者，正也。其心以为不然者，天门弗开矣。"成玄英疏："其心之不能如是者，天机之门拥而弗开。天门，心也。"

③ 黫云，形容高。《文选·曹植〈七启〉》："落黫云之翔鸟，援九渊之灵龟。"李周翰注："黫云，言高也。"

④ 翠华，天子仪仗中以翠羽为饰的旗帜或车盖。《文选·司马相如〈上林赋〉》："建翠华之旗，树灵鼍之鼓。"李善注："翠华，以翠羽为葆也。"为御车或帝王的代称。

⑤ 承恩，蒙受恩泽。

⑥ 青鸾，古代传说中凤凰一类的神鸟。赤色多者为凤，青色多者为鸾。多为神仙坐骑。黄鹄，鸟名。

⑦ 岚翠，苍翠色的山雾。

⑧ 倩，音 qìng。借；借助。请；使。

⑨ 星桥，神话中的鹊桥。

动发萧萧。

◎至治癸亥八月望，同袁伯长、虞伯生过枪竿岭马上联句①
（第3册，卷5，第19~20页）

有岭名<u>枪竿</u>，其上若栈阁。白云乱石齿，青峰转帘脚。积冰太
古阴，出矿无底壑。马饮沆瀣泉，鹰荡扶摇幕。辙迹委垂绅，人声
发虚橐。枭飞接鸟背，羽没疑虎膊②。雾松秋发长，霜果红③颊薄。
斤④樵不知疲，独往端有愕。兢兢矛头渐，机机⑤井口索。凝睇见日
观，引手探月窟⑥。南下眇尘海，北广络沙漠。金桥群仙游⑦，宝
塔⑧百神凿。禽鸣蜀帝魂，铁铸石郎错。阑干挂钩衡⑨，挽抢敛锋
锷。属车建前矛⑩，驰道拘⑪严拆⑫。载笔三人行，弭节半途却。

---

①　袁桷《清容居士集》，该诗诗题作"枪竿岭伯生、伯长、伯庸"。注释详见本辑《清容居士集》。

②　膊，袁桷《清容居士集》作"鞟"。

③　红，袁桷《清容居士集》作"春"。

④　斤，袁桷《清容居士集》作"升"。

⑤　机机，袁桷《清容居士集》作"扤扤"

⑥　窟，袁桷《清容居士集》作"廓"。

⑦　游，袁桷《清容居士集》作"迎"。

⑧　宝塔，袁桷《清容居士集》作"玉幢"。

⑨　阑干挂钩衡，袁桷《清容居士集》作"钩铃挂阑干"。

⑩　矛，袁桷《清容居士集》作"旄"。

⑪　拘，袁桷《清容居士集》作"徇"。

⑫　拆，袁桷《清容居士集》作"拆"。

10.《柳待制文集》

【题解】　《柳待制文集》20 卷，元柳贯撰。柳贯（1270 ~ 1342 年），字道传，号乌蜀山人，浦江（今属浙江）人。早年受经于同郡金履祥，学文于同里方凤。大德四年被举荐江山县学教谕，至大初，迁昌国州学正。赴京候选，达官贵人皆奇其才，特授湖广等处儒学副提举，未赴任，延祐六年又改授国子助教，又由助教迁博士，泰定元年，迁太常博士。前后受业弟子千余人。泰定三年，以文林郎出任江西等处儒学提举，兴办郡学，规复僧道寺观所侵占的学田，颇有作为。秩满告归，隐居浦江乌蜀山，以山人自号。至正元年，起为翰林待制，次年病故于任。门人私谥文肃。柳贯博学多识，作文沉郁从容，人多传诵。与黄溍、虞集、揭傒斯齐名，人称儒林四杰。所作《上京纪行诗》32 首，较有影响。《柳待制文集》20 卷，别集 20 卷，均为门人宋濂、戴良编辑，别集今已不存。有《打枣谱》1 卷、《王魁传》1 卷、《金凤钗记》1 卷，今均存，后二种系小说。

　　本辑据《柳待制文集》（新文丰出版公司《丛书集成续编》第 136 册诗文别集——金元）标点、辑录有关赤城的诗，这些诗均为柳贯扈从上都途经赤城所作。

◎李老谷闻子规（卷 2，第 394 页，五言古诗）
杜老闻子规，近在东西川。犹云感时物，抆泪①写幽悁。今我行

---

①　抆泪，擦眼泪。《楚辞·九章·悲回风》："孤子吟而抆泪兮，放子出而不还。"洪兴祖补注："抆，音吻，拭也。"抆音 wěn，擦。

占斗行野断蹂冰波重貂裘裹帽矫矫若执素攥鞍肌骨痛劲气肠

内注口鼻一吸嘘噀噗鬚上露灵沄已成澌虹张本非怒眈前独石

近投馆薪火具爨鑪有佳友执馓起相诸我实屝憪姿龂五已斜暮

噢居倘少欣遠役宜多憪明廷集鸡鹜燕雀一二数邑不捐半菽啄

抱随所慕置危而易安正以麻爵故先庐越西陬亦有退耕处吾闻

知几士颜子其殆庶翩翩不远复踔踔有余裕赠君白云篇逺我归

田赋

乘海青车过赤城鹏窝

小车簟为巾中箱劣容坐服輚一牡贴剥两参佐轻行涉岭坂捷

若凤鹊过手虽息鞭箠身已倦轩簸世间取快事往往遭踬挫吾归

亦是客奔追理诚郼緌馭贞自佳山光晓来破一联数里踰浮青犹

几箇逢迎不我舍知我行意惰故园果下驹三岁想胜馼闲从白社

遊间即丰艸卧迎吾看山福岂不在老大

送俞伯贞祝蕃遠下第南还三首

柳贯《柳待制文集》书影

塞徼①，子规相后先。时夏云景②晦，鸟呼摇空烟。响入树窅窅③，啼垂血溅溅④。想知歧路难，不恤⑤躯命全。千声复万声，唤我归言还。苟非木石心，岂免肠内煎。江南丛薄⑥间，有花名杜鹃。开时是鸟至，相戒治春田。不归如江水，负此今五年。风土孰云异，物情要有迁。寄巢勿浪出，祝尔还自怜⑦。严程⑧趣行迈⑨，且复挥吾鞭。

◎龙门（卷2，第394页，五言古诗）

一溪瓜蔓⑩流，渡者云可乱。屡涉途已穷，前临波始漫。岩岩⑪龙门峡，石破两崖半。沙浪深尺余，湾洄触垠⑫岸。它山或澍雨⑬，湍涨辄廉悍⑭。顷刻漂车轮，羁络不能绊⑮。其源想非远，众水自兹滥。济浅抑何艰，虑盈疑及患。峰阴转亭午⑯，出险马蹄散。草路且

---

① 塞徼，障塞，要塞。

② 云景，云和日。《汉书·礼乐志》："（《安世房中歌》：）芬树羽林，云景杳冥。"颜师古注："言所树羽葆，其盛若林，芬然众多，仰视高远，如云日之杳冥也。"

③ 窅窅，隐晦貌；幽暗貌。窅音yǎo。

④ 溅溅，泛指液体疾溅貌。

⑤ 不恤，不忧悯；不顾惜。《书·汤誓》："我后不恤我众。"孔颖达疏："我君夏桀不忧念我等众人。"

⑥ 丛薄，茂密的草丛。《楚辞·刘安〈招隐士〉》："丛薄深林兮人上栗。"洪兴祖补注："深草曰薄。"

⑦ 自怜，自伤；自我怜惜。

⑧ 严程，期限紧迫的路程。

⑨ 行迈，行走不止；远行。《诗·王风·黍离》："行迈靡靡，中心如醉。"马瑞辰通释："迈亦为行，对行言，则为远行。行迈连言，犹《古诗》云'行行重行行'也。"

⑩ 瓜蔓，瓜蔓生，因以瓜蔓比况曲折纠结。宋苏轼《陈州与文郎逸民饮别携手河堤上》诗："春风料峭羊角转，河水渺绵瓜蔓流。"

⑪ 岩岩，高大；高耸。《诗·鲁颂·閟宫》："泰山岩岩，鲁邦所詹。"孔颖达疏："言泰山之高岩岩然，鲁之邦境所至也。"

⑫ 垠，《四部丛刊》本《柳待制文集》作"恨"。

⑬ 澍雨，大雨；暴雨。《尚书大传》卷四："久矣，天之无烈风澍雨。"郑玄注："暴雨也。"澍音shù，及时的雨。

⑭ 廉悍，指水势湍急。

⑮ 羁络，马络头。控制。绊，羁绊；拴束。

⑯ 亭午，正午。

勿驱，烟开望前馆。

◎晓发龙门次独石赋呈杨廷镇修撰（卷2，第394页，五言古诗）

日日思南归，乃逆北风去。北风不贷客，吹雪作寒冱①。明当发龙门，一昔屡惊怖。男儿事结束，辛苦在岐路。奉命有程期②，遭回③岂我④据。沙平占斗行，野断蹴冰渡。重貂袭裘帽，矫矫⑤若纨素⑥。据鞍肌骨痛，劲气肠内注。口鼻一吸嘘，喷噀⑦须上露。露泫⑧已成澌⑨，虬⑩张本非怒。瞻前独石近，投馆薪火具。联镳⑪有佳友，执盏起相语⑫。我实孱懦⑬姿，逾五已斜暮。隩居尚少欣，远役宜多惧。明廷集鹓鸾⑭，燕雀⑮一二数。曷不捐半菽⑯，啄抱随所慕。置危而易安，正以縻爵故。先庐越西陬，亦有返耕处。吾闻知几士，

---

① 寒冱，严寒冻结；极寒。

② 程期，期限。特定的日期；时间。

③ 遭回，难行不进貌。遭音 zhān，难行不进。

④ 我，《全元诗》作"吾"。

⑤ 矫矫，勇武貌。《诗·鲁颂·泮水》："矫矫虎臣，在泮献馘。"郑玄笺："矫矫，武貌。"

⑥ 纨素，洁白精致的细绢。

⑦ 喷噀，谓将水等含于口中向外喷散。

⑧ 泫，音 xuàn。水下滴。指泪水、露水等。这里指露水。

⑨ 澌，音 sī。①本指水尽，引申为凡物竭尽之称。②解冻时河中流动的冰块。泛指冰。

⑩ 虬，古代传说中有角的小龙。

⑪ 联镳，犹联鞭（谓并骑而行）。

⑫ 相语，相互谈说。

⑬ 孱懦，怯懦软弱。

⑭ 明廷，圣明的朝廷。鹓鸾，比喻贤者。

⑮ 燕雀，燕和雀。泛指小鸟。比喻品质卑劣的人。《楚辞·九章·涉江》："燕雀乌鹊，巢堂坛兮。"王逸注："燕雀乌鹊，多口妄鸣，以喻谗佞。"

⑯ 半菽，谓半菜半粮，指粗劣的饭食。《汉书·项籍传》："今岁饥民贫，卒食半菽。"颜师古注："孟康曰：'半，五升器名也。'臣瓒曰：'士卒食蔬菜以菽杂半之。'瓒说是也。菽谓豆也。"

颜子①其殆庶②。翩翩不远复，绰绰有余裕③。赠君白云篇④，还我归田赋⑤。

◎乘海青⑥车过赤城雕窝（卷2，第394页，五言古诗）

小车簟⑦为巾，中箱劣容坐。服辕一牡⑧良，贴靷两骖⑨佐。轻行涉岭坂⑩，捷若风鹘⑪过。手虽息鞭棰⑫，身已倦轩簸⑬。世间取快事，往往遭蹶挫。吾归亦是客，奔迫理诚那。缓驭良自佳，山光晓来破。一瞬数里逾，浮青犹几个。逢迎⑭不我舍，知我行意⑮惰。故

---

① 颜子，指孔子弟子颜回。《后汉书・黄宪传》："子国有颜子，宁识之乎？"李贤注："颜子，颜回也。"后常以"颜子"借指安贫乐道，有德寿夭之士。

② 殆庶，《易・系辞下》："子曰：'颜氏之子，其殆庶几乎！'"后以"殆庶"指贤德者。

③ 余裕，宽绰有余；宽裕。多用于说明时间充分，精力充沛，生活富裕。亦用以表示应对从容、胸怀宽广。《孟子・公孙丑下》："我无官守、我无言责也，则吾进退岂不绰然有余裕哉？"赵岐注："今我居师宾之位，进退自由，岂不绰绰然舒缓有余裕乎。绰、裕皆宽也。"

④ 白云篇，南朝齐谢朓《拜中军记室辞随王笺》诗中有"白云在天，龙门不见"之句，后因以"白云篇"喻思念亲人之作。汉武帝《秋风辞》中有"秋风起兮白云飞"之句，后因以"白云篇"称帝王的诗作。晋隐士陶潜《和郭主簿》诗中有"遥遥望白云"之句，后因以"白云篇"称隐士之诗。这里应是前者。

⑤ 归田赋，赋篇名。东汉张衡作。写于作者政治上不得志、拟归隐田园之时。赋先自述离京归田的原因，后描写想像中田园生活的宁静安乐，表达了作者向往自然、不愿与黑暗势力同流合污的志向。语言清新优美，是东汉抒情小赋的代表作。

⑥ 海青，元代驿站名。寓奋速之意。

⑦ 簟，音diàn。竹席。也指用芦苇编织的席。

⑧ 牡，雄性的兽类。引申为雄性的。

⑨ 靷，音yǐn。引车前进的皮带。骖马的外辔，穿过服马背上的游环系于车轴，以引车前进。两骖，古代四匹马拉车，在外侧的两匹马称"两骖"。《诗・郑风・大叔于田》："两服上襄，两骖雁行。"

⑩ 岭坂，岭阪亦作"岭坂"。山坡。

⑪ 鹘，音hú。隼。鹰属，猛禽，飞行轻捷迅速，常驯以捕鸟。又音gǔ。

⑫ 鞭棰，鞭子。

⑬ 轩簸，掀动翻滚，摇动播弄。

⑭ 逢迎，①迎接；接待。②迎合；奉承。

⑮ 行意，①谓按着自己的意志行事。犹行色。②指出发前后的神态、情景或气派。③离去的意向。

园果下钩①，三岁想胜驮。闲从白社②游，间即丰草卧。成吾看山福，岂不在老大③。

◎后滦水秋风词四首（卷6，第435页，七言绝句）

碛中十里号五里，道上千车联万车。东赆西琛④通朔漠，九州四海会同⑤初。

界墙洼尾砂如雪，滦河觜头风卷空。泰和未必全盛⑥日，几驿云州避暑宫。

旋卷木皮斟醴酪⑦，半笼羔帽敌风沙。丈夫射猎妇当御，水草肥甘行处家。

山邮⑧纳客供次舍⑨，土屋迎寒催墐藏。沙头蘑菇一寸厚，雨过牛童提满筐。

---

① 钩，《全元诗》作"驹"。果下，疑为果下马。一种矮小的马。因乘之可行于果树之下，故名。

② 白社，借指隐士或隐士所居之处。

③ 老大，年纪大。《乐府诗集·相和歌辞五·长歌行》："少壮不努力，老大徒伤悲。"

④ 东赆西琛，谓四方皆来朝贡。赆，贡物。琛，珍宝。

⑤ 会同，古代诸侯朝见天子的通称。

⑥ 泰和，太平。全盛，最为兴盛或强盛。

⑦ 木皮，树皮。醴酪，酒浆。《礼记·祭义》："以事天地山川社稷先古，以为醴酪齐盛，于是乎取之，敬之至也。"孔颖达疏："祭祀诸神须醴酪粢盛之属。"

⑧ 山邮，山中的驿站。

⑨ 次舍，止息之所。《汉书·吴王刘濞传》："治次舍，须大王。"颜师古注："次舍，息止之处也。"

11.《滦京杂咏》

【题解】　《滦京杂咏》，元杨允孚撰。杨允孚，字和吉，号西云，吉水（今属江西）人。元顺帝时，杨允孚由江南前往大都，"以布衣从当世贤大夫游，橐被出门，岁走万里。"（《滦京杂咏》卷跋）以元宫廷尚食供奉之官，随每年避暑的元皇室前往滦河岸边的上京，"耳目所及，穷西北之胜，具江山人物之形状，殊产异俗之瑰怪，朝廷礼乐之伟丽，尤喜以咏歌记之"。明取代元，回江西目睹家乡"兵燹所过，莽为丘墟"，这时再"回视曩游"，不禁"慨然咏叹"，写下《滦京杂咏》1 卷（或析为 2 卷）。《滦京杂咏》又名《滦京百咏》，是一部上京纪行诗集，收入七言绝句 108 首，近半数诗后有小注。

本辑据《滦京杂咏》（知不足斋丛书第 23 集，嘉庆十年据明钞本刊）辑录有关赤城的诗并标点，这些诗均为杨允孚扈从上都途经赤城所作。标题后页码为古籍中缝处所标页码。

◎滦京杂咏（第 1~3 页）

○北顾宫庭暑气清，神尧圣禹继升平。今朝建德门前马，千里滦京第一程。此以下多述途中之景。行幸上京，盖避暑也。

○榆林御苑柳丝丝，昨夜宫车又黑围。宿卫①一时金帐卷，枪竿珍重白云飞。此处有御苑。黑围，地名。大驾经由之所，俗云龙上枪竿，是以御驾不由此处。

---

①　宿卫，皇帝的警卫人员；禁军。

滦京雜詠

汲井佳人意若何轆轤渾似挽天河我來濯足分餘滴

不及新豐酒較多 此地慳水故也

莫道槍竿危復危有人家住白雲西兒童采棘顛崖去

杜宇傷春盡日啼

李老谷前山石礱何年此上遂民居老龍若作三更雨

頃刻荓簹數尺餘

馬上重看尖帽山山頭無數白雲閒漢家天子真龍種

坏土長陵為設關所設備卒焉 酒葬后妃之

北去雲州去路賒馬駝殘夢憶京華寒風淅瀝山無數

知不足斋丛书《滦京杂咏》书影

○断堤①遗址古长城，一径中分万柳青。年少每忺②春酒美，诗人偏厌绮罗③腥。

○汲井④佳人意若何，辘轳浑似挽天河。我来濯足⑤分余滴，不及新丰⑥酒较多。此地悭水故也。

○莫道枪竿危复危，有人家住白云西。儿童采棘颠崖⑦去，杜宇伤春尽日啼。

○李老谷前山石癯⑧，何年此土遂民居。老龙若作三更雨，顷刻茆檐⑨数尺余。

○马上重看尖帽山，山头无数白云闲。汉家天子真龙种，坏土⑩长陵⑪为设关。乃葬后妃之所，设卫卒焉。

○北去云州去路赊⑫，马驮残梦⑬忆京华⑭。寒风淅沥⑮山无数，树影参差月未斜。

---

① 断堤，倒塌的堤岸。这里指倒塌的长城。

② 忺，音 xiān。高兴；适意。

③ 绮罗，泛指华贵的丝织品或丝绸衣服。

④ 汲井，汲取井水。

⑤ 濯足，语出《孟子·离娄上》："沧浪之水清兮，可以濯我缨；沧浪之水浊兮，可以濯我足。"本谓洗去脚污。后以"濯足"比喻清除世尘，保持高洁。

⑥ 新丰，镇名。在今江苏省丹徒县，产名酒。诗文中用以泛指美酒产地。唐李白《叙旧赠江阳宰陆调》诗："多酤新丰醁，满载剡溪船。"

⑦ 颠崖，高耸的山崖；山崖之上。

⑧ 癯，音 qú，瘦。

⑨ 茆，音 máo。同"茅"。茆檐，茅屋。

⑩ 坏土，指坟堆。坏，抔（póu）。宋何薳《春渚纪闻·铜雀台瓦》："惜时无英豪，磔裂异肩踝，终令盗坏土，埏作三台瓦。"

⑪ 长陵，高大的土山。《楚辞·九叹》："登长陵而四望兮，览芷圃之蠚蠚。"王逸注："言己登高大之陵，周而四望。"

⑫ 赊，音 shē。古同"赊"。距离远。

⑬ 残梦，谓零乱不全之梦。

⑭ 京华，京城之美称。因京城是文物、人才汇集之地，故称。唐张九龄《上封事》："京华之地，衣冠所聚。"

⑮ 淅沥，象声词。形容雪霰、风雨、落叶、机梭等的声音。

〇万古<u>龙门</u>镇两京[1]，悬崖飞瀑一般清。天连翠壁千寻[2]险，路绕寒流[3]百折横。

〇塞北凝阴[4]无子规，晓看山色不胜奇。坚冰怪石涧边路，残月疏星马上诗。

〇南国乡音渐渐稀，朔风吹雪上征衣。边鸿飞过<u>桓州</u>去，更向穷阴[5]何处归。

〇窝名<u>檐子</u>[6]果何如，野草黄云入画图。弧矢纵悬仍觅侣，塞前番语[7]笑人迂。

〇驱车<u>偏岭</u>客南还，始见胡姬[8]笑整鬟。谁信片云三十里，寒暄只隔此重山。过人到偏头之北，面不可洗，头不可梳，冷极故也。过此始有暖意，素非高岭。寒暄止隔于此，良可怪也欤。

---

① 两京，两个京城；两个首都。指元代的大都和上都开平。

② 千寻，古以八尺为一寻。"千寻"，形容极高或极长。晋左思《吴都赋》："擢本千寻，垂荫万亩。"

③ 寒流，清冷的小河或小溪。

④ 凝阴，阴凉之气。

⑤ 穷阴，①指冬尽年终之时。《文选·鲍照＜舞鹤赋＞》："于是穷阴杀节，急景凋年。"李善注："《礼记》曰：'季冬之月，日穷于次。'《神农本草经》曰：'秋冬为阴。'"②指极其阴沉的天气。

⑥ 檐，《文渊阁四库全书》（台湾商务印书馆发行）作"擔"。简化字作"担"。担子指担子洼。按《口北三厅志》："担子洼，在独石口北偏岭下，元时设巡检于此。"

⑦ 番语，少数民族或外国的语言。

⑧ 胡姬，原指胡人酒店中的卖酒女，后泛指酒店中卖酒的女子。

12.《张蜕庵诗集》

【题解】 《张蜕庵诗集》4卷，元张翥撰。张翥（1287～1368年），字仲举，号蜕庵，又称蜕岩①，晋宁（今山西临汾）人。张翥早岁居杭州，豪放不羁，好蹴鞠，喜音乐，曾四处游荡。当见到父亲为其感到忧虑时，便翻然立志于学业，闭门谢客，昼夜攻读不辍，后又受业于江东大儒李存，又从仇远学诗，以诗文知名于时。元至正初，召为国子助教，分教上都生员。曾参修宋、辽、金三史，史成，历翰林应奉、修撰、直学士，以翰林学士承旨致仕。封潞国公。至正二十八年（1368年）三月寿终，享年八十有二。由于张翥死于元末明初乱中，遗稿多散失，今存《蜕庵诗集》4卷，系方外友释大杼据其录存的九百首张翥遗作编选而成。

本辑据《张蜕庵诗集》（1934年上海商务印书馆《四部丛刊续编》上海涵芬楼景印常熟瞿氏铁琴铜剑楼藏明刊本），辑录有关赤城的诗并标点，这些诗均为张翥扈从上都途经赤城所作。标题后页码为古籍中缝处所标页码。

◎行次独石驿大雨驲行②廿里喜晴（卷1，第16页，五言律诗）
段段③青天出，浮云四散归。燕忙掠马过，蝇乱扑人飞。远道倦

---

① 蜕，即蜕变。道家成仙谓之蜕变成仙，或称为羽化成仙。蜕岩，指道家成仙飞升之处的岩洞。

② 驲音rì，古代驿站专用的车，后亦指驿马。《尔雅·释言》："驲，遽，传（zhuàn）也。"郭璞注："皆传车、驿马之名。"《说文·马部》："驲，驿传也。"段玉裁注："驲，《尔雅》舍人曰：'驲，尊者之传也。'《吕览》注曰：'驲，传车也。'按：驲为尊者之传用车，则遽为卑者之传用骑。俗字用驲为驿。"驲行，乘驿马疾行。

③ 段段，犹片片。

散望中雲猿公吟樹應思侶鹿女嘴花不亂群常羨山僧專勝

硯水三百林下百無聞

游萬松菴

黃塵撲馬出西城忽見雲林眼倍明竟日寂無山鳥語瀰風純

是澗松聲石幢花兩何時　禪榻奈烟特地生客自去

外老僧於世已忘情　　鐘兎

兩厓高立色冥冥仰視空光一蹊青石几馬蹄危不渡水漂龍

扈從之上京過龍門

氣暗聞腥山川壯自開天險風兩陰疑來鬼靈我欲重尋攜題

處溫雲寒蘚滿岩高

白石西邊山更青杖藜塵外得經行鳥翻夕照落空翠人逆松

游武康禹山留宿昇元宮

風聞淝聲道士煮茶留夜話田家燒草起春畊也知真境多佳

张翯《张蜕庵诗集》书影

198

行李，故山思采薇①。北风朝已冷，未敢御絺衣②。

◎扈从之上京过龙门（卷3，第10页，七言律诗）

两崖高立色冥冥③，仰视空光一罅④青。石兀马蹄危不渡，水漂龙气暗闻腥。山川壮自开天险，风雨阴疑来鬼灵。我欲重寻旧题处，湿云寒藓满岩扃⑤。

◎云州龙门镇韩母刘孝节卷（卷4，第3页，七言律诗）

韩家门外立双楹，丹染旌书照路明。此媪何如陶母⑥传，诸郎真是董生行⑦。春泉跃茗饶嘉味，晓树啼乌有喜声。孝节从来贫始见，秦台那用筑怀清⑧。

---

① 采薇，《史记·伯夷列传》载，周武王灭殷之后，"伯夷、叔齐耻之，义不食周粟，隐于首阳山，采薇而食之。"后因以"采薇"指归隐或隐遁生活。

② 絺衣，细葛布衣。《史记·五帝本纪》："尧乃赐舜絺衣，与琴，为筑仓廪，予牛羊。"张守节正义："絺，敕迟反，细葛布衣也。"

③ 冥冥，昏暗貌。《诗·小雅·无将大车》："无将大车，维尘冥冥。"朱熹集传："冥冥，昏晦也。"

④ 罅，音xià。缝隙，裂缝。

⑤ 扃，音jiōng，古同"扃"。从外面关门的门闩。关闭；上闩。又音shǎng。户耳。这里指前者。

⑥ 陶母，指晋陶侃之母湛氏，是中国古代一位有名的良母，以教子有方和宽厚待人称道于世。她与孟母、欧母、岳母齐名，一同被尊称为"四大贤母"。陶母"教子惜阴""截发易肴""送子三土""退鲊责儿"的故事在民间广为流传。

⑦ 董生行，唐韩愈诗《嗟哉董生行》，诗中赞扬董邵南的侠义和孝行。有"嗟哉董生朝出耕夜归读古人书""嗟哉董生孝且慈"等句。

⑧ 怀清，秦始皇以巴寡妇清为贞妇，为之筑怀清台。后因以"怀清"比喻妇女贞洁。怀清台在今四川省长寿县南，秦始皇为巴寡妇清所筑。《史记·货殖列传》："巴寡妇清，其先得丹穴，而擅其利数世，家亦不訾。清，寡妇也，能守其业，用财自卫，不见侵犯。秦始皇以为贞妇而客之，为筑女怀清台。"

◎山友为金阁山田道士作（卷4，第10页，七言律诗）

山人爱与山为友，住得山前地几双。为纳白云长扫室，欲延青嶂①别开窗。岚中筇迹粘苔磴，风外琴声泻石缸。应是烟霞数仙侣②，月明时复③下旌幢。

---

① 青嶂，如屏障的青山。《文选·沈约＜钟山诗应西阳王教＞》："郁律构丹巘，峻嶒起青嶂。"吕向注："山横曰嶂。"

② 仙侣，指人品高尚、心神契合的朋友。语出《后汉书·郭太传》："林宗（郭太字）唯与李膺同舟而济，众宾望之，以为神仙焉。"

③ 时复，犹时常。

13. 《淮阳集》

【题解】 《淮阳集》1卷，元张弘范撰。张弘范（1238～1280年，字仲畴，易州定兴（今属河北）人。出身河北豪族，金时易州张氏割据一方，蒙古灭金，其父张柔从蒙古征战，立下战功，是元代著名的汉军世家之一。20岁代其兄张弘略摄顺天路总管府事，中统三年改行军总管。至元元年（1264年），授顺天路管民总管，佩金虎符，次年移守大名。自至元六年，以行军万户统兵围困南宋江防重镇襄阳数年。至元十一年元倾军南下攻宋，伯颜用张弘范为先锋，屡立战功，元世祖忽必烈赐名为拔都（勇士）。至元十五十二月，元军在五坡岭捕获了宋将文天祥，张弘范等劝文天祥投降，但均遭拒绝，张弘范将他押送至大都。文天祥的"人生自古谁无死，留取丹心照汗青"两句千古名句就是写给张弘范看的，这也决定了张弘范是一个始终充满矛盾的人物。至元十六年，张弘范率水陆大军于崖山击溃宋将张世杰所部，陆秀夫抱幼主投海死。张弘范在崖山海岸勒石纪功而返。张弘范享年43，谥武略，至大四年改谥忠武，延祐六年追封淮阳王，改谥献武。张弘范早年颇能为诗歌，曾从学于郝经。有诗集《淮阳集》1卷，附录《淮阳诗余》1卷。

本辑据《淮阳集》（台湾商务印书馆发行《景印文渊阁四库全书》影印本，总第1191册集部第130册别集类）辑录有关赤城的诗并标点。

千丈黄塵倦客途林梢遥認兩浮圖數家荒店留行李

一帶遥山入酒壺勲業壯年勞夢寐等閒老境寄江湖

前途黯黯深滄海惆悵西樓日向晡

宿龍門

落日蒼崖列翠屏翠屏圍宿暮雲橫溪聲清入詩人耳

山勢斜盤客子程青草路涼羸馬飽碧林月冷倦鳥驚

明朝飛過龍門去直把春風下赤城

遇雨未發

欽定四庫全書　　淮陽集　　七

张弘范《淮阳集》书影

◎宿龙门（第709页，七言律诗）

落日苍崖列翠屏①，翠屏围宿暮云横。溪声清入诗人耳，山势斜盘客子②程。青草路凉羸③马饱，碧林月冷倦乌惊。明朝飞过<u>龙门</u>去，直挽春风下<u>赤城</u>。

----

　　①　翠屏，形容峰峦排列的绿色山岩。《文选·孙绰＜游天台山赋＞》："践莓苔之滑石，搏壁立之翠屏。"李善注："翠屏，石桥之上石壁之名也。"李周翰注："有石屏风如壁立，横绝桥上。"

　　②　客子，离家在外的人。

　　③　羸，音 léi。瘦弱。

14.《陈刚中诗集》

【题解】 《陈刚中诗集》，元陈孚撰。陈孚（1259～1309年），字刚中，号笏齐，台州临海（今属浙江）人。元初，尝为僧以避世变，不久还俗。元世祖至元二十二年，以布衣上《大一统赋》，江浙行省转闻于朝，署上蔡书院山长。考满，谒选京师。至元二十九年，以翰林编修作为梁曾副使，出使安南。使还，除翰林待制，授建德路总管府治中。秩满，请为乡郡，特授台州路总管府治中。大德七年台州大旱，江浙行省令浙东元帅脱欢察儿赈济饥民，脱欢察儿怙势渎职，置灾情于不顾。陈孚上书告脱欢察儿不法蠹民事十九条，上司坐其罪，台州灾民赖以得救，而陈孚却因此致疾。后卒于家。陈孚为诗文，大抵任意即成，不事修饰。有《陈刚中诗集》3卷，今存。即：《观光集》《交州集》《玉堂稿》各1卷。

本辑据《陈刚中诗集》（国家图书馆网站中华古籍资源库数字古籍，出版发行项：明天顺四年，馆藏书号：09078）辑录有关赤城的诗并标点，这些诗均为陈孚扈从上都途经赤城所作。标题后页码为古籍中缝处所标页码。

◎洪赞井深有六七十丈者（卷3，第13页）

洪赞山岩峣，势如舞双凤。大井千尺深，窈然①见空洞。野人②驱十牛，汲以五石瓮。滴水宝如珠，一瓮十室共。我生海东头，涟

---

① 窈然，深远貌；幽深貌。
② 野人，泛指村野之人；农夫。

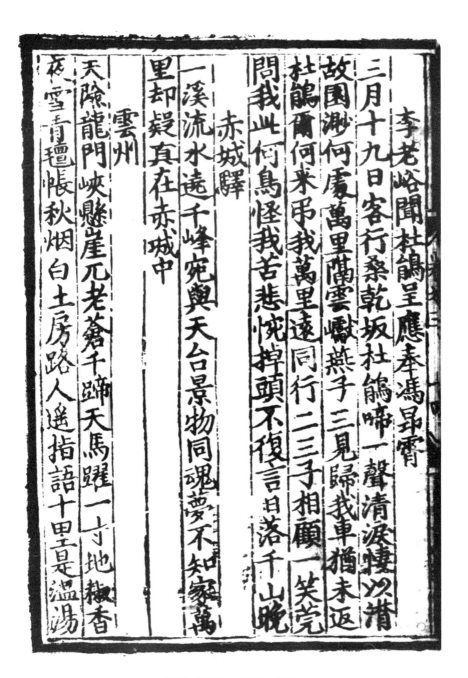

李茇峪聞杜鵑呈應奉馮昂霄

三月十九日客行桑乾坂杜鵑啼一聲清淚懷忽潸
故園渺何處萬里隔雲嶂燕子三見歸我車猶未返
杜鵑爾何來弔我萬里遠同行二三子相顧一笑莞
問我此何鳥怪我苦悲悅掉頭不復言日落千山晚

赤城驛

一溪流水遠千峰宛與天台景物同魂夢不知家萬
里却疑真在赤城中

雲州

天險龍門峽懸崖兀老蒼千蹄天馬躍一寸地椒香
夜雪青氈帳秋烟白土房路人遙指語十里是溫湯

陈孚《陈刚中诗集》书影

漪饱清弄①。尝闻惠山泉②，万里驲骑送。急呼茗枕来，试作清净供。

◎雕窠道中（卷3，第13～14页）

晓驰漠北暮居庸，千里山河一瞬中。江左③故人知我否，马蹄声里过秋风。

车外尘沙十丈黄，车中客子黑貂裳。拂云堆④上闲回首，无数征鸿⑤带夕阳。

◎桑乾岭（卷3，第14页）

昔闻桑乾名，今日登桑乾。桑乾是否不必问，但觉两耳天风寒。大峰小峰屹相向，空际谽谺⑥一千丈。燕云回首夕阳间，长川历历平于掌。人家如蛎粘石壁，白土堆檐高半尺。门外毡车风雨来，平地轰轰惊霹雳。汉唐百战场，绿草今满碛。野夫耕田间，犹有旧铁戟。道傍谁欤三叹息，布袍古帽江南客。

---

① 清弄，清雅的乐曲。

② 惠山泉，相传经中国唐代陆羽亲品其味，故一名陆子泉。唐人以其宜茶，品为天下第二，张又新《煎茶水记》中载："水分七等……惠山泉为第二。"又称二泉，元代大书法家赵孟頫和清代吏部员外郎王澍分别书有"天下第二泉"。位于江苏省无锡市惠山山麓，开凿于唐大历元年（766年）至十二年。水质甘香醇滑，宋徽宗时成为宫廷贡品。

③ 江左，江东。指长江下游以东地区。

④ 拂云堆，古地名。在今内蒙古包头西北。唐时朔方军北与突厥以河为界，河北岸有拂云堆神祠，突厥如用兵，必先往祠祭酹求福。张仁愿既定漠北，于河北筑中、东、西三受降城以固守。中受降城即拂云堆，故拂云堆又为中受降城的别称。

⑤ 征鸿，即征雁（迁徙的雁，多指秋天南飞的雁）。

⑥ 空际，天边；空中。谽谺，音 hān xiā。山石险峻貌。山谷空大貌。

◎李老峪闻杜鹃呈应奉冯昂霄①（卷3，第14页）

三月十九日，客行桑乾坂②。杜鹃啼一声，清泪凄以潸③。故园渺何处，万里隔云巘④。燕子三见归，我车犹未返。杜鹃尔何来，吊我万里远。同行二三子，相顾一笑莞。问我此何鸟，怪我苦悲惋⑤。掉头不复言，日落千山晚。

◎赤城驿（卷3，第14页）

一溪流水绕千峰，宛与天台⑥景物同。魂梦不知家万里，却疑只在赤城中。

◎云州（卷3，第14页）

天险龙门峡，悬崖兀⑦老苍。千蹄天马跃，一寸地椒香。夜雪青毡帐，秋烟白土房。路人遥指语，十里是温汤。

◎独石（卷3，第15页）

何载天星堕绿苔，千寻化作铁崔嵬⑧。风沙道上人谁识，曾见天台雁荡⑨来。

---

① 昂霄，高入霄汉。形容出人头地或才能杰出。

② 坂，音bǎn。山坡，斜坡。

③ 潸，音shān。形容流泪。

④ 云巘，高耸入云的山峰。巘音yǎn，形状如甑的山。险峻的山峰或山崖。

⑤ 悲惋，悲伤叹惜。悲愤怨恨。

⑥ 天台，山名。在浙江天台县北。南朝梁陶弘景《真诰》："（山）当斗牛之分，上应台宿，故名天台。"道教曾以天台为南岳衡山之佐理，佛教天台宗亦发源于此。相传汉刘晨、阮肇入此山采药遇仙。

⑦ 兀，高耸貌。《说文·儿部》："兀，高而上平也。"段玉裁注："凡从兀声之字，多取孤高之意。"

⑧ 崔嵬，本指有石的土山。后泛指高山。《诗·周南·卷耳》："陟彼崔嵬，我马虺隤。"毛传："崔嵬，土山之戴石者。"

⑨ 天台，指天台山。雁荡，指雁荡山，在今浙江乐清市东北。

15. 《揭傒斯全集》

【题解】　《揭傒斯全集》，元揭傒斯撰。揭傒斯（1274～1344年），字曼硕。龙兴富州（今江西丰城）揭源人。与虞集、范梈、杨载并称元诗四大家。出身书香门第，少有盛名。元成宗大德初年出游两湖。程钜夫时为湖北宪使，一见奇其才，并把表妹许配给他。皇庆初年，程钜夫入朝，揭傒斯随行，受到朝中士大夫器重。延祐元年，荐任翰林编修。以后十余年间除两次去职还家，一直在翰林院、国子监任职。天历二年，元文宗开奎章阁，置授经郎，揭傒斯首获其选。至顺元年，预修《经世大典》。此后数任集贤、翰林学士，并且被委派为《辽史》《金史》的总裁官之一。《辽史》成稿，《金史》垂成，揭傒斯以71岁高龄故去。追封豫章郡公，谥文安。揭傒斯久在翰林、集贤两院，朝廷典册多经其手。著述有《揭安文公集》50卷，原本是其门人燮理溥化编纂校录，明朝中佚去13卷。现存揭傒斯文集有3种，即《文渊阁四库全书》本（14卷）、《四部丛刊初编》本（14卷，诗补遗1卷）、《豫章丛书》本。1985年，上海古籍出版社据以上诸本以及散见于其它总集、方志等揭傒斯诗一并辑出，书名为《揭傒斯全集》，由李梦生标校，编为诗集8卷、文集9卷，全集之后附《揭傒斯全集辑遗》以及附录。

　　本辑即据《揭傒斯全集》（李梦生标校，上海古籍出版社，1985年）辑录有关赤城的诗，这些诗当为揭傒斯扈从上都途经赤城所作。

◎雨渡桥干岭（卷3，第65页）

秣马①洪赞馆，振衣②桥干岭。先王昔巡幸，云雨空苍然。诸峰何冥冥③，高秋闻杜鹃。危瞻劖④天石，渴俯绝窣泉。草木多异名⑤，道路少攀缘。如睹开关⑥初，况值升平年。不恨沾衣裳，但恐情虑⑦迁。归从故老说，矫首空苍烟。[校]按：此诗系揭傒斯至大三年秋赴上都途中作，惟此桥干岭，不见志书，元人赴上都纪行诗多次写及枪竿岭，此诗又提及洪赞馆，《长安客话》卷八云：“长安岭在兴和城迤东五十里，元为怀来、龙门二县界，旧名枪竿岭，号称险隘……长安堡有洪赞井。”颇疑桥干岭乃枪竿岭之音讹，姑志以备考。

◎次龙门（卷3，第66页）

龙门千余仞⑧，十里去云州。奔湍⑨从中来，疑是黄河流。嵌嵌壁面削，飒飒寒风秋。老藤天上垂，瑶草⑩云间浮。仰面不敢视，怆然使人愁。夜雨更厉急，渴车濡双辀⑪。连联若雁鹜⑫，溅沫满衣

---

① 秣马，饲马。《左传·襄公二十六年》：“简兵搜乘，秣马蓐食。”
② 振衣，抖衣去尘，整衣。《楚辞·渔父》：“新沐者必弹冠，新浴者必振衣。”王逸注：“去尘秽也。”
③ 冥冥，幽深貌。
④ 劖，音chán。用锐利的器具凿或铲。
⑤ 名，《全元诗》作“石”。
⑥ 开关，打开城门、宫门、关隘等的门户。
⑦ 情虑，忧虑之情。情思，感情。
⑧ 仞，音rèn。古代长度单位。八尺为一仞。一说七尺为一仞。也有以五尺六寸或四尺为一仞的。《说文·人部》：“仞，伸臂一寻，八尺。”《广韵·震韵》：“仞，七尺曰仞”。《书·旅獒》：“为山九仞，功亏一篑。”孔传：“八尺曰仞。”陆德明释文：“七尺曰仞。”《汉书·食货志上》：“有石城十仞。”颜师古注：“应劭曰：仞，五尺六寸也。师古曰：此说非也。八尺曰仞，取人申臂之一寻也。”又《小尔雅·广度》：“四尺谓之仞。”
⑨ 奔湍，急速的水流。
⑩ 瑶草，传说中的香草。泛指珍美的草。
⑪ 濡，音rú。淹没。浸渍；沾湿。辀，车辕。用于大车上的称辕，用于兵车、田车、乘车上的称辀。
⑫ 雁鹜，鹅和鸭。鹜音wù。

裳。安得跻其巅，采药忘我忧。豁达望三都①，表里眺九丘②。金芝忽盈把③，飞过故山头。

◎龙门和刘修撰（卷7，第193页）

赤城金阙④晓云开，行到云州已快哉。绝壁中分相向起，长河东下几时回。经过每怒天多雨，出入常疑地有雷。北望邮亭⑤方十里，烦君径去莫迟徊。

◎望云道中（《揭傒斯全集辑遗·诗》，第446页）

南连鹘谷北龙门，一带风云际塞垣。草树每迎天仗⑥过，河山高揖帝畿⑦尊。两都形胜司津要⑧，九域轮蹄据吐吞⑨。谁道古阳居僻陋，圣道今日是中原。录自《畿辅通志》卷一百五十八《古迹五·城址五》。

◎望云感秋（《揭傒斯全集辑遗·诗》，第447页）

天涯节序⑩去忽忽，秋色人情特地同。昨日轩窗犹酷暑，今朝庭

---

　　① 三都，三个都城。不同时代三都所指异同，战国时指赵、卫、魏三国的都城。东汉称雒阳为东都，长安为西都，宛为南都，合称三都等。这时当指龙门山之高，看得远。
　　② 九丘，指九州。
　　③ 盈把，满把。把，一手握取的数量。
　　④ 金阙，道家谓天上有黄金阙，为仙人或天帝所居。
　　⑤ 邮亭，驿馆；递送文书者投止之处。《汉书·薛宣传》："过其县，桥梁邮亭不修。"颜师古注："邮，行书之舍，亦如今之驿及行道馆舍也。"
　　⑥ 天仗，天子的仪卫。借指天子。
　　⑦ 高揖，双手抱拳高举过头作揖。古代作为辞别时的礼节。帝畿，犹京畿。指京都或京都及其附近地区。
　　⑧ 津要，水陆冲要之地。
　　⑨ 九域，九州。《文选·潘勖<册魏公九锡文>》："绥爰九域，罔不率俾。"李善注："薛君曰：九域，九州也。"轮蹄，车轮与马蹄。代指车马。吐吞，吞吐。常用以形容山水争雄之势。
　　⑩ 天涯，犹天边。指极远的地方。语出《古诗十九首·行行重行行》："相去万余里，各在天一涯"。这时指边塞云州一带。节序，节令，节气；节令的顺序。

院已凄风。苍凉短发侵晨①镜，牢落羁怀怯候虫②。乡国③三年归未得，又将愁眼送归鸿④。同上。

---

① 侵晨，天快亮时，拂晓。

② 牢落，犹寥落。稀疏零落貌；零落荒芜貌。孤寂；无聊。羁怀，寄旅的情怀。候虫，随季节而生或发鸣声的昆虫。如夏天的蝉、秋天的蟋蟀等。

③ 乡国，家乡。

④ 归鸿，归雁。诗文中多用以寄托归思。

16. 《至正集》

【题解】　《至正集》81 卷，元许有壬撰。许有壬（1287～1364 年），字可用。汤阴（今属河南）人。延祐二年进士，授辽州同知，有治绩。延祐六年除山北廉访司经历。至治元年迁吏部主事，次年转江南行台监察御史，打击贪官污吏，部内肃然。拜监察御史。元英宗暴卒，许有壬尽力稳定政局，并向泰定帝上《正始十事》，受到嘉许。泰定元年任中书左司员外郎，泰定三年，升右司郎中。天历三年擢两淮都转运盐司使。元统二年拜治书侍御史，转奎章阁侍书学士。中书平章彻理帖木儿奏罢进士科，许有壬廷争不能夺，称病告归，未允。后至元初，告归彰德，并南游湘汉间。后至元六年起为参知政事，次年转中书左丞，后累受权臣攻击，数辞数起。至正七年曾任御史中丞，十三年拜河南行省左丞，十五年任枢密副使，复拜中书左丞。其时中原烽火遍地，许有壬极力出谋划策，力图稳定政局。十七年以老病致仕，诏给俸禄终身。二十四年卒，谥文忠。许有壬历事七朝，从政近 50 年，直言敢谏，不避权贵。诗文均有时名，对文坛影响长久广泛。所著有《至正集》100 卷，今存 81 卷。另有诗文集《圭塘小稿》13 卷、别集 2 卷、续集 1 卷。晚年于家乡得康氏旧园，名圭塘别墅，许氏兄弟（有壬、有孚）、父子及友人的唱和之作又曾辑为《圭塘欸乃集》2 卷，今均存。其词有辑本《圭塘乐府》4 卷、别集 1 卷。

本辑据《至正集》（《元人文集珍本丛刊》，新文丰出版公司出版，宣统三年聊城邹道沂始用家藏抄本石印）辑录有关赤城的诗，以《北京图书馆古籍珍本丛刊》本《至正集》参校。这些诗均为许有壬扈从上都途经赤城所作。

交龍清署去萬騎景從時顧我何為者淩恩欲報之計功遂傳金

姜廆有歌詩却憶高唐老清風摛鳳池

郡城大熱午日至赤城夜寒不能寐

步步高無下炎威覺漸微山川限風氣水炭劇天機孤館難為客

魚食更覆衣只悲清不寐無夢到羅帷

宿獨石孫希顏家書其壁

獨石清不老行人鬢巳霜四年叨政府三度上灤陽毫髮曾何補

身心漫爾忙避賢歸有日東醉石兄傷

雨後桓州道中

雨後桓州道清無一點塵羊天雲葉薄五月草芽新白雀能知曉

即事

黃羊不畏人懸數有馬酒香瀉草囊春

至正集卷第十三　　五律二　　六十六

许有壬《至正集》书影

213

◎和虞伯生①学士壁间韵（卷3，第39页，五言古诗）

在公②抱隐忧③，出塞得奇观。青山万马奔，龙门忽中断。地平豁四维④，天阔张一幔。寄语鸣笳儿⑤，休惊暮鸿散。

◎独石和姚子中参政壁间韵（卷3，第42页，五言古诗）

北征日见山，羁怀⑥殊不恶⑦。凉飙⑧生两腋，鸣泉清八凿。一卷突虚空⑨，大地贯脉络。维时霖雨⑩行，平野注为壑。特立看奔冲⑪，千秋壮沙漠。彭蠡⑫有大孤，天星几时落。遥遥阻幽遐⑬，屹屹气相若⑭。翠华⑮岁清暑，挍⑯胜谁敢谑。效米欲拜兄，时人定

---

① 虞伯生，指虞集。

② 在公，谓办理公事。

③ 隐忧，深深的忧虑。《诗·邶风·柏舟》："耿耿不寐，如有隐忧。"毛传："隐，痛也。"

④ 四维，指东南、西南、东北、西北四隅。指四方。

⑤ 笳，中国古代北方民族的一种乐器，类似笛子。

⑥ 羁怀，寄旅的情怀。

⑦ 不恶，不坏；不错。

⑧ 凉飙，秋风。唐王勃《易阳早发》诗："复此凉飙至，空山飞夜萤。"

⑨ 虚空，犹荒野。空旷无人之处。

⑩ 维时，斯时；当时。霖雨，连绵大雨。甘雨，时雨。

⑪ 奔冲，奔驰，猛冲。唐李白《魏郡别苏明府因北游》诗："淇水流碧玉，舟车日奔冲。"

⑫ 彭蠡，古泽薮名。《书·禹贡》扬州："彭蠡既潴"；导漾："东汇泽为彭蠡"。《汉书·地理志》豫章郡彭泽："《禹贡》彭蠡泽在西。"旧释即今江西鄱阳湖。一说《禹贡》彭蠡应在长江北岸，约当今鄂东皖西一带滨江诸湖，《史记·封禅书》载汉武帝南巡"自寻阳（今湖北黄梅西南）出枞阳（今属安徽），过彭蠡"，即此；自西汉以后，彭蠡逐渐南移并扩展成今鄱阳湖。

⑬ 幽遐，僻远；深幽。

⑭ 相若，同样；类似。

⑮ 翠华，天子仪仗中以翠羽为饰的旗帜或车盖。《文选·司马相如<上林赋>》："建翠华之旗，树灵鼍之鼓。"李善注："翠华，以翠羽为葆也。"为御车或帝王的代称。

⑯ 挍，音jiào。古同"校"。清代学者钱大昕在其《十驾斋养新录·陆氏<释文>多俗字》中云："《说文·手部》无挍字，汉碑木旁字多作手旁，此隶体之变，非别有挍字。"

予噱①。

◎雨中呈察院诸公（卷4，第44页，五言古诗）

雅志②足衡茅③，轩盖④非所安。七年江湖上，心与天水宽。仲脰⑤倏受羁，又复逾桑乾⑥。遐举负清时⑦，就列惭素餐⑧。用兹慁⑨如饥，并介⑩良俱难。凤凰复我池，獬豸⑪仍我冠。六龙⑫狩滦水⑬，

---

① 噱音 jué，大笑。又音 xué，笑。《北京图书馆古籍珍本丛刊》本《至正集》作"余噱"。

② 雅志，平素的意愿。

③ 衡茅，衡门茅屋，简陋的居室。晋陶潜《辛丑岁七月赴假还江陵夜行涂口》诗："养真衡茅下，庶以善自名。"

④ 盖，《北京图书馆珍本丛刊》本作"缨"。轩盖，带篷盖的车。显贵者所乘。

⑤ 脰，音 dòu，脖子、颈。

⑥ 桑干，指桑干岭，今名长安岭。

⑦ 遐举，远行。清时，清平之时；太平盛世。《文选·李陵<答苏武书>》："勤宣令德，策名清时。"张铣注："清时，谓清平之时。"

⑧ 素餐，无功受禄，不劳而食。《诗·魏风·伐檀》："彼君子兮，不素餐兮。"毛传："素，空也。"陈奂传疏："今俗以徒食为白餐。餐，犹食也。赵岐注《孟子·尽心篇》云：'无功而食，谓之素餐。'"

⑨ 慁，音 nì。忧思；忧伤。

⑩ 并介，谓兼善天下而又耿介自守。《文选·嵇康<与山巨源绝交书>》："吾昔读书，得并介之人，或谓无之，今乃信其真有耳。"刘良注："并，谓兼利天下；介，谓孤介自守。"

⑪ 獬豸，音 xiè zhì。传说中的异兽。一角，能辨曲直，见人相斗，则以角触邪恶无理者。古人视为祥物。这里指指古代御史大夫等执法官戴的獬豸冠。

⑫ 六龙，古代天子的车驾为六马，马八尺称龙，因以为天子车驾的代称。

⑬ 滦水，指滦河，古濡水。即今河北东北部滦河。上源为丰宁满族自治县境内闪电河，经内蒙古多伦县北折向东南流始称滦河。中游穿流燕山山地，下游在乐亭、昌黎两县间入渤海。

属车接鸣銮①。已甘眊笔诮，答效②诚曷殚。退食坐环堵③，羁怀常鲜欢。长风送雨来，六月毛骨寒。马嘶菽薽薄，童怨衣裳单。摵摵窗纸语，潇潇檐溜残。佳人④隔咫尺，积潦生微澜⑤。晤语⑥迟不来，浩歌⑦成永叹。独坐念往躅⑧，挑灯清夜阑⑨。何当放疏慵⑩，洹水⑪求钓竿。

◎都城大热午日至赤城夜寒不能寐（卷13，第83页，五言律诗）

步步高无下，炎威⑫觉渐微。山川限风气，冰炭剧天机。孤馆难

---

① 属车，帝王出行时的侍从车。秦汉以来，皇帝大驾属车八十一乘，法驾属车三十六乘，分左中右三列行进。《汉书·贾捐之传》："鸾旗在前，属车在后。"颜师古注："属车，相连续而陈于后也。属，音之欲反。"亦借指帝王。鸣銮，装在轭首或车衡上的铜铃。车行摇动作响。有时借指皇帝或贵族出行。《文选·班固〈西都赋〉》："大路鸣銮，容与徘徊。"李善注："《周礼》曰：巾车掌玉辂，以銮和为节。郑玄曰：銮在衡，和在轼，皆以金铃也。"吕延济注："銮，车上铃也。"

② 答效，报效；为报答恩德而为对方尽力。

③ 退食，语出《诗·召南·羔羊》："退食自公，委蛇委蛇。"郑玄笺："退食，谓减膳也。自，从也；从于公，谓正直顺于事也。"朱熹集传："退食，退朝而食于家也。自公，从公门而出也。"后因以指官吏节俭奉公。亦指归隐；退休。环堵，四周环着每面一方丈的土墙。形容狭小、简陋的居室。《礼记·儒行》："儒者有一亩之宫，环堵之室。"郑玄注："环堵，面一堵也。五版为堵，五堵为雉。"

④ 佳人，①妻子称自己的丈夫。②美好的人。指君子贤人。③美女。

⑤ 积潦，成灾的积水；洪涝。微澜，微小的波纹。

⑥ 晤语，见面交谈。

⑦ 浩歌，放声高歌，大声歌唱。

⑧ 往躅，犹陈迹。

⑨ 夜阑，夜残；夜将尽时。

⑩ 疏慵，疏懒；懒散。

⑪ 洹水，水名。又名安阳河，在河南省北部。源出林县，流经安阳市至内黄县，入卫河。

⑫ 炎威，酷热的威势。

为客，重衾更覆衣①。只愁清不寐②，无梦到罗帏③。

◎宿独石孙希颜家书其壁（卷13，第83页，五言律诗）

独石青不老，行人鬓已霜。四年叨④政府，三度上滦阳⑤。毫发曾何补，身心漫尔忙。避贤⑥归有日，东⑦醉石兄傍。

◎云州刘氏贞节（卷14，第87页，五言律诗）

贞节不为石，龙门气与高。一天孤倚托，三子立劬劳⑧。彝典期无斁⑨，桓楣⑩愧有褒。咏歌谁复靳⑪，传尔在吾曹⑫。

◎午日过桑乾岭（卷16，第99页，七言律诗）

酒香蒲嫩负龙城，却得西山胜处行。地入高寒疑节换，路逢奇绝更诗成。缅怀勺水湛忠列，何幸清时亶圣明⑬。眼底羁怀又无奈，林间时听子规声。

---

① 重衾，两层被子。《文选·张华〈杂诗〉》："重衾无暖气，挟纩如怀冰。"吕延济注："衾，被也。"覆衣，犹覆被。谓以衣加惠。

② 不寐，不睡觉。

③ 罗帏，罗帐。

④ 叨，承受。古汉语中用于对受人恩惠及礼物表示感谢的谦词。

⑤ 滦阳，即滦京，元上都的别称，以临滦水得名。

⑥ 避贤，犹让贤。

⑦ 东，《北京图书馆珍本丛刊》作"来"。

⑧ 劬劳，劳累；劳苦。《诗·小雅·蓼莪》："哀哀父母，生我劬劳。"劬音qú，过分劳苦，勤劳。

⑨ 彝典，常典。指旧典。无斁，不厌恶；不厌倦。《诗·周南·葛覃》："为絺为绤，服之无斁。"郑玄笺："斁，厌也。"

⑩ 桓，古代立在驿站、官署等建筑物旁作标志的木柱，后称华表。后也泛指寺、墓、桥梁等用作表识或其他用途的柱子。亦指门扇内面两边固定门闩的直木。楣，屋檐口椽端的横板。门框上的横木。

⑪ 靳，①惋惜。②嘲弄；耻笑。

⑫ 吾曹，犹我辈；我们。

⑬ 圣明，皇帝的代称。英明圣哲，无所不知。封建时代称颂帝、后之词。

◎再宿洪赞徐千户家用旧题韵（卷17，第102页，七言律诗）

四面云山一径幽，停骖真可释羁愁①。鄙人千里回俗驾②，此地两年逢仲秋。无策③不须干北阙④，有怀⑤都合付东流。故乡莫喜<u>并州</u>近，松柏佳城⑥在<u>相州</u>。

◎舟中午日忆去年此日过桑乾岭有诗因用其韵二首（卷18，第108页，七言律诗）

轩车⑦稳出九重城⑧，一舸摇摇载月行。节序迫人无可乐，诗书用世竟何成。清风远树黄鹂啭⑨，落日沧波白鸟⑩鸣。休吊湘累歌楚些⑪，老夫亲和扣舷声。

去年驰驷⑫度长城，岂意扁舟遂此行。一笑病余仍酒困⑬，几年身退为功成。管花管竹心无老，观水观山眼尚明。好在衡茅⑭不归去，松风谁听月中声。

———————

① 羁愁，旅人的愁思。

② 俗驾，世俗人。驾，车驾，借指人。

③ 无策，没有计谋；没有办法。

④ 北阙，古代宫殿北面的门楼。是臣子等候朝见或上书奏事之处。用为宫禁或朝廷的别称。

⑤ 有怀，犹有感。

⑥ 佳城，喻指墓地。《文选·沈约〈冬节后至丞相第诣世子车中作〉诗》："谁当九原上，郁郁望佳城。"李周翰注："佳城，墓之茔域也。"

⑦ 轩车，有屏障的车。古代大夫以上所乘。后亦泛指车。

⑧ 九重城，宫禁。古制，天子之居有门九重，故称。

⑨ 啭，音zhuàn。鸟婉转地鸣叫。

⑩ 白鸟，白羽的鸟，鹤、鹭之类。《诗·大雅·灵台》："麀鹿濯濯，白鸟翯翯。"

⑪ 湘累，指屈原。元张鸣善《脱布衫过小梁州》曲："悼后世追前辈，对五月五日，歌楚些吊湘累。"楚些，《楚辞·招魂》是沿用楚国民间流行的招魂词的形式而写成，句尾皆有"些"字。后因以"楚些"指招魂歌，亦泛指楚地的乐调或《楚辞》。

⑫ 驰驷，驾乘驿马疾行。《北京图书馆珍本丛刊》本作"驰驿"。

⑬ 酒困，谓饮酒过多，神志迷乱。语本《论语·子罕》："不为酒困，何有于我哉！"刘宝楠正义："困，乱也……未尝为酒乱其性也。"

⑭ 衡茅，衡门茅屋，简陋的居室。晋陶潜《辛丑岁七月赴假还江陵夜行涂口》诗："养真衡茅下，庶以善自名。"

◎宿洪赞徐千户家再用旧韵①（卷19，第111页，七言律诗）

半生尘土②阻寻幽③，常羡幽人④不识愁。花卉地寒多及夏，轩扉⑤山近镇含秋。谋身未办三间屋，濯足⑥何须万里流。此去此怀休戚戚⑦，好从高士⑧老南州。

◎雕窝驿次伯庸⑨韵二首（卷23，第130页，五言绝句）

华发怜于役，青山笑不归。有诗留传舍⑩，无杖叩岩扉⑪。
中年愁远涉，出户即思归。驿路夜鞭马，家山⑫昼掩扉。

◎雕窝驿次伯庸壁间韵四首（卷23，第133页，七言绝句）

居庸无垒⑬有人烟，龙虎风云⑭俱上天。汉家谈笑中兴了，大胜

---

①　旧韵，指步以上《再宿洪赞徐千户家用旧题韵》诗韵。
②　尘土，指尘世；尘事。唐沈亚之《送文颖上人游天台》诗："莫说人间事，崎岖尘土中。"
③　寻幽，寻求幽胜。探究深奥的事理。
④　幽人，幽隐之人；隐士。《易·履》："履道坦坦，幽人贞吉。"孔颖达疏："幽人贞吉者，既无险难，故在幽隐之人守正得吉。"
⑤　轩扉，门窗。
⑥　濯足，语出《孟子·离娄上》："沧浪之水清兮，可以濯我缨；沧浪之水浊兮，可以濯我足。"本谓洗去脚污。后以"濯足"比喻清除世尘，保持高洁。
⑦　戚戚，忧惧貌；忧伤貌。《论语·述而》："君子坦荡荡，小人长戚戚。"何晏集解引郑玄曰："长戚戚，多忧惧。"
⑧　高士，志行高洁之士。指隐居不仕或修炼者。
⑨　伯庸，指马祖常，字伯庸。
⑩　传舍，古时供行人休息住宿的处所。
⑪　岩扉，岩洞的门。借指隐士的住处。
⑫　家山，谓故乡。唐钱起《送李栖桐道举擢第还乡省侍》诗："莲舟同宿浦，柳岸向家山。"
⑬　无垒，不设营垒。谓太平无事。
⑭　龙虎风云，《易·干》："云从龙，风从虎。"后以"龙虎风云"喻英雄豪杰际遇得时。指君臣遇合。

天骄①多控弦②。

绿芜③千里动荒烟，白鸟一行飞上天。落日饥鸢叫平泽④，鸣鹃何处发惊弦⑤。

桑乾水面晴生烟，桑乾领⑥头青入天。劝君过岭莫回首，归心恐如矢去弦。

蒙蒙山色湿非烟，四野穹庐⑦垂一天。去家几时验明月，昨日上弦今下弦⑧。

◎和曹子贞壁间韵（卷23，第133页，七言绝句）

桑乾高接碧天长，五月松风洒碎霜。马上馈茶僧亦笑，今年更比昔年忙。

◎右二绝句丙寅岁八月十二日作丁丑四月彦辅再次前韵以纪岁

---

① 天骄，天之骄子的省称。汉时匈奴用以自称。后亦泛称强盛的边地少数民族或其首领。《汉书·匈奴传上》："单于遣使遗汉书云：'南有大汉，北有强胡。胡者，天之骄子也。'"比喻有才能、有影响的人。

② 控弦，拉弓；持弓。借指士兵。

③ 绿芜，丛生的绿草。

④ 鸢，音yuān。鸟名。即鸱。也称老鹰、鸱鹰。叫，音jiào。同"叫"。平泽，平湖；沼泽。

⑤ 惊弦，曾受箭伤，遂闻弓弦声而惊惶。

⑥ 领，"岭"的古字。山岭。后作"岭"元周伯琦《六书正讹·梗韵》："领，山之高者曰领，取其象形也。别作岭。"《史记·货殖列传》："领南、沙北固往往出盐。"按：清王鸣盛《十七史商榷》卷二十八："古无岭字，只作领。"《汉书·严助传》："舆轿而隃领，拖舟而入水。"颜师古注引项昭曰："领，山领也。"

⑦ 四野，四方的原野。亦泛指四方，四处。穹庐，古代游牧民族住的毡帐。亦指北方边区少数民族。贫贱者居住的屋。

⑧ 上弦，农历每月初七或初八，太阳跟地球的联线和地球跟月亮的联线成直角时，在地球上看到的月相呈"D"字形，称"上弦"。《诗·小雅·天保》"如月之恒"唐孔颖达疏："八日九日，大率月体正半，昏而中，似弓之张而弦直，谓上弦也。"下弦，农历每月二十二日或二十三日，太阳跟地球的联线和地球跟月亮的联线成直角时，在地球上看到月亮呈反"D"字形，这种月相称下弦。

月请再次前韵以记岁月①（卷26，第142~143页，七言绝句）

故山林樾锁岩扉②，谁遣冲天试一飞。明日桑乾逢杜宇，多应偏告不如归。时予将分省上京。

归去求田旋筑亭，醉来乘兴自书屏。仙人知我思家意，不遣云山出户庭③。

◎竹枝十首和继学韵（卷27，第146页，七言绝句）

居庸泉石胜概④多，桑乾北去渐沙陀⑤。龙门钩带⑥水百折，一日驱车几渡河。

草软沙平无长泥，踏歌⑦饮别雁行齐。海青⑧轻骑圆牌去，金犊香车翠袖啼⑨。

---

① "右二绝"指诗《太乙宫待张彦辅炼师不至和继学韵二首》：联镳日晏出黄扉，目断长空倦鸟飞。不是道人归不早，我曹多事自忘归。京国三年负草亭，眼中空翠拥云屏。琳宫今日见秋意，风色萧萧月满庭。

② 故山，旧山。喻家乡。汉应玚《别诗》之一："朝云浮四海，日暮归故山。"林樾，林木；林间隙地。唐皮日休《桃花坞》诗："夤缘度南岭，尽日寄林樾。"岩扉，岩洞的门。借指隐士的住处。

③ 云山，高耸入云之山。远离尘世的地方。隐者或出家人的居处。户庭，户外庭院。亦泛指门庭、家门。

④ 胜概，美景；美好的境界。唐杜甫《奉留赠集贤院崔于二学士》诗："故山多药物，胜概忆桃源。"

⑤ 沙陀，我国古代部族名。西突厥别部，即沙陀突厥。唐贞观间居金莎山（今尼赤金山）之南，蒲类海（今新疆巴里坤湖）之东。其境内有大碛（今古尔班通古特沙漠），因以为名。借指北方胡人、胡兵。

⑥ 钩带，即带钩。束腰革带上的钩。一端曲首，背有圆钮。这里意即弯曲。

⑦ 踏歌，亦作"蹋歌"。拉手而歌，以脚踏地为节拍。《资治通鉴·唐则天后圣历元年》："尚书位任非轻，乃为房蹋歌。"胡三省注："蹋歌者，连手而歌，蹋地以为节。"亦指行吟；边走边歌。

⑧ 海青，海东青的省称，本指一种凶猛而珍贵的鸟，属雕类。元代为驿站名，寓奋速之意。

⑨ 金犊，牛犊的美称。香车，用香木做的车。泛指华美的车或轿。翠袖，青绿色衣袖。泛指女子的装束。唐杜甫《佳人》诗："天寒翠袖薄，日暮倚修竹。"指女子。

红黄簇簇野花匀，千骑腾骧①不动尘。圆帐风凉来月牖②，方帷日影荫文茵③。

边民总总傒④来苏⑤，瞻望祥飚⑥动祝姑⑦。透空⑧何处一声笛，浑似春风闻鹧鸪⑨。

健步儿郎似蹑云⑩，铃衣红帕照青春。一时脚力⑪君休惜，先到金阶⑫定赐银。

草色迎秋便弄黄，青山尽处暮云长。秋风关塞迢迢路，望断⑬美人天一方。

---

① 腾骧，飞腾；奔腾。《文选·张衡<西京赋>》："负笋业而余怒，乃奋翅而腾骧。"薛综注："腾，超也；骧，驰也。"

② 牖，音 yǒu。窗户。

③ 文茵，车中的虎皮坐褥。《诗·秦风·小戎》："文茵畅毂，驾我骐駎。"毛传："文茵，虎皮也。"

④ 边民，边境地区的老百姓。《后汉书·邓训传》："训抚接边民，为幽部所归。"总总，众多貌。《楚辞·九歌·大司命》："纷总总兮九州。"王逸注："总总，众貌。"聚合貌。《楚辞·离骚》："纷总总其离合兮。"王逸注："总总，犹傅傅，聚貌。"傒，音 xī。古同"傒"，等候。中国古代少数民族名。

⑤ 来苏，谓因其来而于困苦中获得苏息。语本《书·仲虺之诰》："攸徂之民，室家相庆曰：'傒予后，后来其苏！'"孔传："汤所往之民皆喜曰：'待我君来，其可苏息。'"

⑥ 飚，音 biāo。古同"飙"。祥飚，同"祥飙"。瑞风。

⑦ 《北京图书馆古籍珍本丛刊》本作"祀姑"。祀姑，古代旗帜名。《文选·左思<吴都赋>》："坐组甲，建祀姑。"刘逵注："祀姑，幡名，麾旗之属也。《国语》曰：'吴王夫差出军，与晋争长。昏乃戒。夜中，令服兵擐甲，陈王卒，官帅拥铎，建祀姑。'此吴军容之旧制也。"

⑧ 透空，犹凌空。

⑨ 鹧鸪，音 zhè gū。鸟名。形似雌雉，头如鹑，胸前有白圆点，如珍珠。为中国南方留鸟。古人谐其鸣声为"行不得也哥哥"，诗文中常用以表示思念故乡。亦借指鹧鸪鸣声。

⑩ 蹑，音 niè。通"躡"。踏，追踪。《汉书·礼乐志·天马歌》："蹑浮云，晻上驰。"颜师古注引苏林曰："蹑音躡。言天马上躡浮云也。"躡云，腾云。宋苏轼《武昌钢剑歌》："雨余江清风卷沙，雷公躡云捕黄蛇。"

⑪ 脚力，旧时传递文书或递运货物的差役或民丁。指给搬运工的费用或送礼的赏钱。

⑫ 金阶，帝王宫殿的台阶。朝廷的代称。

⑬ 望断，向远处望直至看不见。宋李清照《点绛唇》词："连天衰草，望断归来路。"

野薇①堆盘见蕨芽，珍羞②眩眼有天花③。宛人自卖葡萄酒④，夏客能烹枸杞茶。

使者南来马似龙，一驰三百未高舂⑤。却笑牛车鸣大铎，道途狭处莫相逢。

有怀常拟赋闲居，有笔当思颂二疏⑥。濯手清溇时一笑，少年曾写万言书⑦。

大安阁是广寒宫⑧，尺五青天八面风。阁中敢进竹枝曲⑨，万岁千秋文轨⑩同。

---

① 野薇，野蔬。

② 珍羞，亦作"珍馐"。珍美的肴馔。汉张衡《南都赋》："珍羞琅玕，充溢圆方。"

③ 眩眼，光芒耀眼。天花，指雪。

④ 葡萄酒，亦作"蒲陶酒""蒲桃酒""蒲萄酒"。《史记·大宛列传》："（大宛）去汉可万里，有蒲陶酒。"

⑤ 高舂，日影西斜近黄昏时。《淮南子·天文训》："（日）至于渊虞（古代传说中太阳戌时经过的地方），是谓高舂；至于连石，是谓下舂。"高诱注："高舂，时加戌，民碓舂时也。"

⑥ 二疏，指汉宣帝时名臣疏广与兄子受。广为太傅，受为少傅，同时以年老乞致仕，时人贤之。归日，送者车数百辆，设祖道，供张东都门外。

⑦ 万言书，封建官吏呈送给帝王的长篇奏章。

⑧ 广寒宫，传说唐玄宗于八月望日游月中，见一大宫府，榜曰："广寒清虚之府"。后因称月中仙宫为"广寒宫"。

⑨ 竹枝曲，即竹枝。乐府《近代曲》之一。本为巴渝（今四川东部）一带民歌，唐诗人刘禹锡据以改作新词，歌咏三峡风光和男女恋情，盛行于世。后人所作也多咏当地风土或儿女柔情。其形式为七言绝句，语言通俗，音调轻快。

⑩ 文轨，文字和车轨。古代以同文轨为国家统一的标志。语本《礼记·中庸》："今天下车同轨，书同文。"

17.《安雅堂集》

【题解】　《安雅堂集》13 卷，元陈旅撰。陈旅（1287～1342年），字众仲，兴化莆田（今属福建）人。幼孤，笃志于学，曾从乡先生傅古直游，声名日著。以荐，为闽海儒学官，受到御史中丞马祖常赏识，勉励其游京师。又受到翰林侍讲学士虞集激赏，中书平章政事赵世延力荐之，遂为国子助教。3 年任满，学生不愿其去，请于朝，得以连任。元统二年（1334 年）出为江浙儒学副提举。后至元四年入为翰林应奉。至正元年迁国子监丞。卒年 56 岁。平生重视师友情谊，深以虞集为知己，虞集告老还乡，曾冲冒炎暑，不远千里访虞集于临川。苏天爵编《国朝文类》，请陈旅写序。有《安雅堂集》5 卷（别本题作《陈众仲文集》13 卷），今存。

本辑据《安雅堂集》（世界书局印行《景印摛藻堂四库全书荟要》影印本，总第 407 册集部第 60 册别集类）辑录有关赤城的诗，这些诗为陈旅扈从上京途经赤城所作。

◎六月度居庸关喜雨（卷2，第70页，七言律诗）
曾是农官祝水庸①，神云六月四郊同。峡龙遥送赤城雨，碛马长

---

① 祝，祭祀时司祭礼的人。用言语向上天祈祷求福。水庸，据《礼记·郊特牲》："八蜡以祀四方。"天子之祭称"大蜡"，共祭祀八种神，东汉经学家郑玄注："四方，四方有祭也。其方谷不熟，则不通于蜡焉，使民谨于用财。蜡有八者：先啬一也，司啬二也，农三也，邮表畷四也，猫虎五也，坊六也，水庸七也，昆虫八也。"水庸即后世人们祭祀的城隍。

落拓練衣閬苑間江南遊子醉長安禁溝春過留香雨

宮樹風來響翠瀾五衛旌旗秋殿裏千官劍佩曉雲端

何人只獻河清頌宜向明時瀝寸丹

送胡編修暫還越中

東陽有客面如玉賦就凌雲相閣開太史今年探禹穴

故人落日上燕臺船頭溪罋紅生蟻囊底京袍綠染苔

相望都門梅雨後越姬搖櫓唱歌來

和虞先生雲州道上聞巽香

驱白海风。沴气^①潜消亭毒^②表，丰年仍在至元中。白头畏垒庚桑楚^③，能寄新诗颂帝功。

◎和虞先生^④云州道上闻异香（卷2，第73～74页，七言律诗）

年年骑马蹋龙沙^⑤，<u>金阁山</u>^⑥前席帽^⑦斜。海上谁移千步草，空中时度七香车^⑧。丹崖翠壁横秋野，玉磬琅璈^⑨出暮霞。我亦往年驰驿过，不知仙枣大如瓜。

◎韩节妇诗（卷3，第85页，五言古诗）

云州刘氏女，嫁作韩家妇。良人命不淑^⑩，抱病入野土^⑪。舅姑^⑫老无儿，三子幼失父。刘氏方盛年，自誓不忍去。宁为涧底

---

① 沴气，灾害不祥之气。

② 亭毒，《老子》："长之育之，亭之毒之，养之覆之。"高亨正诂："'亭'当读为'成'，'毒'当读为'熟'，皆音同通用。"后引申为养育，化育。

③ 畏垒，山名。庚桑楚，姓一作亢桑、亢仓。传说中周代人。名楚。老聃弟子。尽传老聃之学。居畏垒之山三年，民人以其为圣者。一说，亢桑子之属，所言所行皆空言无实。

④ 虞先生，指虞集。有诗《云州道中数闻异香》。

⑤ 龙沙，泛指塞外漠北边塞之地；荒漠。

⑥ 金阁山，今名观山。位于云州乡南。

⑦ 席帽，古帽名。以藤席为骨架，形似毡笠，四缘垂下，可蔽日遮颜。

⑧ 七香车，用多种香料涂饰或用多种香木制作的车。亦泛指华美的车。

⑨ 玉磬，古代石制乐器名。《礼记·郊特牲》："诸侯之宫县，而祭以白牡，击玉磬……诸侯之僭礼也。"孙希旦集解："玉磬，《书》所谓鸣球，天子之乐器也。"琅璈，古玉制乐器。

⑩ 良人，古时女子对丈夫的称呼。《孟子·离娄下》："齐人有一妻一妾而处室者，其良人出，必餍酒肉而后反。"赵岐注："良人，夫也。"不淑，吊问之词。犹言不幸。

⑪ 野土，田野的泥土。《礼记·祭义》："众生必死，死必归土，此之谓鬼。骨肉毙于下，阴为野土。"

⑫ 舅姑，称夫之父母。俗称公婆。《国语·鲁语下》："古之嫁者，不及舅姑，谓之不幸。"

松①，不作道旁树。道旁众所怜，涧底人不顾。寒灯②照［络纬］③，曙屋响④机杼⑤。膝下⑥梨栗分，堂上滫瀡⑦具。辛苦［凡几］⑧年，遂作毕志虑⑨。佳儿总成立，采服⑩娱岁暮。邦人推母仪⑪，里妇⑫学阃度。尽言韩家好，华表临大路。

◎苏伯修⑬往上京，王君实⑭以高丽笠赠之，且有诗，伯修征和章⑮，因述往岁追从之惊⑯，与今兹睽携⑰之叹云尔。（卷3，第90页，七言古诗）

往年饮马滦河秋，滦水斜抱石城流。青城丈人来水上，揭谢苏王曼硕、敬德、伯修、君实。皆与游。顾予滥倚桥门⑱席，日斜去坐鳌

① 涧底松，涧谷底部的松树。多喻德才高而官位卑的人。宋苏辙《徐孺亭》诗："徐君郁郁涧底松，陈君落落堂上栋。"亦省作"涧松"。

② 寒灯，寒夜里的孤灯。多以形容孤寂、凄凉的环境。

③ 络纬，原籍阙，据《全元诗》补。虫名。即莎鸡，俗称络丝娘、纺织娘。夏秋夜间振羽作声，声如纺线，故名。

④ 曙屋响，原籍阙，据《全元诗》补。

⑤ 机杼，指织机的声音。杼，织梭。

⑥ 膝下，指人幼年时常依于父母膝旁，言父母对幼孩之亲昵。

⑦ 滫瀡，音 xiǔ suǐ。古时调和食物的一种方法。用植物淀粉拌和食物，使柔软滑爽。

⑧ 凡几，原籍阙，据《全元诗》补。

⑨ 志虑，精神；思想。《周礼·考工记·弓人》："凡为弓，各因其君之躬志虑血气。"郑玄注："又随其人之情性。"

⑩ 采服，古代按等级区分的有彩色纹饰的衣服。

⑪ 邦人，乡里之人；同乡。母仪，指作母亲的仪范。为母之道。

⑫ 里妇，同里的妇人。

⑬ 苏伯修，指苏天爵（1293～1352年），字伯修，真定（今属河北）人。时称滋溪先生。初参加国子学生公试，名列第一，为大都路蓟州判官。后升应奉翰林文字。

⑭ 王君实，指王守诚（1295～1349年），字君实，太原阳曲人。泰定元年（1324年）试礼部第一。迁太常博士，续编《太常集礼》若干卷上进，为艺林库使，与著《经世大典》。

⑮ 和章，谓酬和他人的诗章。一般只和其意，非必和其韵。

⑯ 惊，音 cóng。欢乐；乐趣。

⑰ 睽携，乖离；分离。《文选·谢灵运〈南楼中望所迟客〉》诗："即事怨睽携，感物方凄戚。"李善注："《周易》曰：'睽，乖也。'贾逵《国语》注曰：'携，离也。'"

⑱ 桥门，古代太学周围环水，有四门，以桥通，故名。

峰石。夜凉共饮明月樽，醉眠更听高楼笛。滦河九曲来溅溅①，自我不见今三年。苏郎又扈属车去，伫望弗及心茫然。龙门峡中云气湿，山雨定洒高丽笠。别意遥怜柳色深，归心莫为鹃声急。② 不才未许收词垣，赋成何日奏甘泉。人言凡骨难变化，为我致意青城仙。③

---

① 来，《全元诗》作"流"。溅溅，流水声。水疾流貌。
② 《全元诗》句末注："龙门道中，夏月多杜鹃"。
③ 《全元诗》句末注："旅时已注为史官，复勒留助教"。

18.《伊滨集》

【题解】 《伊滨集》24 卷，元王沂撰。王沂，生卒年不详，字师鲁（一字思鲁），先世云中（今山西大同）人，后徙居真定（今河北正定）。其父王元父，官至承事郎，监黄池税务。马祖常《监黄池税务王君墓碣铭》考其家世、事迹甚详，而其中并未涉及王沂的生卒年。王沂于延祐二年（1315 年）中进士，据《四库全书总目提要》考证，其曾为临淮县尹、嵩州同知，至顺三年（1332 年）曾为国史院编修官，元统三年（1335 年）曾在国子学为博士，至元六年（1340 年）曾为翰林院待制、待诏宣文阁，至顺年间，迁礼部尚书，总裁辽、金、宋三史的编修，大约于至正末年卒。著有《伊滨集》，已佚。《四库全书》馆臣从《永乐大典》中辑出其部分诗文，编为 24 卷。

本辑据《伊滨集》（书目文献出版社《北京图书馆古籍珍本丛刊》第 92 册集部元别集类）辑录有关赤城的诗。

◎滴水崖（卷 2，第 403 页，五言古诗）

高崖何亭亭①，有泉出嵓窦②。下为珠贯③绳，滴石石欲透。跳波④注巨壑，锵⑤若琴筑奏。远响惊鱼龙，清音杂猿狖⑥。阴连栈道

---

① 亭亭，高耸貌。《文选·张衡＜西京赋＞》："干云雾而上达，状亭亭以苕苕。"薛综注："亭亭、苕苕，高貌也。"直立貌；独立貌。

② 嵓窦，嵓音 yán，古同"岩"。岩窦，即岩穴。

③ 珠贯，珠串。常以形容清泉飞泻。

④ 跳波，翻腾的波浪。

⑤ 锵，形容金、玉等撞击声。元周权《夏日偕友晚饮听泉轩》诗："石根泻幽泉夏夏锵琳球。"亦指发出响亮清越的优美之声。

⑥ 猿狖，泛指猿猴。

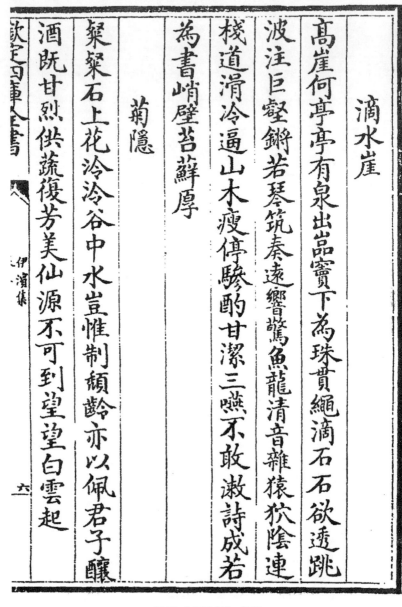

王沂《伊滨集》书影

滑，冷逼山木瘦。停骖①酌甘洁，三咽②不敢漱。诗成若为书，峭壁
苔藓厚。

◎发赤城（卷2，第406~407页，五言古诗）

赤城夜来雨，新涨没马膝。晓行鹤门岭③，戢戢④乱峰碧。秋高
川原阔，禾黍纷已积。居人望翠华⑤，父老扶杖立。牛羊散在野，晴
曦漏云隙。崖巅挂虹霓⑥，草际鸣蝼蝈⑦。既忻宠光⑧被，复协栖遁
迹。行行幽兴得⑨，觅句⑩写崖壁。停立望苍茫，乱飞归鸟急。

◎过独石庙（卷4，第424页，七言古诗）

落星何年化为石，群峰不敢争长雄⑪。苍藓鳞皴⑫动古色，荒祠
惨澹⑬来阴风。鹤驭⑭朝回仙子驾，鲛绡⑮夜织冯夷宫⑯。凭谁唤取昭

---

① 停骖，停马不前。
② 三咽，吞食三口。
③ 鹤门岭，疑今浩门岭，曾名合门岭。袁桷有诗《合门岭》。
④ 戢戢，密集貌。唐于鹄《过凌霄洞天谒张先生祠》诗："戢戢乱峰里，一峰独凌天。"
⑤ 翠华，天子仪仗中以翠羽为饰的旗帜或车盖。为御车或帝王的代称。
⑥ 虹霓，即蝃蝀（虹）。为雨后或日出、日没之际天空中所现的七色圆弧。虹蜺常有内外二环，内环称虹，也称正虹、雄虹；外环称蜺，也称副虹、雌虹或雌蜺。
⑦ 蝼蝈，蛙属。《礼记·月令》："（孟夏之月）蝼蝈鸣，蚯蚓出。"郑玄注："蝼蝈，蛙也。"
⑧ 宠光，谓恩宠光耀。
⑨ 行行，不停地前行。幽兴，幽雅的兴味。
⑩ 觅句，指诗人构思、寻觅诗句。唐杜甫《又示宗武》诗："觅句新知律，摊书解满床。"
⑪ 长雄，为首、称雄。《汉书·鲍宣传》："（宣）以为其地宜田牧，又少豪俊，易长雄，遂家于长子。"颜师古注："长，为之长帅也；雄，为之雄豪也。"
⑫ 鳞皴，像鳞片般的皲皮或裂痕。
⑬ 惨澹，暗淡；悲惨凄凉。
⑭ 鹤驭，指仙人。传说成仙得道者多骑鹤，故名。
⑮ 鲛绡，传说中鲛人所织的绡。亦借指薄绢、轻纱。
⑯ 冯夷宫，传说中的水府，水神宫殿。

华①管，吹入远烟空翠②中。

◎白翎雀③（卷5，第431页，七言古诗）

白翎雀，龙沙漫漫④生处乐。醒松⑤共爱语言好，璀璨⑥谁怜羽毛薄。霜威⑦棱棱⑧风力紧，飞飞⑨不过枪竿岭。结巢生子草棘⑩间，雌雄相依寒并影。梨园弟子⑪番曲谱，岁岁年年两京⑫路。惯闻清唥⑬杂好音，旋理冰弦移雁柱⑭。写出新声玉指劳⑮，真珠落盘铃撼缘，坐令华筵⑯之四壁，滦河流急秋云高。从此流传喧乐府⑰，争买千金比鹦鹉。雕笼⑱虽好无常主，时向北风念畴侣。

---

① 昭华，古代管乐器名。

② 空翠，指青色的潮湿的雾气。

③ 白翎雀，百灵鸟的别名。

④ 龙沙，泛指塞外漠北边塞之地；荒漠。漫漫，广远无际貌。

⑤ 醒松，犹惺忪。刚苏醒貌。

⑥ 璀璨，光彩绚丽。

⑦ 霜威，寒霜肃杀的威力。

⑧ 棱棱，寒冷貌。南朝宋鲍照《芜城赋》："棱棱霜气，蔌蔌风威。"棱音líng。

⑨ 飞飞，飞行貌。指飞鸟。

⑩ 草棘，丛生的草木。比喻荒僻之地。

⑪ 梨园弟子，唐玄宗时梨园宫廷歌舞艺人的统称。唐以后泛指戏曲演员。

⑫ 两京，两个京城；两个首都。指元代的大都和上都开平。

⑬ 唥，音lòng。鸟鸣。

⑭ 冰弦，琴弦的美称。传说中有用冰蚕丝作的琴弦，故称。雁柱，乐器筝上整齐排列的弦柱。

⑮ 新声，新作的乐曲；新颖美妙的乐音。玉指，称美人的手指。《乐府诗集·清商曲辞一·子夜歌之四十一》："朱口发艳歌，玉指弄娇弦。"

⑯ 华筵，丰盛的筵席。唐杜甫《刘九法曹郑瑕邱石门宴集》诗："能吏逢联璧，华筵直一金。"

⑰ 乐府，诗体名。初指乐府官署所采制的诗歌，后将魏晋至唐可以入乐的诗歌，以及仿乐府古题的作品统称乐府。

⑱ 雕笼，指雕刻精致的鸟笼。汉祢衡《鹦鹉赋》："闭以雕笼，剪其翅羽。"

◎晓发（卷6，第436页，五言律诗）

晓发枪竿岭，缘云路杳茫。惊飙①振嵓壑②，明月在衣裳。拟欲超千载，从兹览八荒③。悠然晴景豁，木叶满山黄。

◎和魏伯时韵二首（卷7，第442页，七言律诗）

霜洗长空兔颖纤，素娥青女晓妆严④。画楼⑤燕子年年别，金鸭沈烟⑥夜夜添。雁岭宿云⑦低似盖，龙冈⑧秋草瘦于髯。属车未觉清尘⑨远，却为登临野兴兼⑩。

毡车一字卷朱帘，别馆离宫禁籞严⑪。白海波声秋后小，赤城云

---

①　惊飙，谓狂风。晋殷仲文《解尚书表》："洪波振壑，川洪波振壑；一惊飙拂野，林无静柯。"飙音 biāo。

②　嵓，音 yán。古同"岩"。岩壑，山峦溪谷。

③　八荒，八方荒远的地方。《汉书·项籍传赞》："并吞八荒之心。"颜师古注："八荒，八方荒忽极远之地也。"

④　素娥，嫦娥的别称。亦用作月的代称。《文选·谢庄〈月赋〉》："引玄兔于帝台，集素娥于后庭。"李周翰注："常娥窃药奔月，因以为名。月色白，故云素娥。"青女，传说中掌管霜雪的女神。《淮南子·天文训》："至秋三月……青女乃出，以降霜雪。"高诱注："青女，天神，青霄玉女，主霜雪也。"亦借指霜雪。妆严，妆束；打扮。

⑤　画楼，雕饰华丽的楼房。唐李峤《晚秋喜雨》诗："聚霭笼仙阁，连霏绕画楼。"

⑥　金鸭，一种镀金的鸭形铜香炉。沈烟，亦作"沉烟"。指点燃的沉香。

⑦　宿云，夜晚的云气。

⑧　龙冈，山名。又名卧龙山，蒙古语名巴罕呼喇呼山。在今内蒙古正蓝旗东闪电河北岸，元筑上都城于山南。

⑨　清尘，车后扬起的尘埃。亦用作对尊贵者的敬称。清，敬词。《汉书·司马相如传下》："犯属车之清尘。"颜师古注："尘，谓行而起尘也。言清者，尊贵之意也。"

⑩　登临，登山临水。也指游览。语本《楚辞·九辩》："憭栗兮若在远行，登山临水兮送将归。"野兴，对郊游的兴致或对自然景物的情趣。

⑪　别馆，行宫；别墅。《史记·李斯列传》："（始皇）治离宫别馆，周遍天下。"离宫，正宫之外供帝王出巡时居住的宫室。《汉书·贾山传》："秦非徒如此也，起咸阳而西至雍，离宫三百，钟鼓帷帐，不移而具。"颜师古注："凡言离宫者，皆谓于别处置之，非常所居也。"禁籞，禁苑周围的藩篱。指禁苑。籞音 yù，帝王的禁苑。

气晓来添。农畴①已溢如京望，萍实②仍闻似蜜甜。身愧甘泉陪法从③，独骑羸马走山崦④。

◎枪竿岭紫菊（卷8，第452页，七言律诗）

山僧⑤赠我丛丛菊，紫盖⑥光涵翡翠明。青女何妨妒颜色，徐娘元自有风情⑦。龙沙秋意晴偏好，雁岭寒香⑧晚更清。回首故园人在否，花前樽酒共谁倾。

◎过金阁山（卷8，第456页，七言律诗）

金阁遥看缥缈居，空香何处度飙车⑨。曾逢野鹿衔丹诀⑩，定叱

---

① 农畴，犹农田。

② 萍实，汉刘向《说苑·辨物》："楚昭王渡江，有物大如斗，直触王舟，止于舟中。昭王大怪之，使聘问孔子。孔子曰：'此名萍实，令剖而食之，惟霸者能获之，此吉祥也。'"后遂以"萍实"谓甘美的水果。

③ 法从，跟随皇帝车驾；追随皇帝左右。《汉书·扬雄传上》："又是时赵昭仪方大幸，每上甘泉，常法从，在属车间豹尾中。"颜师古注："法从者，以言法当从耳，非失礼也。一曰从法驾也。"

④ 山崦，山坳；山曲。

⑤ 山僧，住在山寺的僧人。唐刘长卿《寻盛禅师兰若》诗："山僧独在山中老，唯有寒松见少年。"

⑥ 紫盖，紫色车盖。帝王仪仗之一。借指帝王车驾。

⑦ 徐娘，指南朝梁元帝妃徐昭佩。《南史·后妃传下·梁元帝徐妃》："徐娘虽老，犹尚多情。"后因用以称尚有风韵的中、老年妇女。元自，犹言原本，本来。风情，指风雅的情趣、韵味。

⑧ 寒香，清冽的香气。形容梅花的香气。

⑨ 飙车，传说中御风而行的神车。唐李白《古风》之四："羽驾灭去影，飚车绝回轮。"

⑩ 丹诀，炼丹术。

山祇①守素书②。白海波翻虹饮③后，青林风急雨飞初。群龙应解仙翁④意，要采新诗作步虚⑤。

◎北上三十韵（卷9，第465～466页，五言排律诗）

封轺趋召亟，夙夜敢怀安⑥。入直⑦羞持被，驰边示据鞍⑧。朝餔⑨犹触暑，夕憩遽凌寒⑩。蔓草风吹绿，繁花雨染丹。行山疑路尽，出岭信天宽。井近驼群立，沙柔象迹团。雾冲泉喜动，云劚石愁刓⑪。薄赋兹多稼，勤田复刈菅⑫。免罝⑬施涿鹿，麟薮⑭络桑干。鸟道车重辙，仙方⑮客借翰。逶逶僧舍⑯曲，蠱蠱酒檑攒。大海将升日，支流即泻湍。君臣严汉制⑰，礼乐属周官。扶杖思迎拜⑱，圜桥

---

① 山祇，山神。

② 素书，泛指一般道书。宋苏轼《次韵回先生》："但知白酒留佳客，不问黄公觅《素书》。"

③ 虹饮，传说虹下吸水。语出《汉书·燕刺王刘旦传》："是时天雨，虹下属宫中饮井水，井水竭。"

④ 仙翁，对道官的敬称。

⑤ 步虚，道士唱经礼赞。唐李白《题随州紫阳先生壁》诗："喘息餐妙气，步虚吟真声。"

⑥ 怀安，谓留恋妻室，贪图安逸。

⑦ 入直，亦作"入值"。谓官员入宫值班供职。

⑧ 据鞍，跨着马鞍。亦借指行军作战。

⑨ 朝餔，犹朝晡。朝时（辰时）至晡时（申时）。借指办理政务时间。

⑩ 凌寒，冒寒；严寒。

⑪ 劚，音zhú。砍，削。刓，音wán。削去棱角，引申为圆。

⑫ 刈，音yì。割。菅，音jiān。多年生草本植物，多生于山坡草地。很坚韧，可做炊帚、刷子等。杆、叶可作造纸原料。

⑬ 罝，音jū。捕捉兔子的网；也泛指捕鸟兽的网。网住；捕捉。

⑭ 麟薮，《汉武帝纪》：周成康时，麒麟在郊薮。

⑮ 仙方，旧时幻想成仙所服食的丹药。

⑯ 逶逶，安详从容貌。僧舍，僧人的住所。指寺院。

⑰ 汉制，汉代的制度。汉制因循秦制。汉初，萧何定律令，韩信定军法，张苍定历法及度量衡，叔孙通定礼仪，汉朝制度很快建立起来。

⑱ 迎拜，迎见礼拜。《礼记·曲礼下》："君若迎拜，则还辟不敢答拜。"郑玄注："迎拜，谓君迎而先拜之。"

拟聚观。来朝烦就聘，奔走愧传餐①。有秩轩黄②策，无劳绮季③冠。采芝歌眇眇，种菊去盘盘④。白发从余懒，青衿⑤赖尔欢。惜苔因病鹤，养竹为翔鸾。尚此糜仓廪，宁徒陟巘峦。赤尘浮目睫，元淖渍丝鞶⑥。鸡塞霜凝露，<u>龙门</u>水涨澜。冰脂羊尾割，蕊蜜马酥搏。蓐食⑦仍杯饮，陶居亦考盘⑧。生微纨袴⑨习，粗给室家完。文物昌期⑩会，光华首善端⑪。同文⑫通肃慎⑬，奏赋见乌桓⑭。鱼笏⑮留青锁⑯，

---

① 传餐，传送食物。《汉书·韩信传》："令其裨将传餐，曰：'今日破赵会食。'"颜师古注："服虔曰：'立驻传餐食也。'如淳曰：'小饭曰餐。'"

② 轩黄，即黄帝。因其名轩辕，故称。

③ 绮季，即绮里季，汉初隐士。"商山四皓"之一。泛指隐士。

④ 盘盘，曲折回绕貌。

⑤ 青衿，青色交领的长衫。古代学子和明清秀才的常服。借指学子。

⑥ 鞶，音pán。车轴上系靷的皮环。古人佩玉的皮带。

⑦ 蓐食，早晨未起身，在床席上进餐。谓早餐时间很早。

⑧ 考盘，成德乐道。《诗·卫风·考槃》："考槃在涧，硕人之宽。"毛传："考，成；槃，乐。"《考槃序》则言此诗为刺庄公"不能继先公之业，使贤者退而穷处"，故后即以喻隐居。

⑨ 纨袴，亦作"纨绔""纨裤"。细绢制的裤。古代贵族子弟所服。《汉书·叙传上》："数年，金华之业绝，出与王许子弟为群，在于绮襦纨绔之间，非其好也。"颜师古注："纨，素也。绮，今细绫也。并贵戚子弟之服。"后因以借指富贵人家子弟，含贬义。

⑩ 昌期，兴隆昌盛时期。

⑪ 善端，善言善行的端始。

⑫ 同文，同用一种文字。犹言国人。因其所用文字同，故称。

⑬ 肃慎，古民族名。古代居于我国东北地区。周武王、成王时曾以楛矢、石砮来贡。一般认为汉以后的挹娄、勿吉、靺鞨、女真都和它有渊源关系。亦泛指远方之国。

⑭ 乌桓，亦作"乌丸"。古时北方少数民族名。原是东胡族的一支，西汉初被匈奴击败，迁移到乌桓山，因以为名。后世诗文中亦泛指北方少数民族或其居住地。

⑮ 鱼笏，即鱼须笏，古代大夫所用之笏。因饰以鲨鱼的须（一说鲨鱼皮），故名。

⑯ 青锁，装饰皇宫门窗的青色连环花纹。借指宫廷。

楼船泛碧溁。镐京①歌在藻②，殷辂御和銮③。僪僈④陪朝论⑤，空伤六义⑥残。

◎发赤城（卷10，第474～475页，七言排律诗）

龙开苍阙石嶕峣⑦，夜半何人挹斗杓⑧。黄道⑨中天停昼日，尾闾⑩通海溢春潮。分当从橐⑪劳驱马，独借仙梯⑫好射雕。双壁矗云神禹凿，万炉积铁⑬女娲销。雨中客过歌无渡，风里人来拾堕樵。束

---

① 镐京，西周国都。故址在今陕西省西安市西南沣水东岸。周武王既灭商，自鄷徙都于此，谓之宗周，又称西都。借指京都。

② 藻，华采；华美。

③ 和銮，古代车上的铃铛。挂在车前横木上称"和"，挂在轭首或车架上称"銮"。《文选·班固＜东都赋＞》："凤盖棽丽，和銮玲珑。"李周翰注："和銮，铃也。"

④ 僪僈，音 dàn màn。放诞，放纵。

⑤ 朝论，朝廷上的议论。唐王勃《平台秘略论·善政》："守方雅以调蕃政，用公直而掌朝论。"

⑥ 六义，亦称"六诗"。《＜诗＞大序》："诗有六义焉：一曰风，二曰赋，三曰比，四曰兴，五曰雅，六曰颂。"孔颖达疏："风、雅、颂者，诗篇之异体；赋、比、兴者，诗文之异辞耳。大小不同而得并为六义者，赋、比、兴是诗之所用，风、雅、颂是诗之成形，用彼三事，成此三事，是故同称为义，非别有篇卷也。"

⑦ 嶕峣，峻峭；高耸。《汉书·扬雄传下》："泰山之高不嶕峣，则不能浡滃云而散欱烝。"颜师古注："嶕峣，高貌也。"

⑧ 斗杓，即斗柄。《淮南子·天文训》："斗杓为小岁。"高诱注："斗，第五至第七为杓。"

⑨ 黄道，地球一年绕太阳转一周，我们从地球上看成太阳一年在天空中移动一圈，太阳这样移动的路线叫作黄道。借指太阳。

⑩ 尾闾，古代传说中泄海水之处。泛指事物趋归或倾泄之所。

⑪ 从橐，谓负橐簪笔，以备顾问。亦指文学侍从之臣。语出《汉书·赵充国传》："安世（张安世）本持橐簪笔事孝武帝数十年。"颜师古注引张晏曰："橐，契囊也。近臣负橐簪笔，从备顾问，或有所纪也。"

⑫ 仙梯，登上仙界的阶梯。

⑬ 积铁，堆积的铁。形容陡峭深黑。唐杜甫《铁堂峡》诗："峡形藏堂隍，壁色立积铁。"

素洛神①深作宅，骑鸾秦女②上吹箫。巨鳌戴首③三山立④，大飔惊轮六鹢⑤飘。趋走两京今白发，不辞冲暑又乘轺。

◎送徐德符序（卷14，第510页）

余少时，居江南，识徐君德符时年未三十，风骨爽秀。自其大父雪江翁⑥、父秋山翁世善琴，而德符兼工诗，与阴阳家学时与之抱琴，择吴山胜处，扫叶席草坐长松巨竹间，奏古操一二，见者以为仙也。后三十年，余承乏太史德符长池州淮学，既代来京师。昔之秀整之状，今化而为苍颜华发；昔之俊敏之气，今转而为澹泊静默。而余亦不复如少年时气象矣，追惟畴昔相与慨然，而京师之贤豪，闻其家学欲闻紫霞遗音者，争邀致之。而余方从跸上京，出居庸关，过龙门峡，徘徊绝壁之下，乱石林立，波漱其罅，风水吞吐，其音澎湃犹韶濩⑦，间作德符能援琴⑧写之，将见风云为之变化，涛澜为之汹涌，鱼龙为之悲啸，余亦超然有得，欲遗埃壒⑨。而上征德符买舟南归，而莫余从也。噫！

---

① 束素，一束绢帛。常用以形容女子腰肢细柔。洛神，传说中的洛水女神，即宓妃。后诗文中常用以指代美女。

② 秦女，指秦穆公女弄玉。

③ 巨鳌戴首，鳌，古代传说中的大海龟；戴，用头顶着。大鳌的头上顶着山。比喻感恩深重。

④ 三山，传说中的海上三神山。晋王嘉《拾遗记·高辛》："三壶，则海中三山也。一曰方壶，则方丈也；二曰蓬壶，则蓬莱也；三曰瀛壶，则瀛洲也。"

⑤ 六鹢，《春秋·僖公十六年》："六鹢退飞，过宋都。"杜预注："鹢，水鸟。高飞遇风而退。宋人以为灾，告于诸侯，故书。"后以指灾异或局势逆转。

⑥ 大父，祖父。雪江当指徐天民，名宇，号雪江、瓢翁，浙江严陵人。元代琴人金汝砺、袁桷都从他学琴。徐门祖孙4代包括徐秋山、徐晓山、徐和仲都承其琴艺。后人推崇为"徐门正传"。

⑦ 韶濩，亦作"韶护"。汤乐名。《左传·襄公二十九年》："见舞《韶濩》者。"杜预注："殷汤乐。"

⑧ 援琴，持琴；弹琴。

⑨ 埃壒，犹尘土。

19. 《燕石集》

【题解】　《燕石集》15 卷，元宋褧撰。宋褧（1294～1346
年），字显夫，大都（北京市）人，宋本之弟。早年随父就学江南，
延祐中，与兄宋本还京师。泰定元年进士，历任秘书监校书郎、翰
林国史院编修官、詹事院照磨、翰林修撰、监察御史、翰林待制、
国子司业等，与修辽、金、宋诸史，拜翰林直学士，又兼经筵讲官。
卒，追封范阳郡侯，谥文清。宋褧是元中期有影响的诗文家，唱和
酬答比较广泛。与其兄宋本齐名，人称二宋或大小宋。有诗文集
《燕石集》15 卷。

本辑据《燕石集》（书目文献出版社《北京图书馆古籍珍本丛
刊》第 92 册集部元别集类）辑录有关赤城的诗。

◎祁真人①所居云州金阁山有异香（卷5，第149页，五言律
诗）

真人持玉节②，高居坐广霞③。风度三山杳，香闻数里赊④。氤

---

① 祁真人，指祁志诚，元道士，钧州阳翟人，丘处机四传弟子，号洞明真人。真人，
道家称存养本性或修真得道的人。亦泛称"成仙"之人。

② 玉节，①玉制的符节。古代天子、王侯的使者持以为凭。②手杖的美称。③形容
高尚的节操。

③ 广霞，道家所谓北方仙宫。又为山名，亦称"广寒"。《黄庭内景经·口为》："审
能修之登广寒。"梁丘子注："广寒，北方仙宫之名。又云，山名，亦曰广霞。《洞真经》
云：冬至之日，月伏于广寒之宫，其时育养月魄于广寒之池，天人采青华之林条，以拂日
月光也。"

④ 赊，遥远。长久。

復作吧

海邊歡娛能幾日去住不同天文省攡辭麗容臺執禮虔

四門崇教育廣府雜周旋桂玉悲妻子塵埃厭市廛緬思

州縣職恒畏簡書慇苦樂寧非分升沉各有緣雲隨風力

斷萍逐浪花牽幾聽宮鴬囀頻驚海月圓重來情翁〻復

會語綿〻問夢觀青鬢邀嬉駐彩鸞但思傾玉筆那復計

金錢發興分奇韻抒懷托短篇勤勞有王事　　諸賢

祁真人所居雲州金閬山有異香

真人持玉節高居坐廣霞風慶三山杳香聞數里賒氳氲

翠羽蓋攲旎斑麟車無緣訪玄跡應赴蘂經家

送姚子中參政江浙行省　時浙省平章曹某罷免

宋褧《燕石集》书影

氲①翠羽盖②，旖旎③斑麟车。无缘访玄迹，应赴蔡经④家。

◎苏伯修修撰分院滦阳众仲_{陈君实王}有诗送行读之洒然动人清兴走笔拟之（卷6，第161页，七言律诗）

桑干居庸南北京，崤山涧水⑤相送迎。羡君于兹三扈从，怜我不得一经行。到时文酒⑥度长昼，去日车马奔新晴⑦。鳌峰清语⑧应见念，使仆鄙吝⑨心中萌。

◎纪行述怀_{扈从上京}之行。（卷7，第171页，七言律诗）

陪扈滦京愧未曾，马瘏⑩儿病苦凌兢⑪。龙门湍息山陉雪，偏岭风凄石濑⑫冰。倐忽雨旸⑬天叵测，迂疏⑭道路事难凭。侍臣争笑冯

---

① 氲氲，浓烈的气味。多指香气。

② 羽盖，古时以鸟羽为饰的车盖。指仙人车驾。

③ 旖旎，旌旗从风飘扬貌。引申为宛转柔顺貌。

④ 蔡经，东汉吴郡吴人。从王方平习道。得道离家。后十余年还，云七月七日王方平当来。及期，方平至，并招麻姑与之相见。经举家皆见之。

⑤ 崤山，山名。崤，也作"殽"。又名嵚崟山、嵚岑山。在河南省洛宁县北。山分东西二崤，中有谷道，阪坡峻陡，为古代军事要地。涧水，源出今河南渑池东北，东南流会涯水，东流经新安南至洛阳市西折东南入洛河。

⑥ 文酒，谓饮酒赋诗。《梁书·江革传》："优游闲放，以文酒自娱。"

⑦ 新晴，天刚放晴；刚放晴的天气。

⑧ 鳌峰，指翰林院。清语，犹清谈高论。

⑨ 鄙吝，形容心胸狭窄。

⑩ 瘏，音 tú。疲劳致病。《诗·周南·卷耳》："陟彼砠矣，我马瘏矣，我仆痡矣。"

⑪ 凌兢，亦作"凌竞"。形容寒凉。战栗、恐惧的样子。

⑫ 石濑，水为石激形成的急流。《楚辞·九歌·湘君》："石濑兮浅浅，飞龙兮翩翩。"王逸补注："濑，湍也。"

⑬ 倐忽，顷刻。指极短的时间。雨旸，语本《书·洪范》："曰雨，曰旸。"谓雨天和晴天。

⑭ 迂疏，犹言迂远疏阔。

唐老①，不向明时②献技能。

---

① 冯唐老，冯唐易老亦省作"冯唐老"。汉冯唐身历三朝，至武帝时，举为贤良，但唐已九十余岁，不能再做官了。见《史记·张释之冯唐列传》。后因以"冯唐易老"慨叹生不逢时或表示年寿老迈。

② 明时，指政治清明的时代。古时常用以称颂本朝。

20. 《归田类稿》

【题解】　《归田类稿》22 卷，张养浩撰。张养浩（1270 ～ 1329 年），字希孟，因"别墅在历城县北十里，华不注鹊山之阳、历山之阴，号曰云庄。"故自称"云庄老人"。19 岁入仕，除隐居云庄 8 年外，一生的大部分时间（约 32 年）都是为官，其中自武宗至大元年（1308 年）到至治元年（1321 年）13 年间，他都仕于京城。仁宗皇庆、延祐年间，他先后任中书省右司都事、翰林待制、翰林直学士、秘书少监、礼部侍郎、礼部尚书等职，颇受重用。著述有《三事忠告》（一题为《为政忠告》）4 卷、诗文集《张文忠公文集》（一名为《归田类稿》）28 卷，有元刊刻本传世。乾隆时编《四库全书》是以明刊刻本为底本，以《永乐大典》等补辑，重编成《归田类稿》22 卷。

本辑据《归田类稿》（台湾商务印书馆《景印文渊阁四库全书》影印本，第 1192 册集部 131 册别集类）辑录有关赤城的诗。

◎过龙门（卷 16，第 613 ～ 614 页，五言古诗）

山水何地无，雄浑独朔郡。吾元此开基，德泽被余润。我来自神京①，一路翠无尽。大峰俨宸居②，小峰翼趋进。划划③戈矛森，郁郁龙虎奋。连断伏羲爻④，开合武侯阵。值阴水墨㳠⑤，当霁金碧

---

①　神京，帝都；首都。

②　宸居，帝王居住之所。

③　划划，象声词。

④　伏羲，古代传说中的三皇之一。风姓。相传其始画八卦，又教民渔猎，取牺牲以供庖厨，因称庖牺。亦作"伏戏""伏牺"。爻，音 yáo。组成八卦中每一卦的长短横道。

⑤　㳠，音 róng。同"融"。融合。

物心乃始遂近年猶勝馮唐老抱恨終綿綿

過龍門

山水何地無雄渾獨朔郡吾元此開基德澤被餘潤我

来自神京一路翠無盡大峰儼宸居小峰異趨進畫畫

戈矛森欝欝龍虎奮連斷伏羲交開合武侯陣值陰水

墨瀋當霖金碧暈石擢九地根泉落丰空韻霏嵐近可

挹聚落遠難認隨行變態殊顧揖不暇瞬如是凡數程

愈出愈神雋迤邐窮陵陀堆阜尚餘憤長茵塞草鋪碎

欽定四庫全書　歸田類稿

七

《归田类稿》书影

晕。石擢九地①根，泉落丰空韵。霏岚近可挹，聚落远难认。随行变态殊，顾揖不暇瞬。如是凡数程，愈出愈神隽。迤逦②穷陂陀，堆阜③尚余愤④。长茵塞草铺，碎锦野花衬。行涉人溯流⑤，道爨⑥客吹烬。方喜脱险危，马首又千仞⑦。或云龙之门，惝恍⑧半疑信。两岸覆瓮如，中有怒雷震。白浪风搜冗，苍苔雨淋釁⑨。四时辟无关，万古磨不磷。仰观毛骨寒，阒入精爽⑩紊。沉沉飞鸟低，汹汹⑪去波迅。襟喉⑫控全燕，琛璧走诸镇。未知神禹手，于此曾凿浚。图经⑬不得详，排云欲天问。平生子长游，胜处神每靳。岂期驿尘边，乃足看山分。奇观自此穷，造物谅无蕴。书生气空豪，畴敢角其峻。掬泉涤笔尘，吸露当杯酳。诗语成转丸⑭，羁愁⑮破迎刃⑯。大书道傍祠，千载寄高兴。

① 九地，指各种隐秘难测的地形。《孙子·形》："善守者藏于九地之下，善攻者动于九天之上。"梅尧臣注："九地，言深不可知。"郭化若注："九地，各种地形，也含有极其深秘的意思在内……九，泛指多数。"
② 迤逦，曲折连绵貌。
③ 堆阜，小丘。
④ 余愤，未消尽的愤激。谓无穷的郁结之气。
⑤ 溯流，逆着水流方向。顺着水势。
⑥ 爨，音cuàn。烧火做饭。
⑦ 仞，音rèn。同"仞"。
⑧ 惝恍，惆怅。失意；伤感。心神不安貌。
⑨ 釁，音xìn。玉的裂缝。
⑩ 阒，音qù。寂静；空虚。精爽，犹言神清气爽。
⑪ 汹汹，水腾涌貌。
⑫ 襟喉，衣领和咽喉。比喻要害之地。
⑬ 图经，附有图画、地图的书籍或地理志。
⑭ 转丸，多用以比喻顺易。唐杜甫《送从弟亚赴安西判官》诗："应对如转丸，疏通略文字。"
⑮ 羁愁，旅人的愁思。
⑯ 迎刃，迎向刀锋。喻不可阻挡之势。

◎上都道中二首（卷18，第626页，五言律诗，选其一）

穷沍①惟沙漠，昔闻今信然。行人鬓有雪，野店②灶无烟。白草牛羊地，黄云雕鹗天。故乡何处是，愁绝晚风前。

◎龙门（卷22，第656页，七言绝句）

四野③天门锦翠屏④，爱山直欲挟山行。人生何必麒麟阁⑤，大字龙门记姓名。

---

① 沍，音 hù。冻结；寒冷。

② 野店，指乡村旅舍。唐牟融《送罗约》诗："月明野店闻鸡早，花暗关城匹马迟。"

③ 四野，四方的原野。亦泛指四方，四处。

④ 翠屏，形容峰峦排列的绿色山岩。

⑤ 麒麟阁，汉代阁名。在未央宫中。汉宣帝时曾图霍光等十一功臣像于阁上，以表扬其功绩。封建时代多以画像于"麒麟阁"，表示卓越功勋和最高的荣誉。

21.《纯白斋类稿》

【题解】　《纯白斋类稿》，元胡助撰。胡助（1278～1355年），字履信，一字古愚，号纯白道人，东阳（今属浙江）人。胡助出身于书香门第，有良好的家学传承，且自幼聪明颖悟，刻志树立。曾任建康路儒学学录、美化书院山长、温州路儒学教授、翰林国史院编修官等职，参修辽、金、宋三史。至正五年，告老致仕。胡助虽未致显宦，但文名甚著，与文坛名流往还密切。有文集《纯白斋类文稿》30卷（今存本为20卷），其诗以《上京纪行诗》50首最有影响，题跋者有数十家，但今仅存7首。

本辑据《纯白斋类文稿》（台湾商务印书馆发行《景印文渊阁四库全书》影印本，总第1214册集部第153册别集类）辑录有关赤城的诗，这些诗均为胡助扈从上京途经赤城所作。从自序中可知，至顺元年（1330年）五月，胡助扈从上京，因病而延迟一个月才抵达滦阳，途经赤城写下《李老谷》《赤城》等多首诗，记录了赤城的自然风光、民俗风情以及历史遗迹的沉郁厚重。上京纪行诗是了解元代赤城历史重要史料，为更全面地了解胡助《上京纪行诗》的历史背景，故将众名家题跋《上京纪行诗》亦收录。

◎上京纪行诗七首（卷2，第562页，五言古诗，选其二）
○李老谷
人言桑干北，六月少炎热。我行李老谷，流汗还病暍①。疲马鞭

---

① 病暍，中暑。暍音 yē，中暑。

乾坤氣磅礴山石鍾奇形鰲峰繞數尺濯秀何亭亭勢

鰲峰

走潢潦河流浩新聲斯須即開霽燦爛雲霞橫

屢集商賈有驛通上京觸熱此經過忽看風雨生平原

山石似丹堊赤城因得名土異産靈瑞永宜奉天明市

赤城

寐聲聞山竹裂期是明年春相聞在吳越

有懷聞之愧剛決顧方上灜陽玉堂看秋月更闌不成

胡助《纯白斋类稿》书影

不进，况复碍车辙。翠岩石幽幽①，久晴涧水竭。牛羊放山椒②，穹庐③补林缺。投宿山店小，子规夜啼血④。南归空有怀，闻之愧刚决⑤。顾方上溧阳，玉堂看秋月。更阑⑥不成寐⑦，声声山竹裂。期是明年春，相闻在吴越⑧。

〇赤城

山石似丹垩⑨，赤城因得名。土异产灵瑞⑩，永宜奉天明。市廛⑪集商贾，有驿通上京。触热⑫此经过，忽看风雨生。平原走潢潦⑬，河流浩新声⑭。斯须⑮即开霁⑯，灿烂云霞横。

◎上京独石歌（卷5，第580页，七言古诗）

出自居庸北口关，千山万山苍石岩。龙门瑰诡⑰莫敢扳，他山琐

---

①　幽幽，深暗貌。

②　山椒，山顶。《文选·谢庄＜月赋＞》："洞庭始波，木叶微脱；菊散芳于山椒，雁流哀于江濑。"李善注："山椒，山顶也。"

③　穹庐，古代游牧民族居住的毡帐。亦泛指北方少数民族。

④　啼血，指杜鹃鸟哀鸣出血或杜鹃哀鸣所出之血。杜鹃鸟口红，春时杜鹃花开即鸣，声甚哀切。古人误传其"夜啼达旦，血渍草木"。

⑤　刚决，亦作"刚夬"。刚毅果断。唐孟郊《游侠行》："壮士性刚决，火中见石裂。"

⑥　更阑，更深夜残。唐方干《元日》诗："晨鸡两遍报更阑，刁斗无声晓露干。"

⑦　成寐，入睡。唐杜甫《东屯月夜》诗："天寒不成寐，无梦寄归魂。"

⑧　吴越，春秋吴国与越国的并称。

⑨　丹垩，涂红刷白，泛指油漆粉刷。垩，一种白色土。

⑩　灵瑞，上天所显示的祥瑞。亦指灵异的事物或景象。

⑪　市廛，市中店铺。语本《孟子·公孙丑上》："市，廛而不征。"赵岐注："廛，市宅也。"

⑫　触热，冒着炎热。唐杜甫《送高书记》诗："借问今何官，触热向武威？"

⑬　潢潦，地上流淌的雨水。

⑭　新声，新作的乐曲；新颖美妙的乐音。

⑮　斯须，须臾；片刻。《礼记·祭义》："礼乐不可斯须去身。"郑玄注："斯须，犹须臾也。"

⑯　开霁，放晴。《后汉书·质帝纪》："比日阴云，还复开霁。"

⑰　瑰诡，奇异。

碎不足观。此石胡为名以独，魁然①特起违林谷。坚顽未必中韫玉②，夜疑伏虎空飞镞③。安得炼之补天漏④，徒使千秋擎佛屋。

◎龙门行（卷5，第580~581页，七言古诗）

龙门山险马难越，龙门水深马难涉。矧当六月雷雨盛，洪流浩荡漂车辙。我行不敢过其下，引睇⑤雄奇心悸慑⑥。归途却喜秋泥乾，飒飒山风吹帽寒。溪流曲折清可鉴，万丈苍崖立马看。⑦

◎云州（卷7，第595页，五言律诗）

暑雨不时作，山流处处狂。牧羊沙草软，秣马地椒⑧香。夜宿营毡帐，晨炊顿土房。云州今又过，明日到滦阳。

◎送王治书分台上都二首（卷8，第597页，七言律诗）

翠华⑨巡幸度桑干，万骑如云卫后先。北岭高寒天气别，南屏萧

---

① 魁然，卓然突出貌。独立不群。魁，音kuài。魁，通"块"。《汉书·东方朔传》："今世之处士，魁然无徒，廓然独居。"颜师古注："魁读曰块。"王先谦补注："《史记》作崛然独立，块然独处。"

② 韫玉，藏玉。晋陆机《文赋》："石韫玉而山辉，水怀珠而川媚。"

③ 镞，音zú。箭头，有双翼、三棱等多种类型。

④ 天漏，谓雨量过多。唐杜甫《九日寄岑参》诗："安得诛云师，畴能补天漏。"

⑤ 引睇，遥望。

⑥ 悸慑，惊慌恐惧。

⑦ 台湾商务印书馆《文渊阁四库全书》总集第1369册总集类，顾瑛《草堂雅集》卷13录《龙门行》，诗后有虞集跋语："虞翰林题纪行集云：集仕于朝三十年，以职事至上京者凡十数，驱驰之次，亦时有吟讽，不能如吾古愚生复次舍，所遇辄赋，若是其周悉者也。集老且病，将乞身归田，竹簟风轻，茅檐日暖，得此卷诵之，能无天上之思邪？卷中《龙门》后诗尤佳，欧阳元功亦云。至顺庚午十月廿八日（1330年12月8日），虞集题。"

⑧ 秣马，饲马。地椒，我国北方的一种蔓生草本植物。明李时珍《本草纲目·果四·地椒》："地椒出北地，即蔓椒之小者，贴地生叶，形小，味微辛。土人以煮羊肉食，香美。"

⑨ 翠华，天子仪仗中以翠羽为饰的旗帜或车盖。为御车或帝王的代称。唐陈鸿《长恨歌传》："潼关不守，翠华南幸。"

爽地形偏。熏风①帐殿②青冥③上，微雪毡车白海边。献可从容惟觅句④，绣衣元是玉堂仙⑤。

台端⑥咫尺近天威⑦，霄汉⑧星悬执法⑨辉。夜静周庐⑩传禁柝⑪，暑清甲帐⑫进宫衣。龙门晓日乘骢⑬过，滦水秋风看雁飞。想见从官⑭多赋咏，时巡无逸谏书⑮稀。

◎龙门（卷8，第601页，七言律诗）
龙门两岸倚霄汉，禹凿神功壮九围⑯。日月东西自吞吐⑰，乾坤

---

①　熏风，东南风；和风。《吕氏春秋·有始》："东南曰熏风。"高诱注："巽气所生，一曰清明风。"

②　帐殿，古代帝王出行，休息时以帐幕为行宫，称帐殿。

③　青冥，形容青苍幽远。指山岭。

④　觅句，指诗人构思、寻觅诗句。唐杜甫《又示宗武》诗："觅句新知律，摊书解满床。"

⑤　玉堂仙，翰林学士的雅号。

⑥　台端，敬辞。称对方。

⑦　天威，帝王的威严；朝廷的声威。

⑧　霄汉，天河。亦借指天空。喻遥远，高远。

⑨　执法，星名。《史记·天官书》："南四星，执法。"

⑩　周庐，古代皇宫周围所设警卫庐舍。

⑪　柝，音 tuò，古代打更用的梆子。

⑫　甲帐，汉武帝所造帐幕。饰琉璃珠、夜光珠等珍宝者为甲帐，以居神；其次为乙帐，以自居。

⑬　乘骢，《后汉书·桓典传》："（典）辟司徒袁隗府，举高第，拜侍御史。是时宦官秉权，典执政无所回避。常乘骢马，京师畏惮，为之语曰：'行行且止，避骢马御史。'"后因以"乘骢"指侍御史。

⑭　从官，指君王的随从、近臣。《汉书·元帝纪》："令从官给事宫司马中者，得为大父母、父母、兄弟通籍。"颜师古注："从官，亲近天子常侍从者皆是也。"

⑮　无逸，不贪图安乐。谏书，向君主进谏的奏章。

⑯　九围，九州。《诗·商颂·长发》："帝命式于九围。"孔颖达疏："谓九州为九围者，盖以九分天下，各为九处，规围然，故谓之九围也。"

⑰　吞吐，吞进和吐出。比喻出纳、隐现、聚散等变化。唐卢仝《月蚀》诗："奈何万里光，受此吞吐厄。"

南北总枢机①。片云作雨千峰暝，顷刻流泉百道飞。老病词臣②逢伟观，吟鞭③缓策不须挥。

◎尖帽山④（卷13，第628页，五言绝句）
山似高檐帽，青尖⑤插晚空。何人堪戴取，付与笔头翁⑥。

◎上京纪行（卷14，第634页，七言绝句）
○枪竿岭二首
九折盘纡⑦过客愁，适当载笔扈宸⑧游。长年见说⑨枪竿岭，今日身亲到上头。

下马徐徐陟涧冈，山风微动十分凉。桑干岭上一回首，何处云飞⑩是故乡。

○再赋李老谷
李老谷中闻杜鹃，江南游子不归田。利名引得滔滔去，竞渡滦河朝日边。

---

① 枢机，枢与机。比喻事物的关键部分。指中央政权的机要部门或职位。
② 词臣，旧指文学侍从之臣，如翰林之类。
③ 吟鞭，诗人的马鞭。多以形容行吟的诗人。
④ 尖帽山，今名毡帽山，位于独石口北。
⑤ 青尖，指山峰。宋王安石《和平甫＜舟中望九华山＞》之一："萧条烟岚上，缥渺浮青尖。"
⑥ 笔头翁，北魏古弼的绰号叫笔公，《魏书·古弼传》："弼头尖，世祖常名之曰'笔头'，是以时人呼为'笔公'。"这里借指尖帽山。
⑦ 盘纡，回绕曲折。《淮南子·本经训》："木巧之饰，盘纡刻俨，赢镂雕琢，诡文回波。"高诱注："盘，盘龙也；纡，曲屈。"
⑧ 载笔，携带文具以记录王事。《礼记·曲礼上》："史载笔，士载言。"郑玄注："笔，谓书具之属。"借指史官。宸，北极星所在，后借指帝王所居，又引申为王位、帝王的代称。
⑨ 见说，犹听说。唐李白《送友人入蜀》诗："见说蚕丛路，崎岖不易行。"
⑩ 云飞，比喻远走高飞。

◎上京纪行诗序（卷20，第681页）

至顺元年①夏五月，大驾清暑滦阳，翰林诸僚佐扈从，而助亦在行中。会微疾②差后，至六月下浣③，始与检阅官吕仲实偕行。仲实权从游于升学者也，今又同在史馆，故乐与之偕。沿途马上览观山水之盛也，日以吟诗为事。比至④上都，官署寓于视草堂之西偏，文翰⑤闲暇吟哦⑥亦不废。是时，学士虞先生乘传⑦赴召，先生至于堂上留数十日，日侍诲言。先生属以目疾惮书，凡有所作，往往口占⑧，而助辄从傍执笔书焉。助或一诗成，必正于先生，而先生亦为之忻然。其所以启迪者多矣，兹非幸欤！南还之日，又与翰林经历张秦山、应奉孟道源及仲实同行，亦日有所赋，若睹夫巨丽，虽不能形容其万一，而羁旅之思，鞍马之劳，山川之胜，风土之异，亦略见焉。至京师辄录为一卷，凡得诗总五十首，以俟夫同志⑨删云。其年八月吉日自序。

◎题上京纪行诗后⑩太原 王守城（《纯白斋类稿附录》卷2，第212页）

大驾北巡，与扈从之臣同发者，自黑峪道达开平为东道。朝官

---

① 至顺元年，1330 年。

② 微疾，小病；轻微的疾病。

③ 下浣，指为官逢下旬的休息日。亦指农历每月的下旬。

④ 比至，及至；到。《礼记·杂记下》："夫人比至于其国，以夫人之礼行。"

⑤ 文翰，文章；文辞。

⑥ 吟哦，写作诗词；推敲诗句。有节奏地诵读。

⑦ 虞先生，指虞集。乘传，乘坐驿车。传，驿站的马车。指奉命出使。

⑧ 口占，谓口授其辞。

⑨ 同志，志趣相同；志向相同。《国语·晋语四》："同德则同心，同心则同志。"

⑩ 以下题跋均选自《纯白斋类稿·附录》卷2（中华书局，1985 年，第三册），大部虽与赤城无涉，但对进一步了解胡助《上京纪行诗》的背景以及对诗的理解有更大的帮助，故选录于诗后。

分曹①之后行者，由桑干岭、龙门山以往为西道。皆出居庸关，日北始分，至牛群头驿乃合。各经五六百里，其山川奇险不相上下。而东道水草茂美，牧畜尤便，故大驾多行。执书载笔之士，或未及历览也。胡君久在侍从，必当一经，则纪行之诗，又续作矣。登高能赋者，昔人称之，胡君有焉。

◎题上京纪行诗后 东平 王士熙（《纯白斋类稿·附录》卷2，第212页）

上京乃世祖皇帝所建修，自是以来未有宫阙城池如此之壮丽，群山南峙，其地则广漠万里，盖雄占一方，俾海内宇县②于是而取，则至于文章之士，惟有勒石燕然之碑，其诗咏则未尝闻也。亡金时，间得其一二焉。今则两都巡幸，百司陪侍，色色俱备，而文章之士尤为胜杰，于戏，盖盛矣哉！至顺元年，国史编修金华胡先生古愚陪侍，自夏历秋，凡得诗若干首。古愚平日为文章，细密婉丽，字画楷正，及至是竟发其蕴旧之所得，既以成章。今之所见，沙漠龙碛、风云雪岭，变为平淡冲和之音，稗益盛世，可刻可传。大章雍容，小章深雅，其传于世也必矣。

◎题上京纪行诗后 赵郡 苏天爵（《纯白斋类稿·附录》卷2，第213页）

尝闻故老③云，宋在江南时，公卿大夫多吴越之士，起居服食率骄逸华靡，北视淮甸④，已为极边，及当使远方，则有憔悴可怜之

---

①　分曹，分对。犹两两。《楚辞·招魂》："分曹并进，道相迫些。"王逸注："曹，偶。言分曹列偶，并进技巧。"

②　宇县，犹天下。《史记·秦始皇本纪》："大矣哉，宇县之中，承顺圣意。"裴骃集解："宇，宇宙；县，赤县。"

③　故老，元老；旧臣。年高而见识多的人。

④　淮甸，淮河流域。

色。呜呼！士气之不振如此，欲其国之兴也难矣哉。今国家混一海宇，定都于燕，而上京在北，又数百里，銮舆百司，皆分曹从行，朝士得以侍清燕①乐于扈从，殊无依依离别之情也。余友胡君古愚，生长东南，蔚有文采，身形瘦削，若不胜衣，及官词林②，适有上京之役，雍容闲暇，作为歌诗。所以美混一之治功，宣承平③之盛德，余于是知国家作兴士气之为大也。后之览其诗者，与太史公疑留侯④为魁梧奇伟者，何以异？

◎题上京纪行诗后 南郑 王理（《纯白斋类稿·附录》卷2，第213页）

言诗者，莫盛于唐。尝历观天宝以前，北方纪行诸诗，皆在灵武、五原、河西、岸陇之地，盖唐都长安，彼皆重镇，骚人才子，多仕于其间。今国家建置两都，皆在东北，銮路时巡，从臣嘉颂，具述山川之盛，都邑之丽，左太冲⑤尝称美物者贵依其本，赞事者宜本其实。胡君之作，皆出于履历之真，观览之切，如有好事，综而缉之，与群公之作，都为一集，以与唐代西北行者比盛不愧矣。

◎题上京纪行诗后 黄晋卿（《纯白斋类稿·附录》卷2，第213~214页）

始予观古愚上京纪行诗，固爱其工，而未得其所以工也。今年

---

①　清燕，亦作"清宴"。清闲；安逸。

②　词林，翰林或翰林院的别称。

③　承平，治平相承；太平。

④　太史公，汉司马谈为太史令，子迁继之，《史记》中皆称"太史公"。后世多以"太史公"称司马迁。留侯，秦末，张良运筹帷幄，佐刘邦平定天下，以功封留侯。诗文中常用为称颂功臣之典。

⑤　左太冲，即左思，字太冲，齐国临淄（今山东广饶南）人。家世儒学。善词赋，著有《齐都赋》《魏都赋》等。历秘书郎。死于西晋末。

夏，忝以下僚①，备数冗从，山川之雄丽，草木之荣耀消落，风沙云日晦明之变化，与夫人情物态之可喜可愕②，苟有所动于中，而及形于言者，古愚皆已如予意之所欲出，然后知道古愚之于诗，盖不求工而自不能不工者也。昔人诵子美"深夜殿突兀"，以为亲涉其境，乃悟为佳句。岂虚言哉？至顺二年九月十日③。

◎跋古愚上京纪行诗 南阳 字术鲁翀（《纯白斋类稿·附录》卷2，第217页）

言心声也，形而为诗，声之妙也，得声之妙者，几何人哉。古愚来自京师，职馆阁，不但工于诗也。今见其上京纪行凡若干篇，纤余④妥帖，缜致⑤清婉，情景交融，不激不怪，讽之诵之，士雅民风，古意犹在是也。虽未始从风雨上下，闻此妙声，如目亲睹，良一快也。

◎跋上京纪行诗 上艾 吕思诚（《纯白斋类稿·附录》卷2，第217～218页）

咏天作⑥之颂，有以见后稷⑦肇基之艰；读镐京之雅，有以见文武立国之隆、歌黍离⑧之风，又有以见平王都洛之业矣。日月星辰之纪，风霜雨露之时，山川城域之限，鸟兽草木之产，原之以道德，经之以礼乐，道之以政，而禁之以刑。前日之山川，尤今日之山川

---

① 下僚，职位低微的官吏。下属；属官。

② 可愕，亦作"可噩"。使人惊讶。

③ 至顺二年九月十日，1331年10月11日。

④ 纤余，谓歌曲文章曲折有致。

⑤ 缜致，细密。唐陆龟蒙《记锦裾》："非绣非绘，缜致柔美。"

⑥ 天作，犹天造，天生。谓自然形成。

⑦ 后稷，周之先祖。相传姜嫄践天帝足迹，怀孕生子，因曾弃而不养，故名之为"弃"。虞舜命为农官，教民耕稼，称为"后稷"。

⑧ 黍离，本为《诗·王风》中的篇名。后用作感慨亡国之词。

也。前日更之，则有安乐和平之音，今日过之，则有悲愁嗟怨之作。境与物同，情随时异。君子于是乎观诗而审政焉。国家肇迹龙居河①而都和林，我世皇迄今，盖将百年矣。扈从文臣，不知其几何人也。余欲合中统、至元及古愚后诸作，余虽不能诗，适与古愚前年同行，又尝有属和焉。裒②删定以上少为观风者之一助云。若骈俪③之工，纂组④之巧，则有不暇论者。

◎跋上京纪行诗 甫田 陈旅 众仲（《纯白斋类稿·附录》卷2，第218页）

国家承平之久，山川草木之间，五色成文，八风不奸⑤，文士含茹光景，故率多雅制，况车驾之经行，都邑之壮大，宫阙之雄丽，长谷广野，幽泉怪石之兼胜，而从臣又多。司马长卿、扬子云之流，其藻思⑥足以铺写承平风物之盛乎。东阳胡氏古愚，《上京纪行诗》五十首，清妥秀润，兴寄闲适，无急调，无蹇词，真盛世良作也。旅齿弱于古愚，而多病早衰，才又最下往年扈跸还，过李老谷，同行趣和诗，率意题壁间，不见丑恶。今得此中所作读之，不觉自笑曰："吾诗真所谓豁达，李老谷者尔，安得如是之娓娓乎?"因识吾愧。

---

① 龙居河，今蒙古国东部之克鲁伦河。一说在今蒙古国西南鄂尔浑河上源一带，近和林（哈拉和林）。

② 裒，音 póu。聚集。减少。

③ 骈俪，亦作"骈丽"。对偶藻饰之辞。

④ 纂组，编织。多指精美的织物。搜集编撰。

⑤ 五色成文，八风不奸，语出《礼记·乐记》："五色成文而不乱，八风从律而不奸，"意即虽然乐器的色彩五彩缤纷，但却井然有序。虽然八音杂奏，但也不互相干扰。

⑥ 藻思，做文章的才思。

◎跋上京纪行诗 宛平 曹鉴（《纯白斋类稿·附录》卷2，第218页）

至大间，愚处建业，古愚以郡文学来自金华，日相从事于文字间，欢如也。别逾一纪，凡再遇钱塘，一会京师，每以事故牵迫①，不得有如畴昔②。至顺壬申③，河南大比④，行省驰使朔南，延余二人主较秋闱⑤，笔砚余间，古愚出示扈跸纪行诗数十首，咏物摅怀⑥，字清句健，使人终日不能释手。因忆延祐初，两至上京，与故参政复初、侍讲伯长偕行，虽时有唱酬⑦，不如是之富也，况今年以暮思日以衰，虽欲追袭延祐时，且不可得，其视之在建业愈远矣。感叹之余，书以归之。

◎跋上京纪行诗 同郡 吴师道（《纯白斋类稿·附录》卷2，第218~219页）

昔予再游滦阳之后，当随景成咏，不能如古愚多且奇也。揽译已辄志吾愧，柳贯记五季⑧已来，自燕云而北限隔不通，其山川风物，间有识之者，辄录以夸创见，亦终莫得而详也。国家混同八荒⑨，远际穷发，滦阳去燕千里，上京在焉。每岁时巡，待从之臣，能言之士，览遗迹而兴思，抚奇观以自壮，铺陈颂述，皆昔人所未及言者。夫其所以致此，岂偶然哉？吾东阳柳博士道传、黄应奉晋卿，今胡编修古愚，皆有纪行之作，藻丽精工，前后辉映，一乡而得三人焉，他概可知，吁亦盛矣！愚才不足以齿三人，何敢望其足

---

① 牵迫，犹紧迫。唐杜甫《望岳》诗："牵迫限修途，未暇杖崇冈。"

② 畴昔，往日，从前。指往事或以往的情怀。

③ 至顺壬申，至顺三年，1332年。

④ 大比，隋唐以后泛指科举考试。

⑤ 秋闱，秋试考场。

⑥ 摅怀，抒发情怀。摅，音shū。发表或表示出来。

⑦ 唱酬，以诗词相酬答。

⑧ 五季，即后梁、后唐、后晋、后汉、后周五代。

⑨ 八荒，八方荒远的地方。《汉书·项籍传赞》："并吞八荒之心。"颜师古注："八荒，八方荒忽极远之地也。"

迹之所至，就使至焉，亦不能复措一辞矣。既哀其卷，又将广求一时诸公篇帙而继续之，不啻身履其间，以为承平之大幸，而无异时之恨云。

◎跋上京纪行诗 弘州 王沂（《纯白斋类稿·附录》卷 2，第 219 页）

至顺三年冬，余同翰林供奉王致道考试上京乡贡士，出居庸关，过龙门，历赤城，涉滦水，览山川之雄深，宫阙之壮丽，遗台故迹之，莽苍空阔，可喜可愕，为之目骇心动。欲写其状一二以归，冰雪之交寒，裂肤堕指，竟莫能就笔砚。然所谓雄深壮丽莽苍空阔之观，时往来余心，比还欲追忆所见而纪之未暇也。一日，阅同馆胡君古愚诸诗，所谓雄深壮丽莽苍空阔之观，皆历历在吾目中。昔人有云："眼前有景道不得，崔颢题诗在上头"①，岂欺我哉。

◎跋上京纪行诗 揭傒斯（《纯白斋类稿·附录》卷 2，第 219 ~ 220 页）

右翰林编修胡君古愚，扈从上都纪行诗五十首，学士虞公以下，跋语十五篇。自天历、至顺以来，当天下文明之运，春秋扈从之臣，涵陶德化，苟能文词者，莫不抽情抒思，形之歌咏。然未有若胡君之多者，诸公又皆能扬英振藻②，极形容之美，可谓一时之盛，千载之下，观者当何如其想象而景慕也。予旧读胡君《京华杂兴》刻本，欲拟作数首，辄罢不能。今复观此卷，而志意衰耗有甚于前者，岂能复可彷佛哉，惟增感叹而已。至顺四年二月四日③。

---

① 崔颢，唐汴州人。开元进士，官司勋员外郎。有题黄鹤楼诗，为世传诵。李白游黄鹤楼，见崔颢题诗在上，因而搁笔。语出元辛元房《唐才子传·崔颢》："颢游武昌，登黄鹤楼，感慨赋诗。及李白来，曰：'眼前有景道不得，崔颢题诗在上头'。无作而去，为哲匠敛手。"后用作赞美别人作品高妙，自己甘拜下风之语。

② 振藻，谓显扬文采。

③ 至顺四年二月四日，1333 年 2 月 18 日。

22. 《中庵先生刘文简公文集》

【题解】 《中庵先生刘文简公文集》25卷，元刘敏中撰。刘敏中（1243～1318年），字端甫，号中庵，章丘（今属山东）人。出生在一个世代从儒的家庭，元朝前期知名文臣，历仕元世祖、成宗、武宗、仁宗四朝。任中书省掾史兵部主事、监察御史、翰林直学士兼国子监祭酒、东平路总管、陕西行台治书侍御史、集贤学士、河南行省参知政事等职，在翰林学士承旨任上以疾还归乡里。延祐五年卒，追封齐国公，谥文简。刘敏中平生身不怀币，口不论钱，历任要职，每以时事为忧。为文理备辞明，有《中庵先生刘文简公文集》25卷、词集《中庵乐府》《平宋录》3卷等，今存。

本辑据《中庵先生刘文简公文集》（书目文献出版社《北京图书馆古籍珍本丛刊·集部·元别集类》影印本第92册）标点、辑录有关赤城的诗，以《中庵集》（台湾商务印书馆发行《景印文渊阁四库全书》影印本第1206册）参校。这些诗均为刘敏中在至元十三年、十七年（1280年）、十八年和大德四年（1300年）四次往返于上都和大都之间，途经赤城所作。

◎初赴上都至赤城望云道中① （卷18，第435页，七言律诗）
晓日曈昽②过赤城，地名，有驿亭。风烟遥接望云亭。地名，州事在

---

① 诗题，《文渊阁四库全书》本《中庵集》卷4作"至元丙子初赴上都赤城至望云道中"。至元丙子，即后至元二年，1336年。
② 晓日，朝阳。引申为清晨。曈昽，亦作"曈胧"。日初出渐明貌。《说文·日部》："曈，曈昽，日欲明也。"

経黄葉秋白簡清霜陪解鷹輕車熟路試驊騮詩来頗有傷秋

意懷抱新添幾種愁

過易水

従破横成巨奈何燕丹真欲費荆軻依然易水悲行客落日西

風起白波

初赴上都至赤城望雲道中

曉日曈曨過赤城〔赤城地名有驛亭〕風煙遥接望雲亭〔望雲亭地名在州事好山馬亦曰雲州〕

解鞍新詩寫瘦馬能遧宿酒醒高下野桃紅曼〻叢迴沙水碧

泠〻人家剩有升平象滿地牛羊草色青

灤河旹

刘敏中《中庵先生刘文简公文集》书影

261

焉，亦曰<u>云州</u>。好山解要新诗写，瘦马能遥①宿酒醒。高下野桃红曼曼②，萦回③沙水碧泠泠④。人家剩有升平象，满地牛羊草色青。

◎偏岭（卷18，第435页）

山行十日如开底，仰视但见山头烟。今朝过岭一纵目，无穷平野无穷天。

◎<u>独石</u><small>去望云东北七十里而近，有驿曰独石。驿之东不里许，道傍有石，如石而孤，盖驿以是名也。</small>（卷18，第435页）

峗巍⑤块若周王鼓，嵬磥⑥踞如<u>李广虎</u>⑦。或脱娲皇⑧补天手，或惊神<u>禹</u>疏凿斧。众山中断平川开，子⑨尔胡为居此土。严严⑩峰峦具，屹屹⑪寻丈许。意气何峥嵘⑫，耻与哙等伍⑬。行人过者皆踟

---

①　遥，《文渊阁四库全书》本《中庵集》卷4作"摇"。

②　曼曼，《文渊阁四库全书》本《中庵集》卷4作"漫漫"。漫漫，遍布貌。众多貌。

③　萦回，盘旋往复。

④　泠泠，音 líng。形容声音清越、悠扬。

⑤　峗巍，音 kuī wēi。形容高大矗立的样子。

⑥　嵬，音 wéi。高大。磥，音 léi。古代守城用的石头，从城上推下打击攻城的人。

⑦　李广虎，即李广射虎。李广（？－前119年），西汉大将。陇西成纪（今甘肃静宁西南）人。武艺高超，善骑射，用兵神速，作战勇敢，匈奴人称他为"飞将军"。李广射虎源《史记·李将军列传》："广出猎，见草中石，以为虎而射之，中石没镞，视之，石也。因复更射之，终不能复入石矣。"意为李广打猎时看见草丛中的一块大石，以为是老虎所以一箭射去，结果整个箭杆都射进石头里，只剩下箭镞露在外面。

⑧　娲皇，即女娲氏。中国神话传说中人类的始祖。传说她与伏羲由兄妹而结为夫妇，产生人类。又传说她曾用黄土造人，炼五色石补天，断鳌足支撑四极，平治洪水，驱杀猛兽，使人民得以安居。并继伏羲而为帝。

⑨　子，单，独。

⑩　严严，威重貌；庄严貌。

⑪　屹屹，高大挺立貌。

⑫　峥嵘，卓越，不平凡。

⑬　哙等伍，平庸之辈。典出《史记·淮阴侯列传》："信尝过樊将军哙，哙跪拜送迎，言称臣……信出门，笑曰：'生乃与哙等为伍！'"意为鄙视樊哙，不屑与他为伍。

蹰①，扣之我欲穷其初。苍颜元气见遗迹，真宰冥漠②无由呼，黑沙风起仆夫趍③。

◎七星山（卷19，第440页）

大德四年庚子④夏四月，与潜庵郑君偕赴上都，憩独石驿，仰见驿东山巅有七小峰，森布离立⑤，状若北斗然。访诸其人，云："此七星山也。"意甚奇之。俛而自念，自至元丙子，至庚辰、辛巳⑥逮今，凡四过此山，而乃始识之，岂以其尘容⑦俗状，方役役于得失奔走之中，而不暇顾也。而此山超然物表，静阅万古，岂复有得失奔走之患乎！然则兹山之识汝也，顾已久矣。乃作诗同潜庵一笑。

今来独石驿，始识七星山。隐隐⑧魁杓见，离离⑨雾霭间。乾坤通宝气，上下拥天关。无补⑩山应笑，空然⑪四往还。

◎过龙门（卷20，第459页）

忽忽驲骑⑫困黄尘，忽见云埋北岭昏。略刻未移三十里，一鞭风雨过龙门。

---

① 踟蹰，徘徊不前貌；缓行貌。
② 真宰，宇宙的主宰。指自然之性。冥漠，玄妙莫测。
③ 仆夫，驾驭车马之人。泛指供役使的人。犹言仆人。趍，音 chí，行走迟缓。驰，奔跑。又音 qū，古同"趋"。
④ 大德四年，1300 年。
⑤ 离立，并立。像凤一样地站立。《文选·王中〈头陀寺碑文〉》："丹刻翚飞，轮奂离立。"李善注引《春秋元命苞》："火离为凤。"吕延济注："离，凤也。"
⑥ 至元丙子，前至元十三年，1276 年。庚辰，至元十七年，1280 年。辛巳，至元十八年，1281 年。
⑦ 尘容，尘俗的容态。
⑧ 隐隐，隐约不分明貌。魁杓，北斗星七星中首尾两星的合称。高诱注："斗第一星至第四为魁，第五至第七为杓。"故魁杓亦指北斗七星。
⑨ 离离，井然有序貌。隐约貌。若断若续貌；相连貌。
⑩ 无补，无益；无所帮助。
⑪ 空然，徒然，犹枉然，白白地；不起作用。
⑫ 驲骑，即驿骑，驿马或乘马送信、传递公文的人。

23.《双溪醉隐集》

【题解】 《双溪醉隐集》6 卷，耶律铸撰。耶律铸（1221～1285 年），字成仲，号双溪，契丹人。元代政治家、著名诗人，成吉思汗的得力大臣耶律楚材之子。耶律铸 23 岁就涉足官场，官至领中书省事，并先后 3 次任中书省左丞相，曾主过制定国法，编写国史等。历经元太祖、太宗、定宗、宪宗和世祖 5 朝，这是蒙古建立的政权由强大渐趋统一的时期。耶律铸一生屡从征伐，先后随宪宗蒙哥、世祖忽必烈南征北战、东征西讨，有着丰富的征战经验。至元二十年因罪被罢免官职，徙居山后，死后追封懿宁王，谥文忠。耶律铸所作诗文长期隐没不传，仅明人钱溥《内阁书目》记载有耶律铸《双溪集》19 册，清人修《四库全书》，从《永乐大典》中辑出耶律铸诗集数种，统编为《双溪醉隐集》。

本辑据《双溪醉隐集》（台湾商务印书馆《景印文渊阁四库全书》影印本，第 1199 册集部第 138 册别集类）辑录有关赤城的诗。

◎发凉陉偏岭南过横山回寄淑仁（卷 3，第 418 页，七言律诗）

浮游汗漫和南陔①，淑仁母在燕南，故有南陔之语。直指凉陉是九垓②。吾与汗漫游于九垓之上。《淮南子》。偏岭最饶秋色处，横山不出冷

---

① 汗漫，广大，漫无边际。南陔，《诗·小雅》篇名。六笙诗之一，有目无诗。《南陔》《白华》《华黍》为前三篇，是燕飨之乐。《诗·小雅·南陔序》："《南陔》，孝子相戒以养也；《白华》，孝子之洁白也；《华黍》，时和岁丰，宜黍稷也。有其义而亡其辞。"《仪礼·乡饮酒礼》："笙入堂下，磬南北面立，乐《南陔》《白华》《华黍》。"后用为奉养和孝敬双亲的典实。

② 九垓，①亦作"九陔"。中央至八极之地。《国语·郑语》："王者居九垓之田，收经入以食兆民。"韦昭注："九垓，九州之极数。"②亦作"九阂""九陔"，九层。指天。

鄂诺道中

　　自西宫发程至鄂诺河山重水複风雨相繼

　　日復一日偶失羊馬所在因記其事而賦云

歲月崢嶸老思荒句中無盡寫荒凉山山水水三千里

雨雨風風一萬塲致福不應須失馬耽書堪笑竟亡羊

百花留得芳葵在傾盡丹心捧太陽

　　遊大翩山

路盤空翠上青天下望皇州一點煙雲葉去堆人脚底

耶律铸《双溪醉隐集》书影

云来。未须白雁传霜信①，已早去声②黄花带雪开。中秋夜，雪可盈尺。北中菊花，每岁必期八月开彻。想得玉滦河北畔，有人独上李陵台。土俗呼为李陵台者，在偏岭东北百余里。李陵失利在无定河外，意其好事者名其山为李陵台也。古有李陵台，在唐单于都护府金河县界。

◎游大翮山③（卷3，第430页，七言律诗）

路盘空翠④上青天，下望皇州⑤一点烟。云叶⑥去堆人脚底，日华⑦垂在马头前。露花烟草芬兰麝，百籁⑧群鸣播管弦。可诮⑨旧游王次仲⑩，不来寻谒酒中仙。《山海经》云：其山在居庸北。登陟其巅，下视燕都城郭郊原，烟霭如圃畦堤塍⑪。

◎过骆驼山⑫（卷5，第449页，七言绝句）

天作奇峰象橐驼⑬，人间牧围⑭肯来过。只缘顽矿⑮成无用，不

---

① 霜信，霜期来临的消息。

② 早，去声即 zào，通"草（皂，zào）"。清朱骏声《说文通训定声·孚部》："早，叚借为草。"

③ 大翮山，即今大海陀山，位于赤城县西南，与北京市延庆区交界，主峰海陀山海拔2241米。详见《水经注·漯水注》。

④ 空翠，指青色的潮湿的雾气。

⑤ 皇州，帝都；京城。

⑥ 云叶，犹云片，云朵。

⑦ 日华，太阳的光华。

⑧ 百籁，从孔穴中发出的各种声音。亦指各种一般的声音。

⑨ 诮，音 qiào。责备。

⑩ 王次仲，秦人。居大夏小夏山。传说少有异志，以为世之篆文，功多而用寡，难以速就。弱冠，变篆籀之体为隶书，始皇见而奇之，三征不至。始皇怒，令槛车传送。次仲化为大鸟，振翼而飞，堕三翮，使者得之以进。后谓之落翮山，其峰峦有大翮、小翮之名。

⑪ 圃畦，种蔬菜、花果的园畦。堤塍，堤坝和田界。塍，音 chéng。

⑫ 骆驼山，今位于赤城县后城镇郑家窑村南，形极似像骆驼，故名。

⑬ 橐驼，骆驼。《史记·匈奴列传》："其畜之所多则马、牛、羊，其奇畜则橐驼、驴、骡、駃騠。"

⑭ 牧围，牛马。借指播迁中的君王车驾。指养牛马的人。

⑮ 顽矿，坚硬的矿石。

识疮肩陟峻坡。

昔驾朱轮①白橐驼，石驼②曾见屡经过。苍颜今日应难识，瘦马服箱③转旧坡。

---

① 朱轮，古代王侯显贵所乘的车子。因用朱红漆轮，故称。
② 石驼，石刻的骆驼。这里应指骆驼山。
③ 服箱，负载车箱。犹驾车。

24.《紫山大全集》

【题解】　《紫山大全集》，胡祗遹撰。胡祗遹（1227～1295年），字绍闻，磁州武安（今属河北省）人。元初著名文臣，以吏才著名。历任应奉翰林文字兼太常博士、太原路治中、河东山西道提刑按察副使、山东东西道提刑按察使等职。又是诗文、散曲名家，与刘敏中、王恽交往密切。著有《紫山大全集》67 卷、《易解》3 卷、《老子解》1 卷，原本均不存。清乾隆时修《四库全书》，从《永乐大典》中辑出《紫山大全集》26 卷。

本辑据《紫山大全集》（台湾商务印书馆《景印文渊阁四库全书》影印本，第 1196 册集部第 135 册别集类）辑录有关赤城的诗，这些诗均为扈从上都途经赤城所作。

◎投宿洪赞（卷 5，第 75 页，五言律诗）
父母悬弧庆①，生儿愿四方。岂期无远到，浪走②只空忙。仆厌私装重，马疲官路长。慷投曾宿驿，白首尚为郎。

◎宿雕窠（卷 5，第 75 页，五言律诗）
道旅喜相迎，胡为③复此行。壮心今遂否，华发可怜生。欲答还无语，含羞自怆情④。本非经济⑤术，难望贵公卿。

---

　　① 悬弧，古代风俗尚武，家中生男，则于门左挂弓一张，后因称生男为悬弧。语本《礼记·内则》："子生，男子设弧于门左，女子设帨于门右。"悬弧庆，指男子的生日。
　　② 浪走，四处奔走；胡乱奔走。
　　③ 胡为，何为，为什么。《汉书·黥布传》："胡为废上计而出下计？"颜师古注："胡，何也。"
　　④ 怆情，伤心。宋王安石《示长安君》诗："少年离别意非轻，老去相逢亦怆情。"
　　⑤ 经济，经世济民。

钦定四库全书　　紫山大全集

投宿洪贊

父母懸弧慶生兒願四方豈期無遠到浪走只空忙僕

厭私裝重馬疲官路長慷投曾宿驛白首尚為郎

宿鵰窠

道旅喜相迎胡為後此行壯心今遂否華髮可憐生欲

答還無語舍羞自愴情本非經濟術難望貴公卿

送人之官

常令材勝職仕業日增光王業幽詩苦民時農事忙戶

胡祗遹《紫山大全集》书影

269

◎过龙门（卷5，第78页，五言律诗）

不断龙门豁①，滔滔②一水来。只能流岁月，不解绝尘埃。行容③身奔走，长途几往回。倚歌④桥下柱，富贵岂凡材。

◎过枪竿岭（卷7，第128页，七言绝句）

地形西北倚云端，枪岭危途更曲盘⑤。马足不知高几许，回头井底瞰南山。

---

① 豁，空缺；露出的缺口；缺损。割破；裂开。

② 滔滔，大水奔流貌。《诗·齐风·载驱》："汶水滔滔，行人儦儦。"毛传："滔滔，流貌。"

③ 行容，在路上的容仪。《礼记·玉藻》："凡行容惕惕，庙中齐齐，朝廷济济翔翔。"郑玄注："惕惕，直疾貌也。凡行，谓道路也。"

④ 倚歌，谓倚靠物体而歌。汉赵晔《吴越春秋·越王无余外传》："（禹）梦见赤绣衣男子，自称玄夷苍水使者，闻帝使文命于斯，故来候之。非厥岁月，将告以期，无为戏吟，故倚歌覆釜之山。"按，"倚歌覆釜之山"，犹言倚覆釜之山而歌。

⑤ 曲盘，曲折迂回。

25.《金文靖集》

【题解】 《金文靖集》10 卷，金幼孜撰。金幼孜（1367～
1431 年），名善，以字行，号退庵。汉族江右民系，今江西省峡江
县罗田镇徘山村人。建文二年（1400 年）进士，历任户科给事中、
翰林检讨、右谕德兼侍讲、翰林学士、户部右侍郎兼文渊阁大学士、
礼部尚书兼大学士等。随明成祖朱棣历次北征，据马鞍立记山川地
形。明宣宗时，修两朝实录。卒，赠少保，谥文靖，葬暮膳山。著
有《北征录》及《后北征录》，后人集其遗文辑成《文靖公全集》。

本辑据《金文靖集》（台湾商务印书馆《景印文渊阁四库全书》
影印本，第 1240 册集部第 179 册别集类）辑录有关赤城的诗。

◎晚次白河（卷 3，第 613 页，五言古诗）
日晚白河上，千官向此留。天光①临御幄，云气护宸旒②。柳③
外轮蹄集，山头猎火④收。故人同寝食，夜语独绸缪⑤。

◎早发白河（卷 3，第 613 页，五言古诗）
禁营⑥传四鼓⑦，驱马复晨征。野旷⑧风威重，天空月影清。冲

---

① 天光，日光；天空的光辉。
② 宸旒，帝王之冠。借指帝王。旒音 liú。
③ 柳，丧车。也泛指车。《史记·季布栾布列传》："迺髡钳季布，衣褐衣，置广柳车
中。"司马贞索隐："丧车称柳，后人通谓车为柳也。"
④ 猎火，打猎时焚山驱兽之火。亦指古代游牧民族出兵打仗的战火。
⑤ 绸缪，情意殷切。
⑥ 禁营，禁军营盘。
⑦ 四鼓，报更的鼓声敲了四次，古代一个更次敲一次鼓。四更大致相当于现在的后
半夜两点左右。
⑧ 野旷，荒野空阔。

河又自灤河西行過烏桓經李陵臺趍獨石涉龍門出

李老谷迤邐紆徐度鑿竿嶺遵懷來而歸往復七閱月

周迴數萬里凡山川道路之險夷風雲氣候之變化鑾

輿早晚之次舍車服儀衛之嚴整甲兵旗旄之雄壯軍

旅號令之宣布禡師振武之儀容破敵納降之威烈隨

其所見輒記而錄之且又時時作為歌詩以述其所懷

雖音韻鄙陋不足以擬諸古作然因其言以即其事亦

足以見當時儒臣遭遇之盛者矣予自幼聞西雲揚先

《金文靖集》书影

272

冲杂人语，喔喔乱鸡声。敢惮劳行役①，空惭负老成②。

◎滦京百咏集序（卷7，第721页）

予尝扈从北征，出居庸，历燕然，道兴和，逾阴山，度碛卤③，大漠，以抵胪朐河。复缘流东行，经阔滦海子，过黑松林，观兵静虏镇，既又南行，百折入淙流峡，望应昌而至滦河。又自滦河，西行过乌桓，经李陵台，趋独石，涉龙门，出李老谷，迤逦纡徐，度枪竿岭，遵怀来而归，往复七阅月④，周回数万里。凡山川道路之险夷，风云气候之变化，銮舆早晚之次舍，车服仪卫之严整，甲兵旗旄⑤之雄壮，军旅号令之宣布，祃⑥师振武之仪容，破敌纳降之威烈，随其所见，辄记而录之。且又时时作为歌诗，以述其所怀，虽音韵鄙陋不足，以拟诸古作，然因其言以即其事，亦足以见当时儒臣遭遇之盛者矣。

予自幼闻西云杨先生以诗名，今睹其所为《滦京百咏》，则知先生在元时，以布衣职供奉，尝载笔属车⑦之后，因得备述。当时所见，而播诸歌咏者，如此然燕山至滦京仅千里，不过为岁时巡幸之所度，先生往来正当有元君臣恬嬉之日，是以不转，瞬间海内分裂，而滦京不守，遂为煨烬⑧。数十年来，元之故老殆尽，无有能道其事者，独予幸得亲至滦河之上，窃从畸人迁客⑨，谘访当日之遗事，犹

---

① 行役，旧指因服兵役、劳役或公务而出外跋涉。泛称行旅，出行。
② 老成，指年高有德的人。指旧臣，老臣。
③ 碛卤，含盐碱多沙石的地方。
④ 阅月，经一月。明李贽《又与从吾书》："无念来归，得尊教，今三阅月矣，绝无音使，岂科场事忙不暇作字乎？"
⑤ 旗旄，注牦牛尾于杆首的旌旗，军将所建。
⑥ 祃，音mà。古代行军在军队驻扎的地方举行的祭礼。
⑦ 载笔，携带文具以记录王事。属车，帝王出行时的侍从车。
⑧ 煨烬，音wēi jìn。灰烬，燃烧后的残余物。
⑨ 畸人，指有独特志行、不同流俗的人。神奇的人；仙人。迁客，指遭贬斥放逐之人。

获闻其一二。登高怀古，览故宫之消歇，睇河山之悠邈，以追忆一代之兴废，因以著之篇什①，固有不胜其感叹者矣。因观先生所著，而征以予之所见，敢略述其概，以冠诸篇端，然则后之君子，欲求有元两京之故，实与夫一代兴亡盛衰之故，尚于先生之言有征②乎。

---

① 篇什，《诗经》的"雅"和"颂"以十篇为一什，所以诗章又称"篇什"。
② 征，征兆；迹象。

26.《杨文敏公集》

【题解】 《杨文敏公集》，明杨荣撰。杨荣（1371～1440年），初名子荣，字勉仁，建安（今福建省建瓯县）人。建文进士，初任编修，永乐时，明成祖朱棣召入文渊阁，以多谋能断，为成祖所重，并为之更名杨荣。曾多次随行北巡，升至文渊阁大学士。仁宗、宣宗两朝和英宗初年，都在朝辅政。英宗即位，与杨士奇、杨溥同辅朝政，并称"三杨"。后辞官归里，死于途中。著有《北征集》《默庵》《云山小稿》《静轩》等。

《杨文敏公集》25卷，其中，诗赋8卷，文27卷。为正德年间刻本。杨荣在明全盛之时，历事四朝，恩礼始终无间，可谓至荣。因而所作文章，具有富贵福泽之气。

《杨文敏公集》收录了杨洪于正统二年（1437年）戍守独石时，蒙古入侵者犯边，时任游击将军的杨洪，亲率骑兵绕到敌后断其归路，斩杀敌寇，大获全胜。捷报传到朝廷，朝廷赏功，杨洪被擢升为都指挥使同知。杨荣为此写下了《赠游击将军杨宗道升都指挥使同知序》一文以示祝贺。这一战役显示了杨洪一惯的用兵之道：出其不意，攻其不备，善以奇兵取胜。也显示了杨洪与杨荣的特殊交情。该序文在清代险遭焚毁，《杨文敏公集》卷首空白页有成都李一氓记录的一段文字："《杨文敏公集》廿五卷，附录一卷，明正德刊本，在清代属'抽毁'类书，以第八卷《平胡颂》、第十一卷《赠游击将军杨宗道序》'俱有偏谬语'。查本书两篇均仍在各卷内，未遭抽毁之灾，或以原书曾流入日本，故幸免软。一九四八年在大连得此书，特为志明如右。成都李一氓。"

本辑据国家图书馆中华古籍资源库《杨文敏公集》（明正德十

雖然斯一日之歡爾而尚拳拳思有以續之則夫所以
續其聲光於百世不朽者當何如也余又顧與諸君子
加勉焉

　　贈游擊將軍楊宗道陞都指揮同知序

自古為中國患莫甚於壯虜雖周宣王漢武帝之盛而
其將帥有若申甫衛霍之智勇然內侵至于太原不能
免夫六月之出師外追窮乎瀚海不足懲其連歲之犯
塞迄于近代遂乘時蹈虛騷擾華夏其克梗鷙張弗可
盡述我國家受天明命奄有宇宙仁風化雨蕩滌腥羶
效誠者荷綏柔頑愓者遭殄滅由是遠塵不驚海內晏
安非夫德大威隆委寄得人昌臻是我時則有若游擊

《杨文敏公集》书影

年刻本，馆藏书号：18670）影印本辑录《赠游击将军杨宗道升都指挥同知序》一文。标题后页码为古籍中缝处所标页码。

◎赠游击将军杨宗道升都指挥同知序（卷11，第7~8页）

自古为中国患，莫甚于北敌。虽周宣王、汉武帝之盛，而其将帅有若申甫、卫霍之智勇，然内侵至于太原不能免。夫《六月》之出师，外追穷乎！瀚海①不足惩，其连岁之犯塞，迄于近代，遂乘时蹈虚，骚扰华夏，其凶梗鸱张弗可尽述。我国家受天明命，奄有宇宙仁风化雨，荡涤腥膻②，效诚者荷绥柔，顽悖③者遭殄灭，由是边尘不惊，海内晏安④，非夫德大威隆委寄得人曷臻是哉。时则有若游击将军杨洪宗道，常总锐旅巡掠朔野，宗道精闲韬略，雄勇杰立，平居与士卒，同甘苦不自择便利，遇敌辄鹰扬虎阚，身先部曲⑤，由是旗帜所向罔不克捷，非但同时守边陲者，多所弗及，诚凛然有古名将之风者也。乃正统二年冬，烽火发绥延诸边郡，宗道时守独石，有敕俾为之备，宗道即遣逻卒⑥先侦之，继以精骑疾驰二百里，邀其归路，战数合，敌不能支，追斩蹀血⑦穷荒漠而还，尽取其所俘人畜。事闻，朝廷嘉奖升都指挥同知，而宠赉尤厚，于是其姻友翰林修撰周功叙征予文以为赠。予观人臣取功名，莫易于为将，患在不得尽其材耳，使得尽其材矣；患在富贵足，则自怠而不复求进。今宗道才力卓迈，忠激而志强，遭逢圣主，计必用功必报，尚图效弗

① 瀚海，地名。其含义随时代而变。或曰即今呼伦湖、贝尔湖，或曰即今贝加尔湖，或曰为杭爱山之音译。亦指沙漠。

② 腥膻，旧指入侵的外敌。

③ 顽悖，愚妄悖逆。唐韩愈《祭张给事文》："府迁幽都，顽悖未孚。"

④ 晏安，安乐；安定。《周书·庾信传》："居负洛而重世，邑临河而晏安。"

⑤ 部曲，古代军队编制单位。大将军营五部，校尉一人；部有曲，曲有军候一人。借指军队。

⑥ 逻卒，亦作"逻倅"。巡逻的士兵。

⑦ 蹀血，流血很多，踏血而行。形容杀人之多。

止。异时纪功燕然①画像云，台而茅土②疏，封河山带砺③，与大明相为无穷，岂直若周汉君臣之事而已乎。雅颂之作，将亦随之耳书之以俟。

---

①　燕然，指汉班固所撰《封燕然山铭》。亦泛指歌颂边功的诗文。

②　茅土，指王、侯的封爵。古天子分封王、侯时，用代表方位的五色土筑坛，按封地所在方向取一色土，包以白茅而授之，作为受封者得以有国建社的表征。

③　河山带砺，封爵之誓词。极言国基坚固，国祚长久。语出《史记·高祖功臣侯者年表序》："封爵之誓曰：'使河如带，泰山若厉。国以永宁，爰及苗裔'。始未尝不欲固其根本，而枝叶稍陵夷衰微也。"

27.《商文毅公集》

【题解】　《商文毅公集》10卷，商辂撰。商辂（1414～1486年），字弘载，号素庵，浙江严州府淳安县（今杭州市淳安县）人。明朝中期名臣。

商辂自幼天资聪慧，才思过人。于宣德十年（1435年）乡试、正统十年（1445年）会试及殿试均为第一名，是明代近三百年科举考试中第二个"三元及第"。郕王朱祁钰监国时入内阁，参预机务。夺门之变后被削籍除名。成化三年（1467年）再度入阁，渐升为内阁首辅，官至少保、吏部尚书兼谨身殿大学士等。孝庄钱皇后去世后，商辂与同僚彭时等据理力争，最终使其得以祔葬裕陵。晚年请求罢黜宦官汪直未果，于是力请辞官，以少保致仕。居家十年后，于成化二十二年去世，年七十三。获赠太傅，谥号"文毅"。著有《商文毅疏稿略》《商文毅公集》《蔗山笔尘》，纂有《宋元通鉴纲目》等。

商辂为人刚正不阿、宽厚有容，临事果决，时人称"我朝贤佐，商公第一"，与彭时齐名，为成化年间正直阁臣的杰出代表之一。《明史》评价道："有明贤宰辅，自三杨外，前有彭、商，后称刘、谢。"

本辑明万历三十年刻本《商文毅公集》（国家图书馆网站中华古籍库数字古籍，馆藏书号：05059）辑录有关赤城内容。其中《边务疏》一文本辑总集类《皇明经世文编》已载，故略去不录。标题后页码，为古籍中缝处所标页码。

八城社學詩八首協贊軍務叅政某公所賦也八城
皆口外曰關西曰獨石曰馬營曰雲州曰東莊曰赤
城曰鵰鶚曰長安城各有學蓋叅政請之於朝所
建立者也叅政既請立八城社學復各賦一詩以見
意上以頌　國家崇文之盛下以為諸生勤學之勸
其用心至美八城本朔方地武衛之設蓋以控制胡
虜宜若無俟於學然而學校者固結人心之本使學
校弗立則詩書之道廢利欲之心熾雖有高城深池
誰與為守巳巳之秋其事可監也叅政協贊之暇而
汲汲于社學之建蓋歟以詩書為甲冑以禮義為干

《商文毅公集》书影

280

◎八城社学诗序（卷5，第4~6页）

《八城社学诗》八首，协赞军务参政叶公所赋也。八城皆口外，曰关西①、曰独石、曰马营、曰云州、曰东庄、曰赤城、曰雕鹗、曰长安，城各有学，盖参政请之于朝所建立者也。

参政既请立八城社学，复各赋一诗，以见意上以颂朝国家崇文之盛，下以为诸生勤学之劝。其用心至矣。

八城本朝方地武卫之设，盖以控制胡虏，宜若无俟于学。然而，学校者固结人心之本。使学校弗立，则诗书之道废，利欲之心炽。虽有高城深池，谁与为守？己巳之秋②其事可监③也。参政协赞之暇，而汲汲于社学之建，盖欲以诗书为甲胄④，以礼义为干橹⑤，使夫尊君亲上之义，昭然于人心，而战胜攻取之术，无烦于督劝。然后阃外⑥之寄，始为无负也已。孟子有言："壮者，以暇日修其孝悌忠信，入以事其父兄，出以事其长上，可使制梃⑦以挞秦楚之坚甲利兵矣。"噫！参政兴学之意，其以此乎？虽然此固，以人心为制敌之本，然而文教既修，则远人自服。昔禹征有苗，弗格于奉辞伐罪之日，而格于干羽⑧两阶之后，尤以见文德之有益于人，而武备之不足徒恃也。

参政诗有"行见三苗入觐来"之句，岂非其所志者大耶？乡友洪文纲，教西关学，间录八城诗，求题，因为识此。

参政，名盛，字与中，姑苏人，与予同举进士，文学政事盖同

---

① 关西，应为"西关"。
② 己巳之秋，指土木之变，即明英宗被瓦剌俘于土木堡事件。因这一年是明正统十四年（1449年），为己巳年。
③ 监，古同"鉴"，借鉴，参考。
④ 甲胄，甲，指铠甲；胄，指头盔。甲胄即盔甲。
⑤ 干橹，小盾大盾。亦泛指武器。
⑥ 阃外，指京城或朝廷以外，亦指外任将吏驻守管辖的地域，与朝中、朝廷相对。阃音 kǔn。
⑦ 制梃，提着木棍。梃，棍棒。
⑧ 干羽，古代舞者所执的舞具。文舞执羽，武舞执干。亦指文德教化。

年中之杰然者云。

◎重建西关社学记（卷6，第14~15页）

西关，龙门也。龙门以北为城堡八，皆武卫，无有司，比屋戍卒以故，缺学校，乏弦诵声。

正统初，尝一设社学，以教将士子弟之在各卫者。未几辄罢。已而，虏骑冲斥，人皆散逸，戍守且废，何有于学？参政叶盛与中奉命协赞军务。兴废举坠，逾年武偹益振，戍守益固，边境晏然，入以大和。参政意谓文事武备相为用久矣。武而非文曷以导人心，迪彝教①，使知尊君亲上之义之为重且急耶？于是，谋之都御史李公，请复建八城堡社学。而西关之学独先就。旧在卫东南，今迁东北，地宽广，面阳。前筑夫子燕居堂，后为明伦堂，东西为"居仁""由义"二斋。燕居堂东为藏书之室，斋之旁为游息之所。为屋若干楹，缭以周垣，启以重门，其南当通衢。树坊牌二，曰"兴贤"，曰"西关社学"。学本龙门也，而曰西关者，卫之西有关焉，参政所更也。

学既成，择老成通于儒者为社学师。选将士子弟之俊秀者为弟子员，俾从游其中。参政亲督率，作诗劝相，出公帑所羡积购书凡五千余卷，俾之讲肄②，于是弦诵相闻，礼义并兴，而边方之士始知有文学之贵。其为风化之助大矣。诸生吴亮、黄用，率同列砻石请为之记。予惟《禹贡》绥服③，内三百里揆④文教，外二百里奋武卫。此文以治内，武以治外之意。然内三百里非无武卫，以文教为主；外二百里非无文教，以武卫为主。圣人严华夷之辨如此。今兹龙门外控虏境，实古绥服之地。武卫固，所当严文教，岂容或废。

———————————

① 彝教，常教，永久不变的教化。

② 讲肄，讲论肄习。指讲学。

③ 绥服，古代王畿外围疆域之一。

④ 揆，管理，掌管。

参政兴学之意，盖欲明《五典》以淑人心，使知纲常之所当尊，而君亲之不可以。或后久安长治之道，无逾于此。继是而当北门之寄者，恒以是用心，则礼义可兴，风俗可厚。虽无兵而守固，胡虏不足言矣。是役也，赞成之者，参政周贤；经营之者，守备黄瑄、吴升，皆有功于是学者宜书。

28. 《蓑竹堂稿》《泾东小稿》

【题解】　《蓑竹堂稿》《泾东小稿》，明叶盛撰。叶盛，字与中，南直隶苏州府昆山县（今江苏省昆山市）人。自幼颖异，博学强记，下笔如神，常使乡人惊异。正统十年，举进士，授兵科给事中。景泰三年，迁山西右参政，督宣府钱粮，后协赞独石、马营诸城守备，时值朝廷处于危难之际，独石、马营等八城残破不堪，边关如形同虚设。叶盛以守边自任，兴利除弊，招民垦荒，开发塞外，让无田者和荒田紧密地结合起来，改变极边荒凉。立社学，育贤才，给衣食，置衣药，使得边人无不感激思报。天顺三年，英宗召其为右佥都御史，巡抚两广。成化元年，叶盛再次巡抚宣府，在屯田、马政、边备和守御方面贡献很大。成化十年春，修祀四陵，"公斋戒将行，忽中疾不能言，扶归西第，卒，年五十五"。叶盛清修苦节，文武全才，此英才早逝，令同朝中人惋惜不已，朝廷以礼厚葬之，特赠谥号"文庄"。叶盛才兼文武，一生致力于学问，其著述颇为繁富，著有《蓑竹堂书目》6卷，《蓑竹堂稿》8卷，《水东日记》38卷，《泾东小稿》4卷，《叶文庄公奏疏》40卷，《秋台诗话》《卫族考》各1卷（已佚），《经史言天录》《宣镇诸序》各1卷（已佚）。不愧为明中期著名的政治家、军事家、藏书家、文献学家。

本辑据《蓑竹堂稿》（齐鲁书社《四库全书存目丛书》1997年影印本，集部第35册）、《泾东小稿》（上海古籍出版社《续修四库全书》第1329册集部别集类影印明弘治刻本）辑录有关赤城的诗。

◎岭北杂诗十首（《蓑竹堂稿》〈下同〉卷1，第157~158页，五言绝句）

士才兼文武之無雙

赤城

赤城斗大甲兵餘閩越潮州捴未如常衰偶來師趁

德看他比屋是詩書

龍門衞

西關城裡讀書堂濟〻青衿捴俊良務李莫言文藝

好要令耳俗到虞唐

龍門圻

東莊東去接溙河洙泗分派有漫波下馬來時須問

道源頭活水意如何

菉竹堂稿卷一

三〇九

叶盛《菉竹堂稿》书影

如此非學者之耻守誇之曰益事馬班巳不勝相一恐
不可也山中甚苦無書偶見此圖謾記于左將有問於
知者云尔

馬營社學記

予襄以愶資之命治嶺北簡書之暇憙從人間軍中子
茅之知學者於馬營祫佩中得宋兩賢之裔孫高平之
范廬陵之歐陽是巳兩家者皆以役戌分支而来生於
斯長於斯蘭王森~有歷三世而不歸者矣未嘗不憐
而撫愛之使勉學馬馬營軍堡在嶺北地濱絕塞士皆
精選而雄勇傑出城則近年日山西之崇岡而創為之
亦歸勝絕一目登城審形勢與將士論戰守緣城之坤

叶盛《泾东小稿》书影

○其一

赤城半指韭，独石一寸霜。天时与地脉①，咫尺异温凉。

○其二

半城启城扉，五更鞴②槽马。翻嫌劳纫③军，往来照新把。

○其三

菜圃匝城隅④，春晴比画图。越罗骄蜀锦⑤，文绣杂氍毹⑥。

○其四

枪竿长不多，龙门险如削。一朵碧莲花，遥遥望金阁。

○其五

一骑如飞前，锋杀虎归传。教领皮去赐，与作弓衣疾⑦。

○其六

报帖下周庐⑧，雕窝过敕书。衣冠当马首，如在玉阶⑨除。

○其七

好山如玉阜，碧水似吴江⑩。五年官领⑪北，不觉是殊邦。

---

①　地脉，指地的脉络；地势。

②　鞴，把鞍缰等套在马身上。

③　纫，①"幼"的讹字。②古同"功"。

④　城隅，城角。多指城根偏僻空旷处。

⑤　越罗，越地所产的丝织品，以轻柔精致著称。蜀锦，原指四川生产的彩锦。后亦为织法似蜀的各地所产之锦的通称。多用染色熟丝织成，色彩鲜艳，质地坚韧。

⑥　氍毹，音 qú shū。毛织的地毯，旧时演戏多用来铺在地上或台上，因此常用"氍毹"或"红氍毹"代称舞台。

⑦　弓衣，装弓的袋。《礼记·檀弓下》"赴车不载櫜韔"汉郑玄注："韔，弓衣。"疾，原古籍字模糊，字形似。

⑧　报帖，旧时向得官、复官、升官和考试得中的人家送去的喜报。周庐，古代皇宫周围所设警卫庐舍。

⑨　玉阶，玉石砌成或装饰的台阶，亦为台阶的美称。指朝廷。

⑩　吴江，吴淞江的别称。

⑪　领，古同"岭"，山岭。

〇其八

黄芷萱初绽，青台蕨正肥。虀盐①一年物，收拾趁晴晖。

〇其九

雨多秋谷强，晴多夏田好。下种合如何，占年②问屯老。

〇其十

颗颗胡榛③白，枝枝都李④红。山中风味好，莫放酒杯空。

◎龙门（卷1，第159页，五言绝句）

姑苏⑤有龙门，到处有龙门。本是龙门人，相逢如故人。

◎置社学书籍次洪文纲韵（卷1，第161页，五言律诗）

武卫兴文教，捐金为置书。古诗陈法戒⑥，大易⑦论盈虚⑧。要使纲常⑨重，宁容礼法⑩疏。乡才如美玉，待价⑪一藏诸。

---

①　虀盐，腌菜和盐。借指素食。虀音 jī，同"齑"。细切后用盐酱等浸渍的蔬果。如腌菜、酱菜、果酱之类。

②　占年，占卜年成的丰歉。

③　榛，落叶灌木或小乔木，结球形坚果，称"榛子"，果仁可食。赤城一带特产，有胡榛、平榛两品种。

④　都李，疑为"郁李"之误。郁李，植物名。落叶小灌木。叶卵形至披针状卵形。春开花，淡红色。果实小，球形，暗红色，可食。种子称郁李仁，可入药。

⑤　姑苏，苏州吴县的别称。因其地有姑苏山而得名。

⑥　法戒，楷式和鉴戒。《汉书·刘向传》："数上疏言得失，陈法戒。"

⑦　大易，即《周易》。晋左思《魏都赋》："览《大易》与《春秋》，判殊隐而一致。"

⑧　盈虚，盈满或虚空。谓发展变化。

⑨　纲常，"三纲五常"的简称。封建时代以君为臣纲，父为子纲、夫为妻纲为三纲，仁、义、礼、智、信为五常。

⑩　礼法，礼仪法度。

⑪　待价，待贾而沽的省称。等待善价出售，亦比喻怀才待用或待时而行。语本《论语·子罕》："子贡曰：'有美玉于斯，韫椟而藏诸？求善贾而沽诸？'子曰：'沽之哉，沽之哉！我待贾者也。'"

◎留题虔化寺①（卷1，第161页，五言律诗）

金壁城中寺，尘深别掩扃②。数声风外叶，一轴③案头经。下榻枯禅④定，推窗宿鸟醒。官闻曾到此，遥睇八峰青。

◎范氏二子入社学文正⑤裔孙，今开平卫千户，疑⑥兄弟子。（卷1，第161页，五言律诗）

之子名贤后，相逢是谪居⑦。祖宗能略记，乡里已全疏⑧。乔木千章⑨在，坚钢百炼余。甲兵⑩真旧物⑪，努力事诗书。

◎题吕士良画（卷1，第161页，五言律诗）

谁写山中趣，依稀似赤城。石桥千嶂⑫合，野渡一舟横。雨气兼霞气，风声杂水声。筹边闲暇对，此亦驰情正。

---

① 虔化寺，按明嘉靖《宣府镇志》卷17《祠祀考》载："有普济寺在龙门卫城，有虔化寺在龙门所城"。

② 扃，音 shǎng。户耳。门上环钮。

③ 一轴，表数量。用于诗文、书画等，犹言一幅，一卷，一篇。

④ 枯禅，指老僧。枯坐参禅。

⑤ 文正，应指范仲淹，死后，赠兵部尚书，谥文正。

⑥ 疑，原古籍字模糊不清，为"疑"字左半部分，似"疑"，又似"贤"。

⑦ 谪居，谓古代官吏被贬官降职到边远外地居住。

⑧ 疏，疏远。不熟悉。

⑨ 乔木，①高大的树木。②《孟子·梁惠王下》："所谓故国者，非谓有乔木之谓也，有世臣之谓也。"赵岐注："所谓是旧国也者，非但见其有高大树木也，当有累世修德之臣，常能辅其君以道，乃为旧国可法则也。"后因以"乔木"为形容故国或故里的典实。千章，千株大树。

⑩ 甲兵，铠甲和兵械。泛指兵器。

⑪ 旧物，先人的遗物；原来所有之物。

⑫ 千嶂，形容山峦众多。

◎龙门广盈仓①写怀（卷1，第166页，五言古诗）

<u>龙门</u>莫春②暮，疾风吹早寒。貂帽尚恋头，尘沙压檐端。军书马上接，北顾筹凶残。下马太仓③前，盘量④对仓赞。

○又

筭⑤子挥不停，粒粒念艰难。亲交或怜我，愚拙⑥乃所安。穷边亦王土，参政⑦非小官。但恐乏勋绩，怛⑧□歌素餐⑨。

◎出龙门关有怀杨叔玑泰政（卷1，第166页，五言古诗）

晓下龙门关，靡靡⑩即长路。悠悠⑪团保云，历历⑫柳沟树。忽忆去年时，故人送此去。残雪⑬在南山，疑有马行处。

◎旦起偶成（卷1，第166页，五言古诗）

东坡在岭南⑭，睡美日高起。我今在岭北，闲懒如或此。一为人

---

① 广盈仓，按明嘉靖《宣府镇志》卷12《宫宇考》龙门卫城宫宇条载："广盈仓，城巽隅，宣德五年建。"

② 莫春，暮春；晚春。《论语·先进》："莫春者，春服既成。"

③ 太仓，古代京师储谷的大仓。

④ 盘量，计算；盘点。

⑤ 筭，古同"算"，计算。

⑥ 愚拙，愚昧笨拙。

⑦ 参政，官名。明朝各布政使司置，从三品，位在布政使之下。分左、右，无定员，随事增减。掌分守各道，及派管粮储、屯田、驿传、水利、抚民等事。时诗人叶盛职右参政，督饷宣府。

⑧ 怛，音dá，忧伤，悲苦。

⑨ 素餐，无功受禄，不劳而食。《诗·魏风·伐檀》："彼君子兮，不素餐兮。"毛传："素，空也。"

⑩ 靡靡，犹迟迟。迟缓貌。《诗·王风·黍离》："行迈靡靡，心中摇摇。"毛传："靡靡，犹迟迟也。"

⑪ 悠悠，动荡；飘忽不定。

⑫ 历历，排列成行。清晰貌。

⑬ 残雪，尚未化尽的雪。

⑭ 该句指苏轼因作诗讽新法，被捕入御史狱，被贬岭南。

事稀,一为边事理。岭南是谪居①,岭北乃强仕②。荣辱虽不同,踪迹固相似。

◎心远堂③三咏三首(卷1,第166页,五言古诗)

○五谷畦

谷熟吾所慕,沼畦公田(左田右奚)④。切切劝农⑤念,讵令时候愆⑥。尝恐繁霜⑦早,复恨白草缠。霜飞秀不实,草盛苗不前。伤哉屯戍儿,苦辛诚足怜。边人素仰给⑧,海内愿丰年。

○双桧屏

岭北少苍桧,远自独石移。何须作屏障,相对正怡怡。□如古夷齐⑨,并立不受欺。又如雌雄剑⑩,谁得而间之。边秋好颜色,所取良在兹。岁寒有松柏⑪,与尔更称宜。

○百花栏

边城及四月,卉木各已敷⑫。阑干⑬用椓栈,花迳间萦纡。山丹簇簇芷,山杏低低株。丛萱闻芍药,亦有葵莩俱。大小异发育,雨

---

① 谪居,谓古代官吏被贬官降职到边远外地居住。

② 强仕,四十岁的代称。语本《礼记·曲礼上》:"四十曰强,而仕。"

③ 心远堂,按明嘉靖《宣府镇志》卷12《宫宇考》赤城宫宇条载:"心远堂,城中,景泰四年叶盛建。"

④ 音ruán。城下之田。空隙地。

⑤ 切切,急切,急迫。劝农,劝农。鼓励农业生产。

⑥ 愆,音qiān。失掉;错过。

⑦ 繁霜,浓霜。《诗·小雅·正月》:"正月繁霜,我心忧伤。"

⑧ 仰给,依赖。《史记·平准书》:"七十余万口,衣食皆仰给县官。"

⑨ 夷齐,伯夷和叔齐的并称,即孤竹君之二子,在封建社会中,他们被认为是两个有高尚操守的人。后以"夷齐"喻高洁之人。

⑩ 雌雄剑,相传春秋时吴人干将铸二剑,雄号干将,雌号莫邪。进雄剑于吴王而自藏雌剑。雌剑时悲鸣,忆其雄。亦泛指成对之剑。

⑪ 岁寒有松柏,《论语·子罕》:"岁寒,然后知松柏之后凋也"。后用以喻在逆境艰难中能保持节操的人。

⑫ 敷,生长;开放。

⑬ 阑干,亦作"栏杆"。用竹、木、金属或石头等制成的遮拦物。

露一沾濡①。俾教先后开，日日携酒壶。

◎八城②感兴（卷1，第169页，五言古诗）

八城旧所治，上谷③今我土。仲春风日佳，驾言④往循拊⑤。维时⑥寒尚严，积雪在林莽⑦。龙门见属吏，迓⑧候频拜俯。童冠⑨岭儒师⑩，牛羊近蔬圃。似喜客重来，亦为问诊缕。明朝赤城山，亭台俨如故。曾为山川留，栖遟⑪此深处。城社⑫固有神，灵祠⑬欝仓□。相见无厚颜⑭，十载复一都。东庄东复东，去去循涂铺。庞眉⑮百什辈⑯，扶携亦伛偻⑰。欣欣或惨惨，道旁跪如堵。言□使君行，种作稀黍涂。似兹生养艰，闻之为胺楚⑱。凄凉古云州，往岁此闻讣。茹

---

① 沾濡，浸湿。多指恩泽普及。
② 八城，指独石、马营、云州、赤城、东庄、龙门、雕鹗、长安岭。
③ 上谷，郡名。战国燕置。秦治沮阳（今河北怀来东南）。辖境相当今河北张家口、小五台山以东，赤城、北京市延庆以西，及内长城和昌平以北地。北魏废。
④ 驾言，驾，乘车；言，语助词。语本《诗·邶风·泉水》："驾言出游，以写我忧。"后用以指代出游，出行。三国魏阮籍《咏怀》之三一："驾言发魏都，南向望吹台。"
⑤ 循拊，安抚；抚慰。
⑥ 维时，斯时；当时。明叶盛《水东日记·敕词与部奏违异》："盖维时阁老以权臣自任，不复顾惮，惟其意之所欲为矣。"
⑦ 莽，音 mǎng。古同"莽"。林莽，丛生的草木；草木丛聚之处。亦泛指乡野。
⑧ 迓，音 yà。同"讶"。迎接。
⑨ 童冠，指青少年。语出《论语·先进》："莫春者，春服既成，冠者五、六人，童子六、七人，浴乎沂，风乎舞雩，咏而归。"
⑩ 儒师，元明时称官学的教官。
⑪ 遟，音 chí。古同"迟"。栖迟，亦作"栖犀"。游息。
⑫ 城社，城池和祭地神的土坛。
⑬ 灵祠，神祠，神社。
⑭ 厚颜，惭愧，难为情。
⑮ 庞眉，眉毛黑白杂色。形容老貌。庞，用同"厐"。
⑯ 百什，犹什百。有百倍或十倍的差别。宋范成大《嘲蚊》诗："夏虫虽众多，罪性相百什。"
⑰ 伛偻，①特指脊梁弯曲，驼背。②恭敬貌。
⑱ 楚，chǔ。古同"楚"。

毒真自知，无言涕如雨。独石不改色，卓尔①青一柱。恐有旧题名，苔荒不堪数。黄鹄②久不来，凭高一延伫③。马营留滞久，尚忆先皇语。天顺二年四月十九日④，文华殿顾问有日尔在马营儿里几年。报答鲜毫发⑤，激烈刿⑥心腑。壮哉三千士，英姿尽熊虎。戈矛森若林，校武⑦严督府。猛气压阴山，腥膻⑧敢予侮。雕窝古驿道，几向停旗鼓。同官三四人，亦有在鬼部。牙校⑨半成翁，儿童已称父。惟余马头松，苍翠揽而咡⑩。登登枪竿岭，水泏如酥乳。安淂⑪挽银河，为霖复东下。嗟予本朴陋⑫，北南恒羁旅⑬。去年困炎蒸⑭，今朝说寒苦。奔波岂不劳，奈尔乏裨补。敢有独□⑮思，聊为《伐檀》⑯赋。

---

　①　卓尔，形容超群出众。《汉书·淮阳宪王钦传》："博得谒见，承间进问五帝三王究竟要道，卓尔非世俗之所知。"颜师古注："卓尔，高远貌也。"
　②　黄鹄，鸟名。比喻高才贤士。《文选·屈原〈卜居〉》："宁与黄鹄比翼乎？将与鸡鹜争食乎？"刘良注："黄鹄，喻逸士也。"
　③　延伫，久立；久留。《楚辞·离骚》："悔相道之不察兮，延伫乎吾将反。"王逸注："延，长也；伫，立貌。"
　④　天顺二年四月十九日，1458年5月31日。
　⑤　毫发，犹丝毫。极少；极细微。
　⑥　刿，音guì。刺伤。
　⑦　校武，考较武艺。汉扬雄《长杨赋》："简力狡兽，校武票禽。"
　⑧　腥膻，难闻的腥味。亦比喻人间丑恶污浊的现象。这里指入侵的外敌。
　⑨　牙校，低级武官。《新唐书·石雄传》："（石雄）少为牙校，敢毅善战，气盖军中。"
　⑩　咡，音yì。众多的声音。
　⑪　淂，古同"得"。
　⑫　朴陋，粗俗鄙陋。亦用为谦词。
　⑬　羁旅，指客居异乡的人。《周礼·地官·遗人》："野鄙之委积，以待羁旅。"郑玄注："羁旅，过行寄止者。"
　⑭　炎蒸，暑热熏蒸。唐杜甫《热》诗之三："欻翕炎蒸景，飘飘征戍人。"
　⑮　该字为上匕下天，疑为"疑"字。
　⑯　伐檀，《诗·魏风》篇名。其序云："《伐檀》，刺贪也。在位贪鄙，无功而受禄，君子不得进仕尔。"后因以"伐檀"为讥刺贪鄙者尸位素餐而贤者不得仕进的典故。

◎癸酉正月廿一日①晚至长安岭有怀季聪②叔简二契兄（卷1，第173页，七言绝句）

扑簌③西风雪满肩，夜深骑马边④古城边。西杨尚宝林司直⑤，高拥青绫⑥正早眠。

◎观风竹枝（卷1，第173～174页，七言绝句）

○其一

塞草青青沙鸟飞，黄脂片片鹿羔肥。营里密传挑好马，明日官军要打围⑦。

○其二

一愁死热一愁寒，养牛卷马一般难。旗官揔⑧吏分不到，那淂皮筋来送官。

○其三

新来幼儿双脚轻，走向军前听唱名⑨。少不识书识鸡兔，选去西庄学打牲⑩。

○其四

窑柴取将⑪挑又驮，秤头嫌少又添多。云州城小包未了，长安岭

---

① 癸酉正月廿一日，按作者叶盛于景泰三年，迁山西右参政，督宣府钱粮，后协赞独石、马营诸城守备。癸酉正月廿一日为景泰四年，1453年3月1日。

② 季聪，指林聪，字季聪，宁德人。正统四年进士，授吏科给事中。景泰元年进都给事中。成化十三年秋，召拜刑部尚书，寻加太子少保。景泰时，士大夫激昂论事，朝多直臣，率聪与叶盛为之倡。

③ 扑簌，亦作"扑速"。物体轻落貌。象声词。多形容禽鸟拍翅声。

④ 边，疑为衍文。原籍全诗为29个字。

⑤ 尚宝司，官署名。明朝掌管宝玺、符印的机构。林，指林聪。

⑥ 青绫，借指系有青绫绶带的官印。

⑦ 打围，打猎。因须多人合围，故称。

⑧ 揔，古同"总"。

⑨ 唱名，高声呼名；点名。

⑩ 打牲，捕杀猎物。

⑪ 取将，拿取。将，助词。

高愁奈何。

○其五

太仓门前日色阴，斛面①量来多浅深。古时人心照镜面，如今解面见人心。

○其六

高莫高似捣高墩，眼里滦河清又浑。添土筑墩高百尺，浔见阿娘朝倚门。

○其七

龙门关西黄鼠多，龙门关里尽奔波。一千军帖②缴不去，可有工夫收早禾。

○其八

古城壕边双髑髅③，是何名姓甚乡州。不下鹰房④下狠拍，闲是闲非⑤都态休。

○其九

前无村店后无津，霎时腊月霎时春。新城昨日渴死马，旧站前朝冻杀人。

○其十

半年输守半年迟⑥，一番便是一年期。不如归去河南好，峡里而今无子规。

---

① 斛面，官吏收赋粮时的一种额外聚敛。
② 军帖，军中的文告。古乐府《木兰诗》："昨夜见军帖，可汗大点兵。"
③ 髑髅，头骨。多指死人的头骨。髑音 dú。
④ 鹰房，古代宫廷饲养猎鹰的地方。借指鹰房猎者。
⑤ 闲是闲非，无关紧要的是非、议论。
⑥ 迟，音 chí。古同"迟"。

◎八城社学诗八首（卷1，第175～176页，七言绝句）

〇独石

独石巍巍镇紫台①，边头②学馆喜重开。中兴天子重文德，行见三苗③入觐④来。

〇马营

马营貔虎⑤枕天戈⑥，今日诸生要决科⑦。本与唐人风教⑧别，不听弦管听弦歌⑨。

〇云州

云州自昔号名邦⑩，新构书斋洞八窗。他日朝廷得贤士，才兼文武定无双。

〇赤城

赤城斗大⑪甲兵余，闽越潮州捴未如。常衮偶来师赵德⑫，看他

---

① 紫台，①道家称神仙所居。②犹紫宫。指帝王所居。

② 边头，边疆；边地。唐王昌龄《塞下曲》之四："边头何惨惨，已葬霍将军。"

③ 三苗，古国名。《书·舜典》："窜三苗于三危。"孔传："三苗，国名，缙云氏之后，为诸侯，号饕餮。"

④ 入觐，诸侯于秋季入朝进见天子。《诗·大雅·韩奕》："韩侯入觐，以其介圭，入觐于王。"郑玄笺："诸侯秋见天子曰觐。"

⑤ 貔虎，貔和虎。亦泛指猛兽。这里比喻勇猛的将士。

⑥ 天戈，星名。《宋史·天文志二》："天戈一星，又名玄戈，在招摇北，主北方。又指帝王的军队。

⑦ 决科，谓参加射策，决定科第。后指参加科举考试。汉扬雄《法言·学行》："或曰：'书与经同，而世不尚，治之可乎？'曰：'可。'或人哑尔笑曰：'须以发策决科。'"李轨注："射以决科，经以策试，今徒治同经之书而不见用，故笑之。"

⑧ 风教，《诗大序》："风，风也，教也。风以动之，教以化之。"后以"风教"指风俗教化。

⑨ 弦管，弦乐器和管乐器。泛指乐器。泛指歌吹弹唱。弦歌，古代传授《诗》学，均配以弦乐歌咏，故称"弦歌"。后因指礼乐教化、学习诵读为"弦歌"。

⑩ 名邦，著名的地区。南朝齐谢朓《酬德赋》："君纡组于名邦，贻话言于川渚。"

⑪ 斗大，大如斗。对小的物体，形容其大。用于对大的物体，形容其小。

⑫ 常衮，唐代宗大历十四年（779年）任潮州宰相。赵德，唐潮州海阳人。进士，通经能文。宪宗元和间，韩愈任潮州刺史，置乡校，聘德摄海阳县尉，为衔推官，专领学事。自是潮士笃于文行。人称天水先生。苏东坡所写"潮州韩文公庙碑"碑文中指出："始潮人未知学，公命进士赵德为之师，自是潮之士皆笃于文行，延及齐民。"

比屋①是诗书。

○龙门卫

西关城里读书堂，济济②青衿③挹俊良。务学莫言文艺好，要令风俗到虞唐④。

○龙门所

东庄东去接滦河，洙泗⑤分流有漫波。下马来时须问道，源头活水⑥意如何。

○雕鹗

雕鹗山深山复山，频年战马不曾闲。今皇有道同文化，谢却⑦孙吴慕孔颜⑧。

○长安岭

长安百尺俯关楼⑨，剩有书声彻上头。曾见入朝天使说，边州文学过中州⑩。

◎云州（卷2，第176页，七言绝句）

清晚黄昏放两衙，无缘得到野人家。云州城里住十日，开遍满

---

① 比屋，家家户户。常用以形容众多、普遍。

② 济济，众多貌。《诗·大雅·旱麓》："瞻彼旱麓，榛楛济济。"毛传："济济，众多也。"整齐美好貌。

③ 青衿，青色交领的长衫。古代学子和明清秀才的常服。借指学子。

④ 虞唐，疑为与"唐虞"同意。唐虞指唐尧与虞舜的并称。亦指尧与舜的时代，古人以为太平盛世。

⑤ 洙泗，洙水和泗水。古时二水自今山东省泗水县北合流而下，至曲阜北，又分为二水，洙水在北，泗水在南。春秋时属鲁国地。孔子在洙泗之间聚徒讲学。

⑥ 源头活水，比喻读书越多，道理越明。泛指事物发展的动力和源泉。

⑦ 谢却，除去。

⑧ 孙吴，春秋时孙武和战国时吴起的并称。皆古代兵家。孔颜，孔子与其弟子颜渊的并称。

⑨ 关楼，城上供瞭望用的小楼。

⑩ 边州，靠近边境的州邑。泛指边境地区。中州，古豫州（今河南省一带）地处九州之中，称为中州。指中原地区。

山山杏花。

◎送杨季桑归省①兼简廷献四首（卷2，第176～177页，七言绝句，选其一）

其四

<u>云州</u>仓里望天涯，亦为思亲不为家。为语故人<u>黄叔度</u>②，潘舆③须傍紫薇花。

◎次韵答张巡按（卷2，第177页，七言绝句）

○其一

台端④风采近如何，肃肃⑤清霜扑面多。别有阳春能及物，边人随处起讴歌。

○其二

边事惊心可奈何，<u>西关</u>风炎夜来多。参军莫道浑无用，欲斩楼兰⑥奏凯歌。

---

① 归省，回家探望父母。唐朱庆余《送张景宜下第东归》诗："归省值花时，闲吟落第诗。"

② 黄叔度，指黄宪，字叔度，汝南慎阳（今河南正阳）人。隐居不仕。在士林中享有很高声誉，尤为名士郭太、荀淑、陈蕃等推重。年四十八卒。

③ 潘舆，晋潘岳《闲居赋》："太夫人乃御版舆，升轻轩，远览王畿，近周家园。体以行和，药以劳宣，常膳载加，旧病有痊。"后因以"潘舆"为养亲之典。

④ 台端，敬辞。称对方。宋欧阳修《与程文简公书》："屡烦台端，悚仄可知。"

⑤ 肃肃，阴沉；萧瑟；清冷。

⑥ 楼兰，古西域国名，汉元封三年内附。王居扜泥城，遗址在今新疆维吾尔自治区若羌县境，罗布泊西，处汉代通西域南道上。因居汉与匈奴之间，常持两端，或杀汉使，阻通道。元凤四年，汉遣傅介子斩其王安归，另立尉屠耆为王，更名为鄯善。后亦借用为杀敌立功的事典。

〇其三

宣府行行①路几何，赤城霞彩望中多。一酌浊酒须知已，会向尊前②共雅歌③。

◎用前韵简④李副使（卷2，第177页，七言绝句）

古来共饷说萧何⑤，裴度⑥临边绩更多。试问文章李宪使，几时执笔儗⑦铙歌⑧。

◎乙亥正月十六日⑨同参将诸公杀贼班师（卷2，第177页，七言绝句）

十丈红旗卷雪开，六军⑩齐唱凯歌回。将军将⑪不用开弓力，缚得妖胡入塞来

---

① 行行，不停地前行。

② 尊前，在酒樽之前。指酒筵上。唐马戴《赠友人边游回》诗："尊前语尽北风起，秋色萧条胡雁来。"

③ 雅歌，伴以雅乐歌唱的诗歌。

④ 简，通"谏"。规劝。

⑤ 萧何，西汉泗水沛人。初为沛主吏掾。从刘邦入关，独收秦相府律令图书藏之，以是汉知天下关塞要害，郡县户口。刘邦王汉中，以何为丞相。又荐韩信为大将。楚汉相拒，留守关中，转输士卒粮饷，使军中给食不乏。刘邦称帝，论何功第一，封酂侯。后定律令制度，协助高祖消灭陈豨、韩信、黥布等，封相国。高祖死后，事惠帝，病危时荐曹参继相。卒谥文终。有《九章律》，今佚。

⑥ 裴度，字中立，河东闻喜（今属山西）人。贞元五年进士。由监察御史累迁门下侍郎、同平章事。宰相武元衡遇刺后，他力主削除藩镇。元和十年自请率兵攻陷蔡州，擒获吴元济，封晋国公，复知政事。因功高持正、直言不讳，累为朝臣排挤。太和八年徙东都留守，时宦官擅权，度已年衰，不以进退为意，常与白居易等名士酣饮游乐。

⑦ 儗，音 nǐ，古通"拟"，比拟。音 yì，迟滞：迟疑。音 ài，儓儗：痴呆，愚钝无知。音 yí，疑，谓因疑惑不解而羞愧。

⑧ 铙歌，军中乐歌。传说黄帝、岐伯所作。指凯歌。铙音 náo。

⑨ 乙亥正月十六日，景泰六年，1455 年 2 月 2 日。

⑩ 六军，天子所统领的军队。

⑪ 将，疑为衍文，全诗多一字。

○又

缚得妖胡入塞来，早衙人去晚衙①回。从前不杀归神武②，写就封章③进御开。

◎百五④雕鹗途中遇雨（卷2，第178页，七言绝句）

江南岭北路重重，郁郁松秋在梦中。又是一番寒食⑤雨，马前和泪洒东风。

◎拟题马营二贤书院⑥壁（卷2，第178页，七言绝句）

英英⑦出欧公《阅古堂诗》⑧。赫赫⑨出范公《阅古堂诗》⑩。总儒流⑪，此地偏教慕范欧⑫。愿尔子孙同学者，早将名德继前修⑬。

◎龙门峡在平乐府南，高险同岭北，葱蔚深远，中界漓江，舟楫不绝，尤奇也。（卷2，第181页，七言绝句）

---

① 旧时官府早晚坐衙治事，早上卯时的一次称"早衙"，傍晚申时坐衙称"晚衙"。

② 神武，原谓以吉凶祸福威服天下而不用刑杀。后沿用为英明威武之意，多用以称颂帝王将相。

③ 封章，言机密事之章奏皆用皂囊重封以进，故名封章。亦称封事。

④ 百五，寒食日。在冬至后的一百零五天，故名。一说，寒食日在冬至后的一百零六天，故称"百六"。南朝梁宗懔《荆楚岁时记》："去冬节一百五日，即有疾风甚雨，谓之寒食。禁火三日，造饧大麦粥。"

⑤ 寒食，节日名。在清明前一日或二日。相传春秋时晋文公负其功臣介之推。又，有的地区亦称清明为寒食。

⑥ 二贤书院，位于马营乡松树堡村，遗址仍存。二贤，指欧阳修、范仲淹，二者均为著名文学家。以二人命名书院，其意不言而喻。

⑦ 英英，奇伟的，杰出的。

⑧ 欧阳修《韩公阅古堂》："英英文与武，粲粲图四壁。"

⑨ 赫赫，显赫盛大貌；显著貌。

⑩ 范仲淹《阅古堂诗》："前人何赫赫，后人岂惜惜。"

⑪ 儒流，儒士之辈。

⑫ 范欧，指范仲淹、欧阳修

⑬ 前修，犹前贤，前代的贤人或名人。

云州峡似照州峡，南北经过荷主恩。咫尺[①]天颜尝在目，此身到处是龙门。

◎重过龙门峡解嘲[②]自和（卷3，第203页，七言绝句）

云州一住五年期，十载重来谁得知。说与州人莫相厌，龙门峡里看新诗。

〇又

粤南蓟北总无期，往往来来只自知。不是天教不归去，龙门峡里要留诗。

◎口外八诗八首（卷3，第207~208页，七言律诗）

居庸关以南，率以既出关为口外，而关外则又惟以长安岭北至独石八城为口外，非以其孤悬北狄之境为特甚欤。余来口外，适朝廷清明，边境遂以无暇日，喜从旧将老校[③]问祖宗以来守边之法，与今日之所当为期有所用力而未能也。足迹所至兴辄与俱尝僭。儗八题各赋七言近体诗一首留中城。八城者，雕鹗即旧雕窠。长安岭即旧枪竿岭，又名桑干岭。马营旧为西猫儿峪，宣德中始营哨马。龙门在云州而近。其龙门卫治赤城之西，即旧龙门县，今称西龙门，有龙关在焉，故西龙关。所治赤城之东，称东龙门，又称李家庄，故曰东庄。独石、云州、赤城皆旧名。盖八城在亡元多为上都驿道，当时词臣韵士如柳侍制、马雍古、黄文献、虞道园、袁伯长、柯敬

① 咫尺，周制八寸为咫，十寸为尺。谓接近或刚满一尺。形容距离近。

② 解嘲，因被人嘲笑而自作解释。

③ 老校，旧称年老或任职已久的下级军官。

仲、陈郎中孚、监丞旅①诸公往来皆有诗。然其地尚弃而不治，则夫高城深池，以耕以守，可以伐骄孽之谋，可以为北门之屏蔽，可以固万年不拔之基业者，实自五朝始题各举其一，可以互见观者，以意求而不泥焉，可也。

○独石春耕

塞下膏腴②万顷连，杂［耕］③无数见人烟。满将丰稔④期今岁，不把荒芜⑤问往年。百囷⑥千仓同赤县⑦，五风十雨⑧荷皇天⑨。汉庭诸将皆雄武，充国⑩于今羡独贤⑪。

---

①　柳待制，指柳贯。待制，官名，唐置，辽金元明均于翰林院设待制，位也在学士、直学士之下，但不及宋制隆重。马雍古，指马祖常，字伯庸。雍古，即雍古特部，元蒙部族名，居靖州之天山（今新疆北）。虞道园，指虞集，字伯生，号道园，世称邵庵先生。袁伯长，指袁桷，字伯长。柯敬仲，指柯九思，字敬仲，号丹丘生。陈郎中孚，指陈孚，字刚中。郎中，官名。元朝行中书省（行尚书省）及大宗正府置。监丞旅，指陈旅，字众仲，官至国子监丞。监丞，官名。

②　膏腴，谓（土地）肥沃。《战国策·赵策四》："今媪尊长安君之位，而封之以膏腴之地。"

③　耕，原古籍阙，据清乾隆《赤城县志》补。

④　丰稔，犹丰熟。《后汉书·法雄传》："在郡数岁，岁常丰稔。"李贤注："稔，熟也。"稔音 rěn。

⑤　荒芜，谓田宅不治，草秽丛生。《国语·周语下》："田畴荒芜，资用乏匮。"韦昭注："荒，虚也；芜，秽也。"

⑥　囷，音 qūn。古代一种圆形谷仓。

⑦　赤县，唐、宋、元各代京都所治的县。

⑧　五风十雨，语出汉王充《论衡·是应》："风不鸣条，雨不破块，五日一风，十日一雨。"谓五天刮一次风，十天下一场雨。后用以形容风调雨顺。

⑨　荷，音 hè。承受；承蒙。后多用在书信中表示感激。皇天，对天及天神的尊称。《书·大禹谟》："皇天眷命，奄有四海，为天下君。"

⑩　充国，指赵充国（前137～前52年），西汉大将。字翁孙，陇西上邽（今甘肃天水）人。熟悉匈奴和羌族的情况。武帝、昭帝时，率军反击匈奴的攻扰，勇敢善战，任后将军。宣帝即位，封为营平侯。后与羌族作战，在西北屯田，对当地农业生产的发展起了一定作用。

⑪　独贤，特别贤良。亦称德才突出者。

○马营夏牧

奚官①前后引鸣笳②，丰草甘泉路去赊③。几队玉花冲暑雨，一团云锦④下晴沙⑤。良材未尽清时⑥用，逸态⑦偏于老将夸。中有房精留不得，天门行看六龙车⑧。

○东庄秋饷

军中足食仰天颜⑨，万斛⑩秋租出汉关⑪。馈饷⑫有程⑬干国计，转输无力济民艰。飞刍⑭合与坑灰冷，流马元同羽扇⑮闲。日给五升应笑我，《伐檀》诗在莫教删。

○西关冬衣

八月边风特地寒，赐衣先自出东官。军容整肃纫缝好，圣泽⑯汪

---

① 奚官，官名。职司养马。

② 鸣笳，吹奏笳笛。古代贵官出行，前导鸣笳以启路。亦作进军之号。

③ 赊，遥远。

④ 云锦，朝霞；彩云。

⑤ 晴沙，阳光照耀下的沙滩。

⑥ 清时，清平之时；太平盛世。

⑦ 逸态，清秀美丽的姿态。

⑧ 天门，指皇宫之门。行看，且看。唐韩愈《郴州祈雨》诗："行看五马入，萧飒已随轩。"六龙车，天子的车驾。因用六马，故名。

⑨ 天颜，天子的容颜。唐杜甫《紫宸殿退朝口号》："昼漏稀闻高阁报，天颜有喜近臣知。"

⑩ 万斛，极言容量之多。古代以十斗为一斛，南宋末年改为五斗。

⑪ 汉关，汉代的边关。亦泛指边关。唐严武《军城早秋》诗："昨夜秋风入汉关，朔云边雪满西山。"

⑫ 馈饷，指运送粮饷。

⑬ 有程，有期限；有定额。

⑭ 飞刍，飞刍挽粟亦省作"飞刍""飞挽"。谓迅速运送粮草。

⑮ 流马，古代的一种运载工具。羽扇，特指天子仪仗中的掌扇。后亦因以指代天子。

⑯ 圣泽，帝王的恩泽。

洋①制作宽。缓带②书生初按节③，白袍④元帅已登坛⑤。残年⑥要褫⑦毡裘去，生致⑧胡酋定不难。

○云州晓角⑨

小队巡行曙色⑩深，角声齐起古城阴。风高⑪杨柳终无赖，霜重梅花自不禁⑫。慷慨平生忧国泪，凄凉此日望乡⑬心。皇威早晚收残虏，归卖吴牛听铎音。

○赤城昼漏

玉漏⑭遥传下碧霄⑮，好风清昼⑯共飘飘。余音惯逐更筹起，旧水潜从日（左暑右上卜）消。壮士从容看掉鞘，将军闲暇坐闻韶⑰。

---

① 汪洋，形容恩情深厚。宋苏轼《与郑靖老书》之四："圣恩汪洋，更一赦，或许归农，则带月之锄，可以对秉也。"

② 缓带，宽束衣带。形容悠闲自在，从容不迫。

③ 按节，停挥马鞭。表示徐行或停留。宋王安石《送崔左藏之广东》诗："今日淹留君按节，当时嬉戏我垂髫。"

④ 白袍，旧指未做官的士人。唐士子未仕者服白袍，故以为入试士子的代称。

⑤ 登坛，①登上坛古时会盟、祭祀、帝王即位、拜将，多设坛场，举行隆重的仪式。②走上讲台。

⑥ 残年，一生将尽的年月。多指人的晚年。

⑦ 褫，音 chǐ，剥夺。解脱；去掉；革除。

⑧ 致，通"制"。控制。

⑨ 晓角，报晓的号角声。唐沈佺期《关山月》诗："将军听晓角，战马欲南归。"

⑩ 曙色，拂晓时的天色。

⑪ 风高，风大。唐柳宗元《田家》诗之三："风高榆柳疏，霜重梨枣熟。"

⑫ 不禁，经受不住。

⑬ 望乡，望见故乡；遥望故乡。亦借指思乡。唐刘长卿《登台远眺》诗："古台摇落后，秋入望乡心。"

⑭ 玉漏，古代计时漏壶的美称。唐苏味道《正月十五夜》诗："金吾不禁夜，玉漏莫相催。"

⑮ 碧霄，亦作"碧宵"。青天。

⑯ 清昼，白天。唐李白《秦女休行》："手挥白杨刀，清昼杀雠家。"

⑰ 闻韶，《论语·述而》："子在齐闻《韶》，三月不知肉味，曰：'不图为乐之至于斯也！'"《韶》，传为舜时的乐名，孔子推为尽善尽美。后以"闻韶"谓听帝王之乐或听美好乐曲。

合欢①却忆西垣②里，倏问铜签③候午朝④。

○雕鹗夜雨

门掩斜阳驿马鸣，湿云⑤将雨过寒城⑥。苍茫不辩遮山色，飒沓⑦惟闻满碛声。白骨精灵何处哭，青灯⑧孤戍⑨几家情。甲兵⑩知⑪净洗⑫知天意，万岁千秋乐太平。

○长安晴日

星垂箕尾⑬洞天⑭开，况是晴云捧日来。直北关山⑮同淑气⑯，向南花鸟自春台⑰。才看使［者］⑱乘槎⑲去，又报蕃王⑳进马㉑回。几

---

① 合欢，联欢；和合欢乐。

② 西垣，唐宋时中书省的别称。因设于宫中西掖，故称。

③ 铜签，古代报时示警时用的铜制更筹。明高启《明皇秉烛夜游图》诗："知更宫女报铜签，歌舞休催夜方半。"

④ 午朝，指皇帝中午登朝议事。多行于明朝。

⑤ 湿云，湿度大的云。唐李颀《宋少府东溪泛舟》诗："晚叶低众色，湿云带繁暑。"

⑥ 寒城，寒天的城池。《文选·谢朓<郡内登望>诗》："寒城一以眺，平楚正苍然。"吕延济注："秋气寒而登城上，故云寒城。"

⑦ 飒沓，象声词。

⑧ 青灯，亦作"青镫"。光线青荧的油灯。借指孤寂、清苦的生活。

⑨ 孤戍，谓孤立的边城。唐杜甫《发秦州》诗："日色隐孤戍，鸣啼满城头。"

⑩ 甲兵，铠甲和兵械。泛指兵器。

⑪ 知，疑为衍文。

⑫ 净洗，洗净。唐杜甫《洗兵马》诗："安得壮士挽天河，净洗甲兵长不用。"

⑬ 箕尾，星名。箕星与尾星。两宿相接，属东方七宿。

⑭ 洞天，道教称神仙的居处，意谓洞中别有天地。后常泛指风景胜地。

⑮ 关山，关隘山岭。

⑯ 淑气，温和之气。指天地间神灵之气。

⑰ 春台，春日登眺览胜之处。

⑱ 者，脱文，据清康熙《龙门县志》补。

⑲ 乘槎，亦作"乘楂"。乘坐竹、木筏。传说天河与海通，有人居海渚者，年年八月见有浮槎去来，不失期，遂立飞阁于查上，乘槎浮海而至天河，遇织女、牵牛。此人问此是何处，答曰："君还至蜀郡访严君平则知之。"后至蜀，君平曰："某年月日有客星犯牵牛宿。"正是此人到天河时。

⑳ 蕃王，古代对外族或异国首领的泛称。蕃，通"番"。

㉑ 进马，唐时官名。主管典礼时仪仗队的骑乘。

度闲登最高处，分明楼阁见蓬莱。

◎李老峪 元人多有《李老峪闻子规》诗。（卷3，第209页，七言律诗）

李老婆婆若个边①，青山寂寂水溅溅②。夕阳筯鼓③东西路，秋雨黍麻上下田。皇祖④再来犹有辙，胡人归去已无鹃。太平容得偷闲⑤者，骑马行吟⑥又一年。

◎残年（卷3，第210页，七言律诗）

口外残年两度过，滁州当日较如何。元之⑦气节元无忝⑧，永叔⑨交章⑩永不磨。八堡丰登公事少，一家饱暖圣恩多。分明记得前贤⑪语，收入新歌吟对⑫酒歌。

---

① 个边，那边。唐杜甫《哭李尚书之芳》诗："秋色凋春草，王孙若个边。"

② 寂寂，寂静无声貌。溅溅，流水声。

③ 筯鼓，筯声与鼓声。借指军乐。宋苏轼《西山戏题武昌王居士》诗："篙竿击舸菰茭隔，筯鼓过军鸣狗惊。"

④ 皇祖，君主的祖父或远祖。

⑤ 偷闲，挤出空闲的时间。

⑥ 行吟，边走边吟咏。

⑦ 元之，指王禹偁（954~1001年），字元之，济州钜野（今山东巨野）人。太宗太平兴国八年进士。端拱初为右拾遗、直史馆，上《御戎十策》。迁知制诰，判大理寺。至道元年（995年），入为翰林学士，坐讪谤，罢知滁州。真宗即位，上疏言加强边防、减冗兵冗吏、严格选举、沙汰僧尼、谨防小人得势等五事。预修《太祖实录》，以直书史事，降知黄州，后迁蕲州卒。在官以刚直敢言称。工诗文，提倡诗学杜甫、白居易，文学韩愈、柳宗元。

⑧ 无忝，不玷辱；不羞愧。

⑨ 永叔，指欧阳修，字永叔。

⑩ 交章，谓官员交互向皇帝上书奏事。

⑪ 前贤，前代的贤人或名人。

⑫ 吟，对，二字必有一衍文，该句为八字。

◎东庄（卷3，第210页，七言律诗）

滦江一曲抱城斜，鸡犬声中昼不哗①。芍药满山多是草，棠梨②隔叶大如瓜。鳞鳞③碧瓦藏书屋，点点④青帘⑤卖酒家。最爱岳祠西畔路，数株松树老烟霞。

◎宿雕窝（卷3，第211页，七言律诗）

茫茫何处拂云堆⑥，日暮边愁⑦惨不开。玉塞⑧正当燕赵重，青山曾历汉唐来。射雕⑨公子尘为幕，戏马将军雪作台⑩。不用登高频吊古⑪，一杯山馆自徘徊。

---

①　哗，音 huá。人声嘈杂，喧闹。

②　棠梨，俗称野梨。落叶乔木，叶长圆形或菱形，花白色，果实小，略呈球形，有褐色斑点。可用做嫁接各种梨树的砧木。

③　鳞鳞，形容鳞状物。形容屋瓦。

④　点点，一点点，形容小或少。

⑤　青帘，旧时酒店门口挂的幌子。多用青布制成。借指酒家。

⑥　拂云堆，古地名。在今内蒙古包头西北。唐时朔方军北与突厥以河为界，河北岸有拂云堆神祠，突厥如用兵，必先往祠祭酹求福。张仁愿既定漠北，于河北筑中、东、西三受降城以固守。中受降城即在拂云堆，故拂云堆又为中受降城的别称。

⑦　边愁，边人的愁苦之情。唐王昌龄《从军行》之二："撩乱边愁听不尽，高高秋月照长城。"

⑧　玉塞，玉门关的别称。

⑨　射雕，喻善射。《史记·李将军列传》："中贵人将骑数十纵，见匈奴三人，与战，三人还射，伤中贵人，杀其骑且尽。中贵人走广，广曰：'是必射雕者也。'"裴骃集解引文颖曰："雕，鸟也，故使善射者射也。"

⑩　戏马台，古迹名，有三：一在江苏省铜山县南。即项羽凉马台。晋义熙中，刘裕曾大会宾客赋诗于此。一在河北临漳县西。又名阅马台。后赵石虎所筑。虎从台上施放响箭，作为军骑出入的信号。一在江苏省江都县。台下有路，名玉钩斜，是隋代埋葬宫女的地方。

⑪　吊古，凭吊往古之事。唐李端《送友人》诗："闻说湘川路，年年吊古多。"

◎赤城夜归（卷3，第211页，七言律诗）

公事归来月满床，床头儿子谩痴狂。故山①迢递②四千里，久客③凄凉十二霜。天外白云还自散，雨前鸿雁不成行。浮生④富贵非吾愿，高揖终堂问草堂⑤。

◎马营_{东南有崆峒山}。（卷3，第212页，七言律诗）

峥嵘⑥绝壁真崆峒，万国车书⑦保障中。帐下尽垂金锁甲⑧，柳阴长系玉花骢⑨。春蒐⑩御苑天颜⑪喜，夜哭沙场虏计穷。从此屡丰亭⑫上月，只谈农事不谈功。

---

① 故山，旧山。喻家乡。唐司空图《漫书》诗之一："逢人渐觉乡音异，却恨莺声似故山。"

② 迢递，亦作"迢遰"。遥远貌。

③ 久客，久居于外。汉焦赣《易林·屯之巽》："久客无依，思归我乡。"

④ 浮生，语本《庄子·刻意》："其生若浮，其死若休。"以人生在世，虚浮不定，因称人生为"浮生"。

⑤ 草堂，茅草盖的堂屋。旧时文人常以"草堂"名其所居，以标风操之高雅。

⑥ 峥嵘，高峻貌。《文选·班固〈西京赋〉》："于是灵草冬荣，神木丛生，岩峻崄嶚，金石峥嵘。"李善注引郭璞《方言注》："峥嵘，高峻也。"

⑦ 万国，万邦；天下；各国。车书，《礼记·中庸》："今天下车同轨，书同文。"谓车乘的轨辙相同，书牍的文字相同，表示文物制度划一，天下一统。后因以"车书"泛指国家的文物制度。亦指指推行制度。

⑧ 金锁甲，以金线连缀甲片而成的精细锁子甲。唐杜甫《重游何氏》诗之四："雨抛金锁甲，苔卧绿沉枪。"

⑨ 骢，音cōng。古同"骢"。简化字作"骢"。玉花骢，唐玄宗所乘骏马名。亦作"玉华骢"。泛指骏马。

⑩ 春蒐，帝王春季的射猎。《左传·隐公五年》："故春蒐、夏苗、秋狝、冬狩，皆于农隙以讲事也。"杜预注："蒐，索，择取不孕者。"

⑪ 御苑，帝王家的苑囿。天颜，天子的容颜。

⑫ 屡丰亭，明嘉靖《宣府镇志》卷12《宫宇考·马营城宫宇》载："屡丰亭，景泰五年叶盛建。"叶盛有《屡丰亭记》："菜圃在城南面者，独秀而大，诸部将吏尝治亭其间，以为督府往来休息之所。盛闲登而乐之，为大书其楣曰：'屡丰之亭'，盖取诗所谓"屡丰年"，以幸既往，愿方来且以为来者告，庶几为耕地永久之托焉。"

◎独石道中（卷3，第213页，七言律诗）

不断溪流漾雪沙，傍山篱落①见人家。牛羊十里风低草，禾黍千村月照花。荡荡舆图②今一统，巍巍圣德③古重华④，谁刊独石前头字。元宋文章未足夸。

◎过云州（卷3，第213页，七言律诗）

征马萧萧⑤不住嘶，肯因王事⑥厌驱驰。水声偏到冈头烈，山色多从雨后奇。沙漠有时平蚁穴，江湖何日泛鸱夷⑦。西风落木云州路，一曲长歌有所思。

◎汤泉曲（卷4，第234页，七言律诗）

巨灵⑧裂石金虬沈⑨，元气⑩不消炎液深。百斛⑪明珠自吞吐，暖

---

① 篱落，即篱笆。唐柳宗元《田家》诗之二："篱落隔烟火，农谈四邻夕。"

② 荡荡，广大貌；博大貌。舆图，疆土；土地。

③ 巍巍，魏同"巍"。崇高伟大。圣德，犹言至高无上的道德。一般用于古之称圣人者。也用以称帝德。

④ 重华，旧喻帝王功德相继，累世升平。又虞舜的美称。《史记·五帝本纪》："虞舜者，名曰重华。"后亦用以代称帝王。重音 zhòng。

⑤ 萧萧，象声词。常形容马叫声。《诗·小雅·车攻》："萧萧马鸣，悠悠旆旌。"

⑥ 王事，王命差遣的公事。

⑦ 鸱夷，即鸱夷子皮。《史记·越王勾践世家》："范蠡浮海出齐，变姓名，自谓鸱夷子皮，耕于海畔，苦身戮力，父子治产。"司马贞索隐："范蠡自谓也。盖以吴王杀子胥而盛以鸱夷，今蠡自以有罪，故为号也。韦昭曰：'鸱夷，革囊也。'或曰生牛皮也。"鸱，音 chī。

⑧ 巨灵，神话传说中劈开华山的河神。泛指神灵。

⑨ 金虬，金龙。沈，音 chén。古籍中多作"沈"，今"沉"字通行。①潜伏；隐藏。《国语·周语下》："气不沈滞，而亦不散越。"韦昭注："沈，伏也。"②古代祭水神的仪式。因向水中投祭品而得名。《尔雅·释天》："祭川曰浮沈。"郭璞注："投祭水中，或浮或沈。"

⑩ 元气，指天地未分前的混沌之气。泛指宇宙自然之气。

⑪ 百斛，泛指多斛。斛，量具名。古以十斗为斛，南宋末改为五斗。

香作雾重重阴。龙宫鲛室①三千辈，夜雨丁东汉皋佩②。温云晴雪两相高，十里光摇绿萍碎。宝刀斫破苍崖痕，一泓皱玉秋温温③。倒卷黄河海波热，寒冰掬出玻璃盆。仙台④无尘白鸢下，露华⑤月色空中泻。绣罗春服踏青泥⑥，马头一碧山如画。

◎过浩门岭岭北有松万株，望之黳然。相传文皇北巡日，尝禁剪伐。（卷4，第237页，七言律诗）

又来此地避干戈⑦，此地曾经翠辇⑧过。木树犹为人爱惜，太平功业在山河。

◎长安岭候叔玑汝成不至（卷4，第237页，七言律诗）

乡里衣冠⑨不乏贤，春风双佩好朝天⑩。可中⑪三日淂相见，独上江楼思渺然⑫。

○又

能解闲行⑬有几人，惟君于我最相亲。可中三日得［相］⑭见，

----

① 鲛室，谓鲛人（神话传说中的人鱼）水中居室。
② 丁东，象声词。唐温庭筠《织锦词》："丁东细漏侵琼瑟，影转高梧月初出。"汉皋佩，即汉皋珠。相传周郑交甫于汉皋台下遇二女，二女解珠佩相赠。后因以为男女爱慕赠答的典实。
③ 温温，润泽貌。和暖；不冷不热。
④ 仙台，《初学记》卷十一引晋司马彪《续汉官志》："尚书省在神仙门内。"后因称尚书省为"仙台"。
⑤ 露华，清冷的月光。
⑥ 青泥，相传神仙服食的一种泥浆、泥土。
⑦ 干戈，干和戈是古代常用武器，因以"干戈"用作兵器的通称。亦指战争。
⑧ 翠辇，饰有翠羽的帝王车驾。
⑨ 衣冠，衣和冠。古代士以上戴冠，因用以指士以上的服装。
⑩ 朝天，朝见天子。
⑪ 可中，如果。正好。
⑫ 渺然，因久远而形影模糊以至消失。
⑬ 闲行，亦作"间行"。潜行，微行。犹邪行。
⑭ 相，原古籍脱文，据上首诗，疑为"相"字。

重击兰舟①劝酒频。

◎成化丙戌三月十一日清明节②，盖寓宣府再见清明矣。怀亲悼昔莫能为情，偶阅宋人小词，因摘用清明寒食句，杂用诸家语，成诗十章云。（卷4，第244~245页，七言律诗，选其一）

其二

塞垣重镇雪云堆③，邓文源。城绕青峰锦绣回④。梁孟敬。门外画桥寒食路⑤，谢无逸。龙门有客去还来。马伯庸⑥。

◎后军都督府佥事赠光禄大夫都督同知周公神道碑铭（卷6，第287~289页）

公姓周氏，讳贤，字思齐。世家滁州昌城之南湖，曾祖庇元季⑦从军归附，祖礼永乐中积功，官至宣府前卫正千户，考安袭正千户，赠骠骑⑧将军佥都督府，事母杨氏颖国武襄公⑨之女，弟赠夫人，继

---

① 兰舟，木兰舟。亦用为小舟的美称。

② 成化丙戌三月十一日，成化二年三月十一日，1466年3月26日。又检网络汉典万年历3月29日为清明节，与该文3月26日清明节存异。

③ 该句选自邓文原《郎中苏公哀挽》。邓文原（1257~1328年），字善之，一字匪石，元绵州人。

④ 该句选自元梁寅《登吴山》。梁寅，字孟敬，新喻（今江西新余）人。于石门山讲学，四方士子多从之学，称梁五经，又称石门先生。

⑤ 该句选自谢逸《玉春楼》。谢逸（？~1113年），宋抚州临川人，字无逸，号溪堂。尝作蝴蝶诗三百余首，人称谢蝴蝶。

⑥ 马伯庸，即马祖常（1278~1338年），元光州人，先祖为汪古部人，字伯庸。该句诗暂未检到出处。

⑦ 元季，指元朝末年。

⑧ 骠骑，古代将军的名号。

⑨ 杨氏颖国武襄公，指杨洪（1381~1451年），字宗道，六合（今属江苏）人。景泰二年卒。赠颖国公，谥武襄。

母刘氏封太淑人①。公生气貌伟特，有胆略，尤长于弓马②。弱冠③仍父戭④，尝从颖公巡白塔，击败三岔口兀良哈赋众，升本卫指挥佥事。岁己巳追达贼于怀安城东，生擒猛秃儿、麻帖木儿等，又于大同栲栳山擒贼首，则不丁公寔先登，既而颖公被召，公从征荆紫口等处，遇贼皆有战斗功。景泰初，元还宣府房近南坡及潜伏关子口，官军拒战，公皆与乌关子口之战也。房军众，我军寡，主帅颇犹豫未决，兵士皆色沮。公独奋前，鹿角榨木钩连铁绳而扬于众曰：置之死地而后生。正在今日叱咤之间，人人用命，房为之惧，一夕自遁。于是累升至万全都指挥佥事。二年，副总兵都督高邮、孙安请修守独石等八城堡，马营极当寇冲，众难守备之任。孙公即日奏荐，以为材勇可使，固莫逾于周贤者，朝廷从之。高邮公，盖公妇翁也，时众论不以为私，而公翁壻亦不以是自嫌也。未几，协同孙公镇守，孙公既得风疾⑤，遂命代之。公在独石。八年，威怀⑥两尽，人用倚重，今天子初政，追录旧劳，进都指挥同知，寻敕后军都督府都督佥事。天顺二年六月⑦，以寨下兵期啧有烦言⑧，就逮。上察其无罪，释，不问。适北房败凉州，及延夏边急沓至，公踊跃请行，上大悦，召至，便殿慰劳而遣之，从其请精选马营壮士千人自随，仍给以素储羡余⑨白金，乃行。既至，河冰方坚，公自十二月终旬日

---

① 淑人，古命妇封号。宋凡尚书以上官未至执政者，其母、妻封为淑人，明为三品官员祖母、母、妻封号。

② 弓马，骑射。亦泛指武事。

③ 弱冠，古时以男子二十岁为成人，初加冠，因体犹未壮，故称弱冠。《礼记·曲礼上》："二十曰弱，冠。"孔颖达疏："二十成人，初加冠，体犹未壮，故曰弱也。"后遂称男子二十岁或二十几岁的年龄为弱冠。

④ 戭，音zhí。古同"职"。

⑤ 风疾，指风痹、半身不遂等症。

⑥ 威怀，威服和怀柔。谓威德并用。

⑦ 天顺二年，1458 年。

⑧ 啧有烦言，谓互相责备，争论不一。《左传·定公四年》："会同难，啧有烦言，莫之治也。"杜预注："啧，至也；烦言，忿争。"

⑨ 羡余，盈余；剩余。唐以后地方官员以赋税盈余的名义向朝廷进贡的财物。

内，率众要击破房于硝池，稍引避去。三年正旦日①，驻军安边营，房（左食右色）掠退自内地，公大忿，即以精骑为前锋，转战四昼夜，斩馘夺获甚众。挞兵者非人援兵不进，公死焉，是年正月四日也。挞兵奏捷，上亟阅奏至，公与其同行，前锦衣指挥李鉴死事，玉色②为之不怡，曰：奈何丧我两得力人，盖公与鉴皆受面谕③，简知有素也。上悼公不已，赠荣禄大夫、后军都督同知，制文赐祭，悲怆之词前所稀有。皇太子亦有祭，有司给棺治葬，予粮布有羌，遣官自窀穸④至禫除⑤。又几谕祭者四，兵部又以其子玉当袭言，有旨，特升都指挥同知，皆异数云。公素有孝友之行，事继母如所生，待诸兄弟不殊，同出尤好，贤礼士，遇事惟善之。从而举止端重，言论英发，严整而明肃。延待房使，至使踧踖⑥，不敢仰视。今武强伯能、彰武伯信⑦皆时名将，公外氏兄弟也。每加推让以为非己所能及，可谓一代伟器者。已死，时年四十六，娶李氏，继孙氏，今赠封皆夫人。子男二，长即玉，次玺，女嫁指挥使慕升，都指挥同知孙成，孙男女若干。呜呼，甚矣！将才之难得也。累数百年不能得一人，累百千人不能得一人，有若人焉。而复早年壮志徇义以死，为国家不得尽其用，岂不大可惜哉？然则公之既没，其所得褒恤宠眷⑧有加，而不已者，亦以是欤。予昔从军外者久，公始为部将，后复得同事实相知玉，既葬公宣府沙岭，先茔之次，远踰万里，奉书

---

① 三年正旦日，1459 年 2 月 3 日。正旦，正月初一。

② 玉色，尊称帝王容颜。宋邵博《闻见后录》卷一："日色甚炽，埃雾涨天，帝玉色不怡。"

③ 面谕，当面训示。

④ 窀穸，音 zhūn xī。亦作"窀夕"。埋葬。《左传·襄公十三年》："若以大夫之灵，获保首领以殁于地，惟是春秋窀穸之事，所以从先君于祢庙者，请为'灵'若'厉'，大夫择焉。"杜预注："窀，厚也；穸，夜也。厚夜犹长夜。春秋谓祭祀，长夜谓葬埋。"

⑤ 禫除，举行祭礼除丧服。禫音 dàn，古代除去孝服时举行的祭祀。

⑥ 踧踖，音 cù。踧古通"蹙"。即踧踧或蹙蹙，忧惧不安貌。

⑦ 武强伯能，指杨能；彰武伯信，指杨信。均为杨洪侄。

⑧ 宠眷，谓帝王的宠爱关注。用作称人关注的敬辞。

状来南中①请铭，予不可以辞为作铭曰：嶷嶷②公也，国豪英③，白袍④红（左巾右朱）双瞳光，教场有率赴火煬，所至，丑孽无披昌⑤，敷惠种德⑥誉亦扬，颖国往往贤吾甥高邮，副戎腾（左焱右刂）⑦章自言，臣婿能挽强，武强、彰武今两雄兄之弟之曰，莫当誓同国为吞陆梁⑧，老我畴昔⑨叨举，将兹行岭海尘杳茫，过眼正失骊与黄，望美人天一方，有如不死，死也，藏今公死矣，吁何伤长云亘天歌，慨慷未须叹，旧怀贤章维山，可夷川，可□瑶，镌在斯，永弗亾⑩。

◎黄芦岭（《泾东小稿》卷2，第26页）

飞狐岭⑪南石磊磊⑫，龙门峡里风飕飕。得似兹山更奇绝，马前十步一回头。

◎马营社学记（《泾东小稿》卷5，第60~61页）

予曩以协赞之命治岭北，简书⑬之暇，恚从人问军中子弟之知学

---

① 南中，指岭南地区。

② 嶷嶷，音 yí。幼小聪慧貌。形容道德高尚。

③ 豪英，指豪杰英雄。形容才能出众。

④ 白袍，旧指未做官的士人。唐士子未仕者服白袍，故以为入试士子的代称。

⑤ 披昌，猖獗，猖狂。

⑥ 种德，犹布德。施恩德于人。

⑦ 检《中华字海》第58页，音未详。

⑧ 陆梁，地名。秦时称五岭以南为陆梁地。

⑨ 畴昔，往日，从前。指往事或以往的情怀。

⑩ 亾，音 wáng。古同"亡"。

⑪ 飞狐岭，飞，又作蜚。即今河北省蔚县东南恒山峡谷口之北口。为河北平原与北方边郡间交通要道飞狐道的咽喉。

⑫ 磊磊，众多委积貌。《文选·宋玉＜高唐赋＞》："砾磥磥而相摩兮，嶒震天之磕磕。"李善注："磥磥，众石貌。"

⑬ 简书，用于告诫、策命、盟誓、征召等事的文书。亦指一般文牍。

者，于马营衿佩①中得宋两贤之裔孙，高平之范②，庐陵之欧阳③，是已两家者，皆以役成分支而来，生于斯，长于斯，兰玉森森④，有历三世而不归者矣。未尝不怜而抚爱之，使勉学焉。

马营军堡在岭北，地滨⑤绝塞，士皆精选，而雄勇杰出。城则近年因山西之崇岗，而创为之，亦号胜绝。一日登城审形势，与将士论战守。缘城之坤隅⑥最高处，则四面诸山，莫不踊跃而出，蜿蜒而来，岚翠⑦近人可手而揽也，顾其趾⑧有废屋数十楹，颇宏敞壁巘，一间直当其后，状加禅龛⑨，盖彼之人尝欲有为，以寇兵猝至而止焉者。于是为之裹徊瞻眺⑩者久之，继之感叹而退。于时都指挥使王林、指挥使王鼎，知吾意之有属也。始以其屋加饰⑪完美，稍理书册笔研⑫之属，自是行部往来辄即而休焉。既而有言于众曰：昔者朱夫子匡庐⑬卧龙之庵，因潭名而像武□庵，遂以传于今。矧两贤之后，旅寓所在乎，易龛为祠，亟为木主二大书贤之爵，谥姓氏而奉安如法，率守土官属二氏后人社学弟子员，香火礼谒，且令月之旦望⑭如今日毋怠。友人金本清在京师，闻而归之，篆二贤书院学贤堂字缄，

---

① 衿佩，指青年学子。语出《诗·郑风·子衿》："青青子衿，悠悠我心……青青子佩，悠悠我思。"毛传："佩，佩玉也。士佩瑬玟而青组绶。"

② 高平之范，指范仲淹。范仲淹出生在河北省正定县高平村（有徐州、苏州等多种说法）。

③ 庐陵之欧阳，指欧阳修。欧阳修，字永叔，号醉翁，晚号六一居士。庐陵（今江西吉安）人。

④ 兰玉，芝兰玉树。比喻佳子弟。森森，众多貌。

⑤ 滨，临近；靠近；接近。

⑥ 坤隅，西南方。坤，古以八卦定方位，西南方为坤。隅，角，角落。

⑦ 岚翠，苍翠色的山雾。

⑧ 趾，古同"址"。基础，建筑物的地基。

⑨ 禅龛，佛堂。

⑩ 瞻眺，远望；观看。

⑪ 饰，音 shì。古同"饰"。

⑫ 笔研，即笔砚。笔和砚，泛指文具。

⑬ 匡庐，指江西的庐山。相传殷周之际有匡俗兄弟七人结庐于此，故称。

⑭ 旦望，朔望。即农历每月的初一和十五。

寓来揭诸其屋之楣，此十年前事也。今天子上继，大统之初，予自南广入见，蒙不鄙哀钝，俾为出关之行，则向之陈迹，已别立重门，署为<u>马营</u>社学久矣。闻之<u>天顺</u>中，先帝申命提学，玺书之颁，当时<u>马营</u>守臣以余前所为学，诸生日益不能容而有艳于此，请于上官移置诸生，其中弦歌诵习，郁乎焕然，祠加主宣圣南乡两贤，东西乡余不易旧观，而诸生且有应科试登监学者矣。然则予昔日之所以始，后之日社学之所以成，谓之偶然，可不可欤，为叙前后改作之，所以然书之壁间，使后来者有所考征。

29.《东田漫稿》

【题解】　《东田漫稿》又名《马东田漫稿》，6卷，马中锡撰。马中锡（1446～1512年），明代官员、文学家。字天禄，号东田，祖籍大都，先世为避战乱于明初徙于故城（今属河北故城县）。成化十一年进士，官至右都御史。弘治九年（1496年）晋升都察院右副都御使，巡抚宣府。在任内，马中锡连续上书朝廷，弹劾贪婪昏庸的总兵官马仪、丘监军、孙参将，罢免了他们。申明法纪，严肃执行，禁绝损公肥己的一切惯例，绝不接受请托。凡粮食、草料、工匠、马匹之类，被有权势的人擅自据为己有或为个人利用的，全部收归公家。弘治十二年，因病辞归。正德五年（1510年）以兵事为朝廷论罪，下狱死。能诗文，生平有文名，李梦阳、康海、王九思曾师从于他。他创作的寓言故事《中山狼传》，以其深刻的哲理内涵，成千古传诵之名篇。著有《东田集》。

《东田漫稿》为其子师言所编，有明嘉靖十七年（1538年）开州知州文三畏刊本，1997年齐鲁书社出版《四库全书存目丛书》集部第41册收录有明嘉靖刻本《马东田漫稿》影印本，本辑即据《四库全书存目丛书》辑录有关赤城诗词。

◎过杨武襄墓①（卷4，第407页）

---

①　杨武襄，指杨洪。明应天府六合人，字宗道。正统时，由游击将军至左都督，镇守宣府，累官宣府总兵。景泰时，封昌平候。景泰二年（1451年）卒。赠颍国公，谥武襄。死后葬于赤城县样田乡杨家坟村（村名因此而得名）。为河北省重点文物保护单位。详见《杨洪传》。

評云此等作製字宙間自有數不勝嘆服

葛峪堡題壁

孤城臨大漠猶屬爾漢提封月暗秋呷折風巖

曙閣鐘胡兵窺近塞戍士謹遙烽努力伊吾

水、

評云同誦（作渾）

朝迁賞自穗

過楊武襄墓

武襄一節四夷知千古邊思駐馬時傭績憑

誰歸太史平生高誼此殘碑墓困燕没底人

马中锡《东田漫稿》书影

武襄一节四夷知，千古遐思驻马①时。伟绩凭谁归太史，平生高谊②此残碑。墓田芜没居人少，屋瓦欹倾吊客悲。见说北邙③山下路，野烟荒草更凄其④。

评云：深悲极怨不止，为杨武襄而已。

◎以下几首均为写"东庄"的诗。在明代龙门所称"东庄"，不知作者是否是写龙门所，仍存疑，故附此。

○东庄（卷4，第424页）

水北原南二里余，五株高柳簇庄居。病夫此日乘骢⑤罢，斗大巾车⑥驾一驴。

○东庄言怀（卷4，第430～431页）

数家鸡犬住成村，无复⑦鱼书⑧更到门。玄晏先生⑨终岁病，贞元⑩朝士几人存。樽中绿蚁⑪非狂药，架上红牙⑫本赘言。一醉忘情抛午卷，北窗高枕梦羲轩⑬。

---

① 驻马，犹驻军。

② 高谊，崇高的道义；高尚的德行。

③ 北邙，山名。即邙山。因在洛阳之北，故名。东汉、魏、晋的王侯公卿多葬于此。这里借指墓地或坟墓。晋陶潜《拟古》诗之四："一旦百岁后，相与还北邙。"

④ 凄其，凄凉悲伤。唐杜甫《晚登瀼上堂》诗："凄其望吕葛，不复梦周孔。"

⑤ 乘骢，《后汉书·桓典传》："（典）辟司徒袁隗府，举高第，拜侍御史。是时宦官秉权，典执政无所回避。常乘骢马，京师畏惮，为之语曰：'行行且止，避骢马御史。'"后因以"乘骢"指侍御史。骢，音 cōng。青白色的马。

⑥ 巾车，以帷幕装饰的车子。因指整车出行。

⑦ 无复，指不再有，没有。

⑧ 鱼书，古代朝廷任免州郡长官时所赐颁的鱼符和敕书。后因称书信为"鱼书"。

⑨ 玄晏，指古代圣贤的礼教。晋皇甫谧沉静寡欲，有高尚之志，隐居不仕，自号玄晏先生。后因以"玄晏先生"泛指高人雅士或山林隐逸。

⑩ 贞元，古以元亨利贞喻春夏秋冬，故借指时令的周而复始和天道人事的转换。

⑪ 绿蚁，酒面上浮起的绿色泡沫。亦借指酒。

⑫ 红牙，檀木的别称。檀木色红质坚，故名。乐器名。檀木制的拍板，用以调节乐曲的节拍。

⑬ 羲轩，伏羲氏和轩辕氏（黄帝）的并称。唐李白《金陵凤凰台置酒》诗："明君越羲轩，天老坐三台。"

○东庄（卷5，第440页）

门对寒皋①路隔溪，茅茨高爽②土墙低。碧槐映户日初上，黄菊绕篱风已西。多病故人疏似孟，绝交当世懒于嵇。秋来酒熟连朝醉，咀尽床头一甕虀③。

评云：前四句好结句，亦不恶。

○东庄纵步（卷5，第447页）

纵步野人家，悠然感物华。蚕迟桑未叶，蚁泛杏初花。触处风光好，归时日影斜。古来曾有句，烂醉是生涯。

○东庄二首（卷5，第448页）

别业④经年⑤卫水滨，柴扉茅屋四无邻。三竿睡彻东窗日，五柳吟同上苑春。牛饱桑阴耕子母，蜂喧花底聚君臣。平泉未必能胜此，须就斜川⑥问主人。

杖藜携酒此重游，雨后村庄景更幽。茂树坐拚三宿恋，好花看拟十旬留。苦吟可有惊人句，多病全无为国谋。何事归来闲岁月，也同忙里雪侵头。

○东庄喜雨（卷5，第454页）

朝朝倚柱望云生，少女风来雨忽倾。阶下渐添芳草色，池中乱点绿荷声。燕知泥润穿花去，鸠为巢疏隔树鸣。珍重门人休治具，宦途吾已老于行。

---

① 寒皋，鸟名。即鸲鹆，俗称八哥。

② 高爽，高大轩敞。

③ 甕虀，甕装的黄斋（咸菜）。以喻薄禄。虀，音 jī。古同"斋"。

④ 别业，别墅。

⑤ 经年，积年；多年。亦泛指历时久长。

⑥ 斜川，古地名。泛指游览胜地。

30. 《翁东涯集》

【题解】 《翁东涯集》17 卷，翁万达著。翁万达（1498 ~ 1552 年），初名万春，更名万达，字仁夫，号东涯，潮州揭阳鮀浦蓬洲举登村（今属汕头市）人。嘉靖四年（1525 年）中乡试，五年登进士，次年授户部广西司主事，从此步入仕途。34 岁那年，他出补广西梧州知府。不久，充任征南副使，由文职转为武官。后又升四川按察使，陕西右布政使，擢兵部侍郎，兼佥都御史，总督宣大偏保地方军务兼理粮饷。从此，他一直在明朝北部边疆对付蒙古俺答部。在总督宣大期间，整顿军务，修筑宣大边墙数千里，明边防得以加强。嘉靖二十七年，俺答汗攻宣府滴水崖，翁万达大败俺答。由于他的智谋与胆略，立下了赫赫战功，两度被任命为兵部尚书。成为明朝嘉靖年间首屈一指的边臣。但是嘉靖帝朱厚熜对翁万达只是使用而并不体谅。嘉靖二十八年秋，正当翁万达居乡丁父忧守孝期间，大同失事，嘉靖帝下诏夺情，令翁万达急速返京挽救败局。其时翁万达正患疽，行动不便，疏请终制。奏疏尚未到达，俺答军已逼近都城。嘉靖帝再次下诏，授翁万达以兵部尚书，令其急速返京。翁万达家在岭南，距京师 8000 里之遥，他日夜倍道而行，也足足走了 40 天。可是就在他尚未到达之前，奸臣严嵩却已在嘉靖帝面前进谗言，诬蔑万达有意观望。嘉靖帝大为光火，于翁万达到时，把他降职为右侍郎兼右佥都御史，令他去经略紫荆诸关。20 多年的官海浮沉，使翁万达认识到当时官场的车载斗量和伴君如伴虎的艰难处境，决意退居山林。嘉靖三十年二月，他乘京察之际，上疏乞终制。嘉靖帝受严嵩谗言的影响，认为翁万达想逃避棘手的边事，就令他免职回家。翁万达临行上疏射恩，不慎在《谢恩疏》中写了

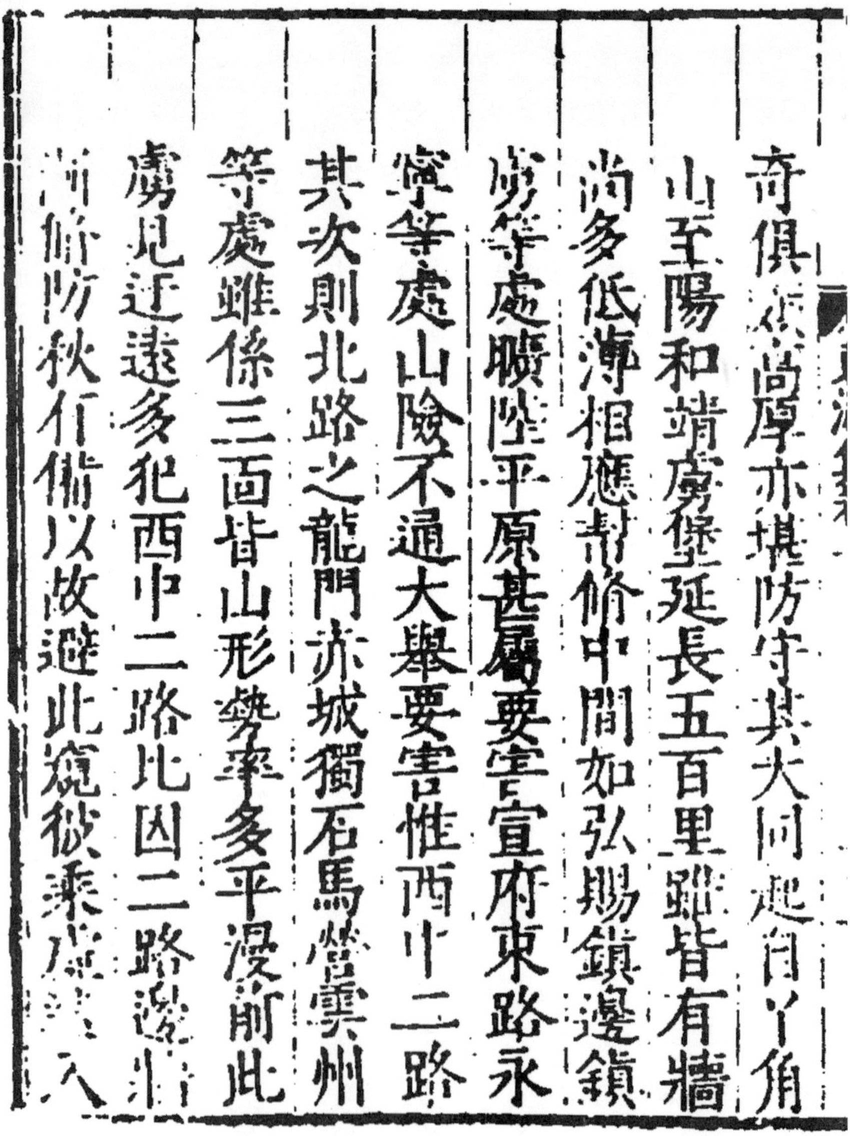
奇俱極高厚亦堪防守其大同起自丫角山至陽和靖虜堡延長五百里雖皆有牆尚多低薄相應增脩中間如弘賜鎮邊鎮虜等處曠野平原甚屬要害宣府東路永寧等處山險不通大舉要害惟西中二路其次則北路之龍門赤城獨石馬營雲州等處雖係三面皆山形勢率多平漫前此虜見近遠多犯西中二路比因二路邊牆增脩防秋有備以故避此窺彼乘虛深入

《翁东涯集》书影

个讹字，嘉靖帝大发雷霆，给他扣上个"大不敬"的帽子，将他削籍为民。第二年，因为边事再度吃紧，而新任兵部尚书不称职，这才使得嘉靖帝又一次想了翁万达，拟再次起用他为兵部尚书。可是翁成达尚未接到诏书，就与世长辞了，享年只 55 岁。

翁万达的著述，今可见者有《稽愆诗》《稽愆集》和《东涯集》3 种。前二种都在翁万达生前由自己编定，但未刊刻，后来并有所散失。民国十五年，其裔孙翁辉东将《稽愆诗》与唐朝翁承赞的《昼锦堂诗》合编为《唐明二翁诗集》，排印出版。民国二十四年，翁辉东又将他搜集到的《稽愆集》原稿残本，再补以他搜集到的佚文，编为四卷出版。《东涯集》是在翁万达逝世后，由他的好友兼亲家邹守愚编定，以后并多次重刻。民国二十七年，潮阳郭泰棣以仿宋体照原书摹写后石印出版。1992 年，上海古籍出版社朱仲玉、吴奎信据以上民国出版的翁辉东的《唐明二翁诗集》中的《稽愆诗》、郭泰棣的《东涯集》和翁辉东的《稽愆集》以及补收不见于以上书籍中佚文，校点整理出版《翁万达集》18 卷、附录 3 卷。

本辑据书目文献出版社《北京图书馆古籍珍本丛刊》第 106 册集部明别集类《翁东涯集》辑录有关赤城内容。

◎预拟分布人马以御虏患疏（卷 7《疏三》，第 401～407 页）

准巡抚大同右侍郎詹荣、宣府都御史孙锦、山西都御史苏祐、保定都御史李仁咨，并据镇守总兵官周尚文、赵卿、王继祖、副总兵成勋呈开，分布过防秋兵马地方缘由到臣，案查先准兵部咨，为集众论酌时宜以图安边事，该臣等曾题内一款"慎防秋"，该本部议。看得所议防秋①摆边之兵，未可遽撤，但当就中酌处，以省费节劳。除山西内边宁、雁诸关，额有常戍官军，及外边偏关以西至黄

---

① 防秋，古代西北各游牧部落，往往趁秋高马肥时南侵。届时边军特加警卫，调兵防守，称为"防秋"。

河崖，山险水深，遇秋但加戒严，不必益兵摆守。其偏关以东及宣、大地方，亦不必勒令军兵尺步单立。止是预拟信地，分布步军登墙住铺，马军挨墙列营。又必远者量调，近者更番。聚勿先期，散勿后期，庶休人力，间省行粮，斟酌允当，相应依拟。移咨总督翁万达及通行宣、大、山西抚镇官，悉照前项所议，分布防守。仍将分布过兵马地方，咨部查考。又一款"并兵力"，看得所议，外边山西除偏关以西至保德州与宁、雁等处，内边该路兵马，自足防守。保定如紫荆诸关隘，止照防秋近规，随时量加斟酌。其山西、大同两镇外边，自偏关历老营至东阳河镇口台，共七百五十一里，欲酌量两镇兵马，通融分布，并守要害。又恐严于外而略于内，未免弃重险以启戎心，欲量留宁、雁一带额设兵马防守，以为内应各一节。所以并力守外，以强兵势；留兵守内，以防不虞。内外相资，计虑周悉，相应依拟备行。查照前项所议，应并力分御者，通融合并，毋分彼此。应量留内防者，随时酌处，毋失机宜等因。题奉钦依，备咨前来，除通行钦遵外，该臣议照今岁防秋御虏，分布兵马必参众见，务合时宜。其赴边之期太早，则供亿粮草不免多费；迟则又恐一时有警，势难猝合。要当体探虏情缓急，以为准备。已经通行各该抚镇斟酌计议，分布要在防御无失，钱粮节省，具由开报，以凭参酌施行去后。

今该前因，臣看得保定一镇，防秋马步军兵，照依上年旧规，无可更易。宣大、山西分布守墙步军，不妨防守，出力修工，有警各照分布信地，登墙堵遏。待工完之日，城堡近者查照原议，分班迭戍，以少节行粮。至于列营马军，大略山西已该臣会同巡抚都御史苏祐，面加参酌停当。宣府西、中二路，人马仅足支持。东北二路，墙壕方在经理，未足为恃。朵颜零贼时常出没，应合设法剿处。东路邻近京师，贼所经由隘口，必须益兵堤备。大同游击徐淮游兵一枝，须于宣、大接境东、西阳河二处驻札，往来应援。参将戚铭所分杀胡、杨铁山二堡，地里颇远，边墙未固，合增有马官军，或令分守破胡、残胡、马堡，而以彼处参将张润，互更防守。镇房以东，甚属冲要，亦合再于正兵营内，酌量摘凑。庶几处分得宜，不致偏重。其要则在于慎遣间谍，加意哨探，务得房中声息缓急，且修且守，据险待战。其一应战守，便宜查照。兵部题奉钦依及军门节行条款事理，著实遵行。至于难以逆料①不可胶柱②者，临时斟酌，随机应变，期在万全。俱经备行各镇查照施行。所据各该马步官军，已于六月十五等日赴边，各守信地。

臣恐人心玩忽，又将防秋御房要略，通行申饬各该大小将领遵守外，为此今将各镇镇巡官，会同分布过兵马地方，并臣参酌，通行申饬，略节事宜开坐，谨具题知。

四镇分布过防秋兵马地方：

……

宣府镇防秋马步官军六万八千九百三员名，守墙马步官军西北中三路共四万四千三十三员名。

西路守墙官军三万二千九十九员名，张家口破房台起至万全右卫大尖山台止，守墙本堡马步官军八百二十员名。万全右卫大尖山台起至膳房堡野狐岭东第二台止，守墙无马官军本卫一千二百六十六员名，河南备御一千员名。膳房堡野狐岭东第二台起，至新开口堡镇宁台止，守墙无马官军本堡二百二十员名，怀安城二千三百七十八员名，万全左卫一千一百六十五员名，李信屯五百四员名，万全右卫一千员名，神机营二百员名，柴沟堡一千员名，河南备御一千员名。新开口堡镇宁台起，至新河口堡水沟台止，守墙无马官军本堡二百二十三员名，保安新城一千三百六十三员名，保安旧城四百九十员名，宣府前卫四百五员名，左卫二百三十五员名，右卫二

---

① 逆料，预料。
② 胶柱，胶住瑟上的弦柱，以致不能调节音的高低。比喻固执拘泥，不知变通。

百六十六员名，兴和所三十九员名，鸡鸣驿一百八十三名，神机营二百员名，神机库一百一十七名，前营一千八百三十二员名，旧游兵六百八员名，河南备御一千员名。新河口堡水沟台起，至洗马林堡镇安台止，守墙无马官军本堡五百一十八员名，西城七百二十二员名，东城五百九十五员名，蔚州城一千二十六员名，深井堡六百六十八员名，广昌城三百五十四员名，黑石岭堡一百二十四员名，四海冶堡一百员名，永宁城三百员名，神机营一百五十员名，河南备御一千员名。洗马林堡镇安台起，至柴沟堡平虏西空小台止，守墙无马官军本堡一千四十员名，怀来城一千一百五十二员名，宣府驿一百一十一员名，奇兵六百九十六员名，后营一千四百一十员名，神机营一百五十七员名，新游兵营八百八十三员名，军器库三十三名，宣府近城腹里墩军九十三名，河南备御一千员名，柴沟堡平虏西空小台起，至渡口堡牛心山东空台止，守墙本堡马步官军六百六员名。渡口堡牛心山东空台起，至西阳河堡治胜台止，守墙本堡马步官军五百六十九员名。西阳河治胜台起，至大同交界镇河台止，守墙本堡马步官军一千二百七十八员名。

中路各城堡守墙无马官军本路二千七十二员名，河南备御二千员名。

北路各城堡守墙无马官军七千八百五十二员名。

列营有马官军西、北、中三路共二万三千六十九员名：

总兵官赵卿统领正兵官军一千七百八十六员名，家丁、通事四百名。北路原革战锋五百员名，驻札万全右卫等处，往来调度守墙。列营参游守备等官、马步官军，遇警并力截杀。

副总兵张达统领奇兵官军一千七百八十二员名，应援各路，仍综理守墙。列营官军遇警，并力截杀。

西路参将王臣统领本营官军三千员名，万全左右卫、膳房、怀安等城堡官军共一千八百六十一员名，策应张家口、万全右卫、膳房等处。仍往来提调守墙官军，防守信地。

南路参将余勋统领本营官军一千五百八十二员名，奇兵营官军五百员名，新河口、蔚州、深井等城堡官军共四百七员名。游击欧阳安统领本营官军二千三百九十六员名，东路援兵官军一千员名，新开口堡保安城官军共三千三百三十二员名，公同策应新开、新河二堡，仍往来提调守墙官军，防守信地。

游击叶昂统领本营官军二千一百一十一员名，又同坐营都指挥张嵩统领洗马林堡、怀来城官军共二百二十七员名，策应洗马林、柴沟渡口等处。仍往来提调守墙官军，防守信地。

中路参将孙勇统领本营官军一千五百员名，各城堡官军四百二十一员名，策应本路地方。仍往来提调守墙官军，防守信地。

北路参将祁勋统领本营官军一千六百八十七员名，各城堡官军一千五百七十七员名，在于赤城、马营驻扎策应，仍往来提调本路守墙官军，防守信地，守把隘口。

东路参将左灏统领马步官军一千八百一十一员名，防守本路大小红门等口三十八处，及往来巡防截杀。……

◎声息疏（卷7《疏三》，第 416~420 页）

节据镇守宣府总兵官赵卿、分守北路参将祁勋各呈称，北路滴水崖，嘉靖二十六年①六、七月内，两次被朵颜零贼侵扰，杀虏人畜数目，及失事官军缘由前来。该臣查访各官所呈，中间多有未尽，行据山西按察司分巡口北道佥事冯时雨呈：据委官北路通判邹驰呈开，亲诣滴水崖堡地方，拘审得本堡原拨大边冯家冲墩守瞭军人张广供称，节蒙总督军门明文内开，嘉靖二十六年防秋之时，北路人马俱要存留，不必调赴西路。但北路地方险远，未完墙堑，官军止

---

① 嘉靖二十六年，1547 年。

是防守，难以摆边，该路参将祁勋虽在独石等处列营防护，修筑边墙，其冲要去处应该设伏人马，督同守备等官，仍要分布严整，及将各要口挑沟叠垒，并差人远哨，有警预行收敛，互相应援。本年二、三月内，又节蒙军门赍差旗牌官石宝齐帖，督令东北路参守官会议，设法抚谕朵颜零贼，使其畏威怀德，为我藩篱，少省兵力。有参将祁勋等回称，不宜抚谕①，止是防备，事亦不难。至本年六月内，有分守参将祁勋不合②号令欠严。滴水崖守备白金，本堡委守百户陈广各不合不行设备。提墩百户朱钦、甄洪各不合督瞭不谨。管地方千户刘豪、管堡千户韩锐、百户陈勋、把总千户方润、管队百户任升各不合不行收敛。本月二十日轮该在官长哨，夜不收杨秀等十名不合不行远哨。白金又不合不行严督。本月二十七日轮该广直日③，亦不合不行瞭望。本日不知时分，被朵颜零贼在于常胜墩并广所守冯家冲墩墙外林内，两下埋伏。至本日辰时，一十七骑从冯家冲墩西空，三百余骑从常胜墩北空地名沤麻坑各入境，广方瞭见，举放炮火，广又不合不即飞报④，延迟下墩走报⑤。间白金闻炮，带领有马官军方润等驰至地名曹家觜遇广，报知督兵，到于东岳庙迎遇前贼。其贼一半攻围人马，一半四散抢掠。至未时分，有雕鹗堡把总指挥苏澄、龙门所守备苏启、牧马堡把总指挥裴纶，申时分，东路参将左灏，各相继领兵前来策应。贼从本堡灭虏墩北空出境讫。戌时分，参将祁勋亦领官军从独石工所前来应援，各因贼退回远。查得千户刘豪下被贼杀死舍余赵恕等一十二名，虏去男妇小夏儿、吴寡妇、拴得牢等一十六名口，马骡牛驴二十三匹头只。千户韩锐

---

① 抚谕，抚喻亦作"抚谕"。安抚晓喻。

② 不合，违背；不符合。

③ 直日，值日，当班。亦指值日当班的人。《国语·晋语九》："臣敢烦当日"三国吴韦昭注："当日，直日也……臣亦不敢烦主之直日以自白也。"

④ 飞报，迅速报告。

⑤ 走报，奔往相告；驰报。

下被贼杀死舍余何五等二名。虏去妇女一口冯氏，行路不知名人贩籴米面骡驴三十余驮。方润下军裴甫等操马五匹。比有韩锐又不合将虏去行路人畜三十余驮隐下，止将杀虏人口具呈。守备白金亦不合不查的实①，转呈参将祁勋具由通呈。本年七月初三日②，蒙发援兵，把总百户张琦领兵于本堡按伏。初六日，镇守赵总兵将白金等调去审问。初九日，祁勋帖委本堡百户陈广暂代白金守备事务。本日有前虏去小夏儿从本堡接嵯墩、吴寡妇即李氏从龙门所青山墩走回报官外。本月十一日，陈广任事。十二日，赵总兵将原发家丁二百五十名取回。西路至十三日巳时分，又有达贼约六百余骑仍从旧路常胜墩北空地名沤麻坑入境。本墩方才举放炮火，陈广听闻，带领官军同按伏百户张琦人马，驰至教场迎遇前贼，各不合不行堵截，致贼漫散抢掠。守备苏启、把总裴绤、参将左灏各领兵前来策应。至申时分，贼从原路出境讫。蒙委邹通判来堡，又查出刘豪下被贼杀死舍余杨彦清等八名，虏去男妇小于儿等三十四名口，并骡驴一十三头。韩锐下被贼杀死舍余周钦等二名，砍伤老谷一名。陈勋下虏去男妇小撞子等一十二名口，马骡驴七十三匹头，并行路不知名人贩籴米面骡驴四十余驮，任升下操马八匹。本月十四日，有前虏去拴得牢即鲁东甫，从龙门所旧庄台墩走回，亦报官外，比蒙总督翁都御史通将前情备由案行，及批据总兵赵卿、参将祁勋、守备白金等所呈，仰分巡口北道作速查勘前项地方失事重轻，有无隐匿情由，明白回报。依蒙行委邹通判查勘，间又蒙军门径委本官亲诣勘实，蒙拘广等到官审取供词，连人呈缴到道，覆审相同。

　　备由参呈到臣，随据通判邹驰呈报，大略相同，驳行间，续据军门原差旗牌官王文焰禀称：督同夜不收蓝英前去永宁川爪探。七月初三日，有朵颜达贼五十余骑，在于永宁所属边外窥伺，当被枪

---

① 的实，真实；确实；实在。

② 七月初三日，1547 年 7 月 19 日。

炮打退，并无入境落川。止是参将左灏差人传令地方收敛，致使摆拨塘马，未得名军人虚传，致蒙赵总兵统领人马出城，远近惊骇。见今俱已宁妥，其虚传马军候挨查的确另报。又据王文焰禀称：七月十九日巳时，有晋羊寺东山口放炮，本职监同参将左灏前至本口，见贼约有三四百骑。左灏人马就在山头札营，当用枪炮攻打出口。宁备永宁城指挥孙棠闻报亦到。又地名暴余口有贼一股，当拨人马前去，亦有枪炮打退。内有一贼打伤落马，被贼拉去，夺获马一匹。闻得本日被贼抢去打柴小厮、妇人七八名口，骡驴八九头等因，各前来，除将所报永宁川声息行仰分巡道查勘外，臣看得滴水崖两次失事，虽经该道勘报，而虏入缘由前后，尚仍未悉。各官罪状轻重，亦欠相当。欲候驳勘至日，参题处治，不无稽迟。敢先以臣所闻见者言之：

前项侵扰滴水崖、永宁川之寇，本系朵颜支部，散处于宣府东北路边外乱山丛树之间，善伺窃如狗鼠。然贰于大虏，且能盗大虏马牛，大虏怒，则窜伏林石或依我险塞，莫之能追。往年该镇曾两捣巢，获功受赏。及去岁龙门所之役，敌杀官军即此贼也，计不能千人。设使我军屡袭为功，逼之太甚，势弱不能自立，将必投并大虏，为彼向导，地方愈益多事，费于支吾。以故识者欲循故事，设法抚处，示以羁縻①。使其为我藩篱，为我间谍②，截大虏之冲，省目前之虑，似亦计之善者也。臣自去冬今春，每以语当事之臣，当事之臣多持议论。而参将祁勋、左灏等亦遂妄说利害，禀报纷纭，大略谓御之不难，抚之无便。臣度不可与共图也③，姑责各官御之而已，岂意各官徒尔能言，玩不设备，致使前贼辄肆凭陵④。是先既不

---

① 羁縻，笼络；怀柔。
② 《明经世文编》加旁注曰："近边小虏，宽之或为我耳目，急之必为彼向导。宜抚不宜剿，可谓瞭然，而边臣每欲称剿者，以其兵力弱，易于报功也。"
③ 《明经世文编》加旁注曰："此亦大事，恐不宜漫然听之。"
④ 辄肆，任意妄为。凭陵，亦作"凭凌"。侵犯；欺侮。横行，猖獗。

肯抚，而今复不能御，无一可者，安用彼为？贼入之后，节据总兵官赵卿、参将祁勋屡请军门另发兵马。臣惟北路马步官军共计一万一千有奇，今秋尽数存留，不复西调，随宜分布，尽足自防。各路官军调度得宜，亦敷应援，固无待于客兵也。其所调客兵，盖专为大举策应计耳。零贼多不过五六百骑，乃亦仰藉于此。揆之兵略，甚非所宜。然臣虽檄本镇量摘游兵，责令游击欧阳安趋彼按伏。而又檄原任参将李朝阳统领原发怀来驻札，专备居庸、白羊等关隘客兵一枝，如遇东北路有警，亦赴堵遏，相机扑剿。过劳兵力，非得已也。

参照分守北路左参将祁勋策励①不前，委靡日甚，云州城去年之败绩，仅蒙削官，滴水崖今日之圮防，遂复致寇。拥兵自卫，乃藉口于修边，闻警始驰，徒疲力于汗马。以全军而支小丑，尚尔疏虞，倘大虏之肆狂谋，将安倚恃？守备滴水崖堡指挥佥事白金，懦而善贪，敛众怨而一筹莫展；奸而巧避，玩日时而百备皆隳。即其不设烽堠，怠弃垣堘，自解严而诲侮。及至侵掠地方，杀虏人畜，虽匿报而弥彰。本堡委守百户陈广、按伏把总百户张琦，藉口乎部军之寡弱，安知出奇，寒心于戎马之突奔，本无斗志，提调边墩百户朱钦、甄洪，法不严于督瞭，情有涉乎卖闲。管理地方千户刘豪、管堡千户韩锐、百户陈勋、把总千户方润、管队百户任升，失于收敛，虽由烽火之不传，致有损伤，难免防闲之失职。内韩锐者，事多隐匿，意在扶同。以上各官，俱已经勘报其罪，尚有待于分别者也。

分守东路右参将左灏，无先事之虑，望虏骑而徒自张皇②，领未练之兵，据山头而并无斩获。守备永宁城指挥孙棠，专城而守，务为自全，失事虽轻，终难辞责。参将祁勋、营中军百户田雄，军门移檄，懵若罔闻，将领败谋，恬不知警。以上各官俱未经勘报，其

---

① 策励，督促勉励。
② 张皇，张大；壮大。势盛貌。

罪亦当亟于查参者也。

但秋高马肥，虏易侵轶①，警报日剧，急在用人。除白金、田雄见该臣遵奉敕谕事理，差官拿解，治以军法，用戒效尤。仍令听参左灏、孙棠及地方官刘豪、陈勋、方润、任升，罪不甚重，宜令策励，用图后功。祁勋当一面之寄，值今防秋临敌，本难更易，但查本官原系指挥同知，近为声息事，该兵部议拟，奉旨降五级，止以百户名色，仍充参将，督领官军，名位太卑，体统弗便，况前所犯为罪已多，计必不能展布，须得谋勇素著，如游击欧阳安者，就近更替，庶免误事。如蒙乞敕兵部亟将祁勋、白金先行革任，早为推补②。仍移咨都察院转行巡按御史，再加查勘前项地方，有无别项隐匿重情。将祁勋、白金并田雄、陈广、张琦、朱钦、甄洪、韩锐从重提问，奏请发落。左灏等量行戒饬，责效③将来。庶使边臣知警，地方有赖。其朵颜零贼今方肆凶，未遭大挫，非前此之比。度之事势，尚难抚处，必须相机剿杀。威加之后，方可议行。缘祁勋、左灏系将官，白金等俱军职，未敢擅便④。谨题请旨。

◎早处将领以便防秋疏（卷7《疏三》，第420~421页）

臣照得宣府北路地方，今年六七月间，节被朵颜别部虏贼出没为患，参将祁勋志意猥颣，谋勇俱丧，虽有兵马不能军也，虽屡戒饬，莫能奋也，已该臣及巡抚都御史孙锦按其罪状，疏乞罢黜，实匪得已。设若不早更易，及虽更易，而更者或非近地，不可以旦夕至，皆无救于目前之急。故臣惟可代祁勋者，本镇游击欧阳安也。

----

① 侵轶，亦作"侵佚"。侵犯袭击。《左传·隐公九年》："北戎侵郑。郑伯御之，患戎师，曰：'彼徒我车，惧其侵轶我也。'"杜预注："轶，突也。"

② 推补，谓荐举补缺官员。

③ 责效，求取成效，取得成效。

④ 擅便，自作主张。

前疏曾略言之，诚以本官志行才猷①，卓不易得。昔为北路雕鹗堡守备，处置得宜，贼不敢犯，人有去思②。今又承委领兵在于本路按伏，若因而用之，良亦便且当也。而可代欧阳安者，则赤城堡守备戴纶，其次则独石城守备袁正，云州堡守备易纲，皆经论荐③，众所委心④。

如蒙乞敕该部再加查议，早将参将祁勋革任，就近以游击欧阳安升补。而游击员缺，亦复就近以戴纶等内推一人升补。各令即日到任管事，庶官可得人，人不旷官⑤，而防秋为有赖矣。

◎达贼拥众入境官军奋勇鏖战敌退出境疏（卷7《疏三》，第421～425页）

据山西按察司分巡口北道佥事冯时雨呈：蒙总督巡抚衙门批，据本道呈前事，俱蒙批看得勘论各官功罪，尚欠详的，仰再查勘，分别明白，通行呈报。蒙此案查，先据委官宣府北路管粮通判邹驰呈报，查勘过达贼侵犯龙门所地方，官军拒战有功有罪缘由，具招参呈去后。今蒙前因，依蒙仍行通判邹驰亲诣前项贼犯地方，复拘原拨大边镇戎墩守瞭军人吴宣等，逐一再加查审，得本犯供称，嘉靖二十六年七月内，有分守本路参将祁勋，不合号令欠严。龙门所守备苏启，不合不行设备。提调边墩在官指挥佥事李时中，管墩未到镇抚马鲸，各不合督瞭不谨。本月二十六日，该宣与水泉墩在官军人蒋玉，陈家梁墩未到军人乔全，直日瞭望，各不合失于远瞭。至本日午时分，境外正东树林内，突出骑马达贼约有一千五百余骑，

---

① 才猷，才能谋略。

② 去思，谓地方士民对离职官吏的怀念。语出《汉书·何武传》："欲除吏，先为科例以防请托，其所居亦无赫赫名，去后常见思。"

③ 论荐，选拔推荐。论，通"抡"。

④ 委心，随心之自然。犹倾心。

⑤ 旷官，空居官位。指不称职。语出《书·皋陶谟》："无旷庶官，天工人其代之"。孔传："旷，空也。位非其人为空官。"

披戴明暗盔甲，张打旗号，骤马到边。从水泉墩南北镇戎墩与陈家梁墩二空拆墙。宣等方才举放梆炮。在官实授百户管地方王清、管操徐泽，各不合不即收敛人畜。其贼五百余骑在边守口，一千余骑入境，到于地名韩家冲四散抢掠。本时分，本所守备苏启与原委本所按伏赤城堡守备戴纶，听闻护城墩炮响，各统兵疾趋。有抚镇衙门原差旗牌官梁瑶、夜不收狄世勋，督同苏启带领有马官军二百余员名，前锋戴纶带领官军五百员名，继后驰至地名潘家冲沟口迎遇。前贼拍马前来，与苏启、戴纶人马混砍一处。苏启、戴纶等督令官军各用神枪弓矢，齐力射打，被贼连冲数阵叫喊，四围攻急，官军鏖战。在边守口达贼，听闻枪炮声响不绝，俱来相合一处，齐冲数阵。我军射死贼人、贼马，俱被扶驮去讫[①]。苏启部下未到把总指挥佥事李元勋、正千户居永、管队实授百户董功臣、在官小旗张学、舍人杨琪，各不合督阵欠严。以致苏启、戴纶部下，俱有被伤阵亡官军人马。至申时分，有军门原发东路防守应援原任参将都指挥佥事李朝阳，听闻炮响。统领延绥、保定汉达官军，千把总指挥伍潮、巨江、刘桓、王升等一千七百员名，与同滴水崖堡委守千户马乾，带领有马官军七十员名，驰赴应援。至潘家冲沟东山梁，前贼瞭见兵马来急，一半仍与苏启等对敌，一半骤马迎敌。李朝阳督同马乾与各千把总伍潮、巨江、刘桓、王升，身先士卒，奋勇当前，严督官军各用弓矢、枪刀、闷棍，齐力扑砍数十余阵。至酉时分，前攻苏启、戴纶等达贼，见得官军舍命硬战，却又相合一处，俱与李朝阳等冲敌。我兵愈加勇猛，射死达贼人马数多，俱被扶驮去讫。就阵夺获贼首蓝旗一杆，连鞍达马一匹，并夷器弓刀等项。至戌时分，贼方解退，仍从原来水泉墩北空出境讫。苏启、戴纶、李朝阳、马乾各收兵回堡。查得在阵守备苏启下夺回原抢牛二只，收获达箭二

---

① 去讫，犹完毕，完了。

百八枝，阵亡家丁一名苏甫，被伤官军苏启、杨名等七员名，阵失官马三匹，射死官马一匹，射伤官马七匹。守备戴纶下收获达箭二百一十枝，被伤官军戴纶、韩本等一十三员名，射死官马四匹。参将李朝阳下收获达箭二百七十三枝，阵亡达军王强等二名，重伤回营身死军人一名韩堂，被伤官军李朝阳、伍潮等二十五员名，射死李朝阳自备战马一匹，官马六匹，促死官马二匹。就阵把总指挥巨江夺获连鞍达马一匹。军人廖荣夺获蓝旗一杆。冯喜夺获达弓一张。李香夺获达刀一把，割获射死达马耳记三副。委守马乾下收获达箭三十枝，射死官马四匹。及查守备苏启所属王清所管地方，被贼虏去行路男妇金见等七名口，采柴小厮①韩小九等二名，僧人龙真宏等二名，砍重回城身死一名赵友。抢去驴三头，摆拨官马二匹。徐泽所管地方，被贼虏去行路男妇李禄等六名口，杀死武杰等四名，抢去牛二只，羊二百七只，骡四头。彼时参将祁勋在于独石列营防护，修边御虏，闻报领兵驰至地名夏家冲，迎遇苏启等差在官夜不收周朝报称，贼已出境，领兵回还，与苏启、戴纶、李朝阳等各将前贼入境，杀虏人畜，官军敌退出境缘由，通行呈蒙总督巡抚衙门俱批，仰分巡道转委本路通判邹驰亲诣前项失事地方，行拘宣等到官，从公审勘明白，并无隐匿别项失机重情。比时参论各官功罪，将李朝阳部下千把总伍潮等与贼鏖战功迹，失漏，问拟宣等各应得罪名，具招参呈总督军门并巡抚衙门，俱驳行本道，仍行通判邹驰复拘宣等查审前情是的，取供具由呈缴，本道再查无异。参照分守北路左参将署都指挥佥事祁勋，责任颇重，号令欠严。守备龙门所、宣府右卫指挥佥事苏启，职守专城，不行设备。本所提调边墩指挥佥事李时中，管墩镇抚马鲸，各承守边，督瞭不谨。实授百户管地方王清，管堡徐泽，明知边报有警，不行收敛人畜。把总指挥佥事李元

---

① 小厮，称年轻男仆。称儿子，男孩。

勋、正千户居永、管队实授百户董功臣，领兵对敌，督阵欠严，均属有违，律合提问。及照前贼犯我边疆，非止一次，盖由未经挫折，以致屡敢肆逞。今次守备苏启、戴纶，各能夺当先之勇，以抵其锐进之锋。被围虽云亦急，应战不无可取。继有参将李朝阳，率领千把总指挥伍潮、巨江、刘桓、王升等，与同委守滴水崖千户马乾，闻炮趋援，分攻围之势，督兵力战，挫猖獗之威。是虽未有斩首之功，均当录其抗敌之迹。守备苏启，不能预遏，致贼入境，罪固难辞。但能与戴纶并力血战，以折虏冲，使贼骑连合，不得四散抢掠，亦有微功。前项罪犯似应准赎，等因到臣。

案查先因朵颜支部散住贼众，屡次侵扰滴水崖、龙门等处地方，参将祁勋不能设备，该臣严行该镇抚镇衙门，选拨精兵五百员名，行委赤城堡守备戴纶统领，在于龙门所按伏截杀。臣又见得居庸、黄花镇、白羊口等处，虽隶顺天，实与宣府相邻。大虏若窥伺彼地，必由宣府北、中路而入。其所从入之路，相应严防，量摘调到延绥游击营千总指挥伍潮、把总指挥巨江等精兵官军一千员名，保定奇兵营把总指挥刘桓、王升等汉达官军箭手七百员名，坐委兵部原发军门立功赎罪原任参将李朝阳统领，在于怀来适中之地驻札，一以堵遏白羊等处贼由隘路，一以预备中、北二路警急，应援截杀。续据军门原差旗牌官赵宣禀称，七月二十六日达贼约有一千五百余骑，从龙门所地方水泉等墩进境，守备苏启、戴纶共领官军七百余员名，在于地名潘家冲沟口与贼鏖战，贼众兵寡，被围至急，有军门原发立功赎罪原任参将李朝阳，在于滴水崖按伏，相离六十余里，苏启并无差人走报。朝阳止闻接传炮响，遵依军门号令，统领原带延绥、保定汉达客兵官军一千七百员名，疾趋到彼应援。其贼就分大半迎攻。朝阳督倡延绥惯战官兵，与保定达官达军善射者，当先射杀。及用军门原发毒火等炮，打死贼人数多。贼见我兵箭发百步之外，犹能伤人，俱咬指相顾，报知原围苏启官军一小半贼众，通向李朝阳等攻敌。我兵气势愈奋，就阵夺获贼首蓝旗一杆，马一匹，贼方惧怕，扶伤驮尸退出境外。本日先该戴纶等，继该李朝阳等，各用命鏖战。戴纶、苏启等被围，若非李朝阳救解，孤军必不能支等因。据此，又节据参将祁勋、守备苏启、戴纶并原任参将李朝阳、委守千户马乾各呈报，前贼入境，官军鏖战，敌退缘由，俱经批，仰分巡口北道查勘，回报前来，又经驳行该道再查，分别明白，呈报去后。

今据前因，臣会同宣府巡抚都御史孙锦参详前项事情，如参将祁勋领军而谋疏于平时。闻警而力限于远道。守备苏启有专城之责，无先事之防。指挥李时中、镇抚马鲸、百户王清、徐泽，或督瞭不谨，或收敛无方，委俱有罪。把总指挥李元勋、千户居永、管队百户董功臣，所部虽微有损伤，临阵则未闻退缩，似有可原。苏启能同守备戴纶合兵赴敌，鼓勇先登，负伤而血战不衰，阻其深入，被围而格斗愈力，得免危亡。内戴纶之咤叱生威，巧力善射，尤足摧锋。李朝阳率领千把总指挥伍潮、巨江、刘桓、王升等及千户马乾，闻哄声而疾驰，望胡尘而迎战。发矢于百步之外，决胜乎瞬息之间。真能解围，遂成退虏。内李朝阳之谋勇愤发，调度得宜，尤足称烈。是役也，虽无斩馘，然前乎此贼每侵陵，民无宁宇。后乎此贼遂屏伏，兵稍释鞍。未必非斯人之功。而苏启之地方稍有失事，即其功罪适足相当。戴纶承委本处按伏，能拒敌于既入之后，而不能遏虏于未入之先，盖本于瞭哨者之失报，而实非出于本官之逗挠也。事坐所由，功难掩没。李朝阳统领客兵，视之主兵，有地方之责者不同，按伏于滴水崖，视之本地方按伏者又不同。无俟传檄，止闻炮声，不逾时而星驰六七十里，深得缨冠①往救之义。设使趋斗少缓，

---

① 缨冠，《孟子·离娄下》："今有同室之人斗者，救之，虽被发缨冠而救之，可也。"谓不暇束发而结缨往救。后因以"缨冠"形容急迫或急切救助他人。

纶等孤军持久，矢尽力竭，其不至于覆没者几希①。故金谓李朝阳功当首录，戴纶功当优录，把总伍潮、巨江、刘桓、王升、马乾功当并录，而苏启则似宜论赎者也。除参将祁勋先因滴水崖失事被参提问，臣等径行令候一并归结外。

查得兵部先为预处防秋事宜以弭虏患事内开：优论战以鼓士气。近年各边屡遭虏患，在军士则以投戈解甲为上策，在将官则以保全部曲为得计。合咨总督抚摄等衙门转行各该将领，今后如遇虏贼内侵，务须捐躯血战，挫衄②贼锋，不许仍前苟安观望，致贼横溃。果能奋勇抵战，虽无斩获，间有损伤者，一体论功升赏。若遇贼不行对敌者，虽有斩获，原无折损者，仍从重论罪，等因，题奉钦依，通行遵照。及查李朝阳系兵部原发立功赎罪人数，与戴纶等应否查照前例升赏，及准其赎罪，或止甄录③，待后有功，再行并论？臣等俱未敢遽议。如蒙乞敕兵部移咨都察院，转行巡按御史，再加核勘李朝阳、戴纶、苏启等前项功罪，及有无别隐匿重情，分别明白，奏请定夺。庶功罪明而赏罚当，劝惩之法自寓于其间也。

◎集众论酌时宜以图安边疏（卷10《疏六》，第488~492页，节录）

今将修边守边切要条款，逐一开坐，伏望皇上敕下户、兵二部再加详议，上请早赐施行。臣等幸甚。地方幸甚。谨题请旨。

修边之目二

一、定规画。查得外边除山西偏关老营及大同东路阳和、天城一带边墙，俱已高厚，足甚防守。宣府西路阳河、洗马林、万全右卫、张家口，中路青边口、常峪、葛峪、大小白阳、赵川等堡间，

---

①　几希，相差甚微；极少。《孟子·离娄下》："人之所以异于禽兽者几希。"赵岐注："几希，无几也。"

②　挫衄，挫折，失败。衄音nǜ，损伤，挫败。

③　甄录，甄别录用；选择采用。

有边墙一百五十九里有奇，俱颇高厚，亦堪防守。其大同起自丫角山，至阳和靖虏堡，延长五百里，虽皆有墙，尚多低薄，相应帮修。中间如弘赐、镇边、镇虏等处，旷陆平原，甚屡要害，宣府东路永宁等处，山险不通大举，要害惟西、中二路，其次则北路之龙门、赤城、独石、马营、云州等处，虽系三面皆山，形势率多平漫。前此虏见迁远，多犯西、中二路，比因二路边墙渐修，防秋有备，以故避此窥彼，乘虚迭入。必须及时经营。至于龙门所滴水崖一带，止邻朵颜零贼，计可抚处，为我藩篱。况度山形，仍多高险，事势似为稍缓，而西路之万全右卫平夷台至野狐岭第三台，膳房、新开、新河等堡，洗马林镇虏台至镇安台葛峪堡，预筑墩至头台子间，修边墙八十三里有奇。柴沟、渡口二堡，斩削山崖四十四里有奇。北路龙门卫间，修边墙八里有奇，俱各低薄，亦应加凿帮修。西中路洗马林平虏台至宁疆台，羊坊柳沟台至何家堰，常峪口台至大定台葛峪堡，大定台至小尖山、小白阳，六台子至龙门城尽境，共计五十一里有奇。原未修筑边墙，皆系通贼要路，相应创修北路。除龙门所滴水崖稍缓边界一百五十七里止，督各堡守备官，随宜拨军斩削，即堪防御。其自龙门城、赤城、马营、独石、云州至龙门所边界，未有边墙，计三百六十九里，俱应创修。缘工程浩大，难以卒办，度时审力，仍分缓急。如龙门城、赤城、擒胡墩至水洼等墩，马营青石嵯至镇远大墩，独石隆安墩至镇门等墩，云州镇北墩至北高山等墩，接连龙门所交界灭胡墩，共一百二十一里有奇，俱系极冲，所宜急举。其余山势颇险。次冲边界二百六十九里，拟候防秋，先行相度山势，斩削坡崖，挑沟叠垒，图遏寇突，以备收敛。应该修筑边墙，待后以次而举，大概山西外边边墙，无待筑修，大同止是帮修。宣府仍兼创修，又姑有待帮修者，为力易；创修者，为力难；待其时而渐修者，限于财力之弗给耳。不论帮、创边墙，每里为二敌台，上盖铺房，以栖戍军，以庇器械，以便横击，且可以兼瞭望，省烟墩。间有不尽然者，以原有旧墩夹墙，或陡峻不宜添筑也。边墙、敌台，必因地利人力，故丈尺之高厚广狭，与工之先后迟速，难以尽齐。而完报之期，俱要不出冬初，亦事同一体之意也。临时倘遇寇扰，事过自不妨工。至于内边山西之宁，雁抵平刑关，历保定之龙泉、倒马、紫荆抵顺天之居庸关一带，近年修浚垣堑，委俱高深，异于往昔。但恐时久易湮，亦须责之抚镇督令参守等官，照依地界，遇有墙垣倒塌、壕堑淤浅，即时修补。开浚外边亦然，仍将地界及补浚事宜，刻石于各界地，以便遵守，以严责成，永俾勿坏，庶内外之险全，而中国之势壮也。

二、度工费。查得大同至丫角山至靖虏堡，延长五百里，旧墙高厚不等，通折高一丈三尺，厚一丈一尺。今议加帮各七尺。计高二丈，里外女墙五尺，通高二丈五尺。底阔一丈八尺，收顶一丈二尺。以军夫八万名为率，每名日修一寸三分，日计一千四十丈。期以八十七日。敌台里修二座，共一千座。每座身高三丈，女墙五尺，通高三丈五尺。方阔四丈，收顶二丈八尺，计四千丈。量采北楼口等处山木，各盖铺房二间。亦以军夫八万名为率，每名日修一分五厘，日计一百二十丈，期以三十四日。二项共计一百二十一日。前夫于两镇出派，每五百名该把总官二员，共三百二十员。防护兵马六千名。始于今年五月初一日，讫于九月初二日。合用行粮草料，除五月初一日至六月二十日，五十日，每军日支行粮米一升五合，日计一千二百九十石，把总官日支行粮米三升，日计九石六斗。共该行粮米六万四千九百八十石，照依本地时估共该银一十二万六千三十五两七钱一分四厘二毫八丝。马六千匹，每匹日支料三升，日计一百八十石，共九千石，该银一万两。草日支六千束，共三十万束，该银一万三千五百两。共银一十三万九千五百三十五两七钱一分四厘二毫八丝。犒赏盐菜银，官日支二分，军一分，日该支银八百六两四钱，共银四万三百二十两。六月二十日以后，自有防秋行粮，止给犒赏盐菜银七十一日，合用银五万七千二百五十四两四钱。以上各项通共该银二十三万七千一百一十两一钱一分四厘二毫八丝。而大同之边工可完矣。宣府北路龙门城、赤城、擒胡墩至水洼等墩，马营青石嵯至镇远大墩，独石隆安墩至镇门等墩，云州镇北墩至北高山，接连龙门所交界灭胡等墩，极冲边境一百二十一里有奇。应该修砌石墙高一丈五尺，底阔一丈四尺，收顶九尺。里外女墙五尺。次冲稍险二百六十九里有奇，应该于防秋之时，止责参守等官，分督本路军夫，先行相度山势，应斩崖者斩削二丈，应挑壕者挑深一丈五尺，口阔一丈五尺，底阔一丈，上仍叠垒五尺，西、中路洗马林平虏台至平疆台，羊坊柳沟台至何家堰，常峪口台至大定台，葛峪口台至小尖山，小白阳六台子至龙门城尽界，未修边墙五十一里四十步，应该创修石墙高一丈五尺，底阔一丈四尺，收顶九尺。里外女墙五尺。万全右卫平夷台至野狐岭第三台膳房堡、新开口等堡，洗马林镇房台至镇安台葛峪堡，预筑墩至头台子，旧修低薄边墙八十三里一十八步，应该帮修工程不等。通高一丈五尺，底阔一丈四尺，收顶九尺。里外女墙五尺。仍添筑敌台共三百四十三座，身高二丈，底阔三丈，收顶一丈八尺。女墙五尺。随便采打山木，上盖铺房一间。柴沟渡口不堪山崖四十四里二百六十八步，再加刬削[①]，须高二丈。帮修小墙五尺。大约三路修工，除北路次冲应该斩崖挑壕叠垒，通查本路军夫以八千名为率，每名日修五尺，日计四百丈。起自防秋六月二十日，讫于十月十一日，各给本等行粮不计外，极冲应修边墙，合用修工军夫以四万四千名为率，把总管一百七十六员，防护官军三千员名，每军日修一寸，日计四百四十丈。起于三月初四日，讫于五月二十日，前后七十六日。行粮、料草、犒赏盐菜合用银一十三万八千六百二十四两有奇。西、中二路合用修工官

---

① 刬削，削除；铲除。刬音 chǎn，同"铲"。灭；削。

军以四万四千一百七十六员名为率，亦自防秋六月二十日随带兴工，每军创修日该一寸，日计四百四十丈。帮修日该二寸，日计八百八十丈。斩崖日修五寸，日计二千二百丈。帮修添筑敌台，日该分工不等。约至八月二十八日止，前后六十八日，本等行粮之外，止加犒赏盐菜合用银二万七千四百九十六两二钱五分，二项通计银一十六万六千二百一十两二钱有奇。而宣府之边工可完矣。以上二镇修边钱粮，大同见贮去岁修边余剩银二万六千八百三十六两一钱有奇，尚该二十一万二百七十三两九钱有奇。宣府见贮去岁修边余剩银二千四百二十三两三钱有奇，尚该一十六万三千六百九十二两九钱有奇。通共该银三十七万三千九百六十两有奇。俱应早为给发，趁时籴买粮草及折色犒赏应用，工完之日，行巡按御史相度工程果否完固，稽考钱粮有无虚耗，及分别官员勤惰，明白造册奏缴。

◎集众论酌时宜以图安边疏（卷 10《疏六》，第 509～510 页）

准兵部咨，该臣等题前事，会议宣府创修，帮修北路龙门、赤城、马营，接连独石、龙门所，西中路洗马林、羊房、常峪、葛峪、小白阳，接连龙门城地界，及大同、山西并力帮修大同北路，历中路丫角山地界各边墙、敌台。该本部议拟，覆题奉圣旨："这修边、守边、调兵诸议，具见总督、抚镇等官竭心边务。你部里酌议，亦当都依拟行。钦此。"续准户部咨前事，该本部议发宣府修边合用工费银两等因具题。节奉圣旨："是。这奉旨修边银两，都著运送总督衙门，调度两镇支用。钦此。"又准户部咨，该臣题为前事，本部会同兵部计议，分发山西、大同两镇，并力帮修大同边墙、敌台合用工费银两，题奉圣旨："是。这银两俱准给发，各著作速运送前去，听总督衙门给发支用。前发十六万两，准专给宣、大两镇边墙。著周尚文、詹荣、孙锦、赵卿等协力提调，务要修筑如法，永堪保障，无得虚费帑财。事完总督官仍亲行阅视，巡按御史严加核实，各具奏来闻。钦此钦遵。"俱备咨到臣，将发到银两即查给宣、大、山西三镇巡抚衙门，听各修边支用。原议宣府工程于三月二十日自龙门起。大同工程于五月初三日。大同人夫分作两工，一自靖虏堡起，一自弘赐堡起，自东而西。山西人夫俱自丫角山起，自西而东，各行修筑。臣仍拟定修筑边墙、敌台规则，刊印书册，分发各该提调总兵。并分委督工、管工、副参等官遵照，及亲自程督。并差旗牌官分投监工。近据宣府总兵官赵卿开报，已修完龙门、赤城、马营边墙壕崖一百三十七里有奇。大同总兵周尚文开报，已修完镇虏堡等处边墙六十里有奇，弘赐堡等处边墙四十里有奇。惟山西该修丫角以东边墙，止是军夫依期召集，民夫延至六月初二日方才齐到工所，见今亦已修完五十里有奇。除再严催，通完之日，臣亲阅视明白，另行俱奏外。为此，今将前项兴工日期，并后开拟定规则条件，谨俱题知。

◎修复边堡以御虏患以固疆圉疏（卷12《疏八》，第553~556页）

准巡抚宣府都御史孙锦咨：据山西布、按二司守巡口北道右参议苏志皋，金事程绥会呈，行据北路管龙门等仓场通判赵佐呈称，依蒙亲诣本路马营堡迤北，将分守左参将董麒，并委官都指挥王禄，通判邹驰公同监督，修完松树、君子二堡，逐一阅视得，创修松树堡周围三百三十二丈，根阔平高一丈八尺，收顶一丈，并敌台七座，各上加女墙①，高五尺，垛口风门一百七十六处，四角楼铺各一间。敌台楼铺七间，瓮圈周围二十丈八尺，高连垛口一丈八尺。堡门一座，内外二层俱用砖券门扇铁裹，内门楼铺三间，外门楼铺一间，

---

① 女墙，城墙上呈凹凸形的小墙。《释名·释宫室》："城上垣，曰睥睨……亦曰女墙，言其卑小，比之于城。"

堡内盖造公署一处，大门并前后厅房各三间，左右厢房①共四间，厕房一间，照壁②一座。把总公廨③一所，大门一间，前后厅房各三间，左右厢房共四间，官军营房五百四十间。真武祠三间。城隍祠一座。仓一处，周围四十丈，门房一间，廒房五间，仓神祠一间。草场一处，周围四十丈，门房一间，凿造碾一盘，大小磨三盘，穿井二眼。堡外壕深一丈五尺，口阔一丈八尺，底阔一丈二尺。操军教场一处，演武厅房三间，抱厦一座，旗台一座。选拨把总指挥一员孙镗，管贴队千百户常甫等二十员，军人张玘等五百名。创修君子堡周围三百三十二丈，根阔平高各一丈八尺，收顶一丈，并敌台七座，各上加女墙，高五尺。垛口风门一百三处。四角楼铺各一间，敌台楼铺七间。瓮圈周围二十丈八尺，高连垛口一丈八尺。堡门一座，内外二层，俱用砖券，门扇铁裹，内门楼铺三间，外门楼铺一间。堡内盖造公署一处，大门并前后厅房各三间，左右厢房共四间，厕房一间，照壁一座。把总公廨一所，大门一间，前后厅房各三间，左右厢房共四间。官军营房五百四十间。真武祠三间。城隍神祠一座。仓一处，周围四十丈，门房一间，廒房五间，仓神祠一间。草场一处，周围四十丈，门房一门④，凿造碾一盘，大小磨三盘，穿井三眼，堡外壕深一丈五尺，口阔一丈八尺，底阔一丈二尺。操军教场一处，演武厅房三间，抱厦一座，旗台一座。选拨把总千户一员严范，管贴队千百户武爵等二十员，军人胡员等五百名。各安插防守，保障二堡。自本年三月二十六日起工，至五月十七日落成。俱各修筑坚固合式⑤，堪以经久保障。及查原发银四十两，预买市斗米

① 厢房，正房两旁的房屋。
② 照壁，旧时筑于寺庙、广宅前的墙屏。与正门相对，作遮蔽、装饰之用，多饰有图案、文字。
③ 公廨，官署。
④ 篇末校记：门房一门，应作"门房一间"。
⑤ 合式，符合一定的规格、程序。

二千八百三十三石三斗三升五合，凑用过独石仓原备修边市斗米三百八十四石六斗二升。二项共米三千二百一十七石九斗五升五合。内给管工并筑堡军夫匠作共二千七百七十一员名，各支口粮不等，共用过米二千四百五十四石八斗四升。雇觅各色民匠工作共二百六十名，各支不等，并工价等项共用米七百六十三石一斗一升五合。查照原行随宜采打造用过檩椽、枋板等木共七万一千五百七十七根片，笆条五万七千一百二十捆，石条一百五十丈，石碑二座。堡墙飞檐石板一千三百一十丈，柱砥石一百五十个，石灰一百八十石。各样砖瓦共一百四十一万一千三百六十个片。以上官米用尽，工程不能就绪，节蒙巡抚衙门措处过铸造门钻四副，用生铁七百九十斤。裹门钉叶等项，共用熟铁八千五百斤。板桶瓦四万三千七百六十斤，并买泥兜等布，通共用银二百六十四两五钱五分二厘，不系动支官钱。其各项支用钱粮，并无侵冒等弊。

查出二堡抛荒地共二千五百四十八顷一十亩，除复马营堡舍余赵彬等陪粮地一百五十五顷外，分拨官军养赡并菜圃。把总官二员，每员三顷一十亩。管贴队官四十员，每员一顷二亩。军士一千名，每名五十一亩。尚余八百三十六顷一十亩，召人佃种，待成熟照例起科纳粮。山坡地约有一千余顷，立作牧马草场，永为遵守缘由，通将修过工程并用过钱粮物料，备细数目，及督工效劳大小官员职名，开报到道，转呈到职，会同镇守总兵官署都督金事赵卿议得，宣府北路自来挺出一隅，而独石、马营尤为孤悬绝塞，一膜之外，左右皆虏地也。相沿据险为边，原未修墙置守。虽有墩台星散，止是接传烽火，不能遏截狂奔，以至虏贼窃伏山林，时常出没。旧虽设有松、君二堡，节因虏患，寻亦废弃，耕作不变，田亩尽荒，行旅未通，道路或梗。是以居民赵彬等连名俱告总督抚按，节行查勘，委有益于边防，故连疏奏请，亟图修举。荷蒙皇上轸念边方，不惜繁费，爰举斯役，责成边臣。两月经理，二堡落成。名虽因旧，工实创为。职亲历阅视，城垣坚固，屋宇整齐。四郊沃土，一望无涯。所役仅本路之军夫，而劳扰不及于概镇。所费止原发之银两，而区处不损乎公储。创建崇坊，居人称便。收复故地，士卒腾欢。允为绝塞之屏藩，足堪一路之保障。

除将管工效劳指挥千百户等官周源等四十一员名，职量行奖犒不敢烦渎①外，切照总兵官赵卿，督理工程，不辞暑雨，分兵戍守，得御防之机，拨地给军，寓鼓舞之术。巡按御史黄如桂，风纪振肃，官军效奔走之勤，稽察严明，钱粮无滥冒之弊，二堡赖以告成，绝塞因而巩固。此其所当首论者也。次则守巡口北道右参议苏志皋，佥事程绥，因地峻防，慎固极边之冲要；度工计费，充拓既废之疆场。又次则分守北路左参将董麒，都指挥王禄，马营等堡通判邹驰，驱驰艰险，足慰群情，综理工程，不遗余力。又再次如龙门通判赵佐，指挥徐麟，或稽查钱粮明当，或丈量田地周详，皆有劳于斯役者也。烦为转奏，量加赏赉。及将仓场钱粮，查照本路清泉等堡事例，责之各堡把总官专司收放，俱听该路通判提调，不必更设官攒，则地方不扰，事体相安等因。备咨到臣。

案查先准兵部咨，为先时修武以靖边境事，备咨前来，已经通行，速将松、君二堡及时修筑完报去后。今准前因，为照宣府北路独石、马营最为悬远，马营壤地尤为漫延②。不有松、君二堡，则虏骑常侵，我兵难合，疆圉无守望之助，地方有旦夕之危，甚非所以控要而设防也。二堡既已恢复，其势与独石、马营相为犄角，自足以抗胡虏之狂奔，厝居人于宁靖。如巡抚都御史孙锦所叙列赵卿等之功劳，诚亦不虚美者也。而孙锦之志存经国，虑拓筹边，授画而独任其难，考成而咸赖厥庇，其为劳迹尤为首称。但本镇近日修完西路边墙，若赵卿、苏志皋等，已该臣查录具题，均当受赏。修墙

---

① 烦渎，繁杂琐细。冒昧干扰。

② 漫延，泛指向四周扩散。

复堡，虽系两事，实出一时，应否并甄，未敢辄拟。至如懂麒、王禄、邹驰、赵佐、徐麟之五臣者，不预修墙，独劳兹役，似宜查照孙锦所请，量加恩赏。或行臣赏劳，用劝将来。其仓场钱粮止令守堡把总及该路通判收放提调，不必另设官攒，致多冗费。如蒙伏望皇上敕下该部查议施行。谨题请旨。

◎声息疏（卷 12，第 560～564 页）

嘉靖二十五年七月十五日①，准巡抚宣府都御史孙锦揭帖②前事内开："七月十二日酉时，据分守北路左参将董麒差夜不收殷海，同宣府游击将军吕阳差夜不收罗锐各口报，本月十一日午时，听闻龙门所盘道口南空炮响，各官统兵到边截杀，天晚贼退。虑恐复寇，各官将兵马分布通贼道路设伏。次日卯时，前贼上边封敌。十四日辰时，又据董麒等差夜不收王升、杨雄各报，十二日追贼至磨石口，斩获首级，夺获达马牛羊不知数目。本日未时，又据董麒差夜不收赵孜口报，董麒、吕阳十二日追贼，对敌官军斩获首级约有三十余颗，得获达马五十余匹。时值大雨，达贼占据山梁，将吕阳射伤，损折军人未知的数。通据得此系干边情，除行分巡道查实，另行合先报知。"等因。及据镇守总兵官赵卿差百户申文宾口报相同。

本月十六日，又节据旗牌官王浩禀称："本月初十日前到雕鹗堡，监同辽东游击郭都客兵人马，随即分投传与东北二路，严谨烽堠，差人远哨，有警星飞传报。至十三日午时，有董麒差夜不收王玉走报，人马在大边外与贼对敌，浩同郭都人马即时驰骤至样田堡北四十里迎遇。董麒差夜不收李通报称贼退，兵马回城，就止郭都人马回还。浩恐不实，仍督兵马到于龙门所。有董麒说称，十二日卯时，大边外与贼对敌，共得贼级三十余颗，并贼马牛羊。其阵伤

---

① 嘉靖二十五年七月十五日，1456 年 8 月 10 日。
② 揭帖，古代公文的一种。

等项官军未知的数。"等因各到臣。

臣俱即时备行分巡口北道佥事程绥，会同分守道参议苏志皋，作速查勘，前项虏贼委于某月某日犯边？是否北虏小王子、俺答诸酋大营，或李家庄等处近边驻牧贼众？官军是否对敌？各营斩获功次若干？果否真正阵亡官军若干？系何部下？对阵之时有无彼此互相应援？逐一从实查明，分别功罪，毋致隐匿，一并通呈定夺。及节次差人访探去后。

本月十八日，又据总兵官赵卿揭帖，为传报达贼犯边官军奋勇对敌，斩获首级夺获达马等事开称："本职统兵在于西路万全右卫等处，调度防秋。间嘉靖二十五年七月十三日辰时，据参将董麒，游击吕阳各差夜不收王月、张秀等口报，本月十一日午时，龙门所边方达贼五百余骑入境。各统兵下游援官兵，追贼出境，因晚恐贼复寇，就将兵马分伏通贼道路。十二日寅时，前贼纠合一千余骑，复从旧路入境，各官督率官兵与贼对敌。十四等日又即据董麒等差夜不收赵孜、李佑报称，前项官军奋勇将贼追出境外地名盘道口各山沟，又突出达贼二千余骑。官军奋勇血战就阵，各营俱有斩获首级，夺获达马夷器数多。其枪炮射打伤死达贼俱被拉拖，不如其数。查得吕阳被贼射砍伤重，守备陈勋未见下落，其余官军混砍一处，彼此各有损伤，不知的数。"等因。据此，除本职即时统兵赴援外，会同巡抚宣府都御史孙锦议照，前贼一向盘据龙门所、马营等处，屡肆窥窃①，志在剽掠。已经议发吕阳前去，与同董麒，随贼声势，往来截剿。今我军乃能奋勇血战，除将斩获首级、夺获达马夷器并阵亡被伤等项官军，查明另行外，先将对敌缘由，理合开报。

又据辽东游击郭都呈称："十四日，卑职同王浩统领人马出境，行至青沙梁下林内，有吕阳被贼追赶。贼见兵至，当即退去，随将

---

① 窥窃，伺机窃取。偷看窃听。

吕阳救回。"等因。臣又备行该道会同并勘，间本日据臣原差夜不收刘喜等各报称：董麒统领守备陈勋等，吕阳统领坐营指挥谷泰等兵马，于七月十二日在于边外与贼厮杀，忽遇大雨，两家混砍。吕阳奋勇当先，同各官军得功约有三十八九颗。董麒同谷泰人马，十二、十三日先回。吕阳破围至十四日，才同郭都人马还营。吕阳被刀砍一处，箭射三处，不伤性命。传闻陈勋阵亡。前贼不是小王子、俺答部落，系李家庄边外朵颜别枝驻牧虏贼，常时扑杀墩军。并据参议苏志皋禀称："奉到军门钧帖，前去分管地方调度粮草，始闻龙门之捷，实未知其详。大抵虽小有挫衄，亦兵家之常。闻贼死于战斗，溺于谿壑者亦多。然我兵必须彼此联络，左右辅翼，进而克敌，退而自保，且战且却，庶得万全。传闻董参将先回，吕游击以孤军而当劲虏，其时天雨如注，尚得生还，当录其功，以作敢战之气，厉防秋之勇。"等因。

据此，案查先为预拟分布人马以御虏患事，已该臣督行宣府抚镇等官，将游击吕阳所统游兵人马，分布于西路新河口堡，北路参将董麒所统援兵人马，分布于本路许、杨二冲等处，各列营防御，遇警相机截杀。及差旗牌官王浩，□执令旗令牌，前去郭都营监督，往来策应。本年七月初七日，据守备龙门所指挥陈勋秉称，游击吕阳于本月初四日领兵到所按伏，禀报在卷。今该前因，臣看得宣府抚镇揭帖所开，及分守等官并夜不收禀报前项事情，虽略节相同，然官军之获功与阵亡者系何部下，尚无的数，得失功罪，未得其详，欲候查勘，回报至日，分布具奏，不无稽迟。臣谨即所闻者，先陈其概。

照得北路龙门所地方，乃参将董麒所辖也。七月初四日，吕阳人马移彼按伏，必奉有抚镇明文。十一日贼众犯边，十二日官军追剿，必当报知抚镇。董麒何故乃绝无一字到臣。及至出边回还，经今七八日，间又并无一人走报。此岂非欲专擅于其始，而图掩于其终邪？十二日<u>陈勋</u>阵亡，<u>吕阳</u>与贼鏖战至十四日方始还营，则<u>董麒</u>、<u>谷泰</u>等岂宜于十二日统兵先回。其不救<u>阳</u>、<u>勋</u>之难，而自犯退缩之条，不问可知。<u>郭都</u>、<u>王浩</u>人马，十四日既出<u>青沙梁</u>下迎救<u>吕阳</u>，此时<u>董麒</u>、<u>谷泰</u>等按兵不动，又欲沮回<u>郭都</u>人马，不知何谓？纵有斩获，罪有难辞。<u>吕阳</u>以失援之兵，当突聚之虏，身婴重创，力破层围，幸得生全，当以功论。如参议<u>苏志皋</u>之所禀白，似亦得之。故遇敌而必战者，勇也。未战而先胜者，谋也。胜负未分而退奔自全，败谋而无勇者也。<u>吕阳</u>谋未可知，而勇似可取。<u>董麒</u>、<u>谷泰</u>等则谋勇俱失，罪状显然，当愧死于<u>吕阳</u>、<u>陈勋</u>、<u>郭都</u>与<u>王浩</u>者也。

如蒙乞敕兵部移咨督察院，转行巡按御史，查勘<u>吕阳</u>等部下所获首级若干，阵亡、阵伤官军若干，有功者分别等第，造册奏缴，议拟升赏。有罪者查照律例，从重参提究问，奏请发落，用昭劝惩。再照居中调度者，臣之事也，仓卒遇敌，随机应变者，诸将之能也。臣总四镇，以防秋之役移驻<u>阳和</u>极边，虽系适中之地，然于<u>山西</u>及<u>大同</u>之西中路，<u>宣府</u>之东北路，相去颇远，彼中机事，呼吸异形，责在镇巡就近斟酌，一面奉行，一而行臣知会，固所宜也。中间亦有未事之先，应该与臣计议，然后奉行者。臣仍申饬各官，着实查照，相与撼虑，不厌再三，以时而动，庶免疏虞，亦比来庙议谆谆之微意也。谨题请旨。

◎条陈边务以裨安攘疏二首（卷13《疏九》，第586~589页，选其一）

○其二

准兵部咨，该吏科等衙门给事中等官<u>李文进</u>等题内一款，集群才以弘大业，要将武臣自参游以下至于守备行各镇总督抚按等官为精选，该本部议拟，合候命下通行各镇总督会同各该抚按官再加精选，某可久任，某可更调，某才武不堪可降处之，某贪婪有迹可罢黜之，仍将该镇谋勇出众，膂力过人，守为俱优，地方相宜者，疏名指实，会荐前来，以凭更代任用。

行间又节准兵部咨，为议处防秋事，内开抚镇诸臣通将罢闲将领副参而下量其才能，分置军中，料敌制胜，仍具实疏名奏保，酌量才武推用等因。俱题奉钦依备咨到臣，会同巡抚大同都御史詹荣，宣府都御史孙锦，巡按直隶监察御史黄如桂，议得御虏资于将才，抡才限乎世胄，虽不求备，犹难其人，若复摘疵，何以充任。顷者边鄙多事，耳目实繁，武弁者流，止有此数，方举而复劾，既劾而复举，病于屡易，难以责成，久任之言，空存美意。今于见任者惟去其太甚，废闲者兼录其所长，非得已也。除山西，保定二镇大小将官另行甄别，及宣、大镇守总兵官兵部径自考劾，与新任宣府西路参将王臣，万全都司军政管屯署都指挥佥事赵承懋，军政管局巡捕都指挥佥事周镗，守备顺圣川东城桂元勋，雕鹗堡白金，山西行都司军政金书署都指挥佥事马继先，守备聚落城孙宝，井坪城张楫，并近经抚按论劾罢黜者不开外。

查访得见任将官如大同协守左副总兵官林椿，精敏不凡，谈论有口，御军得宽严之体，临戎擅骁捷之名。游击将军吕勇，年青而技艺亦优，心雄而威声颇著，可作三军之勇，足当一面之冲。陈凤秉质实之资，负刚锐之气，周知地利，而力可婴锋，颇晓军机，而谋能制胜。分守北路右参将萧汉，久历边陲，谙练戎务，设防而修理就绪，抚军而刻削未闻。守备应州城、山西行都司武举都指挥同知麻宗，善读儒书，曾魁武举，操持端慎，有惕艰图大之谋，志虑开明，得达权应变之术。右卫城曹镇，谨畏持身，严明驭下。镇虏堡赵纶，年壮而气甚锐，守严而令亦行。广灵城张元勋，器识颇优，才猷可取。高山城张腾，事不避难，法亦能守。拒胡堡焦泽，边防知慎，戎事颇谙，威虏堡叶昂，素称骁雄，亦善骑射。山西行都司掌印都指挥佥事戚铭，性资宣朗，才干优长，力壮而委用方殷，艺精而谋猷允称。军政巡捕都指挥佥事张勋，心地笃实，年力精强，赞务而施为可观，捕盗而勤能亦著。宣府分守中路左参将孙勇，忠勤自许，清慎有闻，挽弓而巧力俱全，戍边与士卒同苦。游击将军欧阳安，谨饬存心，谦和处众，心怀敌忾，曾传塞上之功，兵有机权，必协师中之吉。吕阳，心存忠确，气甚骁雄，屡入贼巢，常居边徼，挥刀而连斩三虏，驰马而数犯重围。守备保安新城袁正，持身清谨，用意精专，制器竭心思之巧，折冲兼骑射之长。怀安城张忠，胆气自负，骁勇过人。隆庆城陈镇，有精敏之才，负刚劲之气。赤城堡戴纶，年力精壮，技艺优长，临敌而不避险艰，解围而屡亲矢石。长安岭刘楫，才识可胜，夫繁任清勤，无忝于将门。顺圣川西城卜相，貌伟而操持克慎，才充而剂量允宜。怀来城曹沄，素有英气，亦多艺能。张家口堡王臣，治军而痛革私役，备虏而慎固重垣。广昌城孙时，谦心忧勤而武备克举，识宏远而文事亦通。新河口堡曹世忠，志气不群，谋猷允称。万全左卫城完成，驭卒不扰，临事有为。保安旧城辛昇，貌扬而守洁，志锐而才通。

以上俱应久任责成。内欧阳安堪备参将，麻宗、戚铭、曹镇、袁正、戴纶，俱堪备参游之选。赵纶堪改天城，张忠堪改万全右卫城，陈镇堪改龙门城，各冲剧地方守备之任者也。

大同分守中路右参将张润，体貌魁梧，弓马习练。东路左参将麻隆，操持难以责备。诸练亦能服人。守备朔州城韩纲，纪律颇知。威远城张宗，武事不废。左卫城沙潮，年力精健。灵丘城李宝，资性明通。镇川堡陶珍，素以老成著名。浑源城张德，颇以捷健驰誉。宁虏堡龚业，安静不扰。马邑城王鏳，勤敏集事。杀胡堡张纪，武事亦能渐修。威胡堡刘椿，操持未尝苟且。天城城火力赤，本系夷族，未谙华言，难使临军，策堪杀贼。宣府分守南路右参将刘振，貌修伟而可当一路，心敛戢而足盖前愆。东路右参将左灏，性似通朗，事亦有为，骑射素谙，志向不苟。北路左参将董麒，才虽敏而独惜乎气盈，行颇浮而每见其招谤。守备柴沟堡董添祥，才识明通，弓马闲熟。葛峪堡潘铭，形弱而气充，性缓而事举。蔚州城周世官，仪表可观，才猷仅可。马营堡张济，貌虽未扬，志亦颇蜕。万全右卫城李世贤，雅度系军士之望，文藻擅酬酢之能。龙门城王三槐，骁勇未著，心力颇勤。以上俱应姑留策励。内张润、麻隆、陶珍、沙潮，各因有犯，董麒近屡失事，暂令供职防秋，候行查处。李世贤堪调怀安，王三槐堪调隆庆腹里地方各守备之任。火力赤则宜改送军门听用者也。

大同中军坐营大同后卫指挥使周广，笃实不欺，廉勇可用。天城卫带俸都指挥佥事闵春，年力精壮，事务疏通。大同后卫指挥同知吕大章，发迹戎行，临镇颇知机变，历官营伍，处事亦著公勤。平虏卫指挥同知李梅，敦厚存心，勤敏集事，举动不失其常，缓急可以为恃，大同前卫指挥使梅鼐，宽和外著而气实骁腾，敦大中存而事亦练达。指挥同知聂振，才猷可取，武艺亦通。指挥使王绅，年少而心存向上，才通而志切有为。右卫指挥佥事史勋，年力富强，技能便捷。云川卫指挥使柴缙，官无物议，事有心机。玉林卫指挥使储臣，性本明敏，事亦精详。宣府开平卫指挥同知刘镗，素有胆略，亦善弓马，提孤军而力抗强虏，励壮志而颇系群心。隆庆左卫指挥佥事胡遐龄，事能干济而举动有章，才足振扬而委用克称。蔚州卫指挥佥事易刚，发迹武科，赞画边务，精锐可以应敌，机变亦能服人。宣府左卫指挥佥事苏启，心谨惕而勤于任事，才敏慧而慎以守身，昔效劳于守边，今益励于营务。以上俱应待有守备员缺量资升补者也。

宣府永宁城守备郑玺，体貌猥琐，志向卑污，玩惕无为，备御无策，此实才武不堪，所宜降除者也。大同迎恩堡守备郑勋，不恤贫军，肆行科敛。灭虏堡守备张伟，敢于犯法，滥受赃私。宣府龙门所守备陈勋，心敢为恶，才足济贪，任管家朱甫为心腹而尅扣军饷，听长哨王聪之通赂而隐匿边情。新开口堡守备蔡纲，勇略未闻，贪淫有迹，扣军士之月粮，买贫女为侍婢，此皆贪婪有迹，所宜亟焉罢革仍行勘问者也。

又查访得废闲大小将官，大同如原任大同游击今养病痊可署都指挥佥事梁玺，发身行伍，历任边方，军务练而精力未衰，地里周而战守足赖。原任延绥游击今闲住都指挥佥事徐淮，老成之器，历练之才，不因废而志遽隳，每抚时而心思奋。原任宣府游击今闲住署都指挥佥事白钦，素有雄心，屡经战阵，兵机素颇谙晓，地利亦能周知。原任山西游击今闲住指挥佥事朱漠，少年任侠，壮气迫人，苟悔悟于一蹶之余，未遽足为终身之弃。宣府如原任本镇总兵官白爵，英毅独任，谋勇兼资，方今将才当为第一，但稽之平日，或歉谦诚，用之将来，尚烦驾驭，虽近令出塞，颇曾收一战之功，而行属防秋，须仍当百死之阵。原任宣府中路参将今缘事李懋，性资谨饬，器识深沉，敦儒素而存心不苟，知武略而更事亦多。原任万全都司佥书署都指挥佥事今革任韩彬，纯朴之性，骁劲之资，临战阵而胆气甚雄，驭士卒而恩威不废，此皆难以终弃，所宜量为录用。内白爵先犯死罪，遽难轻原，另当查议。李懋原因部下杀降，失于妄报，合候勘明。其余梁玺等，则似无别碍者也。

如蒙伏乞敕下该部再加查议，将林椿等久任，欧阳安、麻宗、袁正、周广、刘堂等遇缺升补。张忠、李世贤等互相更调。火力赤量改相应职衔，行令专在军门听候领兵杀贼。就将赵纶调任，原缺另推。郑玺降处，郑勋等罢革，仍行提问。梁玺、韩彬等录用。白爵候另议处。李懋行催原问衙门早为勘报。是亦用人使过，不得已之意也。谨题请旨。

◎北虏入寇紧急声息疏（卷14《疏十》，第 629～630 页）

准巡抚宣府等处地方赞理军务都察院右佥都御史李揭帖^①，案照本月十一日，已将虏众入边缘由具题外。十二日申时，据游击曹镇差夜不收孙仲的报称，前贼声言酋长吉囊俺答子领贼十万余骑，由柴沟堡经过左卫地方阎家堡扎营，尚未抢掠等因到职。看得此贼结营而行，不肯放抢，必有深入之谋，倘若东犯居庸，未免震惊畿内。及查近据总兵官赵国忠原差家丁赵洪哨报，独石边外约贼八万东南行走，万一再入连合，势必重大。职日夜忧惕，不胜愤恨，除会同总督侍郎郭严行各该将领比常加倍堤防及奋勇剿杀外，伏乞皇上天语叮咛，戒谕宣、大、山西并调到延、保汉达官兵，屯聚要害处所，毋分彼此，声势联络，并力截杀，务要大收斩获之功，庶雪臣民之恨等因。准此。随据总兵官赵国忠差来夜不收刘元等报称，本月十一日，虏由西阳河入境，其拆开口子去处并不留贼把守。十二日巳时，有赵总兵官军至镇城西相离二十余里地名沙岭儿，与贼对敌，至夜差元扒营来报，贼有哨马已到宣府镇城西门，尚未开营抢掠。赵总兵在营时，分付传与北路一带守边官军，要知独石边外地名长水海子尚有虏贼一大营在彼，虑恐外攻内应，必须十分堤备等因。据此。

本日申时，又准总督侍郎郭揭报，本月十二日卯时，据原差通事夜不收赵云佩等报称，达贼从渡口堡起营东行，职当时亲督标下及保定官军，出万全左卫城迎敌，前后冲突二三十阵，贼被我军枪炮矢石中伤颇多。至申时，贼众方才行尽未毕数百骑。职统令白钦等一齐奋勇向前扑击，贼遂奔溃，死伤亦多。贼已向宣府东行。自入边至今，凡攻数堡未破，未得抢掠，马已渐觉乏困。本日酉时，参将赵臣，游击曹镇、孙宝、徐仁等，俱领兵陆续到来。总兵官赵国忠并中路参将孙时谦亦领兵前至本卫东严家堡。职拟今夜三鼓，

---

① 揭帖，古代公文的一种。元虞集《京畿都漕运使善政记》："收支之数，有所勘会，止从本司揭帖图帐申报，无烦文也。"

督率各将东追，计天明可及。我众比今日加增数倍，或可成功退贼。

　　但据总兵赵国忠差长哨通事赵洪口报，本月初十日午时，哨至地名金字河、旧开平等处，瞭见精兵达贼约有八万余骑往东南行走。又据通事尚通禀称，与达子答话说，称这是俺答等营达子十万，还有小王子营十万要抢独石等情，事势颇有可虑。除行宣府中等路摆边官军移调北路摆守，及行巡抚都御史李前去该镇北东路，与同副总兵孙勇严督防范，如果贼势侵犯报到，职仍兼程前去调度等因。送司案呈到部，看得前项虏众乘隙入境，结营东经过左卫所属城堡二百里之间，未曾散掠，其所往向，委未可知。若从镇城出深井抄掠，顺圣两川、蔚州地方生灵虽不免于残害，然总督标下及所调集主客兵马俱临近地方，犹颇足恃。及南而紫荆诸关亦已有备，万一从镇城出鸡鸣，趋新旧保安、怀来，逼近河大、白羊、居庸、大、小红门等处关隘，图为南下之举，则宣府北东二路守墙列营人马既方与金字河、长水海贼营相持，不敢离次①，而南山隘口戍守之卒，又未惯战，深为可忧。但审据独石差来报事人役俱云，总督等官已择劲兵数枝，间道疾趋，绕出贼前，以截东向之路，以为关南之防，似已得策。本部仍移檄蓟州、保定抚镇等官孙等及京营总兵官刘渊，严督官军，加谨防御。遥震天声。伏望皇上申敕诸臣，在关北者，务要以退虏为功，计在必战；在关南者，务要以保边为功，计在必守。不许怯懦疏虞，白干重典，事宁之日，容臣等分别功罪，另行具奏施行。

　　◎与杨次村书十一首（卷15《书一》，第668~670页，选其二）
　　○其二
　　承惠霹雳车②，感甚。山西、大同饬备省饷，战守可因，多我公之创画也。一隅溃防，末路更驾。君子之教，深得鄙心。一息尚存，

_____

　　①　离次，擅离职守。《书·胤征》："畔官离次，俶扰天纪。"孔颖达疏："离其所居位次。"
　　②　霹雳车，古代以机发石的战车。以其发石时声如霹雳，故名。

岂容少懈。顾今之时何时邪！多田不娄，见（鹰）[鸢]（乃）[及]獭。去之，则理道不辱；久之，则心事蒙尘。即永隆之役，圣明亮而宽宥我，不赐遣斥，本来意气，未遽陆沉，其为之亦难矣。宣府执事者，冰炭日甚，巨细纷庞，安得借力荡扫，斩然一新？独石西，龙门关东，四海冶外，纡计七百余里，内经计二百余里。前岁仆欲修二百余里之险，以屏蔽皇陵，京师无一和者，而仆又以孙松山之故，遂不果于犯众议而力为之。今虽台叠，已涉救过，乃益叹我公一人，不可再获相与排俗见而树奇烈也。将复谁言哉！将复谁言哉！并守大作，拭目待观，正拟颛官奉候荣戟[1]，适使者还，聊附区区不尽。

〇其四

冗病之余，捧读嘉札，旷若有瘳。所示药方，比之仙授，珍重藏之，卜顽幸已愈，过辱台念，何以克当。咨文内开，欲以山西老营兵援贵镇，而以贵镇新游兵援山西。窃惟山西兵鲜可用，独老营兵若强耳。贵镇兵多可用，独新游兵稍弱耳。以弱易强，正恐难为山西也。且我公于山西援兵必预定某枝，则舜泽公于贵镇援兵亦将预定其某枝。公若以老营兵援贵镇为故事，则舜泽公亦将以贵镇东路旧游兵援山西为故事矣。夫彼此策应者，谓大举入寇，力不能支，飞报邻境，临时发兵相救援云尔，其与预请征兵事体万万不同。彼此互援之兵，原无预征之理，九边皆然，非特延与山西尔也。贵镇去秋预调山西兵，至日既无大举，又迟发回。鄙意窃大谬，然辱公道谊之爱，有难于为言者。今秋望公止依九边通行事体，与舜泽公相约行，乃见忠恕之道，亦仆精神骨髓拳拳所仰望于豪杰者，山西分守大同百四十里之边，其极冲去处乃在拒虏堡，抚镇拟以老营兵一枝守之，去贵镇远甚。设使定老营兵于黄河东畔，则分布之事在贵镇而不在山西，仆亦遂不敢檄老营兵于拒虏，是以公一言而掣肘

---

[1] 荣戟，有缯衣或油漆的木戟。古代官吏所用的仪仗，出行时作为前导，后亦列于门庭。

矣，我公独能不以<u>舜泽</u>与<u>仆</u>二人置腹中邪？若预请征兵，则始自近年。而顷者<u>洪洋</u>建议则本为<u>宣府</u>，该镇边墙未尽完，而其地去<u>京师</u>为近，又咫尺陵寝。谍者屡报，大虏欲从<u>独石</u>、<u>马营</u>拥众而入，长驱而南。臣子忧危至情不先于君父邪，此预征意也。今<u>宣府</u>抚镇尚疏请京营兵为援，况贵镇旧游兵不远而来，宜不为过。本兵既已题有明旨，而<u>宣府</u>所恃以无恐者亦惟是也。望公早发，不然，<u>宣府</u>他日或得以有辞，<u>仆</u>亦不免于<u>皇恐</u>矣。造次言语无绪，伏惟照亮。

◎与苏舜泽书五首（卷16《书二》，第691页，选其一）

○其四

传掷函札，豁然启我矣。外边秋防，闻极整饬。七月将尽，或可靡他，实仗公威。如八月田熟之期，虏所注伺，然戒备愈谨，彼亦何能为邪？闻公欲北登塞垣，吞胡气概，感激鄙衷，所恨不能负弩先驱耳。昨<u>独石</u>、<u>马营</u>守者牒报，归人供说，<u>俺答</u>诸酋合新立<u>小王子</u>部落可二十万人，欲东抢，但未知何向云，事或然也。此时虏帐联络近边，东西长数百里，老幼牛羊俱在，而逻者亦甚急，似未遽向吾<u>宣</u>、<u>大</u>、<u>山西</u>也。虏亦稍稍言吾边甲兵富盛，而小视<u>辽东</u>。以是知摆边之役诚未可罢，杜渐营兵移驻广武，待八月初旬有警，调赴外边。公所处分已极停当，馈饷不以其时，则<u>大同</u>之过也，已移文趣之。不肖近得家报，老亲衰病，而复连有期功之戚。东归未遂，情事怅然，防秋毕事，当以死自丐，即得罪固所甘心。总督重任，舆论欲以烦公，如客岁所闻者，应不诬也。翔回附候，伏惟台照章甚。

◎与谷聚庵书二首（卷16《书二》，第693页，选其一）

东望京国，有怀蒹葭①，积多劳绪。八月以来，屡有戎马之警，

---

① 蒹葭，音 jiān jiā。蒹和葭都是价值低贱的水草，因喻微贱。亦常用作谦词。

不能及时修问①，倥偬②尘状，计能照知也。虏寇隆庆，入自镇安。此地险甚，原议未及筑垣，间多斩崖为守，又恃朵颜支部为我藩篱耳。乃不意猾寇沿攻大小白阳、龙门、赤城，不能克，而朵颜支部为所驱逐，遂取道逾险，而主将莫之防也。要亦天数，为之奈何！不肖拙劳无补于四年，罪状实深于一旦。方当自劾，恐难生还，恃在知爱，敢私言之，知必为不肖兴叹，曲赐维持，无待陈恳也。

◎与郑篁泞书二首（卷16《书二》，第694～695页。选其一）

入秋③以来，戎饷诸务，交迫④纷填，凌兢⑤中愵，寱言⑥嘉大，简阙⑦讯音，徒然刺缪耳。隆庆、永宁之役，安敢尤人，愧负欲死，知必为乡里所怜。丈者一叹，未投杼⑧也。街亭、好水之败，古亦有之。达匪其人，不当比拟，但得不下狱吏，生还海滨，则天地之赐，所望于丈者之恩也。边警尚设，款段⑨待斥，犹尔驱驰，仆仆⑩促楮，不尽其情状也。山西、宣、大外边共二千余里，北虏往年侵犯，俱在山西、大同及宣府之西、中二路，以其地千百余里，多平旷易驰突也。而宣府北、东二路，共几八百里，高山峻岭，大举罕通。自并力守要之议行，而千百里平旷之地，筑浚墙壕，错布品窖，俱已足恃。至于鲜通大举八百里之内，冲要者间亦修有墙壕品窖，尚

---

① 修问，写信问候。

② 倥偬，音 kǒng zǒng。困苦窘迫。

③ 秋，《明经世文编》作"春"。

④ 交迫，谓多方面同时逼迫。

⑤ 凌兢，亦作"凌竞"。形容寒凉。战栗、恐惧的样子。

⑥ 寱言，①醒后说话。《文选·张华〈杂诗〉》："伏枕终遥昔，寱言莫予应。"李周翰注："寱言，谓卧而语无人应我也。"②晤言，相会而对语。

⑦ 简阙，疏略缺失。

⑧ 投杼，比喻谣言众多，动摇了对最亲近者的信心。

⑨ 款段，马行迟缓貌。《后汉书·马援传》："士生一世，但取衣食裁足，乘下泽车，御款段马……斯可矣。"李贤注："款，犹缓也，言形段迟缓也。"

⑩ 仆仆，奔走劳顿貌。

多限于才力不能猝举而并修者，故贼于昔所易驰突去处既不能攻，乃反于昔所难驰突去处力求一逞。譬之水焉，横流冲决，匪西则东。然军门于宣府北路，当岌岌焉指之心，而谆谆焉语之于诸将，又将他镇客兵二枝俱预发此地，盖防其决耳。镇安堡为北路之迤南界，隘口有墙，傍皆层岭危坡，间亦斩崖，艰难登陟，而虏马则轻趫齐登，径彼坡崖漫入，而我军人少，莫之能当。一溃巨防，便无上策。然当是时，本路见在主兵并前客兵共五枝，统于总兵参将，驻札云州，去镇安不能三十里，使预发一枝为镇安之援，据山坡而守，贼亦岂能突进。乃竟为其所诱，误以诸营人马驰往独石，相去既远，反顾不及，噬脐①奈何。其实军门②虽已东行，尚在怀安，去镇安西四五百里，谋无所施，总兵赵卿不谙将略，不能详定，临事张皇，遂自致寇。而该镇同事之人，意见互异，尤足兆灾，宜其有此。虏众十万，自九月初十突入镇安以来，结营三日，并不散抢，欲图长驱，固不必彼中通事言之，而其情可见也。三十日巳时，出山口，下隆庆州川，军门统兵西来，引军联营，疾趋决战，而复以前哨人马一夜行百余里，直抵永宁，示贼以大同、山西援兵且至，俾有慑心，贼西望百里外灰尘障天，遂急抢急回，仅逾一日，不敢越怀来一步者，职此之由，又虑断其归路耳。使贼迟回一日，则兵至而战，雄雌虽未可知，然彼之归路当已为我先得，度必狼狈。贼之速退，又冒滴水崖之险，非得已也。而躬亲戎服，介马营中，岂总督之体乃竟尔尔。譬之冯妇，不免为士人所议。况事既罔功，而民且受害，则亦安用总督为哉？但较之总兵而下及各③地方官，则似有间，以故敢私言之，伏惟门下垂察④。

---

　　① 噬脐，亦作"噬齐"。自啮腹脐。喻后悔不及。《左传·庄公六年》："亡邓国者，必此人也。若不早图，后君噬齐。"杜预注："若啮腹齐，喻不可及也。"

　　② 军门，明代有称总督、巡抚为军门者，清代则为提督或总兵加提督衔者的尊称。

　　③ 各，《明经世文编》无此字。

　　④ 垂察，俯察，赐予审察。

31.《四溟集》

【题解】　　《四溟集》，明谢榛撰。谢榛（1495～1575年），字茂秦，号四溟山人，又号脱屣老人，临清（今山东临清市）人。谢榛父母早逝，且相貌丑陋，自幼右眼失明，但在少年时就已表现出极高的文学天分，后得到同乡长者苏东皋的指导，从此"惟诗是乐"。他以诗会友，平交王侯，与李攀龙、王世贞等人结诗社，"后七子"之一。谢榛虽然结交了大量官员，其中还包括多位当时或后来的阁臣首辅，但谢榛始终没有走上仕途，布衣终身，困窘一生。著有《四溟集》《四溟诗话》等。

本辑据《四溟集》（台湾商务印书馆《景印文渊阁四库全书》影印本，总第1289册别集类）辑录有关赤城的诗。

◎塞下三首（卷7，第717页，五言排律，选其二）

二

青山行不断，独马去迟迟。宿雾开军垒①，寒城见酒旗②。沙连天尽处，霜重日高时。惨淡兵戈气，萧条榆柳枝。乾坤疲战伐，将相系安危。寄语筹边者，功名当自知。

三

路出古云州，风沙吹不休。乌鸢③下空碛，驼马渡寒流。地旷边声动，天高朔气④浮。霜连穷海⑤夕，月照大荒秋。击鼓番王醉，吹

---

①　军垒，军营周围的防守工事。

②　酒旗，即酒帘。酒店的标帜。

③　乌鸢，乌鸦和老鹰。均为贪食之鸟。

④　朔气，北方之寒气。

⑤　穷海，僻远的海边。亦指大海。

同陳廣文蓋卿飲王學孔園亭

亂樹高亭駐落暉鵾絃慢撥羽觴飛古今多少風騷客

誰向花前不醉歸

秋閨

棠梨落葉滿園秋門掩蛩聲入夜愁未寄征衣霜露冷

夢魂先到古雲州

李子仁書屋

蒼林白屋滿牀書山送秋雲到廣除鳥雀不驚人對酒

谢榛《四溟集》书影

箝汉女愁。龙城若复取，侠士几封侯①。

◎秋闺（卷10，第749页，七言绝句）

棠梨②落叶满园秋，门掩蛩声③入夜愁。未寄征衣霜露冷，梦魂④先到古云州。

---

① 封侯，封拜侯爵。泛指显赫功名。
② 棠梨，俗称野梨。落叶乔木，叶长圆形或菱形，花白色，果实小，略呈球形，有褐色斑点。可用做嫁接各种梨树的砧木。
③ 蛩声，蟋蟀的鸣声。
④ 梦魂，古人以为人的灵魂在睡梦中会离开肉体，故称"梦魂"。

32.《豹陵集》

【题解】　《豹陵集》26 卷，梁云构撰。梁云构（1584～1649年），本名治麟，字振趾，后改名云构，字匠先，号眉居，河南兰阳（今河南兰考）人。明崇祯元年进士，官至金都御史，巡抚宣大、庐凤，皆有伟绩。福王时授兵部侍郎。入清授通政司参议，迁大理寺卿，擢户部左侍郎。著有《豹陵集》。

本辑据《豹陵集》（北京出版社《四库未收书辑刊》影印本，第 7 辑第 17 册）辑录有关赤城的诗，这些诗均为梁云构巡抚宣大时所作。

◎滴水崖（卷4，第 115 页，五言律诗）

惠冷博胜誉，之水逊玄荒。疏窬才通勺，连厨亦润香。分甘①尝石乳②，瀹莃③取银铛④。颇溉胸尘尽，名泉发秘光。

其二

幽隐⑤山灵⑥老，僻荒泉水孤。古苔封巨篆，突石孕明珠。标日羞茶史，留连愧酒徒。名游吾殆遍，矫首想匡庐⑦。

---

①　分甘，《后汉书·杨震传》："虽有推燥居湿之勤"李贤注引《孝经·援神契》："母之于子也，鞠养殷勤，推燥居湿，绝少分甘。"本谓分享甘美之味，后亦以喻慈爱、友好、关切等。

②　石乳，茶名。

③　瀹莃，煮茶。瀹音 yuè，煮。莃音 chuǎn，茶的老叶，即粗茶。

④　铛，音 chēng。温器，似锅，三足。如酒铛；茶铛；药铛。

⑤　幽隐，隐晦；隐蔽。亦指隐居未仕的人。

⑥　山灵，山神。山间出产的珍异食物。

⑦　矫首，昂首；抬头。匡庐，指江西的庐山。

首楚匡盧

滴水崖左一峯標曰天柱

翠車歷上岑一任攴層霄巘展誰他陟隄睇幡起

我擡削崖絕牧徑龕石隱僧寮半壁天方穩徐

徐庾使輶

靈真觀

幽尋探勝跡弭節憇靈真蜕室奔泉泠趺崖古

篆壇青田劀藥韮丹鼎護砂人覯矣無從睹何

豹陵集　　卷之四　　三八

梁云构《豹陵集》书影

◎滴水崖左一峰标曰天柱（卷4，第116页，五言律诗）

单车历上谷，一柱支层霄[①]。蜡屐[②]谁[③]他陟，骢鞯[④]讵[⑤]我摇。削崖绝牧径，龛石隐僧寮[⑥]。半壁天方稳，徐徐度使轺[⑦]。

◎灵真观（卷4，第116页，五言律诗）

幽寻探胜迹，弭节[⑧]憩灵真。蜕室奔泉冷，趺[⑨]崖古篆[⑩]堙。青田劚[⑪]药辈，丹鼎[⑫]护砂人。藐矣无从睹，何缘课谷神[⑬]。

其二

窈[⑭]路迂疲辔，幽栖访化人[⑮]。瑶华[⑯]明夏卉，琪树[⑰]倚烟榛。卜筑[⑱]何邻海，托丹为避秦[⑲]。真人隐此，在元大德年间。薛碑仍可读，把

---

①　层霄，高空。

②　蜡屐，以蜡涂木屐。语出南朝宋刘义庆《世说新语·雅量》："或有诣阮（阮孚），见自吹火蜡屐，因叹曰：'未知一生当着几量屐！'神色闲畅。"后因以"蜡屐"指悠闲、无所作为的生活。

③　谁，副词。表示反问，相当于"难道""哪"。

④　骢，音cōng。青白色的马。鞯，音jiān。垫马鞍的东西。

⑤　讵，副词。表示反问，相当于"怎么""难道"。

⑥　寮，古同"燎"。

⑦　使轺，使者所乘之车。

⑧　弭节，驻节，停车。节，车行的节度。《楚辞·离骚》："吾令羲和弭节兮，望崦嵫而勿迫。"洪兴祖补注："弭，止也。"马茂元注："弭节，犹言停车不进。"

⑨　趺，音fū。碑下的石座。

⑩　古篆，指篆书。有大篆、小篆，通行于春秋战国及秦代，故称古篆。

⑪　劚，音zhú。古同"斸"。挖；掘。

⑫　丹鼎，炼丹用的鼎。

⑬　课，占卜的一种。谷神，古代道家用语。谷和神本分用。后多并称。谷，山谷；神，一种渺茫恍惚无形之物。谷神即指空虚无形而变化莫测、永恒不灭的"道"。《老子》："神得一以灵，谷得一以盈。"又："谷神不死。"

⑭　窈，音tiǎo。深邃；深极。

⑮　化人，指有道术的人。

⑯　瑶华，玉白色的花。有时借指仙花。

⑰　琪树，仙境中的玉树。

⑱　卜筑，择地建筑住宅，即定居之意。

⑲　避秦，晋陶潜《桃花源记》："自云先世避秦时乱，率妻子邑人，来此绝境，不复出焉。"后以"避秦"指避世隐居。

酒对嶙峋①。

◎赤城温泉涌立三尺有如珠树（卷4，第116页，五言律诗）

略厌红尘②道，来娱赤水珠。骊颔③喷未足，蚌壳④产何劬⑤。暑雨杂鲛泪⑥，温冰贮玉壶。好收十万石，却按丽人⑦图。

◎赤城率尔⑧二首（卷4，第119页，五言律诗）

吴越通青海，台岩绕赤城。神仙聚窟宅⑨，将吏竦□旌。宛转羊肠折，纡徐骢马轻。狂氛⑩今已遁，圣主议东征。

其二

城冠高峰起，（左山右舍）岈⑪百雉雄。云霞恒变幻，草树对空蒙⑫。翠色下衣湿，蓝舆⑬入箐⑭通。支颐⑮看不足，雪顶一山翁。雪后一峰白也。

---

① 嶙峋，形容沟壑、山崖、建筑物等重叠幽深。形容山峰、岩石、建筑物等突兀高耸。

② 红尘，佛教、道教等称人世为"红尘"。

③ 骊颔，指宝珠。亦戏称露珠。唐马戴《中秋月》诗："阴魄出海上，望之增苦吟。冷搜骊颔重，寒彻蚌胎深。"

④ 蚌壳，蚌的外壳。古代常用来占卜。

⑤ 劬，音qú。过分劳苦，勤劳。

⑥ 鲛泪，犹眼泪。

⑦ 丽人，美人；佳人。

⑧ 率尔，不经思索，随意地。

⑨ 窟宅，指神怪的居处。

⑩ 氛，古代所谓预示吉凶征兆的云气。也单指凶气。

⑪ 音hán yá，深邃空广貌。

⑫ 空蒙，迷茫貌；缥缈貌。

⑬ 蓝舆，竹轿。

⑭ 箐，音qìng。山间的大竹林，泛指树木丛生的山谷。

⑮ 支颐，以手托下巴。

◎独石（卷5，第133页）

地肺①如拳峙陇头②，山河雄胜一亭收。屑蒲才过朱明节③，班草④来眈玄朔⑤游。地迥⑥城孤当塞直，壑从水急入山流。除凶应使销鸣镝⑦，猿臂⑧谁云汉不侯⑨。

◎独石署中松棚不异报国寺二松（卷5，第133页）

舍车揽辔⑩抵危边，偃盖⑪青松荫正圆。龙影平铺深院月，虬枝曲亚坳堭烟。射还虎豹弓堪挂，战胜将军印可悬。小憩支床贪树卧，梦回影写⑫腹便便⑬。

◎望江南⑭赤城署瓶花（卷22，第604页）

瓶花好，小幌一时春。冷艳⑮偏搀蝴蝶梦，嫣红不惹杜鹃魂。桥

---

① 地肺，指地肺山。一即枯枞山。在今河南灵宝市西南。又即商山。在今陕西丹凤县西商镇南一里。又即终南山。今陕西秦岭山脉。

② 陇头，陇山。借指边塞。

③ 朱明节，立夏节。汉代皇帝于立夏日迎夏神于南郊，唱《朱明》歌，故称。

④ 班草，犹班荆。朋友相遇，共坐谈心。

⑤ 眈，音dān。同"耽"。快乐。玄朔，北方。《文选·赵至〈与嵇茂齐书〉》："今将植橘柚于玄朔，蒂华藕于脩陵。"刘良注："玄朔，北方也。"

⑥ 迥，指僻远的地方。

⑦ 鸣镝，即响箭。矢发射时有声，故称。借指战乱。

⑧ 猿臂，谓臂长如猿，可以运转自如。形容勇武。

⑨ 汉不侯，疑即李广不侯。汉名将李广部下因军功而封侯的人很多，而李广本人抗击匈奴，战功显赫，却不见封侯。后因以"李广不侯"慨叹功高不爵，命运乖舛。

⑩ 揽辔，挽住马缰。

⑪ 偃盖，形容松树枝叶横垂，张大如伞盖之状。

⑫ 影写，描绘，描述。

⑬ 腹便便，形容肚子肥满。宋陆游《芋》诗："陆生昼卧腹便便，叹息何时食万钱。"

⑭ 望江南，词牌名。原为隋乐曲名。唐用为词调名。初仅单调，宋时增双调。单调二十七字，五句三平韵。双调加倍。分前后段。另一变体，前后段各五句二仄韵二平韵，共五十九字。此调异名甚多，初名《谢秋娘》，传为李德裕悼念亡妓谢秋娘所作。后因白居易有"江南好"及"能不忆江南"句，遂名《江南好》或《忆江南》。

⑮ 冷艳，形容素雅美好。

影伴黄昏。瓶花好，带媚入官衙。檀屑新香初破粉，豆胎未吐正垂丫。半抹守宫纱①。瓶花好，春信到深垒②。驿使凌晨凭寄与，罗浮今夜有人来。聊此作追陪③。瓶花好，偏爱趁灯篝。曼冶正堪驱寂寞，风霜那可向温柔。长此作从游。

---

① 宫纱，平纹丝织品。轻薄而透明，多染成鲜艳的色泽。适于作窗帘和糊制宫灯、折扇等。

② 垒，音 qí。古同"齐"。又音 zhāi。古同"斋"。这里应指后者。

③ 追陪，追随；伴随。

33. 《由庚堂集》

【题解】　《由庚堂集》28 卷，明郑汝璧撰。郑汝璧（1546 ~ 1607 年），字邦章，号昆岩，俗称郑天官，缙云县（今浙江丽水）人。隆庆二年（1568 年）以弱冠登进士，初授刑部江西司主事，不久升云南司郎中。万历二年（1574 年），受宰相张居正赏识，调礼部任仪制司员外郎，掌郎中事。后历任吏部验封司、文选司郎中、太常寺少卿，提督四夷馆。后调任福建布政司右参议，又调广东按察司副使。十九年二月二十六日，改行从伍，官山西按察副使井陉兵备副使。二十年春，迁赤城参政。郑汝璧"不以边地为苦，不以远徙为愤，坦然就官。"到任后，即以军容肃下，简化军中礼节，时衣裤褶（军服），与诸将驰走郊原，核武技，讲战略。奔走阳和，谒见制府，皆骑马而不坐轿子。并对入侵者说："汝为逆，安得容汝。且我中国人为盗者，皆杀无赦，况尔丑虏！"入侵者仓惶而去。十二月任河南布政司左参政，第二年七月任榆林（今属陕西）中路按察使。二十一年，改任山东布政司右布政，升都察院右佥都御史，巡抚山东。二十七年，为南京太常寺少卿。三十年，再任都察院右佥都御史，巡抚延绥（今陕西榆林），世袭锦衣卫千户。三十三年，调为兵部右侍郎（人称"天官"）兼佥都御史，总督宣、大（今河北宣化、山西大同）、山西等地军务兼理粮饷。莅任即患病，但力谋防御，修城堡，练士卒，制军械，召大将授以奇袭战略。三十五年夏，因病日重，上疏求归，行至山东荆门（今山东张秋镇附近），卒于舟中。四十年十二月十三日，敕赐葬郑公于缙云县之兰口村飞凤山，御制遣官致祭。郑汝璧一生好学，饱读四书五经，通经史、律例、军事等。著有《皇明帝后纪略》《皇明同姓诸王表》《皇明功臣封爵

由庚堂集□卷之六

欲擎天鎮朔當三面名城寄一拳（獨石城以此名）登
臨偏慷慨尊酒罷風烟

李子敬謁銓過訪赤城喜而有作兼懷
鐵城參知 二首

長憶山中侶俄驚塞上逢關河懸片月斗氣
合雙龍不盡南來語頻看別後容風鉦中夜
餘猶認故園鐘

猿狖應亡恙風塵孤自憐一麾隨白草萬里

郑汝璧《由庚堂集》书影

考》《大明律解附例》《由庚堂集》等。

本辑据《由庚堂集》（上海古籍出版社《续修四库全书》影印本，第1356册集部别集类）辑录有关赤城的诗，当为郑汝璧任赤城参政期间所作。

◎创虏歌 史夷外叛，勾虏犯边，移余备兵赤城，会诸将捣之，其子红亥等就擒。锡赏有差。（卷4，第461页，七言古诗）

赤城城头月如练①，白龙堆②里风吹霰③。黄狐跳梁追赤狐，中夜马嘶史酋④遁。藩篱自昔受羁縻⑤，久豢⑥一朝仍外叛。幕南部落日招呼，安兔⑦诸羌颇精悍。公然南牧躏秋原，致令西顾勤宵旰⑧。嗟余剖竹忝⑨疆场，安得轻裘唯燕衎⑩。元戎心膂⑪佥叶谋⑫，援律袄

---

① 练，白色。

② 白龙堆，沙漠名。在新疆天山南路。简称龙堆。《汉书·匈奴传下》："岂为康居、乌孙能逾白龙堆而寇西边哉，乃以制匈奴也。"颜师古注引孟康曰："龙堆形如土龙身，无头有尾，高大者二三丈，埤者丈余，皆东北向，相似也。在西域中。"唐温庭筠《塞寒行》："一点黄尘起雁喧，白龙堆下千蹄马。"

③ 霰，音xiàn。雪珠。白色不透明的球形或圆锥形小冰粒。多在下雪前或下雪时降落。

④ 史酋，就是明代文献中常常提到的"史车二夷"中的"史夷"。酋即为长官，侵略者的首领，史酋即为史二官。据《万历武功录》"史二官车达鸡列传"，隆庆初年，车达鸡率部逃脱俺答汗的控制，来到宣府长城地带，正式归附明朝，明朝将他们安置在滴水崖及靖胡堡一带放牧。

⑤ 羁縻，笼络；怀柔。

⑥ 豢，音huàn。养。设围栏喂养猪狗。

⑦ 安兔，蒙古族部落，俺答汗之孙。

⑧ 宵旰，宵衣旰食的省称。天不亮就穿衣起身，天黑了才吃饭。形容非常勤劳，多用以称颂帝王勤于政事。犹日夜。亦借指帝王。

⑨ 剖竹，古代授官封爵，以竹符为信。剖分为二，一给本人，一留朝廷，相当于后来的委任状。忝，音tiǎn。辱，有愧于，常用作谦辞。

⑩ 燕衎，宴饮行乐。燕，通"宴"。语本《诗·小雅·南有嘉鱼》："君子有酒，嘉宾式燕以衎。"毛传："衎，乐也。"衎音kàn。

⑪ 心膂，喻主要的辅佐人员。亦以喻亲信得力之人。

⑫ 叶谋，合谋；共谋。

牙①宣庙算②。山摇雪色晃戈铤③，云闪日光明组练④。一鼓雄将虎穴穿，群丑惊风股⑤先颤。射海宁留跋浪⑥鲸？燎原欲尽倾巢燕。胡雏⑦骈首⑧系长缨，遗孽游魂泣京观⑨。尺书⑩飞捷向长安，文币朱提⑪拜皇眷。已看天威震五原，敢谓天山定三箭。噫嘻吁！由来猃狁⑫开边患，慑愵⑬怀柔在敉⑭变。勤王⑮回鹘⑯岂附唐？尚主乌孙⑰终背汉。曾闻丹浦⑱亦观兵，为语清时莫忘战。

◎登独石亭（卷6，第470页，五言律诗）

鞭至自何年？关门片碣悬。孤根疑拔地，远势欲擎天。镇朔当

---

① 祃牙，古时出兵行祭旗礼。

② 庙算，朝廷或帝王对战事进行的谋划。

③ 戈铤，戈与铤。亦泛指兵器。

④ 组练，《左传·襄公三年》："（楚子重）使邓廖帅组甲三百，被练三千以侵吴。"孔颖达疏引贾逵曰："组甲，以组缀甲，车士服之；被练，帛也，以帛缀甲，步卒服之。"组甲、被练皆指将士的衣甲服装。后因以"组练"借指精锐的部队或军士的武装军容。

⑤ 股，大腿，自胯至膝盖的部分。

⑥ 跋浪，破浪；踏浪。唐杜甫《短歌行赠王郎司直》："豫章翻风白日动，鲸鱼跋浪沧溟开。"

⑦ 胡雏，胡人小儿；胡人僮仆。亦指年轻的外国人。

⑧ 骈首，头靠着头，并排。亦指两个头相连。

⑨ 京观，古代战争中，胜者为了炫耀武功，收集敌人尸首，封土而成的高冢。

⑩ 尺书，指书信。

⑪ 朱提，山名。在今云南省昭通县境。盛产白银，世称朱提银。亦用作银的代称。

⑫ 猃狁，我国古代北方少数民族名。也写作"獫狁"。

⑬ 慑愵，恐惧。

⑭ 敉，音 mǐ。安抚，安定。

⑮ 勤王，谓尽力于王事。多指君主的统治受到威胁而动摇时，臣子起兵救援王朝。

⑯ 回鹘，即回纥。古代民族名兼国名。为袁纥后裔，初受突厥统辖，唐天宝三年灭突厥后建立可汗政权，贞元四年改称回鹘，开成五年被黠戛斯所灭，余众分三支西迁：一迁吐鲁番盆地，称高昌回鹘或西州回鹘；一迁葱岭西楚河畔，称葱岭西回鹘；一迁河西走廊，称河西回鹘。后改称畏吾儿（即今维吾尔）。也叫回回。

⑰ 尚主，娶公主为妻。因尊帝王之女，不敢言娶，故云。尚，承奉、奉事或仰攀之意。乌孙，代西域国名。地在今伊犁河谷。古亦泛指侵扰汉族王朝疆土的西北边境少数民族统治者。

⑱ 丹浦，丹水之滨。

三面，名城寄一拳。_{独石城以此名。}登临偏慷慨，尊酒啸风烟。

◎李子敬谒铨过访赤城喜而有作兼怀铁城参知二首（卷6，第470页，五言律诗）

长忆山中侣，俄惊①塞上逢。关河②悬片月，斗气合双龙③。不尽南来语，频看别后容。风钲④中夜发，犹认故园钟。

猿崔⑤应亡恙⑥，风尘⑦秪自怜。一麾⑧随白草，万里对青莲。乡梦⑨逢春剧，离愁付酒捐。总输河上叟，长日共鸥眠。

◎上谷秋怀四首（卷9，第486页，七言律诗）

十载闲亭学草玄⑩，征书⑪一日起行边。驱车古道羊肠折，说剑⑫秋风虎帐悬。铜柱⑬勋名归破虏，金城⑭方略是屯田。重门点点

---

① 俄，短暂的时间，一会儿。惊，惊异。

② 关河，指函谷等关与黄河。关山河川。

③ 双龙，相传晋代张华见斗、牛二星之间常有紫气，推知豫章丰城有宝剑。后以"双龙"用为宝剑之典。唐杜牧《怀钟陵旧游》诗之二："未掘双龙牛斗气，高悬一榻栋梁材。"

④ 钲，音 zhēng。古代的一种乐器，用铜做的，形似钟而狭长，有长柄可执，口向上以物击之而鸣，在行军时敲打。

⑤ 崔，音 hè。古同"鹤"。

⑥ 亡恙，没有病痛。引申为安然存在。

⑦ 风尘，尘世，纷扰的现实生活境界。

⑧ 一麾，犹一挥，有发令调遣意。一面旌麾。旧时作为出为外任的代称。麾音 huī。

⑨ 乡梦，思乡之梦。

⑩ 草玄，指汉扬雄作《太玄》。《汉书·扬雄传下》："哀帝时，丁、傅、董贤用事，诸附离之者或起家至二千石。时雄方草《太玄》，有以自守，泊如也。"后因以"草玄"谓淡于势利，潜心著述。

⑪ 征书，指征召或征调的文书。

⑫ 说剑，《庄子》有《说剑》篇，写赵文王好剑，庄子往说之，云："有天子剑，有诸侯剑，有庶人剑。"劝文王好天子之剑。后遂以"说剑"指谈论武事。

⑬ 铜柱，铜制的作为边界标志的界桩。

⑭ 金城，指坚固的城。又指京城。《旧唐书·东夷传·新罗》："王之所居曰金城，周七八里。"

毡裘色，尽道呼韩①款塞②年。

大漠高空肃羽翰③，霞城秋色拥冯阑④。钲笳⑤故促严更曙，裘帽先知绝塞寒。启事谬曾题汉署，筹边⑥重许护楼兰⑦。西河使者休惊问，报国从来有寸丹。

高馆疏灯夜未央⑧，燕山越水意何长。九关层钥通长乐⑨，万里寒云起太行。霄汉有怀依紫极⑩，江湖何处问沧浪⑪。殊方极目偏⑫秋色，南北鸿书⑬正渺茫。

金风飒飒堕关榆，朔气⑭全侵肘后⑮符。浪迹廿年同塞马，乡心⑯八月忆江鲈。玄都⑰载崔仙舟渺，愚谷⑱停云客梦孤。为讯山中诸社伴，看花曾记远人无？

---

① 呼韩，汉时匈奴单于呼韩邪的省称。古代亦借指我国北方和西北地区少数民族的首领。

② 款塞，叩塞门。谓外族前来通好。《史记·太史公自序》："海外殊俗，重译款塞。"裴骃集解引应劭曰："款，叩也。皆叩塞门来服从也。"

③ 羽翰，飞翔；飞升。亦指书信或文章。

④ 冯阑，犹凭栏，身倚栏杆。

⑤ 钲，古代的一种乐器。笳，中国古代北方民族的一种乐器，类似笛子。通常称"胡笳"。

⑥ 筹边，筹划边境的事务。

⑦ 楼兰，古西域国名，汉元封三年内附。后亦借用为杀敌立功的事典。

⑧ 夜未央，夜未尽，谓夜深还未到天明。《诗·小雅·庭燎》："夜如何其？夜未央。"孔颖达疏："谓夜未至旦。"

⑨ 长乐，指长乐宫。用以泛指宫殿。

⑩ 霄汉，天河。亦借指天空。喻指京都附近或帝王左右。紫极，星名。借指帝王的宫殿。

⑪ 沧浪，古水名。有汉水、汉水之别流、汉水之下流、夏水诸说。

⑫ 偏，通"徧"。遍。

⑬ 鸿书，对别人书信的敬称。

⑭ 朔气，北方之寒气。

⑮ 肘后，谓随身携带的。指医书或药方。

⑯ 乡心，思念家乡的心情。

⑰ 玄都，传说中神仙居处。

⑱ 愚谷，借指隐者。

◎冬日偕吴直指①视塞云州少憩灵真观赋（卷9，第486页，七言律诗）

塞北霜威净远氛，前旌选胜②入重云。真人③紫气关门识，内使玄言④柱下闻。石室藏春窥窈窕⑤，瑶檀飞雪散缤纷。冯虚⑥东向长安日，蓬阙⑦遥瞻五色文⑧。

◎咏赤城汤泉（卷9，第486页，七言律诗）

望望霞城生紫烟⑨，千峰回合涌温泉。初疑玉液⑩空中吐，忽讶丹砂井底传。浴日暖将回上谷，洗兵⑪春已遍祈连。振衣⑫爱听铜鞮曲⑬，把酒临风一洒然⑭。

◎游滴水崖朝阳观（卷9，第486~487页，七言律诗）

尊俎⑮边关有胜缘⑯，石门萝磴倚云穿。半空晴滴诸天雨，大漠寒收万壑烟。丹壁凌云排紫剑，彩毫飞雾湿青莲。将归转恋华阳色，

① 吴直指，指吴礼嘉。直指，官名。汉武帝时朝廷设置的专管巡视、处理各地政事的官员。也称"直指使者"，因出巡时穿着绣衣，故又称"绣衣直指"，或称"直指绣衣使者"。
② 选胜，寻游名胜之地。
③ 真人，道家称存养本性或修真得道的人。亦泛称"成仙"之人。这里指祁志诚。
④ 内使，传达皇帝诏令的内监。玄言，指道教义理。
⑤ 窈窕，深远貌；秘奥貌。
⑥ 冯虚，凌空；腾空。
⑦ 蓬阙，蓬莱宫。神仙居住的地方。借指道观。
⑧ 五色文，应指五色花纹。
⑨ 紫烟，山谷中的紫色烟雾。
⑩ 玉液，清水、雨露的美称。
⑪ 洗兵，传说周武王出师遇雨，认为是老天洗刷兵器，后擒纣灭商，战争停息。事见汉刘向《说苑·权谋》。后遂以"洗兵"表示胜利结束战争。
⑫ 振衣，抖衣去尘，整衣。
⑬ 铜鞮曲，即《白铜鞮歌》。也称《襄阳蹋铜蹄》。乐府清商曲名。鞮音dī。
⑭ 洒然，洒脱貌。畅快貌。
⑮ 尊俎，古代盛酒肉的器皿。尊，盛酒器；俎，置肉之几。常用为宴席的代称。
⑯ 胜缘，佛教语。善缘，指与佛门的缘分。泛指好的缘分。

鼓角①城头夕照悬。

◎独石台新成同吴直指抚夷纪事（卷9，第487页，七言律诗）

新筑层台俯大荒，遥临绣斧②有辉光。传呼遍赐名王酒，号令清悬③御史霜。甲士九关屯虎豹，风云万里护金汤④。应知庙算同羁縶⑤，谩道和戎⑥似汉唐。

◎朝阳观对雪（卷9，第487页，七言律诗）

绝塞冲寒贾壮游⑦，朝阳名胜望中收。仙人坛俯三千界⑧，帝子宫悬十二楼⑨。忽拥瑶华⑩随绛节⑪，俄看玉树满丹丘⑫。高歌郢曲⑬堪谁和？咫尺天门紫气⑭浮。

---

① 鼓角，战鼓和号角，两种乐器。军队亦用以报时、警众或发出号令。

② 绣斧，汉武帝天汉二年遣直指使者暴胜之等衣绣衣，杖斧持节，至各地巡捕群盗。见《汉书·武帝纪》。后遂以"绣斧"指皇帝特派的执法大员。

③ 清悬，指乐音清亮的悬挂打击乐器。如：钟、磬等。

④ 金汤，金城汤池的省称。金属造的城，沸水流淌的护城河。形容城池险固。

⑤ 羁縶，马络头和绊马索。引申为拘束。縶音 zhí，古同"絷"。

⑥ 谩道，休说；别说。和戎，指与少数民族或别国媾和修好。犹和亲。指封建王朝与边境少数民族统治者结亲交好。

⑦ 壮游，谓怀抱壮志而远游。

⑧ 三千界，佛教名词"三千大千世界"的省称。以须弥山为中心，七山八海交绕之，更以铁围山为外郭，是谓一小世界，合一千个小世界为小千世界，合一千个小千世界为中千世界，合一千个中千世界为大千世界，总称为三千大千世界。

⑨ 十二楼，指神话传说中的仙人居处。

⑩ 瑶华，喻指霜、雪。

⑪ 绛节，古代使者持作凭证的红色符节。

⑫ 丹丘，亦作"丹邱"。传说中神仙所居之地。

⑬ 郢曲，战国楚宋玉《对楚王问》："客有歌于郢中者，其始曰《下里巴人》，国中属而和者数千人；其为《阳阿》《薤露》，国中属而和者数百人；其为《阳春白雪》，国中属而和者不过数十人；引商刻羽，杂以流征，而和者数人而已。"后以"郢曲"泛指乐曲。郢音 yǐng。

⑭ 紫气，紫色云气。古代以为祥瑞之气。附会为帝王、圣贤等出现的预兆。

34. 《居来山房集》

【题解】 《居来山房集》65 卷，明张佳胤撰。张佳胤（1527 ~1588 年），为避雍正帝讳，又作佳印、佳允，字肖甫，号泸山，又号崌崍（同"居来"）山人，重庆铜梁人。明代"嘉靖五子"之一（亦称"后五子"）。张佳胤嘉靖二十九年（1550）中进士，任河南滑县知县，历任户部主事、兵部职方主事、右佥都御史，接替在非议声中去职的海瑞，出任巡抚应天十府。万历七年（1579 年）巡抚陕西，适逢外族犯边关，改为巡抚宣府，因制服塞外桀骜不驯、四处抢劫的八赖、满五大，并修南山边墙，功倍而费省，入为兵部右侍郎。万历十一年，总督蓟、辽、保定军务，因破敌驻边有功，入为兵部尚书，进太子少保、太子太保。万历十四年返回铜梁老家，十六年卒，天启初谥襄宪。张佳胤兼文武，与李攀龙、王世贞等"后七子"复古派多有酬唱，是明中后期较有影响力的诗人。有诗文集《居来山房集》65 卷等。

本辑据《居来山房集》（齐鲁书社《四库全书存目丛书补编》影印本，第 51 册）辑录有关赤城的诗，当为张佳胤巡抚宣府时到赤城所作边塞诗。

◎独石行（卷 4，第 113 页，七言古风）

独石城南一片石，突兀①霜空削如壁。古松屈铁盘云根②，紫翠千峰莽相射。陆海俄翻滟滪堆③，流沙直接昆仑脉。奇标眼底不常见，

---

① 突兀，亦作"突杌""突屼"。高耸貌。特出；奇特。
② 云根，山石。
③ 滟滪堆，长江瞿塘峡口的险滩。在四川省奉节县东。

臣何但五單于太平如此那無賦授簡慚稱一

大夫

　　廣陵徐母壽詩

金天秋凈見層霄萱樹參差錦作標受籙知為

南岳主釐鷭還注廣陵潮廷開珠履三千客月

攜笙簫四六橋遥憶晝堂稱壽日賡歌應是白

雲謠

　　行邊赤城巡道劉君請浴溫泉作

懸巖爭吐火龍涎不數蓮花第一泉曲折散為

张佳胤《居来山房集》书影

谁其置之巨灵①迹。初拟吾家博望②机，驱来未信祖龙③策。憾慨长歌出塞篇，抚膺④对此怀今昔。犹忆风尘己巳年⑤，六飞⑥曾狩⑦犬羊天⑧。于时此石岂无恙，苍苔翠壁俱腥膻⑨。猗欤⑩我皇神且武，岁岁称臣左右贤。属者问罪五单于⑪，近于张家口罚治诸酋。遂令气色回山川。居胥⑫姑衍⑬杳何许，勒将此石卑燕然⑭。自古御戎不足齿，赫赫威灵有明始。十年稽颡⑮方未央，从兹何得言骄子。不佞惭称锁钥⑯臣，尔也砥柱⑰长如此。万古岩岩⑱北蔽胡，石乎石乎吾与尔。

◎行边赤城巡道刘君⑲请浴温泉作（卷21，第295页，七言律诗）

---

① 巨灵，神话传说中劈开华山的河神。泛指神灵。

② 博望，古山名。即今安徽当涂西南东梁山，与和县南西梁山隔江相对如门，故又称天门山。历来为攻守要地。

③ 祖龙，指秦始皇。借指其他帝王。

④ 抚膺，抚摩或捶拍胸口。表示惋惜、哀叹、悲愤等。

⑤ 己巳年，指土木之变。正统十四年，1449 年。

⑥ 六飞，亦作"六騑""六蜚"。古代皇帝的车驾六马，疾行如飞，故名。喻帝位或皇权。

⑦ 狩，旧时帝王被迫外出的讳称。这时当指北狩，英宗朱祁镇被也先掳到北方去。

⑧ 犬羊，常用以比喻任人宰割者，如俘虏、囚犯等。旧时对外敌的蔑称。

⑨ 腥膻，难闻的腥味。亦比喻人间丑恶污浊的现象。

⑩ 猗欤，叹词。表示赞美。

⑪ 五单于，西汉后期，匈奴势弱内乱，分立为五个单于：呼韩邪单于、屠耆单于、呼揭单于、车犁单于、乌藉单于。五单于互相争斗，后为呼韩邪单于所并。泛指匈奴各部首领。

⑫ 居胥，狼居胥山的省称。今蒙古人民共和国境内肯特山。一说在今内蒙古克什克腾旗西北至阿巴嘎旗一带。西汉元狩四年霍去病出代郡塞去匈奴，封狼居胥山。

⑬ 姑衍，山名。在蒙古大漠以北。汉骠骑将军霍去病破匈奴，封于狼居胥山，禅姑衍，临瀚海而还。

⑭ 燕然，古山名。即今蒙古人民共和国境内的杭爱山。东汉永元元年，车骑将军窦宪领兵出塞，大破北匈奴，登燕然山，刻石勒功，记汉威德。

⑮ 稽颡，音 qǐ sǎng。古代一种跪拜礼，屈膝下拜，以额触地，表示极度的虔诚。

⑯ 锁钥，喻防守。

⑰ 砥柱，比喻能负重任、支危局的人或力量。

⑱ 岩岩，高大；高耸。威严。

⑲ 巡道刘君，当指分巡兵备道刘葵。按清乾隆《赤城县志》卷 5《职官》，刘葵万历八年任分巡兵备道，与张佳胤于万历七年巡抚宣府时间上相吻合。

悬岩①争吐火龙涎②，不数莲花第一泉。曲折散为畿甸③水，氤氲④蒸就赤城烟。振衣⑤时有松云⑥落，命酒难辞塞日偏。胜地最怜区脱⑦近，山灵⑧始遇太平年。

◎巡独石边外赏诸夷（卷21，第295页，七言律诗）

高台天际⑨界华夷⑩，指点穹庐⑪万马嘶。恶说和亲⑫卑汉室⑬，由来上策待明时。欢呼牛酒⑭寒相向，歌舞龙荒⑮了不疑。译得胡儿⑯新誓语，愿因世世托藩篱⑰。

◎抵宣镇恭迎敕谕四首。盖盛生泰甫赍捧兼得欧禛伯大理梁持伯膳部刘子玄余君房二孝廉书末首遂答之（卷29，第344页，七言绝句，选其一）

---

① 悬岩，悬崖。
② 涎，音xián。唾沫，口水。
③ 畿甸，指京城地区。泛指京城郊外的地方。
④ 氤氲，古代指阴阳二气交会和合之状。迷茫貌；弥漫貌。
⑤ 振衣，抖衣去尘，整衣。《楚辞·渔父》："新沐者必弹冠，新浴者必振衣。"王逸注："去尘秽也。"
⑥ 松云，青松白云。指隐居之境。
⑦ 区脱，匈奴语。指汉时与匈奴连界的边塞所立的土堡哨所。
⑧ 山灵，山神。《文选·班固<东都赋>》："山灵护野，属御方神。"李善注："山灵，山神也。"
⑨ 天际，天边。
⑩ 华夷，指汉族与少数民族。后亦指中国和外国。
⑪ 穹庐，古代游牧民族居住的毡帐。《汉书·匈奴传下》："匈奴父子同穹庐卧。"颜师古注："穹庐，旃帐也。其形穹隆，故曰穹庐。"泛指北方少数民族。
⑫ 恶说，谓说话触犯。和亲，指封建王朝利用婚姻关系与边疆各族统治者结亲和好。
⑬ 汉室，指汉朝。
⑭ 牛酒，牛和酒。古代用作馈赠、犒劳、祭祀的物品。
⑮ 龙荒，漠北。龙，指匈奴祭天处龙城；荒，谓荒服。后泛指荒漠之地或处于荒漠之地的少数民族国家。
⑯ 胡儿，指胡人。多用为蔑称。
⑰ 托，凭借；依靠。藩篱，以竹木编成篱笆，作为房舍外蔽。引申为防卫。

　　书来雪后塞鸿①低，南望霜天路不迷。明到燕台②看夜月，可知人在赤城西。

———————————

　　①　塞鸿，塞外的鸿雁。塞鸿秋季南来，春季北去，故古人常以之作比，表示对远离家乡的亲人的怀念。
　　②　燕台，指战国时燕昭王所筑的黄金台。故址在今河北省易县东南。相传燕昭王筑台以招纳天下贤士，故也称贤士台、招贤台。

35. 《徐文长文集》《徐文长遗稿》

【题解】　《徐文长文集》30 卷、《徐文长遗稿》24 卷，明徐渭撰。徐渭（1521～1593 年），字文长（初字文清），别号田水月、天池山人、青藤道士等，浙江山阴（今绍兴市）人，是十六世纪著名的文学艺术家。徐渭出生于一个封建官吏家庭，幼年就以能文为人称赏。但他只考上名秀才，以后屡试不第，终生在功名上没有成就。在徐渭一生中，最重要的政治事件是抗倭战争和胡宗宪之案。徐渭自杀未成，最后又因杀妻而下狱。隆庆六年（1572 年）皇帝朱载垕病死，太子朱翊钧即位，大赦天下，被保释出狱。万历四年（1576 年）夏，徐渭受好友、代理宣大总督的吴兑之邀，带着长子徐枚前往宣府，为其作幕僚。第二年春，离开宣府辗转入北京经商。最终竟抑郁而终。徐渭著作很多，生前曾编为《文长集》16 卷，《阙编》10 卷，《樱桃馆集》（未刊刻）三种，死后由门人商维浚等合编为《徐文长三集》29 卷，并附《四声猿》1 卷，钟人杰又把《三集》改编为《徐文长文集》30 卷，随后张维城又校辑集外遗文为《徐文长逸稿》24 卷，还有《青藤山人路史》《文长杂记》《南词叙录》《笔玄要旨》等。

　　本辑据《徐文长文集》《徐文长逸稿》（齐鲁书社 1997 年出版《四库全书存目丛书》影印本，集部第 145 册别集类）辑录有关赤城的边塞诗，这些作品均为万历四年（1576 年）在边塞宣府期间所作，反映边地风貌和民族融合的局面以及徐渭的感受和见解。

　　◎小集滴水崖朝阳观上谷 取其快句。（《文集》卷 7，第 96 页，七言律诗）

肉教鵝不啄一鯊魚

范蠡載西施之五湖圖

五湖一舸載誰搖盡道西施伴蠡逃、老案一翻千古

後成都太史是皐陶、楊慎傳蠡載西施事謬記

東山贴墅圖有雙鬟待側

閒道東山贴墅年䏦紅粉白兩嬋娟主人出畫催題

急愁擦金釵打翠鈿

剪子嶺

剪子高嵋五樹松橫施鐵板夾西東中間一線通人

余文長逸稿　卷八

徐渭《徐文长逸稿》书影

朝阳道观一何①悬，滴水孤崖百丈边。余气出关雄大漠，长风吹壁立青天。窗扉近在栖雕处，阁道都栏坐客前。不信夜来高顶望，定应笙鹤②下飞仙③。

◎早渡银洞岭（《文集》卷11，第134页，七言绝句）

银洞高高岭百盘，峰峦插笋倚天班。冯谁唤起王摩诘④？画作贤人晓过关。

◎边词并客燕时到马水日及宣府之作。（《文集》卷11，第134～135页，七言绝句，十六首选三）

四壁龙门铁削围，枉教⑤邓艾⑥裹毡衣。莫言虏马愁难度，即使胡鹰软不飞。

十八盘山北去赊⑦，顺川流水落南涯。真冯一堵边墙土，画去乾坤作两家。

八里庄儿一堡中，银镮小杏坠腮红。妆成自不撩人⑧看，起莝黄刍⑨喂铁骢。

---

①　一何，为何；多么。唐杜甫《石壕吏》诗："吏呼一何怒，妇啼一何苦。"

②　定应，必定；一定。笙鹤，汉刘向《列仙传》载：周灵王太子晋（王子乔），好吹笙，作凤鸣，游伊洛间，道士浮丘公接上嵩山，三十余年后乘白鹤驻缑氏山顶，举手谢时人仙去。后以"笙鹤"指仙人乘骑之仙鹤。

③　飞仙，会飞的仙人。

④　王摩诘，指王维，字摩诘，太原祁（今山西祁县）人。开元进士，官至尚书右丞。以诗画闻名于开元、天宝间。擅长五言诗。书画精妙，笔迹雄壮，布置重深，尤工平远之景，晚年长斋，笃信佛教。有别墅在蓝田辋川，尝聚其田园所为诗，号《辋川集》。

⑤　枉教，敬辞。犹言屈尊赐教。

⑥　邓艾（197～264年），三国魏大将。字士载，义阳棘阳（今河南新野东北）人。曾建议司马懿屯田两淮，广开漕渠。后任镇西将军，与蜀将姜维相拒。公元263年，魏军攻蜀，他率奇兵出阴平小道，攻灭蜀。后被诬告谋反，被杀。

⑦　赊，遥远。

⑧　撩人，诱人；动人。

⑨　莝，音cuò。铡碎的草。饲料草（喂马）。刍，牲口吃的草。

◎云州舍身台（《文集》卷11，第139页，七言绝句）

欲留躯壳已贪哉，欲弃之贪更费猜①。一弃一留都不计，道人偶上舍身台。

◎上谷边词（《文集》卷11，第141页，七言绝句，四首选其二）

胡儿住牧龙门湾，胡妇烹羊劝客餐。一醉胡家何不可，只愁日落过河难。

胡儿处处路旁逢，别有姿颜似慕容。乞得杏仁诸妹食，射穿杨叶一翎风。虏最嗜糖缠杏仁。

◎赠李宣镇序议论详确篇末最为感动。（《文集》卷20，第218页）

说兵者，谓今独石迤北，孤县②一臂于虏中。其初独石置卫，本开平地也，开平左四驿接大宁，右四驿接独石，彼此有急，左右旦夕可相援，而开平后乃弃之虏，凡横亘三百里，徙卫于独石，有急左右不得相援。又西虏寇蓟辽必逾独石，循开平，弃开平非计也。议礼③者，谓古恒岳④，乃在今大同浑源州。自五代失河北，至宋未能混一，为契丹所有，故寓祀今真定恒山耳。而议者以为高皇帝逐胡元，既收河北矣，乃北岳亦不改真定，而吴人徐侍郎问台人王侍郎《读书札记》《大阅录》后先出，似成祖时，北岳改祀浑源矣。然当永乐十六年，夏、杨、金三老奉诏修志时⑤，尚未闻有此说也，岂即志后乃始改祀耶？至问诸乡里中仕赵者，往往云赵祠岳固不废。

---

① 费猜，反覆猜度。
② 孤县，县音 xuán，古同"悬"。孤悬，犹孤立。无所依靠。
③ 议礼，谓议论礼制。
④ 恒岳，即恒山。为五岳之一，故称。
⑤ 指户部尚书夏原吉、内阁大学士杨荣、金幼孜等纂修《寰宇通志》。

曩①余客上谷，欲一往浑源，已裹粮，会约伴，爽期而止。迄奉公使命意，庶几且了夙逋，乃抵，徐而病归矣。遣儿走报，公随以言曰：公家世名将军也，独石可弃与否，是公父子间，专职其筹画必素。乃浑源岳祀，非专职也，且邻，吾意公固有余暇，即邻，且必一及之，果真定耶，抑浑源耶？何者，公方镇②也，岳方岳③也，方镇方岳，幽明表里一也。不近绅于百里之晋之邻，而俾聚讼④者，远迷于千里之赵之滥，公得无意乎？

◎剪子岭（《逸稿》卷8，第440页，七言绝句）

剪子高崖五树松，横拖铁板能西东。中间一线通人马，远处看来密似缝。

◎上谷边词（《逸稿》卷8，第444页，七言绝句）

牧场去此苦无多，只隔龙门五尺河。野有一川来贡马，铁无半寸反操戈。

◎答李独石（《逸稿》卷21，第549页）

公威名赫然，仆亦思一仰挹。顾兹行以山水撩人而然，冠盖尊严，似非芒竹可接。俟他日转镇敝省，或当纳履曳裾于油幢间也。道里修阻，致馈腆多，不胜感荷。

○又

仆每从书册中，慨慕古之名将，而不可见，往往兀坐⑤叹息者。

---

① 曩，以往，从前，过去的。

② 方镇，指掌握兵权、镇守一方的军事长官。如晋持节都督，唐观察使、节度使、经略等。辽金时皆有其职。

③ 方岳，四方之山岳。古指东岳泰山、西岳华山、南岳霍山（一指衡山）、北岳恒山。

④ 聚讼，众说纷纭，久无定论。

⑤ 兀坐，独自端坐。

移时①况近在六十里间，兼以敦说诗书礼乐，为儒党②中白眉③者哉！再招而不敢造者，是必有说存于其间也。可以默会④，仰乞亮原仆之扫门⑤，岂无日⑥耶？

◎灯后袚⑦赤城之泉 汤泉数步外有井，而四山冰雪尚未消，独汤处沸如昔。（1983年中华书局出版《徐渭集·徐文长三集》卷7，第244页，七言律诗）

烟火才看上谷奇，汤泉又见赤城稀。四山冰雪陪春住，万壑流黄抱水飞。既解蒙茸挂高树，复凭栏槛看跳玑⑧。谁能浴处当千仞⑨，起向冈头一振衣。

---

①　移时，经历一段时间。

②　儒党，指儒生之辈，读书人。

③　白眉，《三国志·蜀志·马良传》："马良，字季常，襄阳宜城人也。兄弟五人，并有才名，乡里为之谚曰：'马氏五常，白眉最良。'良眉中有白毛，故以称之。"后因以喻兄弟或侪辈中的杰出者。

④　默会，暗自领会。

⑤　扫门，汉魏勃少时欲求见齐相曹参，贫无以自通，乃常早起为齐相舍人扫门。后以"扫门"为求谒权贵的典故。洒扫门庭。表示迎宾诚意。

⑥　无日，不日，为时不久。遥遥无期。

⑦　袚，音fú。洗濯；使洁净。

⑧　玑，不圆的珠，或指小珠。

⑨　千仞，形容极高或极深。古以八尺为仞。

36.《大隐楼集》

【题解】 《大隐楼集》17 卷，明方逢时撰。方逢时（1523～1596 年），字行之，号金湖，又号樗野散人。明湖广嘉鱼人，嘉靖二十年（1541 年）进士。"筮仕之初，三为令尹"，历任宜兴知县、户部主事、宁国知府、工部郎中、兵备副使。隆庆初，擢右佥都御史，巡抚辽东。隆庆二年（1568 年）以副使任赤城分巡兵备道，四年正月移大同。万历初，经大学士张居正推荐，代王崇古总督宣府、大同、山西军务。"逢时才略明练。处置边事，皆协机宜。其功名与崇古相亚，称方王云。"累进兵部尚书兼右副都御史，加太子太保，以功进少保。万历九年（1581 年），方逢时累疏致仕归，万历御赐"尽忠"二字，二十四年病卒。著有《大隐楼集》。

本辑据《大隐楼集》（北京出版社《四库未收书刊辑》第 5 辑第 19 册，清乾隆四十二年滋元堂刻本影印本）辑录有关赤城的诗。

◎登赤城山（卷 2，第 681 页，五言古诗）
昔闻天台东，上有赤城标①。胡然此名山，高并凌沉寥②。毋乃

---

① 赤城标，孙绰《天台山赋》曰："赤城霞起以建标，瀑布飞流而界道。"
② 沉寥，音 jué liáo 亦作"沉漻"。清朗空旷貌。

鸱鹦堡

孤城拿山限解骖日云夕雕离沙草长皫皫云气湿地
险熊虎粼峰高鹏鹦集幸值秋有成更喜战尘息久役
悲小明何当整归轮兴言赋短篇挥洒向青壁

山丹花

雨晴川路净空翠丽行色山花何娜娜舍丹映文轼狐
根沙塞远抱此肝胆赤抚玩意已勤感歎情何极欲以
贻所思室远不可即

朝阳观　观在滴水崖之巅悬壁千仞势入云霄禅宫佛像
皆凿崖石而成云楼鸟宿迥绝人跻塞上奇境也

夸城厝连山千里限夷貊中天积苍翠冯虚炫丹碧鸟
楼佛窟边龙浴灵湫黑宛转云根蜿玲珑风户春法象
俨天人雕琢自神力肆堂倚寥旷万景盖毫末恍若清

六鳌①逝，三山②遂沦漂③。奉石散长风，吹堕龙沙④遥。群仙擅奇绝，丹霞簇山椒⑤。至今巉⑥谷间，土花⑦凝不消。我来山中游，怀仙心摇摇。愿言脱尘簪，高举凌层霄。伊人驾龙輧⑧，云外时相招。

◎龙门关（卷2，第681页，五言古诗）

连山郁云虹，巀嶪⑨开重关。边人昔长啸，窥窃恣凶顽。杀气惨不消，草树春凋残。空此景绝奇，何由豁心颜⑩。延伫⑪重叹息，平仲⑫何时还。

◎龙门城（卷2，第681~682页，五言古诗）

严城⑬吹角罢，明星见农祥⑭。毡车戒行路，积雪盈前冈。首

---

①　六鳌，神话中负载五仙山的六只大龟。相传渤海之东，有一深壑，中有岱舆、员峤、方壶、瀛洲、蓬莱五山，乃仙圣所居之地。然五山皆浮于海，常随潮波上下往还。"帝恐流于西极，失群仙圣之居，乃命禺彊使巨鳌十五，举首而戴之。迭为三番，六万岁一交焉。五山始峙而不动。而龙伯之国有大人，举足不盈数步而暨五山之所，一钓而连六鳌，合负而趣归其国，灼其骨以数焉。于是岱舆、员峤二山流于北极，沈于大海，仙圣之播迁者巨亿计。"唐李白《登高丘而望远海》诗："登高丘，望远海，六鳌骨已霜，三山流安在？"

②　三山，传说中的海上三神山。

③　沦漂，犹飘泊；飘荡。

④　龙沙，泛指塞外漠北边塞之地；荒漠。

⑤　山椒，山顶。

⑥　巉，音yán。古同"岩"。

⑦　土花，苔藓。

⑧　輧，音píng。古代一种有帷幔的车。

⑨　巀嶪，音jié yè。高耸。

⑩　心颜，心情和面色。

⑪　延伫，久立；久留。《楚辞·离骚》："悔相道之不察兮，延伫乎吾将反。"王逸注："延，长也；伫，立貌。"

⑫　平仲，应指晏婴，即晏子。春秋时齐国人，字平仲。

⑬　严城，戒备森严的城池。

⑭　明星，启明星。指日出以前，出现于东方天空的金星。农祥，星宿名。即房宿。这里应指农事。宋王禹偁《贺圣驾还京表》："出狩适当于冬隙，班师未废于农祥。"

种①犹奉入，寒风摇枯桑。徒御②遥相呼，辟易③惊豺狼。劳人④信草草⑤，行役⑥莫敢遑⑦。乡心⑧逐云去，客愁⑨随路长。欲语无与会，感叹惜流光⑩。

◎剪子岭（卷2，第682页，五言古诗）

山迳何郁盘⑪，雪消马蹄滑。怪石讶蹲虎，弯弓勃欲发。边声乍有无，人语忽噂沓⑫。雪年翳榛莽⑬，伊谁劳剪伐？行迈⑭日迟迟，俯仰怀先达⑮。

◎唐家岭（卷2，第682页，五言古诗）

边庭三月时，春风犹未来。我行唐家岭，盘蛇路崔嵬⑯。登顿⑰

---

① 首种，最先播种的庄稼。指稷。

② 徒御，挽车、御马的人。《诗·小雅·车攻》："徒御不惊，大庖不盈。"毛传："徒，辇也。御，御马也。"

③ 辟易，退避；避开。

④ 劳人，忧伤之人。《诗·小雅·巷伯》："骄人好好，劳人草草。苍天苍天！视彼骄人，矜此劳人。"马瑞辰通释："高诱《淮南子》注：'劳，忧也。''劳人'即忧人也。"

⑤ 草草，忧虑劳神的样子。《诗·小雅·巷伯》："骄人好好，劳人草草。"毛传："草草，劳心也。"

⑥ 行役，旧指因服兵役、劳役或公务而出外跋涉。

⑦ 遑，空闲；闲暇。

⑧ 乡心，思念家乡的心情。

⑨ 客愁，行旅怀乡的愁思。

⑩ 流光，指如流水般逝去的时光。

⑪ 郁盘，曲折幽深貌。

⑫ 噂沓，议论纷纷。

⑬ 翳，音 yì。遮蔽，障蔽。榛莽，杂乱丛生的草木。

⑭ 行迈，行走不止；远行。

⑮ 俯仰，低头和抬头。先达，有德行学问的前辈。

⑯ 崔嵬，本指有石的土山。后泛指高山。高耸貌；高大貌。

⑰ 登顿，上下；行止。《文选·谢灵运〈过始宁墅〉诗》："山行穷登顿，水涉尽洄沿。"李周翰注："登顿，谓上下也。"

屡胁息①，瞻顾独徘徊。寒飙②吹不休，飞鸟去复回。平生经畏途③，
兹险非所怀。

◎雕鹗堡（卷2，第682页，五言古诗）

孤城群山隈④，解骖⑤日云夕。离离⑥沙草长，霭霭⑦云气湿。地
险熊虎邻，峰高雕鹗集。幸值秋有成，更喜战尘息。久役悲《小
明》⑧，何当整归轼？兴言⑨赋短篇，挥洒向青壁⑩。

◎朝阳观观在滴水崖之麓，悬壁千仞，势入云霄，禅宫佛像皆凿崖石而
成，云栖鸟宿，迥绝⑪人迹，塞上奇境也。（卷2，第682页，五言古诗）

夸娥⑫厝连山⑬，千里限夷貊⑭。中天积苍翠，冯虚⑮炫丹碧。鸟

---

① 胁息，敛缩气息。《汉书·严延年传》："豪彊胁息，野无行盗。"颜师古注："胁，
敛也，屏气而息。"
② 寒飙，寒冷的大风。晋袁山松《菊》诗："灵菊植幽崖，擢颖凌寒飙。"
③ 畏途，亦作"畏涂"。艰险可怕的道路。
④ 隈，山边弯曲处。
⑤ 解骖，解脱骖马赠人。谓以财物救人困急。语出《史记·管晏列传》："越石父贤，
在缧绁中。晏子出，遭之涂，解左骖赎之。"
⑥ 离离，浓密貌。
⑦ 霭霭，音ǎi。云盛貌。引申为浓盛貌。
⑧ 小明，《诗·小雅》篇名。《诗·小雅·小明序》："小明，大夫悔仕于乱世也。"
后用为悔仕乱世的典实。
⑨ 兴言，心有所感，而发之于言。
⑩ 青壁，青色的山壁。
⑪ 迥绝，远远隔绝。
⑫ 夸娥，指夸娥氏，神话传说中的大力神。出自《愚公移山》："帝感其诚，命夸娥
氏二子负二山，一厝朔东，一厝雍南。自此，冀之南，汉之阴，无陇断焉。"
⑬ 连山，连绵的山岭。
⑭ 夷貊，古代对东方和北方民族之称。亦泛指少数民族。
⑮ 冯虚，凌空；腾空。

栖佛窟边，龙浴灵湫①黑。宛转云根②迟，玲珑风户砉③。法象俨天人④，雕琢自神力。肆望倚寥旷⑤，万景尽毫末⑥。恍若清都⑦游，谁云紫塞逼⑧。汗漫⑨平生怀，历览资宦辙⑩。南临赤海峤⑪，北探元冥⑫宅。未猒⑬尘鞅⑭劳，欣此奇赏获。虚闻化人宫⑮，梦笑华胥国⑯。长啸招松乔⑰，承风向遗则⑱。采真⑲会有期，留诗勒穹石。

① 灵湫，深潭，大水池。古时以为大池中往往多灵物，故称。

② 云根，深山云起之处。

③ 砉，音 huā。象声词，形容迅速动作的声音。乌鸦砉的一声飞了。又音 xū，象声词。皮骨相离声。

④ 法象，指帝王、圣贤之像。天人，指仙人；神人。

⑤ 肆望，纵目四望。寥旷，空旷；广远。

⑥ 毫末，毫毛的末端。比喻极其细微。《老子》："合抱之木，生于毫末；九层之台，起于累土。"

⑦ 清都，神话传说中天帝居住的宫阙。

⑧ 紫塞，北方边塞。晋崔豹《古今注·都邑》："秦筑长城，土色皆紫，汉塞亦然，故称紫塞焉。"逼，狭窄。

⑨ 汗漫，形容漫游之远。

⑩ 宦辙，指仕宦之路；为官之行迹、经历。

⑪ 赤海，传说中南方的海。峤，音 jiào。尖而高的山。

⑫ 元冥，即玄冥。水神名。

⑬ 猒，古同"厌"。

⑭ 尘鞅，世俗事务的束缚。鞅，套在马颈上的皮带。

⑮ 化人宫，仙人所居之处。语本《列子·周穆王》："化人之宫构以金银，络以珠玉；出云雨之上，而不知下之据，望之若屯云焉。"

⑯ 华胥国，《列子·黄帝》："（黄帝）昼寝，而梦游于华胥氏之国。华胥氏之国在弇州之西，台州之北，不知斯齐国几千万里。盖非舟车足力之所及，神游而已。其国无帅长，自然而已；其民无嗜欲，自然而已……黄帝既寤，怡然自得。"后用以指理想的安乐和平之境，或作梦境的代称。

⑰ 松乔，神话传说中仙人赤松子与王子乔的并称。泛指隐士或仙人。

⑱ 承风，接受教化。遗则，指前代留传下来的法则。

⑲ 采真，道教语。指顺乎天性，放任自然。

◎云中者妇词 并序 （卷3，第687~688页，七言古诗）

隆庆己巳①仲夏远行，过龙门山，谷中见者妇垂髫泣拜道傍②。询之，曰："故云中③人也。嘉靖间被虏去，转徙边地十有八年，今诸酋降附，得住内地，偷生忍耻，欲归无家，朝廷恩信明甚，群丑悦服，老妇若逃，恐疑愤生变。老妇何忍以垂尽之年，而贾④边人之祸。今住此山中，且夕得归骨⑤此土，死且不朽。生命不辰，亦复何怨。"余闻其言而悲之。虽恨其不能早死，又悯其能不以一身之故而贾边祸也。其贤于卢绾⑥、中行（悦）［说］⑦远矣！为作此词。

道傍老妇色如土，垂髫蒙茸⑧能汉语。自言家在云中城，笄年⑨嫁作良人妇。虏骑先朝寇北门，孤城攻破烟尘昏。杀人如麻骨月尽，含悲忍辱一身存。远随丑类相驱逐，茹血衣毛备诸毒。李陵台畔断肠过，昭君墓下吞声哭。转徙流离十八秋，朱颜凋尽雪盈头。殊方

---

① 隆庆己巳，隆庆三年，1569年。

② 傍，音páng。同"旁"。旁边。《新唐书·儒学传下·元行冲》："当局称迷，傍观必审。"

③ 云中，古县名。①秦置。治今内蒙古自治区托克托县东北古城。为云中郡治。东汉建安中移治今山西省原平市西南。属新兴郡。北魏太平真君七年（446年）废入定襄县。②北周改太平县置。治今山西省大同市西。属长宁郡。隋开皇初改云内县。③唐开元年间置。治今山西大同市。为云州治。辽重熙十七年（1048年）析县东部置大同县，与大同县同为西京大同府治。蒙古至元二年（1265年）废入大同县。

④ 贾，音gǔ。招引，招惹。

⑤ 归骨，犹归葬。

⑥ 卢绾（前247或前256年~前193年），汉初诸侯王。丰县（今属江苏）人。秦末随刘邦起义于沛，为其亲信，并从入汉中，任将军。刘邦东击项羽时，官太尉，封长安侯。后与刘贾击灭临江王共尉，又从刘邦破燕王臧荼，封燕王。赵相国陈豨叛乱，他派人联合，又与匈奴勾结，事败，逃亡匈奴，匈奴单于以为东胡卢王。死于匈奴。

⑦ 中行悦，西汉燕（治今河北、北京市）人。宦者。文帝与匈奴和亲，令他护送公主至匈奴，他不愿行，强使之，至则降匈奴，事老上单于与军臣单于，多方为之画策，使匈奴与汉为敌，侵扰边境，杀掳人民，并教单于为疏记与计数之法。

⑧ 蒙茸，杂乱貌。

⑨ 笄年，谓女子成年。笄音jī，古代特指女子十五岁可以盘发插笄的年龄，即成年。

款塞①蒙恩泽，许住边州②百不忧。边州咫尺<u>云中</u>路，沙尘黯黯频回首。空谷时收羊马群，荒山日听豺狼吼。夜月朝霜岁序残，沾襟怨血红阑干③。故园门巷生荆棘，魂梦犹能夜夜还。几回欲奋南飞翼，无端已作边氓匹④。圣朝⑤恩信甚分明，敢以微躯启边隙⑥。仓皇诉罢意徘徊，俯仰乾坤只自哀。遗骸得入边州土，犹胜乌孙⑦去不回。

◎烧荒行（卷3，第688页，七言古诗）

汉家御虏无奇策，岁岁烧荒出塞北⑧。大碛平川鸟绝飞，潆潆龙庭⑨暮云黑。秋风萧萧⑩边草黄，胡儿牧马乘秋凉。将军令下促烧草，衔枚⑪夜发何仓皇。边头路尽迷行迹，黄狐赤兔如人立。心惊魂断马不鸣，月暗沙寒露沾湿。阴崖⑫举火各因风，烬结如云万里同。虏帐千群皆北徒，烈焰夜照<u>阴山</u>红。山头突骑飞流矢，几人还向火中死。白骨成灰散不收，恸绝胡天⑬作冤鬼。东风吹绿旧根荑⑭，乾

---

① 殊方，远方，异域。款塞，叩塞门。谓外族前来通好。

② 边州，靠近边境的州邑。泛指边境地区。

③ 沾襟，浸湿衣襟。多指伤心落泪。阑干，纵横散乱貌；交错杂乱貌。汉赵晔《吴越春秋·勾践入臣外传》："王与夫人叹曰：'吾已绝望，永辞万民，岂料再还，重复乡国。'言竟掩面，涕泣阑干。"

④ 边氓，亦作"边甿""边萌"。即边民。匹，同类，友辈。

⑤ 圣朝，封建时代尊称本朝。亦作为皇帝的代称。

⑥ 微躯，微贱的身躯。常用作谦词。边隙，犹边衅，边境上的争端。

⑦ 乌孙，应指乌孙公主。西汉江都王刘建女，名细君。武帝元封中，以汉公主嫁乌孙昆莫，为右夫人。昆莫年老，言语不通。公主惟自作歌以排忧。昆莫死，又为其孙岑陬妻，生一女。

⑧ 塞北，指长城以北。亦泛指我国北边地区。

⑨ 龙庭，匈奴单于祭天地鬼神之所。借指匈奴和其他边塞少数民族国家。

⑩ 萧萧，象声词。常形容马叫声、风雨声、流水声、草木摇落声、乐器声等。这里指风声。

⑪ 衔枚，横衔枚于口中，以防喧哗或叫喊。枚，形如筷子，两端有带，可系于颈上。谓闭口不言。泛指寂静无声。

⑫ 阴崖，背阳的山崖。

⑬ 恸绝，因悲哀过度而昏厥。胡天，指胡人地域的天空；亦泛指胡人居住的地方。

⑭ 荑，音tí。发芽。初生茅草的嫩芽。

坤回首又春归。惟有游魂归不得，年年空逐野烟飞。

◎马营（卷4，第698页，五言律诗）

岁晚冰霜剧，天涯道路长。驱车临绝徼①，问俗到殊方②。白草迟青海，黄狐竞赤狼。胡笳③三来罢，壮士泪沾裳。

◎独石（卷4，第698页，五言律诗）

独石开雄镇，高城接大荒④。地迟青海阔，山引赤城长。边气应销歇⑤，天威合震扬⑥。平生怀壮志，努力效封疆⑦。

◎开平道中猎（卷4，第698页，五言律诗）

叠巘⑧凝云白，平沙⑨落日黄。降酋欣伏草，壮士巧穿杨⑩。逐鹿⑪争趋险，从禽⑫独擅场⑬。因知观猎意，到此未能忘。

---

① 绝徼，极远的边塞之地。
② 问俗，访问风俗。殊方，远方，异域。
③ 胡笳，我国古代北方民族的管乐器，传说由汉张骞从西域传入，汉魏鼓吹乐中常用之。
④ 大荒，荒远的地方；边远地区。
⑤ 销歇，消失。
⑥ 天威，帝王的威严；朝廷的声威。震扬，振作，振奋。
⑦ 封疆，指边疆。疆域；疆土。
⑧ 叠巘，重叠的山峰。
⑨ 平沙，指广阔的沙原。
⑩ 穿杨，谓射箭能于远处命中杨柳的叶子。极言射技之精。泛指技艺高超。
⑪ 逐鹿，《史记·淮阴侯列传》："秦失其鹿，天下共逐之，于是高材疾足者先得焉。"裴骃集解引张晏曰："以鹿喻帝位也。"后因以"逐鹿"喻争夺统治权。
⑫ 从禽，追逐禽兽。谓田猎。
⑬ 擅场，《文选·张衡〈东京赋〉》："秦政利觜长距，终得擅场。"薛综注："言秦以天下为大场，喻七雄为斗鸡，利喙长距者终擅一场也。"谓强者胜过弱者，专据一场。后谓技艺超群。

◎三月三日龙门对雪（卷4，第698～699页，五言律诗）

狐塞春何晚，龙门雪尚飞。已过修禊日①，犹未换春衣。横笛空惊柳，劳歌②忆采薇③。青萍④还自试，莫遣壮心违。

◎月夜同刘参将⑤登独石台（卷6，第713页，七言律诗）

地角⑥遥连瀚海⑦头，龙沙形胜一拳⑧收。为台昔尔真奇略。台去年刘新筑。把酒⑨今予亦壮游。千嶂影涵霜月迥，两河声抱朔云流。誓开元塞酬明主，来许青门⑩学故侯。刘苦欲告休，因以励之。

乘轺⑪远作三关使，倚剑来登独石台。此日山河犹表里⑫，当年城郭已蒿莱⑬。旧开平在塞外三百里，宣德五年移此。茫茫世运同棋局，落落⑭雄图寄酒杯。万里寒威生锦袖，数声清啸月中回。

◎自龙门所出塞外六十里至滴水崖入（卷6，第713～714页，

---

① 修禊，古代民俗于农历三月上旬的巳日（三国魏以后始固定为三月初三）到水边嬉戏，以祓除不祥，称为修禊。禊音 xì，古代春秋两季在水边举行的清除不祥的祭祀。

② 劳歌，忧伤、惜别之歌。

③ 采薇，《诗·小雅》篇名。《〈诗〉序》："文王之时，西有昆夷之患，北有猃狁之难，以天子之命命将率，遣戍卒，以守卫中国，故歌《采薇》以遣之。"后遂以"采薇"作调遣士卒的典故。亦指亡国。

④ 青萍，古宝剑名。又泛指剑。

⑤ 刘参将，指刘潭。

⑥ 地角，地的尽头。多比喻极僻远的地方。

⑦ 瀚海，地名。其含义随时代而变。或曰即今呼伦湖、贝尔湖，或曰即今贝加尔湖，或曰为杭爱山之音译。唐代为蒙古高原大沙漠以北及其迤西今准噶尔盆地一带广大地区的泛称。亦多用为征战、武功等典故。

⑧ 一拳，谓一把抓，掌握一切。

⑨ 把酒，手执酒杯。谓饮酒。

⑩ 青门，汉长安城东南门。本名霸城门，因其门色青，故俗呼为"青门"或"青城门"。泛指退隐之处。

⑪ 轺，音 yáo。古代的轻便马车。

⑫ 表里，比喻地理上的邻接。

⑬ 蒿莱，野草；杂草。

⑭ 落落，犹磊落。常用以形容人的气质、襟怀。

七言律诗)

双旌①晓度云州岭，万骑遥趋滴水崖。帐列冈峦新附②虏，地收耕牧旧污莱③。塞外十三村陷失已久，今年收复。恩威圣代④天同覆，风气殊方日渐开。峰顶千松常蔚蔚，群公相继好栽培。

◎塞上对月（卷9，第730页，七言绝句）

露冷风清夜未央⑤，素娥⑥何处舞《霓裳》⑦。高悬玉镜临青海，照见征人鬓上霜。

鸳鸯泺⑧外狼烟⑨息，雕鹗峰头兔魄⑩寒。影满山河秋更好，声传刁斗⑪夜将阑⑫。

---

① 双旌，唐代节度领刺史者出行时的仪仗。泛指高官之仪仗。借指高官。

② 新附，新近归附。

③ 污莱，谓田地荒废。

④ 圣代，旧时对于当代的谀（yú）称。

⑤ 未央，未半。《诗·小雅·庭燎》："夜如何其？夜未央。"朱熹集传："央，中也。"

⑥ 素娥，嫦娥的别称。亦用作月的代称。

⑦ 霓裳，指霓裳羽衣舞。元秦简夫《东堂老》第一摺："想当日个按《六么》，舞《霓裳》未了，猛回头烛灭香消。"

⑧ 鸳鸯泺，又名昂吉泺。在今河北张北县西北安固里淖。周八十里，其水停积不流。自辽、金以来为飞放之地。《金史·地理志》抚州柔远县："昂吉泺又名鸳鸯泺。"又《太祖纪》：天辅六年（1122年），自泽州"次鸳鸯泺"，次年自儒州至"鸳鸯泺"。明代称集宁海子。

⑨ 狼烟，燃狼粪升起的烟。古时边防用作军事上的报警信号。比喻战火或战争。

⑩ 兔魄，月亮的别称。

⑪ 刁斗，古代行军用具。斗形有柄，铜质；白天用作炊具，晚上击以巡更。

⑫ 阑，晚。如夜阑人静。

◎龙门山中闻杜鹃（卷9，第732页，七言绝句）

绝塞春深①叫子规，征人马上泪沾衣。藁街②不系单于③首，却恐君恩未许归。

◎宣府战守议（卷11，第741～743页）

窃惟我国家建都幽燕之域，密迩北人④，守御之策最为周悉。大同、宣府、和宁、辽东四大镇环拱山后⑤，高城深池，坚甲利兵，为诸镇首称，凡以固畿辅而重陵寝也。和宁既移于保定，而属人进处于朵颜，京师之东藩薄矣。此其大者，无容议已。今以在宣府一镇者言之。

宣府接连居庸，安京师尤近，而大同为宣府之右臂，其势惟均；阳和壤参绝徼⑥，为两镇适中要害之区；自此而西，则为大同诸卫，而尽于偏关之西。自此而东则为大同之天城，为宣府之（淮）［怀］安，为万全左、右卫，为柴沟堡，为张家口，为西路之境；自此而北则为羊房，青边，葛峪，大、小白杨，为中路之境。又自此而北，东为龙门，为赤城，为云州，为马营，为独石，为龙门所，（谓）［为？］滴水（襄）［崖］，为北路之境。又自北而东南，为靖（湖）［胡］堡，为黑峪口，为永宁，为延庆，为怀来，为保安，为东路之境。南路则东起深井，南尽蔚州，与紫荆密迩也。一镇五路，惟西、

---

①　绝塞，极远的边塞地区。春深，春意浓郁。

②　藁街，汉时街名，在长安城南门内，为属国使节馆舍所在地。唐元稹《授牛元翼深冀州节度使制》："敬获戎首，置之藁街。"

③　单于，汉时匈奴君长的称号。

④　密迩，贴近；靠近。北人，特指我国北方的少数民族。这里指边墙之外的蒙古诸部。

⑤　山后，古地区名。五代刘仁恭据卢龙，在今河北太行山北端、军都山迤北地区置山后八军以御契丹。石敬瑭割幽蓟十六州时，才有山后四州之名。北宋末所称山后，包括宋企图收复的山后、代北失地的全部，当时曾预将山后一府（云中）八州（武、应、朔、蔚、奉圣、归化、儒、妫）置云中府路，相当今山西、河北两省内外长城之间地区。

⑥　绝徼，极远的边塞之地。

北、中三路，地在极边，与敌地交错，最为险要；东路惟靖（湖）[胡]一堡为冲，而周四沟、四海冶、火焰山，与蓟镇相邻，崇山阻绝，人骑难行，所谓死地，人不易入焉。南路则去边稍远，不甚冲要。此一镇形势之大略也。

昔人经略，以督府（夫）[大]臣坐镇阳和，而巡抚分居二镇，而柴沟、万全右卫，葛峪、独石，永宁、东、西城，各设参将以分守之，诚得重外制敌之策。惟在边将，练兵足食，备器各守汛地，振扬威武，敌来则固守险陋以拒之，敌去则敛兵勿追，无堕其计。敌人虽强，岂能横行哉？自嘉靖中叶，边帅匪人，戎政大坏，敌人生心，遂敢深入，虽彼之渐强，实我之积弱也。

后来者目击时弊，不思历朝经画远猷，而苟且目前，媛诛避咎①，乃始创建并守南山之说。冬夏无事，督抚诸将咸住阳和，入秋声息一动，则诸将重兵悉聚怀隆，株守孤城，攒食粮饷，而沿边重地如独石、马营、张（东）[家]口、柴沟等处，昔人所深顾而不敢一转足者，皆付之度外。愚反复思之，诚不能得其故。使敌不入犯，幸矣；设使入犯，则桑乾之北，蜚狐之阴，皆为彼地，而诸边城堡，虽极坚深，无兵可守，不溃则破，斯时也督府大兵将坐视不救乎？抑驱兵反援乎？将任其攻掠，而始自解曰吾方有事南山而不暇恤乎？坐视不抹，恐无此理；任其攻掠而不恤，则镇城必危；驰兵反援则疲于奔命，顾彼失此，又乌在其为守南山也。

夫不能分疆画境，严兵固拒于未入之时，而徒拥兵自卫于敌骑充斥之际，此所谓开门延寇至于堂陛，而欲闭闺阁②以自全，计亦疏矣。或以守南山非为宣府谋也，以往年敌自蓟镇入犯京东，而陵寝地重势孤，故以宣、大之兵来守其地，以遏冲突，非弃外而全内也，愚又以为过矣。此必俟敌果东犯，特可偶一为之，非久远计也。且

---

① 避咎，避免罪过或过失。
② 闺阁，妇女所居内室的门户。

敌欲东犯，势必自宣府北路独石之边外三间房①、白草川等处经（远）[过？]，而后能入蓟，俟真见情形而后选择精锐，以一大将统之入援可也，大兵亦不可动也。迩来敌滋狡猾，设使彼以轻骑入蓟诱我，而潜以大众直捣宣、大，则彼成破竹之势，我有拉朽之危，虽有百万之兵在南山之麓，亦无能株二镇之危亡矣。二镇若危，则敌势转逼南山，可独守乎？此尤不可不深虑也。

若是，则南山不可守乎？夫南山，内拱京、寝，外接保、延，重峦叠嶂，凌云翳日，且其下沙石崔垒巍②，水泉不（边）[通]，势难久驻，使其当守，昔之人岂虑不及此哉？然则遂不必守乎？（失）[夫？]兵法云：善守者，敌不知所攻。今无故自开其隙，示敌以可攻之地矣。如之何？其勿守也？愚窃以为不当以边兵守之耳。况今南山设有参将，东路又有游兵，亦不为抚守矣。督府大兵来此，何事急其所缓、缓其所急，薄藩篱之防，而固闺阃之卫？此事理之不可解者也。若能大破浮议，力举群策，宣、大督抚重兵照旧保守沿边，以拒其外；而于京营之中，挑选精兵一二万，每岁秋防之时，以谋勇大将统领出驻居庸，分屯要害以守之；秋防既毕，即撤还京，以内则可以护卫陵寝，以外则可以为边军之声援，古人所谓两军相为表里，庶几近之。且使京军习劳知战，以潜消其骄惰顽慢之习，亦计之得者。夫追兵不移，则我势已固，内兵出戍，则我气益壮；视之移兵易镇、东西狼顾而无益于事者，利害较然矣，抑何惮而不为哉？夫此事也，人皆知之，人皆言之，而不能行者，徒以为此谋者，以要名固宠之心，遂畏难避事之志，托名京师，藉口陵寝，事体重大，使后之当事者虽明知其不可，而不敢置喙于其间，以自取不韪之罪耳。夫贤者体国，智者识时，试一言之，安知其果不可行

---

① 三间房，"白房子"是三间房的蒙古语名称，明代汉字音写作"插汉根儿"。位于今多伦县上都河白城子。

② 垒，高耸险峻。

邪？今之宣镇，其时务之急莫大于此，因循日久，将不知其所终矣。

◎修复北路内塞议（卷11，第743～744页）

窃闻王公设险以守国，则疆圉固，而外侮不能侵；贤者顺时以兴事，则功业成，而遗利①斯可久。国家建都幽蓟，与敌为邻，内设重关，外联四镇，其所以封植郊圻②，慎固疆圉者，既周且密。

四镇之中，宣府为京师北门，尤为逼近。群敌纠合，乘隙奔突，朝扬鞭于朔漠，暮飞矢于居庸。是以蹂躏虔刘③之祸，视他镇为最多；而追逐挞遏之力，视诸镇为最急。况永、延之壤，南山之麓，陵寝在焉，是可一日不加之意乎。

稽之往牒④，先任总督东崖翁公⑤建议，以为天下便宜急宣、大，以数警也。然近时便宜与往事异。往年虞山西，近时京后；大同之门户不严，则太原急；宣府北路之藩篱不固，则隆、永急；隆、永，皇陵之后，神京之外，国之后门，犹人之肩背，养其肩背以卫其腹心。蓄艾⑥七年，防危一旦，察脉观兆，不见是图，乃今则病形已见矣。无外捍之足恃，而重险之不设，专恃北路，非计之周也。又以独石、马营、永宁、四海冶之间，素称险峻，朵颜诸部巢处其外，尚能为我藩篱，今复为所逼，徙避他所，北、东二路之急，视前盖数倍也。试以二路是计之，东路起四海冶镇南墩，而西至永宁尽界；北路起滴水崖，而北而东而南，至龙门尽界，为边凡七百里，

---

① 遗利，犹言留下好处。

② 郊圻，都邑的疆界；边境。《书·毕命》："申画郊圻，慎固封守，以康四海。"孔颖达疏："郊圻，谓邑之境界。"

③ 虔刘，劫掠；杀戮。

④ 往牒，往昔的典籍。

⑤ 东崖翁公，指翁万达（1498～1552年），明广东揭阳人，字仁夫，号东涯。嘉靖五年进士。嘉靖二十三年（1544年）十二月任宣大山西总督，至二十八年五月。

⑥ 蓄艾，《孟子·离娄上》："今之欲王者，犹七年之病求三年之艾也；苟为不畜；终身不得。"本指蓄藏多年之艾以治久病，后以"蓄艾"比喻应长期积蓄以备急用。

而二路马步官军不过一万，除城守站递诸役，防秋摆边，仅得二万，兵分于地广，备疏于无援，此臣之所寒心也。

夫地要而不重其防，兵分而不虞其害，封疆之臣敢一日忘其死耶？拟于东路镇南墩与蓟镇所属火焰墩接界，塞其中空，筑垣仅三十余里，可以省百数十里之戍。自北而西，历四海冶、永宁、光头岭、新宁墩一带，地势可守者，修其旧是；地势不可乘者，稍为更改。又自永宁墩，历雕鹗堡、长安岭、龙门卫至六台子墩，别为创修内垣一道，与北路新墙连而为一。北路原额官军不轻内调，内垣乘守别措兵马，盖不止备金汤之设，崇虎豹在山之威，亦且成首尾之形，收率然相应之利也。

盖公惩镇安之无备，痛赵卿之失律，发愤出谋，建此大策，经营二载，奏绩告成，（边）［逮］今二十余年，乘守既废，补缉无闻，宏功伟略，沦在草莽。近该本道历阅边隅，往来龙门、雕鹗之间，见其遗迹雉堞①，屹然犹存，其所颓坏不过十之三四，若乘此闲暇之时，更加修复之功，后其旧式，增其新规，而于左腋龙门卫扬、许二冲，右腋龙门所滴水崖一带，厚为之备，绝其必窥，诚有如公议所谓外边以捍北路，内险以扞京师；寻常窃发，外边自可支持，万一侵轶，内险复成犄角；外边兼理堡塞，进可以逐北，退可以致人；内险专事堤防，近以翼蔽②延、永，远以系藉关南；缓急相资，战守并用，所谓审形势、酌便宜，而尽之人谋者也。

或曰，北路险矣，车、史二属③内附，藩篱自固，城此不亦赘乎？愚曰：不然。夫古者重门击柝④，以御暴客，况北路乃宣府之门户，宣府乃京师之门户，而黠党之暴，自古而然，多其楗阈，重其

---

① 雉堞，城上短墙。泛指城墙。

② 翼蔽，障蔽，遮护。

③ 车、史二属，指史二官、车达鸡，属兀良哈三卫，嘉靖隆庆中先后归附明朝，声称为其看边，驻牧滴水崖、龙门所。万历十八年率部北投安兔，后又被扯力克执送给明朝。

④ 击柝，敲梆子巡夜。亦喻战事，战乱。

扃钥①，不亦可乎？且属人反覆叵测，示之险阨，以潜夺其勾引窥伺之心，计尤便也。

或曰，北路孤悬，城此不几于弃乎？愚曰：何谓弃也？固将以保之也。马营、独石之孤危者，以其去宣镇远，而声援之隔绝也。内塞若成，形势益壮，乘守有备，声援自接，八堡人心有恃无恐，而大举之谋亦可先夺，由此观之，弃之云乎？保之云乎？

或曰，翁公之策虽善，皆往事也，今已守南山矣，又何事于此？愚曰：南山之守，非石画②也。前人不能深考公策而为是，不得已之举也。请遂言之。夫守南山，则将遂弃宣府，而无益于京师，修内塞不惟可以固京师，而亦得有以保独石。何也？南山接连居庸，去陵寝仅一舍之地，岗峦磵③谷，盘互交错，无可驻足，而怀、延、永、保，沃壤平原，皆在其外，所守之军又皆宣府沿边之人，室庐坟墓，俱有系念，敌若长驱，结营于怀、永之间，分兵四掠，百里之内，布帛菽粟④，取之不竭，我兵踞蹐⑤山中，用武无地，相持日久，土崩瓦解之祸见矣。畿甸受剥肤之灾，宣府生易心之衅，愚故曰：将遂弃宣府而无益于京师也。北路山谷逼侧⑥，砂石魂礌⑦，穷阨瘠薄之区也，敌之侵犯，非有所利于独石、马营之间也，盖垂涎延、永，妄意居庸，将冒险而内逞也。数年以来，版筑日举，七百里之间坚城大堡星罗棋布，深沟危堑，谷转溪回，已可据而守矣。

---

① 扃钥，门户锁钥。比喻出入必经的要地。扃音 jiōng，从外面关门的门、钩等。

② 石画，大计。石，通"硕"。《汉书·匈奴传下》："时奇谲之士，石画之臣甚众。"

③ 磵，音 jiàn。古同"涧"。

④ 布帛，古代一般以麻、葛之织品为布，丝织品为帛，因以"布帛"统称供裁制衣着用品的材料。菽粟，豆和小米。泛指粮食。

⑤ 踞蹐，形容拘束而不敢放纵。蹐，后脚紧接着前脚，用极小的步子走路。

⑥ 逼侧，犹狭窄。

⑦ 魂礌，垒积不平的石块。因以喻郁结在胸中的不平之气。

若复城此，则习坎①在前，如金城玉垒，环绕皇畿②，彼若匪茹③轻入逡巡，前却于崎岖逼侧之间，攻之不隳，掠无所获，力倦谋衰，心灰气夺，不骈首有获则衔尾而遁，岂能抵黑峪、探龙门，窥长安之岭而为寇哉？内地不惊，彼谋斯沮，则外诸城堡为（夫）[大？]举所必经者，势亦自缓，而穷荒绝徼之人，亦将有安枕于耜④之日矣。愚故曰，不惟可以卫京师，而亦可以保独石也。愚尝以为南山之麓，我之散地也；北路之边，彼之散地也。散地在我，则战守俱危，散地在彼，则战守咸便者此也。

或曰，若是则此举也，果不易之道乎？愚曰：何云不易也？审时宜、重根本，择前人之善者而从之，较之守南山为得耳。此城既成，若遂移南山之兵，分屯要害以守之，则内外之形势益固，而诸军之冗食益省，不尤善哉？

或又以为，修之诚是矣，然前年修镇城，去年修怀安，修右卫，修独石，今之终滴水，新龙门，襄⑤马营，毕赤城，增龙门卫，缉⑥长安岭，缮雕鹗，甓鸡鸣，急新开诸工尚纷纷，为军有限，而工不息，不亦劳乎？夫人劳则怨生，怨生则气乖，气乖则岁用不成，不亦可为虑乎？《诗》曰"民亦劳止，汔可小康"，何子之不深念也？愚曰：斯言善矣。民诚劳矣，财且匮。

---

① 习坎，《易·坎》："《象》曰：习坎，重险也。"高亨注："本卦乃二坎相重，是为'习坎'。习，重也；坎，险也。故曰：'习坎，重险也。'"后因称险阻为"习坎"。

② 皇畿，旧指京城管辖的地区。

③ 匪茹，不自量力。《诗·小雅·六月》："猃狁匪茹，整居焦获，侵镐及方，至于泾阳。"郑玄笺："匪，非；茹，度也。镐也方也，皆北方地名。言猃狁之来侵，非其所当度也，乃自整齐而处周之焦获，来侵至泾水之北，言其大恣也。"后常用为盗匪铤而走险的典故。

④ 耜，音 sì。原始翻土农具"耒耜"的下端，形状像今的铁锹和铧，最早是木制的，后用金属制。

⑤ 襄，成，完成。

⑥ 缉，理；整治。

◎与兵部尚书谭二华论十三家①外边工书（卷13，第760页）

伏承七月晦日手教②，俱悉高情③，感慰感慰！所云十三家外边，生怀此衷久矣，昨虽具疏上，而未有所言者，以详在疏中，故不敢复有所云也。虏情反侧无恒④，今虽稽颡⑤，安知他日之不操戈⑥乎？乘此闲暇，修守为急。修守之要，先地利。地利有远近缓急，尤当量力次第举也。通以十年计之，有不悉为金汤者乎。

今日之急，莫大于京、陵。而宣镇者，京、陵之肩背也，独石者，宣镇之肩背也。独石去宣镇三百余里，最为孤悬。自独石东南起龙门所，历靖（湖）［胡］堡，经黑汉岭、周四海，抵陵山之麓，皆连山峻拔，与镇南（燉）［墩］、火焰山接而东，入蓟镇之渤海、黄花。盖京、陵切近之屏蔽也。然自宣府至独石，必历隆龙门关、龙门城、赤城、马营，而后至连山大涧，最为远隔。自独石东南趋龙门所，出红沙岭、双盘道，乃元帝狩上都之大道；自双盘历千松顶，东南行六十里，中皆平川浅水、茂林乔木，外则连山嵯峨，内亦群山蜿蜒如城，南接宁远堡，东通马市口，控靖（湖）［胡］堡。循河、山而行，入黑汉岭，与永、（言）［延］接，为东路。实一天造要道也。

往年史、车二夷据在山外，勾引黄、把二酋入犯，则南山震惊，独石隔绝，不相应援。而当时有此虑者，惟翁东崖公耳。生昔在上谷，再行巡历，深熟其地。史夷虽附，而车、哈二夷未服，尚为梗塞，故东路欲往独石，则必从保安出麻峪，经长安岭，历雕鹗堡，

---

① 十三家，即今长伸地堡。杨时宁《宣大山西三镇图说》长伸地堡图说条载："本堡边外十三家乃属夷驻牧之区，嘉靖年间东夷启衅，残毁殆尽。自北虏通款，史、车旋亦内徙，故万历七年遂得修复，十年添设官兵守之。"

② 晦日，农历每月最后的一天。手教，即手书。对来信的敬称。

③ 高情，敬词。深厚的情意。

④ 反侧，反覆无常。无恒，犹不经，不正常。

⑤ 稽颡，古代一种跪拜礼，屈膝下拜，以额触地，表示极度的虔诚。

⑥ 操戈，执戈。拿起武器。引申为交战。

过宁远，逾赤城，迂回（教）［数］百里，而后可至马营，出独石。中间如（雪）［云?］州、塘家二岭，皆天险，跋陟甚难。彼此有警，势不能援，地形使之然也。生当时与参将刘潭躬行看视，先复十三家之墩，又怀服车、哈二夷，使为我用，然后此路遂大通，而生亲领三千骑，部勒史、车、哈三夷之精丁千人，从红沙岭出双盘，行平川中七十里，而入宁远之筌口，与刘潭计云：若将此外边斩崖砌石，则内险在我，独石与东路辅车之势成矣。曾恳恳言之抚院王继津公①，未蒙允行，而生方修筑北路之八城堡，又虏酋猖狂，经营不暇。既而刘潭得罪，生亦有辽东之行，其事遂已。今又叨在地方，过宣镇，即与吴抚院②谈及，而吴亦先知其要害，慨然以为己任，故辄敢会疏上闻，荷公高明洞识，俯赐允从。此险一成，则宣镇之左臂健③，而京、陵又添一严屏也。若或以为不急之务，其亦未知其故者乎？即今已举工，计今冬可完七八，而来夏则毕工矣。伏承谕及，辄敢一详达之。

---

① 王继津，指王遴（1523～1608年），字继津，明顺天府霸州（今河北霸县）人。嘉靖二十六年进士。官兵部员外郎。杨继盛弹劾严嵩论死，遴为资饘粥，且以女许配其子杨应箕。嵩父子大怒，借故下之狱。事白，复官。继盛死，又为收葬。隆庆二年（1568年）巡抚宣府，至四年三月止。大兴屯田。万历初，以与张居正不睦，出阅边，事毕即移疾归。居正死后历官工、户、兵三部尚书。卒，赠太子太保。天启中，追谥恭肃。《明史》卷220有传记。

② 吴抚院，即吴兑，字君泽，号环洲。绍兴山阴（今属浙江）人。嘉靖进士。授兵部主事。隆庆三年官蓟州兵备副使。五年八月升右佥都御史，巡抚宣府。有智谋，操纵训伏昆都力、辛爱封贡。至万历五年（1577年）夏代方逢时，万历时，总督宣、大、山西军务。被弹劾附高拱、张居正，且贿赂冯保。免职后数年卒。

③ 健，古同"健"。

37. 《灵籙阁集》

【题解】 《灵籙阁集》8 卷，明汤兆京撰。汤兆京（1565～1616 年），字伯闳，号质斋，南直隶宜兴（今属江苏）人。万历二十年（1592 年）进士，授丰城知县。以治最，征授监察御史。万历四十一年，任宣大巡按御史。屡疏言事，皆不为所用。以不得其职告归。天启中，赠太仆寺少卿。有《灵籙阁集》。《明史》卷 236 有传。

本辑据《灵籙阁集》（齐鲁书社出版《四库全书存目丛书补编》影印本，第 98 册）辑录有关赤城的诗。

◎过温泉记（卷 5，第 610～611 页）

岁甲辰①，柱下史②某奉天子命来巡两镇。闰九月既望③，首事于东方。未至赤城五里，则温泉在焉，爰停征牡④，暂涤尘襟。盖登降岩谷者久之，忽得石梁，瀑布声隐隐从崖壑度余舆矣。拾级而上，为堂三楹，浴室次其后。左出循崖尽，为碧霞元君⑤祠，前敞以轩，

---

① 甲辰，为万历三十二年，1604 年。

② 柱下史，周秦官名，即汉以后的御史。因其常侍立殿柱之下，故名。为御史的代称。

③ 既望，周历以每月十五、十六日至廿二、廿三日为既望。后称农历十五日为望，十六日为既望。

④ 牡，雄性的鸟或兽，亦指植物的雄株，与"北"相对。

⑤ 碧霞元君，道教女神名。道教祀奉的泰山女神。宋真宗时封为"天仙女碧霞元君"，民间尊为泰山老奶奶或泰山娘娘。她和东岳大帝是执掌泰山的两位主神。其民间信仰从泰山地区泛及黄淮海地区，辐射范围南至江浙赣皖，北至河北、东北三省，西至陕西，东至沿海。北京白云观中以送子娘娘、催生娘娘、眼光娘娘、痘疹娘娘作为她的配祀神。追其根源，当是上古神话中女神的转变，因此有人认为她的原型就是女娲。关于此神的来历，在民间有多种传说。民间俗信她能为众生赐福，消灾祛病，因而附会了不少神异的故事。

北庭不是心知如骨日異鄉誰惜久漂零

曉發龍門

朦朧山色馬頭前殘夢攜來績錦韉萬里霜飛雪滿漢
月數聲笳吹斷胡天雄心報國時看創志士離家不
記年應有鐃歌喧入塞築成京觀似祁連

贈吳泰州 有序

荆燕吳丈以名家子蜚聲賢書去二南發賢郎
非其好也意欲得一當以憤發所為異時如
卜太傳財助邊耳銓人奇其對授實第一

汤兆京《灵护阁集》书影

汤池出焉。池大小二，各周以石栏。大者如薪烈鼎沸，溅激跳跃而差短，小者跑突直上如一冰柱，高可尺余。旁甃石为渠，作亭其上，潜行入浴室，半杂寒泉，始成浴。前洒数渠入庳①室露池，以供舆儓②驺③马及远近就浴者。汇为碥道④，则前所度石梁跨之。于时冬也。燠气蓬勃出池中，暖然似春。而山形复回合，芙蓉四矗，云霞荡潏⑤其顶，而琮璜鏦铮⑥，其足斯塞上奇绝处。

碑称都督杨洪感黑蟒异，经始⑦表章，以泉能已疾⑧，侈谈⑨蟒灵。余谓温泉下多有硫磺，性杀虫，瘳疮痏。蟒或有之，灵何称焉？独怪斯泉之胜，未必遽减华清⑩，彼以去天五尺，清跸⑪遨嬉六宫⑫临，况流脂堕舄⑬，照映泉石，词客骚人，淋漓翰墨。千载而下，犹若登临。斯泉逊居荒服⑭，翠华⑮既绝，经过品题亦复罕及。石晋而后，且入毡裘之窟而流臊羯之气者四百余年。圣朝混一，始入版图。

---

① 庳，音 bēi。两旁高中间低的房屋。房屋矮小。
② 舆儓，古代十等人中两个低微等级的名称。舆为第六等，台为第十等。泛指操贱役者，奴仆。儓音 tái，古代对低级奴隶的名称。古代对农民的蔑称。
③ 驺，古时为王公贵族养马并管驾车的人。
④ 碥道，山谷中的路。
⑤ 荡潏，涌腾起伏。潏音 yù，水涌出貌；一说泉出貌。
⑥ 琮璜，琮与璜，皆庙堂玉器。鏦铮，象声词。形容金属等物相击声。形容水声。
⑦ 经始，开始营建；开始经营。
⑧ 已疾，治疗疾病。
⑨ 侈谈，夸大而不切实地谈论。
⑩ 华清，指华清池。唐华清宫的温泉浴池。在陕西省临潼县城南骊山麓。
⑪ 清跸，旧时谓帝王出行，清除道路，禁止行人。借指帝王的车驾。
⑫ 遨嬉，游玩；戏耍。六宫，古代皇后的寝宫，正寝一，燕寝五，合为六宫。
⑬ 舄，同"潟"。
⑭ 荒服，古"五服"之一。称离京师二千到二千五百里的边远地方。亦泛指边远地区。
⑮ 翠华，天子仪仗中以翠羽为饰的旗帜或车盖。为御车或帝王的代称。

杨君既出之榛莽①之中，而揽辔②观风者，时得濯缨③其上，斯泉可谓遭矣。抑余因是有漆室④之怀焉。先朝中涓⑤亦既出而咆然⑥中国，如兹碑所纪，镇守、分守、监枪诸姓名，实繁有徒。肃皇帝⑦一朝去之，如项失瘿，而附骨失疽也。奈何今上神圣，而令左貂⑧四出，两镇弹丸，三使棋布，阴类⑨相从，吾惧斯泉且为饮马长城窟矣⑩。

虽然，塞事实重，天子实惠，顾肩背，旦夕且法肃皇帝故事，聊纪岁月，以为左券⑪，后之览观者知泉之幸不幸系惟人谋，地灵曷与哉！

◎云州道中（卷7，第661页，五言古诗）

最有山川胜，何言行路难。自天飞瀑布，拔地起峰峦。九月霜如雪，重裘⑫午尚寒。荷戈看赤骭⑬，为尔一长叹。

◎登独石戍楼（卷7，第661页，五言古诗）

北去更无地，南来另有天。日中飞冻雨，寒极淡炊烟。部落分

---

① 榛莽，杂乱丛生的草木。

② 揽辔，挽住马缰。

③ 濯缨，洗濯冠缨。语本《孟子·离娄上》："沧浪之水清兮，可以濯我缨。"后以"濯缨"比喻超脱世俗，操守高洁。

④ 漆室，春秋鲁邑名。鲁穆公时，君老太子幼，国事甚危。漆室有少女倚柱而啸，忧国忧民。后用为关心国事的典故。

⑤ 中涓，官名。亦称"涓人"。古代君主亲近的侍从官。

⑥ 咆然，音 páo xiāo。猛兽怒吼。亦形容人嚣张或暴怒。

⑦ 肃皇帝，指明世宗嘉靖皇帝。

⑧ 左貂，武冠的冠饰，以貂尾饰于冠左。

⑨ 阴类，旧时认为属于阴性的物类。《宣和遗事》前集："中国也，天理也，皆是阳类；夷狄也，小人也，人欲也，皆是阴类。"

⑩ 饮马长城窟，汉代乐府古题。相传古长城边有水窟，可供饮马，曲名由此而来。

⑪ 左券，古代契约分为左右两片，左片称左券，由债权人收执，用为索偿的凭证。

⑫ 重裘，厚毛皮衣。

⑬ 荷戈，拿走武器。骭，音 gàn。小腿。

韦韝①，羊驼满谷川。玉关真不闭，戍士②只高眠。

◎独石抚虏（卷7，第664页，七言古诗）

山川到此亦雄哉，遂有屠耆③接踵来。左衽④频年⑤裁汉绮，阏氏⑥纷舞进胡杯。塞垣自说和戎利，绛灌⑦何疏裴饵才。珍重至尊桑上意，辕门⑧新见壮猷⑨开。

胡越⑩虚闻是一家，华夷今见寂无哗。侏（左亻右离）⑪尽入中原谱，童雅能吹异域笳。冒顿⑫已辞骄子号，那颜⑬翻使幕南⑭夸。虏中呼中国官长为那颜。书生未有安边策，愿得干城⑮起免罝。

① 韝，音 gōu。臂套。
② 戍士，戍守边疆的兵士。
③ 屠耆，匈奴语译音。义译为贤。《史记·匈奴列传》："匈奴谓贤曰'屠耆'，故常以太子为左屠耆王。"
④ 左衽，衣襟向左。指我国古代某些少数民族的服装。后因以"左衽"指少数民族。
⑤ 频年，连年，多年。
⑥ 阏氏，汉代匈奴单于、诸王妻的统称。借指其他少数民族君主之妻妾。
⑦ 绛灌，汉绛侯周勃与颍阴侯灌婴的并称。均佐汉高祖定天下，建功封侯。二人起自布衣，鄙朴无文，曾谗嫉陈平、贾谊等。
⑧ 辕门，古代帝王巡狩、田猎的止宿处，以车为藩；出入之处，仰起两车，车辕相向以表示门，称辕门。地方高级官署的外门。
⑨ 壮猷，宏大的谋略。语出《诗·小雅·采艺》："方叔元老，克壮其犹。"郑玄笺："犹，谋也；谋，兵谋也。"
⑩ 胡越，胡与越。亦泛指北方和南方的各民族。
⑪ 侏（左亻右离），亦作侏離。我国古代西部少数民族乐舞的总称。形容方言、少数民族或外国的语言文字怪异，难以理解。侏音 zhōu。
⑫ 冒顿，音 mò dú。西汉初年匈奴单于。姓挛鞮。秦二世元年弑父自立，建立军政制度，东灭东胡，西逐月支，北服丁零，南服楼烦、白羊。西汉初年，经常侵扰边地。
⑬ 那颜，亦作"那衍""那延"。蒙古语 noyan 的音译。义为官吏，王公，长官。后为贵族的通称。
⑭ 幕南，漠南。幕，通"漠"。古代泛指蒙古大沙漠以南地区。
⑮ 干城，比喻捍卫或捍卫者。

413

◎滴水崖（卷7，第664页，七言古诗）

千尺丹崖①插碧天，八窗虚敞杂云烟。循橦②度索人如鸟，凿石为楼户倒悬。空有尚余功德水，非无已现妙庄禅。<small>诸佛列山而成。</small>夜深清磬云中落，万籁希声③月满川。

◎独石署盘松并序（卷7，第664页，七言古诗）

东巡至独石，则绝塞矣。署有盘松，生意婆娑，虽高不盈丈，而荫可半亩，柱枝四垂，如轮如亭，视葛峪之屈曲耸特④，又一奇也。适集维霰，遂构兹味，聊纪穷荒，景色殊愧，诗人体物云尔。

葛城⑤已睹离奇种，此地还看轮囷⑥材。忽有惊涛清梦寐，几多寒影护苍苔。遐荒⑦恨不来秦号，雨露欣犹作汉荄⑧。无限杉松生大漠，那能物色到龙堆⑨。

其二

密叶重重露幄开，虬枝⑩偃蹇⑪若平台。一轮翠盖中庭⑫拥，半部清商⑬万壑哀。炎景想能销暑气，风尘犹是绝尘埃。何缘绿树生花

---

① 丹崖，绮丽的岩壁。三国魏嵇康《琴赋》："丹崖险巇，青壁万寻。"

② 橦，音 chuáng。穿在渡河缆绳上用以渡人的木筒。明杨慎《丹铅总录·地理·度索寻橦》："其河水险恶，既不可舟楫，乃施植两柱于两岸，以绳絚其中，绳上有一个木筒，所谓橦也。"

③ 万籁，各种声响。籁，从孔穴中发出的声音。希声，指奇异的音响。

④ 作者有诗《葛峪署中孤松》：塞草高秋尽，孤松望转新。岁寒吾兴尔，署冷栢为邻。笒瑟吟风籁，虬龙舞月轮。盘桓空有意，四牡已骎骎。

⑤ 葛城，指葛峪堡。

⑥ 轮囷，盘曲貌。硕大貌。

⑦ 遐荒，边远荒僻之地。

⑧ 荄，音 gāi。草根。

⑨ 龙堆，白龙堆的略称。古西域沙丘名。

⑩ 虬枝，盘屈的树枝。

⑪ 偃蹇，犹安卧。众盛貌。

⑫ 翠盖，指形如翠盖的植物茎叶。中庭，庭院；庭院之中。

⑬ 清商，商声，古代五音之一。古谓其调凄清悲凉，故称。

白，六出①俄看集霰来。

◎晓发龙门（卷7，第667页，七言古诗）

朦胧山色马头前，残梦②携来续锦鞯③。万里霜风清汉月，数声笳吹断胡天。雄心报国时看剑，志士离家不记年。应有铙歌④喧入塞，筑成京观⑤似祈连。

---

① 六出，花分瓣叫出，雪花六角，因以为雪的别名。
② 残梦，谓零乱不全之梦。
③ 锦鞯，锦制的衬托马鞍的坐垫。
④ 铙歌，军中乐歌。传说黄帝、岐伯所作。
⑤ 京观，古代战争中，胜者为了炫耀武功，收集敌人尸首，封土而成的高冢。

38. 《存家诗稿》

【题解】 《存家诗稿》，明杨巍撰。杨巍（1517～1608年），字伯谦，号梦山，世称"二山先生"，山东海丰人。嘉靖二十六年（1547年）进士，先后任江苏武进县知县、兵科给事中、吏科给事中、山西驿传道佥事、都察院佥都御史、兵部侍郎、吏部侍郎、工部尚书、户部尚书、吏部尚书等职。掌权吏部七年，功绩卓著，加太子太保，赠少保，是明代中后期著名的政治家、文学家。万历十八年（1590年）告老还乡。其人才华横溢，存有《梦山存家诗稿》8卷。

本辑据《存家诗稿》（台湾商务印书馆《景印文渊阁四库全书》影印本，第1285册集部224册别集类）辑录有关赤城的诗。

◎早秋登龙门城楼二首（卷3，第501页，五言律诗）

朔塞①楼频倚，新秋天乍晴。云山兼日色，鼓角②带边声③。路有元人辙，台余汉将名④。杨公石柱在，极目旧开平。

指点云州地，真为汉北门。八城临大漠，一路向中原。晴日山川映，秋田黍稷繁。文庄⑤经略处，父老至今言。

---

① 朔塞，朔北塞外。指北方边境地区。

② 鼓角，战鼓和号角，两种乐器。军队亦用以报时、警众或发出号令。

③ 边声，指边境上羌管、胡笳、画角等音乐声音。

④ 台，指李陵台。李陵，李广孙。武帝时，任骑都尉。天汉二年（前99年），率五千步兵，力战匈奴十余万人，终因寡不敌众，力竭而降，武帝怒而诛其全家。李陵居匈奴二十余年后去世。

⑤ 文庄，指叶盛，字与中，昆山（今属江苏）人。天顺十年（1474年）卒，谥文庄。

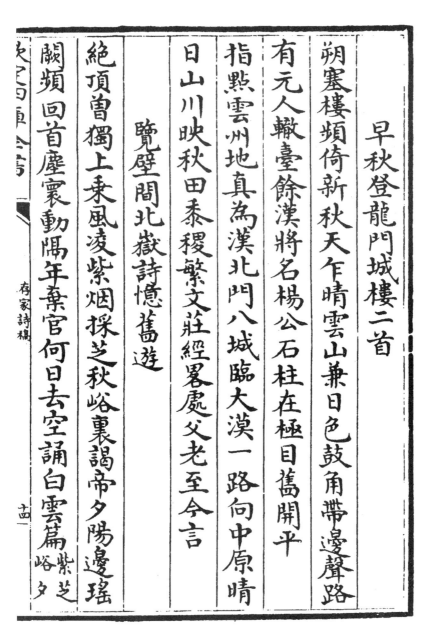

早秋登龍門城樓二首

朔塞樓頻倚新秋天乍晴雲山兼日色鼓角帶邊聲路

有元人轍臺餘漢將名楊公石柱在極目舊開平

指點雲州地真為漢北門八城臨大漠一路向中原晴

日山川映秋田黍稷繁文莊經署廄父老至今言

覽壁間北嶽詩憶舊遊

絕頂曾獨上乘風凌紫烟採芝秋峪裏謁帝夕陽邊瑤

關頻回首塵寰動隔年棄官何日去空誦白雲篇紫芝峪夕

杨巍《存家诗稿》书影

417

◎秋雨宿长安岭（卷7，第536页，七言绝句）

满户烟霞傍戍台①，疏灯独坐一尊②开。夜深怪底③不能睡，松柏千山风雨来。

---

① 戍台，烽火台。
② 一尊，犹独尊。独受尊重；独居首位。
③ 怪底，亦作"怪得"。惊怪，惊疑。

39.《存研楼文集》

【题解】 《存研楼文集》16 卷，储大文撰。储大文（1665 ~
1743 年），字六雅，号画山，江苏宜兴人。性聪颖。初以制艺名，
后肆力为古文。从祖游，读书九峰楼数十年，欣赏称之为东坡化身。
姜宸英见其文，亦叹为旷代异才。康熙六十年（1721 年）进士，改
翰林院庶吉士。散馆，授编修。告归后，主维扬之安定书院，学者
宗之。

本辑据《存研楼文集》（台湾商务印书馆《景印文渊阁四库全
书》影印本，第 1327 册集部别集类）辑录有关赤城内容。

◎独石长城形制（卷 6，第 76 ~ 91 页）

自葛峪堡并青边、羊房、赵川堡，并大、小白阳，则夫今之赵
川堡，犹昔之大白阳、赵川、小白阳三堡也。赵川、六台子新墩，
南为香炉、石坝口。又南为虾蟆口。虾蟆口东为独石路龙门关南北
墩。又东为龙门关，明宣德五年①置龙门卫于龙门县，筑关暨护关，
殊闳壮②。繇关北入卫城，南至良乡西北八十里，天津关凡十五口。
而龙门口号大龙门关，盖独石路龙门山在云州堡东北五里，两山对
峙如门，独石、红山二水出其下，又名龙门峡，而川亦名龙门川。
繇峡逶南至石壁，在旧龙门县。辽《地理志》："龙门县有石壁如
门，徼外③诸河繇此趋海。"又龙门嵲在龙门所西北八里，嵯峨巉
嵲④，六月云出辄大雨，一名龙磨嵲。

① 宣德五年，1430 年。
② 闳壮，宏伟壮丽。
③ 徼外，塞外，边外。《史记·佞幸列传》："人有告邓通盗出徼外铸钱。"
④ 巉嵲，高峻貌。巉音 jié，古同"截"。嵲音 niè。

钦定四库全书

存研楼文集卷六

编修储大文撰

杂著

独石长城形制

自葛峪堡併青边羊房赵川堡併大小白阳则夫今之赵川堡併之火白阳赵川小白阳三堡也赵川六台

子新墩南为香炉石坝口又南为虾蟆口虾蟆口东为

储大文《存研楼文集》书影

420

长安岭堡。长安岭一名桑干岭，一名枪竿岭。有石植立，似枪竿。介怀来、龙门之间，为全燕北障，史籍多书龙门岭。辽《地理志》亦曰："奉圣州有龙门山。"明金文靖公幼孜尝序《滦京百咏》曰："南行，百折入淙流峡，望应昌而至滦河，又西行过乌桓，经李陵台，趋独石，涉龙门，出李老谷，迤逦纡徐，度枪竿岭，遵怀来而归。"元《虞文靖公集》又尝《题滦阳胡氏雪溪卷》曰："予与侍御史马公同被召，出居庸，未尽，东折入马家瓮，望缙山，度龙门百折之水，登色泽岭，过黑谷，至于沙岭，乃还。"周左丞伯琦《纪行诗跋》亦曰："过居庸关而北，遂自东路至瓮山。明日至车坊，在缙山县之东。又明日入黑谷，过色泽岭，高峻曲折，凡十八盘。遂历龙门及黑石头，过黄土岭，至程子头。又过磨儿岭至颉家营，历白塔儿，至沙岭。自车坊黑谷至此凡三百一十里，皆深林复谷，邨坞①僻处，山路将尽，两山高耸如洞门，尤多巨材。近沙岭惟土山连亘，地皆白沙，深没马足。过此则朔漠平川如掌，天气陡凉，风物大不同矣。"其《十八盘岭》诗曰："车坊尚平地，近岭画生寒。拔地数千丈，凌空十八盘。"而袁文清公诵诗亦曰《桑干岭上十八盘》，曰："有岭名枪竿，其上若栈阁。"左丞《龙门》诗曰："千岩奇互献，万壑势争趋。"而马文贞公祖常诗亦曰："万壑奔流一峡开。"逎编修贤诗曰："联冈疑路断，峭壁忽中裂。"注："元统间，知枢密院事都呼特穆尔过峡中，见二羊鬬②山椒树间，顷刻大雨，水溢。姬妾辎重，胥漂溺云。"今独石东南为龙门所，西南为龙门卫。而关亦名龙门关，一书隆门关，当以龙门为正。

繇关北龙门卫分镇二墩，长城复折而西北。又北为黑山墩，乃全折而北，墩东直垣内杨家冲墩。又北为永安墩，上建敌楼，以瞭

---

① 邨坞，村庄；山村。明唐寅《姑苏八咏·桃花坞》："花开烂漫满邨坞，风烟酷似桃源古。"

② 鬬，同"斗"。

远。又北为杨家冲墩。又北为镇边墩，东直龙门卫城。城方四里，高三仞，厚二仞，辟门二，门楼四，乃明宣德六年所筑也。又北为镇西墩。又北为车头沟墩，墩前垣微凸而西，墩东直许家冲墩，有老王沟，繇墩东暗墙入墩南，亦建瞭楼。明嘉靖三年，敌尝繇许家冲入龙门，守备马骥以兵少不敢战，度敌必繇旧道出，乃断两山间，道浚濠深二丈，敌大惊，以精甲拒后，绳牵蚁渡而去。土人曰："是时得官军一营，至则敌可歼也。"又北为莺窝新墩。又北为东高山墩，东直高山。又北为镇鲁墩①，垣凸而西，垣外有环堑。又北为安边二墩，垣内建双望墩。又北为驮腰墩。又北为镇静二墩，剪子峪繇此始。又北为镇静新墩，垣微凹而东，垣外又有护垣，凸而西。又北为镇静一墩，东直三岔口。又北为平顶墩，东直金家庄堡，明弘治十四年所筑，以守剪子峪也。又北为平梁墩，剪子峪至此止。又北为静远沟墩，垣内有总照墩。又北为人头草墩，垣微凸而西。又北为制胜墩，东直镇宁堡，明弘治十一年②所筑也。又北为威镇墩，垣微凸而西。又北为盘道墩，垣又微凸而西，乃龙门卫界首也。繇分镇二墩至此，凡为垣四十九里。而剪子峪外，卫东五里，有红石山，产红石。西十五里有双塔山，两峰胥建浮图，又名塔沟山。北二十里有双峰山，山亦两峰。四十里有大松山，古松似盖，明成祖尝驻跸于此。又有娘子山泉、凉水泉、清水河，此其可附记者也。

龙门卫北，赤城堡南，有关。关北为赤城松林墩。明赵恭襄公炳然《秋防疏》："敌若近边，副总兵统领奇兵暂驻赤城。北控独石、马营、云州之险，东拒雕鹗，所南下隆、永之路，以其为独石适中地也。"

松林北为长岭，垣斜凸而西。又北为平顶墩，又北为水窊。又

---

① 镇鲁墩，应为"镇虏墩"。清代避讳"虏"字，疑清代《四库全书》转抄时以"鲁"代"虏"。

② 弘治十一年，1498年。

北为宁朔墩，小关关内建镇远墩。又北为镇夷墩，垣凸而西，堑又环垣而西。又北为静新墩，垣凹而东，垣内建阎家墩。又北为玉石沟墩，垣凸而西，垣内建苇梁墩。墩东又有沟，径左右堑。又北为红石嵯墩，垣凹而东。又北为红石嵯二墩，野鸡山二墩，垣凸而西，东直赤城堡，城方三里，高三仞，厚二仞，辟门暨门楼二。明宣德五年，镇朔大将军阳武侯薛禄之所城也。嘉靖二十五年①，敌尝入赤城，守备戴纶却之。又北为野鸡山墩，垣凹而东。又北为千儿梁墩，繇红石嵯南至千儿梁北，垣外胥有堑。又北为野鸡山新墩，垣斜凸而西。又北为镇寇墩，墩北有小关，南直石家梁墩。又北为野鸡山尖平尖峰，有墩。又北为小石嵯圆尖峰，有小石嵯三墩。又北为偏头山偏尖峰，有墩。又北为擒狐二墩，墩北有连垣小关二。又北为擒狐一墩。又北为宁界墩，乃赤城堡界首也。繇松林墩至此为垣三十九里。而野鸡山在西北七十里，多产雉。墩裁据山之半。

赤城山在堡东五里，山石多赤。迤西为红石嵯、玉石沟，又有玉沟山，偏头又自为山。上谷旧《志》：赤城又有大领、浩亹、青羊、刘不老山。堡东东河，繇独石、云州东南流，经古北口，为通州白河上源。堡西西河汇温泉东流，一入城，一经城左汇东河。堡西南十五里温泉，穴径六尺，热似沸汤，浴者疾辄愈。而附侧小泉，甚清冷。辽《志》亦曰："奉圣州有两河，会温泉。"旧《志》亦曰："赤城有汤泉。"此其可附记者也。赤城堡北，马营堡南，有连垣小关，关北有沟。又北为马营磨台嵯墩。又北为磨台嵯，垣凹而东，东直松树堡。明嘉靖二十五年，总督翁襄毅公万达之所筑也。又北为总望墩，垣晋而西。又北为镇永墩，垣弥晋而西。又北为连垣敌楼四小关，一关南直马营堡城，城方六里，高四仞，厚三仞，辟门暨门楼四。乃明宣德七年议置。哨马营于云州之北，元猫儿峪

---

① 嘉靖二十五年，1546 年。

地，而即营城之者也。关北连垣，又有水关一，水潋关入暗墙，经马营城北东流。小关、水关垣外为西宁墩关。又北为四望墩，长城复折而东，长城垣亦凸而北。又东为镇口墩，垣复凹而南。又东为马兰顶墩，垣复凸而北。又东为中高墩，垣微凹而北。马兰顶中、高二峰间，北直十四台墩。又东为天太墩，南直君子堡，亦明嘉靖二十五年所筑也。先是，马营西有松树堡，东有君子堡，胥在两山之间，南通马营，土极平饶，而以多警，弃不守。总督翟鹏尝议修复，至万达乃城之。兵部尚书杨襄毅公博，又于上哨建司家沟口、李树沟口、羊奶子沟口、二队沟口四墩，以达君子堡。下哨建冯家科、小岭儿二墩，以达松树堡。而迤南羊房堡、段家冲，迤西九寋窑、冲口，亦胥建墩，马营之守始固。中高、天太间，北又建瞭远墩。天太墩又少东，北直威远门，此万达所谓宣府西路黑山台，直望马营威远墩，不百三十里。而尹金事耕之所谓接威远墩塞，于黑山墩者也。又东为镇宁关，连垣敌楼四，垣内有总镇墩，总镇东有镇宁墩，北直小尖山。镇宁南又有望关墩，东有公廨。又东为三岔口墩，乃马营堡界首也。潋磨台嵯墩至此为垣一百一十一里，而城东五十里雷山祠址，雨雪辄融，岁春则祀之，以祈省风霾。南二十五里苍岩，古有飞泉，又名苍崖。北五十里桦岭，古产桦木。东北二里鹤山，古多植松桧以栖鹤。旧《志》又曰："马营有官帽山、红石山、东山。"明宣德四年，尝命开平百户杨洪以精骑二百巡徼塞上。继命城西猫儿峪留兵以戍，遇敌红山，转战败之。红石一名红下，有红泉东汇龙门峡。城北又有神泉，池方一里，浴之亦辄愈疾，此其可附记者也。

抑按：独石路八城堡，马营最边西北。明正统己巳卫剌特之役，堡亦最先陷。故叶文庄公盛协赞理军务，首陈八事曰："独石、马营孤悬口外，第一要冲。"又曰："独石、马营特出境外，若有北边声息，必当先知。而去宣府二百里，山路险峻，又隔龙门卫关，缓急易至误事。若有紧关边报，宜与宣府并行，遣时贡使，繇马营分道入。"又力言马营所收弓箭，宜送至宣府大道交割。而都督董斌亦言："独石、马营城守严固，则腹里自然无虞。"少保于谦《团营疏》又言："夜不收往独石哨探。称：哨马营一带俱有兵，其势浩大。"西猫儿峪守备周贤又呈："敌骑犯边，俱从大小石门、桦皮岭入。"桦皮岭即桦岭，小石门即镇口，大石门即磨台嵯。蓟辽总督杨襄毅公博又言："哨探在独石参将，蓟镇但得其情，独石则得其形。"嘉靖九年六月，敌尝以三万骑入围。参将赤城守备刘傅闻传炮，即率所部百数十骑往援，中途搏战，令士下马步斗，射其酋，毙之。寇咬指引去。而傅亦中矢如猬毛，创卒。此又宜与己巳之役类记者也。自明永乐二十二年[①]，成祖幸独石。宣德四年，诏岁运粮四万石，立十一堡，堡屯军千名，胥具牛车转运，以六十日达独石，又繇独石达开平。五年二月，阳武侯薛禄始城独石，遂移开平卫于城，而弃元上都之地，盖三百余里。故文庄尝疏论其事曰："宁弃开平，专守独石。"至正统十四年己巳秋七月，卫喇特入，守备杨俊先遁，与马营偕陷，云州继陷，诸堡亦胥惊溃，弃仓粮九十九万石有奇。景泰元年，少保于忠肃公谦请遣镇朔大将军昌平侯杨洪行障塞。洪言："独石八城，胥宜修复。"乃诏都督董斌提督独石、马营、云州、雕鹗、赤城、龙门、长安岭、李家庄诸城工。礼部尚书杨宁难之。谦抗疏曰："我退一尺，则贼进一尺；我失一寸，则贼得一寸；不宜自蹙土地。且守备各城，自用原有兵马，而非那移他处官军。以理势论之，必当修复整理。"其议乃决。三年夏五月，又诏山西参政叶盛赞理独石军务。盛乃上兴革事宜八条行之，即所谓首陈八事也。军民繇是有固志。盛复立社学以教子弟，置医药以济疾病，立义冢以瘗死亡，设暖铺以便行旅，均蔬圃以给将士。制度、品式、纤琐

---

① 永乐二十二年，1424 年。

胥备。<u>少保谦</u>亦议发谪戍于八城堡，又运粮八万石至<u>独石</u>，<u>盛</u>又益请<u>独石广积仓</u>，<u>马营广盈仓</u>、<u>云州堡仓</u>，<u>赤城广备仓</u>，<u>龙门广盈仓</u>、<u>龙门仓</u>，<u>雕鹗堡仓</u>，<u>长安岭仓</u>，胥广募攒运。五年，置分守<u>北路</u>参将驻<u>独石</u>，辖口外八城堡。而<u>开平卫</u>遂复为雄镇。后又增辖<u>滴水崖</u>、<u>青泉</u>、<u>镇安</u>、<u>镇宁</u>、<u>金家</u>、<u>牧马</u>诸堡。至成化二十一年①，<u>余肃敏公子俊</u>，修<u>宣大</u>长城，又言："<u>宣府</u>以<u>独石</u>为首，以<u>柴沟</u>为尾，而垣工亦浸列九塞之冠矣。"

今<u>隶马营</u>、<u>独石沟</u>、<u>霍家庄</u>东北为<u>独石</u>、<u>马营沟</u>、<u>孔家庄</u>。又东北为<u>胡家庄</u>。又东北为<u>独石路开平卫城</u>。而<u>隶马营三岔口墩</u>，长城东为<u>独石南兔儿墩</u>。又东为连垣，有<u>镇西关</u>，关外建<u>镇西墩</u>，连垣。又东有水<u>隶</u>暗墙入。又东为<u>望嵯墩</u>，垣凸而北。又东为<u>昭庆墩</u>，北直<u>宁塞梁</u>。又东为<u>境安墩</u>，东有水，<u>隶山沟</u>入，汇<u>镇西墩</u>东水。又东为<u>宁塞墩</u>。<u>境安</u>、<u>宁塞</u>间，北为两山间<u>保安栅子</u>，重垣栅，内有墩，栅外北直<u>窑子头</u>，所以控<u>宁塞梁</u>之阨也。又东为<u>西兔儿墩</u>，垣凹而南。又东为<u>镇安墩</u>，垣浸②晋而北。又东为<u>得胜墩</u>，北对<u>灭虎墩</u>。<u>宁塞梁</u>阨至此止<u>得胜</u>。又东为<u>碾子冲</u>连垣，垣有水关，水<u>隶</u>关入重墙，东流汇<u>独石城</u>东水。水关东又有小关，关东南建墩。又东为<u>东安墩</u>，垣浸晋而北。又东为<u>镇寨墩</u>，墩南建寨，寨南建<u>总镇墩</u>。又东为<u>北栅子</u>连垣，垣建附墙敌台二，垣南建<u>北栅子墩</u>，西台北建<u>旧庄墩</u>，东台北建<u>四望墩</u>。东台东有水<u>隶</u>暗墙入，南流，经<u>独石城</u>西。又东为<u>宁朔墩</u>。又东为<u>山泉墩</u>，南直<u>北路开平卫独石城</u>。卫建城北，西南距<u>宣府镇</u>三百里。城方五里，高四仞，厚三仞，辟门楼三，即<u>薛禄</u>所城也。城北，东有<u>永安墩</u>，又东有砖墩，又东有<u>镇冲墩</u>，三墩外长城垣，北直<u>大沙洼</u>，即古<u>鸳鸯泊</u>东界也。垣又东为<u>白塔儿墩</u>。又东为连垣，垣内有<u>护冲墩</u>，北直<u>白塔</u>。又北直<u>赤把都城</u>

---

① 成化二十一年，1485 年。

② 浸，副词。表示逐步进行，相当于"渐渐"。

址。护冲垣东有水，潝垣暗墙入，南流，经镇冲墩东，石（左石右建）左右限，萦独石城西垣。又东为青山，山尖有墩。又东为连垣，又东为平山尖平彝墩，北直小沙洼，即古察罕脑儿西界也。又东为连垣，北直双塔。又东为连垣，北直孤塔。又东为总高山墩，墩北有二水，萦孤塔之左右，而汇于墩前。又东为连垣，又东为团山，平尖建墩，北直马梁。潝独石团山儿墩，西至马营四望墩，胥东西垣也。又东为马梁墩，山与垣胥突凸而东北，长城复折而南。又南为两山间连垣，总高墩北水，经马梁山折而东南，入墙，又入垣暗墙，而南流经云州城西，以入龙门峡者也。又南为镇宁墩，山突凸而东。又南为连垣，东直重峦。又南为隆昌墩，山复凸而东。又南为镇塞墩，山暨垣弥凸而东。又南为连垣，有水潝垣暗墙入，南流汇马梁山水，入两山间重墙，以萦青泉堡之东者也。又南为护安墩，山暨垣弥凸而东。又南为崇宁墩，乃独石路开平卫界首也。潝南兔儿墩至此，凡为垣一百二十一里。

而总高山在卫东北十里，可瞭辽海。簪缨山在东三十里，上亦有墩，可瞭三百里，一名东望山。星山在南一里，平地石屹起。明宣府巡抚张佳尹①《独石行》曰："独石城南一片石，突兀霜空削如壁。"又一名丈夫石。崆峒山在南十里，太保峪在西南十五里，中有古墓。又明《一统志》："独石山、牛心山，亦在卫。独石者，星山也。"独石泉又别在卫东北，冽而甘，盈而不溢。香河兔泉、箕泉也在卫。样田河又源独石口外。明嘉靖二十八年二月，塞外人又语墩卒曰："台吉马首已东，将趋明沙滩矣。"明沙滩者，独石垣北地也。此其可附记者也。

抑白塔，北直赤巴图城，赤巴图城东少北直旧开平城，城东有东石柱城，西有西石柱，明为旧开平卫，而元为上都路开平府，元

① 张佳尹，原为"张佳胤"。清代世宗宪皇帝爱新觉罗氏名胤禛，避偏讳"胤"，《四库全书》疑以"尹"代"胤"。

宪宗欲建都，太保刘秉忠曰：桓水东，滦水北，维龙冈寔吉。六年，
乃诏营开平府。中统四年夏五月，又加号上都。诏以达噜噶齐、乌
拉齐为上都路达噜噶齐总管，董铨为上都路总管兼开平府尹。又诏
岁巡幸，总管行留守司事。而开平遂与大都对建。东五十里有凉亭，
西百五十里又有凉亭。自大都幸上都，东出为巴纳十有八，西还为
巴纳二十有四。至明，而成祖北驾，往来胥繇此。东路有凉亭、沈
河、（寨）〔赛〕峰、黄崖四驿接大宁，以达辽东。西路桓州、威
鲁、明安、（隘）〔隰〕宁四驿接独石，以达兴和。它若城北三百有
卧龙山，为元上都北枕龙冈。地北四十里有偏岭，山南四十里有南
𡶶山，西北八里毡帽川，川有毡帽山。元编修纳延《金台集》：国朝皇后、
太子陵皆在毡帽山。明洪武十四年四月①，指挥使丁忠尝败敌于毡帽
山。二十三年二月，颍国公傅友德又出塞擒鼐尔布哈于伊都山。宣
德五年二月，阳武侯薛禄又败之于奇黄山。洪武四年八月，参政华
云龙又尝命裨将赵端等，追击僧嘉努至开平大石崖，分攻刘学士诸
寨，克之。而滦河源炭山，经古桓州南流，入开平界，又南流入迁
安寨，以至乐亭，入于海。香河、簸箕河、闾河胥源开平东北松林，
以汇滦河。旧《志》又有乐阳水，此胥宜与东西答林子海青驿类记
者也。

　　独石崇宁墩南，为云州堡镇堡墩。又南为镇彝墩，垣凸而东，
西直棋盘栅子墩，墩北两山间，即马梁水所经重墙也。又南为打罗
墩，南直青泉堡，明景泰四年②所筑也。又南为驮腰墩，垣平凹而
西。又南为常胜墩，山暨垣晋而东。又南为遇狐墩。又南为镇边墩，
有二水汇于墩前。又南为孙桦墩，垣浸迤而西。又南为镇狐墩，又
南为永安墩，两山之凹也。又南为定虏墩。又南为永胜墩。又南有
连垣水关镇边墩，前水繇关入，南流，经盘道岭峡而萦于镇安堡之

---

① 洪武十四年，1381 年。
② 景泰四年，1453 年。

前，即龙门峡上口也。又南为擒虏墩，尖山倏凸而东。又南为平鲁墩。又南为新尖山墩。又南为尖山墩，尖山之凹也。垣内水西北有平狐墩，南有双护墩垣。又南为大定墩。又南为擒狐墩。二垣内水西有双宁墩垣。又南为定远墩，西直云州城。城方三里，高三仞，厚二仞，辟门楼二，角楼四，明宣德五年所筑也。又南为得胜墩，垣凸而东，垣内有镇口墩，墩西南有水，繇两山间暗墙入。又南为镇岭墩，又南凹，垣内水西有盘道岭墩。又南为新安墩，岭暨垣迤而东。又南为安宁墩，西直盘道峡暗墙。又南为接口墩。又南为大庄窝墩。又南为靖宁墩。又南为苇子沟墩、苇靖墩，二墩胥以沟名。又南为总镇墩，岭迤而西，西直镇安堡，明成化八年之所筑也。又南为岩梁墩，两山之凹，云州城界首也。繇镇堡墩至此，凡为垣四十里，而城北四里拂云堆，堆少东即龙门峡。西南十五里金阁山前有游仙峪，为元上都崇真宫之贰。东北四十里，棋盘山峦峻鲜克陟，仙人方石棋局今存。杨襄毅公又尝建墩于夜不收岭。明《一统志》又有望国崖，旧《志》又有东猫儿峪。北六十里有滦京滦河，宝济乡有暖汤穴七十又二。明《一统志》又有滦河，旧《志》又有琼泉。龙门川外有望云川，辽望云县治。元自缙山至望云尝置海青驿。东北又有金莲川。金薛王府掾梁襄疏曰："金莲川在重山之北，地极阴冷，五谷不生，中夏降霜，一日间寒暑交至。"元世祖尝以太弟开府金莲川。《纪行诗·跋》又曰："过沙岭，历黑嘴儿，至实巴尔图，地多泥淖，又名牛群头，驿路至此相合。无树木，遍生地椒、野茴香、葱韭，芳气袭人。草多异花，有名金莲花者，似荷而黄。"此亦可备土风地产记者也。

抑明置开平卫之明年春二月，参政华云龙率廖美、孙恭攻云州。万户谭济出居庸夹击，克其城，获元平章和尔哈答、右丞噶海。又明年八月，元平章僧嘉努北牙头入云州。云龙侦知之，潜以精兵袭其营，禽僧嘉努，并获驼马四百，复追破国公律尔军至。二十五年，都督刘真、指挥使李彬行障塞，增设隘口。洪熙元年①，薛禄又击败之于东北大松岭。而卫喇特之入云州也，永宁守备孙刚、谷春来援战，不利，死之。死义者凡九十余人。嘉靖二十五年八月，寇繇青泉堡入云州，守备易纲以家丁数十骑驰至永镇堡，据险对射。寇疑有伏不进。督府督阵官赵升呼延绥游击陈言曰："彼不通大举者，恃山险也。少缓之，出险矣。"言介而驰，寇少却。纲驰入言军同进，战数合，即胥北，偕戴纶追出塞，始还。盖纶亦尝以家丁数十骑夺回赤城人口牲畜云。先是，北路号岩险，又李家庄塞外诸部雅不与大营连合，故北路鲜警，比李家庄部歼，遂有二十五年云州之役。彼不得志，去。复谋曰："北路险远，即入，不战而罢矣。不若繇北路左右腋窥隆、永。"二十七年九月，遂犯镇安堡。总督翁万达檄总兵赵卿曰："镇安险可据也。扼镇安，寇不能入矣。"时卿驻兵云州，去镇安裁②三十里。会独石报警，卿悉军走独石，而寇遂繇镇安斜坡岭入。万达闻卿弃镇安，惊曰："敌入矣！"复檄卿曰："敌入镇安，必繇长安岭。长安岭死地也，分遣精锐间道截击雕鹗、合河、黄家、白草之间，我可以一当百。"而卿欲匿形纵之南，俾无犯天寿。于是敌遂掠隆、永。比万达师至，乃退，繇滴水崖出。盖乌梁海诸延、太宁、福余三卫实为乡导云。

　　云州所南龙门所北镇静墩，二所之界也。又南为龙门所北高山墩，山复迤而东。又南为三十九号、永宁、三十八号、灭狐、三十七号五墩。又南为连垣，垣内有双牛墩。又南为抚宁墩、望川墩，墩据尖山。又南为擒狐关，关外有擒狐墩，又南垣折而西，又南垣复折而南。又南为永平墩。又南为擒望墩，墩据迤山。又南为连垣，西直牧马堡，明弘治十年所筑也。又南为窑子冲墩，垣凸而东。又南为平安三墩，东直晾马台。又南为威远墩，垣斜凸而东。又南为

----

① 洪熙元年，1425 年。
② 裁，古同"才"，仅，方。

连垣，又南为平镇墩、总镇墩。又南为后沟梁墩、石窑墩，垣内有窑子口墩。又南为连垣，西直墩南水暗墙二。又南为青远、青安、青塞三墩，垣微凸而东，垣内有云川墩。云川西有西高墩垣，又南为连垣，垣内有青平墩。青平南有镇川墩，墩南有水萦龙门所城西。又南为灭鲁、关子岭、偏嵯三墩，岭暨垣凸而东，西直护城墩。又南为接边垣内外墩，西直龙门所城，城方四里，高三仞，厚二仞，辟门楼二。明景泰元年，都督董斌筑李家庄，而后易为所者也。又南为望关墩、宣威墩，垣内有水沟梁墩，梁南北有沟。又南为连垣，垣内有莺窝、望镇二墩。又南为望关、宁靖二墩。垣迆而东，垣内有韩家冲墩。又南为沙沟岭、沙沟口二墩。又南为石山、金山墩，垣胥迆晋而东，堂子岭之巅也。又南为镇门、拒敌、堂子岭墩。垣迆缩而西。又南为堂子口墩，两山之凹也。又折东而为新安墩，墩外有堑。又迆东而为孤石梁、安靖墩，垣内北有高镇墩，南有大宁墩，又南为双望墩，又迆南而东为宁川、双镇墩。垣内有大安墩。又南为连垣，又南为盘道口墩、盘道墩，垣盘而东。又南为常胜墩，西直盘道石限。又南为张千户岭、接岭、镇岭墩，平岭也。又南为镇鲁墩，又南为红石崖墩、永定墩，崖迆凸而东南。又南为缺崖垣。又南为镇戒墩、水泉墩，崖差平。又南复为缺崖垣，又南为陈家梁墩、镇涧墩，东直水洼。又南为添镇墩、镇泉墩。垣迆晋而东。又南为接安墩，垣弥晋而东。又南为得胜、接嵯、防御三墩。又南为分岭墩。长城复折而西，繇西复折而迆北为接口墩。又迆北为太平墩、关山墩。又迆西为安靖墩。长城复削山垣折而西，山垣内有总望墩，长城又折而南。又南为平狐墩，垣迆晋而东。又南为洞山、靖嵯、虎山三墩，垣内有镇嵯墩。又南为安宁、靖平、偏墙三墩，垣内有新岭墩。又南为尖嵯、接盘、靖盘二四墩，垣胥弥迆[1]晋而

---

[1] 弥迆，地形平坦延绵貌。

东。又南为靖边墩，墩外有护墩，龙门所界首也。繇北高山墩至此，凡为垣九十七里，而所自龙门嵯西高山外西北十五里聚阳山岩有孔洞明，云出似龙门嵯。元时尝开冶于此。南十里黑峪，有仙鹤洞，鹤尝栖此。又有燕窝山，石形似窝。东四十里有狮子石，石形似狮子。旧《志》又有红石、七峰、鹰窝、鹰嘴、孔宠、笔架、东北高山，有独石南流样田河，凉泉、温泉、龙池。又黑峪迤南为黑谷关，可经三个岭以达隆、怀，北有近道可转运独石，此又宜与望云驿互记者也。

先是，李家庄外有部彝六七百，善盗塞，亦能盗大营敌马，寇觉，追之，山深险，无可如何，号为万塔黄崖。明都御史赵时春纪略曰：大营敌恒自独石岭折而东北行千六七百里，始过太行山麓，繇黄榆沟湘河川以入古北口者，亦北山之夷遮之也。至嘉靖二十二年春三月，总兵邵永袭击之，斩四十余级。二十五年秋七月，游击吕阳、北路参将董麒又袭斩三十余级。守备陈勋战死，失亡多。而李家庄部，以失援，遂为大营所歼。迄启二十九年庚戌之警云。

龙门所靖边墩南为滴水崖接嵯二墩，盖接龙门嵯云。繇墩而西，即内边。嘉靖二十八年，总督翁万达之所筑也。繇墩而南为嵯中墩一墩，胥有护墩。又南为嵯中连垣。垣内有小嵯墩，白河水源于垣外之南，繇垣暗墙入，南流，萦滴水崖城东，又折而东流，经永宁仓房沟、宁靖二墩间，而复出于垣外，以汇通州之浑河者也。又南为永镇墩，东直白河，源河外胥石嵯。又南为常胜墩，嵯浸迤而东。又南为总高墩、顶嵯墩。又南为栅口、高陵口墩，垣弥晋而东。又南为接嵯墩。又南为水泉墩，嵯有泉。又南为酒务头墩。又南为常靖墩，垣少凹。又南为双镇墩、水泉南墩、东安墩，垣浸迤晋而东。又南为平定口。又南为靖狐墩二，西直滴水崖城。城方三里，高三仞，厚二仞，明弘治八年之所筑也。城南有南河，至永宁入白河。垣又南为靖鲁墩。又南为冯家冲墩二。又南为宁界墩、新宁界墩，嵯暨垣弥晋而东，乃滴水崖界首也。繇接嵯二墩至此，凡为垣五十四里。繇新宁界墩，长城复折而东，为东路界墩，乃独石、永宁界也。

先是，镇安之役，总督翁万达策敌繇滴水入，已而繇镇安入。后复檄将校①曰："敌悔前役矣！再入必滴水崖。"二十八年春，即议伏兵于崖。而蓝伏胜者，大同谍也。会有明水滩之报，乃檄大同总兵周尚文曰："宣大相援，制也。其以兵援滴水崖。"又疏请尚文代赵卿将。时守将董旸、江瀚随卿在滴水。卿以兵三千人授旸、瀚曰："为我戍滴水崖。"而径归镇候。代敌至，仰塞急攻，二日不能拔，分步卒攀危岩悬绠登高华沟，转双盘道夹攻之。旸、瀚兵败，力战，杀数十人而死。敌遂繇永宁向怀来。而尚文兵至壁石柱村，战二日，杀伤过当。万达兵亦至，乃遁。世传清风店后奇勋，四十二年敌入滴水崖事，官刘汉亦力战却敌云。

繇（敌）［滴］水崖东为雕鹗堡，城方二里，高三仞，厚二仞，辟门楼二。明宣德六年，即云州、雕窠而筑者也。盖榆木川之役，宣宗尝奉迎于堡云。堡北二十五里浩门岭，上多松。东四十里碧落岩，石岩滴水，距地百余仞有奇。东又有香炉峰。南二十里有样田河，差可纪。繇雕鹗堡东，繇龙门卫南为长安所堡，城方五里，高三仞，厚二仞，辟门楼二，角楼二，明永乐九年以守臣建议，最先八城堡而筑者也。堡东南一里有松山，西一里有龙潭山，悬瀑布泉。西二里有八仙山，峻顶八石室，深以丈计者二，广以尺计者七。旧《志》又有凤凰山、马鞍山、双尖山、石盘山、松山、东山。西北三里有鹰窠泉，引流入堡，汇而成池。西又有宏赞井②，差可纪，而长安岭在堡北。周左丞诗曰："兹山西北来，旋转十二雷。"东北迤逶

① 将校，军官的通称。《后汉书·王允传》："吕布又欲以卓财物班赐公卿、将校，允又不从。"
② 宏赞井，元代别集类均作"洪赞井"。

于塞外沙岭。又东南迤三卫境。其隶长安岭堡者，有狮子峪，又有李老峪。金文靖公幼孜所谓出李老峪度枪竿岭而归者也。编修纳延又曰："枪竿岭山腰长城遗迹尚存。"盖魏泰常八年以柔然数犯边，乃东自赤城西至五原，筑长城二千余里，备置戍卫。岭迤北胥魏赤城地，长城实元、魏遗迹。明职方郎中魏焕又著《巡边总论》曰："独石、马营诸城，地虽悬远，然南阻长安岭，彼难迳下。"嘉靖二十八年，总督翁万达遂请相度雕鹗、长安岭、龙门卫间别为内塞，西接东路之六台子墩，东接东路之永宁墩。其疏曰："独石左腋龙门卫杨、许二冲，右腋龙门所、滴水崖一带厚为之备，绝其必窥。使彼仍贪入，须繇独石、马营而南，逡巡前却于溪谷僻仄之间，攻不可隳，掠无所获，疲其力而衡其中虚，伺其隙而邀其归路，当无不覆之敌矣。"又曰："内垣一道与北路新墙连而为一，北路官军不轻内调，内垣城守别措兵马。不止备金汤之设，崇虎豹在山之威，亦且成首尾之形，收率然相应之利，此可尽独石迤南大势。"而万达又先之曰，拟于东路镇南墩与蓟州火焰墩接界，塞其中空，筑垣仅三十余里，可以省百数十里之戍。自北而西历四海冶、永宁、光头岭、新宁墩，地势可守。循其旧边，地势不可守，少为更改。寻偕巡抚郭宗皋以轻骑循白河而西，出塞陟山。指副总兵徐珏、参将刘环曰：寇冲光头岭至永宁墩，不百余里，可接内边镇南墩，至蓟州火焰墩不三十里，可合山北可垣，山南河可为悬楼。繇是盘道、荆棘、黑峪、黄家、白草间胥为腹里，复城宁远、清远、平远三堡，以招东路。《巡边论》又曰：蓟州外边横山，山势连亘且千里，山以外又有撒江环绕，自然之险远胜内边。盖与正统三年左参将杨洪建议加筑开平城，拓龙门所，自独石至潮河川增置堠台六十，其说实相表里。而张佳尹《界岭北望》诗曰："微茫山尽处，当日大宁城。"其说宜参考此。又独石路东南，迤接横岭、古北口、潮河川、龙井关、马兰峪之大势也。

抑元繇大都达上都，其道有四：曰东路二，一古北口东路，御史按行处，即明洪武二年，繇古北口下惠州，循大宁至开平道也；一黑峪辇路，即元虞文靖、周左丞、明金文靖所记是也。一驿路，即繇缙山至望云，繇望云至牛群头驿是也。繇驿至察罕诺尔水泺，深不可测，气胥白雾；又经巴纳，曰郑谷店，曰明安驿、泥河儿，曰李陵台驿、双庙儿，遂至桓州；曰六十里店，古为乌桓地也。前至南坡店，去上都裁一舍耳。一西路，繇察罕诺尔折而西百余里，至辉图诺尔，犹言后海也。曰平陀儿，曰石顶河儿，土人所谓鸳鸯泊也。《纪行诗跋》曰：“滦地南北皆水，水禽集育。国语曰察纳哈喇巴纳，犹言远望则黑也。两水间，壤土隆阜，商多富。繇察罕诺尔至此，胥云需府境也。界是而西，则隶兴和路矣。巴纳曰苦水河儿，曰回回柴，国语名乌苏图，犹言有水泺也。隶属州保昌，曰呼察图，犹言有山羊也。地饶水草野兽。”又西二十里为兴和路。又南三十里则野狐岭巴纳矣。旧《志》又曰：“鸳鸯泺在云州西北，周八十里，水渟蓄不流。”辽金以来为驻牧之所。明游击杨俊疏曰：“额森妻孥辎重，去宣府裁数百里，壮健士马，屯沙窝，去边尤近。”按云州割隶后无西北边，西北即马营、独石，而泺川壤妍秀突，过昆明、金明、延芳，殆与临安西湖、突厥千泉埒。其留连而嗜驻牧。抑有出于威宁海、丰州滩之上者也。当金都统杲出独石塞东南青岭，宗翰出瓢岭，期会军羊城泺，遂以精兵六千，袭辽主于鸳鸯泺，而天祚西走，五院司，又走大水泺，迄走阴山。天德间，元太祖四年[1]，首攻西夏兴中府。五年，金筑乌沙堡，命哲伯袭杀其众，遂略地而东。六年春二月，太祖自西域吉鲁尔河直趋野狐岭，取大水泺、丰利等县，金复筑乌沙堡，七月哲伯又攻堡及乌月营，拔之，分狗下云内、东胜等州。七年，尽取桓、昌、抚三州，而大败金将赫舍

---

① 元太祖四年，1209 年。

哩斜坚三十万众于獾儿嘴。獾儿嘴即独石路宁塞梁，大水泺即威宁海。此以见古之经画宣大者，东守今独石，西守今大青山。而兴和路桓、昌、抚三州暨旧兴和以西，旧榆林以东，营帐之驻牧其间，如若结泉乌沙堡、云需府者，胥不克，为枢要地。而抑或当近而度清凉山、虎山、猴山，北八十里之汉高柳塞，以全据山势，虞台岭迤西北之元实保齐牧地，以益削山崖暨晋而度，迤北阴山，如《三才图》所谓繇张家口五日行而至五云关，又五日行而至玻璨谷，左编所谓五云关以卫兴和，玻璨谷以卫开平者，而踌躇四顾于大巴延、小巴延、毡帽山之间也。

方逢时分巡口北时，亲行塞外，自龙门盘道墩以东，至靖湖堡山梁一百余里，形势联络。叹曰："此山天险，若修凿，北可达独石，南可援南山，诚陵京一藩篱也。"及总督宣大欲并遂前计。上疏曰："独石在宣府北，三面隣敌，势极孤悬。怀、永与陵寝止限一山，所系尤重。其间地本相属，而经行之路尚在塞外，以故声援不便。若设盘道之险，舍迁就径，自龙门黑峪以达宁远，经行三十里，南山、独石皆可朝发夕至，不惟拓地百里，亦可渐资屯牧，于战守皆利。"遂与巡抚吴兑经营修筑，设兵戍守。正统初，都指挥金事杨洪、副李谦守赤城、独石。后代谦。初败乌梁海兵，执其部长多罗特穆尔。复败其兵于西凉亭。三年，击敌于巴延山，马蹶伤足，战益力，败之，擒其部长伊尔台等四人。追至宝昌州，又擒阿勒坦达尔罕等五人。敌大败，遁去。旋与乌梁海兵战三岔口，又尝追寇至伊尔图河，皆有功可参考。乌梁海寇延绥，洪繇大同至黑山迤北，邀其归骑，破之。古噜苏并记。

◎天镇县东至龙门关长城形制（卷6，第91~95页）

大同长城，东至天镇县东阳和堡止，东界牌墩者，宣大长城之界也。东接宣化西阳和堡西石垛、东石垛二墩，北对口外野马川。

又东为西石山。又东为石山头。又东为箭鍪山。繇东石垜至西箭鍪，胥有堑。又东为渡口堡，盘道山南有盘道石墙三。又东为牛心山。又东为西大山，即万丈崖之西支，北对西塞址。又东为柴沟堡水关，柴沟水自关垣三重流入堡北，关西倚万丈崖。又东至石山、平顶山、东大山，北对东塞址，胥万丈崖之东支也。山至此倏断，有道通口外。又东至石山西空墩，长城复折而北。又北为南高山、中高山，西对羊圈儿址。自中高山至张家口镇口墩，胥有堑。又北至洗马林堡北高山、沙岭，西对马安山。明正德十二年①，敌数千骑繇北山西河入，守备张杲以五百骑至馒头山，敌合围杲，一矢毙其铁骑，乃解。北山，即北高山。山连西河口馒头山，即沙岭。又北至西孤山、宁疆山、东孤山，长城乃复折而东。大同东阳河堡与宣府西阳和堡、洗马林堡，胥号极冲。故宣德十年，城洗马林、新开口，即哨马营也。又东为新河口堡。又东为东寨，有谷道南达。又东为西河口，有水自口流入。又东为虞台岭，即野狐岭之西支。明弘治十八年七月②，寇繇新开口入，至虞台岭，宣州副总兵白玉、游击张雄合参将李稽及大同副总兵黄镇御之。敌纵数千骑尝我军，玉置营土阜，敌望见指笑曰："彼自落乾地，败可立竢。"乃合围绝汲道，留隘地。一时总兵张俊繇隘来援，合营，敌复断隘道，粮水胥绝。掘井十余丈不得水，至七日天大雨，乃解。士卒死者八千人，人马畜甲仗胥为敌有，所谓虞台之痛也。又东有水沟，自暗墙流入。又东为岭东第一墩，北对旧兴和路城。明成祖曰："开平、兴和，阴山之脊。"盖出新河、新开口，地形辄叠级而上也。又东即新开口堡，堡界虞台、野狐间。又东为膳房堡，明嘉靖二十三年十月③，敌尝溃膳房堡垣而入，至广昌三家村。二十四年八月，又敌膳房堡，总兵赵卿御

---

① 正德十二年，1517 年。

② 弘治十八年，1505 年。

③ 嘉靖二十三年，1544 年。

却之。堡东北横峙野狐岭堡城，直北对野狐岭关，此元师入金之路。元围抚州也，金将定璧、通吉思忠兵四十万人，阵于野狐岭北。元察罕觇之曰："彼马足轻动，不足畏。"穆呼哩横戈陷阵，大败之。明正德九年，敌又尝繇野狐岭入，掠宣府，杀游击张勋、倪镇，即此岭也。元至治三年二月①，尝治野狐岭道。左丞周伯琦《纪行诗跋》："繇兴和行三十里过野狐岭，上为巴纳，地高风甚寒，东南盘折而下平地，天气即暄，无不减衣者。前至得胜口，宣平县境。有御花园，杂植诸果。"其高峻约略可见也。野狐岭关西有附墙堡，又有护门，东有大水沟，自暗墙入。又有小水沟三，自暗墙流汇大水沟。大、小水沟间北对把儿墩，明景泰时总兵朱谦、杨俊遣骑伏野狐岭关旁，指挥胡观、孙素出关，恳宦官喜宁下马，擒之。关内兵鼓噪而出，此其伏骑之地也。又东为万全右卫黑山，即野狐岭之东支。凡元人诗黑山、白海双举者，指此。明李文忠尝出野狐岭，道进察罕诺尔。元人谓白为察罕，谓海为诺尔，盖野狐岭北之水泺也。长城至黑山，又折而南。东为第三岭平顶岭，又全折而南，东为万全右卫张家口堡东西二镇口墩山，水自墩间暗墙二重入。又东至宁边墩，复微折而北。又东至永安墩，复微折而南。又东为水泉山。又东为乾河口，口内有石豁梁、深沟梁。又东为张家口关，明宣德五年，城张家口，筑关垣二重，关暨护关、护门，亦殊壮丽。有二水汇，而繇关暗门入关北，近对孤山，又北对石羊虎。繇关北护门至龙门关北六台子，胥有石壕。明总督翁襄毅公万达曰："宣府张家口、洗马林、西阳和诸地最为敌要冲。且与大同天城接境，西垣既成，东作不举，敌将避固攻瑕矣。"会不以二十四年八月，敌繇膳房堡益东至张家口仰塞攻不利，去而遂少弛其备也。张家口又东为石山。又东有水沟二，繇长城址经暗墙二重而入。又东为羊房堡，柳

---

① 至治三年，1323 年。

沟无水，有暗门可出口。又东为小何家堰，堰迤北至石壕，又东为何家堰，二堰南胥有瞭高觜，盖繇张家口东山势远，不逮迤西。明弘治九年，敌尝繇羊房堡入，至宣府镇城北龙王堂，副总兵阮兴力战始却，故防之如此其密也。又东为青边口堡新口，口外又有口，近石壕，盖口不通外，外口繇暗门入，故其规制若此。而嘉靖三十四年，敌入青边口，参将李光启犹兵溃，被执以死。又东为馒头山、石嵯山，墩北十里，直石嵯山。又东为平顶山。又东为常峪口堡西高山。又东为常峪，峪南对宣府镇城，峪东有清水河，繇峪中长城址经石墙二重入。又东为小常峪。又东为常峪新旧坝，有小常峪水，繇峪中长城址经石墙三重入。明洪武四年，元臣律尔众数万入居常峪，即此也。又东为葛峪堡东高山。又东有小尖山盘道。又东为葛峪大小墩二，墩中有出口门。又东为头台子，明嘉靖三年，议者以葛峪、大小白阳之间为要冲，置参将驻葛峪堡，辖羊房、青边、常峪、大小白阳、赵川七城堡及龙门关，此头台之所繇设也。而六年二月，敌即繇毛家沟入葛峪诸营，兵未至，参将关山独将所部不满千人，直前突战，敌合围数十重，会风霾，两军混战，山遇害。西路参将王经赴援至华家营，亦力战而死。葛峪又东为大白阳堡总瞭墩。明宣德五年，阳武侯薛禄城独石、云州、雕鹗、赤城、葛峪、常峪、青边口、大白阳、小白阳，设龙门关，而长城墩亦以次设。景泰三年，又城白阳、常峪、青边、张家口。而正德八年八月，仍繇白阳口入。九年秋，又繇大白阳入，至八达岭，盖大小白阳雅号极冲，故以总瞭之名督之也。又东为坝口，有寺儿沟，水繇山峡中经石墙二重入，萦大白阳堡之西。又东北对礼拜寺，沟所繇名也。又东为二台子，北对柳桥儿，有水出五台子北山，西流，构柳木为梁，即繇常峪入，为青水河，而流经宣府镇城之西者也。又东有水，繇长城址经石墙三重入，萦大白阳堡之东。又东为瓦房岔，北多岔道。又东为盘道。又东为四台子，台南二土山间有堑。又东坝口墩，东有水，纆长城址入。又东为赵川堡五台子，明宣德三年，阳武侯薛禄以赵川界大小白阳间，因建城。嘉靖十三年，巡抚韩邦琦、巡按苏佑又议曰："赵川全镇要害也。贼纆此入，则东掠鸡鸣，西掩镇城，宜重据守，示以形势。"乃更城赵川五台，北对孤榆树，口外地难别，聊以树识别也。又东为小白阳堡，松树沟纆长城址经石墙三重入，而东流于坝口，又为石墙，名之曰总隘，盖其重防之制，若此。又东为小盘道六台子，纆此而东北则为龙门关界矣。纆此而东，则明嘉靖二十八年，总督翁襄毅公所筑之内塞。而东历雕鹗堡，以接滴水崖城嵯二墩之垣者也。夫雕鹗城裁藏腹里。而龙门寔为独石八城之一，则夫大小白阳者，犹之独石西南护堡也。明景泰时，昆山叶文庄公疏曰："往者独石、马营不弃，则六师何以陷土木？"于忠肃公谦亦曰："独石诸城，外为边境藩篱，内为京师屏蔽。尺寸进退之机，安危治乱之所系也。"此为当时守备杨俊轻弃独石言之。而考其常势，则独石东南之龙门所、滴水崖，西南之马营、杨许家冲、龙门关山险尤为足恃，若大小白阳地形衍漫，不惟东不逮滴水、龙门，抑且西不逮葛峪、常峪。而旧兴和十八村之地，犬牙相错，夷又寔逼处其间。故明自成化以来，几无宁岁。虽忠顺效款，而青黄二部之梗赟时闻，夫岂东西殊势哉，地实使然也。此则议垣工者之所首宜加意也。抑翁襄毅公有言：宣府西路黑山台，直望马营威远墩，不百三十里，地沃可耕。永乐后沦彼中而塞，纆此缩三周如半月形，自右卫张家口羊房、龙门以至马营，袤延踰三百余里。北路受敌愈多，悬绝难守，若引垣直之，自黑山以及威远，则掣三百里成，为百三十里成也。尹金事耕又尝图之，谓自黑山墩引塞而东则自此，而南，其成可省，接威远墩，塞于黑山墩，则自此而南、而西，其成可省而惜乎，胥未之克行，此亦议飞狐岭黑山垣工者之所宜兼及也。

　　抑王恭襄公琼有言：威宁海子在大同、宣府之间，敌驻此必南牧，然亦多繇大小白阳口也。正德中，敌春驻威宁，恭襄在本兵，严备之，秋倐入白杨，趋居庸，失利，乃骇愕去，盖繇东阳河而东，西阳河堡垣二十二里，渡口堡垣三十一里，柴沟堡垣四十里，洗马林堡垣四十五里，新河口堡垣二十六里，新开口堡、膳房堡垣胥一十八里，万全右卫垣二十五里，张家口堡垣三十一里，羊房堡垣一十四里，青边口堡垣一十九里，常峪口堡垣亦一十四里，葛峪口堡垣一十三里，大白口堡垣二十一里，赵川堡垣裁四里，小白阳堡垣一十一里，而龙门关北不与焉，凡为垣三百五十二里。东阳河而西，至新平堡乾水墩又寖二十里，乃北直集宁海，又西至水磨砖磨口寖七十里，乃北直威宁海，凡为垣寖四百五十里。而宣府垣多屈曲以塞外，直道计之，自威宁走马营寔不越二百余里。故王恭襄公论威宁形势而辄长虑，却顾于大小白阳之间，盖以塞外健马半日可达野狐，一日可达毡帽山、明水沙也。昔者，锡里氏驻牧古哩泊，而乘机以入雁门，却特氏暨卫喇特游牧威宁海，而蓄力以南入野狐，东入马营，兵钤地志，千载一辙。今若核汉代造阳九百余里之址，仿元人云需府总管察罕诺尔鸳鸯泊之制，复收兴和、桓、抚，汲溉二海，则封域其庸有赖乎，即不然而垣工克巩，抑亦可西绝白羊鹁鸽，以迤连九十九泉之尘，而东壮万丈崖、野狐、枪竿岭之势也。

40.《圣祖仁皇帝御制文集》

【题解】　《圣祖仁皇帝御制文集》4集176卷，清爱新觉罗·玄烨撰。清圣祖爱新觉罗·玄烨（1654～1722年），清朝第四位皇帝、清定都北京后第二位皇帝，年号康熙，亦称康熙帝。康熙8岁登基，14岁亲政，在位共61年，于康熙六十一年（1722年），崩于北京畅春园清溪书屋，终年69岁。庙号圣祖，谥号合天弘运文武睿哲恭俭宽裕孝敬诚信功德大成仁皇帝，葬于景陵。在他执政期间，寓创业于守成，修文治与武功，为大清开创了百年盛世。作为一个伟大的历史人物、具有雄才伟略的千古一帝，他同时还是一个学识渊博的学者，以及才华横溢的诗人。他的诗收录在《圣祖仁皇帝御制文集》中，共4集。

本辑据《圣祖仁皇帝御制文集》（台湾商务印书馆《景印文渊阁四库全书》影印本，第1298册集部第237册别集类）标点、辑录有关赤城的诗3首。这3首诗是康熙于康熙三十五年三月征葛尔丹，亲率中路大军途经赤城所作。

◎赤城（第二集，卷46，第748页）

慈宫①曾驻此温泉，展转依稀廿五年。今日征途冰未解，当时冻岭雪还全。往年奉太皇太后临幸之际，即是此时。渐近边关风土别，长驱

---

① 慈宫，太后所居之宫。借指太后。这里指康熙帝祖母孝庄太皇太后。曾于康熙十一年到赤城温泉洗疗，治好风湿病。详见《康熙起居注》。又《宣化府志》载有康熙《温泉行》诗一首，意即为写赤城温泉。清《赤城县志》卷8《艺文志》睿藻三篇下有按语："睿藻三篇皆丙子岁征逆时所作。距壬子幸温泉，岁凡二十五年。《府志》刊作十五年者，误。又载有《温泉行》一篇。伏考：六飞两莅，皆在春熙。《温泉》篇中云'高秋九月天爽飒。'时令不符。又云：'岁时来往。'则为咏昌平之温泉无疑。《府志登纪》只以'缥缈云霞连赤城'一语。'赤城'实景目中语也。附会入志非是。"

凱旋

龍門

絕巘何時鑿五丁雙崖萬仞闢門屛溽溪塞水嵯峨石

振旅歸來定勒銘

過獨石口

關名獨石插遙天路繞青冥絕嶂懸翠壁千尋標九塞

黃雲萬疊護三邊霓旌曉度長城月毳帳春迴大漠煙

總為民生勤戰伐不辭籌畫在中權

欽定四庫全書

聖祖仁皇帝御製文第二集

二

《圣祖仁皇帝御制文集》书影

旌旆岳山连。孤城寒重深宵静，敢卜龙沙奏凯旋。

◎龙门（第二集，卷46，第749页）

绝巘①何时凿五丁②，双崖万仞僻门屏。潺湲③塞水嵯峨石，振旅④归来定勒铭⑤。

◎过独石口（第二集，卷46，第749页）

关名独石插遥天⑥，路绕青冥⑦绝嶂悬。翠壁千寻⑧标九塞⑨，黄云万叠护三边⑩。霓旌⑪晓度长城月，毳帐⑫春回大漠烟。总为民生勤战伐，不辞筹画在中权。

---

① 绝巘，极高的山峰。巘音 yǎn，大山上的小山。

② 五丁，神话传说中的五个力士。泛指力士。

③ 潺湲，指流水。

④ 振旅，谓整队班师。《汉书·陈汤传》："臣与吏士共诛郅支单于，幸得禽灭，万里振旅，宜有使者迎劳道路。"颜师古注："师入曰振旅。"

⑤ 勒铭，镌刻铭文。

⑥ 遥天，犹长空。唐太宗《望终南山》诗："重峦俯渭水，碧嶂插遥天。"

⑦ 青冥，形容青苍幽远。指山岭。

⑧ 千寻，古以八尺为一寻。"千寻"，形容极高或极长。

⑨ 九塞，九个险阻的地方。《吕氏春秋·有始》："山有九塞……何谓九塞？大汾、冥厄、荆阮、方城、殽、井陉、令疵、句注、居庸。"

⑩ 三边，指东、西、北边陲。泛指边境，边疆。

⑪ 霓旌，缀有五色羽毛的旗帜，为古代帝王仪仗之一。亦借指帝王。

⑫ 毳帐，游牧民族所居毡帐。毳音 cuì。

41.《述本堂诗续集》

【题解】 《述本堂诗续集》5 卷，方观承撰。方观承（1698～1768 年），字遐谷，号问亭，一号宜田，籍安徽桐城，幼时寓居江宁（今南京），清代名臣，乾隆"五督臣"之一，谥号恪敏。方观承自雍正年间担任平郡王福彭记事起家，历任直隶清河道、直隶布政使、山东巡抚、浙江巡抚、直隶总督等职，其中任直隶总督近 20 年。因方观承主要成就是修治海塘、治理河渠，被誉为水利专家。方观承在文学方面有很高的成就，是清代桐城学派的代表人物，著有《东间剩稿》1 卷、《怀南草》1 卷、《竖步吟》1 卷、《叩弦吟》1 卷、《宜田汇稿》1 卷、《看蚕词》1 卷、《松漠草》1 卷等，收录在《述本堂诗集》①；《薇香集》1 卷、《燕香集》2 卷、《燕香二集》2 卷，收录在《述本堂诗续集》。

本辑据《述本堂诗续集》之《燕香集》《燕香二集》（齐鲁书社出版《四库全书存目丛书补编》影印本，第 30 册）辑录有关赤城的诗。

◎龙门县（《燕香集下》，第 566 页）

出狭犹逢县，遥程更向边。有山皆作障，无地不成田。马踏岩花过，驼行塞草便。秋风吹古驿，暗数北征年。余癸丑②从征，曾至龙门属驿。

---

① 《述本堂诗集》为清代方观承于乾隆间汇编精刻的一部家集，该诗集中收录了他的祖父方登峰、父亲方式济及其本人的诗歌创作共 15 种。

② 癸丑，雍正十一年，1733 年。

繞城城孤村外又踏蕭蕭野寺中夢枕初回全

似雨打窗幾度乍因風江湖水落喧枯岸簾幙霜

多獵舊叢日暮離筵豈盡不將社酒更治聾

赤城溫泉

山窈如箕中沸暖泉鑒砌深丈許旁距

敷武復有冷泉相濟以和洌靈澤也導

爲二池覆以連楹名瑞雲室附泉松石

潤茂草木榮暢迥異他山

層山轉蒼翠旌旆去悠悠烟景未易即何暇問深

幽偶因向灰徑稍得濡前郵澗黍黃欲墜野花香

方观承《燕香二集》书影

◎赤城温泉（《燕香二集上》，第 579 页）

山宭①如箕，中沸暖泉，凿砌深丈许，旁距数武②，复有冷泉相济，以和洵灵泽③也。导为二池，覆以连楹④，名瑞云，室附泉，松石润茂，草木荣畅，迥异他山。

层山转苍翠，旌斾去悠悠。烟景未易即，何暇问深幽。偶因向仄径⑤，稍得濡前邮。涧黍黄欲坠，野花香正浮。夙闻清松障，其下豁灵湫⑥。女祁领异境，不惜迂道求。岩扃⑦叩初启，鹤鹭相夷犹⑧。丹砂伏云根，气上为重楼。清音韵杂佩，孰是弄珠俦⑨。雕凫少近砌，香叶还通沟。阴房盛翕赫⑩，罔象⑪潜冥搜⑫。咫尺复异泒，清冷澄冰瓯⑬。觱沸⑭岐远脉，趵突⑮同轻沤⑯。动挟焰焰势，静惟活活流。为观和会意，宜无札疠⑰忧。榱桷⑱仰圣迹，落日垂边州。至今

---

① 宭，音 wā。下凹；低陷。

② 武，古以六尺为步，半步为武。

③ 灵泽，滋润万物的雨水。亦喻君王的恩德。

④ 连楹，楹柱一根接一根。形容建筑物华美宽敞。

⑤ 仄径，狭窄的小路。

⑥ 灵湫，深潭，大水池。古时以为大池中往往多灵物，故称。

⑦ 岩扃，山洞的门。借指隐居之处。

⑧ 夷犹，夷由亦作"夷犹"。犹豫；迟疑不前。

⑨ 弄珠，玩珠。指汉皋二女事。《文选·张衡＜南都赋＞》："耕父扬光于清泠之渊，游女弄珠于汉皋之曲。"李善注引《韩诗外传》："郑交甫将南适楚，遵彼汉皋台下，乃遇二女，佩两珠，大如荆鸡之卵。"俦，音 chóu。伴侣。同类、同辈。

⑩ 翕赫，盛大。显赫。

⑪ 罔象，亦作"罔像"。古代传说中的水怪。或谓木石之怪。

⑫ 冥搜，尽力寻找，搜集。

⑬ 冰瓯，洁净的杯子。

⑭ 觱沸，泉水涌出貌。觱，通"滭"。觱音 bì。

⑮ 趵突，喷涌；奔突。泛指泉水。

⑯ 轻沤，浮在水面的水泡。

⑰ 札疠，因瘟疫而死亡。

⑱ 榱桷，屋椽。常喻担负重任的人物。

光照室，宫沼神龙游。遐哉赤城标，云霞恐未侔①。晞身②税咸池③，振衣凌高邱。忽愁寒霜早，恒嘘暖律④留。一洗箛鼓兢，再叶弦歌稠。含情望仙岭，长啸闻清秋。县北有邱长春仙迹。

---

① 侔，齐；等同。

② 晞，干，干燥。晞身，即擦干身子。

③ 税，舍。也作"说"。止息，居住。咸池，神话中谓日浴之处。

④ 暖律，古代以时令合乐律，温暖的节候称"暖律"。

42.《敬业堂诗》

【题解】　《敬业堂诗》50 卷，查慎行撰。查慎行（1650～
1728 年），浙江海宁人。原名嗣琏，字夏重，后改名慎行，字悔余，
号他山，又号查田，晚筑初白庵以居，故又称初白。康熙三十二年
（1693 年）举人，四十二年进士，官翰林院编修。著有《他山诗钞》
《敬业堂诗集》等。

本辑据《敬业堂诗集》（四部丛刊集部，上海涵芬楼影印原刊
本影印本）第 9 册辑录有关赤城的诗 1 首。

◎行经独石口外（卷 32）
独石西南路最纡，时平关隘失崎岖。滦河源在千山外，流过元
朝避暑都①。

---

①　避暑都，指元上都，今内蒙古自治区正蓝旗五一牧场境内、闪电河（滦河上游）
北岸冲积平地上。元世祖忽必烈未即皇帝位前，在蒙古宪宗六年（1256 年）开始筑城，初
名开平府；忽必烈即位后，至元八年（1271 年）改国号为元，称开平府为上都，又名上京
或滦京，为元朝的夏都。

上御帳殿南門　命侍衞試調生馬　名臣等
同觀恭紀

步澗蹄高齒尚童　尚書大傳忽驚一顧出　重瞳賞加
牝牡驪黃外　恩在駣駧中杏葉裁韉初被錦桃
花作汗欲噴紅龍泗騏校皆天廐冀野從看万馬空

雪後　賜酥酒恭紀

馬足瓊瑤十里衝到來裯疊　賜黃封土酥點雪脂凝
白官釀消氷乳滴濃寒歛食裯禁永夜溫同狐貂禦嚴
冬銀礨翠杓均天澤醉飽春回草木容

行經獨石口外

獨石西南路最紆時平關臨失崎嶇灤河源在千山外

查慎行《敬业堂诗》书影

43. 《翁山诗外》

【题解】　《翁山诗外》37卷，屈大均撰。屈大均（1630～1696年），初名绍隆，后名大均，字翁山，又字介子、冷君，号菜圃。生在广东南海县，为明末清初爱国遗民诗人和学者的典型代表，与陈恭尹、梁佩兰并称为"岭南三大家"。屈大均一生著述丰富。其著作有后人辑存的《翁山诗外》《道援堂集》《翁山诗略》等。①

本辑据上海古籍出版社《续修四库全书》第1411册集部别集类屈大均《翁山诗外》辑录有关赤城的诗。

◎云州秋望②（五言律诗，卷5，第366页）

白草黄羊外，空闻觱篥③哀。遥寻苏武④庙，不上<u>李陵台</u>⑤。风助群鹰击，云随万马来。关前无数柳，一夜落龙堆⑥。

---

①　雍正八年（1730年），广东巡抚傅泰追查屈大均所著的《翁山文外》《翁山诗外》诸书。发现其中"多有悖逆之词，隐藏抑郁不平之气"，于是上奏朝廷。其子屈明洪知情后，自动到广州投案，并缴出父亲的诗文著作和雕版。刑部在受理案件时，拟屈大均戮尸枭首。雍正念屈明洪能投案自首，便免除其父戮尸之刑，仅将屈明洪以及其二子遣戍福建，焚毁屈大均诗文著作。屈大均案虽然最终得以宽大处理，但其诗文在乾隆禁书中是受制最严的。

②　云州，亦有说此云州指今山西大同市，大同市在唐代曾置云州。

③　觱篥，古簧管乐器名。以竹为管，管口插有芦制哨子，有九孔。又称"筚管""头管"。本出西域龟兹，后传入内地，为隋唐燕乐及唐宋教坊乐的重要乐器。

④　苏武，字子卿。西汉杜陵（今陕西西安东南）人。汉武帝时出使匈奴被扣多年，坚贞不屈，汉昭帝时始被迎归。

⑤　李陵，字少卿，西汉陇西成纪（今甘肃秦安）人。李陵台指汉李陵的墓。

⑥　龙堆，白龙堆的略称。古西域沙丘名。

沙青接明妃艸香傳蕭后花羽林軍散後淒切任
吹笳
遠后多遺跡人憐避暑宮塞花明寶厯邊月滿雕
弓二水桑乾合三雲大漠通花園經上下歌管慰
瓢蓬后種花庭上下花園遠

烏金

烏金營裏市馬乳點茶香漢女燒銀鼠番兒跨大
羊紅顏如糞土白骨作垣牆向晚吹蘆管烏烏斷
客腸

雲州秋望

白艸黃羊外空聞簧篥哀遙尋蘇武廟不上李陵

屈大均《翁山诗外》书影

◎宣府作（五言律诗，卷5，第366页）

往日多游幸，云州作帝家。离宫①临雁塞，御气绕龙沙。青接明妃②草，香传萧后花。羽林军散后，凄切任吹笳。

---

① 离宫，正宫之外供帝王出巡时居住的宫室。指太子居住的宫室。
② 明妃，汉元帝宫人王嫱字昭君，晋代避司马昭（文帝）讳，改称明君，后人又称之为明妃。

總集類

1. 《元风雅》

【题解】　《元风雅》是辑录元诗的总集，这部总集有两种，刊刻时间相差不远，书名相同但作者不同。一种是傅习和孙存吾选编的《元风雅》，又称《皇元风雅》《元诗》《皇元朝野诗集》，成书于后至元二年（1334 年），收录 263 位诗人、1056 首诗。文渊阁《四库全书》和《四部丛刊》均收有本书，但卷数不甚一致，《四部丛刊》分前集 6 卷、后集 6 卷，共 12 卷；《四库全书》分前集 12 卷、后集 12 卷；所选诗内容及编排次序一致，仅卷数亦或互为拆合。作者傅习，字说卿，清江人，仕履无考；孙存吾，庐陵人，尝为儒学正。另一种是蒋易所编《元风雅》，又名《皇元风雅》《国朝风雅》《元朝野诗集》，成书于后至元五年（1339 年），收录 152 位诗人、1381 首诗。阮元编丛书《宛委别藏》收蒋易此书，题名《元风雅》，30 卷。作者蒋易，字师文，建阳人，善属文，有《鸥田集》及编《皇元风雅》行世。

本辑据台湾商务印书馆发行《景印文渊阁四库全书》第 1368 册集部第 307 册总集类《元风雅》，以及江苏古籍出版社影印《宛委别藏》钞本蒋易《元风雅》卷 13 辑录有关赤城的诗。

◎龙门 梁彦中（台湾商务印书馆发行《景印文渊阁四库全书》，第 1368 册集部第 307 册总集类，傅习、孙存吾《元风雅》后集卷 2，第 106 页）

天险谁非禹凿功，神灵辟此一何①雄。翠峰傍矗双枨②峻，白浪

---

①　一何，为何；多么。唐杜甫《石壕吏》诗："吏呼一何怒，妇啼一何苦。"

②　枨，音 chéng。古代门两旁所竖的长木柱，用以防止车过触门。

色延我石室烟蘿中又言昔同張謂兩遊地長

屬一霞丹霞鍾風吹仙樂度溪去我巳醉臥香

盤峰

上都回宿赤城站　安南國王

涂山執玉會諸侯宴饋回程宿嶺頭白海兩來

雲漢二赤城秋入夜飈二皇圖萬里乾坤闊客

路幾年身世浮驛吏驚呼詩夢破一聲雞唱樓

雲州

寄趙春洲　王寬泆

自逞纍陶常州去鴈過無由寄一械多觥秋…

元建阳张氏梅溪书院刻本《元风雅》书影，框高18.6厘米，宽12.8厘米中穿一阖①通。万马奔崩②路南北，六鳌③缠绕日西东。神扃④永壮三都势，迥压崤函⑤百二重。

◎过龙门 陈野云（台湾商务印书馆发行《景印文渊阁四库全书》，第1368册集部第307册总集类，傅习、孙存吾《元风雅》后集卷11，第166页）

龙门深更阻，悄悄路幽长。山擘两岸石，溪蟠⑥九曲肠。烟云先暮色，花木殿春光。夕照猿猱外，采山⑦人正忙。

◎驾发二首 马祖常（江苏古籍出版社影印《宛委别藏》钞本，蒋易《元风雅》卷13，第386页）

紫绣鸾旗⑧不受风，北都驾发日曈昽⑨。九秋⑩宫殿明天外，十部箫韶⑪起仗中。白海水波浮晓绿，赤城花蕊带春红。神皋⑫不用清尘雨，辇路龙沙草藉重。

苍龙对阙夹天阍⑬，秋驾凌晨出国门。十万貔貅骑腰裹⑭，一双

---

① 阖，门槛。

② 奔崩（崩奔），奔波；奔驰。唐杜甫《阆州东楼筵奉送十一舅往青城》诗："高贤意不暇，王命久崩奔。"仇兆鳌注："山下堕曰崩，水急流曰奔。此比行役之匆遽。"

③ 六鳌，神话中负载五仙山的六只大龟。相传渤海之东，有一深壑，中有岱舆、员峤、方壶、瀛洲、蓬莱五山，乃仙圣所居之地。然五山皆浮于海，常随潮波上下往还。

④ 扃，音jiōng。从外面关门的闩、钩等。

⑤ 崤函，崤山和函谷。自古为险要的关隘。函谷东起崤山，故以并称。

⑥ 蟠，盘曲；环绕。

⑦ 采山，上山打柴。

⑧ 鸾旗，天子仪仗中的旗子。上绣鸾鸟，故称。

⑨ 曈昽，日初出渐明貌。

⑩ 九秋，指九月深秋。曲名。晋陆机《日出东南隅行》："丹唇含《九秋》。"

⑪ 箫韶，舜乐名。泛指美妙的仙乐。

⑫ 神皋，神明所聚之地。指京畿。肥沃的土地。

⑬ 天阍，帝王宫殿的门。天帝的守门人。

⑭ 腰裹，古骏马名。

日月绣旗旛。讲搜①猎较②黄羊圈，赐宴恩沾白兽③尊。赫奕④汉家人物盛，马卿有赋在文园⑤。

◎题祁真人异香卷 达兼善（江苏古籍出版社影印《宛委别藏》钞本，蒋易《元风雅》卷13，第396页）

金阁芙蓉罨⑥画山，天香⑦缥缈碧云间。夜深放鹤三花树⑧，自把《黄庭》⑨月下看。

○上都回宿赤城站 安南国王⑩（江苏古籍出版社影印《宛委别藏》钞本，蒋易《元风雅》卷30，第821页）

涂山执玉⑪会诸侯，宴罢回程宿岭头。白海雨来云漠漠，赤城秋入夜飕飕。皇图⑫万里乾坤阔，客路⑬几年身世浮。驿吏惊呼诗梦⑭破，一声鸡唱隔云州。

---

① 讲搜，演习；阅军。

② 猎较，争夺猎物。《孟子·万章下》："孔子之仕于鲁也，鲁人猎较，孔子亦猎较。"赵岐注："猎较者，田猎相较夺禽兽，得之以祭，时俗所尚，以为吉祥。孔子不违而从之，所以小同于世也。"后因以表示和众随俗。泛指打猎。

③ 白兽，即白虎。西方七宿。

④ 赫奕，光辉炫耀貌。显赫貌；美盛貌。

⑤ 文园，即孝文园。汉文帝的陵园。后亦泛指陵园或园林。

⑥ 罨，音 yǎn。覆盖，掩盖。

⑦ 天香，特指桂、梅、牡丹等花香。

⑧ 三花树，即贝多树。一年开花三次，故名。

⑨ 黄庭，指《黄庭经》。道教的经典著作。唐李白《送贺宾客归越》诗："山阴道士如相见，应写《黄庭》换白鹅。"

⑩ 安南国王，指陈益稷（1254～1329年），越南陈朝宗室。陈朝开国皇帝陈太宗第五子，封昭国王。他也是陈圣宗和上相太师陈光启的弟弟。

⑪ 涂山，古国名。相传为夏禹娶涂山女及会诸侯处。执玉，手捧玉器。

⑫ 皇图，封建王朝的版图。亦指封建王朝。

⑬ 客路，指旅途。

⑭ 诗梦，如诗一般的梦境，美梦。

2.《明经世文编》

【题解】　　正德、嘉靖年间，明王朝的颓势就已毕露，后经万历之败坏，天启之极衰，至崇祯时，内忧外患迭起，明朝大厦有行将倾覆之险。面对危亡之局，明思宗力挽狂澜，自即位之日起，就锐意求治。但是，由于他急于求成，刚愎自用，在处理政务时存在严重的缺陷，以至于政治更加腐败，经济更加凋敝，军队更加羸弱，致使"虏江于外，盗溃于内"的形势进一步恶化。然而，国势衰败，民生日瘵也引发了一批有识之士强烈的社会责任感，他们对所处的时代变局，表现了格外的关注，纷纷以各种方式表达自己经国济世的愿望和思想。陈子龙、徐孚远、宋征璧则是其中最为杰出的代表，三人学识渊宏，虑达国体之宜而汲汲为救时之用。他们针对崇祯年间的社会问题，撷取明代历朝有关治乱兴衰的经验衰辑而成《明经世文编》，主要目的是想总结历史经验，以供统治者参考，以解决当前的社会问题，从而挽救明王朝的亡国之运，试图从中找到解决当前问题的办法，可谓是"义在救时"。

《明经世文编》504 卷，补遗 4 卷，主要编纂者是陈子龙、徐孚远、宋征璧。据宋征璧所撰凡例，编辑分担任务，陈子龙、徐孚远十居其七，宋征璧十居其二。此外，李雯、彭宾、何刚等都曾参加商酌。综计全书，列名选辑的有 24 人，都是松江人，负责实际工作；列名参阅的有 142 人，分散各地，参加文章的收集或校选工作。由于集众人之力，又有陈子龙、徐孚远、宋征璧三人总其成，经费充足，所以很快便编纂完成，前后仅用十几个月完成，并于崇祯十一年（1638 年）冬付印。

數十萬之蓄積、一切委諸草莽、罪不容誅事往難論

比聞欲調官軍復守獨石龍門等處、斯固攷室臣切

惟爲政當理內及外守邊當自近及遠京師者五方

之本永寧懷來宣府。直抵大同、皆京師藩籬也各處

見在軍馬以之專守尚慮未足爲固而又分之以守

獨石等處、則兵愈寡而勢愈弱。一旦邊報卒至救援

不及。切恐人心惶惶事如前日未可知也獨石等處

大槩以齊力不足欲弃遠守近及專爲便然當料

理○齊力不常固而弃懷

一摇則永寧諸處人心必不自安。誠不不慮又況

足食而後足兵。今宣府大同皆告缺糧以近邊猶爾。

《皇明经世文编》书影

462

《明经世文编》的选文虽然完全以明人奏疏为主，都与军国相关，但是陈子龙、徐孚远、宋征璧等人也是依据经世致用的原则，针对崇祯年间的特定问题遴选相关文章的，而不是简单汇编有明一代的施政文牍。从选文的作者来看，是否选择某人的文章，选择多少主要看这个人是否是救时之彦，他的施政经验是否有利于解决崇祯年间的社会问题。从选文内容来说，则是根据崇祯年间存在的重大社会问题，有针对地选择的，对明王朝的存亡有重大影响的，与之相关的文章越多，如边防问题、平乱辑盗问题，而且这些文章的内容必须是能够为当政者提供资政参考的嘉猷。

《明经世文编》所选文章的体裁有颂、表、序、跋、碑、记、策、疏等。其中，颂28篇，序235篇，跋15篇，碑23篇，记122篇，书566篇，策38篇，奏疏2013篇，其他如公移、咨文、告示、敕谕、揭贴等共168篇。

该书编成后即刻版印行，是为崇祯平露堂刊本。清代被列为禁书，流传极少，且多缺卷缺页。1962年，中华书局搜集整理后影印出版，吴晗为之作序，同时增加《作者姓名索引》《分类目录》两个附录，以便于检阅。本辑据该本辑录有关赤城内容。

◎滦京百咏集序（第1册，卷18，第143～144页，金幼孜《金文靖集》）

北征我朝盛事，故宜作诗以咏之。予尝扈从①北征，出居庸，历燕然，道兴和，逾阴山，度碛卤②大（汉）［漠？］，以抵胪朐河。复缘流东行，经阔栾海子，过黑松林，观兵静虏镇。既又南行，百折入淙流峡，望应昌而至滦河。又西行，过乌桓，经李陵台，趋独石，涉龙门，出李老谷，迤逦纡徐。度枪竿岭，遵怀来而归。往复七阅月，

① 扈从，随从皇帝出巡。
② 碛卤，含盐碱多沙石的地方。

周回数万里。凡山川道路之险夷，风云气候之变化，銮舆早晚之次舍，车服仪卫之严整，甲兵旗旄之雄壮，军旅号令之宣布，祃①师振武之仪容，破敌纳降之威烈，随其所见，辄记而录之。且又时时作为歌诗，以述其所怀。虽音韵鄙陋不足以拟诸古作，然因其言以即其事，亦足以见当时儒臣遭遇之盛者矣。予自幼闻西云杨先生以诗名，今睹其所为《滦京百咏》，则知先生在元时，以布衣职供奉，尝载笔属车之后，因得备述当时所见，而播诸歌咏者如此。然燕山至滦京仅千里，不过为岁时巡幸之所。度先生往来正当有元君臣恬嬉之日，是以不转瞬间，海内分裂而滦京不守，遂为煨烬②。数十年来，元之故老殆尽，无有能道其事者。独余幸得亲至滦河之上，窃从畸人迁客谘访当日之遗事，犹获闻其一一。登高怀古，览故宫之消歇，睇河山之悠邈，以追忆一代之兴衰。此亦胜国之文献也。国可灭，史不可灭。大哉言乎！因以著之篇什，固有不胜其感叹者矣。因观先生所著，而微以予之所见，敢略述其概，以冠诸篇端。然则后之君子，欲求有元两京之故实，与夫一代兴亡盛衰之故，尚于石生之言有征乎。

◎议处边计疏　边计（第1册，卷33，第235～238页，于谦《于忠肃公文集一》）

礼科抄出礼部尚书杨宁题：达贼犯边，独石、龙门一带，永宁、怀来边将，皆弃城不守，以致数十年之经营，数十万之蓄积，一切委诸草莽，罪不容诛，事往难论。比闻欲调官军，复守独石、龙门等处，斯固攸宜。臣切惟为政，当理内及外；守边，当自近及远。京师者，四方之本。永宁、怀来、宣府直抵大同，皆京师藩篱也。

---

① 祃，音 mà。古代行军在军队驻扎的地方举行的祭礼。

② 煨烬，音 wēi jìn。煨，经焚烧而化为灰烬。在带火的灰里烧熟东西。烬，物体燃烧后剩下的东西。

各处见在军马以之专守，尚虑未足为固，而又分之以守<u>独石</u>等处，则兵愈寡而势愈弱，一旦边报卒至，救援不及，<small>大概以资力不足，欲弃远守近，于事为便，然当料理资力不当，因而弃险。</small>切恐人心惶惶，事如前日，未可知也。<u>独石</u>等处一摇，则<u>永宁</u>诸处，人心必不自安，诚不可不虑。又况足食而后足兵，今<u>宣府</u>、<u>大同</u>皆告缺粮，以近边犹尔，又安能远供馈也。今之计边储者，或曰军运，或曰民运，或曰纳粟冠带①，或曰开种②盐粮，或曰银货杂买。言者纷纷，而皆不求其本。夫有播而后有获，春耕而后秋敛③，奈之何不务其本，而惟末之图？古人屯<u>金城</u>、屯<u>渭滨</u>、屯塞下，具有成法，实边之道，无以逾此。往者不可谏，来者犹可追。<u>中国</u>之有<u>夷狄</u>，犹君子之有小人。来则御之，去则备之，法之良也。不赏边功，以沮外徼生事之人，意之善也。今之为边将者，士卒不恤，而一意希求升赏；外侮不御，而一概妄报功次；<small>此从来冒功之弊。</small>有斩获一二首级，而报功至一二百人者；有止称杀败贼众、斩获首级，而全不闻数者，其为欺妄，不言可知。此果何功于朝廷，何益于边备？至如临阵亡死者，固皆可愍，然军胜而死，此勇进而至丧生，其忠可奇；<small>旧法军士损伤在背后者，即死事不得优恤，以其退走故也。</small>军败而死，此退走而被追杀，正当论主将之罪，今一概升一级，是死者以退走为功，而生者不以败亡为惧，又非所以示劝惩也。臣愚以为<u>永宁</u>、<u>怀来</u>、<u>宣府</u>直抵<u>大同</u>，<u>京师</u>藩篱，当益兵积粮，选将固守，彼固则此自安。<u>独石</u>、<u>龙门</u>等处，姑候此，有余力，然后议及遗下粮米，设法以近就近，搬运给军。瓦剌新来和好，必不即为边患，一带田地，可以趁时设法屯种，令各该总兵参将等官，及侍郎<u>刘琏</u>、都御史<u>沈固</u>、<u>任宁</u>，并巡按御史，分投委官提督，亲行劝课。如是田多军少，先尽军种，遗下余

①　纳粟，古代富人捐粟以取得官爵或赎罪。明清两代富家子弟捐纳财货进国子监为监生，可直接参加省城、京都的考试，称纳粟。冠带，比喻封爵，官职。指官吏、士绅。
②　开种，疑为"开中"。
③　秋敛，秋季收取。

田，听令近边官豪势要一应人等有力之家，尽力开耕，无种子者官为借给，此法最善，但取开垦不论公私。秋成抵斗还官。明行榜示：景泰二年子粒并地亩税粮，俱免征纳。所得花利，令自粜卖，仍行纳粟冠带、开中盐粮、银货杂买等法，人人见利而趋，则耕者不劝而勤，得谷必倍，可资边储。北直隶、山东、山西、河南近边去处，宜令各卫所府州县官，专委一员提督春农布种，仍与设法置买牛具种子，俱从巡按御史管屯金事，比较其有用心勤得谷多者，指实具奏，量加褒赏，以劝其余，则家给人足，可资供馈。沿边守将遇有声息，且须预将在外人畜收入城堡，婴城固守，俟贼老气惰，然后乘便击之。如彼肆无忌惮，越关内侵，则内外合兵，令其腹背受敌，计无不克。有功官军，升赏以信。如有似前弃城不守，率众在逃，无分贵贱，不限亲疏，必杀不宥，然后人知劝惩。其有斩首少而报功多，及妄报杀败贼众，斩获首级，希求升赏者，合无其功皆不必录。军胜阵亡官军与军败失陷者，升赏亦须量有节减，庶得爵赏不滥。奉圣旨：户部、兵部看计议来说。除屯种等项户部另行外，查得先该本部照得独石、龙门、长安岭等处，俱系万全都司所属紧关城池，去年虏众深入，俱各捐弃失守。兹当声息稍宁，可以措置，虽经具奏，令总兵等官朱谦等修设整理，诚恐各官迁延，有妨边备。已经节次议拟奏准，令都督金事董斌提督前项官军，修理城池，防护粮储等项，及昌平侯杨洪原留在京开平、龙门等卫官军三千员名，并其余俱系口外卫分在京报效等项官军，俱令都指挥杨能尽数领回原卫所操守。近该董斌题称，独石、马营、云州、雕鹗、长安岭等处城池，委系外控虏境，内庇宣府、怀来一带，独石自是要地。若独石、马营等处城守严固，则腹里卫所自然无虞。本议将前项城池重复整饬，修设屯营，诚安边御侮长策。合设都指挥一员，在彼分守地方，并将万全都司推选有谋有勇之人，分派独石、马营、李家庄、雕鹗、龙门等处，专一守备操练，听伊调遣，等因，具题。抄出本部，依拟奏准通行去后，今尚书<u>杨宁</u>奏，要将<u>独石</u>、<u>龙门</u>等处，候有余力，然后议及一节。臣等切详各处土地城池，俱系祖宗经营创建，_{边险不得辄弃部覆为长。}其<u>独石</u>、<u>龙门</u>一带，正系极临虏境紧要去处，外为边境之藩篱，内为<u>京师</u>之屏蔽，去年虏酋纠众入寇，守臣虑恐势孤援寡，因而捐弃失守，至今清议不容。今也先等已来请和，边报不甚紧急，所宜兴滞补敝，修设故疆，以为久远之计，以图复仇之举。况前项城堡已命<u>董斌</u>提督，并原守各城军马俱已发回，即目正在营置之际，彼处总兵镇守等官，并不曾奏难以修复缘由，岂可自馁自画，轻易掷弃！且我退一尺，则贼进一尺；我失一寸，则贼得一寸，得失进退之机，安危治乱所系，就使干戈扰攘之日，尚当固守封疆，况平居无事之时，不宜自蹙土地。兼且守备各城自用原有兵马，而非那移他处官军。今以理势论之，必当修复整理。合无通行请敕<u>宣府</u>总兵参将镇守参赞巡抚官员将<u>独石</u>、<u>马营</u>、<u>赤城</u>、<u>云州</u>、<u>李家庄</u>、<u>雕鹗</u>、<u>龙门</u>、<u>长安岭</u>等处一带边务，查照本部节次议奏事理，会同计议区处，斟酌人情之劳逸，相看地形之夷险，先其急而后其缓，举其大而略其小，果系紧关去处，上紧修复，不系紧关去处，从缓整理。其奏有功官军升赏以信，如有似前弃城不守，率众在逃，无分贵贱亲疏，必杀不宥。其有斩首少而报功多，及妄报杀败贼众、斩获首级，希求升赏，其功皆不必录。军胜阵亡官军与军败失陷者，升赏亦须节减一节，臣窃惟兵之胜负，固系乎赏罚，而赏罚运用，必在乎严明。近年以来，因南北贼寇纷扰，所在用兵抚捕，其有功官军，中间若有不明者，本部议拟行令，重复体勘明白，方才定夺升赏。而总兵参佐等官，若有失机误事，亦往往覆奏降黜。如向者所升<u>德胜</u>等门、<u>紫荆关</u>及<u>大同</u>、<u>宣府</u>等处官军，俱系杀败贼众，保全城池有功人数，该总兵等官造册奏要升赏，节行驳勘明白，若不照例升用，何以激劝人心？其有退缩覆溃如<u>阳和口</u>及<u>土木</u>等处官军，虽已死于锋镝，未尝升用一人。_{止论破敌，不论斩级，为得兵要，}<u>戚少保</u>

练兵屡言之。况兵家之事，以捷胜破敌为全功，不以斩首多寡为勋绩。若止以斩首多寡定为升赏崇卑，则人皆顾恋首级，未免为敌所制。今称有妄报杀败贼众、斩获首级，希求升赏，缘无指实，无凭查究。合无通行各处文武大臣，今后有功官军，务要体勘明白，要见何人奋勇当先为首？何人协力跟随为从？何人生擒贼徒？何人斩获首级？从实开奏，以凭定夺。不许徇私泛滥，将无功之人一概冒请升授。及奏沿边遇有声息，预将人畜收入城堡固守，俟贼师老气惰，然后击之，如彼越关内侵，则内外合兵，令其腹背受敌等情，俱系用兵常法，亦系见行事理，别无定夺。缘节该奉钦依兵部看计议来说事理，具题。

◎议处走回人口自请行边疏　行边　（第 1 册，卷 33，第 238～239 页，于谦《于忠肃公文集一》）

走回人口所言未必需，实少保此疏或是别有斟量，非因此便请行边也。参照邪四女所说前项达贼往南行走，去边不远，虽未审是何部落，及所说前言未委虚的①，缘本妇系在涞水地方抢去，先前也先入寇之时，正从此处回还，本妇被掳在彼，今又带同前来，则知前贼系也先部落无疑。若不早为区处，严谨堤备，即目雨水沾足，青草长茂，诚恐各贼在于近边去处驻札牧放，分遣虏众四散侵扰，非惟边人不得田作而日加疲敝，抑且道路梗涩不通而难于攒运，则人心终日惊疑，边备愈难措置。臣等会同总兵官石亨等，议得前贼虽侵犯之迹未著，而寇边之意已萌，防微杜渐，不可不虑。除选差乖觉夜不收星驰前去怀来、宣府，密切哨探，是否带有家小人众？即今见在何处屯驻？其人马号色是何种类？有无南牧犯边之意？作急从实回报，如果事情紧急，臣谦先行亲诣怀来、宣府等处计议相度，　因系平日

———————

① 虚的，犹虚实。

操练有方，故一有声息即可出军，不至临事措办失机。**寇势众寡，事情缓急。**仍令<u>石彪</u>、<u>雷通</u>带领原议奏官军六千员名，每人关与银一两，布二匹、炒二升，随即启行前去<u>怀来</u>屯驻，相机行事，务在奋勇设谋以济边务，既不许拥兵自卫，坐蠹粮储，亦不许率易轻出，致堕贼计。及行总督军务尚书<u>石璞</u>等，将<u>石璞</u>原先议奏挑选<u>宣府龙门</u>、<u>怀来</u>、<u>万全</u>官军一万余员名，兼同<u>石彪</u>等带去官军，相看贼人众寡，事势缓急，若是贼人四散出没，可以乘虚掩袭，就便调遣官军，或乘夜扑捕，或按伏邀截，务要成功，以挫其锋，以遏其进，以壮军士之气，以安边人之心。设若贼势浩大，难于争锋，务要坚壁清野，持重自守，差人驰奏<u>京师</u>，调遣大军，总兵等官统领前去，臣谦就便督同，随宜设法，分投应援，庶几有备无虞，边事不失。仍令户部设法措备粮草，本部通行<u>大同</u>、<u>辽东</u>、<u>陕西</u>、<u>延绥</u>、<u>甘肃</u>、<u>宁夏</u>、<u>永平</u>、<u>山海</u>、<u>密云</u>、<u>古北口</u>、<u>居庸</u>、<u>紫荆</u>、<u>倒马</u>、<u>白羊</u>、<u>偏头</u>、<u>雁门</u>、<u>广昌</u>等处关口总兵镇守官员，各要整搠人马，用心堤备，遇警相机行事，不许因循怠忽，致有疏虞。

◎**宣府军务疏** 宣府军务（第 1 册，卷 34，第 246 ~ 247 页，于谦《于忠肃公文集二》）

兵科抄出总督边储参赞军务都御史<u>李秉</u>公具题：臣闻军士有强弱者，必先于慎拣选；军职有贤否者，必在乎公进退。切照<u>宣府</u>等处团操军士，在兵法，军无全勇，亦无全怯。在能分其勇怯，使各得其用。观此疏，知当时能实心拣料，如此。中间有身体虽壮而胆气怯弱，弓马生疏者；有身虽矮小，而胆气雄壮，弓马熟闲者。此等之人，把总管队官员，深知其详，遇警出战，必先拣选。其把总管队官，必公其议论，第其优劣，某军有勇而弓马闲熟，某军无勇而弓马生疏。虽有私情，不敢苟且，为其生死同致其忧也，成败同任其责也，关系甚重，各不敢轻。查得<u>宣府</u>见操军士，先该提督军务尚书<u>石璞</u>选其精壮者一万一千余名，定为头拨，每名月加米一斗，其余定为次拨、三拨，照旧支给月粮八斗。近该臣奏要左右参将<u>杨能</u>、<u>杨信</u>各领官军一千员名，协同<u>独石</u>、<u>马营</u>等处官军，修理边防。其参将<u>杨能</u>说称尚书比时挑选军士，止是出于己见，不曾询问下人，一时挑选不精，因而各队军士，强弱不一。属官敢为此言，亦见当时上下无讳。如今过口恐有紧急声息，须用合兵剿杀贼寇，当与镇守等官<u>柏玉</u>公同管队官员选拣身力精壮，弓马熟闲军士一千余名。其所选堪中军士次拨者多，头拨者少，甚至又有领马军人马堪与战，人无斗志者，将好马搭配。选中军士，暂且过口，候回还俱入各队，混同操练。臣看得不堪过口军人，名为头拨，食粮虽多，而实怯懦。选中过口军人，名非头拨。食粮虽少，其实精锐，不惟人心多不肯平。诚恐遇警不得实用，当与总兵官<u>纪广</u>详议，要将见操军士，重别拣选精壮弓马熟闲者，定为头拨。遇有警急，当先杀贼。其余定为次拨、三拨，分兵应援。都督<u>纪广</u>惟推头拨官军规矩已定，曾经具奏，不可更改。亦有当独持之者。臣切详看论无当否合舆情者为确，论法无定在协公道者为良，法为总兵者，自合广询众论，俯顺下情。务使见操官军，强弱不至于混淆勇怯不杂于并进，庶几人马相得，兵将相识，倘有警急，庶克有济。今都督<u>纪广</u>，不恤人言，偏执己见，掌兵柄如儿戏，视边备若等闲，似此因循故常，遇警岂能成事。再照各城堡见操把总都指挥等官，多有年力衰惫之人，素无胆略，滥分兵权。况即今边报不绝，人心未安，挑选官军尤为急务。若不早为处置，诚恐有误大计，乞敕兵部从长计议。合无令臣公同各处镇守等官，着落把总管队官，将见操军士，挑选身力少壮弓马熟闲，头拨者即兵之选锋也，定为头拨其余定为次拨、三拨。各吕编成队伍，如头拨军士马匹矮小者，就于次废好马内对换骑操。其管操把总都指挥等官内，有年力衰惫无谋无勇，及曾经告发剥削害军等项官员，就便黜退，令其随操或守城管事，另选有谋有勇官员，专委把总管队，常用操习，以防调度。仍将挑选过官军数目，明白开奏。如此则官员知所劝戒，遇适可图成功，奉旨钦遵到部。臣等切详御侮之道，莫先于练兵；练兵之要，必分其强弱。故兵法曰"兵无选锋曰北"，又曰"兵以治为胜"。百万之众不用命，不如万人之斗；万人之众不用命，不如百人之奋。此言兵不贵多，贵乎精。多而不精，莫若少而精之为愈也。切照<u>宣府</u>地方，正系控制房境，拱卫京师要害去处，达贼不时出没骚扰，而迤北_{朝贡往来之地，若守御单弱，易起戎心，故疏及之。}差遣使臣朝贡往来于此经过，宜简练士卒，整肃兵威，以捍御寇盗，巩固藩篱，以防不测之虞，以为经久之计。岂期总兵官<u>纪广</u>，不恤人言，偏执己见，以因循为得计，视边务如寻常。执称规矩已定，不肯采纳舆情，推原本心，_{此亦将师夙弊。}不过将各<u>卫所</u>精壮军士，私役在己，或办纳月钱，或种田觅利，惧怕尽数送出，以失私役。以此不肯拣选，执拗混淆，况拣选军士定为头拨次拨二拨操练，正系京师见行，亦非<u>李秉</u>公臆见。若不照依<u>李秉</u>公，与镇守等官内官<u>柏玉</u>议奏事理，趁此边报稍宁，上紧选拣。万一房寇，逞彼凶奸，仍复扰我边境，军士素无分别，强弱混为一途，未免彼此负累，进止两难，不能成功，尤恐因而坏事。又况<u>独石</u>、<u>马营</u>等处，地界接连，尤宜谨慎防备，简练兵卒，乃为至要。合无一一准其所奏。

◎怠废军政疏　军政（第 1 册，卷 34，第 251～252 页，于谦《于忠肃公文集二》）

该刑科等衙门劾奏都督同知<u>卫颖</u>等，交通饮酒，奸宿乐妇，怠废军政等情，钦蒙圣恩宽宥，弗加罪责。然臣等切惟<u>卫颖</u>等，俱以凡才叨膺[①]重任，擢居都府，分掌兵戎，不能宣力而竭忠，乃敢纵欲而败度。况终日饮酒为乐，又复用钱买奸，若非剥削害军，此物从

---

① 叨膺，犹叨承（承受），忝受。

何而得？即目①虏人虽已请和，而边报未尝宁息，旧耻未雪。当臣子卧薪尝胆之时，大举未图，宜将帅捐躯致命之日，而<u>卫颖</u>等所为若此，上辜朝廷之恩，下失军士之望，惟骋一己之嗜欲，岂恤众情之艰难。追论前失縣军政之不肃。曩者②<u>土木</u>之溃，大事几危，正繇为将帅者，平日贪淫败度，受财卖军，互相交通，夤缘③党比，战斗之事不习，兵戎之政不修，将帅互为雠仇④，上下自相矛盾，以致临敌无功，望风瓦解。前日之覆辙未久，而<u>卫颖</u>等又复效尤廉耻荡然，全无忌惮。比者在营军士逃者数多，动以万计，安知不为<u>卫颖</u>等卖放⑤逼迫所致，杜渐防微不可不慎，且赏从贱罚从贵，此古今之通典，而兵家之要术也。今<u>卫颖</u>等位重任隆，而贪婪无度，则下人何所取法？而管军者何以为戒？所据各人罪名，已蒙圣恩宽宥。而此等驵侩⑥之才，终难任爪牙之寄合，无将⑦<u>卫颖</u>、<u>范广</u>、陶瑾、张义、<u>郭英</u>、穆晟俱不许管理府卫事务，及坐营领军，调往<u>开平</u>、<u>独石</u>、<u>大同</u>一带操守杀贼，以赎前罪，庶使法令昭明。而余人知惧，恩义并行，而戎政修举。臣等猥⑧以驽钝⑨叨掌兵戎，顾惟将帅之用舍，系乎国家之安危事有当言，不敢缄默。

◎条议五事疏 战备五事（第 1 册，卷 37，第 284～286 页，徐有贞《徐武功文集》）

一国之武备，莫先于治兵。要使国兵足以制边兵，边兵足以制

---

① 即目，目前；现在。

② 曩，音 nǎng。以往，从前，过去的。

③ 夤缘，比喻拉拢关系，阿上钻营。

④ 雠仇，仇敌。

⑤ 卖放，受贿私放。

⑥ 驵侩，音 zǎng kuài。亦作"驵会""驵阓""驵狯"。说合牲畜交易的人。后泛指经纪人、市侩。

⑦ 无将，原谓勿存叛逆篡弑之心。多反其意而用之，谓心存谋逆为"无将"。

⑧ 猥，谦辞，犹言辱、承。

⑨ 驽钝，亦作"驽顿"。平庸低下。愚笨；迟钝。

夷狄，可也。我朝太宗岂帝，建都北京，镇压北虏，乘冬遣将出塞，烧荒哨瞭。今宜于每年九月尽，敕坐营将官巡边，分为三路，一出宣府以抵赤城、独石，一出大同以抵万全，一出山海以抵辽东，各出塞三、五百里，烧荒哨瞭，如遇虏寇出没，即相机剿杀。每岁冬出春归，休息一月，仍于教场操练。如此则京军皆习见边情，临敌不惧，虏寇慑伏，无敢窥边矣。……

◎边务疏　边务（第1册，卷38，第288～290页，商辂《商文毅公文集》）

题为边务事。臣窃惟守边一事，最为今日急务。近闻各边操守官军，多系有名无实，其故何也？一则军士寡弱，一则衣食艰难。夫军士寡弱，以战则不能，衣食艰难，以守则不固。边城有此二弊，名虽为守，实乃弃之。今之议者，皆以遣使为请，而谓边方之事似不可为，殊不知天下之事，未有不可为者，特患失于姑息耳。臣访得大同、宣府、独石、马营等处，操守官军在边年久，服习水土，屡经战阵。自正统十四年，达贼侵犯，或漫散赴京，或因该管头目带领来京者，一向夤缘在京居住。即目独石、宣府等处，多系各处新拨并河南轮班官军在彼操守。且轮班官军既无室家可恃，又无田地可耕，因循度日，悬望更替，欲为久远之计难矣。若朝廷失于姑息，安于因循，听令各军巧立游击等项名色，将前项官军占留在京，不行发遣，则边境城池愈见空虚，设有贼情，将何备御？乞敕兵部即将口外大同、宣府、独石、马营等处，正统十四年以前原操守官军，人情久于京师，则不欲复归边塞。见在京居住者，逐一查究并其家小，尽数发去口外，各该地方照旧住种操守。不许各官仍前巧立名色，占吝①阻当，违者治以重罪。或有言前项官军善战，合留在京操

───────────

①　占吝，占据。多指非分据有。

备者，此不知轻重之论，盖京师百万人马，纵得前项官军，不见其多，不过跟随各头目营干家事而已。若边城得此官军，可以壮威武，可以御贼寇，可以使其成家立业，为久远之计，其为益岂不大哉。惟陛下不惑群议，断然发遣，则边境得人而藩屏自固矣。

臣又访得，口外田地极广，除屯田军士地亩已有定额外，其守城守关军士，多无田地耕种。推原其故，盖因先前在京功臣等官之家，将口外附近各城堡膏腴田地占作庄田。以次空闲田地，又被彼处镇守、总兵、参将并都指挥等官占为己业。每岁役使军夫耕种，收利肥己。其守城等项军士，非但无力耕田，虽有余力亦无近便田地可耕。即曰守边紧急，在京官员虽不能役使口外军夫，但庄田尚存，未免占夺军民之业。而彼处亲临管军头目，尚有占种田地数多私役军夫，撮借官牛等项，其弊仍未尽革。若朝廷失于姑息，安于因循，不即将前项田地拨与各城军民耕种，则衣食无由足给，而边境愈见空虚。乞敕户部选差能干官员，分投前去大同、宣府、怀来、永宁等处，会同各该都御史、御史等官，将在京官员应有庄田，并彼处势要之家占种田地，尽数分派与附近军民为业。若系原起科田地，亦须酌量从轻起科。仍乞敕各该镇守总兵等官，将各城堡军士分作二班。每上班六日，令其照例操守。下班六日，尽数督令耕种，俟收成之后，并力备御。仍禁革管军头目不许多种田地。如此，则军士之衣食自给，而民间之转输可省。夫且耕且守，古人如汉赵充国、诸葛亮，晋羊祜皆已行之，明效大验，着在史册。今日守边之要，莫善于此，若舍屯种之外，而欲边城充实，虽倾府库之财，竭生民之力，军士数多，岁月久远，亦难继矣。若有言前项功臣等官不可以无庄田，则或于腹里远处地方，量宜拨换。口外之地决不可听其置作庄田，侵损守边军士，有误国家大计，实为不便。

臣又访得永平等关口，官军精壮，人民安业。而紫荆、倒马一带关口，官军怯弱，关内人民不免惊疑。推究其故，盖永平等处系本土官军，而紫荆、倒马等关系在京拨去轮班官军，衣食不给，全无固志，贼寇若来不过为逃走之计耳。此事屡有人言，而本部未即施行者，其意盖谓京师本根之地，宜留保定等处精锐官军在京操守。殊不知方今急务，守边为上，守关次之。若徒守京城，此为下策。何也？若边方失守，则关隘紧急。关隘失守，则腹里人民望风流移。人心摇动，变故百端，纵有京师军马，强寇在远，亦何所施？又有言，在京管军头目利保定等处官军供给柴草，因此占留。若果有此，尤为不可。乞敕兵部将保定、真定等处在京备御官军，发回附近各关口，定立班次，永远操守，如有不敷，于附近卫所递相拨补。却将见在各关轮班官军尽数取回，在京备操。如此，非惟两免重支口粮，抑且边关得人而京师巩固，虽有千百也先，亦何足虑？凡前三事于守边守关颇为切要，但恐于人情有碍。伏望①陛下决意行之，则边方幸甚。

◎玺书②录序　山西巡抚（第 1 册，卷 38，第 295～296 页，商辂《商文毅公文集》）

国家建都北方，控制胡虏为近。自都城至居庸不百里，至独石不数百里，即虏境。其间城堡之设，藩卫之寄，视他处尤要。于是宿重兵，选骁将，谨烽堠，严巡哨，盖制敌御寇，法宜慎密，总戎者固难乎其人。而其指示方略，防革奸弊，劝赏黜罚之责，则惟熟于政体。老于世故，廉公有为，文臣一人者是任，又难乎其人焉。皇上即位之三年，独石等处缺文臣协赞戎政，诏举在位佥议，以山西右参政叶盛才德卓异，因具名以闻。上曰工留意人才，若此何患不治。是尝任兵科都给事中者，屡进谠言③，叮属大事，朕固识之。即日降

---

① 伏望，表希望的敬词。多用于下对上。
② 玺书，秦以后专指皇帝的诏书。
③ 谠言，正直之言，直言。

敕谕俾往隶其事。自土木之变独石弃而不守，文庄开府乃复。时独石八城堡，承漫散之余，兵皆新集，仓无宿储，人无固志。盛奉命惟谨，昼夜规画，至废寝食。未几庶事修举，兵容振肃，廪庾①充实，人乐战守。用是朝廷无北顾之忧，厥功懋矣。盛在边凡五载，所奉玺书四十余通，兹特具录属辂序，将什袭②以为宝训。臣辂备员内阁，每边方有警，皇上率御便殿，召臣等预议，亲授成算，俾撰敕往谕，如盛所录是已。虽然，玺书所及，或因边报，或因奏请，随事谕旨，皇上垂意边政，此特一二耳。而盛以雄才伟略，其所施设。盖有出于玺书之外者，如立社学，置医坊，设暖铺，筑义冢，利人之事，难于枚举，可谓克当阃寄者矣。胡虏遁迹，居人安堵③，有臣如此，上复何忧。昔裴度节度河东，朝廷遣使宣谕曰，为朕卧护北门可也。盛嘉劳赐级，玺书将复就道矣。

◎整饬边备事　防守墩堡（第1册，卷43，第334～335页，李秉《李襄敏公奏疏》）

臣闻制狄之方，固莫先于讲武以练兵；安边之策，尤莫先于据险以守固。照得独石、马营等处，城池形势险隘，官军颇多，战守有人。若贼寡，则有寡不敌众之心，不敢轻进；势众，则有腹背受敌之患，不敢深入。又有都督孙安在彼提督，号令颇严，官军知畏，纵有警急，亦无足虑。所可虑者，惟宣府而已。切照宣府迤北沿边一带，大小白羊、常（谷）［峪］、青边、张家等口，中间多有通行人马去处。正统初年，该太监兴安尚书魏源，亲诣彼处相度形势，筑立城堡，调拨精锐马步官军，轮流守备，以绝边衅，固安人心。续该总兵官杨洪奏准将大小白羊等城堡，原守官军马匹归并葛峪堡

---

① 廪庾，粮仓。

② 什袭，重重包裹，谓郑重珍藏。什，十。

③ 安堵，犹安居。

练，比因青边口、张家口西北边等处城堡，系紧要去处仍前守备，不曾归并。后因达贼犯边，前项城堡，无人守备，俱各废弛。及照青边等处，内近宣府，外通沿河十八村等处，况往宣府等处军余，俱由彼处出入，前去马石等营，盘运粮米，被达贼抢掳者甚多。此等之人，深知乡导是以被掳军余王春等入境打细。由此进入其原立城堡，若不仍前复设，调拨军马，照旧守备，非惟无以严边防，诚恐有以启贼意。臣屡以此事与镇守总兵等官柏玉等极陈利害，商确施行，柏玉等佥曰可行，独总兵官纪广执迷不从。说称沿边墩台，俱有守哨官军，便不守这也不妨。臣切虑沿边墩台，相离通人马去处城堡，少者四五里，多者数十里，纵有奸细乘夜进入，守墩之人岂能望瞭。及照原守城堡，即今见存其守备官军，俱在宣府等处团操，前项城堡缺人守备，倘有奸细投间抵隙，因而入境窥探虚实，贻患非轻。臣叨居言路之官，滥膺参赞之任，义所当言，岂敢缄默。如蒙乞敕兵部行移镇守等官，将不系归并团操，青边等口紧要去处，量拨官军马匹，仍前修守分委都指挥，或的当指挥一员，专一在彼，提督精锐马步官军，轮流守备。仍行见在参将杨能，量带官军，千墩空添筑墩台，以便瞭望。其归并大小白羊等处，遗下城堡隘口，仍分守备万全右卫都督江福，葛峪堡都指挥杨文，提督墩台都指挥乐泰等，严督该管官军，常川远出哨探，以备不测。不许怠忽以堕贼计，务要关防周密，而严谨堤备，相机行□，而边境无虞。仍行都督纪广，从长斟酌，如果要害去处，可以不设守备，本官别有御寇长策，令其明白奏请定夺。

◎会覆监察御史薛为学防边疏　防边（第 1 册，卷 46，第 363 页，项忠《项襄毅公集》）

十二团营近以会选马步锐卒三万、马一万五千匹，遇蓟镇告急，即刻启行。宜令户部会计草料，量预支给。又居庸以东关隘甚多，虽频年修筑，而遇雨辄倾守备各官，私役戍卒，佃作自疲。宜令镇巡官严督官军，凡关隘颓缺者，亟修筑之，私役戍卒者，严执治之。又鹿角榨乃今军中所时用者，偏箱车，但宜于平原旷野，不利于陟险乘危。宜令工部如式制造，试可然后用。又宣大独石、龙门，并朔、代、偏头、宁、前开原、辽阳俱临边境，虏自去岁进贡，远离边墙，奸谋叵测，沿边将官，多拥兵自卫，互相推托。宜令各镇巡总兵定议，此得边镇布置连络之宜，如偏头有警，延绥东路、大同西路虽非统属，必须策应。朔、代有警，偏宁南路、宣府中路虽非管摄，随当掩袭。宣大、辽左有警，本处左右前后副参游守，互相邀截，即将出援官军总数，及将官职名，星驰奏闻。其它近朔、代，如繁兴、岢岚诸邑，近道阳如海盖金复诸州，恐虏斜三卫，窃掠未遂，必驻营要地，散八各境，宜令一体堤备，严督训练，庶免后艰。

◎玺书录序　山西赞理（第 1 册，卷 55，第 436 ~ 437 页，韩雍《韩襄毅集》）

玺书录，录吾友叶公与中，景泰中在边镇时，与其同事之臣。其奉之敕谕，并其所受之敕命也。国家以儒术安天下，凡方镇之间，必参用儒臣。锡①之以纶綍②之华，付之以责任之重，使其专经略，谨节制，以图克济③厥事。然非有文武之长才，忠义之大节者，亦不轻用，故用之而多效若与中是已。与中初举进士，为兵科给事中，寻升都给事中，以深沉英毅之资，端方廉介之操，而济之以该博纯正之学，故运之为谋猷，慎密而弘远，发之于事为，果敢而勇决，

---

① 锡，赏赐。

② 纶綍，音 lún fú。《礼记·缁衣》："王言如丝，其出如纶；王言如纶，其出如綍。"孔颖达疏："'王言如纶，其出如綍'者，亦言渐大，出如綍也。綍又大于纶。"后因称皇帝的诏令为"纶綍"。

③ 克济，谓能成就。

正色①立朝，事所当言者，謇謇谔谔②，知有国而不知有身家，直声流传，海内敬仰，受敕褒嘉，推封及亲，人咸以公辅期之。维时边方多事，是时独石已沦弃矣，自文庄始复，故先叙此。而独石、马营诸城，孤悬东北，尤为要害。以行省官任参赞重事亦异典也。故载之。廷议以与中为山西参政，赐之玺书，往赞军事。自后凡玺书下军中者，事无巨细，必及与中。所录者是已时他镇督理参赞，皆为都台③之官，独与中外职。若难于为而与中处之有道，区画措置之有方，抚绥禁防之有法。故将吏辑睦④，卒伍精练，戎器锐整，城堡墩隘之属，罔不完固。他如广屯储，兴学政，表节义之类，良法美政，不能具纪。境内丰乐，边尘不惊。越四载，以忧去，人至于今，若慕慈母。天顺初，朝廷以两广地大民众，难于抚巡，特起与中进位都台，往兼二镇。其所建宏勋巨烈，未能悉数。异时进登台辅，秉枢轴⑤，握化机，责任以天下之重，又不止如所录而已。若与中者诚不愧所学，无负朝廷，有光于吾乡也。吾乡古今代不乏贤，远者不暇论，若范文正之在当时，其所存所行虽屡出安边，卒登柄用，先民称其忠义满朝廷，事业满边陲，功名满天下，千载之下，犹景仰羡慕之不已，与中当思所以企齐焉。敢以此复与中，且以自勉。

◎边备五事　边备（第 1 册，卷 57，第 453 页，杨洪《杨颍国武襄公奏疏》）

昌平侯战将也，然亦详于论守。一、宣府操备哨守等项马步官军，止一万三千五百余人，城堡关隘一十四处，内西阳河、洗马林、张家

---

①　正色，神色庄重、态度严肃。《公羊传·桓公二年》："孔父正色而立于朝。"
②　謇谔，亦作"謇谔""謇愕""謇鄂"。忠直敢言貌；正直貌。謇，通"謇"。
③　都台，官署名，即尚书省。唐垂拱元年，武后改称尚书省为"都台"。
④　辑睦，和睦。《周书·齐炀王宪传》："卿宜规以正道，劝以义方，辑睦我君臣，协和我骨肉。"
⑤　枢轴，机关运转的中轴。比喻中央权力机关或相位。唐刘肃《大唐新语·举贤》："尝因夜卧，各言其志，处俊曰：'愿秉枢轴一日足矣。'"

口、新开堡、野狐岭关最为要害。其余白羊口等六堡，实非要地，乞归并以便戍守。一、柴沟堡地近万全，却调宣府等卫官军守备，其宣府城所领官军，却又调自万全等卫，彼此两不便，乞依地方对换。一、柴沟堡调来备御官军，其刍粮仍于本卫支给，往来道途，动经旬月，乞于柴沟立仓，就令山西民运粮输纳，或给银收籴，或召商中盐庶免军士奔走负戴之劳，而亦不妨戍守。一、守边军器，^{所造非所用最为弊政凡军器皆然}惟火器最要，朝廷恐其传习者多，不许边方自造，然京库关领者，多有不堪，而臣前在独石，亦蒙朝廷许以自造，乞如前例自造应用。一、宣府沿边，臣躬行相度，其间墩台阔远，择地添设，古路窄狭者，用石砌塞，地势平坦者，实门关锁，无事则巡逻出入，有警则发兵策应。

◎边关紧要疏 防守边关（第 1 册，卷 59，第 460～461 页，叶盛《叶文庄公奏疏一》）

题为边关紧要事。臣窃惟中国之驭夷狄，固当练兵选将，以保卫京师为本。然今日之事，尤莫若整理边关之为急也。盖自虏骑奔遁之后，至今声息未宁。且有复来犯边之说，然逆虏之来不来不足问，顾我之有备无备何如耳。今之极边地方，其险要所在，莫若宣大。其切近边关，莫要于居庸，其次紫荆，又其次倒马，又其次白羊。宣大不备，则虏贼经行，略无疑碍，而直抵边关矣。边关失严，则长驱直捣，有不忍言者矣。姑以往事明之独石、马营不弃，则上皇何以陷土木。紫荆、白羊不破，则虏骑何以薄都城。居庸不守，则逆贼何以遽奔遁，即此而观，边关不固，则京师虽固，不过仅保九门无事而已。其如陵寝何，其如郊庙坛壝何，其如田里之民荼毒何？此皆前事可征不可诬者。然御戎之要，固在于守边，而守边之要，尤在于得人，得其人则其守固，其政修不得其人，则其备弛，其政隳，故凡择良将以重委托，设文臣以资参辅，列士马以备攻守，运粮草以供馈饷，修器械以御冲突之数者，皆关守之要务。而尤重于所用之得人，又皆今日所急而不可以朝夕缓也。臣等窃以今日京师言之，皇上命武清侯石亨以总兵，少保兵部尚书于谦以总督军务，允惬舆情，事渐就绪。近复以昌平侯杨洪，都督范广等，分理各营，昨者复因近臣之请，以都督杨俊，都御史罗通留京操备。其于经画区处至矣，以边关言之，紫荆、倒马、白羊等关口，虏贼退后，几及一月，至今尚未设守。差官踏勘，尚未回报。都督顾兴祖等，虽承差遣，尚未启行，是盖有司者奉行纾缓所致。臣知未足以称皇上安内攘外，汲汲遑遑之盛心也。在外惟大同以都督郭登镇守，可谓得人。其它天城、阳和等处，亦皆有人可守。以后文庄出守独石而宣府之险复完矣。独宣府切近居庸，实关外重地，为大同一带应援。居庸切近京师，天险莫比，自昔必争之地。守之者固不可无人，尤不可非其人。伏望皇上念宗社至重，以边事为心，精选而信用之，熟思而审处之。如此，则边关充实，而贼虏寒心，中国载宁，而大举可图矣。

◎军务疏　赴任条陈（第 1 册，卷 59，第 466～469 页，叶盛《叶文庄公奏疏一》）

题为军务等事。节该钦奉敕谕：独石、马营，至长安岭一带，文庄以参政协赞军务亦异数也，然止是独石、马营不及宣府全镇，故任虽重，而官则仍藩司耳。系口外紧要地方，操兵御敌，尤贵得人。今朕以尔公正有为，特命往彼协赞都督孙安整饬军务。凡彼修筑城堡，操练人马，战守长策，悉听尔与孙安等公同计议，从宜处置。事有当奏请者奏来定夺，钦此钦遵。臣惟独石、马营等处，祖宗以来至为紧要地方，孤悬口外，控制北狄，第一虏冲也。比年城成匪人捐弃失守，遂使朝廷有大不忍言之事，幸赖皇上中兴抚运，至明刚断，用人修复，即今已有成绩事渐就绪。然今日之事势，正如垂死得瘳之人，养之以糜粥，卫之以参苓，犹恐病加小愈，况不以良药投之乎。又如破器复完，使加意捧持，尚有瑕璺①，况更欲伤损之乎。臣本凡劣，过蒙委任，遵承敕旨，职在当言。今将事宜开坐奏请，乞敕该衙门详议可否施行。

一边方军中奸弊，如克减冒支粮料，占役办纳月钱，科敛②害军。往年失人心，疲人力，坏边事者皆由于此。除痛加禁约外，但宣府口外系是极边卫，分管军头目，有犯前罪，例该降调充军。守墩哨瞭者，或仍于本卫所，或止是的决着役，以此小人更无迁徙之苦，无所忌惮。合无③今后除军人外，管军头目有犯前罪，如宣府口外者，发辽东、甘肃、大同左右等卫所。其辽东等处有犯者，悉发开平卫。庶使小人知畏法而重犯法，奸弊可以销除。

一独石、马营等处，曩自失守以来，田土荒芜，狐兔之迹交道，至今闻者尚有畏心。况彼戍守之辈，多系贫困逃移趁食。即今虽渐修复，又值天年无收，官军人等虽是惧法前来戍守，边军无亲人同居，则不能久处，多致逃亡。而妻男弟侄尚多寄住他处。然中间贫难困苦者固多，而怀奸④观望者亦有。若不立法整理，终是人力不敷。极边地方，事非细故，合无行令各城堡守备都指挥，督同亲管卫所官旗，各将所管官军从实审勘。户下舍人余丁老幼家人等项，不拘见在未到尽数供报姓名年甲⑤在官，如隐匿不报者治以重罪，备细甘结⑥造册，通送提督协赞官处，以凭亲诣各属招抚。未到者拘取前来，见在者加意⑦存恤，使其尽力耕种，以期来岁收成。应袭官舍并余丁，如有情愿下场操练者，量与月支口粮三斗。养赡不愿者，听其随住

① 瑕璺，斑点和裂纹。璺音 wèn，裂纹。
② 科敛，犹科派（摊派力役、赋税或索取）。
③ 合无，犹何不（为什么不。表示反问）。
④ 怀奸，心怀奸诈。
⑤ 年甲，年龄。
⑥ 甘结，旧时交给官府的一种画押字据。多为保证某事，并声明不尔则甘愿受罚。
⑦ 加意，注重；特别注意。《史记·龟策列传》："上尤加意，赏赐至或数千万。"

生理，帮贴军装。庶使下情顾恋，缓急有人。

一边城攻守之策，钱粮最为急务。正统十四年，独石、马营等处，抛弃粮料九十九万有零。以今较之，十尚未及三四。盖缘往时储蓄年久，屯戍丰收。自经抛弃以来，虽是多方措置，终然转运艰难。除行各属将残毁缺少仓廒等项，设法修盖外，合无将累次报中盐粮客商，该部通查拘送提督都御史处审勘。中间有力无力，听其转换与人，不许卖窝私贿。但系有米之人，准与更名填结通，庶免久占无益。及每年量拨花布折粮银两，再为措置粮料，解赴独石等处，选择官房，委官收掌，以便年例折色给散，并缓急支用。仍于来年征收夏税会计之时，量拨有麦去处前来上纳，以备出战做炒支用。庶使根本固实，战守有赖。

一在边总兵镇守等项内外官员，中间有将所管官军，或贪图小利，私自放假，或营干已事，私自役使，令其过关。并赴各处者，假以收买军装，取讨盘缠等项为名，自出批帖①，任情差遣。一月之内，每一官员甚至有批差七八起，每起数十人者，全不顾念前项官军，俱系边城人数，妨误操守。甚至奸诈小人，往来之间，生事害人，及变乱黑白，交构是非。若不关防，深为未便，合无今后除各卫所文引照例出给奏事人有关文②照验外，其余内外官员，一应所管官军公干事件，并不许自出批帖，俱行所在提督协赞官处斟酌审看，如此则逃亡转移者少边卫易于充实。给批付照，定限销缴，仍行居庸等关口一体遵守验放。如各官财出批帖出入远去者，治以重罪。各处边方，恐亦不无此弊，仍乞通行。庶使人力少纾，事体得一。

一宣府等处旗军，旧例有家小者月支粮八斗，无家小者六斗，以后增添八斗者支九斗，六斗者支七斗。近俱仍照旧减支查独石、马营等八城堡口外地方，砂碛之外，万山之中，居人未暖而啼饥，

---

① 批帖，旧时官府出的证明文书。
② 关文，旧时官府间的平行文书，多用于互相查询。清代运用范围扩大。

未冬而号寒官军十分艰苦。比之宣府又自不同人所共知，又况今年严霜早降，所在无收，即日烧造砖灰，采打柴木，一交春和，便须并力攒完赤城、云州等处城堡，包砌工程，并增置修补各处墩台。正在用工之际，不得暂时休息，合无将前项八城堡旗军，仍照九斗七斗事例关支，待后修复完全，屯种丰收之日，另行定夺。庶使饥寒济利，边事可图。

一朝廷为见独石、马营等处，系是修复地方官军数少，将犯罪充军修守等项发来着役本是良法。奈此辈畏惧边方，纵有家小随发者，亦多买嘱所司卖放或托故行取，只身前来因无顾恋系绊，不久即便逃同甚有哄诱久住军人做伴逃去，以此该管官旗，加意看守伏路挨拿。见在官军，不得休息，徒尔劳人，终多逃窜。合无今后例该家小随住充军等项，所司务要行拘到日，审系正身，取具解人甘结牢固，责发明白填注批文前来。兵部仍行提督协赞官处知会验放，若有故托不到，并人批不同者，即系卖放，将解人送问明白，编发充军。庶使人有系恋①，事有实效。

一近该兵部议拟具奏钦准，将各边各处总兵参将等项内外官员，带去京卫官较人等，尽数发回，止留老成谨厚者三名，诚为边方军民之幸。近访得多有延缓占吝②不发者，似此故违禁令，诚为祸患未除。合无该部再为通行催取，上紧回还，不许托故稽违，及该部该科遵守。今后如有出外，仍随带多人，意在朋结心腹，生事害人者，实时劾奏，不与准理。庶使法令昭明，军民感激，

一各边遇有紧关声息烟火，飞报到京，兵部议拟或请敕或差人赍文各边知会宣府一带，止行宣府。而独石、马营等处，必待宣府或该府转行，方得知闻。切独石、马营特出境外，若有北边声息必先当知，而相去宣府近二百里，山路险峻，又隔龙门卫关口，缓急

① 系恋，牵挂依恋。
② 占吝，占据。多指非分据有。

之间，诚恐误事。合无今后遇有紧关边报，与<u>宣府</u>各另行遣。庶使豫识敌事，事机不误。

◎**边务疏** 禁息流言（第 1 册，卷 59，第 469 ~ 470 页，叶盛《叶文庄公奏疏一》）

题为边务事。臣闻守穷边者莫急于安人心，息流言者莫重于严号令。<small>可见收复穷边之难，<u>文庄</u>之功，至今赖之。</small>照得<u>独石</u>、<u>马营</u>、<u>长安岭</u>、<u>保安</u>、<u>永宁</u>一带，俱<u>正统</u>十四年失守地方。即今皇上中兴，用人悉已收复，坚甲利兵，谋臣猛将，所在而有。以故，逆虏闻风，知有畏惧。乃有小人妄生异议，鼓扇愚人，或以为守边官员走入虏境，或以为各堡官军仍要掣回，或以边报贼情如何严急，以致无知之人，不审虚实，辄便惊疑，一闻流言，忧惶无措。臣与都督<u>孙安</u>等再三询察，多是比先弃城逃走之徒，或托故存留在京，或怪恨拘发原卫，侥幸脱罪，不知感恩，乃更造言，以为得志。若不严加禁约，必致坏事方来。除会同<u>孙安</u>等晓谕，终是愚人，易惑难晓。臣愚欲乞朝廷特降圣旨榜文，谓此处边方往事悉不追究，即今复守，内外文武官员统理，钱粮军马日已增益，墩台城垣渐已坚完，朝廷顾念边方，时刻不忘，在边之人当竭忠固守，以为保障。如有倡为异议流言，摇惑人心，意在弃城逃走，误坏大事者，许臣等指实参处以极刑示众，仍籍其家，赍捧前来，于各该城堡永远张挂。并戒饬内外官员，亦须洁己正身，镇静持重，以安下人，以图大功。臣职守边境，事切安危，岂容缄默。伏望皇上以穷边社稷为念，密切详议特出圣意施行。

◎**边务疏** 重冲边大将名号（第 1 册，卷 59，第 470 页，叶盛《叶文庄公奏疏一》）

题为边务事。朝廷今日防边重镇，其大者<u>大同</u>、<u>宣府</u>，而其中紧要莫先<u>独石</u>、<u>马营</u>至<u>长安岭</u>一带地方。此而失守，则<u>宣府</u>迤东，<u>居庸</u>迤西，<u>保安</u>、<u>怀来</u>、<u>榆林</u>、<u>土墓</u>皆为盗区。虽有<u>大同</u>、<u>宣府</u>，道路梗绝，莫如之何。往年旧事所不忍言，追惟祖宗在御之日，宁弃<u>开平</u>，专守<u>独石</u>，增兵筑堡，务择名将，高其爵位，付之重兵，远虑深谋。昭然可见，前项地方自经失守以来，或以为不足守，或以为人力不足未可守，皇上力排群议，命都督<u>孙安</u>以复守之。而<u>孙安</u>仰体圣谟，尽心所事，即今初见功迹，渐有头绪。但<u>云州</u>、<u>赤城</u>二处包砌尚未完全，各城钱粮人马数目未及旧日，加之近日边报愈多，贼情朝暮不保，正在汲汲修为之际。而管军大臣，必须崇重其名号，责成其职守，庶几边事可济大功可成。<small>提督守备自不为轻，缘边军习知抚、副名目，而以守备为卑，官故请改为副总兵也。</small>缘<u>孙安</u>止是提督守备，别无将兵名目，<u>宣府</u>虽有总兵副将等官，一则<u>西路</u>边关尚多，一则<u>独石</u>孤悬路远，缓急不能相通，利害所关事体不小。且<u>孙安</u>官至一品，恩宠已极，臣为此言，非敢代求升官进职，特欲加与名目使于行事，便利于地方有益耳。臣愚伏望皇上宸断[①]，特命该部会集看详臣言，如果不妄，则乞请敕<u>孙安</u>充副总兵名目，凡事仍依先次敕旨，与臣等公同计议而行，边境幸甚。

◎紧要边储疏　上纳粮料（第 1 册，卷 59，第 470~471 页，叶盛《叶文庄公奏疏一》）

题为紧要边储事。近该户部为<u>独石</u>、<u>马营</u>二处粮少，及天年不收，无从收买，奏准召人攒运粮料八万石前来，边人闻之，不胜感激。后因<u>独石</u>、<u>马营</u>路远，无人应召。又该本部奏准，于<u>顺天</u>等三府起倩[②]民间车辆关与[③]脚耗芦席运来，然亦止运粮料五万三千石，

---

① 宸断，皇帝的裁决、决断。

② 倩，请，央求。

③ 关与，参与。

今尚未完。臣访闻得如粳米一石，京师通州直银三钱三分之上，又每石关脚银六钱，耗米二升，每三石芦席一领，则是以银一两，然后运米一石得到独石。况兼所起车骡，系顺天等三府，为畿内根本股肱之地兵余之民，衣食产业，百计所出，一家所靠之物，驱之远出沙漠之外，万山之中，车骡死伤，多至贱卖，比及还家，十存三四者，有车畜不给之家，将官关脚耗芦席外，又加银五钱，雇募脚家赴仓交纳者，有至怀来垄道中途，车摧牛毙，重别出银雇脚到仓者。由是而观，朝廷擘画①之焦劳，下人转运之辛苦，臣身叨②职守边亲见艰难，不觉陨涕。但今口外粮少仓分，又不止于独石、马营二仓，目下仅可支吾，全无积蓄。若以往抛弃百万之余较之，则今十尚不及二三。虽有盐粮等项，多因路远利微，不肯完纳，除尽力整理。今年耕种，及用心修盖各处仓廒外，缘今虏使已回，贪饕③之心，既不深遂，侵犯之毒，势有必然。若粮料不足，纵有城池军马，其为守战，亦难经久，既恐夏秋警急，缓不及事。尤恐京军动调，必费支持，不可不为之计。看得宣府万亿库收贮折粮银两数多，可以措置转换，得粟入仓，实亦足边一策。今将酌量计算，到北京、宣府等处可以上米关银之人，地方路道远近险易顺逆之宜，斗头上下多少之数，开列上闻。乞敕户部计议，或可依拟，募民运纳而予其价值使之乐输，胜于坐派地方运送数倍。给榜于在京并宣府独石等处城堡晓谕，自今春起，直至今年秋月屯种成熟，有米价贱之日，不拘官员军民客商人等，随其所有米豆等项粮料，不必预先报名妨占，不必限以石数多寡，自十石以上悉与随到随收照数出给通关，赍赴总督边储官处，依例发属支与银两。如此，则觅利之人自然营运，而无

---

① 擘画，筹划；安排。

② 叨，音。承受。古汉语中用于对受人恩惠及礼物表示感谢的谦词。

③ 贪饕，贪得无厌。饕音 tāo，贪财，贪食。《战国策·燕策三》："今秦有贪饕之心，而欲不可足也。"

怨公私钱粮出纳稳当，而无失视之前项攒运①，并诸色措置，最为容易。仓廪可待自足，警急可保无虞。

每官银一两各仓该上米豆数目：米数多寡以仓口远近分派，祖宗时派纳盐粮亦如此也。

独石广积仓一石；

马营广盈仓一石五升；

云州堡仓一石一斗；

赤城广备仓；

龙门广盈仓；

龙门仓俱一石一斗五升；

雕鹗堡仓一石二斗五升；

长安岭仓一石三斗五升。

◎边务疏　防守（第1册，卷60，第472～473页，叶盛《叶文庄公奏疏二》）

题为边务事。据等备西猫儿峪、马营周贤呈该兵部议，拟奏准都督杨能建言事理，有警着令领军与大同、宣府官军互相期约出奇剿杀等因。案查先该都督孙安具奏，兵部奏准令于马营专一操守，今又奏前因，欲便遵守。奈缘本营马队，止有官军二千四百余员名，内除无马官军五百四十余员名，令其专一屯种，其有马官军一千八百余员名，又要守城守（左日右查）并长哨夜不收等项，止有一千五百余人。抑且地临极逼，逼近胡虏，四通八达，最为紧要喉襟之所。宣府怀来藩篱，先年达贼犯边，俱从大小石门、桦皮岭并独石等处入寇，所系非轻。设若有警本职将领官军前去，会合出哨，恐贼谲诈，倘有掩袭②，声东击西，一旦又从本营地方突入侵犯，本营

---

① 攒运，赶运；催运。攒，通"趱"。

② 掩袭，突然袭击。掩，乘人不备而袭击或捉拿。

孤悬狄境，人少力弱，外实里虚，猝无应援，使进退不能成功，必致误事。况独石、马营、云州等堡人马，已有钦命宣府副总兵都督等官孙安等提督节制管辖，各城各有分委都指挥等官职掌，岂敢擅自调领。如有警急，若领本营官军出战，则营堡空虚缺人守备。若依先奉原议勘合事理，专一操守，则又违慢今奉钦依，得罪非轻，进退两难，理合通行具呈。乞为照详定夺，庶免误事，等因。伏念①臣以一介书生，叨受边寄②，藩臣③之体，本当奉行命令。但边事甚大，理难缄口。况周贤所言，亦为有理。臣更请以用贤所未言者，为陛下言之。臣闻兵法有曰："知彼知己，百战不殆"，又曰："能守而后可战"。兵法未暇④，论杨能独不知往年独石、马营、杨俊弃城之事乎。独石、马营口外各堡，俱是唇齿坚壁，足食足兵，人各专城，别无沮挠，尚且一筹不展，弃城而逃。今大同迤西至右卫，宣府迤东至独石，相去数千百里，重山峻岭，深沟断涧，自口外龙门迤西边墩之外，别无设置，一有声息，动辄梗绝。杨能乃欲以不可测度之贼情，以贫难复守之士卒，以转输有限之粮草，预为会合之过计，远赴数千百里之期约，臣诚愚昧，未见其可。其言似乎可听其事未必可行。边上情形与庙堂计实有异同，不得一概依奉。可以动庙堂而不可以欺边人，可以惑一面而不可以掩众目。臣与都督孙安等在边，但知无事之时，爱军惜马，修器械，谨烽火，严兵自备，慎固封守，酌量人力，增修墩堡，于以制要害之虏冲，于以便耕作之人畜。近又将往年贪黩总兵镇守内外文武官员庄田数百余顷，一一勘出分派贫军，使之分班操练，尽力屯种，以养人力，以收人心。设若旦晚有警，持我之逸，乘彼之劳，守战随机，应变在我，使贼

---

① 伏念，伏，敬词；念，念及，想到。旧时致书于尊者多用之。宋曾巩《谢杜相公书》："伏念昔者方巩之得祸，罚于河滨，去其家四千里之远。"

② 叨受，犹承受。自谦之词。叨音 tāo。边寄，防守边疆的任务。

③ 藩臣，拱卫王室之臣。

④ 未暇，谓没有时间顾及。

欲为久住，则野无所掠。而动止狼狈，欲为南牧，则恐蹑其后，而首鼠狐疑，大羊无赖，坐取败亡，必不使之有得意之日。且幸边境小康，天年丰稔。庶几人力稍裕，人心稍孚，以须军政修明，士气振作，复仇大举，岂无其时。而又上赖陛下盛德，此疏犹有在垣中建白意，不止边臣论边事而已。九重之上，根本之地，进君子而退小人，百官之众，心术之微，戒阴邪而勉忠直，下服人心，上回天意。区区也先逆贼，将呼之而不来，驱之而不行矣。臣迂阔之见，犬马之诚，端在于此若如杨能建言。所谓会合天兵，荡灭腥丑，臣实未闻。古人有言曰：生事邀功，终匪朝廷之利。愿陛下无忘此言，臣又窃有献焉。今日边上大事，臣之所忧，盖不在于宣大之不能会兵，而特在于宣大之官多，而不和望朝廷力为调停，早为主张，边境幸甚。臣非不知和同静默，可以固位；呫呫忮众，足以取祸。顾以疏远之迹，受恩深厚。今为此言，在庙堂为忠告，在陛下为献忠，况国之大事，在平兵戎，而又为边臣之职守。反复思之，不能自已。乞敕兵部计议定夺施行。

◎边务　入贡使臣（第 1 册，卷 60，第 474 ~ 475 页，叶盛《叶文庄公奏疏二》）

题为边务事。照得北虏今年进贡使臣，于大同阳和、宣府马营等处分道而来。其躐踏①路道，窥觇军马，逆谋奸计，昭然可见，不待智者而后知也。臣切惟进贡一事，中国近年自与瓦剌通好以来，止是大同、宣府两处大路许其出入。盖两处系是总镇地方，钱粮军马，蓄积屯聚，皆非所属城堡可比。及至临期，又调所属城堡军马壮观，以振军威，以慑虏心。今一旦虏人分道入境，如宣府地方马营，又系极边紧关要路，今年亦有虏使从此入境，若不与之戒约，

---

① 躐踏，躐音 xǐ。践踏。来到，前往。

遵守旧规，听其自行来去，切恐非惟城堡军马，被其掣制拘碍，难以调发。及边方虚实，被其侦伺稔熟，他日托此为由，分道入寇，重为边患。且自此以后，凡事不循旧规，无所忌惮，骄蹇①纵恣，妄自尊大，无厌之求，非分之欲，其为祸亦岂小哉。臣在宣府，馆待入境使臣那哈赤及卜花奴侍郎时，曾问及以为尔等今岁来朝不依常年事例，不循入境故道，各边分道入贡。或称系也先使臣，或称系各卫使臣，其皆也先使令主张，或自各卫各自主张，有那哈赤等答以并不系也先使令主张，俱自各卫，各自因其所住地方，取便入来等语。臣惟此言谲诈，虽不可信，而机会则有可乘。臣议得前项事情，干系②边务，乞敕兵部将前见在京使臣，谕以常年事例入贡故道，使之遵守照旧，俱从大同、宣府出境。仍行口外马营所收弓箭，着落原收官员送至宣府，听候原来使臣，回日交割。仍乞圣明于使臣回还之日，通行请敕也先，今后务遵旧规，戒约部属，凡有进贡使臣，各要仍从大同、宣府大路入境。若仍似今年听从各卫部属，擅自主张，各因所住地方取便分投入境，即系犯边，已令边将俱不放入，止知按兵斯杀而已。如此，庶使虏酋知愧，奸计莫施，而背约违盟其曲在彼，唯圣明留意。

◎边方用人疏　添设参赞道（第 1 册，卷 60，第 477 ~ 478 页，叶盛《叶文庄公奏疏二》）

以下文庄为宣府巡抚时所上。题为边方用人事。照得宣府地方，控御胡虏，切近京师，实为北门屏蔽。而口外独石、赤城等八城堡，孤悬境外，尤为宣府重地。往年逆虏入寇，守将匪人，云州失守，人心动摇。从而掣回独石、马营人马，以致凭陵无忌，直犯居庸。使当时八城得人固守，必不至此。由是观之，其为重地可知已。但八

---

① 骄蹇，亦作"骄謇"。傲慢，不顺从。
② 干系，犹关系。谓对某事有责任牵连。

城相离宣府窎远，盖自正统、景泰以前，俱用副将分镇，仍有文臣一员在彼，协赞行事，故得事体周当，兵食有方，前行之已有明效。然所用文臣，又必管理军中事务，若止管粮，亦为非便。今看得彼中分镇右参将都指挥黄瑄，号令颇严，素有执守，可谓得人。惟无文臣协助办理，未免规画未周。臣虽滥叨巡抚不能专在彼处，即目虏酋变诈，声言入寇，且龙门所侵犯二次，独石、马营累有奸细踪迹，虽即退回，其谋不测，缓急之际，难保无虞。访得监察御史张鹏曾经巡按口北，户部郎中王育曾在赤城管粮，两人俱负才能，俱有洁操，口外军人倾慕风采。臣一介庸腐，素不知人，但荐贤为国，区区寸诚，可对天日。伏望圣恩轸念①边方重地，用人重务，特敕该衙门会同看详臣言，倘无妄谬，将各官定夺一员，边堡设参赞道臣，不常铨序②，故要详定职事名目。量升职事名目，仍照往年事理，赍敕前来管事，兼管粮储，则边方之幸也。

◎官牛足边久计疏 耕种官田（第 1 册，卷 60，第 478～480 页，叶盛《叶文庄公奏疏二》）

题为官牛足边久计事。案照先该提督守备周贤奏称声息不绝，乞将口外独石等处，先年领银四千九百五十两，买到见在官牛一千八百四十五只，共六百五十二具。马步每队，量留一具，共牛三只，摘拨软弱军人养种，照例上纳余粮，买补马牛，措置军装，赈济贫军等用。其余俱给与缺牛原额屯军，并复业舍余领养等因，奏奉英宗皇帝圣旨，该本部钦遵。查得前项官牛，系是本部议行，并总督边储右佥都御史李秉建议，节次奏准，行令彼处监收粮斛③参政等官叶盛，督运勘给整理。去后缘前项牛只，给与各军自种，均收余粮

---

① 轸念，悲痛地思念。
② 铨序，审查官吏的资历和劳绩，确定其升降级别与职位。
③ 粮斛，粮食。以斛计量，故称。

入官。易买马匹，措置军装等项，本以优恤边军，且耕且守。今参将周贤奏称，前因未审有无，相应合行彼处总兵等官，会议前项牛具，如果独石等城堡军人领种，上纳余粮，听候买补马牛，措置军装等项，于军有益，仍照旧例施行。若是有妨各军操守就便取勘，原额缺牛屯军，及复业舍余从公给俵①耕种等因，具题。奉英宗皇帝圣旨，该总兵官都督杨能议得，且耕且守，经国远谋，不可轻废。况且大同、宣府，自经兵以来，人畜荡尽，田庐荒芜。幸而朝廷大发帑金，特差京官于河南、山东等处买牛给发，以为足边之计。其数不敷，又发边库官银充买。数年以来，边储稍积，人得聊生。夫何法立方行，便益良多，而立法之人，去尚未远，何乃奏称劳军未便，要行改废。今会议得未可遽弃，合照旧例施行等因在卷。臣今会议得，臣等于成化元年分通查得，前项口外并宣府合属地方，先年原买前项官牛，共该五千余只，中间有例前例后，倒死老弱变卖，不曾买补，及官员役占倒死之数，俱各查勘得出，设法陆续买补。又将旧有余粮添买牛只，见在共分为一千八百余具。严行参将等官，督令各该守备堡等官，摘拨马步队无马软弱不堪出战军人，那兑给领耕种官田。今年虽有灾伤，亦颇收成查得军中骑操战马。自天顺八年正月二十二日②诏书例后，至今年九月十五日止，各哨征伤架炮倒死，应该买补③还官④骑操⑤官马，共该二千六百余匹，此系紧用征操。每匹或用银七八两，或十余两，才可收买。常年各处俱于原领军人名下杖并买补，中间贫苦边军，计穷力屈，朋合科敛，或不得已而典儿卖女，又不得已而除粮扣粮。究竟马匹难完，十欠六七，

---

① 俵，方言，把东西分给人。

② 天顺八年正月二十二日，1464 年 2 月 28 日。

③ 买补，购买某物，来补足缺额。明归有光《马政议》："以丁多之家为马头，专养一马，余令津贴，以备倒失买补。"

④ 还官，归还官府。

⑤ 骑操，指骑兵训练。明归有光《太仆寺新立题名记》："旧设少卿二名，一巡京营及各边骑操之马，一巡近京州县寄养之马。"

军士逼窜，十常二三，上下难为，公私俱困。今年因有前官田余粮，设法银两，头运差人于<u>山西</u>、<u>保定</u>等处买马，约一千匹之上，即今秋田粗细粮食，量除牛料子种等用。次运再行发买，虽有欠马，计亦不多，<u>文庄</u>在镇专以官田所收余粮，制买马匹，修筑城堡确有成验。而官府不烦杖并之劳，贫军不知朋合之苦，不动声色，边事可了。此皆官牛官田所致明效大验，然非<u>英宗</u>皇帝日月至明。户部当时参详明白，<u>宣府</u>总兵等官<u>杨能</u>、<u>栢玉</u>、<u>徐敬</u>等，力持公论，则良法美意，废坏久矣。臣等切惟立法非，守法为难，盖任官用人，更代不常，而流言异说，易于摇惑。伏乞圣明，特敕该部计议，前项军中官牛官田事宜，请敕<u>宣府</u>边方守臣，著立定规：其见在官牛，务要时常禁革奸弊，用心查点孳牧①，设法买补，不失原数；所收余粮严切稽考买补官马及买补事故官牛，置办军装养济贫难等用，不许役占侵欺；各官不得假公狥私，因而沮坏。则贫军有赖，边事克济②，而先皇帝之良法美意，永永不隳。

◎经画边储疏　粮料利弊（第1册，卷60，第481～484页，叶盛《叶文庄公奏疏二》）

题为经画③边储事。<u>成化</u>二年正月二十六日④，钦奉敕，朕惟思患预防，国家至计。近因各处水旱灾伤，赋税减免数多，户部已行节次⑤议拟通行区画，去后⑥第恐⑦有司视为泛常，略不究心，敕至

---

① 孳牧，繁殖牧养。

② 克济，谓能成就。

③ 经画，经营筹划。明沈德符《野获编·户部·救荒》："大抵救荒无他法，惟上官悉心经画。"

④ 成化二年正月二十六日，1466年2月11日。

⑤ 节次，逐次；逐一。

⑥ 去后，以后。明朱权《荆钗记·启媒》："昨闻故人王景春之子，堂试魁名，去后必有好处。"

⑦ 第恐，只怕。表示拟测。

尔即督同司府官员，照依户部节次议拟淮安、保定等府，并两广、四川纳米事例，通行斟酌，出榜召人，于缺粮去处上纳，以备官军支用。且迩巡抚一方，则一方安危，系尔一身，可不思患而预防乎。凡可以安民弭盗之术，听尔熟思审处而行之，必使人民安妥，盗贼屏息，斯称巡抚之职。臣窃闻之，《经》曰："穷则变，变则通"，言理道贵乎变通也。唐虞之治①，盖莫不然，我朝列圣所行，多亦从时损益。臣一方虽小，莫非王事，累奉敕旨，曰"听尔从宜处置"，曰"听尔熟思审处而行之"。臣亦自谓苟利②国家，不敢避事，但缘边储事宜，委官人等，类多拘守常例，惴惴焉惟是畏惧该部参驳③，虽欲兴利除弊，实难见诸行事。臣谨经画数事开陈，特敕该部看详计议定夺。

计开：

一件以陈易新，免坏草束事。臣惟管理钱粮，固是烦难，管草一事，更无善法，以其难于盖藏，易于朽烂故也。边方草有二等，一为备冬马军自备草，不出通关，喂马半年，随马随了，于中则有役占④懒惰，有马无草之弊。一为预备积垛草，出给通关，有警方支，不许擅放。但缘边方俱系小城小堡，中间上纳堆垛，既无京师惯熟之人，其或警急无闻，军马不到，无由动支，虽经年年插捕苦尽，坐见朽烂，循环之虚数尚存，在场之草束无有，负累收草官攒，数十余年，不得了结，或告体勘烧窑粪田，或经赦宥免追免问，糜费钱粮，甚为可惜。前件合无今后不拘常例，以陈易新，抵数收放。且如宣府在城马军随马自备草束，每年不下一百万束，秋期采打完日，即令送场上纳堆垛，出给通关，听候有警支用。别将远年挨陈

---

① 唐虞之治，唐虞：唐尧、虞舜，传说中的古代圣帝贤君。旧指上古政治清明，人民康乐的理想时代。

② 苟利，贪求不正当的利益。

③ 参驳，弹劾与批驳官吏的错误言行。

④ 役占，也称占役，意为占用公务人员当差。

草内，酌量抵数放支喂马，则备冬之弊可革，官攒之累可免。马得饱腾，草得食用，新草得以耐久，旧草得以支销，不致委有用为无用，公私有益，经久可行。

一件收籴粮料，利于蓄积事。查得<u>正统十四年</u>①夏季，<u>宣府</u>粮料二百一十一万九千五百九十三石五斗五升，今<u>成化</u>二年春粮数相等，惟是欠少粮豆二十五万有余，合当多方措置，务及先年之数。及照尚书<u>年富</u>②，都御史<u>李秉</u>，先在<u>宣大</u>时，将官库银两，或春初给发耕种之家，至今还纳粮料，或秋期出榜收籴，纳获通关，后领官银，俱随时价定立，斗头③上下利便蓄积数多，时价收籴粮料及盐粮上纳本色二事，俱于边储有益，胜于民运艰难也。近户部因防官豪贪利作弊，有例停止。臣惟地方官豪，不过镇守总兵等官，其各官若敢仍前作弊，既有臣滥叨巡抚，又有巡按御史，及户部管粮委官，犯有常宪④，孰敢容私，未可因噎废食，致误钱粮大事，但须似往年发运官银，才可勾籴。臣先已移咨具奏，请乞发银前来，未奉明降。前件合无俯就⑤边方发运银两，仍照旧例许照时籴粮，以为防患蓄积之计，候籴有余粮，该部查照量减，<u>山东</u>、<u>山西</u>艰难远运，其利不小。

一件暂折远草，官民两便事。查得<u>宣府</u>预备积垛草束，<u>正统十四年</u>夏季不过一百万有零，初不以为少。今<u>成化</u>二年春，六百六十六万七千之上，犹不以为多。而恒虑其少者，以当时犯边贼少，不动京军，今则贼屡犯边，动调京军故也。每岁坐<u>山西</u>纳草五十万束，草束粗重，难于远运，初年本处运来，车摧牛毙十分负累。近年小民赍价，自至<u>宣府</u>地方，近者本处，远不过<u>蔚州</u>等处，买草上纳，州县科敛盘缠使用其弊已多。及其既到，或奸贪军舍，或官豪势要，

① 正统十四年，1449 年。
② 年富，字大有，怀远（今属安徽）人。本姓严，讹传为"年"。
③ 斗头，相对；迎面。
④ 常宪，常法。《后汉书·百官志一》："世祖节约之制，宜为常宪。"
⑤ 俯就，迁就；将就。

从中包揽，其弊尤多。入场之草有数，彼此之弊百端，疲民不胜远劳，官府被其搅扰。今年太原县委官能干，本县该纳草二万五千束，每束止收杂银四分五厘，一并对赴宣府具告令其买纳极为省便，前件合无今后前项草束，行令彼处巡抚等官，于本布政司，每草一束，折收足色白银四分，煎销成锭，委官送至宣府官库交收，候秋收之际，臣等酌量时价，许令诸色人等，先上草束，纳获通关，后领银两，若遇价高，另行议添征补。若价贱积有余银，本库作正支销，倘值宣府年歉草少之时，仍令征运本色。如此，庶在官在民，两得便利，山西小民，可以少苏，而草场亦可绝包揽之弊。

一件量减盐粮，足给马料事。照得户部先因口外独石等四仓，急缺粮料，奏开淮、浙、长芦、河东官盐共九十五万二千三百二十二引，止因斗头太重，无人上纳。臣曾具疏，亦已量减，若使有人上纳，亦可得粮四十余万。今查得自开中以来，将及三年，止有淮盐上纳过米豆三万之数，其浙江、长芦、河东之盐，并无一人告报上纳。访得宣府上盐，比之大同不同，宣府淮盐每一千引，用银五百两以下，大同止四百两以下，盖缘宣府军卫地窄粮少，而产豆更少，又兼口外山路险远，非大同路道平坦，地方宽阔，人民繁庶之比其独石、马营。先因宣府官军在彼驻札杀贼，支尽料草，至今料豆十分缺少。又通查宣府各仓料豆，视正统间尚少二十五万有奇，诚为急需。臣惟商民中盐，非为报国其心止于谋利今至亏折资本，岂肯陟险开中。前件合无再加减轻斗头，多定黑豆分数，令其急于趋利，于居庸关南大同等处，籴运前来，争先上纳，庶使虏情不测之际，万一有警，马料充足，不致误事。

一件照旧添设管粮州官事。查得宣府仓场二十余处，正统间，每仓添除卫经历一员，提调收放，三年考满，守支尽绝起送，盖缘钱粮重事。而仓场官攒，职小名轻，易于挟制，亦易干自盗，添一名分稍重之人，互相关防，最为良法，迨尚书金濂等，以各仓属军卫管辖，作弊多端，具奏改隶<u>直隶隆庆</u>、<u>保安</u>二州。其经历改作各州判官吏目，仓粮弊蠹，十去四五，后经裁减。近年虽为缺官提调，奏添判官四员，分投收放，但每员分管四五仓，道路往复，动百余里，奔走不便，故放粮等候。则<u>山东</u>、<u>山西</u>远运前来，有停牛歇车买草赁房，经月不了之苦。欲委卫经历等官，既妨本等职守，又且不系守支愈加作弊。查得<u>天顺五年</u>，<u>独石</u>仓官攒为包揽奸人挟制，虚出通关事发，都御史<u>韩雍</u>委郎中<u>王育</u>前去查盘亏折粮米一万七千有余。切照仓官吏目一员，每年俸给银布本色米不过二十余石，今以一仓官攒作弊，几至亏折边粮二万，得失多寡，较然可见。前件合无仍照<u>正统</u>间事例，户部行移吏部，每仓除授判官，或吏目一员，前来提调收放。其见在判官，就与注定仓分，俱照例收放，满日起送。如此，庶得仓粮弊少，远运称便。

◎军务等事　　边防（第 1 册，卷 61，第 489 ~ 490 页，余子俊《余肃敏公集》）

验得<u>辽东</u>山川险阻，林木茂密，地方窄狭，虏贼间或侵犯，难于久住，<u>陕西延绥</u>，边备颇固，少见贼入；<u>宁夏</u>恃贺兰山之险；<u>甘肃</u>止一线之路，且屯堡数多，贼人不等。惟<u>大同</u>、<u>宣府</u>一带，山川旷阔，水草便利，往过来续，未有宁岁。臣奏准修理边备，访得<u>宣府</u>墩台，止用石块迭砌，此则易于毁圮，不用浆泥坐缝，又无悬楼。臣于本月十四日，行令总兵官<u>周玉</u>即照原发墩样成造，每墩摘拨操熟神枪五把，炮二个，长枪四根，并弓箭等器，共享十人守备，非操熟者勿用。守墩人少故用器更宜精利。如果悬楼长木，未曾采有，及或采有丈尺不勾者，或二根三根接长一根用之给还官价，及令<u>宣府</u>公差都指挥<u>孙成</u>仔细相看，<u>大同</u>输沟新墩修筑方法回还，传说依此而行。续据京营都指挥<u>顾刚</u>等一十二员，管领京军二万到来。分派地分亦须体贴人情。臣酌量路远倍劳，以近就近，分拨<u>宣府</u>一万三千四

百有零，大同东路阳和城六千六百有零。在宣府者本月二十四日上
工，在阳和者二十九日上工。令做轻省工役如铲山挑壕之类，其余
筑墩打窝劳甚之事，未曾使令。近因天气炎热，本年二月二十五日，
肃敏将作如此细密，不减陶士行。令去浑源、蔚州山场阴林采打悬楼木
料，每人日采椽二根，木一根，就山场堆放，听候载用。续报达贼
近边，日遣轻骑窥伺攻墩等项，臣先机调度地方，以独石为首，柴
沟堡为尾，军马以总兵官所领者为首，游击所领者为尾，麟次分布。
其一总兵官，其二镇守巡抚官，其三副总兵，其四游击，务要声势
相援，会同所在城堡军马相兼防御，相机战守。其参将宋澄所守四
海冶等处，切近天寿山，又在总兵等官会议处置。本月二十八日，
行令总兵官周玉遵行。续因宣府墩台被贼攻围数多，行令总兵官周
玉，会同镇守巡抚官趁今贼营颇远。前项墩台应该作何防御，及早
计虑，每墩该拨几人，该用何等器械，不致墩台失陷，明白回报，
毋得临期推托。除京营做工官军二万，令其将所采木料见数堆垛明
白，随即放回外，候边事稍宁，将新墩阅实奏报施行。

◎边论 九边形势（第 3 册，卷 215，第 2250～2251 页，钱微
《承启堂文集》）

考职方氏，京师之东古会州地，设大宁都司营州等卫，东连辽
阳，西控宣府，以为外边。又起古北口，至山海关，关隘修葺，封
守栅北，以为内边。外边捍御，内边拱护，此辽阳、宣府之势合，
实重京师之深意也。大同之东，有天城、阳和，西有偏头、雁门，
北有大边，内有二边，高山、聚落等五堡，分据其间，以为应援，
不示之隙，是大同地虽散漫，而防守之势常合也。榆林、宁夏，即
古朔方地，张仁愿筑三受降城，拒河外为守。国初定制，榆林兵出
戍东胜州之北，宁夏兵瞭出贺兰山后，是其势合而未散也。甘肃古
河西四郡，汉武开拓之，以断匈奴右臂。国初尝封元遗孽为忠顺王，

主哈密之地，立赤斤蒙古八卫，翼忠顺之势，右抗西番，前遏北狄，以奠枕甘肃，意在以夷御夷，盖西北一要区也。吁边隅之势，合则国强，国初之称强，惟势合耳。东自辽阳数千里，而西以至甘肃哈密，皆为内地，诚有如一家然。墙墉奥圉，无偏重也，如一身然。气脉肤革，无痿痹也。今顾有可慨者，自兀良哈内附，割大宁、营州全镇与之，即今朵颜三卫之地，而辽阳以东声援阻矣。宣德中，退守独石，而开平、兴和冲要之地，弃为虏巢，昔所置八驿，尽为瓯脱，而宣府以北声援绝矣。大边失守，二边复弃，致五堡不筑，宣宁不屯，因而兵骄杀将，纪律无严，大同声援弛矣。又东胜撤而榆林边墙迁远，东起黄甫川，西至定边营，绵亘一千二百余里，连墩钩堡，横截河套之南，而榆林声援散矣。且总兵杭雄失利，赵瑛再衄①，虏遂出入河套，往来甘凉，每绕出贺兰山前，无复避忌，既而王琼废镇远关，修平虏城，弃地八十余里，而宁夏之声援又虚矣。自忠顺王罕也失柄，其母擅事土鲁番，纵横抢攘，而哈密不守，安定等卫，又破灭于海西，诸夷遗族，皆逃避山谷不能复振，甘肃之声援又危矣。方国家盛时，要害全控于中华，封守复严于法令，势固兵雄，正如常山之蛇，首尾相应，幕南无庭，夷虏安得肆其出没哉。及今四顾边境，日久日削，要害之区，不能什半。而庙堂硕画，似又不暇远计，夫肩背者，丘琼台不云乎。夷处我之腹心，我处夷之支徼。夫是以血脉不贯，而虏气日骄，势乌得合，而御乌得坚乎。加以将非其人，备非其预，奇谋谁展，决胜靡由，吾恐吉囊虽毙，俺答复猖，未可高枕而卧也。

◎声息疏　宣府零寇（第 3 册，卷 223，第 2342～2343 页，翁万达《翁东涯文集一》）

---

　① 衄，音 nù。损伤，挫败，失败。

臣看得滴水崖两次失事，虽经该道勘报，而虏入缘繇，前后尚仍未悉。各官罪状轻重，亦欠相当，欲候驳勘①至日，参题处治，不无稽迟。敢先以臣所闻见者言之，项项侵扰滴水崖、永宁川之寇，支系朵颜支部，散处于宣府东北路边外，乱山丛树之间，善伺窃如狗鼠然。贰于大虏，且能盗大虏马牛，大虏怒，则窜伏林石，或依我险塞，莫之能追。往年该镇曾两捣巢，获功受赏，及去岁龙门所之役，敌杀官军，即此贼也，计不能千人。设使我军屡袭为功，逼之太甚，近边小虏宽之，或为我耳目急之，必为彼向道，宜抚不宜剿，可谓了然。而边臣每欲称剿者，以其兵力弱，易于报功也。势弱不能自立，将必投并大虏，为彼向道，地方愈益多事，费于支吾②。以故识者欲循故事，设法抚处，示以羁縻，使其为我藩篱，为我间谍，截大虏之冲，省目前之虑，似亦计之善者也。臣自去冬今春，每以语当事之臣，当事之臣多持议论，而参将祁勋、左灏等，亦遂妄说利害，禀报纷纭，大略谓御之不难，抚之无便。此亦大事，恐不宜漫然听之臣度不可与共图也，姑责各官御之而已，岂意各官徒尔能言，玩不设备，致使前贼辄肆凭陵。是先既不肯抚，而今复不能御，无一可者，安用彼为，贼入之后，节据总兵官赵卿、参将祁勋屡请军门另发兵马。臣惟北路马步官军，共计一万一千有奇，今秋尽数存留，不复西调，随宜分布，尽足自防。各路官军，调度得宜，亦敷应援，固无待于客兵也。其所调客兵，盖专为大举策应计耳。零贼多不过五六百骑，乃亦仰藉于此，揆之兵略，甚非所宜。

◎与郑篁沄书　御虏（第 3 册，卷 223，第 2370～2371 页，翁万达《翁东涯文集三》）

---

① 驳勘，驳回原判，重行审勘。

② 支吾，对付；应付。

入春以来，戎饷诸务，交迫纷填，凌兢①中惙②，寐言③嘉大，简阙④讯音，徒然刺谬耳。隆庆、永宁之役，安敢尤人，愧负欲死，知必为乡里所怜。丈者一叹，未投杼⑤也。街亭、好水之败，古亦有之。达匪其人，不当比拟，但得不下狱吏，生还海滨，则天地之赐，所望于丈者之恩也。边警尚设，款段待斥，犹尔驱驰，仆仆促楮，不尽其情状也。山西、宣大外边共二千余里，北虏往年侵犯，俱在山西大同及宣府之西、中二路，以其地千百余里，多平旷易驰突也。而宣府北、东二路，共几八百里，高山峻岭，大举罕通。自并力守要之议行，而千百里平旷之地，筑浚墙壕，错布品窖，俱以足恃。至于鲜通大举八百里之内，冲要者间亦修有墙壕品窖，尚多限于财力不能猝举而并修者，故贼于替所易驰突去处既不能攻，乃反于替所难驰突去处力求一逞。譬之水焉，横流冲决，匪西则东。然军门于宣府北路，尝岌岌焉指之心，而谆谆焉语之于诸将，又将他镇客兵二枝俱预发此地，盖防其决耳。镇安堡为北路之迤南界，隘有墙，旁皆层岭危坡，间亦斩崖，艰于登陟，而虏马则轻趫齐登，径彼坡崿漫入，而我军人少，莫之能当，一溃巨防，便无上策。然当是时，本路见在主兵并前客兵共五枝，统于总兵参将，驻札云州，去镇安不能三十里，使预发一枝为镇安之援，据山坡而守，贼亦岂能突进。乃竟为其所诱，误以诸营人马驰往独石，相去既远，反顾不及，噬脐奈何。其时军门虽已东行，尚在怀安，去镇安四五百里，谋无所施，总兵赵卿不谙将略，不能详定，临事张皇，遂自致寇。而该镇同事之人，意见互异，尤足兆灾，宜其有此。虏众十万，自九月初十突入镇安以来，结营三日，并不散抢，欲图长驱，固不必彼中通

---

① 凌兢，亦作"凌竞"。形容寒凉。战栗、恐惧的样子。
② 惙，音 chuò，忧；忧愁。音 chuì，沮丧的样子。
③ 寐言，醒后说话。晤言，相会而对语。
④ 简阙，疏略缺失。指职务较简单、低级的官缺。
⑤ 投杼，比喻谣言众多，动摇了对最亲近者的信心。

事言之，而其情可见也。三十日巳时出山口，下隆庆州川，军门统兵西来，引军联营，疾趋决战，而复以前哨人马一夜行百余里，直抵永宁，示贼以大同、山西援兵且至，俾有慑心。贼西望百里外灰尘障天，遂急抢急回，仅踰一日，不敢越怀来一步者，职此之由，又虑断其归路耳。使贼迟回一日，则兵至而战，雄雌虽未可知，然彼之归路当已为我先得，度必狼狈。贼之速退，又冒滴水崖之险，非得已也。而躬亲戎服，介马营中，岂总督之体乃竟尔尔。譬之冯妇①，不免为士人所议。况事既罔功，而民且受害，则亦安用总督为哉？但较之总兵而下及地方官，则似有间以故敢私言之，伏惟门下垂察。

◎宣府论　宣府（第 3 册，卷 232，第 2431～2433 页，许论《许恭襄公边镇论》）

宣府，秦汉时上谷郡也。上谷郡形势完固，虽云易守，第各城积聚无存则如之，何所论权宜之术，不可不亟啚②也。国初，常忠武王遇春破虏于漠北，即元之上都，设开平卫守之。联络布置极其周密，忠武乃今之北边良将也。置八驿，东则凉亭、枕河、赛峰、黄崖四驿，接（太）[大？]宁、古北口；西则桓州、威虏、明安、隰宁四驿，接独石。太宗文皇帝三犁虏庭③，皆自开平、兴和、万全出入，尝曰："灭此残虏，惟守开平、兴和、（太）[大？]宁、辽东、甘肃、宁夏，则边境可永无事矣"。后大宁既以与虏，兴和亦废，而开平失援难守，宣德中乃徙卫于独石，弃地盖三百里。土木之变，独石八城皆破，虽旋收复，而宣府特重矣。宣府山川纠纷，地险而狭，分屯建将，倍于他镇，是以气势完固，号称易守。然去京师不四百里，锁钥所寄，要

---

① 冯妇，古男子名，战国晋国人，善搏虎。

② 啚，音 bǐ，啬；鄙吝。乡下或边远地区。音 tú，古同"图"。这时指"图"。

③ 三犁虏庭，三犁，亦作"三犂"，谓屡次征伐扫荡边庭。虏庭，古时对少数民族所建政权的贬称。《明史·翁万达传》："河套本中国故壤，成祖三犂王庭，残其部落。"

害可知。北路独石、马营一带，地虽悬绝，然势阻长安岭，虏难径下。中路之葛峪、大白阳、青边诸堡，西路之柴沟、洗马林、万全诸城，南路之东西顺圣，皆称虏冲，警屡至焉。东路永宁、四海冶，及龙门所，则三卫窥伺之地。而四海冶上通开平大路，下连横岭儿，又要地矣。《易》曰："王公设险，以守其国"。今考塞垣所据，险亦几尽。第时异势，殊有不可不为之经画者，此等经画毕竟得之传授。若曰补长峪城、镇边城之幕军，重浮图峪、插箭岭之防守，留茂山卫京操之士，以益（柴）［紫?］荆；筑李信屯交界之堡以固两镇，此岂容已乎，且宣府军士素称敢战矣。乃近年参将都勋出境烧荒，遇虏二十骑而溃，关山、王经前后陷没，此犹可诿也。若滴水崖郭举之叛，此正骄悍之积习使然。及诸军告粮而噪，此则渐不可长。况伊迩大同，耳目习染，可不虑哉。是故有抚绥之将，而后有节制之兵，有节制之兵，而后有疆圉之固，筹宣府者，此其大计矣。至于边储一节，则员外杨守谦所论，盖得权宜之术，附见于后，以备一时参考云。守谦曰：尝闻弘治中，宣府各城粟荛①之积，多至有六七年者，少亦不下三四年，今则止数月耳，仓廒仅存瓦砾，场地鞠为茂草，或势家佃以为业，然则饱歌腾槽之势，安得而复见哉？边镇敝坏乃至此极，赖国威灵，侥幸无事，使遇也先火筛之变，将何以待之。司国计者，不可不深长思也。宣府至京师仅三百余里，有必不得已之事。此法终不可。则挖运之策可行也，此盖先朝所已试者，亦一时拯溺救焚之方云。又按边军月饷法曰：折色者六月，本色者六月，在边者折银七钱，在内者折银六钱。又曰：本折□支，此诸边之通例也。然春夏之月，禾稼未登②，粟价腾踊③，边臣苦于蓄积之未多也。则固与之折银，秋冬之月，粟价稍平，仓廪稍积。则始与

---

① 荛，喂牲畜的干草。

② 登，谷物成熟。

③ 腾踊，物价飞涨。《汉书·魏相传》："今岁不登，谷暴腾踊。"颜师古注："价忽大贵也。"

之本色，当其腾踊也。银一钱，或止易粟六七升，或四五升，是一月折银，犹不及半月之粟。如之，何其不饥而疲且至死也，欲责其死绥之节不亦难哉。<small>此筹边长虑也，惜能言之未必能行之。</small>说者谓宜于岁例之外，每镇发银十余万两，遇大熟之岁，则于岁例招买之外，籴粟六七万两，中熟亦籴三四万两，俱别储之。每春夏粟价腾踊，若岁例之粟尚足支持者勿动，惟腾踊之甚；不可支持者，借支二三月，秋熟之后，即于岁例内招买者补偿，<small>补偿虽善，安能始终如一。</small>仍别储之。如此，则士得实惠，而所省亦数倍，即有重大虏患，征发旁午①，缓急亦有所济矣。此诚今日之急务，而司国计者，所当讲求云。

◎明战守以安畿辅疏　<small>战守</small>（第 3 册，卷 233，第 2447～2451 页，张东壶《张给谏奏疏》）

臣于十月二十日，钦奉敕谕，前往<u>宣府</u>地方查勘边情。至<u>居庸关</u>，乃先诣关外隘口，通将隘后境上备行采度，尽心延访②反复不已，是以颇见要领，不觉仓皇。盖臣以为患迫南山，比之在背之刺，防疏东路，何翅③燃眉之火哉。欲待事竣奏闻，诚恐不量缓急，概负循默④，正具疏间，忽闻喜峰口入贡夷声息已至，有欲抢<u>居庸关</u>进入，顺<u>古北口</u>出去，抢一个月才回等语。又节闻走回入口说，虏近来攻堡，寸铁不遗，今回打撅⑤勾合大众，要便来抢，都说好抢等语。是虏志益骄，贪心无已，视吾<u>中国</u>，深入则深得利，大举则大

---

①　旁午，亦作"旁迕"。交错；纷繁。《汉书·霍光传》："受玺以来二十七日，使者旁午，持节诏诸官署征发。"颜师古注："一从一横为旁午，犹言交横也。"

②　延访，延请求教；请教。

③　何翅，亦作"何啻"。犹何止，岂只。宋叶适《〈黄子耕文集〉序》："不若刻二书巾山之上，使读之者识趣增长，后生及知古人源流，教思无穷，视今惠利何翅千百！"

④　循默，亦作"循嘿"。《明史·张逵传》："消谠直之气，长循默之风，甚非朝廷福也。"谓循常随俗而不表示意见。

⑤　打撅，男女苟合。

得利。臣今不敢效迂缓之谈，请先以近畿要害战守机宜，望阙①陈之。臣惟京师天下根本，而陵寝诸山，实京师拥护也。山后红门诸口，近在永宁县之南，即今所谓南山隘口，譬之人身。陵寝诸山，是京师肩背，南山又陵寝肩背也，譬之人居。则京师正堂，陵寝诸山后堂也，南山后门也。近被大虏得人向导，南山之外，已为戎马之场，则我之肩背已受敌矣。而陵寝三十里之外，京师百里之外，即为远边矣。臣惟言之寒心，寝不贴席，盖往者虏患犹在宣大西北，若今所患宣府北路，即在京师直北矣。查得九月虏之入也自北路独石而下，其出也径由滴水崖边散出，夫知出由是路，则入由是路可知也。计滴水崖边至隆庆州城止八十里，计永宁县至边五十里。嘉靖之末，大虏往往自东而西。设若大虏更由滴水崖，及近突永宁而入，则轻飙之骑，直掳南山，不日可至，其为陵寝京师之虑，又可知也。此岂得与往事同论也。往者附边犹恃三卫为我藩篱之人，又谓北路龙门所一带，皆山险林深，不通大举之处，是以防备独在所后。若今三卫枝部附边住牧，悉为北虏驱迫星散藩篱空而险深之处，皆不足恃也。往者吾中土人未尝为虏所使，若今宣大边民，屡遭掳掠，间有黠猾者，乃反安其利而乐为之用。又有前大同镇叛军清风寨亡命之徒，久投毡幕，先其所往，于是我民之所知路即外虏之所知路也。闻前攻隆庆各堡，斥呼姓名以报怨，此又臣之所为寒心也。往者宣大诸边，概受虏患，若今独石之西龙门城至黄河岸界，计一千五百余里。近因总督之臣，悉意修筑，颇称高厚。又墙之外，峻之为壕，壕之外，挖之为窨，虏骑虽强，不能径突，故三四年间，虏患暂息，凡以此耳。近于中路攻墙，皆可凭守。今惟北路独石以南至东路沿海四百余里，辄因沙石难规，财力未逮，止于极冲之处修完而已，则止二路断为虏所必窥而复来也。况声息欲抢居庸，其意

---

① 望阙，仰望宫阙。喻怀念天子。唐白居易《与崇文诏》："虽殿邦之寄重，诚欲藉才；而望阙之恋深，固难夺志。"

可知。臣又查得嘉靖二十一年①，虏由镇河堡入直犯太原千余里，无能挫其锋者。二十三年由善房堡入直由宣府西路深入，及保定易州而止。当时调到三千营之兵，合十数之众，亦未尝有出堂堂之阵者。今若由近边而入呼吸风雷，附近人马，势有难支，与之守犹不暇，责之战又安能乎。迨至报及军门，方使调遣，且若尽合宣府总副参游之兵，除步卒摆守之外，所统征调已计不及二三万之数，而虏骑之至，动以十万为号，少亦不下其半，又不知果有出奇之将，可以截遏否也，此又臣之所以寒心也。臣惟今日边事，无有急于此者，谨即居庸为中，按其图势而论之，八达岭者，居庸直北之门也。居庸以东则为禁山，自张家口至韩家口，联络以为隘者十一，皆隆庆永宁所辖也。居庸以西不系禁山，自八达岭至糜子谷，联络为隘，要紧之隘，皆居唐所辖也。居庸所辖一口失守南下入山，即汤谷苏林口皆可由之，而出畿辅无复阻险矣。然尚有新修城壕颇可为守，若永宁所辖张家口失守，则直循青龙桥东口遂入西口，而所谓汤谷口诸口，皆可由之而出畿辅者也。若红门诸口失守，则直捣陵寝后山，殊无间截，而南突之骑即至灰岭贤庄诸口，皆可由之而出陵寝以达畿辅，无复阻险者矣。红门之口，尤为紧要，臣尝闻土木之变，虏由汤谷出入，已成旧谙之路。而青龙西口八达岭者即其从入之门也，今八达岭坚完□守，则其势必将惟张家口是窥况九月虏之哨骑已突诸口，至青龙桥东口石佛而返，岂非乡导者先示之路，而为今日属意之冲者哉。故张家口者亦京师近日之忧，所当固守者也。虽然所谓口者，非真为山径蹊间，如栈道然，别无从入之路也。两山夹拥而隙，其中特少狭焉而已，即其路画墙为限，而虏马登山，架梁如飞，反出其上，可以径越，彼时守口之兵，闻皆自择崖险为驻足之地，悬炮石以待其上冲之锋，所谓技止此耳。臣诚过计忧虑无

---

① 嘉靖二十一年，1542 年。

已，兵法毋恃其不来，毋恃其不攻，不知今日吾所以待之，与所谓不可攻者，何也，今在目前近计，臣犹未暇赘论也。臣尝亲至张家口观之，与八达岭相去二十五里，犹有可越之坡，若青龙二口，则为南下总会咽喉，别无岐路。于此筑墙浚濠，务在周全如式，预塞其险隘，以兵守之，择一把总付之，似为得策，亦不费力也。永宁之兵，殊不足恃，况内地承平日久，南山颓垣已成通衢，而诸口之外平坡尚多，不专于口所能为恃，是以反复念之。今日之事，必可以战，方可以守，适见宣府抚臣，调坐营（上宀下重）①赐之兵，二千已至东路，然臣之忧虑犹未已也。守口者为口多，而兵分待战者，恐贼势重，而兵寡故也。若能于此增之劲兵，又委专守，而东路参将及坐营之官兵，则使近应北路堵遏之锋，相机随处截杀，不当缓急，又使为南山防守也。军之耳目，寄于烽炮，军之声向，通于哨谍。若令调遣早驰，策应有恃，坚壁得先，收敛有及，孳孳额额，昼夜准备，或者先声所至，奸细得窥，亦可潜②沮狂谋，不为无益者也。臣为陵寝过计，又有意外之虑者，盖尝总而论之。红门十一口联列于前，此第一重藩篱也。若灰岭、贤庄、锥石、雁门、德胜、虎谷六口联列于后，此第二重藩篱也。陵寝肩背所托惟有此耳。夫有险可守，得人能守，则为藩篱，不然则通衢矣。是知贤庄诸口又入陵之近门也，四海冶、黄花镇皆可径通之路。四海冶邻边，林谷峻深，树卉蓊密，零贼常至，见今人迹萧然，无敢行者。若伺知北虏南下，乘虚东窥，抑或虏情反复，勾引相通，能无意外之虑乎。且南山诸口，一失其守，而此皆为受敌之冲，似宜更议。益以二千劲兵，更置守吏，俟宁即撤去，虽有新添参将，选合陵卫之兵三千，然皆内地，未曾见敌之众猝然有急，臣安敢以为足恃也。不然较其防守稍缓者，移守于此，相助声势，亦无不可。四海冶虽有守备，

---

① （上宀下重），音dài，义未详（《中华字海》）。
② 潜，古同"潜"。

其可用兵，不踰四百，此惟可为守株待兔之夫耳。议者皆谓四海治宜添设参将一员，以防近贼，且谓黄花镇、永宁边之应援，保安寝陵，所系不小也。臣盖于此反复踏勘，非苟言者，约而论之。臣所谓要害者，前散叙此作一总南山形势，了然在目，则北路之滴水崖，大虏从入之路，不可以不先守也。南山诸口，陵寝倚托之门，不可以不重防也。张家口、青龙口京师近捷之径，不可以不扼险也。贤庄诸口，后山入陵之门，不可以不加意也。择所要害，先以劲兵酌宜守之，早谋按伏，凭险固守。如怀来帮水谷以西，即居庸关麋子谷接界之外口也，有警亦宜驻兵榆林，上遏西犯之路，下扼南口之险，如此彼见有备，未必敢犯。而主客诸营，一时并集，经纬其中，并力截击，亦自有所顾忌。又虏骑倏忽剽掠，尤不容迁延左次，即今宣府诸路，皆宜整捌，预待调遣，为顷刻起营之计。后来查访计日计里有慢期者，各该承调官员，当即以不依期引兵策应拿解法司议处，合先严例预做。庶几闻敌即趋，应援有恃，联营合势，军声日张，虏亦不敢深入南下矣。大同正兵，颇称趫雄①，盖总兵周尚文，不衰据鞍顾眄②之气，又能严临阵先退之刑，是以士卒用命，敌人知畏，以太师呼之。谓宜命总督衙门，预合大同正兵，及诸路参游，速整战具，豫待调遣，一有警报，即令火速驰赴，总为京师保护，更不得以主客异心，致误大事。其迁延者亦听查勘计日计里参问，不分主客，不许原情，一并同罪。臣又惟见今之势，宣府最急，大小将领，俱系待罪人员，盖由诸将遇警，虽裹粮被甲，惵怯褫气③，惟保军以求自全，竟不闻有提刀略阵，义烈发心，肯保民以为

---

① 趫雄，矫捷强壮。也指矫捷强壮的人。趫，音qiáo，（行动）敏捷。《南史·梁卢陵威王续传》："多聚马仗，蓄养趫雄。"
② 据鞍顾眄，顾眄：回头看。在马背上回头看。形容年老而壮志不衰。
③ 惵怯褫气，惵怯，懦弱，胆怯。《隋书·虞世基传》："卿是书生，定犹惵怯。"褫气，慑于声威，丧失胆气。《后汉书·党锢传论》："举中于理，则强梁褫气。"李贤注："褫，犹夺也。"

报效。失事之后，自甘巾帼，更加懈弛，若不早严加罪之例，虽使摇动京师，如敌所大言者，亦坐视如此而已。乞敕下该部，特行严例，如再联营观望，不并力杀贼，及引兵策应，不与敌见面者，总、副、参、游、守备、坐营、把总等官，听臣查勘情罪。应拿解者，即请旨从重处治；应照例问遣者，仍从重拿解法司责问；应革任降级者，从重问遣；其肯奋勇赴敌者，纵有军士损折，亦不加罪，如有功次，非惟准赎前愆，仍照例升赏。如此，庶几将士有所畏惧，更思策励，盖今日之患，已在陵寝畿辅，非他处可同，非往事可论也。内地粮草随处可依，更不得以水冻草枯如常，谩料若所应查勘缘由，容臣同委官，见任提吊人卷，亲历边境屯堡，访获情实，及凡所在修行事宜，别待回奏。

◎宣府镇　巡边宣府（第 3 册，卷 248，第 2603～2604 页，魏焕《巡边总论一》）

魏为兵部主□，奉诏作《九边议》。宣府，汉上谷郡也。国初，常忠武王破虏于漠北，（郡）［即？］元之上都，设开平卫守之。置八驿，东则凉亭、沈阿、塞峰、黄崖四驿，接（太）［大］宁、古北口；西则桓州、威房、明安、隰宁四驿，接独石。太宗文皇帝三犁虏庭，皆自开平、兴和、万全出入，尝曰：灭此残虏，惟守开平、兴和、泰宁、辽东、甘肃、宁夏，则边境可永无事矣。后（泰）［大］宁既以与虏，兴和亦废，而开平失援难守，宣德中乃徙卫于独石，弃地盖三百里。土木之变，独石八城皆破，虽旋收复，而宣府特重矣。今边人谓独石不如开平险隘可守。宣府山川纠纷，地险而狭，分屯建将，倍于地镇，是以气势完固，号称易守。然去京师不四百里，锁钥所寄，要害可知。北路独石、马营一带，地虽悬远，然长阻长安岭，虏难径下。中路之葛峪、大白阳、青边诸堡，西路之柴沟、洗马林、万全诸城，南路东西顺圣，皆称虏冲，警屡至焉。东路永宁、四海冶及龙门所，则三卫窥伺之地，而四海冶上通开平大路，下连横岭儿，又要地矣。《易》曰："王公设险，以守其国"，今考塞垣所据，险亦几尽。但时异势殊，有不可不为之经画者。若曰补长峪城、镇边城之募军，浮图峪、插箭岭之防守，留茂山卫京掺之士，以益紫荆，筑李信屯交界之堡，以固两镇，此岂容已乎！且宣府军士，素称敢战矣。乃近年参将都勋，出境烧荒，遇虏二十骑而溃，关山、王径前后陷没，此犹可诿也。若滴水崖郭举之叛，及诸军告粮而噪，此则渐不可长，二镇虽相近，而宣府竟无叛幸，必军府制度有不同者。况伊迩大同，耳目习染，可不虑哉。是故有抚绥之将，而后有节制之兵，而后有强围之固，筹宣府者此其大计矣。至以边储一节，则员外杨守谦所论，盖得权宜之术，附见于后，以备一时参考云。守谦曰：尝闻弘治中，宣府各城粟菽之积，多至有六七年者，少亦不下三四年，今则止数月耳。仓廒仅存瓦砾，场地掬为茂草，或势家佃以为业，然则饱歌腾槽之势安得而复见哉。边镇敝坏，乃至此极，赖国威灵，侥幸无事。使遇也先火筛之变，将何以待之，司国计者不可不深长思也。宣府至京师仅三百余里，有必不得已之事，则挖运之策可行也，此盖先朝所已试者亦一时拯溺救焚之方云。又按边军月饷法曰：折色六月，本色者六月，在边者折银七钱，在内折银六钱。又曰：本折间支。此诸边之通例也。然春夏之月，禾稼未登，粟价腾踊，边臣苦于蓄积之未多也。则固与之折银，秋冬之月，粟价稍平，仓廪稍积，则始与之本色，当其腾踊也。银一钱，或止易粟六七升，是一月折银，犹不及半月之粟，口儿何其不饥而疲且至死也。欲责死绥之节，不亦难哉。说者谓宜于岁例之外，每镇发银一十余万两。先贤多论此事于国不费而边储易实。遇大熟之岁，则于岁例招买之外，籴粟六七万两，中熟亦籴三四万两俱别储之。每春夏粟价腾踊，若岁例之粟，尚足支持者勿动，惟腾踊之甚，不可支持者，借支二三月，秋熟之后，即于岁例内招买者补偿，仍别储之。如此，则士得实惠，而所省亦且数倍，即有重大虏患，征发旁午，缓急亦有所济矣。此诚今日之急务，而司国计者，所当讲求云。

◎论边墙　边墙（第 3 册，卷 250，第 2628～2629 页，魏焕《巡边总论三》）

战国时，天下冠带之国七，而秦、赵、燕边于夷狄。诸戎亦各分散，自有君长，莫能相一。其后义渠今邠宁州，隋改为北地郡。筑城郭以自守，而秦灭之，始于陇西、北地、上郡今绥德州。筑长城以拒胡。赵破林胡、楼烦，筑长城自代并阴山下，至高阙为塞，而置云中、雁门、代郡。燕破东胡，却地千里，亦筑长城，自造阳至襄平（至）［置］上谷、［渔］阳、北平、辽东郡。秦始皇三十二年巡北边，遣蒙恬将兵三十万伐匈奴，收河南地，今河套，为四十四县，筑长城，起临洮至辽东，延袤万余里，恬居上郡统治之。唐中宗景龙二年初，朔方军与突厥以河为境，时默啜悉众西击突骑驰，朔方总管张仁愿请乘虚夺取漠南地，筑三受降城。中城南直朔方，西城南直灵武，东城南直榆林，皆据津要，置烽堠千八百所。由是突厥不敢度山南牧，减镇兵数万人。我国朝扫除夷虏，恢复中原，复申命致讨，以靖边宇。一时虏酋远遁穷荒，仅存喘息。于是设东胜城于三降城之东，与三降城并，东联开平、独石、大宁、开元，西联贺兰山、甘肃北山，通为一边，地势则近而易守。后多失利，退而守河，又退而守边墙。今按河套边墙，自国初耿炳文守关中，因粮运艰远，已弃不守，城堡兵马烽堠全无。成化八年，巡抚延绥都御史余子俊奏修榆林东、中、西三路边墙崖堑一千一百五里。十年，巡抚宁夏都御史徐廷章，奏筑河东边墙，黄河嘴起至花马池止，长三百八十七里。已上即先年所弃河套外边墙也。弘治十五年，总制尚书秦纮奏筑固原边墙，自徐斌水起迤西至靖虏营花儿岔止六百余里，迤东至饶阳界止三百余里。已上即今固原以北内边墙也。正德元年，总制杨一清修筑徐廷章所筑外边墙，高厚各二丈，墙上修盖暖铺九百间，墙外浚旧堑亦深阔各二丈，于是外边之险备矣。嘉靖九年，总制王琼修筑秦纮所筑内边墙，西自靖虏卫花儿岔起，东至饶阳界，开堑、斩崖、筑墙，各因所宜。又自花儿岔起，西至兰州枣儿沟止，开堑三十四里，总制刘天和加倍修筑，于是内边之险备矣。内外三边之中，清水、兴武、花马、定边各营地方又套虏充斥，纵横往来必由之路。总制王琼自黄河东岸横城起，迤东转南抵定边营南山口，开堑一道，长二百一十里，筑墙一十八里。后总制唐龙改修壕墙四十里，总制王接修壕墙一百三十四里，总制杨一清初修筑墙四十里，皆依前墙堑，止于定边营北。嘉靖十五年，总制刘天和因都督梁震奏筑定边营南至山口一带壕墙长六十里，亦依前墙堑。十六年，总制刘天和奏筑迭堤一道，亦西自横城，南抵南山口，并壕墙为二道，于是套虏入内之路有重险矣。本年，总制刘天和又筑铁柱泉、梁家泉等处城堡，以据水源。十七年，都御史毛伯温奏筑大同五堡及边墙，边险俱备，非大举不能入，真驭戎上策也。

◎题为分布秋防兵马事（第 4 册，卷 253，第 2662～2665 页，赵炳然《赵恭襄文集》）

案查先准兵部咨，为预处畿辅两掖兵马，该本部题咨主客兵马，照依往年事例，酌量谨列款具奏。仍将山西、大同、宣府三镇援兵，除原系入卫者，径自调遣外，其余正奇游兵，如蓟镇全无警报，该在何处驻札，如蓟镇的有警报，该调何处驻札，必须内不失蓟镇之防，外不误本镇之事，为上策等因，题奉钦依，备咨前来，已经通行。今照六月已至，秋期即临，所有三镇兵马，除宣大游兵，三营更番入卫外，其余本镇摆守协守，与邻镇并守，南山听援蓟镇事宜。

查照上年旧规，及遵照部议斟酌详审通应申饬①，以便遵守。在宣府者，合行②镇巡官马芳、冀炼等，大振兵威，多方哨探。如果秋前无警，严督副总兵、东路参守游击等，北路及中路、西路、南路各参守等官，各选练精锐，严饬部伍，攒喂马匹，锋利器械，教演火器，训习弓矢，早图战守之谋。及责成守巡道副使参议等，多备粮储，早完工作，归并小堡，明肃烽烟，预为收保之计。虏若近边窥伺，本镇总兵官马芳，一面酌发步卒，防守堡寨，及严令将领慎固城守，相机截杀，尤防夜攻；一面总领正兵，暂驻新保安，北拒龙门、大小白杨、柳沟等口，南防旧城、矾山、桃花一带堡寨。副总兵统领奇兵暂驻赤城，北控独石、马营、云州之险，东拒雕鹗所南下（海）［隆?］永之路。游击统领旧游兵，暂驻左卫，外防张家口、膳房、新开诸堡，南卫红塘、丁宁、顺（径）［圣?］东西川地方。游击一员，统领新游兵暂驻镇城，听援中、西二路。虏若聚众东行，至独石边外，势犯隆、永等处，东路游击协守四海冶，副总兵协守永宁，一游击协守隆庆，一游击协守岔道，正兵坐营协守各墩墙山口，总兵官驻怀来拣选战锋，往来援应专图战守，巡抚驻保安赞理保障，臣驻怀来总摄调度，标下参将游击，各统掖兵听候防剿。其岔道迤东墩墙之内，据险守要，分属东路参将守备等；岔道迤西联墩内外，堑山湮谷，分属口北分巡守备等官。有责成在大同者，合行镇巡官孙吴、张志孝等，大振兵威，多方哨探。如果秋前无警，严督副总兵东路，及北东路、北西路、中路、威远西路、灵丘等处参将等官，各选练精锐，严整部伍，攒喂马匹，锋利器械，教演火器，训习弓矢，早图战守之谋。及责成兵备守巡道副使参议佥事等，多备粮储，早完工作，归并小堡，明肃烽烟，预为收保之计。虏若近边窥伺，本镇总兵官，一面酌发步卒防守堡寨，及严令将领慎固城守，相机

---

① 申饬，整饬；整顿。

② 合行，应当；应该施行。

截杀，尤防夜攻；一面统领正兵移驻弘赐，一则适中调度，一则东西援剿。副总兵统领奇兵，仍驻左卫，一则控至云西，一则南援威平，游击统领游兵，移驻怀仁，一以防御山马，一以捍卫朔应。游击统领游兵，移驻阳和，一以南遮洪蔚，一以便援云东。虏若由弘赐、阳和边外东行，总兵官统领正兵，移驻怀安。游击一员，统领游兵移驻西城，游击一员，统领游兵仍驻阳和，联络声势，相度机宜。虏若由宣府西路，边外东行，势向独石三间房等处。总兵游击，俱不待调遣，随贼向往，趋赴南山，遵照拒守，用伐虏谋。在山西者，合行镇巡官董一奎、王继洛等，大振兵威，多方哨探。如果秋前无警，严督副总兵，西路及中路、东路、北楼、太原各参老营游击管官，各选练精锐，严整部伍，攒喂马匹，锋利器械，教演火器，训习弓矢，并极冲次冲，各据险守要，早图战守之谋。及责成岢岚、宁武、雁平兵备等，多备粮储，早完工作，归并小堡，明肃烽烟。并布按二司守巡等道，将腹里城堡州县编立保甲，严防村堡，预为收保之计。虏若窥伺本境，总兵官一面督并军壮，据墙摆守，用备攻冲，及严令将领慎固三关，相机截剿，尤防夜攻。一面统领正兵，暂驻阳方口，一则调度本境，一则便援云朔。副总兵统领奇兵，仍驻老营，一以督责河曲等兵，专防黄河，一以闻警，东西随向剿遏，西路参将统援兵驻札水泉营，中路参将统领援兵驻札莜麦川暗门，东路参将统领援兵驻札广武站，太原参将统领援兵驻札马兰口，神机司把总统领标兵驻札旧广武白草沟，北楼参将统领援兵暂驻长柴岭，游击统领游兵暂驻八角堡。各督同守备等官，一以严督步军，贴守墙台，一以统领马兵，援堵冲口。虏若聚众由大同、阳和、天城边外东行，总兵官统领正兵，暂驻蔚州。参将统领援兵，暂驻浑源。游击统领游兵，暂驻广昌联络声势，相度机宜，南卫紫荆，兼备灵广。虏若聚众由宣府而东，势向独石、白草川等处，总兵参游三营俱不待调遣，随贼向趋赴南山，遵照拒守，共成犄角。虏若斜众悉已东行，而蓟镇的有警报，宣府总兵官马芳等疾趋岔道等处，大同总兵官孙吴等疾趋怀来等处，山西总兵官董一奎等疾趋新保安等处，各听便宜，星驰入援。如此，则三镇之兵隐然长蛇之势，诚得先事之备矣。但恐猾虏奸诡，或牵此而入彼，或声东而寇西，以疲我兵。万一分道内侵，而三镇援兵，仍以保护陵京为重，慎固南山为先，临期酌量。虏势之众寡，向往之缓急，量遣兵将，付诸各镇巡抚调度责之各该参守，各道兵备守巡，并力协忠，随贼战守，不得顾彼失此，堕虏之奸计而已。再照人臣①之义，贵于不欺，捍御之忠，取其用命。各将领该道，既定有进止，奉有钦依。如遇虏入，自当务协机宜，各尽心力，此不欺之臣也。闻警疾趋，见害不避，此用命之臣也。苟不如此，欲脱彼之虏患，假先期而赴援，欲避此之寇艰，故后时而畏缩，或机宜在目前，乃曰事无将令，或战守当已尽，乃曰责在他人，致误地方，有违军令，此不忠不义之尤者。仰惟圣明在上，法令熙明。诸臣之中，宜若无此。臣所以申饬于先，正以厚望于后，其同舟共济，而为义为忠云尔。及照决胜之术，秋防警报，首诸哨探，合无先期专责总兵官马芳、孙吴、董一奎，仍责参守等官各选乖觉通夜，插同惯便墩军，加之行粮，悬以厚赏，远出沿边二三百里之外，着实侦探，不时往来，务得黠虏②之形情，向往之缓急，贼势之多寡，或的犯本境，或的侵邻镇，通行飞报，俱不待调遣，驰赴原拟信地。其一切战守应援等项，俱听机宜，不从牵制，务要彼此并力，共保万全矣。

◎议处要害地方疏　防守独石（第 4 册，卷 275，第 2903～2906 页，杨博《杨襄毅公奏疏三》）

臣获见邸报，该巡按直隶监察御史栾尚约题称独石要害，视右

---

① 人臣，臣下，臣子。

② 黠虏，狡猾的敌人。黠音 xiá，聪明而狡猾。

卫远近缓急，尤为不同，欲要行臣将应处之事，悉照右卫经略，奏请上裁①等因。臣参详所论，忧切边陲，深得先则制人之义，节据降人口报，动以围困独石为词，若候部咨到日，方行议处，未免缓不及事。臣不自揣量，早夜图惟择其最切要者，条为十款。大抵大同之事，祸已燃眉，不得不为拯救之图。宣府之事，患在厝薪②，仍须急为蓄艾③之计。臣于宣大防秋④疏内言之已详，无容别议。如蒙敕下该部再加议拟，将臣所奏俯⑤赐允行，仍乞严敕宣府镇巡官李贤、张镐，广集众思，各上方略，不止防秋，先为防夏之图，不止外防独石，首为拱护京陵之计。臣虽庸钝，亦不敢不共效狗马之忠⑥，臣无任⑦。屏营⑧悬切之至。

计开

一挖运⑨粮饷。臣议得防御独石，首当多积粮饷，粮饷既充，虏气先夺，围困之谋，不攻自破。先该巡抚都御史张镐，屡疏请发帑银，未见处分是非，该部漫不加意，实以帑银缺乏之故。后该臣博议⑩，发京仓粳米三十万石于怀来等仓，却以宣府年例银两，一半仍发本镇，一半改发大同，连日再三筹度，库无见银，仓有见粟，救弊补偏，计恐无便于此。合无听户部将挖运一事，早为举行，边人不食粳米，止食粟米，若发粟米三十石万，尤为得济。此外再将宣

---

① 上裁，旧称皇帝裁决为"上裁"。

② 厝薪，厝：同"措"，放置；薪：柴。

③ 蓄艾，《孟子·离娄上》："今之欲王者，犹七年之病求三年之艾也；苟为不畜；终身不得。"本指蓄藏多年之艾以治久病，后以"蓄艾"比喻应长期积蓄以备急用。

④ 防秋，古代西北各游牧部落，往往趁秋高马肥时南侵。届时边军特加警卫，调兵防守，称为"防秋"。

⑤ 俯，旧时公文及书信对上级或尊长的敬辞。

⑥ 狗马之忠，像犬马一样对主人忠心。狗马，臣下对君主自谦之词。

⑦ 无任，敬词。犹不胜。旧时多用于表状、章奏或笺启、书信中。

⑧ 屏营，惶恐；彷徨。

⑨ 挖运，明代差派平民为官府运输粮饷称为挖运。明焦竑《焦氏笔乘·安南》："又如西北边粮草，全赖陕西小民肩担驴驮，谓之'挖运'。"

⑩ 博议，全面详尽地讨论或评议。

镇年例银两先发十数万两，以为脚价折支之费，挖运至日，听镇巡官设法转运。其入卫兵马，往来怀隆，供亿①之费，亦于此中取办。

一更易将领。臣议得寇在门庭，北路则患切剥肤②，东路则患在剥床③，二路将领，均为吃紧。若使匪人厕乎其间，缓急之际，误事不浅。除独石参将刘汉先已具疏保留外，访得分守东路怀来、永宁等处参将刘环年已衰迟，志复灰冷，桑梓之地，终难展布；四海冶守备韩鉴，心本儒生，口谈武略，冲险之所，岂其所长。合无将刘环革任听候，别卷勘明奏请，韩鉴改用腹里，仍于近日九卿科道会荐诸臣内如尹秉衡者，推举一人以代刘环。其韩鉴员缺，查得原任大同右卫守备张咸，洞悉虏情，惯经战阵，不救邻兵，去之原非其罪，年方精壮，用之当及其时，以补四海冶守备，似堪任使。

一分布城守。臣惟大同右卫被虏围困月久，中间调度处置，_{总兵尚表也。}全藉废将之力。盖各官妻孥生计，俱在危城利害切身，自当不赏而劝，所据独石城守一事，正与右卫相同。合无听参将刘汉，将在城官员，不拘见任④废弃，择其威望，众所信服如尚表，立为守城之主。其余画地分守，预为告戒，一有警报，参将刘汉提兵出战于外，主城将官环兵固守于内，声相势倚，互为犄角，方保万全。

一预处援兵。臣议得北路独石果有虏警，除本镇兵马刻期⑤应援外，所据入卫各枝兵马，俱在关内关外住札，若候奏请至日，方行调用，未免坐失事机。合无听臣等与镇巡官李贤、张镐酌量贼势，一面移文兵部，与蓟辽总督知会，一面将前项兵马随宜调遣，各该

---

① 供亿，按需要而供给。
② 剥肤，语本《易·剥》："剥床以肤，切近灾也。"谓灾祸已迫其身。
③ 剥床，语出《易·剥》："剥床以足，以灭下也。"陈梦雷浅述："侵灭正道，自下而上也。"又："剥床以肤，切近灾也。"陈梦雷浅述："阴祸已迫其身也。"后用"剥床"称残害忠良或迫身之祸。
④ 见任，见音 xiàn，古同"现"。现任。
⑤ 刻期，限定日期。刻，通"克"。

游击，务要与主兵同心戮力，共建奇勋。如敢因循玩愒①，自分彼此，应拿问者容臣拿问，应参究者参究重治。

一抚辑②属夷。臣议得属夷之于我也，乍臣乍叛，我之于属夷也，将信将疑。即如近日督抚建议，欲发银五六万两，于宁远堡边墙里外，筑堡二座，安插属夷老小，意非不美，观近者昌平属夷之事不可不慎。揆③以夷夏④大防，似犹未妥。兵部近奉钦，依行臣勘处，以臣愚见，谨始虑终，实不敢轻议，但抚赏银两，羁縻⑤之策，委不可缺。合无听巡抚都御史张镐于户部议准主兵银四千两内，扣数支出，委官买办段布牛酒，将同力拒敌诸夷，照依原奏通行赏劳。虏去家小牛羊账房者，查出另赏，以结其心。以后虏入境内，果能先事哨探，为我之耳目，临敌奋勇，为我之羽翼，虽优加赏赍，亦不为过。

一经理怀隆。臣议得经略之议，虽在北路独石，丙子虏竟从东路以入。而东路南山一带，陵寝在上，事体尤重，四肢腹心，不言可辨。居庸关以西，自石崖峪口起至合河口止，延长七十里，隘口一十四处。以东自张家起至渤海止，计长四十里，隘口一十三处。中间山势平漫，可通大举者九。林木稀疏，可通零骑者七。岩崖陡峻，可通单骑者十一。往年于大山口等处，酌量多寡，分派官军，共六千名，大约俱在该镇步军于矿兵取用，除矿兵时非防秋，难以轻调外，合无听镇巡官李贤、张镐，贼果突入，一面统兵应援北路，一面留兵防守东路。虽堪战劲兵，亦当存留二枝，以防大虏壅隔⑥之患。其新筑台军，如果不敷，权于河南班军内凑拨应用。

一激励壮勇。臣议得北路地方人惯见虏，骁健绝伦，以故论什

---

① 玩愒，"玩岁愒日"的略语。谓贪图安逸，旷废时日。愒音 kài，荒废。

② 抚辑，亦作"抚缉"。安抚辑和。《明史·孝宗纪》："夏四月戊寅，刑部侍郎何鉴抚辑荆襄流民。"

③ 揆，音 kuí，度（duó），揣测。

④ 夷夏，夷狄与华夏的并称。古代常以指中国境内的各族人民。

⑤ 羁縻，笼络；怀柔。

⑥ 壅隔，阻隔。

伍之军其数甚少，论比党之军其徒实繁。陕西三边官军赖以雕剿劫帐者，大都雄边子弟。然其人愿每愿赏，不愿叙也。先年虽有斩获首级，与官军同论之文，勘报每迟以岁时，虽有夺获生畜给赏之文，将领多见其克取敌忾之气，何由发作，忠义之志，因而消阻，深可痛恨。合无听总兵官李贤公同参将刘汉，将各城各堡壮丁，逐一查出，应守城者守城，愿出战者出战，记名在官，不必拘以文法，不必束以纪律，斩有首级，总兵官先给印信小票，夺有生畜，实时尽数给赏。守掺等官如敢刁难扣取，先以军法重治，然后参奏拿问，其寻常无警之时，不许追呼以致骚扰。

一量给马匹。臣议得各镇奏讨马匹，动经数千，不行爱惜喂养，相继倒失，无益实用。臣尝痛恶其非，即如近日巡抚张镐移咨到，臣欲讨四户大马三千余匹，给付家丁骑征，臣以标兵方在议革，不敢具奏。但宣镇总副参游之马，见在①各不及一半，往来追逐，似为未便。合无听兵部量发官马二千匹，分给各营，稍壮军威，不敷之数，容臣督令各官动支桩银，以次买补。

一添修墩台。臣惟北路地方等，一当修饬城堡，其次则腹里并接火墩台，一方耳目，关系甚重。除原设不堪者，节行分巡口北道参议许用中见今督修外，仍于独石城马营沟通马营大路胡家庄、孔家庄议添空心墩台二座，每座共高三丈三尺，上加女墙四尺，周围越城一道，外挑围壕一道。马营堡议添上哨通君子堡司家沟口、李树沟口、羊奶子沟口、二队沟口，下哨通松树堡、冯家科、小岭儿本营迤南羊房堡段家冲，西川九窠窖冲口，东北独石沟，通独石城大路霍家庄共十座。云州堡议添夜不收②岭一座，高低广狭，悉如独石之制。通共添墩一十三座，不惟足以制虏，居人行旅，均属便利。

---

① 见在，见音 xiàn，古同"现"。尚存；现今存在。

② 夜不收，古代军队中的哨探。因彻夜在外活动，故名。

见今①总兵<u>李贤</u>在彼设伏，合严行本官，督并参将<u>刘汉</u>及守掺等官刻期完报。

一协同<u>蓟镇</u>。臣惟大虏屯住<u>独石</u>边外，<small>居庸以东南山一带虽是宣府</small><small>地界，过险即属蓟镇，而为两督臣所辖，故易于推诿也。</small>正系东西岐路，西则可犯<u>宣府</u>，逼近陵寝，东则可犯<u>蓟镇</u>，惊扰畿甸②，必须两镇镇巡官交相传报，事方克济③。盖<u>宣府</u>密迩④虏巢，常得其形，<u>蓟镇</u>咫尺属夷，先得其情。合无今后<u>蓟镇</u>一知虏欲西犯之讯，差人速报<u>宣府</u>，<u>宣府</u>一见虏欲东犯之迹，差人速报<u>蓟镇</u>，彼此相资，共伐虏谋，共消虏患。

◎遵谕条上定策遏虏疏　<small>大同蓟镇边务</small>（第 4 册，卷 276，第 2912～2913 页，杨博《杨襄毅公奏疏四》）

丑虏入犯，多在凉爽之时，防御机宜，贵审急缓之势。今之九边，大率以<u>蓟镇</u>为第一，盖腹心既安，四肢自无可虑，以故广调各镇之兵，为之戍守，多发度支之粮，为之馈给，精选骁健之将，为之捍御。仰蒙圣皇在上，深思远虑，靡所不至，臣等何容别议。今据<u>宣大</u>总督<u>李文进</u>所奏，止是<u>永邵保</u>、<u>兀慎</u>、<u>摆腰</u>⑤三部之□，其酋首<u>俺答</u>、<u>黄台吉</u>、<u>把都儿</u>并东虏<u>土蛮</u>俱各未见踪迹，鸷鸟将飞，必戢其翼，甚当为<u>蓟镇</u>之虑。臣等谨将<u>大同</u>、<u>蓟镇</u>应行事宜，不揣愚

---

①　见今，见音 xiàn，古同"现"。现今。

②　畿甸，指京城地区。泛指京城郊外的地方。

③　克济，谓能成就。《后汉书·杜诗传》："陛下亮成天工，克济大业。"

④　密迩，贴近；靠近。《宋书·刘延孙传》："京口家地，去都邑密迩，自非宗室近戚，不得居之。"

⑤　永邵保，即永邵卜，又译应绍不、永谢布、雍谢布，明蒙古部名，与哈剌嗔、阿速合称永邵卜万户。地在宣府、张家口和独石口塞外（今河北西北部与内蒙古自治区锡林郭勒盟中、西部）。明末为林丹汗击溃。兀慎，明蒙古部名。又译兀甚、偶甚、乌古新、卫新。源于元代的许兀慎。在土默特和袄儿都司（鄂尔多斯）万户内。今作乌审。摆腰，亦部落名，即巴岳特，亦土默特属部之一。

陋，开坐①上请，伏乞圣明俯赐采览②，早为允行，地方幸甚。

一大同所犯之贼，数本不多，本镇兵马，已该总督李文进，先期分布，似为有备。臣等近又移文巡抚都御史陈其学、总兵官刘汉，令其坚壁清野以固其守，设伏出奇以挫其锋，分精兵以捣其巢，简恶少以邀其马，随机应变之策，听其径自处置。计料此虏，日下必当远遁，所据李文进所讨宣府游击孙辅，大同游击周资文入卫游兵二枝，另本酌量议处。

一贼犯蓟镇，必繇③白草川、三间房一带哨探一节，全在宣府独石参将。是时虏繇西东犯，故以独石为蓟镇之耳目，今奴繇东西犯，故以宁前为蓟镇之耳目。盖蓟镇止得其情，独石则得其形，知之既早，豫于古北、黄花镇等处，加谨防御，所谓先则制人，自保无虞。合无容臣等仍行宣大总督巡抚总兵官等，督率参将刘国，多差的当人役，远为哨探，但有东行踪迹，即便飞报本部，以凭调度。哨探的确，防秋毕日，参将官重加升赏，如或怠缓误事，与蓟镇将兵一体治罪。

◎为开疆厄要以重陵寝以卫孤悬事宣府修墙（第 4 册，卷 320，第 3407~3408 页，方逢时《方司马奏疏一》）

准巡抚宣府都御史吴会稿，案照臣自奉命督临，即计值此诸虏款贡之秋，正我自治图维④之会。查得三镇虽各题有边工，但恐已题者，尚未经修，应修者尚未议及，坐废良时，有误防守。节经通行各镇逐一查照，务将已题者上紧兴修，未议者从实踏勘问。又臣昔年分巡口北，于北路龙门所地方巡历，勘得自本所迤东至靖胡堡止，

---

① 开坐，犹开列（逐个写出来）。明张居正《拟日讲仪注疏》："臣等谨查照累朝事例，酌拟仪注，开坐上请，伏乞圣明裁定，敕下臣等遵行。"
② 采览，采择观览。三国魏曹植《上责躬应诏诗表》："谨拜表并献诗二篇，词旨浅末，不足采览。"
③ 繇，音 yóu。古同"由"，从，自。
④ 图维，谋划；考虑。

山梁一道，形势联络，外险内固，若加修凿，北可以达独石，自龙门关至独石可三百里。南可以援南山，诚京、陵之一藩篱也。

今春赴任阳和，道出居庸，阅得该镇连年修防，虽极周慎，设复乘今闲暇，将前龙门山梁增饬重险，不惟东、北二路，均为有赖，其在陵后南山，尤可恃以无虞。当会抚臣计议规画去后，今准前因，臣会同议照国家建重镇于宣府，所以厚陵、京之肩臂，其设独石、马营诸城堡于北路者，所以密宣府之藩篱也。夫独石挺然出于宣府之极北，三面邻虏，势极孤悬，而怀、永与陵寝止隔一山，其所关系尤重且大，故兵马分设于东、北二路者，旧额永兵八千有奇，怀兵一千八百有奇。独盈于诸路。而北路邻虏，任战之兵，尤称雄于诸路。二路势成犄角，为唇齿焉。但其间地本相联，而经行之路，可以舍迂就径，以达怀、永者，尚在塞外，故不便声援。北路东南隅外有山梁一道，起于龙门所之盘道墩，以迄靖胡堡之大衙口，延亘一百余里，山势高峻，诚为天险，内有通贼隘口数处，往年虏曾缘此以入犯怀、永，若逐为修墙斩崖，则滴水、靖胡既有柞口之内边，又设盘道之重险，虏骑自难入犯。倘有警报，自龙门之黑峪，以达宁远，边内经行止三十里，北路之兵缘此以入卫南山，东路之兵缘此以出援独石，皆可朝发而夕至，陵寝重地，屹为金汤，独石孤悬，势相联络矣。

臣昔巡阅，颇悉险要，若能举修，深于边防，大有补裨。及今抚臣殚力经营，亲诣塞外，往复审量，看得外山险峻，足堪保障；内有庄邨遗址，石器尚存，中途有地名巡检司，方公甚以所筑墙，所不必故此处，因旧起工，取其便易也。则古于此曾建巡司衙门，盖在昔原为边内，而今特修复其旧时疆围耳。况龙门所盘道墩起迄东一段，旧曾设有外十三家墩台，盖曩时边臣，亦计虑及此。今接续设台，兼设墙崖，以终未竟之绪，不惟拓地百里，将来渐次经营，可资屯牧，而亟成大工，以设重险。东北二路之兵，可临期调遣，缘此以互相应援，委于战守有资。其间应建墩台，安设哨守军人。查得龙门盘道墩起，以至宁远柞口墩止，计一百余座，每墩原设墩军七名，今既修此外边，则旧墩俱为腹里，应止照火路墩台，每墩量留四名，就以多余者拨补哨守，不必另为添军。再照工程缓急，宜于循序。而冲边设险，尤贵周详。今外筑塞垣，可通大举零寇者，俱已营修，其间险峻之处，亦有为步虏可以攀援而上者，城堡之土筑砖包，俱各高坚，而其间亦有未尽砖包者，今大工已有次序，尤当乘此人力稍暇之时，一概逐为勘修，在大边险峻之处，应尽为修墙斩崖，城堡之未砖包者，应渐次勘议，逐为包砌。至于南山垒东敌台，原议先尽本山官军兴修，三年报完。今东路城垒俱尽砖包，北山大边墙崖墩台，俱已尽完，游援官军，见有余力，相应照南山官军事例，日给行粮，及每台散给犒赏银一百两，免支盐菜，责成各参游与南山参将分定工程，并力协修，与砖包城堡，限以明年报完，其余见经题议兴修工程，上紧催攒，务俱以今年报完。合用盐菜等银二万七千七百一两零，仍于河南见解班价内支给，应用口粮四万二千二十八石七斗零，合无查照户七兵三事例，在户部所出七分，计该粮三万一百二十石一斗零，于见在修工支剩客饷内支给；在兵部应出三分，计该粮一万二千九百八石六斗零，每银一两买米九斗，该银一万四千三百四十二两九钱一分，于太仆寺马价内解发。惟复仍照上年事规，俱于修工支剩客饷内支给。乞敕该部查议施行。

◎与部科论虏情书　虏情（第 5 册，卷 339，第 3637 页，张佳胤《张崌崃集》）

连日以来，报东西纠合之说，纷纷不已，只在我备之生于十八日回镇，调昌、保二镇兵马，分布贴防西协，以防小阿不户挟赏之事。然后提兵东驻马兰、松棚之间，以观贼势。向往此时，诸夷联络，边外围猎，一面探内地消息。前独石报西虏青把都东行，至今尚未见虏地的信，盖虏贼欲大举，必是东西相合，然后长驱，缺一则不敢也。今内地备之可谓不遗余力，只恐备久而怠心生，惟此一节，当时时申饬也。若虏众知我已备，必转而犯宁前。宁前兵马颇单薄，坚壁之外，无他策也。小阿不户许以八月内认罪开赏，今乃乘机借兵于西虏，以挟赏于三路，意欲哨探其兵力何如。若果可乘，当诱而歼之，但恐兵力众大，又不能也念头如此。亦不敢自谓能了此事，知台下东顾甚殷，草草布闻不宣。

◎建修独石三城碑　建修独石城（第 5 册，卷 339，第 3637 ~ 3639 页，张佳胤《张崌崃集》）

国家之有宣府，其右肩乎？宣府之有独石，又不啻①北门锁钥为也。当宣德时，薛阳武行障塞，疏言大宁既弃，开平寡援，遂徙开平于独石。因甃石为城，草昧之初，未尽地利。正统中，虏数入寇，八城并陷，虏得长驱，而有土木之变，则独石之轻重安危可睹也。隆庆辛未②，大酋款塞③，稽颡④称臣，迄今十有五年。边鄙不耸，桑土豫彻。不谷⑤往抚上谷，酋长满五大恃其凶狡，阴嗾婿银定，窃犯云州诸堡，因而闭关问罪，挟计中阻。乃从张家口悔祸自赎，刑牲⑥而盟，边事益宁。不谷乃周行塞垣，小者堡，大者城，崇墉⑦仡

---

① 啻，音 chì。但；只；仅。

② 隆庆辛未，隆庆五年，1571 年。

③ 款塞，叩塞门。谓外族前来通好。《史记·太史公自序》："海外殊俗，重译款塞。"裴骃集解引应劭曰："款，叩也。皆叩塞门来服从也。"

④ 稽颡，音 qǐ sǎng。古代一种跪拜礼，屈膝下拜，以额触地，表示极度的虔诚。

⑤ 不谷，不善。古代王侯自称的谦词。《老子》："贵以贱为本，高以下为基，是以侯王自谓孤、寡、不谷。"谷，一本作"毂"。

⑥ 刑牲，谓古时为了祭祀或盟约而杀牲畜。

⑦ 崇墉，高墙；高城。《文选·左思＜魏都赋＞》："于是崇墉浚洫，婴堞带涘。"张载注："墉，城也。"

仡①，栉比②相望。然论要害，孰与独石，犹之乎薛阳武所肇基也。不谷愀然拊膺③，顾巡道金宪④刘公葵而叹曰："诸臣经略不遗余力，何置独石度外，岂以逼虏而工不易终耶？若失此时，化为区脱⑤，是大忧也。"相与计度，遂会督府郑公上疏，其略曰：臣顿首，陛下不以臣为不肖，授臣以疆场，窃见独石三面邻虏，仅有半壁店、猫儿峪二堡，通南路一线，为独石咽喉。独石城故卑薄⑥，岁久且有复湟之渐，二堡又皆斥卤不可恃，今藉威灵⑦，罚制酋首，无敢奸命，三城之役，宜以时举。若城独石而弃二堡，不如无城。夫取诸步军，工食取诸班价，粮廪取诸正饷，期以四年，不徐不亟，可报成事。"疏入，下大司农⑧议，报可。会不谷入贰本兵，泰安萧公来代，经始于万历十年⑨某月，独石城长一千三十一丈有奇，砌以石，累以砖，视旧城增一丈二尺，共高三丈五尺，外增敌台一座，并墙共五十八丈，大小城楼十六座，厅事⑩十八楹，南门楔棹⑪一座，省粮二千五十六石八斗有奇，银一千五百十二两八钱。半壁店长一百十七丈，高如之。本堡产石，尽以石易砖，增修大小城楼八座。猫儿峪长二百九十三丈九尺，高如之，增修大小城楼十座，省粮七十九石有奇，

---

① 仡仡，音 yì。高耸貌。《诗·大雅·皇矣》："崇墉仡仡。"高亨注："仡仡，同屹屹，高耸貌。"

② 栉比，像梳篦齿那样密密地排列。语出《诗·周颂·良耜》："其崇如墉，其比如栉"。

③ 愀然拊膺，愀然，忧愁貌。拊胸，表示哀痛或悲愤。

④ 金宪，金都御史的美称。

⑤ 区脱，匈奴语。指汉时与匈奴连界的边塞所立的土堡哨所。

⑥ 卑薄，土地低洼瘠薄。

⑦ 威灵，谓显赫的声威。

⑧ 大司农，官名。秦置治粟内史，汉景帝时改称大农令，武帝太初元年更名大司农。掌租税钱谷盐铁和国家的财政收支，为九卿之一。北齐时称司农寺卿，隋唐以后所置略同。元置大司农司，掌农桑、水利、学校、救荒等事。明初置司农司，不久即废，其职掌并入户部。习惯用作户部尚书的别称。

⑨ 万历十年，1582 年。

⑩ 厅事，官署视事问案的厅堂。古作"听事"。

⑪ 棹楔，门旁表宅树坊的木柱。

银二百十三两五钱有奇。以万历十二年某月工竣，屈指而工，仅三年也。报成，疏闻，蒙别有优录。兵宪刘公、属参将麻承勋，砻石①驰材官檀州以记请。惟兹三城之议，不谷实创之，幸观厥成，安得无言。尝闻春秋重力役，有城必书，有筑必书，凡以明不得已尔。筑边墙不如修城堡，此不易之论也。边城为华夷大防，所谓不可已者，莫大于是。今三城之役，完不俟期，用不尽财，楼橹雉堞，翚飞鼎峙，辟之家然。独石藩篱②也，宣府堂皇③也，京陵奥室④也，一固举固，谓独石系天下安危非耶。夫中国而城，外夷所忌，往不谷驰使虏王俺答，则对使者言："为我谢太师，闻内地亟治边墙，墙犹堤也。以数千百里计，安能尺寸而固之。一溃皆溃，莫若缮城，城固，我虏卒未易破也。"不谷心德之，又闻筑三城时，虏酋青把都与其姊太松，咸具牛酒享士。夫虏人以所尝试者，而授我以要领，以所深忌者，而乐为之劝事。前代城边者多矣。以诗书所称，不谷则未之闻，猗欤休哉⑤。筚篓蓝缕，以启兹城⑥，实惟诸大夫将军拮据之力。然非国威震迭，令夷狄革心，恐诸大夫将军，亦无所措手。不谷且有私忧焉，古之言曰："怀德维宁，宗子维城。"⑦ 盖言险不胜德也。今三城城矣，其将以边事归城耶，抑将因城以治内也。如城可恃，为漆为金，至今安在？又如天以堑之，美山河以固之，南北斗以形之，曾不救于败亡之数。惟是诸大夫将军，毋忘文德，洽此武功，

---

① 砻石，墓碑。砻，通"垄"。

② 藩篱，边界；屏障。

③ 堂皇，亦作"堂隍"。广大的殿堂。

④ 奥室，内室；深宅。

⑤ 猗欤休哉，猗欤，亦作"猗与"。叹词。表示赞美。《诗·周颂·潜》："猗与漆沮，潜有多鱼。"郑玄笺："猗与，叹美之言也。"休，美好。多么美好呀！原为古代赞颂的套话，现多含讽刺意味。

⑥ 筚篓蓝缕，以启兹城，指驾着简陋的柴车，穿着破烂的衣服去修建城堡。形容创业的艰苦。

⑦ 出自《诗经·大雅·生民之什·板》，有德便能安定从容，宗子就可自处城中。

则古人所称申伯良翰，李绩长城，不谷诚望之矣。是役也，制府①郑公洺，始终持议，克壮②大猷③；中丞萧公大亨，威怀④茂彰，文武用命；兵宪刘公蓘，夙夜经营，心力独劳；故将军麻公锦，与其子参将承勋，父子戮力，虏畏军怀；户部郎中赵公以康，韩公取善，先后给饷，鼓舞众心。其它效忠趋事不尽纪，别具碑阴。铭曰：北蔽上都，南引上谷。维石岩岩，而名曰独。内夏外夷，兹焉绾毂⑤。三城不备，其破若竹。以经以营，乃事版筑。阁阁登登⑥，万堵斯兴。一城二堡，为鼎为朋。龙门金阁，高厚并称。在《易》有言，设险守国。众心成城，天府四塞。大镇雄图，屏翰朔北。所恃伊何⑦？武功文德。毋曰来王，弛而不张。龙盾⑧交韔⑨，厹矛⑩鸟章⑪。

①　制府，宋代的安抚使、制置使，明清两代的总督，均尊称为"制府"。

②　克壮，宏大；强盛。

③　大猷，猷音 yóu，计谋，打算，谋划。大猷，谓治国大道。《诗·小雅·巧言》："奕奕寝庙，君子作之；秩秩大猷，圣人莫之。"郑玄笺："猷，道也；大道，治国之礼法。"

④　威怀，威服和怀柔。谓威德并用。

⑤　绾毂，控扼，扼制。指交通要冲之地。

⑥　阁阁登登，阁阁，扎缚牢固整齐貌。《诗·小雅·斯干》："约之阁阁，椓之橐橐。"毛传："阁阁，犹历历也。"朱熹集传："阁阁，上下相乘也。"马瑞辰通释："《传》云'阁阁犹历历'者，谓束板历碌之貌。"登登，象声词。指敲击声。《诗·大雅·绵》："度之薨薨，筑之登登。"

⑦　伊何，为何，作什么。《诗·小雅·頍弁》："有頍者弁，实维伊何？"高亨注："伊，犹为也，作也。此二句言戴弁是要作什么？"

⑧　龙盾，亦作"龙楯"。画有龙的盾牌。《诗·秦风·小戎》："龙盾之合，鋈以觼軜。"

⑨　交韔，韔音 chàng。弓袋。《诗·秦风·小戎》："虎韔镂膺，交韔二弓。"毛传："韔，弓室也……交韔，交二弓于韔中也。"朱熹集传："交二弓于韔中，谓颠倒安置之。"后以"交韔"指弓箭。

⑩　厹矛，有三棱锋刃的长矛。《诗·秦风·小戎》："厹矛鋈錞，蒙伐有苑。"颖达疏："厹矛，三隅矛，刃有三角。"厹音 qiú。

⑪　鸟章，借指少数民族。

虎臣纠纠①，小戎②彭彭③。百具孔武④，莫之敢侮。石乎千秋，城乎万古。敬告边臣，同心报主。

◎创修巡关察院记　巡关察院（第5册，卷339，第3639～3640页，张佳胤《张崌崃集》）

古之为关，讥⑤暴而已。迄于战国，燕筑长城自造阳至襄平，置上谷、渔阳、右北平以拒胡，秦汉与唐因之，而关政滋重。五代时，山前后州俱入胡，历三朝五百年，以僭⑥奄我中夏，是捶陀⑦之道疏，而御侮之任弛也。我明开天，日月再辟，闻风突喙，诸夏统一。虽有遗孽窜伏，而大驾犁虏庭者三，爰徙大宁，弃开平，岂犹元朔之朝，割造阳地，而防其斗辟易达胡耶。繇此浸浸不逞⑧，遂遣大卿督抚未已也。又察之以部使⑨者，界黄花而剖之。则京陵居中，西至于龙泉，东至于山海，两部使旗鼓相望。职列于掌故，名题于贞石，有贤否幽明，其人可知也。隆庆庚午，罢两关带于巡按。壬申御史梁公许疏入，请复，皇上即位，罢如初，寻遣大卿兼阅，科臣继之。癸未，〔今巡关之差复停罢矣，不知其利害何如也。〕御史陈公性学

---

① 纠纠，同"赳赳"。武勇貌。

② 小戎，周代兵车的一种。《诗·秦风·小戎》："小戎俴收。"郑玄笺："此群臣之兵车，故曰小戎。"孔颖达疏："先启行之车谓之大戎，从后者谓之小戎。"

③ 彭彭，盛多貌。《诗·齐风·载驱》："汶水汤汤，行人彭彭。"毛传："彭彭，多貌。"高亨注："彭彭，盛多貌。"

④ 孔武，非常勇猛。《诗·大雅·韩奕》："蹶父孔武，靡国不到。"郑玄笺："蹶父甚武健，为王使于天下，国国皆至。"

⑤ 讥，查问，察问。

⑥ 僭，音jiàn。超越本分，古代指地位在下的冒用在上的名义或礼仪、器物。

⑦ 陀，音è。阻塞；阻隔。

⑧ 不逞，泛指为非作歹。

⑨ 部使，指御使。封建王朝的御使一般由中央各部郎官充任，故名。

又疏，乃议归于一，简书封章，其事可考也。不谷①忝②。督疆场，视两关如轴，一切边政，皆得参与末议③。当其时两关并建，顾东事急，西事缓，如县衡④莫为之权，何以明轻重之等，并建非也，并罢亦非也。自虏王款塞⑤后，内地载宁。如倒马故关，真定余力可及，遂捐此不急，而专力以筹三卫。上纾北顾之忧，大臣策事，可谓无遗矣。第复官以任能，上赞国谟⑥，省官以辑众，下属民隐，此非兼材，何以当之。乃有苏公其人者，蔚为台望，慎选而任之。事有类于创始，政必合乎人情，振饬⑦边防，延问⑧商民便苦，军士怀之，夷虏畏之。封疆之吏，争相劝勉，虏犯必创，吏蠹⑨必惩。自有关政以来，未有如今日之明效者，计公当及瓜⑩矣。边人咸愿借苏公一年，不谷方欲谋所以留公，会朝廷以阅视之节假公矣。巡关故有院，今为巡青⑪使者居之。公乃庀⑫公帑，购民舍于赵府街北，缭以垣，正堂三楹，门增其二，翼以东西房各三，仪门后堂称是。经始⑬于甲申正月，工迄于某月日，用钱若干缗⑭，公不鄙而问记于不谷，不谷

---

　　① 不谷，不善。古代王侯自称的谦词。《老子》："贵以贱为本，高以下为基，是以侯王自谓孤、寡、不谷。"谷，一本作"毂"。

　　② 忝，音 tiǎn。辱，有愧于，常用作谦辞

　　③ 末议，谦称自己的议论。

　　④ 县衡，势均力敌；抗衡。

　　⑤ 款塞，叩塞门。谓外族前来通好。《史记·太史公自序》："海外殊俗，重译款塞。"裴骃集解引应劭曰："款，叩也。皆叩塞门来服从也。"

　　⑥ 国谟，国家大计。

　　⑦ 振饬，整顿。明归有光《三途并用议》："故欲振饬吏治，莫若清其源而无壅之。"

　　⑧ 延问，请教询问。《后汉书·方术传上·樊英》："〔天子〕待以师傅之礼，延问得失。"

　　⑨ 吏蠹，指吏胥的弊害。

　　⑩ 及瓜，《左传·庄公八年》："齐侯使连称管至父戍葵丘，瓜时而往，曰：'及瓜而代'。"言任期一年，今年瓜时往，来年瓜时代之。后因以"及瓜"指任职期满。

　　⑪ 巡青，谓巡视禾苗、牧草的生长情况。

　　⑫ 庀，音 pǐ。具备；备办。

　　⑬ 经始，开始营建；开始经营。《诗·大雅·灵台》："经始灵台，经之营之。"

　　⑭ 缗，音 mín。古代计量单位：钱十缗（即十串铜钱，一般每串一千文）。

窃敢为之，言古者天子岁巡狩，所以代天之工，至代以使臣，边务工莫大矣。草昧既定，武备弗忘，征伐自出，典称大阅，章皇行之。雅歌喜峰之凯，睿皇行之。则蒙土木之尘，宁若我皇上端居北辰①，七政②随杓③以旋，四夷解辫④而贡，庆九五之尊且安也。公首受事，代一人耳目，赞天之视听，劝惩百辟⑤，用保我京陵万世之业。按九边者众矣，兹院实为之枢焉。不谷尝闻考诸天文，执法柱史⑥，列于微垣⑦，天关⑧一位，在五车⑨下，是当辇毂⑩之旁，临天街⑪之冲，属赵之分，其占应在边关，公殿中执法也，职主关塞，足以当之。又按天汉⑫左起箕尾⑬，而燕为天府之区，地轴右辟昴毕⑭，而赵为地府之雄，自东徂西，绾毂⑮于此，兹院也。居在燕府而街，以赵府名足以当之天象，且符何况地宜此，非偶然之故矣。然言有幸而中者，不谷敢为佞⑯乎哉？客谓之善颂，用载其言以贺公之落成。公名某，字汉杰，吴之太仓人，万历丁丑进士。

---

① 北辰，指北极星。代指帝都。

② 七政，指北斗七星。以七星各主日、月、五星，故曰七政。

③ 杓，音 biāo。古代指北斗第五、六、七颗星。亦称"斗柄"。

④ 解辫，解散发辫。旧时少数民族多结发辫，解辫谓改用汉人服饰，以示归诚。

⑤ 百辟，诸侯。《国语·鲁语上》："其周公、太公及百辟神祇实永饫而赖之。"韦昭注："辟，君也。"百官。

⑥ 执法，星名。《史记·天官书》："南四星，执法。"柱史，"柱下史"的省称，星名。

⑦ 微垣，即紫微垣。三垣之一。

⑧ 天关，星名。称角星。《晋书·天文志上》："二十八舍东方角二星为天关，其间天门也，其内天庭也。"

⑨ 五车，星名。亦称五潢，属毕宿，共有五星。

⑩ 辇毂，皇帝的车舆。代指京城。皇帝的车舆。代指皇帝。

⑪ 天街，星名。《史记·天官书》："昴毕闲为天街。"

⑫ 天汉，天河。《诗·小雅·大东》："维天有汉，监亦有光。"毛传："汉，天河也。"

⑬ 箕尾，星名。箕星与尾星。两宿相接，属东方七宿。

⑭ 昴毕，昴宿与毕宿的并称。同属白虎七宿。古人以昴毕为冀州的分野。

⑮ 绾毂，控扼，扼制。指交通要冲之地。

⑯ 佞，有才智，旧时谦称。

◎俺答前志　俺答志（第 6 册，卷 434，第 4742～4750 页，冯时可《冯元成文集》）

小王子者，也先①后，故元裔，控弦②十万，多畜黄金犀毗③，雄诸部落。嘉靖三年④寇宣府龙门，五年寇井坪，六年寇葛峪，八年深入掠朔州。十二年冬十月，大同卒王福胜以帅李瑾治兵严，集众弑之，执中丞潘仿，婴城⑤以叛，遗小王子金币女妓，曰："中土饶，可帝，胜沙漠也。"十三年正月，小王子勒兵塞下，会陕西帅帅轻师潜出，袭其辎重，虏知状，解去。

小王子别部曰吉囊⑥，曰俺答⑦，取羁属而已，不甚臣也。吉囊壁西方，直关中，俺答壁中，直代、云中，小王子壁东方，直辽、蓟。小王子富乐厌兵，吉囊、俺答耻不如，益盗边自肥，而小王子诎矣。异种黄毛性悍，席死地⑧毋所惮，三部入寇，则黄毛每捣其

---

① 也先（1407～1454 年），明瓦剌部首领。丞相脱欢子。正统四年脱欢死，嗣称太师淮王。蒙古北部皆服属也先，可汗脱脱不花仅具空名。继而也先率兵攻破哈密，控制赤斤蒙古诸卫，并东取兀良哈蒙古三卫，威胁朝鲜。正统十四年于土木堡大败明军，俘英宗，并进逼北京，为明军击退。景泰元年达成和议，送还英宗，与明恢复贡市。二年杀可汗脱脱不花，自称大元田盛（天圣）可汗。四年建元添元。五年瓦剌内讧，为部下知院阿剌所杀。

② 控弦，借指士兵。北魏杨炫之《洛阳伽蓝记·永宁寺》："部落之民，控弦十万。"

③ 犀毗，带钩。《汉书·匈奴传上》："黄金饬具带一，黄金犀毗一。"颜师古注："犀毗，胡带之钩也。亦曰鲜卑，亦谓师比，总一物也，语有轻重耳。"

④ 嘉靖三年，1524 年。

⑤ 婴城，谓环城而守。

⑥ 吉囊（？～1542 年），明鞑靼人。酋长。达延汗孙，阿著子。嘉靖时据河套，雄黠喜兵。十一年，欲扰边而边臣有备，乃渡河西向破亦不剌、卜儿孩两部。其后数年间屡掠宣府、大同、庄浪各边塞。十九年扰固原，为周尚文所败，子小十王被杀。次年，请与明互市，遭拒，乃与俺答分道突入内扰，攻扰平定、寿阳、朔州等处。

⑦ 俺答（1507～1581 年），即阿勒坦汗。明时鞑靼右翼土默特万户首领。嘉靖中屡向明求贡市，又用明叛人赵全等计，多次深入内地攻掠。嘉靖二十九年进薄都城，焚掠八日而去，史称"庚戌之变"。隆庆四年俺答孙把汉那吉因聘妻三娘子为俺答所夺，降明。俺答急，缚送赵全等与明议和。明送还把汉那吉，并封俺答为顺义王。晚年崇信喇嘛教。

⑧ 死地，绝境。

虚，诸虏孕重憜殰①，罢极苦之。<small>夷狄□苦中国必先并部落。</small>聚兵兴击，降下黄毛，始并力伺我边，以求大逞。每入，大辈十万，中辈万余，少者数千。己丑②以后，十犯上谷，七犯云中、晋阳。辛丑③由白泉口长驱入代，副帅丁璋力战死。……

丙午④，俺答复求款塞⑤，诏拒之，遂犯云中。翁万达方督三镇，檄将校曰："虏犹水也，城塞止驱，犹筑防障流。防不备，水注于不备之地，防既备，水漏于不固之防。三镇城矣，所不备者镇安耳。不厚集众，是示之户也。"使帅赵卿驻焉。九月，虏佯攻独石，<small>虏亦知兵。</small>帅违督府制，悉兵走独石，而虏竟入镇安。万达复檄曰："彼骑我步，<small>步利险，骑利平原，在兵志者昭然也，武夫目不识书，宜不晓此。</small>所遇贵厄。什步一骑必克，困诸厄又克。必长安岭乎。"帅又稽延⑥不前，而虏骑衔尾相随，过长安岭，掠隆、永，得利去。事闻，诏帅白衣行伍，万达亦贬三官。万达谓下曰："虏敏前役矣，再入必滴水崖也。"遣间往，还曰："虏声击西而数询隆、永道，非西也，必东乎？"云中帅周尚文稔⑦兵事，然矜已护前，颇心害邻镇有功，方牒报虏窥上谷，尚文不以闻，督府策之曰："虏东矣。"止其狋⑧于此，而祛之鹯⑨于彼，此宿将态也。时帅卿以隆、永之役在论，未得代，乃檄尚文曰："虏即日东矣。二镇相援，制也，其以兵趋滴水，失期者，君子废，小人戮。"又虏，尚文不时至，则具疏以请。尚文得旨，介而驰，未至，而虏攻滴水矣。副帅董旸、江翰誓曰："往时

---

① 孕重，指怀胎者。《汉书·匈奴传上》："汉兵深入穷追二十余年，匈奴孕重憜殰，罢极苦之。"颜师古注："孕重，怀任者也。"憜，古同"堕"。殰，音dú，胎儿死在腹中。

② 己丑，嘉靖八年，1529 年。

③ 辛丑，嘉靖二十年，1541 年。

④ 丙午，嘉靖二十五年，1546 年。

⑤ 款塞，叩塞门。谓外族前来通好。

⑥ 稽延，迟延，拖延。

⑦ 稔，音rěn。熟悉，习知。

⑧ 狋，音zhì。疯狂。

⑨ 鹯，音zhān，鹞类猛禽。亦称"晨风"。

虏至，帅辄左次，非虏张，我实张虏也。兹役也，不死鼓，不死绥，何以称人！"悉力御之。虏不能拔，<small>不备不虞不可以帅</small>。分游骑从间道出我军后，夹攻<u>董</u>、<u>江</u>。<u>董</u>、<u>江</u>死，尽亡其军。虏遂向<u>怀来</u>。而<u>尚文</u>兵至壁<u>石柱村</u>，修陈固列，蓐食①申祷②。虏大为夺气③，遣间来约曰："诘朝④当见"。往时列营以鹿角拒轶，<u>尚文</u>计曰："不若穴地为暗窖。"质明⑤虏压我军而陈，遇窖，马多仆，益发火器击之。<u>尚文</u>令士冲锋，毋效首功。旦而战，见星未已，阵百余合，虏死数千人，恃其众不归也。益治兵，攻围三日。<u>万达</u>计曰："鼓三则竭，兵无三日战不披者。不援<u>尚文</u>，是弃师。"曰："我与虏各杀伤过当，<small>深得情势</small>。而虏不北者，惭不胜，且惧我蹑。我鼓行而前，则<u>尚文</u>气自百，虏摇心矣。不然我乘之，渔人获哉？"令卒曰："毋结阵⑥，五人为伍，惟余马首是瞻。有警则人自为战。"多鼓钧声，负弩蹶张⑦，张武备甚具，虏遂败却。……

三十七年⑧，虏复围困<u>右卫</u>，逾日不解。<u>右卫</u>地斗入<u>匈奴</u>⑨，南

---

①　蓐食，早晨未起身，在床席上进餐。谓早餐时间很早。蓐音 rù。《史记·淮阴侯列传》："亭长妻患之，乃晨炊蓐食。"裴骃集解引张晏曰："未起而床蓐中食。"

②　申祷，再次祷祝。

③　夺气，挫伤锐气；丧失勇气。

④　诘朝，音 jié zhāo。诘旦（平明，清晨）。《左传·僖公二十八年》："戒尔车乘，敬尔君事，诘朝将见。"杜预注："诘朝，平旦。"

⑤　质明，天刚亮的时候。《仪礼·士冠礼》："摈者请期，宰告曰：'质明行事'"郑玄注："质，正也。宰告曰：'旦日正明行冠事'"

⑥　结阵，亦作"结陈"。列成队形；结成阵势。

⑦　负弩蹶张，负弩，谓背负弓箭，开路先行。古代迎接贵宾之礼。语出《史记·司马相如列传》："乃拜相如为中郎将，建节往使……至蜀，蜀太守以下郊迎，县令负弩矢先驱。"蹶张，以脚踏强弩，使之张开。谓勇健有力。《史记·张丞相列传》："申屠丞相嘉者，梁人，以材官蹶张从高帝击项籍，迁为队率。"裴骃集解："徐广曰：'勇健有材力开张。'如淳曰：'材官之多力，能脚蹋强弩张之，故曰蹶张'"

⑧　嘉靖三十七年，1558 年。

⑨　匈奴，称胡。我国古代北方民族之一。战国时游牧于燕、赵、秦以北地区。其族随世异名，因地殊号。战国时始称匈奴和胡。东汉光武建武二十四年（48 年）分裂为南北二部，北匈奴在公元一世纪末为汉所败，部分西迁。南匈奴附汉，西晋时曾建立汉国和前赵国。

一面通州，贼分骑塞道，边臣告急。上令发帑金十五万，调游兵八枝应援，而杨顺复授计偏师①，夜薄贼巢，斩首百级，虏始退。许论奏增云中各路实甲，岁加三十万金。杨博言："各边功次，武夫力而获诸原，文吏坐而享其利。请自今非履阵者，议赏毋爵。"博又请罢班军，改征金钱济边。又言："独石地形东蓟西宣，相错如绣，宜令精卒悬衡其间，有急则左右折冲，赤囊白羽②，两镇互传，不及者法。盖宣密房巢，尝得其形，蓟倚属夷，先得其情。宣、蓟如左右手，则落虏角距③矣。"江东言："贼以实窥独石，则卫卒师关外遏其南下。若以声犯独石，则卫卒师关内，杜其东侵。"从之。是岁九月，俺答阴合④东房入犯箭捍、黑谷诸路，我军颇有折伤。兵部臣言，各边选士戍蓟，疲困已极，而蓟卒选愞坐食⑤，诸臣皆不任练习，实负陛下，请以郎中唐顺之按蓟卒。顺之往蓟，阅各路卒，缺额三万，又多老弱不习战。还言："东汉以渔阳突骑定天下，而唐卢龙一道虎视河北，蓟兵之雄，自古记之矣。今臣至镇，见其人物靡靡然，有暮气而无朝气，无以备缓急，则诸臣不任之咎也。目今权时之宜，责镇兵为守，调客兵为战，客兵断不可用其害，亦屡见矣。练主一枝则减客一枝，逮其举军精锐，人贾余勇，更议免调。至于逃亡之故，皆由边垣工役卒岁不休，转石颠崖，伐树深涧，力办不及，贷钱赔贬⑥。而各关夷人，旬抚月赏，悉出军资，将领干没⑦，文吏

---

①　偏师，指主力军以外的部分军队。

②　赤囊白羽，即赤白囊（古代递送紧急情报的文书袋）。宋杨万里《古路》诗："白羽飞赤囊，碧油走红旗。"白羽，指羽书。又名羽檄。古代征调军队的文书，插鸟羽示紧急，故名。

③　角距，牛角与鸡距。比喻武器或精锐部属。

④　阴合，私下联合。

⑤　选愞坐食，愞，古同"懦"。选懦，柔弱怯懦。选，通"巽"。坐食，谓不劳而食。

⑥　赔贬，赔垫，赔补。贬音bì，以物辗转给人。

⑦　干没，贪求；贪得。

渔扰。兼以<u>石塘</u>、<u>古北</u>地既房冲，土尤硗确①，谁能终日撄②以徽缠③，使其不忘乎？请今边臣悉心区画，禁贪饕④，加饷给，严勾补⑤，定班戌，复本色，庶几有备。"又上练兵九事，下部覆行。……

◎**俺答后志**　俺答志（第6册，卷434，第4751～4756页，冯时可《冯元成文集》）

<u>先帝</u>元年九月，<u>赵全</u>说<u>俺答</u>曰："<u>蓟门</u>台垣甚固，所征卒常选，攻之倅未易入。而<u>晋中</u>兵弱，亭鄣希，<u>石</u>、<u>隰</u>间多肥羊、良铁，可致也。彼藉<u>宣</u>、<u>云</u>为救，而<u>宣</u>、<u>云</u>卒来千里，人马俱罢，我以全制其敝，必多所欲矣。"<u>俺答</u>乃分六万骑，四道并入，入<u>井坪</u>，入<u>朔州</u>，入<u>老营</u>，入<u>偏关</u>，卒皆悍勇，边军遇之无不披靡。<u>老营</u>副帅<u>田世威</u>婴城自守，游击<u>方振</u>出战，中大创败，复入壁，贼遂南下。督臣<u>王之诰</u>闻变，率游兵千骑倍日并行，抵<u>燕门</u>，而<u>云中</u>、<u>延绥</u>骑二万亦至，皆相望。前八日直至<u>岚县</u>，<u>岚</u>负山，道阻狭，诸将莫敢据险纵兵，贼遂长驱而入。会<u>黄酋</u>窥<u>上谷</u>，土蛮逼<u>滦河</u>，羽书告急，诏<u>王之诰</u>还<u>怀来</u>，护陵寝，朝廷征卒，尽力东捍，不暇及西矣。……

四年正月，御史<u>燕儒宦</u>题："国家建都<u>幽蓟</u>，内设重关，外联四镇，所以封植郊圻，慎固疆圉，周且密矣。四镇之中，<u>宣府</u>为京师北门，而群丑盘据户外，朝扬鞭于朔漠，飞矢于<u>居庸</u>，视诸镇为最急，而<u>延</u>、<u>永</u>之壤，南山之麓，陵寝倚焉。先年<u>翁万达</u>以东北二路，边垣几七百里，兵少力分，拟于<u>东路镇南墩</u>与<u>蓟镇</u>所属<u>火焰墩</u>接界，

---

① 硗确，土地坚硬瘠薄。硗音 qiāo。
② 撄，扰乱，纠缠。
③ 徽缠，绳索。亦比喻束缚，牵累。
④ 贪饕，饕音 tāo。贪得无厌。
⑤ 勾补，征调或拘捕以作补充。

塞其中空，自北而西，历四海冶一带，共修外边一道。又自永宁墩至陆台子墩创修内垣一道，与北路新墙联而为一。经营二载，功始告成。设金汤之险，崇虎边之威，形成首尾，隐然相应，千万世利也。嘉靖中叶，边帅失人，虏多深入。当事者苟且目前，缓诛避咎，创为并守南山之说，而内塞渐废矣。顾遗迹雉堆，屹然犹存，所颓坏者十之二三，苟少加修筑，而于左掖龙门所、滴水崖一带厚为之备，绝其必窥，诚有如万达所议，外边以捍北虏，内险以捍京师，内外犄角，近蔽延、永，远护陵京，策之得者。或曰已守南山，何用此边为哉。此亦言？义之得者。不知守南山则将弃宣府，而无益于京师，修内塞不惟有以固南山，而亦将有以保独石。何也？南山接连居庸，去陵寝仅一舍，冈峦涧谷，盘互交错，无可驻足，而怀、延、永、保，沃壤平原，皆在其外。虏若委辔长驱，结营于怀、永间，分兵肆掠宣府，诸城自溃，我兵局蹐山中，自成土崩之势，所谓弃宣府而无益于京帅也。北路山谷偪侧，砂石穷堦，虏无所利，益垂涎延、永，将冒险内逞。数年以来，版筑日举，大边已可据而守矣。若复成此内边，则如金城玉垒，环绕陵京。虏若匪茹逡巡，前却于崎岖之侧，攻之不隳，掠无所获，力倦谋衰，不骈首就擒，则衔尾而遁，岂能抵黑峪，跃龙门，窥长安之岭哉？内地不警，则北路诸城堡势亦自缓，穷荒绝塞有安枕之日矣。所谓固南山，保独石。信不诬也。"从之。……

◎**宣府镇总图说** 宣府图说（第 6 册，卷 460，第 5045～5046 页，李延机《李文节公文集》）

公集云代某人笔，《大同图说》亦系代作。宣镇，本秦汉上谷郡。其在国初，与辽为唇齿，设开平卫，置八驿。自（太）[大] 宁予虏，兴和旋废后，以开平单弱无援，徙卫独石，而宣、辽声援绝矣。若论形势，紫荆控其南，长城枕其北，居庸左崎，云中右屏，内拱陵京，外制胡虏，西北一重镇也。其五路险隘，景帝初，议者欲弃<u>独石</u>不守，<u>于忠肃</u>力持故得不废。则<u>独石</u>锁钥，全镇最急。而<u>青泉</u>、<u>马营</u>等处，或虏大举所繇入，称要害云。<u>中路葛峪</u>、<u>青边</u>诸地，与<u>西路张家口</u>、<u>西阳河</u>一带为最冲。而<u>东路四海冶</u>、<u>周四沟</u>诸险次之。曩<u>西路</u>之扃①不严，则<u>洪</u>、<u>蔚</u>急；<u>北路</u>之藩不固，则<u>延</u>、<u>永</u>急；从<u>金家庄</u>以寇<u>龙门</u>，则<u>沙城</u>、<u>麻峪</u>急；从<u>大白阳</u>以寇赵（州）［川］，则鸡（阳）［鸣？］、<u>新城</u>急；繇海子口入（西）［四］<u>海冶</u>，则南而<u>黄花</u>，西而<u>永宁</u>不得安枕卧也。自款贡②以来，虏不阑入③，而<u>宣镇</u>幸息肩④。今按行沿边若干里，高墉崇堡，列城联台，分兵建将，既饬且完，北门之势，于今为壮矣。乃过计⑤者，谓<u>史</u>、<u>车</u>二属夷，散处内地，人能<u>汉</u>语，孰我蹊径，迩者潜媚大种，献女结欢⑥，抚赏厚薄，易生恩怨，为肘腋之虞。俺答款贡之初，□臣拥护史车二夷，甚力被心德我抚而用之，当得其力。不知各夷内附，世作藩篱，已二百余年，第丰其粮饩时，其抚赏间，察其一二材智者，优恤之。朝得其心，夕资其力，固甚易也。或又谓<u>上谷</u>边外，咸为黠虏部落，哈酋咆哮，尤难驾驭，顾夷性贪惏⑦，可□以饵。彼嗜汉财物，因款市羁之，其绦繈在乎我耳。所虑者备久而懈，豺狼之心易生，抚久而骄，溪壑⑧之欲难餍⑨。<u>宣兵</u>素号敢战，然熙恬⑩不用，玩愒⑪日月，将校无校，阅之

---

① 扃，音 jiōng，从外面关门的闩、钩等。

② 款贡，归附进贡。

③ 阑入，无凭证而擅自进入。后泛指擅自进入不应进去的地方。《汉书·成帝纪》："阑入尚方掖门。"颜师古注引应劭曰："无符籍妄入宫曰阑。"

④ 息肩，卸去负担。谓休养生息。

⑤ 过计，错误的谋划。

⑥ 结欢，与人交好。

⑦ 贪惏，贪婪，不知足。惏音 lán，含婪。惏又音 lín。

⑧ 溪壑，溪谷。亦借喻难以满足的贪欲。《北齐书·幼主纪论》："虐人害物，搏噬无厌，卖狱鬻官，溪壑难满。"

⑨ 餍，音 yàn。吃饱。满足。

⑩ 熙恬，谓安于逸乐。

⑪ 玩愒，"玩岁愒日"的略语。谓贪图安逸，旷废时日。愒 kài，荒废。

勤伍，鲜斗击之志，能无销铄钝敝①，一朝行不能受甲乎。闻弘治中，宣镇积粟茭②至六七年，少不下三四年，以今之积，不逮远甚。乃有谓镇钜③京师仅三百余里，即有急，挖运可行，是直一时之权非，为宣府计长久者。夫惟抚而毋懈，其所以守，守而毋忘其所以战，训练以待发，储峙以待饷，宣镇无忧而陵京之背长巩固矣。谭④者又谓开平之转运难继，则当徙三卫以易大宁，大宁之巢穴不除，则当通宣、辽以为绝塞。嗟乎！此两策者，姑蓄以俟时可也。

---

① 销铄钝敝，销铄，削弱；衰微。钝敝，谓破败，不锋利。
② 茭，音jiāo。喂牲畜的干草。
③ 钜，古通"距"，距离。
④ 谭，同"谈"。

3. 《列朝诗集》

【题解】　《列朝诗集》81 卷，钱谦益编。钱谦益（1582～1664 年），字受之，号牧斋，后自称牧翁，又自称蒙叟、绛云老人、敬他老人，最后号东涧遗老，江南常熟（今江苏省常熟市）人。明万历三十八年（1610 年）进士，官礼部右侍郎，革职后南归。福王时，官礼部尚书。清兵入金陵，迎降，随例北上，官礼部右侍郎管秘书院事，充修《明史》副总裁，任职仅 6 个月，即告病归。康熙三年（1664 年）卒，年 83。

《列朝诗集》为明代诗歌总集，始编于天启初年，后因故中断。从顺治三年（1646 年）起，牧斋又进行续编，顺治十一年，完成刊印。《列朝诗集》选录了有明一代 200 余年间约 2000 个诗人的代表作，并为他们写了扼要的小传，记述其姓氏、爵里、生平、著述、诗家流派、作品评价等，为明代诗歌珍贵文献。《列朝诗集》的体例，按朝代分为乾集 2 卷，甲集前编 11 卷、甲集 22 卷，乙集 8 卷，丙集 16 卷，丁集 16 卷，闰集 6 卷，共 6 集 81 卷。

本辑据上海古籍出版社《续修四库全书》第 1623 册至 1624 册集部总集类，影印顺治九年毛氏汲古阁刻本《列朝诗集》，辑录有关赤城的诗。本辑别集类已辑录的诗词，本节不再辑录。

◎题山水图 涂颖（第 1623 册，甲集第十八，第 7 页）

忆昔滦阳八月归，北风吹雪洒秋衣①。枪竿岭上停车望，万木潇潇②落叶飞。

———————————

①　秋衣，秋日所穿的衣服。唐戴叔伦《山居即事》诗："养花分宿雨，翦叶补秋衣。"
②　潇潇，象声词。形容刮风下雨。

沙氣牛蒸梅子雨浪花初過鯉魚風道途跋涉須珍重自古循良簡帝衷

送盛御史泉巡按廣策

玉驄金勒下青霄廳南頭道路遙霜葉定從行處落瘴雲應向到時消

山雞吐綉風號雨海蚌含珠月映潮最喜送行冰雪霽雲中老柏護孤標

送錢理平還吳

上巳日與諸公遊大同雷公山

南浦早霜秋漲涸西風殘照故山微到家想見開逕處翠竹黃花晚更輝

江上蘆花似雪飛玉京游客正思端画舫載酒尋詩社沙鳥衝人下釣磯

輦公佳會屬芳辰白笑人是遠人花下共挤今日醉江南又貧一年春

雲山滿眼傷前輩風雨何時洗戰塵回首斷溝橫古道不勝悲憤欲沾巾

使回過獨石

邊城二月暗塵沙吹過東風不見花天上玉京旋日騎水通銀漢繫星槎

雲中路出高山嶮上谷管連獨石斜正是旅愁消未得夕陽樓外又鳴笳

虜使再至喜而有作

北使成羣去復來喧傳欲奉上皇回懸河淌淚經年盡匝地風塵一旦開

《列朝诗集》书影

◎扈从度龙门作 王英（第 1623 册，乙集第二，第 94 页）

边塞山川壮，关城地势雄。崖倾开鸟道①，路险瞰龙宫。后队千旗拥，前驱一骑通。纡回多傍涧，登陟半凌空。雨霁②岩前雾，香飘树秒风。云随仙仗③白，花映御衣红。景属阳和④后，恩覃⑤化育中。临高须刻石，长此纪神功。

◎使回过独石 刘溥（第 1623 册，乙集第七，第 160 页）

边城二月暗尘沙，吹遍东风不见花。天上玉京⑥旋日⑦骑，水通银汉系星槎⑧。云中路出高山险，上谷云连独石斜⑨。正是旅愁⑩消未得，夕阳楼外又鸣笳⑪。

◎上谷歌八首上楚中丞 尹耕（第 1623 册，丁集第二，选其一，第 495 页）

大宁无路援开平，极北孤悬独石城。遥忆先皇亲跃马，长驱绝塞苦提兵⑫。寒流汩汩交樵径，野戍荒荒列汉旌。千载土人谈往事，伯颜山下有英声。

---

① 鸟道，险峻狭窄的山路。唐李白《蜀道难》诗："西当太白有鸟道，可以横绝峨眉巅。"

② 雨霁，雨止转晴。崔颢《题潼关楼》诗："客行逢雨霁，歇马上津楼。"

③ 仙仗，指皇帝的仪仗。

④ 阳和，春天的暖气。借指春天。

⑤ 恩覃（覃恩），广施恩泽。旧时多用以称帝王对臣民的封赏、赦免等。

⑥ 玉京，道家称天帝所居之处。

⑦ 旋日，一日之间。

⑧ 银汉，天河，银河。星槎，往来于天河的木筏。传说古时天河与海相通，汉代曾有人从海渚乘槎到天河，遇见牛郎织女。

⑨ 斜，指山坡野地。多用于地名。

⑩ 旅愁，羁旅者的愁闷心情。

⑪ 鸣笳，吹奏笳笛。古代贵官出行，前导鸣笳以启路。亦作进军之号。

⑫ 提兵，率领军队。

◎云州谣 尹耕（第 1623 册，丁集第二，第 496 页）

黄雾①塞，云州川，止有独石无新边。无新边，虏伺便堪怜。小校②能迎战，头二刀，臂双箭。西军来，若雷电，汉廷飞将何足羡。

◎塞上曲 郑旦（第 1623 册，丁集第二，第 503 页）

西望山前落叶秋，桑乾水上行云愁。笳声③晓夜④吹城楼。胡骑⑤直过新聚落，吴儿⑥初识古云州。

◎（上艹下臯）⑦睡⑧杂诗 起癸酉秋杪⑨还尉氏，迄丙子嘉平⑩，得五言律一百首，今录五首。阮汉闻（第 1624 册，丁集第十六，选其二，第 229 页）

序曰：蓬池廓似斗，闉⑪如圭，贼近升陴，贼远痴坐，春鉏⑫在胸，石阙⑬在口，平生文酒宴笑之欢，一切谢绝不获已。返居道南，大小虾蛆教慎出入，悬狟假虎，不可向迩⑭。吾蓬池之浒虽僬，而愿

---

① 黄雾，黄色的雾气。《汉书·成帝纪》："夏四月，黄雾四塞，博问公卿大夫，无有所讳。"

② 小校，低级武官名。犹小卒。

③ 笳声，胡笳吹奏的曲调。亦指边地之声。

④ 晓夜，日夜。《隋书·王充传》："晓夜不解甲，藉草而卧。"

⑤ 胡骑，胡人的骑兵。亦泛指胡人军队。泛指入侵的外国军队。

⑥ 吴儿，吴地少年。

⑦ 该字音 gāo。一种草。白～，又名"皋苏"，古代传说中的一种树木，树身出汗如漆，其味如糖，吃后可以消除疲劳。

⑧ 睡，音 tuǎn。古同"疃"。田舍旁空地，禽兽践踏的地方。

⑨ 癸酉，按作者阮汉闻生卒，癸酉当为崇祯六年，1633 年。秋杪，暮秋，秋末。

⑩ 丙子，崇祯九年，1636 年。嘉平，为腊月的别称。

⑪ 闉，音 yīn。古指瓮城的门。

⑫ 春鉏，音 chōng chú。动物名。鸟纲鹳鹬目。与鹭相似，体比鹭略大，色纯白，背与胸有长蓑毛，嘴在夏季黑色，惟根部色黄，冬季全黄，脚黑。

⑬ 石阙，石筑的阙。多立于宫庙陵墓之前，作铭记官爵、功绩或装饰用。

⑭ 向迩，靠近；接近。《书·盘庚上》："若火之燎于原，不可向迩。"

三数年来所为咙（左口右胡）^① 嗫嚅^②亦复如是。兵衅^③所开，告成何底？感今怀往，独愤同嗟，聊托五字已耳。

松花江外虏，阑入^④反从西。亦有居庸隘，难封函谷泥^⑤。维垣^⑥今独石，擐甲^⑦旧三犁^⑧。秘寝龙蟠^⑨地，炎风送远鞞。

陶令^⑩读《山海》，庄生^⑪适鹖鹏^⑫。遐心^⑬开旷瞩，循分谢修能^⑭。鼠穴无窥斗，龙门亦罢登。可知环堵^⑮内，形影是真朋^⑯。

◎独石站西望 梵琦（第 1624 册，闰集第一，第 257 页）

塞北逢春不见花，江南倦客^⑰苦思家。千寻^⑱石戴孤峰驿，一望

---

① 该字音 hú。

② 嗫嚅，窃窃私语貌。欲言又止貌。

③ 兵衅，犹兵端（导致战争的事端）。

④ 阑入，无凭证而擅自进入。后泛指擅自进入不应进去的地方。

⑤ 函谷，指函谷关。泥，阻滞；阻塞。南朝陈徐陵《出自蓟北门行》："乞土泥函谷，接绳缚凉州。"

⑥ 维垣，《诗·大雅·板》："价人维藩，大师维垣。"毛传："垣，墙也。"郑玄笺："大师，三公也。"大，通"太"。后因以"维垣"为太师之代称。

⑦ 擐甲，穿上甲胄，贯甲。

⑧ 三犁，谓屡次征伐扫荡边庭。语本《汉书·匈奴传下》："犁其庭，扫其闾。"《明史·翁万达传》："河套本中国故壤，成祖三犁王庭，残其部落。"

⑨ 龙蟠，如龙之盘卧状。形容雄壮绵延的样子。

⑩ 陶令，指晋陶潜。陶潜曾任彭泽令，故称。

⑪ 庄生，即庄周。北齐颜之推《颜氏家训·勉学》："庄生有乘时鹊起之说。"

⑫ 鹖鹏，《庄子·逍遥游》："有鸟焉，其名为鹏，背若太山，翼若垂天之云，抟扶摇羊角而上者九万里，绝云气，负青天，然后图南，且适南冥也。斥鷃笑之曰：'彼且奚适也？我腾跃而上，不过数仞而下，翱翔蓬蒿之间，此亦飞之至也。而彼且奚适也？'此小大之辩也。"后遂以"鹖鹏"比喻人们志趣、识见的不同。

⑬ 遐心，广阔的胸襟。

⑭ 循分，恪守职分。谢，逊让；不如。修能，卓越的才能。

⑮ 环堵，四周环着每面一方丈的土墙。形容狭小、简陋的居室。

⑯ 真朋，谓以道义相结合的朋友。

⑰ 倦客，客游他乡而对旅居生活感到厌倦的人。

⑱ 千寻，古以八尺为一寻。"千寻"，形容极高或极长。

云横万里沙。去路①多嫌葱岭②碍，归途半受雪山遮。张骞往往游西域，未许胡僧③进佛牙④。

---

① 去路，前进的道路；去某处的道路。

② 葱岭，古山脉名。传说以山多青葱而得名。《穆天子传》之春山、《山海经》之钟山或即指此。其地域甚广：北起南天山、西天山，往南绵亘，包括帕米尔高原、西昆仑山、喀喇昆仑山和兴都库什山，都属葱岭。是古时中国西部界山。

③ 胡僧，古代泛称西域、北地或外来的僧人。

④ 佛牙，相传释迦牟尼圆寂之后，全身都变成细粒状舍利，但牙齿完整无损，佛教徒奉为珍宝，予以供奉，称佛牙。亦称"佛牙舍利"。相传有一颗佛牙很早传入中国。辽道宗咸雍七年（1071 年）曾在北京西山灵光寺建塔供奉。清光绪二十六年（1900 年）原塔被八国联军所毁。后灵光寺僧人整理塔基时，发现贮藏在木匣内的佛牙。1957 年在西山原址附近重建佛牙舍利塔，1964 年建成，将佛牙供奉于塔内。

4. 《元诗选》

【题解】 《元诗选》为清代顾嗣立所编有元一代的诗歌总集，共收录了 2600 多人，选诗 15000 多首。顾嗣立（1665～1722 年），字侠君，号间丘，别号醉愚居士，江苏长洲（今苏州）人，博学工诗，曾被召入京分纂宋、金、元、明四代诗选及《皇舆全览》等书；康熙五十一年（1712 年）进士，改翰林院庶吉士，后以散馆改授知县，移疾而归。顾氏自康熙三十年开始编纂《元诗选初集》，最初名为《元百家诗集》，因为顾氏当时认为有专集刊行于世的元人诗集仅百家而已，直到后来刊行《元诗选二集》以后才改名为《元诗选初集》，后又刊行《元诗选三集》。顾嗣立将每集又按天干分编为十集，即从甲集至癸集。其中自甲至辛八集所收各家均有专集可据，方外、闺秀编入壬集；诸家选本仅存四五首及山经、地志、稗官、野史所传者则总编为癸集附后。因此初、二、三集均无癸集，即从甲集至壬集分 9 集（卷）。《元诗选癸集》并不能理解为《元诗选四集》，《癸集》和初集、二集、三集并不是平行关系，而是包含了初、二、三集中癸集的总和。但二集、三集除了阙癸集，还阙丁集，即仅分 8 集（卷）。直到康熙六十一年，顾氏去世，仅初集、二集、三集刊刻成书，《元诗选癸集》仍未完成刊刻，后由顾氏的门人补刊成书。

本辑据《元诗选》（台湾商务印书馆《景印文渊阁四库全书》影印本）以及《全元诗》（中华书局，2013 年出版）辑录有关赤城诗词。本辑《别集类》已辑录诗词，李节不再辑录。

◎吴宗师赤城阻雨次甘泉韵_{陈旅}（第 1469 册，集部第 408 册总集类《元诗选初集》卷 37，第 43 页）

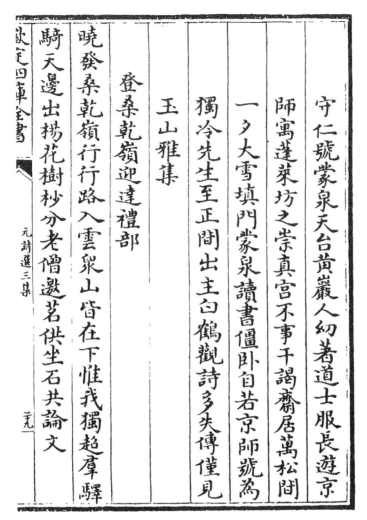

四库全书本《元诗选》书影

　　三十六盘啼杜鹃，杜鹃啼尽到平川。千山白雨①作秋气，六月赤城堪昼眠。银渚星槎②留使客，竹宫风帐候神仙。衰予病起桥门下，目送晴云度楚天③。

───────────

　　① 白雨，暴雨。雹的别名。
　　② 星槎，往来于天河的木筏。传说古时天河与海相通，汉代曾有人从海渚乘槎到天河，遇见牛郎织女。泛指舟船。
　　③ 楚天，南方楚地的天空。

◎滦都寓兴 马臻（第1469册，集部第408册总集类《元诗选初集》卷65，第699页）

昨夜分明梦到家，庭前开遍石榴花。龙门不放东风过，五月平滦雪满沙。

◎题画龙门山桑干岭图 马臻（第1469册，集部第408册总集类《元诗选初集》卷65，第707页）

昔我经龙门，晨发桑干岭。回盘①郁青冥②，驱车尽绝顶。驿骑倦行役，苦觉道路永。引领③望吴楚④，日入众山暝。归来惬栖迟，山水融心境。寸毫写万里，历历事可省。理也存自然，畴能搜溟涬⑤。

◎送苏伯修⑥侍郎分部扈跸 傅若金（第1470册，集部第409册总集类《元诗选二集》卷10，第299页）

扈圣⑦千官出，分曹⑧六职俱。侍郎精古学⑨，议礼应时须。车盖连诸郡，衣冠接两都。句陈⑩严内拱，屏翳⑪肃前驱。滦水开宫

---

① 回盘，纡曲盘绕。

② 青冥，形容青苍幽远。指山岭。

③ 引领，伸颈远望。多以形容期望殷切。

④ 吴楚，泛指春秋吴楚之故地。即今长江中、下游一带。

⑤ 溟涬，天地未形成前，自然之气混混沌沌的样子。泛指自然之气。

⑥ 苏伯修，指苏天爵，字伯修，真定（今属河北）人。时称滋溪先生。初参加国子学生公试，名列第一，为大都路蓟州判官。后升应奉翰林文字。至顺元年（1330年），予修《武宗实录》。次年，任江南行台监察御史。元统元年（1333年）拜监察御史。至正十二年（1352年）镇压淮右等地红巾起义军。卒于军中。

⑦ 扈圣，跟随皇帝出行。

⑧ 分曹，分班；分批。

⑨ 古学，科举功令文字如策论、律赋、经义、八股文、试帖诗以外的经史学问，称古学。

⑩ 句陈，星名。该星主天子六军将军，因用以代称禁军。

⑪ 屏翳，古代传说中的神名。

殿，<u>龙门</u>起画图。仗依云气肃，人望日华趋。马酒来官道，驼羹出御厨。露疑金作掌，冰想玉为壶。地绝分寒燠①，天清习晓晡②。会朝③常咫尺，奏对④秪须臾⑤。旧俗怀《周雅》，今贤诵《禹谟》。爱君期得道，忧国况为儒。久客嗟牢落⑥，诸公念朴愚⑦。路经南粤险，心戴北辰⑧孤。汲引劳修绠⑨，吹嘘⑩倚大炉⑪。临风⑫思何限⑬，相送独勤渠⑭。

◎用袁侍制送行韵⑮<u>王士熙</u>（第 1470 册，集部第 409 册总集类《元诗选二集》卷 11，第 337 页）

青草白沙入渺漫⑯，层层山色旧曾看。<u>赤城</u>晓日霞初起，黑谷晴岚⑰雨未乾。锦帕蒙鞍中使马，宝刀分脍内家盘。不才底事⑱频行役，只合清江把钓竿。

---

① 寒燠，冷热。

② 晓晡，犹朝夕。

③ 会朝，诸侯或群臣朝会盟主或天子。

④ 奏对，臣属当面回答皇帝提出的问题。文体名，"奏疏"与"对策"的并称。

⑤ 须臾，从容，苟延。片刻，短时间。

⑥ 牢落，孤寂；无聊。

⑦ 朴愚，质朴愚拙。常用为谦词。

⑧ 北辰，喻帝王或受尊崇的人。代指帝都。

⑨ 修绠，汲水用的长绳。

⑩ 吹嘘，吹气使冷，嘘气使暖，吹冷嘘热可使万物枯荣。比喻寒暖变化。

⑪ 大炉，《庄子·大宗师》："今一以天地为大鑪，以造化为大冶，恶乎往而不可哉？"后以喻天地。

⑫ 临风，迎风；当风。唐杜甫《与严二郎奉礼别》诗："出涕同斜日，临风看去尘。"

⑬ 何限，多少，几何。

⑭ 勤渠，犹殷勤。

⑮ 袁侍制，指袁桷。待制，官名。用袁侍制送行韵，指用袁桷《送王继学修撰马伯庸应奉分院上都二首》之后一首韵。详见本辑《别集类》袁桷《清容居士集》。

⑯ 渺漫，广远；幽长。

⑰ 晴岚，晴日山中的雾气。

⑱ 不才，没有才能。对自己的谦称。底事，何事。此事。

◎竹枝词十首 王士熙 （第1470册，集部第409册总集类《元诗选二集》卷11，第343页）

居庸山前涧水多，白榆林下石坡陀①。后来才度枪竿岭，前车昨日到滦河。此首与第四首刻入杨铁崖《西湖竹枝词》，序云：竹枝本滦阳所作者，其山川风景，虽与南国异焉，而竹枝之声则无不同矣。

宫装骟裹②锦障泥③，百两毡车一字齐。夜宿岩前觅泉水，林中还有子规啼。

新雨霏霏绿罽④匀，马蹄何处有沙尘？阿谁⑤能剪山前草，赠与佳人⑥作舞茵。

车帘都卷锦流苏⑦，自控金鞍撚仆姑⑧。草一作山间白雀能言语，莫一作试学江南唱鹧鸪⑨。

山前马陈烂如云，九夏⑩如秋不是春。昨夜玄冥⑪剪飞雪，云州山里尽堆银。

山上去采芍药花，山前来寻地椒芽。土屋青帘留买酒，石泉老衲⑫唤供茶。

---

①　坡陀，山势起伏貌。不平坦。

②　骟裹，音yǎo niǎo。古骏马名。

③　障泥，垂于马腹两侧，用于遮挡尘土的东西。唐李白《紫骝马》诗："临流不肯渡，似惜锦障泥。"

④　绿罽，绿色毛毡。比喻绿色草地。罽音jì。

⑤　阿谁，疑问代词。犹言谁，何人。

⑥　佳人，美女。美好的人。指君子贤人。

⑦　流苏，用彩色羽毛或丝线等制成的穗状垂饰物。常饰于车马、帷帐等物上。借指饰有流苏的帷帐。

⑧　撚，音niǎn。执，持取。仆姑，即金仆姑。箭名。泛指良箭。

⑨　鹧鸪，鸟名。形似雌雉，头如鹑，胸前有白圆点，如珍珠。背毛有紫赤浪纹。足黄褐色。以谷粒、豆类和其他植物种子为主食，兼食昆虫。为中国南方留鸟。古人谐其鸣声为"行不得也哥哥"，诗文中常用以表示思念故乡。

⑩　九夏，夏季，夏天。

⑪　玄冥，神名。冬神。唐李白《大猎赋》："若乃严冬惨切，寒气凛冽，不周来风，玄冥掌雪。"

⑫　老衲，年老的僧人。亦为老僧自称。亦有借用于道士者。

风高白海陇云黄，寒雁①来时天路长。山上逢山不归去，何人马蹄生得方。

山前闻说有神龙，百脉流泉灌水春②。道与年年往来客，六月惊湍③莫得逢。

天上瑶宫④是吾居，三年犹恨往来疏。滦阳侍臣骑马去，金烛朝天拟献书⑤。

龙冈积翠⑥护新宫，滦水秋波太液⑦风。要使《竹枝》传上国，正是皇家四海同。

◎上都柳枝词七首 王士熙 （第 1470 册，集部第 409 册总集类《元诗选二集》卷 11，第 344 页）

曾见上都杨柳枝，龙江女儿好要支⑧。西锦⑨缠头急催酒，舞到秋来人去时。

惹雪和烟复带霜，小东门外万条长。君王夜过五花殿，曾与龙驹系紫缰⑩。

来时垂叶嫩青青，归去西风又飘零⑪。愿得侬⑫身长似柳，年年

---

① 寒雁，寒天的雁。诗文中常以衬托凄凉的气氛。

② 水春，水碓。利用水力春米的器械。

③ 惊湍，犹急流。

④ 瑶宫，传说中的仙宫，用美玉砌成。

⑤ 献书，奉上书札；上书。多指向有地位者陈述意见。

⑥ 积翠，翠色重叠。形容草木繁茂。指青山。

⑦ 太液，古池名。元、明、清太液池即今北京故宫西华门外的北海、中海、南海三海。

⑧ 要支，腰肢。要，"腰"的古字。腰身；身段；体态。

⑨ 西锦，西方传来的彩色丝织物。

⑩ 龙驹，指骏马。紫缰，紫色的马缰绳。清代对皇室近支和有功的高级官员特许乘马用紫缰，以示恩宠。

⑪ 飘零，飘泊流落。亦指轻柔物随风自空中降落。

⑫ 侬，代词。表示第一人称，相当于"我"。表示第二人称，相当于"你"。

天上作飞星①。

侬在南都见柳花，花红柳绿有人家。如今四月犹飞絮，沙碛萧萧映草芽。

雪色骅骝②窈窕③骑，宫罗④窄袖袂能垂。驻向山前折杨柳，戏撚柔条作笛吹。

偏岭前头树树逢，轻于苍桧短于松。急风卷絮悲游子，永日留阴送去侬。

合门岭上雪凄凄，小树云深望欲迷。何日汶阳⑤寻故里，绿阴阴里听莺啼。

◎云州行 李裕（第1471册，集部第410册总集类《元诗选三集》卷6，第373页）

云州域西—作北草青青，落日欲没光晶荧。辎车⑥毳帐纷簇簇，平原入夜凉风生。驼鸣马嘶人不行，牧儿长笛吹月明。我生何为困奔走，况乃北度乌桓城⑦。有家有家隔江水，三年不归忧弟兄。妻儿寄书念我远，问我寝食仍良能。草堂步履喜无恙，石田⑧春尽今已耕。子规何事啼向我，逡巡行亦将南征。明朝骑马登道路，世事浩渺谁能征。

◎滦阳道中杂兴 陈秀民（第1471册，集部第410册总集类《元

---

① 飞星，流星。

② 骅骝，周穆王八骏之一。泛指骏马。

③ 窈窕，娴静貌；美好貌。

④ 宫罗，一种质地较薄的丝织品。

⑤ 汶阳，古地名。春秋鲁地。在今山东泰安市西南一带。因在汶水之北，故名。

⑥ 辎车，古代有帷盖的车子。既可载物，又可作卧车。

⑦ 乌桓，亦作"乌丸"。古时北方少数民族名。原是东胡族的一支，西汉初被匈奴击败，迁移到乌桓山，因以为名。后世诗文中亦泛指北方少数民族或其居住地。

⑧ 石田，贫瘠的田地。

诗选三集》卷10，第466页）

晨出建德门，暮宿居庸关。风鸣何萧萧，月出何团团①。短辕②驻空野，悲笳③生夕寒。我本吴越④人，二年客幽燕。幽燕非我乡，而复适乌桓。前登桑干岭，西望太行山。太行何盘盘⑤，欲往愁险艰。寓形天壤⑥内，忽如水上船。昨日东海隅，今夕西江边。役役⑦何所求，吾将返林泉⑧。

◎登桑干岭迎达礼部 郑守仁（第1471册，集部第410册总集类《元诗选三集》卷16，第643页）

晓发桑干岭，行行⑨路入云。众山皆在下，惟我独超群。驿骑⑩天边出，杨花树杪⑪分。老僧邀茗供，坐石共论文⑫。

◎蚤⑬次龙门 李裕（中华书局《全元诗》第37册，第195页）

龙门石壁高千尺，下有流泉澈底清。又是昔年曾宿处，五更⑭风雨杂鹃声。

---

① 团团，圆貌。

② 短辕，指代牛车或粗陋小车。

③ 悲笳，悲凉的笳声。笳，古代军中号角，其声悲壮。

④ 吴越，指春秋吴越故地（今江浙一带）。

⑤ 盘盘，曲折回绕貌。

⑥ 天壤，天地；天地之间。比喻相隔悬殊。

⑦ 役役，劳苦不息貌。

⑧ 林泉，山林与泉石。指隐居之地。

⑨ 行行，不停地前行。

⑩ 驿骑，驿马。《汉书·高帝纪下》："横惧，乘传诣雒阳"唐颜师古注："传者，若今之驿。古者以车，谓之传车，其后又单置马，谓之驿骑。"

⑪ 树杪，树梢。

⑫ 论文，评论文人及其文章。

⑬ 蚤，古同"早"。《广韵·皓韵》："蚤，古借为早暮字。"

⑭ 五更，旧时自黄昏至拂晓一夜间，分为甲、乙、丙、丁、戊五段，谓之"五更"。又称五鼓、五夜。特指第五更的时候。即天将明时。

5. 《晚晴簃诗汇》

【题解】　《晚晴簃诗汇》200 卷，清诗总集，徐世昌编。徐世昌（1855～1939 年），字卜五，号菊人，又号涛斋，天津人。光绪十二年（1886 年）进士，在清朝官至体仁阁大学士。入民国，依附袁世凯等北洋军阀，曾在 1914 年任袁世凯临时政府国务卿，1918 年由段祺瑞的"安福国会"选为大总统，至 1922 年被直系军阀所黜。《诗汇》是由其门客、幕僚协助编成的。

《诗汇》仿吴之振《宋诗钞》、顾嗣立《元诗选》、钱谦益《列朝诗集》、朱彝尊《明诗综》的规模，网罗全清的诗歌加以选录。"晚晴簃"是指徐世昌府中的休息室，为了编辑此书，徐世昌还向各省征访清代著述，得书万余本，几乎收集了所有清朝诗人的代表作品，共收录诗人 6100 余家，诗 27000 余首。《凡例》中说："不分异同，荟萃众长，恉尚神思，务屏伪体。自大名家外，要皆因诗存人，因人存诗，二例并用，而搜逸阐幽，尤所加意。"要求做到"一代之中，各家俱存；一家之中，各法俱在。"

该诗集的优点是选录了清代几乎全部著名诗人的一些代表作，保存一些流传不广的难见作品和一些不知名诗人的资料，且小传下所附各家诗话。但是书成于众手，选择标准不一，用心不足，有些入选作品的代表性不够；对反映社会矛盾及清末反帝斗争的作品，很少入选。

《诗汇》于 1929 年编成，有退耕堂（徐世昌室名）刊本。本辑据 1988 年中国书店影印退耕堂雕版《晚晴簃诗汇》辑录有关赤城的诗。

萬堞蒼茫橫渤海羣峯環抱拱神州松濤乍撼金城動屋

氣遙連紫塞浮險闢雄關增壯勢寒侵細草入邊愁當年

百戰分爭地何幸昇平翠輦游

凱旋入獨石口

獨石城邊暮靄封馬嘶猶識去時蹤出關屈指縱三月踏

破雲山幾萬重

輔國公德普字子元一字脩菴號香松道人鄭獻親王

濟爾哈朗曾孫襲輔國公官宗人府右宗人有主善

齋詩集

題唐子畏匡山讀書圖

有客示我匡山圖萬山深處人讀書丹青滿眼生氣逼誰

畫此者唐六如曾聞茲山秀巖壑襟帶江湖控衛霍長林

《晚晴簃诗汇》书影

◎吞珠（第1册，卷7，第51页）

○贝子吞珠，字拙斋，晚号髯翁。饶余敏亲王阿敏泰曾孙。袭镇国公，官礼部尚书。卒赠贝子，谥恪敏。有《花屿读书堂小稿》。

红兰主人①曰：清旷闲肆，读之令人神远。

张敦复曰：根柢②忠孝，准则《风》《骚》。

诗话：恪敏贝子为太祖曾孙，工书，为圣祖所赏。有水南庄，在东便门外二闸河边，高云上人《怀旧》诗③所谓"水南庄上有髯公"，即为贝子咏也。

○凯旋入独石口

独石城边暮霭④封，马嘶犹识去时踪。出关屈指⑤才三月，踏破云山⑥几万重。

◎纪迈宜（第2册，卷59，第135～138页）

纪迈宜，字偲亭，文安人。康熙甲午⑦举人，官泰安知州。有《俭重堂集》。

纪晓岚曰："吾宗文安一派，衣冠科第甲畿辅。文章淹雅⑧，承其家学，与当代作者颉颃⑨伯父，平生性情笃至，寄托遥深。其诗上薄《风》《骚》，下躏宋、元，无不一一阐其奥。而空肠得酒，芒角横生，嘻笑怒骂，皆成文章，于东坡居士为最近。"

---

① 红兰主人，是爱新觉罗·岳端的别号。岳端又称蕴端，出身高贵，他与圣祖皇帝康熙拥有共同的曾祖父——清太祖努尔哈赤，他的祖父是努尔哈赤第七子阿巴泰，父亲是阿巴泰第四子岳乐。

② 根柢，草木的根。柢，即根。比喻事物的根基，基础。

③ 高云上人，即高云和尚，名元弘，高云是其号，又称红薑老人。《怀旧》诗："水南庄上有髯公，与我同年话始终。留与楞严了了义，雁王共礼白云中。"高云上人用简练通俗的语言表达了对吞珠的怀念。

④ 暮霭，傍晚的云雾。

⑤ 屈指，弯着指头计数。比喻时间短或数量少。

⑥ 云山，高耸入云之山。

⑦ 康熙甲午，康熙五十三年，1714年。

⑧ 淹雅，学识渊博，人品宽宏儒雅。《晋书·陆晔传》："器量淹雅，弱冠有美名。"

⑨ 颉颃，音 xié háng。不相上下。《晋书·文苑传·序》："颉颃名辈，并综采繁缛。"偲亭

　　诗话：偲亭罢泰安任，以直隶人，特命往直省试，用署赤城、高邑、内邱诸县，时目为旷典①。后以子黄中官河南知县，就养，年登大耋。诗集十三卷，有《赠罗残稿》《餐霞阁集》《岱麓山房稿》《赤城集》《蓬山集》《希阮斋慢稿》②《华游集》《古博浪集》《昆阳集》《爱吾庐集》诸目。其《希阮斋自序》谓："渔洋于东坡推服尤至。不能为东坡者，决不能为阮亭。余之步趋坡翁，亦何害其希阮？"盖跌宕之余，自饶神韵，沈挈③既久，于昔贤宜有深契④也。

○古风

　　塞近寒自早，山空月方迥。爱此簿书稀，对月啜枯茗。推卷起就枕，夜阑清梦醒。四境胜地多，云壑洞幽瞑。野鹤唳一声，孤峰秀逾挺。安得踏苍烟，直上盘崖顶。盘崖洞在邑东南，峭壁万仞，一木为桥，经久不朽。自我出关来，无日不见山。萦回数百里，往返疲且艰。佳处固幽旷，道旁多粗顽⑤。树木望如赪⑥，但觉山风寒。今朝扫阴霾，夕阳忽来还。龙门觌面⑦迎，黛色若可餐。乃知千蛾眉，惟在心所忺⑧。美恶固无常，志士发长叹。

○登独石口边城远望作

　　两山如龙翔，蜿蟺⑨百余里。长城亘其上，乱石相角犄。巍巍帝王都，有成斯有毁。何论穷荒地，千年泣残垒。筑城声犹悲，垣堞已倾圮。所嗟秦人愚，贾怨⑩徒劳尔。新城屹金汤，盛代车同轨⑪。

---

①　旷典，旷，空绝。谓稀有难逢的盛大典礼。《宋史·乐志五》："至道始，册皇太子。有司言：'太子受册，宜奏正安之乐。'百年旷典，至是举行。"
②　希阮斋慢稿，检纪迈宜《俭重堂诗集》（哈佛大学汉和图书馆藏清刻本）卷八作"希阮斋漫稿"。
③　沈挈，挈音 yán，古同"研"。沈研亦作"沉研"。深入研究。
④　深契，深厚的交情。
⑤　粗顽，亦作"麤顽"。粗疏愚顽。
⑥　赪，音 chēng。红色。
⑦　觌面，觌音 dí。当面；迎面；见面。
⑧　忺，音 xiān。高兴；适意。
⑨　蜿蟺，音 wǎn shàn。蚯蚓的别名；屈曲盘旋貌。
⑩　贾怨，招致怨恨。
⑪　车同轨，各种车辆的车轨大小相同。亦用于形容统一。《礼记·中庸》："今天下车同轨，书同文，行同伦。"

筑不假民力，工费皆官庀①。宽仁高百王，汪泽唐虞比。内外方一家，岂藉防奸宄②。遮以壮观瞻，威灵震远迩。我登城上望，惊砂蔽天起。云黯孤日黄，霜严百卉死。一视但茫茫，峰峦势未已。百夷争效顺，驼马纷填委③。河流荡山来，激迅啮城址。入塞折复出，汇作白河水。望洋趋巨壑，朝宗正如此。关吏招我饮，潼乳亦甘美。其长八十余，矍铄矜动履。自诉征战劳，回首逾三纪。曾逐八千卒，歼虏数倍蓰④。裹粮常不继，酸风射眸子⑤。疮痏犹在体，筋力嗟痹痿。幸蒙浩荡恩，月支太仓米。感此再三叹，上马仍徙倚⑥。时平壮士老，临风徒抚髀⑦。

〇入关

关外多峻岭，岭上矗重关。往返经嶔崟⑧，<u>龙门</u>复<u>长安</u>。<u>土木</u>渐平衍，<u>怀来</u>颇宽闲。山势若却避，逡巡青冥⑨间。西南接<u>太行</u>，其东亘西山。层层护神京，隐隐若龙蟠。<u>居庸</u>最雄长，两壁高巑岏⑩。峡束四十里，危堞欹云端。咽喉扼要区，儿孙府群峦。忆我初来时，乱石撞奔湍。石瘦伤马足，湍清惊旅颜。十步九倾仄，百里千萦盘。夜宿魂尚悸，晨征气犹嘽⑪。今过成坦途，顿忘登陟艰。但觉山色

---

① 庀，音 pǐ。治理；具备。
② 奸宄，宄音 guǐ。违法作乱的人或事（由内而起叫奸，由外而起叫宄，也有相反的说法）。
③ 填委，纷集；堆积。汉刘桢《杂诗》："职事相填委，文墨纷消散。"
④ 倍蓰，亦作"倍屣""倍徙"。倍，一倍。蓰，五倍。倍蓰指由一倍至五倍，形容很多。《孟子·滕文公上》："夫物之不齐，物之情也。或相倍蓰，或相什百，或相千万。"
⑤ 眸子，本指瞳仁，泛指眼睛。
⑥ 徙倚，徘徊；留连。
⑦ 抚髀，以手拍股。表示振奋或感叹。
⑧ 嶔崟，音 qīn yín。山势高险的样子。
⑨ 逡巡，有所顾虑而徘徊或不敢前进。青冥，形容青苍幽远。亦指青幽高远之处。
⑩ 巑岏，音 cuán wán。山高锐貌。耸立貌。高峻的山峰。
⑪ 嘽，音 tān。形容牲口喘息。

佳，松石增苍寒。硐水循轨流，徐响鸣潺湲①。野屋插山嘴，屋角山花殷。丛祠结构牢，缘崖峻阑干②。欣览未及毕，南口惎晨餐。问此何时修，两月倏改观。皇仁轸商旅，职贡通戎蛮。况兹来庭者，昆邪③暨呼韩④。岂忍令远人，兴嗟行路难。除道⑤与成梁⑥，令典载《周官》。帝曰其恤哉，勿惜公帑颁。至治洽唐虞，德泽岂易殚。小臣林泉侣，滥窃膺簪冠⑦。斯游实快意，藤杖穷跻攀。宇宙富名岳，石室藏金丹。百未探一二，所惭双鬓斑。人生几緉⑧屐，浩然发长叹。

○响水铺道中

百万军储此地供，云中接壤重提封⑨。时平斥堠⑩开千里，天险关门亘几重。河水漫流横浅渡，山冈叠起隐遥峰。行人指点前朝事，惟剩寒鸦落照⑪浓。

○燕然台怀古

幕府犹余画角⑫哀，军屯争拥紫峰开。蓬蓬风自群山下，黯黯云

---

① 潺湲，水慢慢流动的样子。
② 阑干，形容纵横交错；参差错落的样子。
③ 昆邪，邪音 yé。我国汉朝时匈奴部落之一。分布于今甘肃省武威、张掖一带。
④ 呼韩，汉时匈奴单于呼韩邪的省称。《文选·张衡<东京赋>》："宣重威以抚和戎狄，呼韩来享。"薛综注："《汉书·宣（帝）纪》曰：'呼韩邪单于款五原塞，愿奉国珍。'"
⑤ 除道，开辟、修治道路。
⑥ 成梁，修建桥梁。
⑦ 簪冠，插簪于冠。古谓做官。
⑧ 緉，音 liǎng。古代计算鞋的单位，相当于"双"。
⑨ 提封，通共；大凡。《汉书·刑法志》："一同百里，提封万井。"王先谦补注引王念孙曰："《广雅》曰：提封，都凡也。"犹版图，疆域。
⑩ 时平，时世承平。康有为《过昌平》诗："时平堡堠生青草，欲出军都吊鬼雄。"斥堠，亦作"斥候"。侦察；候望。用以瞭望敌情的土堡。
⑪ 落照，落日的光辉。
⑫ 画角，古代乐器。传自西羌。本细末大，以竹木或皮革制成，因表面有彩色，故称。发声哀厉高亢，古时军多用以警昏晓，振士气，肃军容。帝王出巡，亦用以报警戒严。

从大漠来。万里专征①谁奏绩，千年遗址此登台。书生别有封侯骨，铭勒燕然枉上才。

◎狄觐光（第3册，卷114，第235页）

○狄觐光，字筑坪，贵筑人。嘉庆庚申②举人，官宣化知县。有《秋客百咏》《燕黔诗钞》。

○春日赴独石口作

沙捲黄云赴朔边③，冰开已过好春天。地犹残雪④空三月，人与落花又一年。村户旧巢迟燕到，关山⑤新草倦驼眠。入都多少闲儿女，指点风光笑欲颠。

---

① 专征，受命自主征伐。汉班固《白虎通·考黜》："赐以弓矢，使得专征。"

② 嘉庆庚申，嘉庆五年，1800年。

③ 朔边，北方边陲。《汉书·叙传下》："长平桓桓，上将之元，薄伐猃允，恢我朔边。"

④ 残雪，指太阳出来了，雪开始融化了，剩下还没有完全融化的雪就叫残雪。

⑤ 关山，关隘与山峰。比喻路途遥远或行路的困难。唐王勃《滕王阁序》："关山难越，谁悲失路之人？"